千華數位文化
Chien Hua Learning Resources Network

U0152857

考前充分準備 臨場沉穩作答

千華公職資訊網
http://www.chienhua.com.tw
每日即時考情資訊 網路書店購書不出門

千華公職證照粉絲團 f
https://www.facebook.com/chienhuafan
優惠活動搶先曝光

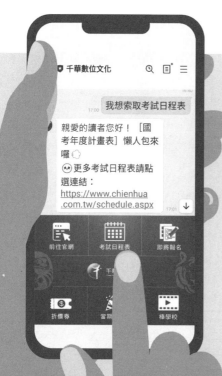

千華 Line@ 專人諮詢服務

☑ 有疑問想要諮詢嗎？
歡迎加入千華 LINE@！

☑ 無論是考試日期、教材推薦、
勘誤問題等，都能得到滿意的服務。

☑ 我們提供專人諮詢互動，
更能時時掌握考訊及優惠活動！

理財規劃人員 專業能力測驗

應試資訊

完整考試資訊
立即了解更多

◆ **報名單位**

臺灣金融研訓院。

◆ **報名資格**

凡對理財規劃有興趣者,均歡迎報名參加。(不限資格)

◆ **報名費用**

每位應考人報名費用為新台幣585元整(或愛學習點數58點)。

◆ **報名方式**

一、個人報名:一律採個人網路報名方式辦理(http://www.tabf.org.tw/ Exam/),恕不受理現場報名。

二、團體報名:團體報名方式僅適用於同一機構10人(含)以上集體報名,團體報名機構先行統一建檔與繳款。

◆ **測驗日期及考區**

一、測驗日期:依金融研訓院公告日期為主。

二、考　　區:分為台北、台中、高雄、花蓮等四個考區。

◆ **測驗科目及方式**

節 次	測驗科目	測驗時間	試題題數	測驗題型及方式
第一節	理財工具	60分鐘	50題	四選一單選題,採答案卡作答
第二節	理財規劃實務	90分鐘		

◎合格標準:以每科成績均達70分為合格。

◆測驗科目內容

一、理財工具

金融機構的功能與規範	短期投資及信用工具
債券投資	股票投資
共同基金	衍生性金融商品
經濟觀念與經濟指標	保險的運用
信託的運用	組合式商品及結構型商品

二、理財規劃實務

理財規劃概論	理財規劃的步驟
客戶屬性與理財規劃	家庭財務報表與預算的編製與分析
家庭現金流量管理	理財規劃的計算基礎
購屋規劃	子女教育金規劃
退休規劃	投資規劃
稅務規劃	全方位理財規劃

～以上資訊僅供參考，詳細內容請參閱招考簡章～

千華數位文化股份有限公司

■新北市中和區中山路三段136巷10弄17號
■TEL: 02-22289070　FAX: 02-22289076

目次

第一部分 理財工具

第二部分　理財規劃實務

第三部分　近年試題及解析

高分準備方法

理財規劃是人生規劃的一部分，想要有錢就必須先有收入，而收入與人的工作生活有很大的關係，所以理財規劃與人的人生規劃是無法分開的。

理財規劃可分為現金流量的管理、財務預測、決定資金之運用、資金之運用需考量不必要的支出等四個大面象，再輔以理財工具介紹，其實內容真的滿多的。而本書以簡潔好記的文字說明，幫助考生們快速、有效率的理解本科。最後，本書收集近年考題，並配合詳細解析，讓考生們可以活用所學，檢視學習成果。

以下為各位考生歸納理財規劃的準備方法：

一、擬定計畫表

擬定讀書計畫表，配合本書，循序漸進。準備考試這條路真的像馬拉松競賽一樣，要比誰有耐力、有恆心，考生們一定要擬定計畫表，持之以恆，相信成功一定會到來的！

二、試題演練

演算題目是測量自己是否吸收的一個很好的方式，所以本書在每個重點後面，均附有試題演練，幫助各位考生熟悉題型外，更可以慢慢累積解題的方法、速度等，對於考試都很有幫助。每個章節念完後，本書在每個章節後面，均附有相關的考題練習，除了幫助各位考生了解自己對該章節的了解度外，也可幫助各位考生迅速了解最近幾年的命題重點。

三、考前複習及模擬

參加任何考試皆然，考生們一定要在考前一個半月的時間內，挪出一至二星期的時間，配合各章節的課前導讀，快速的複習重點，並配合試題來模擬演練，以讓自己的記憶保持在最佳狀態。

總而言之，擬定計畫性的讀書計畫，並持之以恆，才能得到勝利的甜美果實，祝各位考生金榜題名。

參考資料來源

1. 聯經1999 出版「一生的理財規劃」。
2. 金管會金融智慧網。
3. 證券市場－理論與實務，財團法人中華民國證券暨期貨市場發展基金會，臺北。
4. 理財實務，臺灣金融研訓院編撰委員會。

第一部分 理財工具

第一章 金融機構及經濟觀念

依據出題頻率區分，屬：**B** 頻率中

本章是後續章節的基礎，讀者在準備本章時務必抱持著打地基的想法，先建立基本概念。而本章的出題方向皆是以基本的概念題為主，是考題中基本分數，幾乎都會從歷屆考題考出，只要有讀就有分，讀者務必掌握。

重點1 定義與類型   重要度★

一、金融機構之範圍

金融機構合併法第4條規定，金融機構乃指銀行業、證券及期貨業、保險業所包括之機構、信託業、金融控股公司及其他經主管機關核定之機構。在銀行業中，依銀行法第20條規定，從其業務範圍及功能可分成商業銀行、專業銀行及信託投資公司三種。

> **考點速攻**
>
> 依銀行法第20條規定所稱銀行，有商業銀行、專業銀行及信託投資公司3種。

凡從事銀行業務，如收受存款、辦理放款等本國及外國銀行均屬於銀行業。銀行業包括有中央銀行、本國銀行業、外國銀行業，其中除了中央銀行外，本國及外國銀行業資金的獲得均來自於非金融機構。銀行是穩定國家經濟金融面的輔助工具，舉凡個人到企業的資金流通、投資理財、貿易往來等，都和銀行息息相關。

銀行法第20條規定，銀行分為下列三種：商業銀行、專業銀行及信託投資公司。

銀行業	**商業銀行**	銀行法第70條：以收受支票存款、活期存款、定期存款、供給短期、中期信用為主要任務之銀行。
	專業銀行	1.銀行法第87條：為便利專業信用之供給，中央主管機關得許可設立專業銀行，或指定現有銀行，擔任該項信用之供給。 2.種類 (1) 工業銀行：供給工業信用之專業銀行。 (2) 農業銀行：供給農業信用之專業銀行。 (3) 輸出入銀行：供給輸出入信用之專業銀行。 (4) 中小企業銀行：供給中小企業信用之專業銀行。 (5) 不動產信用銀行：供給不動產信用之專業銀行。 (6) 國民銀行：供給地方性信用之專業銀行。
	信託投資公司	銀行法第100條：以受託人之地位，按照特定目的、收受、經理及運用信託資金與經營信託財產，或以投資中間人之地位，從事與資本市場有關特定目的投資之金融機構。

二、商業銀行

(一)**商業銀行的任務**：商業銀行，謂以收受支票存款、活期存款、定期存款，供給短期、中期信用為主要任務之銀行。

(二)**商業銀行之業務**：

　　商業銀行經營下列業務：

　　1.收受支票存款。　　　　　　2.收受活期存款。

　　3.收受定期存款。　　　　　　4.發行金融債券。

　　5.辦理短期、中期及長期放款。　6.辦理票據貼現。

　　7.投資公債、短期票券、公司債券、金融債券及公司股票。

　　8.辦理國內外匯兌。

　　9.辦理商業匯票之承兌。

　　10.簽發國內外信用狀。

　　11.保證發行公司債券。

　　12.辦理國內外保證業務。

　　13.代理收付款項。

　　14.代銷公債、國庫券、公司債券及公司股票。

　　15.辦理與前十四款業務有關之倉庫、保管及代理服務業務。

　　16.經主管機關核准辦理之其他有關業務。

(三)商業銀行主要業務介紹：

1. **存款**：存款是指一筆放在銀行的金額，而銀行通常會以存款的數量派發利息。存款可分為活期存款、定期存款及支票存款三大類，活期存款是指存款人可依據存簿或約定方式隨時提領的存款；定期存款需在約定時間才可提領，但

   在期限前若有需要仍可質借，若想提早解約，必須於「7日」前通知銀行，但存款人會因違約而產生利息的損失；支票存款乃是存款人可隨時以簽發支票的方式提領之不計息存款。

   ※定期存款如於到期前解約，利息得採存款銀行「牌告利率固定計息」之存款，依單利，按其實際存款期間牌告利率8折計息（以存入當日之牌告利率為準，但採「牌告利率機動計息」之存款，在實際存款期間內，如遇存款銀行牌告利率調整，應同時改按新牌告利率分段計息），或由銀行與存戶依公平原則約定之。

2. **授信**：授信，謂銀行辦理放款、透支、貼現、保證、承兌及其他經中央主管機關指定之業務項目。

   (1) 以期限分：

   　A. 期限在1年以內者，為短期信用。

   　B. 超過1年而在7年以內者，為中期信用。

   　C. 超過7年者，為長期信用。

   (2) 依是否有擔保品分：

   　A. 擔保授信：指以不動產或動產抵押權、動產或權利質權、借款人營業交易所發生之應收票據及各級政府公庫主管機關、銀行或經政府核准設立之信用保證機構之保證為擔保品者。

   　B. 無擔保授信：不需有上列擔保品的授信。

3. **商業票據、商業承兌匯票及貼現**：商業票據是因交易或勞務而產生的匯票或本票；商業承兌匯票則是指前項匯票經承兌者；貼現係指在票據未到期前，銀行以預收利息的方式購入者。

4. **信用狀（L／C）**：信用狀，是國際結算的一種主要的結算方式，信用狀的相關費用較高，形成交易成本的增加。信用狀的開具必須由付款人向銀行申請。開狀行在付款人繳納開狀費用和保證金之後，開狀行會開具信用狀，保證在符合一定條件的情況下向受益人付款。

5. **匯兌**：匯兌分為國內匯兌與國外匯兌，國內匯兌即在一國本土之內，銀行利用與外地同業相互劃撥款項之方式，以便利客戶異地交付款項行為

而收取匯費;國外匯兌:即在不同國家的貨幣制度及票據法支配下,以銀行替代貨幣現金輸送,解決國內與其他國家或屬地間的清算方法。目前國際貿易貨款結算採用的付款方式,除了信用狀(L/C)外,尚有「匯付」及「託收」兩種基本方式。

三、工業銀行

(一)**工業銀行的任務**:供給工業信用之專業銀行為工業銀行,工業銀行以供給工、礦、交通及其他公用事業所需中、長期信用為主要任務之銀行。

(二)**工業銀行之業務**:
1. 收受支票存款及其他各種存款。
2. 辦理放款。
3. 發行金融債券。
4. 投資有價證券。
5. 承銷有價證券。
6. 辦理直接投資生產事業、金融相關事業及創業投資事業。
7. 辦理國內外匯兌。
8. 辦理國內外保證事務。
9. 辦理政府債券自行買賣業務。
10. 簽發國內外信用狀。
11. 代理收付款項。
12. 擔任股票及債券發行簽證人。
13. 辦理前列各項業務之代理服務。
14. 經財政部核准之其他業務。

(三)**工業銀行主要業務介紹**:
1. **金融債券的發行**:工業銀行發行之金融債券應接受本會認可之信用評等機構予以信用評等,其發行總餘額並不得超過該行調整後淨值之6倍。
2. **投資生產事業等**:工業銀行直接投資生產事業、金融相關事業、創業投資事業及投資不動產之總餘額,不得超過該行上一會計年度決算後淨值。工業銀行對任一生產事業直接投資餘額,不得超過該行上一會計年度決算後淨值5%,及該生產事業已發行股份或資本總額20%。但為配合政府重大經建計畫,經本會專案核准者,不在此限。工業銀行對任一創業投資事業直接投資餘額,除工業銀行持股100%之創業投資事業外,不得超過該行上一會計年度決算後淨值5%。其直接投資創業投資事業超過被投資事業已發行股份或資本總額20%以上者,應經本會核准。

> **考點速攻**
>
> 工業銀行可辦理存款及外匯業務對象只有:財團法人、依法設立之保險業、政府機構等。

四、證券業

(一)**證券業的任務**:承銷商的任務在協助發行人對外公開發行股票或其他有價證券,同時也擔任輔導公司上市(櫃)以及提供企業併購相關服務之

重要角色。其次,自營商係為自己的計算在交易市場買賣有價證券的證券商,其不能辦理代客買賣證券業務,而是以自己的名義直接在集中交易市場或店頭市場報價完成交易。經紀商的主要業務,便是接受客戶的委託,代為買賣有價證券。

(二)**證券業之業務**:依據證券交易法可分為證券承銷商、證券自營商及證券經紀商三種:證券承銷商係指經主管機關特許,以包銷發行人發行之有價證券為業務之證券商,在承銷業務中,又分為包銷與代銷兩種,包銷係指證券承銷商包銷有價證券,於承銷契約所訂之期間屆滿後,對於約定包銷之有價證券未能全數銷售者,其剩餘數額應自行認購之。代銷係指於承銷契約所訂之期間屆滿後,對於約定代銷之有

考點速攻

1. 證券自營商不得直接或間接接受他人之委託買賣上市或上櫃股票。
2. 依我國法律規定,設立綜合證券商的最低實收資本額為新臺幣10億元。

價證券未能全數銷售者,其剩餘數額得退還發行人;證券自營商係經主管機關特許,以自行買賣有價證券為業務之證券商;證券經紀商則經營有價證券買賣之行紀、居間之證券商。

證券商除由金融機構兼營者另依銀行法規定外,所持有營業用固定資產總額及非營業用不動產總額合計不得超過其資產總額之60%。

(三)**證券業最低實收資本額**:(證券商設置標準)

證券商種類	最低資本額	營業保證金
證券承銷商	4億元	4,000萬元
證券自營商	4億元	1,000萬元
證券經紀商	2億元	5,000萬元
綜合證券商	10億元	1億元

五、保險業

(一)**保險業的任務**:保險公司與其他金融機構不同之處,在於保戶發生意外時,能夠立即協助他脫離困境。正因為具備了「保障提供者」的任務。

(二)**保險業之業務**:保險,謂當事人約定,一方交付保險費於他方,他方對於因不可預料,或不可抗力之事故所致之損害,負擔賠償財物之行為。而根據上述所訂之契約,稱為「保險契約」。保險業分為財產保險及人身保險兩大類,其中火災險、汽車險、工程險、責任險、保證保險等屬

於財產保險；健康險、年金險、養老險、壽險、傷害保險則屬於人身保
險。保險業主管機關：金融監督管理委員會。

(三)保險業之名詞解釋：

1. **保險經紀人**：基於被保險人之利益，代向保險人洽訂保險契約，而向承
保之保險業收取佣金之人。
2. **保險代理人**：根據代理契約或授權書，向保險人收取費用，並代理經營
業務之人。
3. **保險業務員**：指為保險業、保險經紀人公司、保險代理人公司，從事保
險招攬之人。
4. **被保險人**：指於保險事故發生時遭受損害，享有賠償請求權之人；要保
人得為被保險人。

(四)保險業之相關規定：

1. **組職以股份有限公司或合作社為限**：保險業之組織，以股份有限公司或
合作社為限。但經主管機關核准者，不在此限。
2. 非保險業不得兼營保險業務。
3. **保證金的繳納**：保險業應按資本或基金實收總額15%，繳存保證金於國
庫。保證金之繳存應以現金為之。但經主管機關之核准，得以公債或庫
券代繳之。
4. **投資不動產的限制**：保險業對不動產之投資，以所投資不動產即時利
用並有收益者為限；其投資總額，除自用不動產外，不得超過其資金
30%。但購買自用不動產總額不得超過其業主權益之總額。
5. **保險業資金運用範圍：**
(1)購買有價證券。　　(2)購買不動產。
(3)放款。　　　　　　(4)辦理經主管機關核准之專案運用及公共投資。
(5)國外投資。

六、證券投資信託與證券投資顧問業

(一)證券投資信託與證券投資顧問的任務：證券投資信託，指向不特定人募
集證券投資信託基金發行受益憑證，或向特定人私募證券投資信託基金
交付受益憑證，從事於有價證券、證券相關商品或其他經主管機關核准
項目之投資或交易。

證券投資顧問，指直接或間接自委任人或第三人取得報酬，對有價證券、
證券相關商品或其他經主管機關核准項目之投資或交易有關事項，提供分
析意見或推介建議。

(二)證券投資信託與證券投資顧問之業務：

1. 證券投資信託事業經營之業務種類如下：
    (1) 證券投資信託業務。
    (2) 全權委託投資業務。
    (3) 其他經主管機關核准之有關業務。

2. 證券投資顧問事業經營之業務種類如下：
    (1) 證券投資顧問業務。
    (2) 全權委託投資業務。
    (3) 其他經主管機關核准之有關業務。

(三)證券投資信託與證券投資顧問之相關規定：

1. 證券投資信託事業經營之相關規定如下：
    (1) 可公開募集證券投資信託基金。
    (2) 可接受全權委託投資業務。
    (3) 最低實收資本額為新臺幣3億元。
    (4) 得運用信託基金買賣有價證券，但需以現款現貨交易。

2. 證券投資顧問事業經營之相關規定如下：
    (1) 可接受全權委託投資業務。
    (2) 最低實收資本額為新臺幣1,000萬元。
    (3) 不得買賣其推介予投資人相同之有價證券。

3. 證券投資信託事業或證券投資顧問事業經營全權委託投資業務：應每月定期編製客戶資產交易紀錄及現況報告書送達客戶。

4. 客戶委託投資資產之淨資產價值減損達原委託投資資產之20%以上時：證券投資信託事業或證券投資顧問事業應自事實發生之日起2個營業日內，編製前項書件送達客戶。日後每達較前次報告淨資產價值減損達10%以上時，亦同。

5. 客戶委託投資資產為投資型保險專設帳簿資產或勞工退休金條例年金保險專設帳簿資產者：其委託投資帳戶每單位淨資產價值較前一營業日減損達5%以上時，證券投資信託事業或證券投資顧問事業應自事實發生之日起2個營業日內，編製第一項書件送達客戶，不適用前項規定。

6. 前項之3.～5.比率得經客戶書面同意或契約約定調整，惟不得高於10%。

七、金融控股公司

(一)金融控股公司的任務： 所謂金融控股公司是在一家控股公司旗下可以擁有銀行、壽險、產險、證券等各個橫跨不同金融業務領域的子公司；故

考點速攻

1. 證券投資信託事業及證券投資顧問事業均可從事有價證券全權委託業務，即俗稱之「代客操作」。

2. 在我國，證券投資信託事業得公開募集債券型基金。

金融控股公司可簡單定義為：「一以控制他公司為成立目的之公司，其任務主要係持有股份與指揮管理者」。參與金融控股公司結合之子公司間是屬於間接關係，而金融控股公司是居於中間衝緩。此種控股之特性為各個子公司之組織區隔清楚、且風險獨立程度高，但相對地，其亦可能會導致經營成本之增加。就綜效而言，金融控股公司主要是追求包括交叉銷售、資本有效配置與成本節省的綜合效益，即所謂追求三C的效益；能夠有效達到三C效益的金融控股公司，才可稱得上是充份發揮金融控股公司組成的效益。

(二)**成立金融控股公司之租稅優惠：**依金融機構合併法第13條規定，金融機構經主管機關許可合併者，其存續機構或新設機構於申請對消滅機構所有不動產、應登記之動產及各項擔保物權之變更登記時，得憑主管機關證明逕行辦理登記，免繳納登記規費，並依下列各款規定辦理：

1. 因合併而發生之印花稅及契稅，一律免徵。

2. 其移轉之有價證券，免徵證券交易稅。

3. 其移轉貨物或勞務，非屬營業稅之課徵範圍。

4. 消滅機構依銀行法第76條規定承受之土地，因合併而隨同移轉予存續機構或新設機構時，免徵土地增值稅。

5. 消滅機構所有之土地隨同移轉時，除前款免徵土地增值稅者外，經依土地稅法審核確定其現值後，即予辦理土地所有權移轉登記，其應繳納之土地增值稅准予記存，由該存續機構或新設機構於該項土地再移轉時一併繳納之；其破產或解散時，經記存之土地增值稅，應優先受償。

6. 因合併而產生之商譽，申報所得稅時，得於15年內平均攤銷。

7. 因合併而產生之費用，於申報所得稅時，得於10年內認列。

8. 因合併出售不良債權所受之損失，於申報所得稅時，得於15年內認列損失。

牛刀小試

(　　) **1** 依證券商設置標準第七條規定，證券商發起人應於向金管會申請許可時，按其種類向所指定銀行存入營業保證金，下列敘述何者錯誤？　(A)證券承銷商為新臺幣四千萬元　(B)證券自營商為新臺幣二千萬元　(C)證券經紀商為新臺幣五千萬元　(D)存入款項得以政府債券或金融債券代之。　　　　　　　　【第30屆理財人員】

( ) **2** 有關成立金融控股公司的優點，下列敘述何者錯誤？ (A)客戶資源的共享 (B)作業平台的整合 (C)一次購足的服務 (D)營運風險的分散。 【第30屆理財人員】

( ) **3** 有關定期存款之敘述，下列何者錯誤？ (A)有一定期限 (B)係憑存單或依約定方式提取之存款 (C)存款人得辦理質借 (D)到期前解約，實存期間的利息不受影響。 【第29屆理財人員】

( ) **4** 根據銀行法第七十一條規定，下列何者屬於商業銀行業務範圍？ (A)承銷有價證券 (B)辦理政府債券自行買賣業務 (C)保證發行公司債券 (D)擔任股票及債券發行簽證人。 【第29屆理財人員】

( ) **5** 有關「外匯市場交易工具」之敘述，下列何者錯誤？ (A)即期外匯交易應於成交次日辦理交割 (B)外匯保證金交易通常以美元為基礎貨幣作結算 (C)遠期外匯交易的期限通常是以月計算 (D)外匯旅行支票之買賣屬於外匯現鈔交易。 【第29屆理財人員】

( ) **6** 下列敘述何者正確？ (A)投顧與投信事業之組織型態都是股份有限公司，前者最低實收資本額為新臺幣二千萬元，後者為三億元 (B)投信事業可運用信託基金自行買賣有價證券，但不需以現款現貨交易 (C)保險公司適用公司法關於股份有限公司之規定，無論在何種情況下，其董事長對公司債權人應負連帶有限清償責任 (D)投信與投顧從業人員得買賣其推介予投資人相同之有價證券。 【第28屆理財人員】

( ) **7** 依銀行法規定之專業銀行，下列何者非屬之？ (A)農業銀行 (B)儲蓄銀行 (C)國民銀行 (D)不動產信用銀行。 【第28屆理財人員】

( ) **8** 工業銀行發行之金融債券，其發行總餘額不得超過該行調整後淨值的幾倍？ (A)5倍 (B)6倍 (C)7倍 (D)8倍。 【第39屆理財人員】

( ) **9** 投顧或投信事業經營全權委託業務，應每隔多久定期編製委任人資產交易紀錄及現況報告書，送達委任人？ (A)每日 (B)每週 (C)每月 (D)每季。 【第36屆理財人員】

( ) **10** 有關金融機構合併之租稅優惠，下列敘述何者錯誤？ (A)因合併而發生之印花稅及契稅，一律免徵 (B)消滅機構依銀行法規定承受之土地，因合併而隨同移轉予存續機構時免徵土地增值稅 (C)因合併出售不良債權所受之損失，得於15年內認列損失 (D)因合併產生之商譽得於10年內攤銷之。 【第38屆理財人員】

解答及解析

1 (B)。證券商設置標準第7條規定：「證券商發起人，應於向本會申請許可時，按其種類，向本會所指定銀行存入左列款項：一、證券承銷商：新臺幣四千萬元。二、證券自營商：新臺幣一千萬元。三、證券經紀商：新臺幣五千萬元，僅經營股權性質群眾募資業務者為新臺幣一千萬元。前項存入款項，得以政府債券或金融債券代之。第一項之款項，經許可設置者，於公司辦理設立登記提存營業保證金後，始得動用；未經許可設置或經撤銷許可者，由本會通知領回。」

2 (D)。金融控股公司成立的優點：
1.效率性：發揮綜效、客戶資源的共享、通路整合、規模經濟作業平台的整合。
2.銷售面：多元發展、套餐組合（一次購足）、跨業行銷服務提高。
3.經營面：大型品牌、金融體系競爭力提昇。

3 (D)。有關定期性存款中途解約，其孳息（存期未滿一個月不計付利息）依存期長短按存款當時之銀行牌告利率八折計付。選項(D)有誤。

4 (C)。銀行法第71條規定：「商業銀行經營下列業務：一、收受支票存款。二、收受活期存款。三、收受定期存款。四、發行金融債券。五、辦理短期、中期及長期放款。六、辦理票據貼現。七、投資公債、短期票券、公司債券、金融債券及公司股票。八、辦理國內外匯兌。九、辦理商業匯票之承兌。十、簽發國內外信用狀。十一、保證發行公司債券。十二、辦理國內外保證業務。十三、代理收付款項。十四、代銷公債、國庫券、公司債券及公司股票。十五、辦理與前十四款業務有關之倉庫、保管及代理服務業務。十六、經主管機關核准辦理之其他有關業務。」

5 (A)。即期外匯交易（Spot Exchange Transactions）：又稱為現貨交易或現期交易，是指外匯買賣成交後，交易雙方於當天或兩個交易日內辦理交割手續的一種交易行為。選項(A)有誤。

6 (A)。證券投資信託事業以股份有限公司組織為限，最低實收資本額三億元，且發起人應於發起時一次認足。證券投資顧問事業以股份有限公司組織為限，最低實收資本額二千萬元，且發起人應於發起時一次認足。

7 (B)。
1.銀行法第88條規定：「前條所稱專業信用，分為左列各類：一、工業信用。二、農業信用。三、輸出入信用。四、中小企業信用。五、不動產信用。六、地方性信用。」銀行法第98條規定：「供給地方性信用之專業銀行為國民銀行。國民銀行以供給地區發展及當地國民所需短、中期信用為主要任務。」
2.「儲蓄銀行」非銀行法規定的專業銀行。

8 (B)。工業銀行設立及管理辦法第6條第1項，工業銀行發行之金融債券應接受本會認可之信用評等機構予以信用評等，其發行總餘額並不得超過該行調整後淨值之6倍。

9 (C)。證券投資信託事業證券投資顧問事業經營全權委託投資業務管理辦法第29條，證券投資信託事業或證券投資顧問事業經營全權委託投資業務，應每月定期編製客戶資產交易紀錄及現況報告書送達客戶。

10 (D)。金融機構合併法第13條第1項第6款，因合併而產生之商譽，申報所得稅時，得於15年內平均攤銷。

重點2 經濟觀念與經濟指標　　　重要度★★

一、經濟學簡介

何謂「經濟學」？經濟學乃是研究人們日常生活的「決策」，就是行為如何決定出來的，包括生產、工作、消費行為的決策。決策基本上是一個「選擇」，或說「取捨」。

(一)**選擇的科學**：經濟生活的核心為「選擇行為」，而一個人要作「選擇」，必有兩個前提條件：（只要符合這兩個條件，就是經濟學分析的對象）

　1.「資源有限」，或說是「稀少性」（scarcity）→因此人們「必須」有所取捨。

　2.資源有「多種用途」（alternative uses）→所以可以選擇。

(二)**效用最大**：經濟學假設人都追求自己的「效用最大」。

　1.所謂「效用」，就是滿足的程度。

　2.「決策」就是在眾多可選擇的方案中，找出效用最大的那個方案。

　3.效用最大的追求，就是經濟學講的「自利心」。

二、機會成本

(一)**機會成本的定義**：選擇將資源用於某一用途，勢必要放棄該資源用於其他用途的機會，此選擇所付出的代價，亦稱該選擇的機會成本。機會成本為何存在？一物有許多其他用途，這時，哪一種用途的代價才是決策的機會成本呢？答案是，該物的其他用途中，「最有價值的那個用途」的代價。

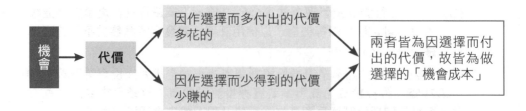

(二)**機會成本計算**：若有多種選擇機會，在其他條件都相同的情況下，在所放棄的機會中報酬最高的一項，即「機會成本」。例外：資源若只有單一用途，無其他選擇，則沒有機會成本。

例：如果你有3個工作機會（X、Y、Z）：同樣工作1個月，其它條件一樣，X職位可得1萬元，Y職位可得2萬元，Z職位可得3萬元。則選X或Y，其所放棄的最有價值的工作都是Z，因此機會成本都是3萬元；選擇Z則只有2萬元的機會成本。這樣可以看出為何不選X或Y，因為「成本大於收入」。

三、經濟流程歸還

假設整個經濟體系（Economy）上只由兩個部門組成：一是家庭、另一是廠商。

家庭（Household）是消費的部門，即是家庭將錢給廠商，而廠商把生產出來的物品給予家庭。廠商（Firm）是生產的部門，家庭是生產要素的投入（如勞工的來源），而給家庭工資以作回報。金錢上有了循環，物質上亦有了循環，如此便成了一個大的循環流程如下：

> **考點速攻**
>
> 家計部門在總體經濟體系中，提供勞力以賺取工作收入，也提供儲蓄以賺取理財收入。

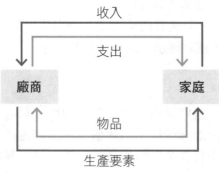

以金錢的角度，所有家庭的總收入等於所有家庭的總支出；以物質的角度，所有廠商的總產生量等於所有生產中總投入量。

四、國民所得

(一)**國民所得的定義**：國民生產毛額（簡稱GNP），係指一個國家的國民，在1年內所生產出來最終財貨與勞務按市場價格計算出來之價值總和。

(二)**GNP的計算方法**

1. **生產觀點**：採附加價值法：GNP＝所有附加價值的總合

> **考點速攻**
>
> 附加價值＝總產價－中間投入

2. **支出觀點**：採支出法：GNP＝消費財(C)＋資本財（I）＋公共財（G）＋出口收入（X）－M（進口支出）

3. **分配觀點**：採要素所得法：GNP＝工資＋地租＋利息＋利潤＋企業間接稅淨額＋折舊

(三)**國民所得會計**：

　　國內生產毛額（GDP）

　＋國外要素所得淨額 _____

　　國民生產毛額（GNP）＝工資＋地租＋利息＋利潤＋企業間接稅淨額＋折舊

　－折舊 _____

　　國民生產淨額（NNP）

　－間接稅

　＋政府對企業的補貼 _____

　　國民所得（NI）＝工資＋地租＋利息＋利潤

　＋移轉性支付（退休金、失業救濟金等）

　　公債利息 ｝不勞而獲

　－公司未分配盈餘

　　企業所得稅

　　社會安全支付（保險費） ｝勞而不獲

　　個人所得（PI）

　－個人直接稅（所得稅、遺產稅）

　　可支配所得（DI）

　－個人消費支出

　　個人儲蓄（S）

※國民生產毛額（GNP）與國內生產毛額（GDP）間之關係為：GNP＝GDP＋國外要素所得收入淨額（收入－支出），其中僅計算所有國民，包含於海外的國民，但不包含國內的外國人。

五、經濟成長率及經濟指標

(一)**經濟成長率**：「經濟成長率」是用來衡量一個國家或地區，經濟活動暢旺或衰退的最重要指標，簡單的定義就是每一年度，國內實質GNP的年成長率。

考點速攻
已開發國家的經濟成長率通常低於開發中國家。

$$實質GNP = 名目GNP \div \frac{GNP當期物價平減指數}{GNP基期物價平減指數}$$

$$本期經濟成長率 = \frac{本期實質GNP - 上期實質GNP}{上期實質GNP}$$

(二)**景氣對策信號**：景氣對策信號亦稱「景氣燈號」，係以類似交通號誌方式的五種不同信號燈代表景氣狀況的一種指標，景氣對策信號各燈號之解讀意義如下：

「綠燈」→ 表示當前景氣穩定23～31分。

「紅燈」→ 表示景氣過熱38～45分。

「藍燈」→ 表示景氣衰退9～16分。

「黃紅燈」→ 表示景氣微熱32～37分。

「黃藍燈」→ 表示景氣欠佳17～22分。

(三)**領先指標及同時指標**

1. **領先指標**：指具有領先景氣變動性質之指標，其轉折點常先於景氣循環轉折點發生。臺灣領先指標由外銷訂單指數、實質貨幣總計數、股價指數、工業及服務業受僱員工淨進入率、核發建照面積（住宅、商辦、工業倉儲）、實質半導體設備進口值，及製造業營業氣候測驗點等七項構成項目組成，每月由國發會編製、發布。因指標具領先景氣變動之性質，可預測未來景氣之變動。

2. **同時指標**：臺灣同時指標由工業生產指數、電力（企業）總用電量、製造業銷售量指數、批發、零售及餐飲業營業額、非農業部門就業人數、實質海關出口值、實質機械及電機設備進口值7項構成項目組成，每月由國發會編製、發布，代表當時的景氣狀況，可衡量當前景氣。

考點速攻
同時指標指具有與景氣變動性質同步之指標，其轉折點常與景氣循環轉折點同步發生。

(四)**美國的重要經濟指標**

1. **就業報告**：包括「失業率」、「非農業就業人口」，可推估經濟環境及工業生產情況。

2. **採購經理人指數（PMI）**：用以衡量製造業的指標，以50%為分界點，代表正常經濟狀況，當指標超過50%且接近60%，表示經濟擴張的警訊；若低於50%且接近40%，表示經濟衰退訊號。

3. **耐久財訂單**：耐久財指使用時限長、不易毀損的物品；耐久財訂單的多寡可推估製造業短期內生產狀況的好壞。但耐久財訂單增加對股市的影響不一定，在有通膨的預期下，耐久財訂單的增加會提高利率水準，降低股市動能。

4. **消費者信心指數**：當消費者信心指數上揚，代表消費者看好未來經濟情況。

5. **消費者物價指數（CPI）**：以扣除食品與能源後的CPI來衡量通膨情況，CPI最具穩定性與指標性。

6. **工業生產指數與設備利用率**：由於工業生產中，製造業的景氣循環性明顯，故可做為景氣領先指標；設備利用率用以評估產能閒置的情況，當利用率過高，代表產能吃緊，可能有價格上漲的疑慮，故可用以判斷通膨。>85%表示有潛在通膨。

(五)**總體模型**

1. **市場均衡下模型**：

(1) 總需求曲線（AD）表示各物價水準與其對應之總所得之間關係的曲線，其影響主要來自下列二個不同市場的均衡因素：

　　A. 商品勞務市場，取決於商品勞務的需求意願與供給能力。

　　B. 貨幣市場，由實質貨幣需求與貨幣供給的數量所決定。

(2) 總合供給曲線指全社會所願意而且能夠生產的產品總量，而總供給函數則是指全社會所願意而且能夠生產的產品數量與價格兩者之間的函數關係。

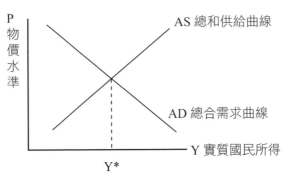

2.模型變化：

(1) 生產力上升（技術進步）：

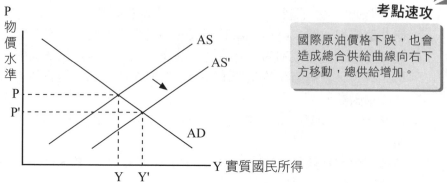

考點速攻

國際原油價格下跌，也會造成總合供給曲線向右下方移動，總供給增加。

生產力上升（技術進步）會使總合供給增加，總合供給曲線右移。

(2) 原料成本上漲：

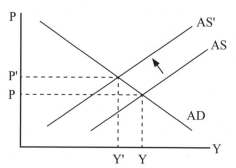

原料成本上漲會使總合供給減少，總合供給曲線左移。

(3) 寬鬆的財政及貨幣政策：

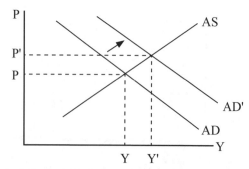

實施寬鬆的財政及貨幣政策會使總合需求增加，總合需求曲線右移。

(4) **緊縮的財政及貨幣政策：**

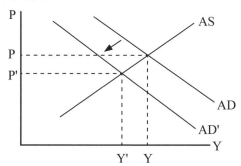

實施緊縮的財政及貨幣政策會使總合需求減少，總合需求曲線左移。

牛刀小試

( ) **1** 有關國發會所編製的景氣對策信號，下列敘述何者錯誤？　(A)景氣對策信號可用來判斷未來景氣　(B)景氣對策信號的統計數據涵蓋多項　(C)景氣對策信號分為紅、綠及藍燈三種信號　(D)紅燈表示景氣過熱。　　　　　　　　　　　　　　　　【第30屆理財人員】

( ) **2** 一國面臨景氣嚴重衰退時，該國政府宜採行下列何種政策以提振經濟？　(A)縮減政府支出　(B)提高利率　(C)增加貨幣供給　(D)提高本國貨幣幣值。　　　　　　　　　　　　　　　　　　　　【第30屆理財人員】

( ) **3** 景氣循環包括擴張期與收縮期，下列何者非為收縮期之階段？　(A)復甦　(B)緩滯　(C)衰退　(D)蕭條。　　　　　　　　　　【第30屆理財人員】

( ) **4** CPI所反映的物價不包括下列哪一項？　(A)食品　(B)股票　(C)交通費　(D)醫療費用。　　　　　　　　　　　　　　　【第30屆理財人員】

( ) **5** 有關臺灣的貨幣政策指標，下列敘述何者錯誤？　(A)準備貨幣又稱為強力貨幣或貨幣基數　(B)M2＝M1b＋準貨幣　(C)貨幣包括存款機構與郵匯局的存款準備金及社會大眾所握持的通貨　(D)M1b＝通貨淨額＋支票存款＋活期存款＋活期儲蓄存款。　【第29屆理財人員】

( ) **6** 近幾年來我國政府推動「公共服務擴大就業方案」，此係採用下列何種財政政策工具？　(A)增加基礎建設支出，改善社會福利　(B)增加公共費用支出，刺激景氣　(C)推動產業升級政策　(D)職業訓練計畫，提升勞工素質。　　　　　　　　　　　　　　【第29屆理財人員】

(　　)　**7** 國發會編製的景氣對策信號，當由黃藍燈轉為綠燈時，代表景氣情況為下列何者？　(A)景氣嚴重衰退轉為景氣穩定　(B)景氣穩定轉為景氣活絡　(C)景氣穩定轉為景氣欠佳　(D)景氣欠佳轉為景氣穩定。　　　　　　　　　　　　　　　　　　　【第29屆理財人員】

(　　)　**8** 就簡易總體經濟供需模型分析，當一國科技進步、生產力快速上升時，該國中央銀行正採行貨幣寬鬆政策，則對其物價水準（P）與實質國內生產毛額（Y）的影響方向，下列何者正確？　(A)P上升，Y增加　(B)P不一定，Y增加　(C)P下降，Y增加　(D)P與Y皆不一定。　　　　　　　　　　　　　　　　　　　【第29屆理財人員】

(　　)　**9** 有關國民生產毛額（GNP）與國內生產毛額（GDP）間之關係，下列敘述何者正確？　(A)GNP＝GDP－折舊　(B)GNP＝GDP－折舊－貿易順差　(C)GNP＝GDP＋國外要素所得收入淨額　(D)GNP＝GDP－貿易順差。　　　　　　　　　　　　　　　【第39屆理財人員】

(　　)　**10** 有關景氣循環與資產配置，下列敘述何者錯誤？　(A)景氣復甦期，經濟由谷底回升，企業的獲利增加，通膨的壓力尚未顯現，是投資股市的黃金時段　(B)當景氣持續成長，總合需求增加導致通膨壓力顯現時，保值的房地產和黃金最具增值潛力　(C)當央行為控制通膨而調高利率時，股票隨企業獲利成長的力道趨緩而邁入整理期，債券價格則有下跌壓力　(D)一旦經濟成長減緩，企業獲利明顯下滑，政府為挽救經濟，開始以降低利率刺激景氣，投資長期債券利率太低，風險又大，報酬率下降。【第39屆理財人員】

解答及解析

1 (C)。景氣對策信號亦稱「景氣燈號」，係以類似交通號誌方式的5種不同信號燈代表景氣狀況的一種指標，景氣對策信號各燈號之解讀意義如下：若對策信號亮出「綠燈」，表示當前景氣穩定、「紅燈」表示景氣熱絡、「藍燈」表示景氣低迷，至於「黃紅燈」及「黃藍燈」二者均為注意性燈號，宜密切觀察後續景氣是否轉向。選項(C)有誤。

2 (C)。一國面臨景氣嚴重衰退時，該國政府宜採行寬鬆的貨幣或財政政策以提振經濟，故本題選(C)。

3 (A)。一個景氣循環週期包含一個擴張期（expansion，即介於景氣谷底（trough）至景氣高峰（peak）之期間）及一個收縮期（contraction，即介於景氣高峰至景氣谷底之期間）。復甦是擴張期之階段。

4 (B)。消費者物價指數（CPI，亦稱居民消費價格指數），在經濟學上，是反映與居民生活有關的產品及勞務價格統計出來的物價變動指標，以百分比變化為表達形式。它是衡量通貨膨脹的主要指標之一。CPI所反映的物價不包括股票。

5 (C)。準貨幣是指可無條件立即按等價兌換成狹義貨幣的貨幣性資產，例如定期性存款、外匯存款和郵政儲金等。選項(C)有誤。

6 (B)。我國政府推動「公共服務擴大就業方案」，此係採用增加公共費用支出，刺激景氣的財政工具。

7 (D)。綠燈：表示當前景氣穩定；黃藍燈：注意性燈號，宜密切觀察後續景氣是否由低轉高。當由黃藍燈轉為綠燈時，代表景氣情況為景氣欠佳轉為景氣穩定。

8 (B)。就簡易總體經濟供需模型分析，當一國科技進步、生產力快速上升時，該國中央銀行正採行貨幣寬鬆政策，商品供給亦增加（IS右移），此時對P的影響不一定，Y則一定增加。

9 (C)。GNP＝GDP＋國外要素所得收入淨額（收入－支出），其中僅計算所有國民，包含於海外的國民，但不包含國內的外國人。

10 (D)。債券價格和利率變動的方向相反，利率下降，債券的價格就會上升，越是長期的債券其蘊含的利率風險就越低。

精選試題

( ) **1** 當物價明顯上漲時，政府通常會採用緊縮性的貨幣政策，以抑制物價持續上漲，此時對利率與股價有何影響？ (A)利率上升，對股價有不利之效果 (B)利率下降，對股價有不利之效果 (C)利率上升，對股價有助漲之效果 (D)利率下降，對股價有助漲之效果。 【第28屆理財人員】

( ) **2** 下列何種指標屬於落後指標之構成項目之一？ (A)經濟成長率 (B)貨幣供給 (C)失業率 (D)工業生產指數。 【第28屆理財人員】

( ) **3** 國發會根據各種經濟活動指標編製成景氣對策信號綜合判斷分數，其中「綠燈」代表下列何者？ (A)景氣過熱 (B)景氣活絡 (C)景氣穩定 (D)景氣欠佳。 【第28屆理財人員】

（　　）**4** 一國政府入不敷出，發生嚴重預算赤字問題，將對該國經濟產生何種直接影響？　(A)資金大舉流向國外，造成本國貨幣貶值　(B)本國產業大舉外移，失業率攀升　(C)須大量發行公債，可能造成資金排擠作用，迫使長期利率走高　(D)貨幣發行數量大幅增高，帶動利率下降。　　　　　　　　　　　　　　　　　【第28屆理財人員】

（　　）**5** 在其他條件不變之情形下，減少政府支出、加稅的政策對總體經濟供需模型的影響，下列何者正確？　(A)總需求曲線向右上方移動　(B)總需求曲線向左下方移動　(C)總供給曲線向左上方移動　(D)總供給曲線向右下方移動。　　　　　　　　　　【第28屆理財人員】

（　　）**6** 下列何者不是股票市場判斷市場多空模型的指標？
(A)消息面指標
(B)實質面指標
(C)貨幣面指標
(D)心理面指標。　　　　　　　　　　　　　　　　　【第28屆理財人員】

（　　）**7** 一特定期間（通常為一年）在一國境內從事各種經濟活動的總成果稱為下列何者？
(A)GDP　　　　　　　　　　　　(B)GNP
(C)NDP　　　　　　　　　　　　(D)CPI。　　　　【第28屆理財人員】

（　　）**8** 下列何種金融機構可經營全權委託投資業務？　(A)保險公司　(B)信託投資公司　(C)證券公司　(D)證券投資顧問公司。　　【第27屆理財人員】

（　　）**9** 有關成立金融控股公司的優點，下列敘述何者錯誤？　(A)客戶資源的共享　(B)作業平台的整合　(C)一次購足的服務　(D)營運風險的分散。　　　　　　　　　　　　　　　　　【第27屆理財人員】

（　　）**10** 投顧或投信事業經營全權委託業務，應每隔多久定期編製委任人資產交易紀錄及現況報告書，送達委任人？　(A)每日　(B)每週　(C)每月　(D)每季。　　　　　　　　　　　　　【第30屆理財人員】

（　　）**11** 如果國際石油價格持續大幅下跌，下列敘述何者正確？　(A)總需求曲線右移，生產增加、物價下跌　(B)總需求曲線左移，生產減少、物價下跌　(C)總供給曲線右移，生產增加、物價下跌　(D)總供給曲線左移，生產減少、物價下跌。　　　【第27屆理財人員】

（　　）**12** 下列何種指標能真實反映過去經濟情況？　(A)領先指標　(B)同時指標　(C)技術面指標　(D)落後指標。　　　　　【第30屆理財人員】

(　　) **13** 我國景氣動向綜合領先指標指數，其指標群組中不包括下列何者？　(A)失業率　(B)股價指數　(C)實質貨幣總計數　(D)外銷訂單指數。　　　　　　　　　　　　　　　【第27屆理財人員】

(　　) **14** 有關政府財政政策之敘述，下列何者錯誤？　(A)政府為彌補財政赤字而大量發行公債，可能造成利率大跌　(B)失業率為財政政策之重要指標，故降低失業率為財政政策的目標之一　(C)在景氣衰退時，政府降低稅率可提振民間消費意願，有助經濟復甦　(D)調降土地增值稅有助活絡房地產交易並提振景氣。【第27屆理財人員】

(　　) **15** 景氣循環包括擴張期與收縮期，下列何者不屬於收縮期之階段？　(A)復甦　(B)緩滯　(C)衰退　(D)蕭條。　　　【第30屆理財人員】

(　　) **16** 我國銀行法中第七十一條列舉商業銀行得經營的業務項目，但下列哪一種業務須經中央銀行之許可？　(A)收受存款業務　(B)辦理放款業務　(C)外匯業務　(D)發行金融債券。【第26屆理財人員】

(　　) **17** 有關證券商最低實收資本額，依證券商設置標準第三條，證券經紀商發起人應於發起時一次認足之金額為何？　(A)新臺幣四億元　(B)新臺幣三億元　(C)新臺幣二億元　(D)新臺幣一億元。　　　　　　　　　　　　　　　　　【第26屆理財人員】

(　　) **18** 有關總體經濟模型，下列敘述何者錯誤？
(A)增加政府支出與減稅會使得總需求曲線整條線向左下方移動
(B)總供給曲線會隨著全球原料成本的大幅上漲而整條線向左上方移動
(C)政府可以透過貨幣政策或財政政策來移動整條總需求曲線
(D)總供給曲線會隨著科技的進步與生產力的上升而整條線向右下方移動。　　　　　　　　　　　　　　　【第26屆理財人員】

(　　) **19** 當一國貿易順差擴大時，對該國總體經濟的影響，下列何者錯誤？　(A)國民所得將上升　(B)外匯存底將減少　(C)本國貨幣將升值　(D)貨幣供給將增加。　　　　　　【第26屆理財人員】

(　　) **20** 由電力總用電量、工業生產指數、製造業銷售量指數、商業營業額等構成的經濟指標，屬於下列何者？　(A)領先指標　(B)同時指標　(C)擴張指標　(D)落後指標。　　　【第26屆理財人員】

(　　) **21** CPI與WPI最大的差異在於，WPI不包含下列何者？　(A)食品(B)藥品　(C)醫療服務費用　(D)燃料。　　　【第26屆理財人員】

（　　）**22** 景氣對策信號分數在高於23分低於31分，為何種燈號？　(A)藍燈
(B)黃藍燈　(C)綠燈　(D)黃紅燈。　　　　　　　　　【第26屆理財人員】

（　　）**23** 工業銀行不得從事下列何種業務？
(A)投資有價證券
(B)辦理國內外匯兌
(C)收受個人存款
(D)發行金融債券。　　　　　　　　　　　　　　　【第25屆理財人員】

（　　）**24** 下列何者不屬於綜合證券商業務範圍？　(A)保證業務　(B)經紀
業務　(C)自營業務　(D)承銷業務。　　　　　　　【第25屆理財人員】

（　　）**25** 在押匯作業中，進口商利用下列哪一種方式清償貨款，對出口商
而言風險最高？
(A)L／C（信用狀交易）
(B)D／A（託收承兌交單）
(C)D／P（託收付款交單）
(D)O／A（記帳）。　　　　　　　　　　　　　　【第25屆理財人員】

（　　）**26** 當有嚴重通貨緊縮壓力時，中央銀行可以採行下列何種策略？　(A)提
高重貼現率　(B)提高存款準備率　(C)透過公開市場大量發行央行定
存單　(D)藉由外匯市場操作讓新臺幣貶值。　　　【第25屆理財人員】

（　　）**27** 有關國內生產毛額（GDP）與國民生產毛額（GNP）二者間的
關係，下列等式何者正確？　(A)GDP＋國外要素所得收入淨
額＝GNP　(B)GDP＋淨輸入＝GNP　(C)GDP＋淨輸出＝GNP
(D)GDP＋政府移轉收入淨額＝GNP。　　　　　　【第25屆理財人員】

（　　）**28** 有關「外匯市場交易工具」之敘述，下列何者錯誤？　(A)即期
外匯交易應於成交次日辦理交割　(B)外匯保證金交易通常以美
元為基礎貨幣作結算　(C)遠期外匯交易的期限通常是以月計算
(D)外匯旅行支票之買賣屬於外匯現鈔交易。　　　【第25屆理財人員】

（　　）**29** 有關行政院經建會（現整併為國發會）編製的景氣動向指標，下
列敘述何者錯誤？
(A)股價指數及貨幣總計數均是領先指標
(B)工業生產指數及長短期利率利差均是同時指標
(C)失業率及製造業存貨率均是落後指標
(D)領先指標至少要連續三個月上升或下降，才能預測經濟趨勢已
有所改變。　　　　　　　　　　　　　　　　　【第25屆理財人員】

( ) **30** 下列何者非屬工業銀行提供中長期信用之業別？ (A)礦業 (B)交通 (C)農漁業 (D)其他公用事業。 【第24屆理財人員】

( ) **31** 我國銀行法所稱的長期信用，係指其期限超過幾年？ (A)一年 (B)三年 (C)五年 (D)七年。 【第24屆理財人員】

( ) **32** 工業銀行對任一創業投資事業直接投資額，不得超過該行上一會計年度決算後淨值的多少？ (A)5% (B)6% (C)7% (D)8%。 【第24屆理財人員】

( ) **33** 有關我國國際收支之敘述，下列何者正確？ (A)分為經常帳、資本帳與金融帳三大類 (B)資本帳主要是以貿易為主要紀錄對象 (C)經常帳主要以直接投資、證券投資及其他投資為主 (D)國際收支順差時，本國貨幣有貶值壓力。 【第24屆理財人員】

( ) **34** 有關失業率與經濟循環之敘述，下列何者錯誤？ (A)失業率通常會領先經濟而提早進入衰退階段 (B)在復甦同時，失業率會落後經濟狀況 (C)在經濟循環末期階段，若失業率偏低則債市將走強 (D)較低的失業率顯示穩健的經濟步調，股市應會有正面反應。 【第24屆理財人員】

( ) **35** 近幾年來我國政府推動「公共服務擴大就業方案」，此係採用下列何種財政政策工具？） (A)增加基礎建設支出，改善社會福利 (B)增加公共費用支出，刺激景氣 (C)推動產業升級政策 (D)職業訓練計畫，提升勞工素質。 【第24屆理財人員】

( ) **36** 有關消費者物價指數（CPI）之敘述，下列何者錯誤？ (A)CPI上揚表示利率調降的可能性增加 (B)CPI中的食物類價格易受季節性影響 (C)CPI中的能源價格易受OPEC石油輸出協議的影響 (D)核心CPI（扣除食品及能源項目後的CPI）的穩定性及指標性較佳。 【第24屆理財人員】

( ) **37** 有關可轉讓定期存單之敘述，下列何者錯誤？ (A)期限最短為一個月 (B)利息所得採分離課稅 (C)無論記名與否均無須預留印鑑 (D)其面額以新臺幣壹萬元為單位。 【第24屆理財人員】

( ) **38** 依證券商設置標準第七條規定，證券商發起人應於向金管會申請許可時，按其種類向所指定銀行存入營業保證金，下列敘述何者錯誤？ (A)證券承銷商為新臺幣四千萬元 (B)證券自營商為新臺幣二千萬元 (C)證券經紀商為新臺幣五千萬元 (D)存入款項得以政府債券或金融債券代之。 【第24屆理財人員】

( ) **39** 依我國保險法規定，保險業應按其資本或基金實收總額的多少百分比，繳存保證金於國庫？　(A)百分之十　(B)百分之十五　(C)百分之二十　(D)百分之二十五。　　　　　【第23屆理財人員】

( ) **40** GDP與GNP之差異係為下列何者？　(A)折舊　(B)間接稅　(C)國外要素所得收入淨額　(D)商品及勞務輸出淨額。　　　　【第23屆理財人員】

( ) **41** 我國行政院經建會編製的景氣對策信號，當由黃藍燈轉為綠燈時代表景氣情況為下列何者？　(A)景氣嚴重衰退轉為景氣穩定　(B)景氣穩定轉為景氣活絡　(C)景氣穩定轉為景氣欠佳　(D)景氣欠佳轉為景氣穩定。　　　　　　　　　　　　　【第23屆理財人員】

( ) **42** 根據總供需模型的分析，下列敘述何者錯誤？　(A)資訊科技進步使生產力提高時，總供給曲線右下移，帶來生產增加、物價下跌　(B)貨幣供給增加時，總供給曲線右下移，帶來生產增加、物價下跌　(C)政府支出減少時，總需求曲線左下移，帶來生產減少、物價下跌　(D)政府減稅時，總需求曲線右上移，帶來生產增加、物價上漲。　　　　　　　　　　　　　　　　　　【第23屆理財人員】

( ) **43** 有關以消費者物價指數（CPI）衡量一國之物價情勢，下列敘述何者錯誤？
(A)對於股、債市而言，CPI指數上揚若高於預期，應視為利空
(B)CPI容易反映物價上漲，但不易反映物價下跌的現象
(C)CPI指數上揚代表通貨膨脹壓力增大，利率調升的可能性愈高
(D)CPI是以與消費者有關之產品及勞務等價格統計出來的物價變動指標。　　　　　　　　　　　　　　　　　【第23屆理財人員】

( ) **44** 下列何者不屬於銀行法第十二條規定之「擔保授信」？　(A)以地上權為標的之抵押權所擔保之授信　(B)經政府機關核准設立之保險公司所為之保證保險　(C)經財團法人中小企業信用保證基金保證之授信　(D)借戶交易所得之遠期支票。　　　　　【第22屆理財人員】

( ) **45** 有關金融機構合併之租稅優惠，下列敘述何者錯誤？
(A)因合併而發生之印花稅及契稅，一律免徵
(B)消滅機構依銀行法規定承受之土地，因合併而隨同移轉予存續機構時免徵土地增值稅
(C)因合併出售不良債權所受之損失，得於十五年內認列損失
(D)因合併產生之商譽得於十年內攤銷之。　　　　【第22屆理財人員】

（　）**46** 個人投資下列何種金融商品之利息所得須課稅？A.商業本票　B.債券附買回交易　C.證券化商品　(A)僅A、B　(B)僅A、C　(C)僅B、C　(D)A、B、C。　【第22屆理財人員】

（　）**47** 有關貨幣供給額與貨幣基數，下列敘述何者錯誤？　(A)存款貨幣指企業及個人在貨幣機構之支票存款、活期存款、活期儲蓄存款　(B)M2＝M1b＋準貨幣　(C)準貨幣對社會大眾信用具有倍數收縮或擴張效果，故又稱貨幣基數　(D)M1b＝通貨淨額＋支票存款＋活期存款＋活期儲蓄存款。　【第22屆理財人員】

（　）**48** 在總體經濟體系中，提供勞力以賺取工作收入，也提供儲蓄以賺取理財收入的是何者部門？　(A)企業　(B)家計　(C)政府　(D)金融機構。　【第22屆理財人員】

（　）**49** 有關行政院經建會編製的景氣動向指標與對策信號，下列敘述何者錯誤？　(A)股價指數及實質貨幣總計數均屬領先指標之構成項目　(B)工業生產指數及長短期利率利差均屬同時指標之構成項目　(C)對策信號亮出「紅燈」表示景氣過熱、「藍燈」表示景氣衰退　(D)綜合判斷分數23～31分者為「綠燈」，表示當前景氣穩定。　【第22屆理財人員】

（　）**50** 就簡易總體經濟之供需模型分析，若國際原油價格下跌將造成下列何種影響？　(A)總需求曲線向左下方移動　(B)總需求曲線向右上方移動　(C)總供給曲線向左上方移動　(D)總供給曲線向右下方移動。　【第22屆理財人員】

（　）**51** 有關證券商之敘述，下列敘述何者錯誤？　(A)證券承銷商係指主管機關特許經營有價證券之行紀或居間之證券商　(B)證券自營商其最低實收資本額為新臺幣四億元　(C)證券經紀商依規定應存入指定銀行之營業保證金為新臺幣五千萬元　(D)證券商應於每月十日以前，向金管會申報上月份會計科目月計表。　【第21屆理財人員】

（　）**52** 工業銀行可辦理存款及外匯業務對象不包括下列何者？　
(A)一般個人　　　　　　　　(B)財團法人　
(C)依法設立之保險業　　　　(D)政府機構。　【第21屆理財人員】

（　）**53** 有關保險業之敘述，下列何者錯誤？　(A)火災保險、責任保險、保證保險皆屬財產保險　(B)依保險法規定，保險業之組織以股份有限公司為限　(C)財產保險業及人身保險業應分別提撥資金，設

置財團法人安定基金　(D)保險法所稱被保險人，指於保險事故發生時，遭受損害，享有賠償請求權之人。　【第21屆理財人員】

(　) **54** 「國民總所得＝工資＋地租＋利息＋利潤」此一等式是根據下列何種觀點來衡量國民所得？　(A)產品面　(B)要素所得面　(C)支出面　(D)附加價值面。　【第21屆理財人員】

(　) **55** 有關國民所得與經濟成長率的敘述，下列何者錯誤？　(A)國民生產毛額（GNP）與國內生產毛額（GDP）的差異是國外要素所得收入淨額　(B)經濟成長率通常定義為實質GNP或GDP的成長率　(C)已開發國家的經濟成長率通常高於開發中國家　(D)臺灣的經濟成長率在民國90年曾出現負成長。　【第21屆理財人員】

(　) **56** 有關行政院經建會編製的景氣動向指標及對策信號，下列敘述何者錯誤？　(A)實質貨幣總計數、股價指數均屬構成景氣領先指標之項目　(B)工業生產指數、實質製造業銷售值均屬構成景氣同時指標之項目　(C)若景氣對策信號亮出「綠燈」，表示當前景氣穩定　(D)景氣對策信號「藍燈」之綜合判斷分數為17至22分。　【第21屆理財人員】

(　) **57** 有關準備貨幣的敘述，下列何者錯誤？　(A)係中央銀行之貨幣性負債　(B)又稱為強力貨幣或貨幣基數　(C)包括所有郵政儲金　(D)其增減對社會大眾信用具有倍數收縮或擴張效果。　【第23屆理財人員】

解答及解析

1 (A)。
　1.緊縮性貨幣政策是指央行通過削減貨幣供給的增長來降低社會總需求水平。即當總需求大於總供給，經濟增長過熱，形成通貨膨脹的壓力時，中央銀行通過緊縮銀根，減少貨幣供應量，以抑制總需求的膨脹勢頭。具體做法有：提高法定準備金率，提高貼現率，在公開市場上拋售政策的債券等。
　2.政府通常會採用緊縮性的貨幣政策，以抑制物價持續上漲

時，會提高法定準備金率，造成利率上升，而利率上升對股價有不利之效果。

2 (C)。指具落後景氣變動性質之指標，其轉折點常落後於景氣循環轉折點。臺灣落後指標由失業率、工業及服務業經常性受僱員工人數、製造業單位產出勞動成本指數、金融業隔夜拆款利率、全體貨幣機構放款與投資、製造業存貨率6項構成項目組成。

3 (C)。景氣對策信號亦稱「景氣燈號」，係以類似交通號誌方式的

5種不同信號燈代表景氣狀況的一種指標，若對策信號亮出「綠燈」，表示當前景氣穩定、「紅燈」表示景氣熱絡、「藍燈」表示景氣低迷。

4 (C)。一國政府入不敷出，發生嚴重預算赤字問題，則該國政府勢必大量發行公債，籌措財源，這樣的結果可能造成市場資金排擠作用，迫使長期利率走高。

5 (B)。在其他條件不變之情形下，減少政府支出、加稅的政策，會使該國的總需求減少，總需求曲線向左下方移動。

6 (A)。股票市場判斷市場多空模型的指標有：
1.實質面指標。2.貨幣面指標。3.心理面指標。

7 (A)。GDP全名為「國內生產總值」，計算一特定期間（通常為一年）在一國境內從事各種經濟活動的總成果。

8 (D)。證券投資顧問公司可經營全權委託投資業務。

9 (D)。金融控股公司成立的優點：
1.效率性：發揮綜效、客戶資源的共享、通路整合、規模經濟作業平台的整合。
2.銷售面：多元發展、套餐組合（一次購足）、跨業行銷服務提高。
3.經營面：大型品牌、金融體系競爭力提昇。

10 (C)。投顧或投信事業經營全權委託業務，應每月定期編製委任人資產交易紀錄及現況報告書，送達委任人。

11 (C)。國際石油價格持續大幅下跌，會使總合供給增加，總供給曲線右移，生產增加、物價下跌。

12 (D)。落後指標指能真實反應先前經濟情況的指標。當落後指標到達景氣循環高峰的轉折點時，表示真實的經濟活動已經跨過尖峰，邁入景氣下降階段；而當此種指標達景氣循環的低谷時轉折點時，表示經濟已開始復甦。

13 (A)。指具落後景氣變動性質之指標，其轉折點常落後於景氣循環轉折點。臺灣落後指標由失業率、工業及服務業經常性受僱員工人數、製造業單位產出勞動成本指數、金融業隔夜拆款利率、全體貨幣機構放款與投資、製造業存貨率6項構成項目組成。

14 (A)。政府為彌補財政赤字而大量發行公債，可能造成利率上漲，選項(A)有誤。

15 (A)。一個景氣循環週期包含一個擴張期（expansion，即介於景氣谷底（trough）至景氣高峰（peak）之期間）及一個收縮期（contraction，即介於景氣高峰至景氣谷底之期間）。復甦是擴張期之階段。

16 (C)。銀行法第4條規定：「各銀行得經營之業務項目，由中央主管機關按其類別，就本法所定之範圍內分別核定，並於營業執照上載明之。但其有關外匯業務之經營，須經中央銀行之許可。」

17 (C)。證券商設置標準第3條規定：「證券商須為股份有限公司；其最低實收資本額如下：一、證券承銷

商：新臺幣四億元。二、證券自營商：新臺幣四億元，僅經營自行買賣具證券性質之虛擬通貨業務者為新臺幣一億元。三、證券經紀商：新臺幣二億元，僅經營股權性質群眾募資業務者為新臺幣五千萬元。前項最低實收資本額，發起人應於發起時一次認足。」

18 (A)。增加政府支出與減稅會使得總需求曲線整條線向右上方移動，選項(A)有誤。

19 (B)。當一國貿易順差擴大時，國民所得將上升，本國貨幣將升值，貨幣供給將增加，外匯存底將增加。

20 (B)。同時指標指具有與景氣變動性質同步之指標，其轉折點常與景氣循環轉折點同步發生。臺灣同時指標由工業生產指數、電力（企業）總用電量、製造業銷售量指數、批發、零售及餐飲業營業額、非農業部門就業人數、實質海關出口值、實質機械及電機設備進口值7項構成項目組成，每月由國發會編製、發布，代表當時的景氣狀況，可衡量當前景氣。

21 (C)。衡量大宗物資批發價格狀況的稱為批發物價指數或薑售物價指數WPI），消費者物價指數（CPI）：以消費者的立場衡量財貨及勞務的價格，CPI與WPI最大的差異在於，WPI不包含醫療服務費用。

22 (C)。景氣對策信號係由9項構成項目組成，每一構成項目有四個檢查值（check point），這四個檢查值可將每一構成項目切割成五個區間，依序為「藍燈」、「黃藍燈」、「綠燈」、「黃紅燈」及「紅燈」五種燈號，綜合判斷分數9－16分景

氣對策信號為藍燈，17－22分為黃藍燈，23－31分為綠燈，32－37分為黃紅燈，38－45分為紅燈。

23 (C)。工業銀行不得從事收受個人存款。

24 (A)。綜合證券商是指兼營證券承銷、自營和經紀等業務的證券商。

25 (D)。在押匯作業中，進口商利用O／A（記帳）方式清償貨款，對出口商而言風險最高，因為沒有經過銀行保證。

26 (D)。通貨緊縮的防範與對策，宜採用三種方式，第一是事先防範維持寬鬆貨幣政策，並且採取非傳統方法暢通信用管道，第二是藉由外匯市場操作讓新臺幣貶值，第三則是採行擴張性財政政策。

27 (A)。
1.GNP（國民生產毛額）是一個經濟體中，全國國民在一定期間內，所生產的各種最終財貨與勞務之市場價值總和，GDP（國內生產毛額）是一國境內，在一定期間內，不論是本國國民或外國國民所生產的最終財貨與勞務的總收入或總支出，即國內總收入等於國內總支出。
2.GDP＋國外要素所得收入淨額＝GNP。

28 (A)。即期外匯市場（spot market）：外匯買賣成交後，交易雙方於當天或兩個營業日內進行交割。

29 (B)。同時指標指具有與景氣變動性質同步之指標，其轉折點常與景氣循環轉折點同步發生。臺灣同時指標由工業生產指數、電力（企業）總用電量、製造業銷售量指數、批

發、零售及餐飲業營業額、非農業部門就業人數、實質海關出口值、實質機械及電機設備進口值7項構成項目組成，每月由國發會編製、發布，代表當時的景氣狀況，可衡量當前景氣。選項(B)有誤。

30 (C)。
1. 銀行法第91條規定：「供給工業信用之專業銀行為工業銀行。工業銀行以供給工、礦、交通及其他公用事業所需中、長期信用為主要業務。…」
2. 農漁業非屬工業銀行提供中長期信用之業別。

31 (D)。
1. 銀行法第5條規定：「銀行依本法辦理授信，其期限在一年以內者，為短期信用；超過一年而在七年以內者，為中期信用；超過七年者，為長期信用。」
2. 銀行法所稱的長期信用，係指其期限超過七年。

32 (A)。 銀行法第91-1條規定：「工業銀行對有下列各款情形之生產事業直接投資，應經董事會三分之二以上董事出席及出席董事四分之三以上同意；且其投資總餘額不得超過該行上一會計年度決算後淨值百分之五：…。」

33 (A)。
1. 國際收支帳分為經常帳、資本帳與金融帳三大類，選項(A)正確。
2. 經常帳指的是勞務和財務之進出口交易，選項(B)有誤。
3. 資本帳指的是政府和民間的海外借貸與金融投資或描述一國的

長、短期資本流動情形，內容包括長期資本、非流動性短期私人資本、特別提款權、誤差與遺漏，以及流動性短期私人資本等項目，選項(C)有誤。
4. 國際收支順差時，本國貨幣有升值壓力，選項(D)有誤。

34 (C)。 在經濟循環末期階段，若失業率偏低，則債市將走軟，選項(C)有誤。

35 (B)。 我國政府推動「公共服務擴大就業方案」，此係採用增加公共費用支出，刺激景氣之財政政策工具。

36 (A)。 消費者物價指數（CPI）是應用最廣泛的通貨膨脹指標，也是各國央行十分關切的經濟數據。CPI上揚表示利率調降的可能性下降，選項(A)有誤。

37 (D)。 可轉讓定期存單面額以10萬為單位。

38 (B)。 證券商設置標準第7條規定：「證券商發起人，應於向本會申請許可時，按其種類，向本會所指定銀行存入左列款項：一、證券承銷商：新臺幣四千萬元。二、證券自營商：新臺幣一千萬元。三、證券經紀商：新臺幣五千萬元，僅經營股權性質群眾募資業務者為新臺幣一千萬元。前項存入款項，得以政府債券或金融債券代之。第一項之款項，經許可設置者，於公司辦理設立登記提存營業保證金後，始得動用；未經許可設置或經撤銷許可者，由本會通知領回。」

39 (B)。保險法第141條規定：「保險業應按資本或基金實收總額百分之十五，繳存保證金於國庫。」

40 (C)。
1. GNP（國民生產毛額）是一個經濟體中，全國國民在一定期間內，所生產的各種最終財貨與勞務之市場價值總和，GDP（國內生產毛額）是一國境內，在一定期間內，不論是本國國民或外國國民所生產的最終財貨與勞務的總收入或總支出，即國內總收入等於國內總支出。
2. GDP＋國外要素所得收入淨額＝GNP。

41 (D)。景氣對策信號係由9項構成項目組成，每一構成項目有四個檢查值（check point），這四個檢查值可將每一構成項目切割成五個區間，依序為「藍燈」、「黃藍燈」、「綠燈」、「黃紅燈」及「紅燈」五種燈號，當由黃藍燈轉為綠燈時代表景氣情況為景氣欠佳轉為景氣穩定。

42 (B)。貨幣供給增加時，LM曲線右下移，帶來生產增加、物價下跌，選項(B)有誤。

43 (B)。消費者物價指數（Consumer Price Index，簡稱CPI）是世界各國普遍編製的一種指數，CPI可反映物價上漲，及反映物價下跌的現象。

44 (D)。
1. 銀行法第12條規定：「本法稱擔保授信，謂對銀行之授信，提供左列之一為擔保者：一、不動產或動產抵押權。二、動產或權利質權。三、借款人營業交易所發生之應收票據。四、各級政府公庫主管機關、銀行或經政府核准設立之信用保證機構之保證。」
2. 借戶交易所得之遠期支票不屬於銀行法第12條規定之「擔保授信」。

45 (D)。金融機構因合併產生之商譽得於15年內攤銷之，選項(D)有誤。

46 (D)。
1. 所得稅法第14條規定，利息所得：「凡公債、公司債、金融債券、各種短期票券、存款及其他貸出款項利息之所得：一、公債包括各級政府發行之債票、庫券、證券及憑券。二、有獎儲蓄之中獎獎金，超過儲蓄額部分，視為存款利息所得。三、短期票券指期限在一年期以內之國庫券、可轉讓銀行定期存單、公司與公營事業機構發行之本票或匯票及其他經目的事業主管機關核准之短期債務憑證。短期票券到期兌償金額超過首次發售價格部分為利息所得，除依第八十八條規定扣繳稅款外，不併計綜合所得總額。」
2. 故個人投資商業本票、債券附買回交易、證券化商品之利息所得均須課稅。

47 (C)。準貨幣是指流動性較差，但在很短時間內可轉換成現金的帳戶，故又稱之為「近似貨幣」。貨幣基數又稱為「強力貨幣」，由銀行準備金與流通中通貨所構成。選項(C)有誤。

48 (B)。家計部門在總體經濟體系中，提供勞力以賺取工作收入，也提供儲蓄以賺取理財收入。

49 (B)。同時指標指具有與景氣變動性質同步之指標，其轉折點常與景氣循環轉折點同步發生。臺灣同時指標由工業生產指數、電力（企業）總用電量、製造業銷售量指數、批發、零售及餐飲業營業額、非農業部門就業人數、實質海關出口值、實質機械及電機設備進口值7項構成項目組成，每月由國發會編製、發布，代表當時的景氣狀況，可衡量當前景氣。選項(B)有誤。

50 (D)。總體經濟之供需模型分析，若國際原油價格下跌，會造成總供給曲線向右下方移動，總供給增加。

51 (A)。證券經紀商係指主管機關特許經營有價證券之行紀或居間之證券商，選項(A)有誤。

52 (A)。工業銀行可辦理存款及外匯業務對象包括：財團法人、依法設立之保險業、政府機構等。

53 (B)。依保險法規定，所稱保險業，指依本法組織登記，以經營保險為業之機構，並未規定以股份有限公司為限，選項(B)有誤。

54 (B)。「國民總所得＝工資＋地租＋利息＋利潤」此一等式是根據要素所得面觀點來衡量國民所得。

55 (C)。已開發國家的經濟成長率通常低於開發中國家，選項(C)有誤。

56 (D)。景氣對策綜合判斷分數：由行政院經建會根據各經濟活動指標所編製，用以判斷未來景氣，作為決策參考的一組信號標幟。標幟以紅，黃紅，綠，黃藍至藍燈分別代表景氣由繁榮至衰退的信號。
38分以上：「紅燈」，表示景氣過熱。
32~37分：「黃紅燈」，表示景氣微熱。
23~31分：「綠燈」，表示景氣穩定。
18~22分：「黃藍燈」表示景氣欠佳。
17分以下：「藍燈」表示景氣衰退。

57 (C)。準備貨幣是銀行、信用合作社、農漁會信用部與臺灣郵政公司儲匯處等存款機構，存放在中央銀行的存款準備金及社會大眾持有通貨的合計數。選項(C)有誤。

第二章 短期投資及信用工具

依據出題頻率區分，屬：**C** 頻率低

本章是短期投資工具及融資工具的介紹，並不是重點章節，讀者在研讀本章時，只要閱讀過有印象，可以選出答案即可，本章的出題方向仍是以觀念題為主，屬於基本分數，讀者務必掌握。

重點*1* 短期投資　　　　　　　　　　重要度★

一、存款

(一)**活期性存款**：活期存款指不規定期限，可以隨時存取現金的一種儲蓄。活期儲蓄以1元為起存點，多存不限。開戶時由銀行發給存摺，憑摺存取，每年結算一次利息。其種類有：

1. **活期存款**：個人、法人、一般行號團體適用，隨時可依其需求進行存、提。依牌告利率採機動計息，並按日計息，每半年結息一次。最低起息額為新臺幣10,000元。

2. **活期儲蓄存款**：個人或非營利法人適用，隨時可依其需求進行存、提，利率比活期存款高。依牌告利率採機動計息，並按日計息，每半年結息一次。最低起息額為新臺幣5,000元。（實務上，各家銀行對低起息額不同，有些銀行訂為新臺幣10,000元）

3. **支票存款**：個人、法人、一般行號團體適用。支票存款不予計息。

4. **證券存款**：個人、法人、一般行號團體適用。依牌告利率採機動計息，並按日計息，每半年結息一次。存取方式、起息金額比照活期（儲蓄）存款。

(二)**定期性存款**：定期存款指存款人同銀行約定存款期限，到期支取本金和利息的儲蓄形式。期限：最少1個月，最長3年。其種類有：

1. **定期存款**：提供1個月以上至3年等存期選擇。領息方式可按月或到期一次領取本息，採單利計息，利率可選擇機動利率或固定利率。可臨櫃辦理指定存款到期日。可臨櫃辦理質押借款。

2. **定期儲蓄存款**：提供1年、13個月、2年、3年等存期選擇。領息方式可按月、按年或到期一次領取本息。可臨櫃辦理指定存款到期日。可臨櫃辦理質押借款。可分為：
   (1) 零存整付：零存整取指開戶時約定存期、分次每月固定存款金額（由您自定）、到期一次支取本息的一種個人存款。
   (2) 整存整付：複利計息，到期本息一次領取。
   (3) 存本取息：存本取息指在存款開戶時約定存期、整筆一次存入，按固定期限分次支取利息，到期一次支取本金的一種個人存款。一般是5,000元起存。

3. **可轉讓定期存單**：可選擇記名或無記名，並得依法自由流通轉讓。期限最短為1個月，最長不得超過1年，且不得中途提本取息或要求更改契約內容。可轉讓定期存單之面額，以新臺幣十萬元為單位，按10萬元之倍數發行（10萬元、50萬元、100萬元、500萬元、1,000萬元、5,000萬元、1億元等）。可指定到期日。

> **考點速攻**
>
> 可轉讓定期存單記名式以背書轉讓；無記名式以交付轉讓。未到期前可轉讓，亦可質押。

可臨櫃辦理質押借款。「可轉讓定期存單」意即所申購的存單在存款期間可自由轉讓給第三人。除了到期領回本金利息外，持有人若有急需時，也可以依照所需金額將存單出售給票券公司週轉資金，或在貨幣市場利率走低時，賣出手中之可轉讓定期存單，賺取資本利得。而且利息採20%分離課稅，具有節稅效果。

(三)**特色存款**

1. **綜合存款**：可將活期（儲蓄）存款、定期（儲蓄）存款及定存質借功能，整合同一帳戶。綜合活期存款：個人、公司、行號或團體均可申辦。綜合活期儲蓄存款：自然人及非營利法人為限。可將活期（儲蓄）存款、定期（儲蓄）存款及定存質借功能，整合同一帳戶。申請開啟質借功能，無需將定存解約，即可隨時動用借款及還款，且免申辦手續費。

2. **通知存款**：通知存款是指在存入款項時不約定存期，支取時事先通知銀行，約定支取存款日期和金額的一種個人存款方式。

二、貨幣市場工具介紹

(一)**貨幣市場的定義**：貨幣市場為短期資金供需之交易場所，主要包括短期票券與銀行同業拆借市場。貨幣市場係調節短期資金供需，運用短期信用工具融通資金的市場，短間則在1以內。簡言之，貨幣市場實際就是短期資金借貸市場。

(二)貨幣市場工具

1. **國庫券**：國庫券是一國政府為滿足先支後收所產生的臨時性資金需要而發行的短期債券。可分為：

    (1) 甲種國庫券：財政部按面額發行，到期時本金與利息一次償還，目的在調節國庫收支。

    (2) 乙種國庫券：中央銀行按貼現發行，到期時償還本金，為公開市場操作的工具，目的在穩定金融市場。

2. **大額可轉讓存單**：大額可轉讓定期存單，是銀行發行的到期之前可轉讓的定期存款憑證。

3. **商業本票**：商業本票指發行體為滿足流動資金需求所發行的、期限為2天至270天的、可流通轉讓的債務工具。一般是指商業上由出票人簽發，無條件約定自己或要求他人支付一定金額，可流通轉讓的有價證券，持有人具有一定權力的憑證。發行人通常是大公司或公營事業，經票券金融公司簽證，發行人或保證人經信評公司評等，利息採10%分離課稅，具有節稅效果。

    考點速攻

    1. 依我國稅法規定，投資商業本票之利息所得稅稅率為10%分離課稅。
    2. 發行融資性商業本票時須辦理簽證手續。
    3. 一般發行商業本票（CP）時會產生保證費、簽證費、承銷費。

4. **銀行承兌匯票**：銀行承兌匯票是由在承兌銀行開立存款帳戶的存款人出票，向開戶銀行申請並經銀行審查同意承兌的，保證在指定日期無條件支付確定的金額給收款人或持票人的票據。對出票人簽發的商業匯票進行承兌是銀行基於對出票人資信的認可而給予的信用支持。

5. **附條件交易**：

    (1) 附條件交易之定義：債券附條件交易，債券持有者暫時出售債券給資金提供者，雙方約定承作金額、天期與利率，到期時由原債券持有者依約定之到期金額買回債券。其約定的承作期間最短為1天，最長不超過1年。

    (2) 附條件交易之種類：

    A. 附買回協議交易（RP）：指投資人先向票券商或證券商買進短期票券或債券，並約定以某特定價格，於某一特定日再由票券商或證券商向投資人買回的交易。

    B. 附賣回協議交易（RS）：是指票券商或證券商先向投資人買進短期票券或債券，同時

    考點速攻

    固定收益的有價證券持有者出售證券予投資人，並與投資人約定於特定天期按確定之價格買回該證券，此交易方式稱為附買回協議交易。

與投資人約定於未來某一特定日，以某一特定價格再賣回給投資人的交易。

(3) 附條件交易承受的風險：附條件交易在債券進行買賣時，賣方已事先約定價格再行買回債券，因此買方在進行附買回交易時，並不承擔本身價格波動的風險，僅是賺取固定的利息收入。當附條件交易中交易標的債券發生違約時，附條件交易的賣方應承擔該違約損失風險，而附條件交易的買方則不需承擔。但當附條件交易中的賣方發生違約時，附條件交易的買方則需承擔賣方違約的損失。因此，附條件交易的買方，因慎選交易對手，避免違約發生。

(4) 附條件交易承受的時機：
  A. 一般投資人多以承作附買回交易為多，因為收益較高，且買賣方便，資金運用靈活，屬於風險較低的投資工具。
  B. 近年來成為保守型投資人的資金停泊處也是積極型投資人的短期資金避風港。

(5) 附條件交易承受的優點：
  A. 利率優惠：附買回利率比照貨幣市場行情，比銀行活存或活儲利率高，有時甚至比1個月定存利率還高。
  B. 交易期間彈性大：可依投資人的資金配置狀況，選擇合適的天期承作。若臨時需要資金週轉，可辦理解約，最快當日即可取得所需款項。
  C. 免手續費：債券附條件交易係透過自營商買賣，手續費全免。
  D. 操作靈活：投資人可靈活運用資金投資股票、債券及其他衍生性商品。
  E. 解款匯回速度快：當日早上解款，當日可收到解約款項。

6. **其他貨幣市場工具：**
  (1) 歐洲美元：指以美元為面值而不是以當地貨幣，如以英鎊為面值存在外國銀行或美國銀行在國外分之行的存款。
  (2) 聯邦基金：是在聯邦儲備銀行存款的存款機構的隔夜貸款。

三、貨幣市場基金

(一)**貨幣市場基金之定義**：指投資於貨幣市場上短期（1年以內，平均期限120天）有價證券的一種投資基金。該基金資產主要投資於短期貨幣工具如國庫券、商業票據、銀行定期存單、政府短期債券、企業債券等短期有價證券。

(二)貨幣市場基金之特色

1. **資產淨值是固定不變**：貨幣市場基金與其它投資於股票的基金最主要的不同在於基金單位的資產淨值是固定不變的，通常是每1個基金單位1元。投資該基金後，投資者可利用收益再投資，投資收益就不斷累積。

2. **衡量貨幣市場基金表現好壞是收益率**：衡量貨幣市場基金表現好壞的標準是收益率，這與其它基金以淨資產價值增值獲利不同。

3. **流動性好、資本安全性高**：這些特點主要源於貨幣市場是一個低風險、流動性高的市場。同時，投資者可以不受到期日限制，隨時可根據需要轉讓基金單位。

4. **風險性低**：貨幣市場工具的到期日通常很短，貨幣市場基金投資組合的平均期限一般為4～6個月，因此風險較低，其價格通常只受市場利率的影響。

5. **投資成本低**：貨幣市場基金通常不收取贖回費用，並且其管理費用也較低，貨幣市場基金的年管理費用大約為基金資產淨值的0.25%～1%，比傳統的基金年管理費率1%～2.5%低。

6. **貨幣市場基金均為開放式基金**：貨幣市場基金通常被視為無風險或低風險投資工具，適合資本短期投資生息以備不時之需，特別是在利率高、通貨膨脹率高、證券流動性下降，可信度降低時，可使本金免遭損失。

四、保本型商品

(一)**保本商品的定義**：指犧牲部分本金或固定收益商品之利息，用以買入衍生性金融商品，收益連結標的資產（利率、匯率、選擇權等等，但不包含信用）的表現，讓投資人在風險有限的情況下追求穩健的報酬。

通常發行機構在投資初期即購買一個等額的零息債券，零息債券的市場價格係以市場利率將債券到期金額折現到交易時之現值，換句話說購買價格等於先扣除未來的利息收入，以淨額支付交易對手，債券到期日可收到與投資人原始投入金額相等數額的金額，故具保本效果。再以預收的利息去購買（buy）一個商品的賣權（put）或買權（call），買權的買方有權利在約定期間內，用

考點速攻

1. 所謂保本型商品是由一個固定收益商品，加上參與分配股權連結標的資產報酬之權利所組合成之結構型商品。
2. 保本型商品：最大的損失是支付權利金（利息）→風險固定，但獲利並不固定。
3. 保本型商品：商品特色→保本不保息。
4. 應特別留意的是，保本商品投資人提前解約不保證100%保本。

約定價格、買入約定的標的物；賣權的買方有權利在約定期間內，以約定價格賣出約定的標的物，不論買權或賣權，買方擁有主控權，頂多只損失購買選擇權的權利金，投資人最後可領回的就是原來的本金，但若執行買權或賣權有利時，即有利潤可分享投資人。

(二)**保本型商品之設計**：保本型商品為固定收益商品加上參與分配連結標的資產報酬之權利所組成的衍生性金融商品交易，投資人在到期時，至少可獲得事先約定某一比例的投資本金，而實際的總報酬則是隨著連結標的資產價格成長幅度而定，其架構如下：

$$\boxed{\text{保本型商品}} \; = \; \boxed{\text{零息債券}} \; + \; \boxed{\text{買進標的資產選擇權}}$$

(三)**保本型商品種類**

　1.**100%保本**：

　　(1) 全部外幣定存的利息收入，作為買入選擇權的權利金。

　　(2) 一旦選擇權到期，無執行收益，商品收益率為0。

　2.**非100%保本**：

　　(1) 投資人犧牲部分本金，連同原本定存利息收入，作為買入選擇權的權利金。

　　(2) 一旦選擇權到期，無執行收益，商品收益率為0，且本金虧損。

(四)**保本型商品之報酬**

　1. 保本率及參與率

　　(1) 保本率：到期時可獲得的本金保障比率。保本率和投資人風險特性有關聯性，比較保守者不能承受較大風險，其保本率會要求較高；比較積極投資人，保本率較低。常見的保本率介於80%至100%之間。保本率越

考點速攻

我國主管機關規定保本率不得低於80%。

　　　　高，所能投入高風險資產的投資愈少，雖然到期時，可取回較多的本金，但犧牲了未來可能獲得高獲利的機會。

　　(2) 參與率：

　　　A. 可參與「標的物」資產報酬分配的比率。例如，參與率為90%，當投資連結商品獲利20%時，此保本型債券的投資人即可享有額外18%（90%×20%＝18%）的投資收益。一般說來，保本率愈高則參與率愈低，這是由於參與率較高之商品，於投資初期，必須將較大部分投入本金購買選擇權，故保本率會降低。參與率公式如下：

期初股價指數連動債券：

$$F = \frac{\theta \times F}{(1+r)^T} + \lambda \times C$$

F：股價指數連動債面值

θ：保本率

r：市場無風險利率

T：到期期限

λ：參與率

C：選擇權價值

上式可簡化為：參與率$= \dfrac{F-f}{C}$

f＝純債券價值之現值

故當債券面值、保本率、零息債券殖利率、到期期間及選擇權價值均為已知時，理論的參與率就可求得。

B. 影響參與率的因素：

a.保本率：保本率越高，參與率越低。

b.市場利率：市場利率越低，純債券價值越高，可投資於選擇權的金額就越少，參與率就越低。

c.到期期限：從純債券觀點來看，當期限越長，必須投資於純債券的金額就越小，可以投資於選擇權的金額就越多，所以參與率就越高。

d.選擇權價值：影響選擇權價值的因素，也會影響參與率，包括：期限、市場利率、股價報酬波動性與履約價格等。

> **考點速攻**
>
> 1.影響參與率的因素→債券面值、保本率、零息債券殖利率、到期期間及選擇權價值。
> 2.保本率及參與率會呈現反向關係。

C. 反向關係：保本率及參與率越高，對投資人越有利，價格也越高。通常發行商為了銷售容易起見，傾向維持以價平發行保本型商品，因此常以高保本率搭配低參與率，高參與率搭配低保本率，亦即保本率及參與率會呈現反向關係。

2. 報酬的計算：投資人的收益，期滿後除了可取回依約定比例領回之本金外（本金保障多寡視保本率而定），還可以在選擇權標的物上漲時，參與標的之漲幅。

PGN 的報酬型態

到期日連結標的價格大於或
等於起始日連結標的價格

投資人領回本金＝
本金 ×[保本率＋ (參與率 × 標的報酬率)]

到期日連結標的價格小
於起始日連結標的價格

投資人領回本金＝本金 × 保本率

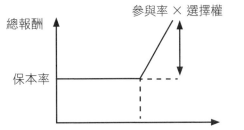

總報酬率＝
保本率＋參與率 ×Max[標的報酬率 ,0]

範例1

若D保本商品保本率為90%，參與率為80%，連結的臺股指數選擇權標的
行情漲幅30%。

總投資報酬率＝90%＋80%×max（30%,0）＝114%

範例2

交易條款	契約交易日：2003/07/19	保本率：95%
	契約到期日：2004/07/18	參與率：90%
	連結標的資產：聯電	履約價格：21元
	契約本金：NTD$10,000,000	結算方式：現金交割
	到期金額：契約本金×(保本率＋參與率×MAX [(結算價格－履約價格)/履約價格,0])	

到期報酬：

情形一：結算價格15.3元。

　　　　→到期金額：9,500,000元。由於保本的特性，聯電股價低於21
　　　　元履約價時，不管跌到多低，投資人仍可保有9,500,000元之
　　　　本金。

情形二：結算價格25.2元。

→到期金額：11,300,000元，由於選擇權的特性，聯電股價漲得越多，投資人賺得越多。

計算公式：$10,000,000 \times (95\% + 90\% \times (25.2 - 21)/21) = 11,300,000$

範例3

甲券商發行100萬元九個月期、保本率94%之保本型商品，假設定存年利率為2%，則該券商至少須存多少金額，才能保證到期能達到保本率要求？

→$100 \times 94\% - 100 \times 94\% \times 2\% \times 9/12 = 92.60$（萬元）

牛刀小試

( ) **1** 發行商業本票時，每筆簽證手續費最低收費金額為何？ (A)3,000元 (B)2,000元 (C)1,000元 (D)200元。 【第30屆理財人員】

( ) **2** 企業為籌措短期資金，發行商業本票所需承擔的承銷手續費用，每筆的最低收費金額為何？ (A)200元 (B)500元 (C)1,000元 (D)2,000元。 【第30屆理財人員】

( ) **3** 個人投資下列何種金融商品時，其利息所得須課稅？A.商業本票 B.債券附買回交易 C.證券化商品 (A)僅A、B (B)僅A、C (C)僅B、C (D)A、B、C。 【第30屆理財人員】

( ) **4** 某甲以半年複利一次的方式存放二年期定期存款1,000,000元，其利率為5%，試問到期的本利和為何？ (A)1,100,000元 (B)1,103,813元 (C)1,157,625元 (D)1,215,506元。 【第30屆理財人員】

( ) **5** 甲公司於某年1月5日發行30天期商業本票1,000萬元，承銷利率為6.5%，保證費率0.75%，承銷費率0.25%，簽證費率0.03%，試問其發行成本多少元？（取最接近值） (A)185,666元 (B)61,884元 (C)185,656元 (D)61,874元。 【第30屆理財人員】

( ) **6** 短期保本投資工具中，下列何者必須經過票券交易商簽證及承銷始得成為貨幣市場交易工具？ (A)國庫券 (B)商業本票 (C)可轉讓定期存單 (D)銀行承兌匯票。 【第28屆理財人員】

( ) **7** 可轉讓定期存單發行期限最長為多久？ (A)無限制 (B)2年 (C)1年 (D)1個月。 【第36屆理財人員】

（　　）　**8** 下列何者不是貨幣市場基金的特質？　(A)低風險性　(B)高流動性　(C)高收益率　(D)低安全性。　【第38屆理財人員】

解答及解析

1 (D)。發行商業本票時，每筆保證手續費、簽證手續費及承銷手續費之費率由各機構訂定，但簽證手續費及承銷手續費最低收費標準為每筆200元及2,000元。

2 (D)。發行商業本票時，每筆保證手續費、簽證手續費及承銷手續費之費率由各機構訂定，但簽證手續費及承銷手續費最低收費標準為每筆200元及2,000元。

3 (D)。
1.所得稅法第14條，利息所得係指凡公債、公司債、金融債券、各種短期票券、存款及其他貸出款項利息之所得：一、公債包括各級政府發行之債票、庫券、證券及憑券。二、有獎儲蓄之中獎獎金，超過儲蓄額部分，視為存款利息所得。三、短期票券指期限在一年期以內之國庫券、可轉讓銀行定期存單、公司與公營事業機構發行之本票或匯票及其他經目的事業主管機關核准之短期債務憑證。短期票券到期兌償金額超過首次發售價格部分為利息所得，除依第八十八條規定扣繳稅款外，不併計綜合所得總額。
2.故個人投資商業本票、債券附買回交易、證券化商品金融商品時，其利息所得須課稅。

4 (B)。$1,000,000 \times (1+2.5\%)^4 = 1,000,000 \times 1.103813 = 1,103,813$（元）。

5 (B)。
1.貼現息＝(貼現率×發行天數÷365)×10,000,000
　＝(6.5%×30÷365)×10,000,000＝53,425
2.保證費＝發行金額×保證費率×發行天數÷365＝10,000,000×0.75%×30÷365＝6,164
3.簽證費＝發行金額×簽證費率×發行天數÷365＝10,000,000×0.03%×30÷365＝246
4.承銷費＝發行金額×承銷費率×發行天數÷365＝10,000,000×0.25%×30÷365＝2,054
5.總成本＝53,425＋6,164＋246＋2,054＝61,889（元），最接近值為(B)61,884元。

6 (B)。商業本票（Commercial Paper，簡稱CP2）又稱「第二類商業本票」，係工商企業為籌措短期資金所簽發的本票，經專業票券商或合格金融機構簽證、承銷後，流通於貨幣市場上。

7 (C)。可轉讓定期存單期限最短為1個月，最長不得超過1年。

8 (D)。貨幣市場基金除具有收益穩定、流動性強、購買限額低、風險低、資本安全性高等特點。

重點2　信用工具　　　　重要度★

一、信用卡

(一)**信用卡的定義**：係消費者於獲取商品或服務後才支付價金，消費者需先向金融機構簽署信用合約，取得一定之授信額度，於該額度內消費，並於每期帳單繳款截止日前至少繳付當期應繳之最低金額，餘款則可為循環償還。

(二)**信用卡的優點**

1. **延遲付款節省利息**：使用信用卡刷卡消費享有20～56天的免息期，只要按時還款利息分文不收。信用卡最方便的使用方式就是可以在卡裡沒有現金的情況下進行普通消費，在很多情況下只要按期歸還消費的金額就可以了。

2. **方便安全**：買東西時刷卡不僅安全、方便，而且還可以累計信用卡積分，積分可以兌換禮品。

3. **消費折扣**：大部分銀行都會推出一些商戶優惠活動，可享受折扣優惠。

4. **臨時應急**：信用卡最好不要取現，收取手續費用很高，很不划算。

(三)**信用卡的缺點**

1. **容易讓人過度消費**：刷卡不像付現金那樣一張一張把鈔票花出去，刷卡其實沒什麼感覺，再加上信用卡是提前透支消費的，可以先刷銀行的錢，從而就會導致盲目消費，花錢如流水。

2. **利息高**：如果你不會規劃使用信用卡，導致最後還款日到了也不能如期還款，銀行會向你收取高額利息，即使是選擇分期或最低還款，也逃不過銀行的收費，即分期手續費及最低還款所產生的利息。信用卡最大的缺點就是，一旦超過無息還款時間，就會收取高額的利息，依民法第205條規定，利率最高為16%，超過者無效，但銀行法第47－1條第2項，自104年9月1日起，銀行辦理現金卡之利率或信用卡業務機構辦理信用卡之循環信用利率不得超過年利率15%。循環信用以日計息，起息日以入帳

日開始算，而非繳款截止日，亦即銀行代持卡人先付款的墊款日開始計算利息。

3. **需交年費**：信用卡基本上都有年費，但基本上都有免年費的政策，但是如果你1年刷卡沒達到銀行指定的次數，就會產生年費。

4. **影響個人信用記錄**：如果有欠款長期不歸還，就會影響個人信用記錄，甚至被銀行列入黑名單，以後要向銀行貸款買房買車，就會有可能被銀行拒絕。

5. **套現沒有免息期**：信用卡雖然有免息期，但只針對刷卡消費，套現沒有免息期，而且還要收取手續費。

二、小額信貸

(一)**小額信貸的定義**：指所有小額個人信用貸款。種類有機關團體員工消費性貸款、個人實支型信用貸款、個人設定額度型信用貸款。

(二)**信用卡的特色**

1. **無需提供擔保**：消費性小額信用貸款的特色，債務人無需提供抵押品或第三人擔保，僅憑自己的信譽就能取得貸款，由於是以借款人信用程度作為還款保證，借款人的還款能力和個人信用狀況因素顯得格外重要。

2. **核貸快速**：消費性小額信用放貸過程快、手續簡便。一般在貸款受理之日起7天內辦理完畢。

三、理財型房貸

(一)**理財型房貸的定義**：以房地產為擔保品，向銀行申請設定循環信用額度，將個人不動產轉化成一筆可隨時運用的資金，抵押設定後可備而不用，動用時按日計息，可隨借隨還，沒有提前償還違約金的顧慮，在有效期間內每年自動續約，資金來源穩定。

考點速攻

理財型房貸利率一般比傳統性房貸高。

(二)**理財型房貸的種類**

1. **綜合型（透支型）房貸**：適合購屋自備款成數較高的消費者。雖然銀行可以貸給消費者8成房貸，但消費者手中已有5成的購屋預算，多出來的3成就可以申請為透支額度；另外5成則採一般房貸計算利息。「透支額度」有點類似信用卡的信用額度。額度掛在貸款戶的存款帳戶下，當你使用金融卡或支票，動用到這個額度才計算利息；不動用，就不收取任

何費用及利息，「可以說是消費者隨時可以動用的預備金，額度內，消費者可以隨借隨還，動用後，以日計息。」

2. **回復型房貸**：也是現今最風行的理財型房貸種類。消費者需要的房貸資金一次全額撥放，未來償還房貸本金部分，將轉到貸款戶的透支額度帳戶中。例如，當你償還100萬房貸後，透支額度就增加為100萬。

3. **周轉型房貸**：適合手上需要大筆資金進出者。申貸人在不超過抵押不動產價值的範圍內，將房貸額度作為循環額度，不用像一般房貸每月必須固定攤還本金利息，可以隨借隨還，動用後才開始計息。

(三)**理財型房貸的特色**

1. **隨借隨還**：相對於市面上的信用貸款，理財型房貸因提供抵押品，銀行的風險較低，所以能降低利率，借款人可透過金融卡、存摺甚至是網路銀行使用該筆資金，可隨借隨還，無動用資金則無利息，讓資金周轉更便利。

2. **利率較高**：理財型房貸的房貸利率比一般優惠房貸還要高。（約1%～1.25%）

牛刀小試

(　　) **1** 甲君以信用卡消費四萬元（最低繳款金額一千元），至繳款日只繳一萬元，若其銀行以墊款日為循環利息起算日，則甲君在銀行墊款日至下一繳款日間，其繳交之利息是以多少消費金額計算？　(A)4萬元 (B)3.9萬元　(C)3萬元　(D)不須負擔任何利息。【第28、27屆理財人員】

(　　) **2** 有關理財型房貸，下列敘述何者正確？　(A)動用時一般係按月計息，隨借隨還，沒有提前清償違約金的顧慮　(B)理財型房貸在抵押權設定有效期限內，得每年續約　(C)理財型房貸每次循環使用時，須到銀行申請新增額度　(D)長期資金需求，應以理財型房貸因應。　　　　　　　　　　　　　　　　　　【第28屆理財人員】

(　　) **3** 一般銀行推出的小額信用貸款，下列敘述何者正確？　(A)銀行對一般機關團體員工承作消費性貸款，大多以員工互保方式辦理 (B)通常銀行對一般機關團體員工之消費性貸款的承作利率不低於個人申辦信用貸款　(C)銀行對個人實支型信用貸款的承作額度，均由分行經理裁定，對於申請人個人實收年薪之多寡，並不一定列入考量，且可僅繳付利息，不須分期攤還本金　(D)銀行對個人

設定額度型信用貸款，因可按日計息，隨借隨還，故利率一般較信用卡循環利率為高。　　　　　　　　　　　　【第21屆理財人員】

(　　) **4** 有關信用卡循環利率，下列敘述何者正確？　(A)依民法規定，信用卡循環利率最高者為15%　(B)循環利率的計算以月計息　(C)若以持卡人繳款截止日為利息起算日，則對持卡人最不利　(D)如果已使用循環信用，持卡人可自別家申請訂有期限較低利率之信用卡代償。　　　　　　　　　　　　【第37屆理財人員】

解答及解析

1 (C)。甲君以信用卡消費四萬元（最低繳款金額一千元），至繳款日只繳一萬元，若其銀行以墊款日為循環利息起算日，則甲君在銀行墊款日至下一繳款日間，其繳交之利息是尚未繳納之消費金額3萬元計算（4萬元－1萬元）。

2 (B)。理財型房貸係指每月已還的房貸本金會自動轉成您隨時可以動用的備用金，不用重新申請，得每年續約。在約定的金額及期間內，所償還的每1塊錢本金，都可隨時再借出來，以應付不時之需。所繳的本金愈多，回復的備用金額度也愈高。

3 (A)。銀行與公教機關或大企業的人事或福利委員會接洽，辦理員工互保的消費性貸款。因為公教機關或大企業的員工比較穩定且有3人或6人連保機制，因此不管是在額度上或是在利率上都比個人申辦信用貸款要優惠得多。選項(A)正確。

4 (D)。(A)銀行法第47－1條第2項，自104年9月1日起，銀行辦理現金卡之利率或信用卡業務機構辦理信用卡之循環信用利率不得超過年利率15%。(B)循環利息就是當該期帳單沒有全部繳清時，未繳款的部分會以高額利率以日計算利息，此利率即為循環利率。(C)循環利息的計算會從入帳日開始算，而非繳款截止日。

精選試題

(　　) **1** A公司於105年1月1日發行60天期商業本票5,000萬元，承銷利率為1.53%，發行每萬元單價為何？　(A)9,974.74元　(B)9,974.85元　(C)9,974.96元　(D)9,974.99元。　　　　　　　【第29屆理財人員】

（　　）　**2** 投資者以新臺幣5,000萬元向證券商買進中央政府公債，並約定由該證券商於20天後支付1.25%利息，並向投資者買回，對投資者而言此種交易方式係指下列何者？　(A)附買回交易　(B)附賣回交易　(C)買斷交易　(D)賣斷交易。　　　　　　　　　　【第29屆理財人員】

（　　）　**3** 下列何者不是貨幣市場之交易工具？　(A)國庫券　(B)商業本票　(C)債券附買回交易　(D)可轉換公司債。　　　　　　　　【第29屆理財人員】

（　　）　**4** 某公司發行180天期商業本票一千萬元之各項費率如下：利率2.50%、保證手續費0.50%、承銷費0.25%、簽證費0.03%，請計算其總成本為何？（取最接近值）　(A)50,795元　(B)80,877元　(C)161,751元　(D)164,000元。　　　　　　　　　　【第29屆理財人員】

（　　）　**5** 乙種國庫券係由政府委託下列何者代為發行？　(A)財政部　(B)中央銀行　(C)臺灣銀行　(D)經濟部。　　　　　　　【第27屆理財人員】

（　　）　**6** 下列何者不是貨幣市場基金的特質？　(A)低風險性　(B)高流動性　(C)高收益率　(D)低安全性。　　　　　　　　　【第27屆理財人員】

（　　）　**7** 下列敘述何者錯誤？　(A)定期存款於未到期時可向銀行辦理質借　(B)定期存款期限最少一個月、最長三年　(C)可轉讓定期存單得中途解約　(D)可轉讓定期存單得採記名方式發行。【第26屆理財人員】

（　　）　**8** 依我國目前稅法規定，投資商業本票之利息所得稅稅率為何？　(A)免稅　(B)併入綜合所得或營利事業所得申報課稅　(C)20%分離課稅　(D)10%分離課稅。　　　　　　　　　【第26屆理財人員】

（　　）　**9** 假設大成公司於103年10月01日發行90天期商業本票2,000萬元，承銷利率為6.5%，保證費率0.75%，承銷費率0.25%，簽證費率0.03%。請問大成公司發行此票券實得金額多少元？（取最接近值）　(A)19,628,660元　(B)20,000,000元　(C)19,528,600元　(D)19,828,660元。　　　　　　　　　　　　　【第26屆理財人員】

（　　）　**10** 固定收益的有價證券持有者出售證券予投資人，並與投資人約定於特定天期按確定之價格買回該證券，此交易方式稱為下列何者？　(A)期貨交易　(B)附買回協議交易　(C)附賣回協議交易　(D)遠期利率協定。　　　　　　　　　　　　【第25屆理財人員】

（　　）　**11** 某公司發行60天期商業本票面額1,200萬元，設貼現率為1.65%，承銷費率為0.15%，簽證費率為0.03%，保證費率為0.75%，試算本筆商業本票發行總成本換算之年利率約為下列何者？　(A)2.26%　(B)2.35%　(C)2.59%　(D)2.66%。　　　　　　　　　　【第25屆理財人員】

( ) **12** 下列敘述何者錯誤？ (A)定期存款於未到期時可向銀行辦理質借 (B)定期存款期限最少一個月，最長三年 (C)可轉讓定期存單得採記名方式發行 (D)可轉讓定期存單可中途解約。【第24屆理財人員】

( ) **13** 有關「人民幣無本金交割選擇權」業務之敘述，下列何者錯誤？ (A)有助於解決大陸臺商匯率避險需求 (B)客戶與銀行簽訂美元兌換人民幣之匯率選擇權契約 (C)到期時選擇權買方有權要求賣方以事先約定之匯率進行交割 (D)到期時就市場匯率與預定匯率間之差額以人民幣做淨額交割。【第24屆理財人員】

( ) **14** 投資者以新臺幣10萬元向證券商買進中央政府公債，並約定由該證券商於10天後支付1.95%利息向投資者買回，就證券商而言，此種交易方式係指下列何者？ (A)附買回交易（RP） (B)附賣回交易（RS） (C)買斷交易（OB） (D)賣斷交易（OS）。【第23屆理財人員】

( ) **15** 下列何者非發行商業本票的成本？ (A)利息 (B)保證費 (C)簽證費 (D)設定費。【第22屆理財人員】

解答及解析

1 (B)。發行每萬元單價
$= (50{,}000{,}000 - 50{,}000{,}000 \times$
$1.53\% \times 60 \div 365) / 5{,}000$
$= 9{,}974.85$（元）。

2 (B)。附賣回交易（簡稱RS），則是買方（交易商）再以原金額加上事先約定的利率賣回該債券。所以投資人並不承擔債券本身價格波動的風險，只是賺取固定的利息收入。

3 (D)。可轉換公司債是資本市場之交易工具。

4 (C)。
1. 貼現息＝（貼現率×發行天數÷365）×10,000,000
$= (2.50\% \times 180 \div 365)$
$\times 10{,}000{,}000 = 123{,}288$

2. 保證費＝發行金額×保證費率×發行天數÷365
$= 10{,}000{,}000 \times 0.50\% \times 180 \div 365$
$= 24{,}657$

3. 簽證費＝發行金額×簽證費率×發行天數÷365
$= 10{,}000{,}000 \times 0.03\% \times 180 \div 365$
$= 1{,}478$

4. 承銷費＝發行金額×承銷費率×發行天數÷365
$= 10{,}000{,}000 \times 0.25\% \times 180 \div 365$
$= 12{,}328$

5. 總成本＝123,288＋24,657＋1,478＋12,328＝161,751

5 (B)。乙種國庫券係由政府委託中央銀行代為發行。乙種國庫券是由中央銀行採貼現方式發行，屬於央行的貨幣政策工具，用以控制市面上

的貨幣數量，在貨幣寬鬆時用國庫券來收回貨幣以達到穩定貨幣供給量的目的。

6 (D)。貨幣市場基金的特質是較高的安全性。

7 (C)。可轉讓定期存單（NCD）是一種貨幣工具，係由銀行承諾於指定到期日按票載利率條款付予定期存款戶本息並得自由轉讓之存款憑證。於可轉讓定期存單不可解約，當持有可轉讓定期存單的客戶急需用錢時，可將存單依照自己所需的金額出售。選項(C)有誤。

8 (D)。依所得稅法第17條規定，投資商業本票之利息採10%分離課稅。

9 (A)。
1. 貼現息＝(貼現率×發行天數÷365)×20,000,000＝(6.5%×90÷365)×20,000,000＝320,547
2. 保證費
＝發行金額×保證費率×發行天數÷365
＝20,000,000×0.75%×90÷365
＝36,986
3. 簽證費
＝發行金額×簽證費率×發行天數÷365
＝20,000,000×0.03%×90÷365
＝1,476
4. 承銷費
＝發行金額×承銷費率×發行天數÷365
＝20,000,000×0.25%×90÷365
＝12,331
5. 總成本＝320,547＋36,986＋1,476＋12,331＝371,340（元）。
6. 實得金額＝20,000,000－371,340＝19,628,660

10 (B)。附買回協議交易係指固定收益的有價證券持有者出售證券予投資人，並與投資人約定於特定天期按確定之價格買回該證券。

11 (C)。
1. 貼現息＝(貼現率×發行天數÷365)×20,000,000
＝(1.65%×60÷365)×12,000,000
＝31,562
2. 保證費
＝發行金額×保證費率×發行天數÷365
＝12,000,000×0.75%×60÷365
＝14,795
3. 簽證費
＝發行金額×簽證費率×發行天數÷365
＝12,000,000×0.03%×60÷365
＝592
4. 承銷費
＝發行金額×承銷費率×發行天數÷365
＝12,000,000×0.15%×60÷365
＝2,959
5. 總成本＝31,562＋14,795＋592＋2,959＝49,908（元）。
6. 年利率＝49,908÷1,200,000÷$\dfrac{60}{365}$
≒2.59%

12 (D)。可轉讓定期存單（NCD）是一種貨幣工具，係由銀行承諾於指定到期日按票載利率條款付予定期存款戶本息並得自由轉讓之存款憑證。於可轉讓定期存單不可解約，當持有可轉讓定期存單的客戶急需用錢時，可將存單依照自己所需的金額出售。選項(D)有誤。

13 (D)。「人民幣無本金交割選擇權」
是指期權買方向期權賣方支付一定的
期權費,擁有在未來的一定時期後按
照約定的匯率向期權賣方買進或者賣
出約定數額的貨幣的權利;同時,期
權買方也有權不執行上述交易合約。
「人民幣無本金交割選擇權」是以人
民幣為計價標的計算匯率價差,並
折算為美元後,以美元結算,無須交
割契約本金,亦無須持人民幣進行結
算。選項(D)有誤。

14 (A)。投資者以新臺幣10萬元向證
券商買進中央政府公債,並約定由
該證券商於10天後支付1.95%利息
向投資者買回,就證券商而言,
此種交易方式係指「附買回交易
(RP)」。

15 (D)。
1.發行商業本票的成本=貼現息+
保證費+簽證費+承銷費+集保
交割服務費。
2.「設定費」非發行商業本票的成本。

NOTE

第三章　債券及股票投資

依據出題頻率區分，屬：**A** 頻率高

本章是債券及股票投資的介紹，是理財工具的重點章節，這其實不難理解，因為債券及股票投資在臺灣這個環境是超級方便的，一般人就算沒有債券的投資經驗，一定有股票的投資經驗，本章的出題類型因投資工具特性及市場多元性的緣故，故本章題型較有變化，但只要能弄懂本章，相信讀者以後對這兩種投資工具一定更有心得，更能得心應手。

重點1　債券投資　重要度★★★

一、債券的定義及特性

(一)**定義**：債券是一種債務憑證，發行機構承諾付款給投資人的長期借據。發行機構承諾在未來的特定期間之內，定期將利息支付給債券投資人，並且在債券的到期日將債券本金償還給投資人。

(二)**特性**

1. 表彰債權，且具流通、交易功能。
2. 穩定利息收入。
3. 到期償還本金（少數債券除外）。

考點速攻

1. 債券持有人為債券發行機構的「債權人」，股票投資人則是股票發行機構的「所有人」。
2. 當發行機構倒閉或清償時，債券持有人比股票持有人有優先獲得清償的權利。

二、債券分類

(一)**依債券投資品質分類**：

1. 投資級債券：指達到某一特定債券評級水平的公司債或市政債券，該類債券一般被認為信用級別較高，存在很小的違約風險。以臺灣法令標準，債券評等獲得BBB或以上等級（穆迪則是Baa2）者即為投資等級。
2. 非投資級債券（垃圾債券）：非投資級債券又稱高收益公司債，屬於一種高風險、高收益的債券，通常是由債信較差的公司所發行。評分級距低於評等等級在BB＋以下者，即為非投資等級債券。
3. 無評等債券：投資人須自行評價之債券。

(二)依票面利率設計分類：

1. **零息債券（Zero Coupon Bond）**：不附票面
利息，在到期前投資人不會收到利息收入。因
為此類債券是以貼現方式發行，也就是說投資
人以較低本金購買（低於票面），到期時債券
持有人可以收回票面本金。

2. **固定利率債券（Fixed Coupon Bond）**：固定利率債券指在發行時規定
利率在整個償還期內不變的債券。

3. **浮動利率債券（Floating Rate Note，FRN）**：係一種無固定利率的中
長期債券，它的利息是隨著期間的不同而變動的，有時平均每半年或1年
調整1次，其利率是按預定公式定期作調整，而且是在發行時就已規範
好，例如：LIBOR（London Interbank Offered Rate）。

4. **反浮動利率債券（Inverse Floater Note）**：指發行債券的票面利率與市
場指標利率的變動方向相反，也就是當市場利率降低時，此債券的債息
會增加；當市場利率升高時，此債券的債息會減少。

(三)依還本方式分類：

1. **一次還本債券**：指在債務期間不支付利息，只在債券到期後按規定的利
率一次性向持有者支付利息並還本的債券。

2. **分次還本債券**：指同一日期發行的債券本金在不同到期日分期償還的
債券。

3. **永續債券**：沒有到期日的債券。投資人購入永續債券後，雖不可能於到
期後領回本金，卻可以每年按著票面利息，永久的配息下去。

(四)依贖回方式分類：

1. **附買回權債券**：提供發行者權利，但無義務，
於特定日期，以議定之價格買回債券。即投資
人在買入此債券時，同時賣出了1個買回權與發
行者，讓發行機構未來面對利率下跌時，可以
提前贖回該債券。條件設計上較不利投資人，
因此發行利率中包含買回權之權利金，利率較
一般債券為高。買回權之執行方式：

(1) 美式（連續式）：指發行者可於贖回日或之後任何日期贖回該債券。

(2) 歐式（斷續式）：指發行者僅可於贖回日或特定日贖回該債券。

2. **附賣回權債券**：提供投資者權利，但無義務，以議定之價格及日期將債
券賣回給發行者。

(五)依是否提供擔保分類：

1. **擔保債券（secured bond）**：凡發行公司所發行的公司債，有提供擔保物或保證人，都稱為有擔保公司債，公司可用動產或不動產來做為抵押品，以不動產為抵押品則稱為抵押公司債，若以動產為抵押品則稱為質押公司債。

2. **無擔保債券（unsecured bond）**：發行公司對於其債券發行的本金與利息，不以任何資產作為抵押品，全憑公司的信用來發行的無擔保品債券，通常是由較大公司，或是債信較良好的公司所發行，而此類公司債的債權順位總是排在抵押債券的後面。

(六)依發行主體分類：

1. **政府公債**：中央政府公債是指的是政府為籌措財政資金，憑其信譽按照一定程式向投資者出具的，承諾在一定時期支付利息和到期償還本金的一種格式化的債權債務憑證。政府公債，最短2年，最長為30年，中央政府建設公債分為甲、乙兩類，甲類：為支應非自償性之建設資金，乙類：為支應自償性之建設資金。依有無實體分為：實體公債→有具體書面憑證型式之公債。不需交付實體債票，無實體公債→以登記形式發行的價券，又稱登錄公債，優點是交割方便、節省印製成本及大幅降低交割現券之風險。

2. **公司債**：公司債券是股份制公司發行的一種債務契約，公司承諾在未來的特定日期，償還本金並按事先規定的利率支付利息。

3. **金融債券**：金融債券是銀行等金融機構作為籌資主體為籌措資金而面向個人發行的一種有價證券，是表明債務、債權關係的一種憑證。

4. **國際金融組織新臺幣債券**：係指如亞洲開發銀行、美洲開發銀行或歐洲復興開發銀行等非屬於單一國家之跨國性金融組織，來臺所募集以新臺幣計價之債券。

考點速攻

國際債券的重要特徵→發行者和投資者屬於不同的國家，籌集的資金來源於國外金融市場。

5. **國際債券**：國際債券是一國政府、金融機構、工商企業或國家組織為籌措和融通資金，在國外金融市場上發行的，以外國貨幣為面值的債券。主要包含了歐洲債券（Euro Bond）及主權債券（Sovereign Bond）。

(1) 歐洲債券（Euro Bond）：是票面金額貨幣
　　並非發行國家當地貨幣的債券。是指以外
　　在通貨為單位，在外在通貨市場進行買賣
　　的債券。歐洲債券不受任何國家資本市場
　　的限制，免扣繳稅，其面額可以發行者當
　　地的通貨或其他通貨為計算單位。
(2) 主權債券（Sovereign Bond）：主權債券是
　　指由政府支持的機構發行的債券。各國政
　　府（多為開發中國家）在國際市場以外幣
　　（例如美元，歐元等主要貨幣）所發行的
　　政府債券。

考點速攻

1. 歐洲債券特點：
 (1)投資可靠且收益率高。
 (2)債券種類和貨幣選擇性強。
 (3)流動性強，容易兌現。
 (4)免繳稅款和不記名。
 (5)市場容量大且自由靈活。
2. 主權債券的發行主體是政府。

(七)**特殊性質債券**：

1. **可轉換公司債（convertible bond, CB）**：
(1) 定義：賦予投資者可將公司債轉換成股票的權利，即給予以特定價格買入股票之買權。投資人可以在特定期間內，自己選擇是否把債券轉換成該公司或其他公司的普通股。因為可轉換公司債提供購買者可轉換成股票的潛在資本利得，相對而言其票面利率較一般純公司債來的低。
(2) 特性：
A. 持有人有權利在特定期間內以特定價格將債券轉換為發行公司普通股。
B. 為結合股權與債權的金融工具。
C. 往往訂有賣回權（put option）條款，准許投資人在特定期間提早賣回。
D. 當標的股票價格上漲時，可轉換公司債價格通常也隨著上升。
(3) 重要概念：
A. 轉換價格：將可轉換公司債轉換為普通股時所適用的價格。
B. 轉換比率：每張可轉債得轉換為標的股票的股數，即：
轉換比率＝可轉換公司債面額／轉換價格
C. 轉換價值：每張可轉債轉換為標的股後的股票總價值，即：
轉換價值＝標的股票每股市價×轉換比率

考點速攻

普通股市價<轉換價格→投資人便不會轉換。
普通股市價>轉換價格，→投資人會去轉換。
可轉換公司債價格會隨普通股市價而變動，通常兩者有著正向的關係。

2. **指數連動債券（indexed bond）**：公司債的票面利率或本金會跟隨著選擇的指數或指標連動的債券。其特性跟浮動利率債券相似，只是指數連動債券的連動標的彈性可以很大。例如：物價指數連動債券的面額是依照物價指數調整，票面利率為固定，債券支付的利息等於經物價指數調整後的債券面額乘上固定的票面利率。假設有一物價指數連動債券發行時的面額為100萬元，票面利率為6%，每年付息一次，如果發行後1年，物價上漲5%，則其面額與利息總和為$100 \times (1+5\%) \times (1+6\%)$萬元。

3. **附認股權公司債（warrant bond, WB）**：此類債券是一種附認股權證給投資人的中長期債券，當投資人行使認股權時，會使公司股權增加，但亦能增加發行公司的資金來源。而此類的認股權證在資本市場上有其自由交易的市場。

三、債券評價

(一)貨幣的時間價值

1. **意義**：

範例1

如果有人欠了你10,000元，你是希望他現在歸還還是1年後再歸還呢？顯然，大多數人都希望「現在歸還」。首先，人們會擔心風險問題，欠賬的時間越長違約的風險就越大；其次，人們會想到通貨膨脹問題，如果在這一年內物價上漲，則貨幣將會貶值。且現在得到這筆欠款，可以立刻將其存入銀行，假設年利率5%，則1年後可以從銀行提出10,500元。可見，經過1年時間，這10,000元錢發生了500元的增值，現在的10,000元與1年後的10,500元是等值的。人們將貨幣在使用過程中隨時間的推移而發生增值的現象，稱為貨幣具有時間價值的屬性。而兩個時點上的500元價值差額就是這筆錢的時間價值。

2. **單利及複利**：

(1) 單利：每期的利息只以本金計算，並不把前期的利息滾入本金計算。

(2) 複利：每期的利息是以前一期的本利和計算。

範例2

以本金100萬，年利率5%來算，每年發放利息一次，請問：

①以單利算十年後本利和？

②以複利算十年後本利和？

解析

① 單利本利和＝本金＋本金×利率＝年利息×期間＝100萬＋(100萬×5%)×10＝150萬

② 複利本利和＝本金×(1＋年利率)^n＝100萬×(1＋5%)^{10}＝1,628,894

3. **現值及終值：**

(1) 現值（Present Value；PV）：係指未來不論是確定或預期會產生的現金流量在今日的價值。

(2) 終值（Future Value；FV）：係指貨幣在未來特定時點的價值。

> **考點速攻**
>
> 終值＝今日貨幣價值＋時間價值。

4. **單利終值及複利終值：**

(1) 單利終值：指一定量的貨幣，按單利計算的若干期後的本利總和。

範例3

小華投資10萬元，並且投資期為5年，每年的投資報酬率為10%，請問5年後可以收回的本息合計為多少？

解析

$100,000 \times 10\% \times 5 + 100,000 = 150,000$

(2) 複利終值：指一定量的貨幣，按複利計算的若干期後的本利總和。也就是計算現在的一筆錢到未來會變成多少（即以複利計算的本利和），為了快速計算複利終值在若干年後的利率，可以直接透過複利終值表查表得知。公式：

$FV = PV \times (1＋r)^n$

FV：終值

PV：現值

r：利率

n：投資期數

> **考點速攻**
>
> 付息頻率越多者，複利終值越大。

範例4

如上面範例3，如以複利計算5年後可以收回的本息合計為多少？

解析

本利和F＝$100,000 \times (1＋i)^5 = 100,000 \times (1.1)^5 = 100,000 \times$ 複利終值係數（可直接查閱複利終值表）＝$100,000 \times 1.61051 = 161,051$元

5. **複利現值及年金現值：**

(1) 複利現值：係指未來期間可以收取（或支付）之現金，以特定利率換算，約當等於現在之價值。公式：$PV = \dfrac{FV}{(1+r)^n}$

範例5

若投資報酬率為10%，每年複利一次，若5年後欲領回161,051元，則現在要存入多少？

解析

$$PV = \frac{FV}{(1+r)^n} = \frac{161,051}{(1+10\%)^5} = 100,000$$

(2) 年金現值：係就未來各期期末（普通年金）或期初（期初年金）等額支付（或存入）之金額，按複利折現至該年金第一期期初之現值的總和。

範例6

預計將於未來3年內，每年年底自銀行提取現金$1,000,000，若存款利率為8%，則現在應存入若干？

解析

$PV = R \times Pn/i$
　　$= \$1,000,000 \times P3/8\%$
　　$= \$1,000,000 \times 2.577097 = \$2,577,097$

範例7

預計將於未來3年內，每年年初自銀行提取現金$1,000,000，若存款利率為8%，則現在應存入若干？

解析

$PV = R \times Pn/i \times (1+i)$
　　$= \$1,000,000 \times P3/8\% \times (1+8\%)$
　　$= \$1,000,000 \times 2.577097 \times (1+8\%) = \$2,783,265$

6. **年金終值：**係就未來各期期末（普通年金）或期初（期初年金）等額支付（或存入）之金額，各自計算其終值，然後加總之總合（可得查得知）。

範例8

每年底提撥$2,000,000存入銀行，為期5年，若利率為10%，每年計息一次，5年後之有多少？

解析

A＝$2,000,000×A5/10%

　＝$2,000,000×6.105100

　＝$12,210,200

(二)不同收益率的衡量

1. **票面利率**：債券或票券發行者按發行面額及債券或票券之利率所支付的利息。

   利率＝R（每年利息收入）/F（票面金額）

2. **目前收益率**：

   Yc＝R/P

   Yc：目前收益率，R：每年利息收入，P：債券當期價格

3. **到期收益率**：

   (1) 又稱「殖利率」，指持有債券至到期為止。在這段期間中，你每年平均可以得到多少報酬率？這就是所謂的到期殖利率（YTM）。

   $$P = \sum_{t=1}^{n} \frac{R}{(1+YTM)^t} + \frac{F}{(1+YTM)^n}$$

   P：債券當期價格，R：每年利息收入，F：債券面值，t：年數（n）

   (2) 如何求解YTM：

   A. 查表及試誤法

   B. 公式法估算

   $$YTM = \frac{R + \dfrac{F-P}{n}}{P} = \frac{R}{P} + \frac{1}{P} \times (\frac{F-P}{n})$$

> **考點速攻**
>
> 當債券溢價發行→則票面利率＞目前收益率>到期收益率。
> 當債券折價發行→則票面利率<目前收益率<到期收益率。

範例9

某甲購買面額＄100,000之公司債，票面利率為7.5%，10年到期，每年支付利息，則債券投資入每年可收取之利息收入為何？

解析

＄100,000×7.5%＝＄7,500

範例10

承上題，假設目前之價格為NT＄95,000，則當期收益率為何？

解析

$$YC = \frac{R}{P} = \frac{7,500}{95,000} \fallingdotseq 7.89\%$$

範例11

再承範例9和10題，計算其到期收益率為何？

解析

$$P = \frac{R}{(1+YTM)} + \frac{R}{(1+YTM)^2} + \cdots\cdots + \frac{R}{(1+YTM)^n} + \frac{F}{(1+YTM)^n}$$

$$= \frac{7,500}{(1+YTM)} + \frac{7,500}{(1+YTM)^2} + \cdots\cdots + \frac{7,500}{(1+YTM)^{10}} + \frac{100,000}{(1+YTM)^{10}}$$

求YTM＝？

$$YTM \approx \frac{R + \frac{1}{n} \times (F-P)}{P} \approx \frac{R}{P} + \frac{1}{n} \times \frac{F-P}{P}$$

$$\approx \frac{7,500}{95,000} + \frac{1}{10} \times \frac{100,000-95,000}{95,000} \fallingdotseq 7.89\% + 0.53\% \fallingdotseq 8.42\%$$

4. 貼現收益：

$$i = \frac{F-V}{F} \times \frac{360}{剩餘到期日}$$

F：債券面值，V：市價

5. 永久公債：

永久公債為一種存續時間無限的公債。每年均支付利息，且到期期間為

無限大，我們可以利用永續年金的現值公式求算。$V = \frac{C}{i}$

V：市價，C：每年固定之債息，i＝利率

例如：永久公債每年付息100元，當市場利率為10%時，債券價格＝

$\frac{100}{10\%} = 1,000$

(三)**債券評價**

1. **評價公式：**

$$P = \sum_{t=1}^{n} \frac{R}{(1+YTM)^t} + \frac{F}{(1+YTM)^n}$$

P：債券當期價格，R：每年利息收入，F：債券面值，t：年數（n）
YTM：殖利率

2. **債券價格與殖利率之關係**：債券價格與殖利率成反向關係，殖利率越低，債券價格越高；反之，殖利率越高，債券價格越低。如下圖：

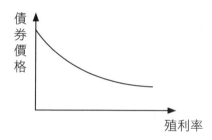

3. **折價、平價與溢價債券：**

(1) 殖利率高於票面利率，債券就會折價。

(2) 殖利率低於票面利率即會溢價。

(3) 殖利率恰等於票面利率則會平價。

(4) 到期後，折價發行的債券市價會上升，也就是資本利得為正。

(5) 到期後，溢價發行的債券市價會下跌。

(6) 到期後，平價發行的債券市價不變。

四、債券之風險

(一)**信用風險**：即債券的發行人付不出利息或是本金的風險，不過購買本國公債一般是視同沒有信用風險。另外，發行人的信用狀況轉劣，也是信用風險的一種（債券價格會因此往下調整）。

(二)**利率風險**：利率風險是指利率的變動導致債券價格與收益率發生變動的風險。債券是一種法定的契約，大多數債券的票面利率是固定不變的，當市場利率上升時，債券價格下跌，使債券持有者的資本遭受損失。因此，投資者購買的債券離到期日越長，則利率變動的可能性越大，其利率風險也相對越大。

(三)**流動性風險**：當債券殖利率快速下挫時，投資人、交易商惜售，投資人不易拿到籌碼；當利空消息來襲或中央銀行貨幣政策急轉彎，債券殖利率急速上揚時，市場參與者均站在賣方，交易商拉寬報價甚或停止報價，使得債券求售無門，產生所謂債券流動性風險。

(四)**交割風險**：如果不是即時交割款券的交易，可能在交割期間發生交易對手違約。

(五)**通貨膨脹風險**：投資債券的最大風險在於通貨膨脹風險。因為通貨膨脹會侵蝕投資人的購買力，進一步帶動債券價格大幅下跌，造成嚴重的資本損失。

五、債券之存續期間

(一)**定義**：債券的存續期間是以現金流量計算為基礎的債券加權平均到期期間，亦為衡量債券利率風險的程度。因為先前收取的利息是能增加未來現金的流入，通常債券的存續期間小於到期期間，唯零息債券的存續期間等於到期期間。由於債券與利率呈反向變動之關係，故債券投資者可利用前述特性找出一個可規避市場利率風險之投資期限，此一期限即稱為「存續期間」。

(二)**功能**：
 1. 作為債券風險衡量指標。
 2. 馬凱爾債券價格五大定理之解釋。
 3. 銀行界的利率風險分析與資金缺口管理。

(三)**公式**：
 1. 附息債券：
  (1) 附息債券其存續期間之公式：

  $$(D) = \frac{各期現金流量以期別為權數計算之加權總現值}{各期現金流量總現值}$$

  (2) 範例
   假設3年期債券面額1,000元，票面利率5%，殖利率4%，每年底付息一次，到期還本，則此債券存續期間為多少？

   解析

期數(t)	現金流量	現值(A)	權數(B)	存續期間(D)＝(t)*(B)
1	50	48.08	4.68%	0.047

期數(t)	現金流量	現值(A)	權數(B)	存續期間(D)＝(t)*(B)
2	50	46.23	4.50%	0.090
3	1,050	933.45	90.82%	2.725
合計		1,027.76	100%	2.862

考點速攻
零息債券的存續期間必等於到期期間。

2. **零息債券：**

零息債券其存續期間之公式：

$$(D)＝\frac{各期現金流量以期別為權數計算之加權總現值}{各期現金流量總現值}$$

範例

設有一零息債券面額1,000元，3年後到期還本付息，殖利率為4%，其存續期間為何？

解析

期數(t)	現金流量	現值(A)	權數(B)	存續期間(D)＝(t)*(B)
1	0	0	0	0
2	0	0	0	0
3	1,000	889	100%	3
合計		889	100%	3

(四)**影響存續期間之因素：**

1. **票面利率：**存續期間與票面利率成反向關係，票面利率愈高，存續期間愈短。
2. **付息次數：**付息次數愈多，存續期間愈短，從而半年付息1次之存續期間比每年付息1次的存續期間愈短。
3. **市場利率：**存續期間與市場利率呈反向關係，當市場利率愈高，存續期間愈短，利率愈低，存續期間愈長。

考點速攻
1.票面利率越高，存續期間越短。
2.付息次數愈多，則其存續期間愈短。

4. **到期期間**：在其他條件不變下，距到期日時間愈近，其存續期間愈短；距到期日時間愈遠，其存續期間愈長，但存續期間增加的速度會呈遞減的現象。
5. **應計利息**：所購買的債券具有較多的應計利息，由於現金流量較近，其存續期間較短；反之，其存續期間較長。

六、債務評等

針對債務發行評等，乃以發行人信用評等為依據，評估債務人依約準則還本付息的能力，以及此債務所提供的保障性，並以「級距加減」1的方式進行調降或升級。其主要原則為發行人信用評等在「twBBB-」以上者的債務發行評等，較注重債務的準則償還能力；在「twBBB-」以下者，則較注重債務的清償能力。

(一)**債券評等粗分類**：

	投資級債券				投機級債券		
S&P／Fitch	AAA	AA	A	BBB	BB	B	CCC～D
Moody's	Aaa	Aa	A	Baa	Ba	B	Caa～C

(二)**標準普爾公司的債券評等**：

AAA	最高評價，應付財務負擔的能力極強。
AA	應付財務負擔的能力甚強。
A	應付財務負擔的能力頗強，惟可能較易受到惡劣經濟環境及時局的影響。
BBB	擁有足夠的能力應付財務負擔，惟較易受到惡劣環境的影響，最低的投資評級。
BB	短期的財務負擔能力尚且足夠，惟須面對持續的不穩定因素，而且易受惡劣的商業、金融及經濟環境影響。
B	在惡劣的商業、金融及經濟環境下顯得脆弱，惟現時仍有應付財務負擔的能力。
CCC	現時甚為脆弱，應付財務負擔的能力須視當時的商業、金融及經濟環境是否良好所定。

CC	現時的能力十分脆弱。
C	已申請破產或採取類似的行動，但仍繼續支付欠款或應付財務負擔。
D	未能履行財務負擔。

說明：標準普爾公司使用修正符號來進一步區分評等為AAA級以下的債券。例如，A＋代表品質較佳的A級債券，A-代表品質較差的A級債券。
資料來源：標準普爾公司。

(三)中華信用評等等級：

符號	說明	級別
twAAA	最高等級評等，表債務人相較於其他本國債務人有極強的履行財務承諾能力。	投資級
twAA	最高評等等級的債務人僅在程度上有些微的不同。相較於其他本國債務人，該債務人有相當強的履行財務承諾能力。	
twA	較評等等級較高之債務人，更容易受環境及經濟條件變動之不利效果所影響。相較於其他本國債務人，該債務人仍有強的履行財務承諾能力。	
twBBB	係指其相較於其他本國債務人，仍具有適當的保障性。但較可能因不利的經濟條件或環境變動，而減弱債務人對財務承諾的履行能力。	
twBB	係指相較於其他本國債務人，其保障性較弱。由於存在著重要的長期性不確定因素，或暴露於不利的企業、財務、或經濟條件之下，該債務人對其財務承諾的履行能力稍嫌脆弱。	投機級
twB	係指相較於其他臺灣債務發行，其保障性薄弱。該債務人目前有履行其財務承諾之能力，但不利的企業、財務、或經濟條件，將可能損害其履行財務承諾的能力或意願。	

符號	說明	級別
twCCC	表示在良好的業務及財務狀況下，債務人目前無法履行財務承諾之可能性高。	絕對投機級
twCC	表示目前履行其財務承諾之能力極度脆弱，有高度違約之可能性。	
twC	代表該債務人基於其財務狀況，正接受主管機關監管中。在監管期間，主管機關有權決定償債種類的順位或僅選擇償還部分債務。	
twSD	選擇性違約：twSD選擇性違約或twD違約皆代表該債務人無法如期履行一項或多項債務，選擇性違約則只債務人選擇性的針對某些特定的債務違約，但是仍將會如期履行其他債務。	
twD	當公司已登記破產或無法清償債務時，無論債務人是否有接受評等，其債務人評等會被撤銷。	

由"twAA"到"twB"間之評等，可以增加一個加號(＋)或減號(－)之方式修正，以代表在同等級間債信之強弱程度。

資料來源：中華信用評等公司網站

(四)**信用觀察指標**：

1.「正向」（positive）時，即表示該評等可能升級。

2.「負向」（negative）時，則表示該評等可能降級。

3.「發展中」（developing）乃表示事件尚在發展中，狀況未明，評等可能升級，亦可能降級。

4.「穩定」（stable），則代表評等等級應不致於有所變動。

> **考點速攻**
>
> 1. 信用觀察指的是當有事件發生或其發生指日可待。
> 2. 評等展望係對全部的長期債務發行及其變動可能性進行評估。
> 3.「評等展望」所關注之期限較「信用觀察」來得長，但其對於信用品質之趨勢或風險的解讀則較不肯定。

(五)**信用評等對投資人的影響**：

就使用評等之投資人而言，它提供投資人下列功能：

1. **評等資訊降低不確定性**：雖然評等並不推薦買、賣的決策，但其風險評估降低了風險的不確定性。不確定感愈低表示的投資信心愈多，因而鼓勵資本市場成長及擴大市場效率、流動性。這種直接金融及市場的效率將使投資人及發行者雙方蒙利。

2. **評等可用來當做信用風險限制的標準**：評等的等級可做為投資人投資組合選擇的標準。如規範退休基金經理人不得買入某一信用等級以下之債務證券；或涉及公益之機構不得買入未經評等之或低等級債券，或依據評等種類列出投資標的物清單以及限制何種標的佔投資組合的比例等，以維護公眾的利益。

3. **評等可擴大投資層面**：任何單一投資人或投資機構都無法就不同國家、不同行業、不同性質的證券作全面的分析。評等可提供全球各主權及企業體的風險指標，協助投資人拓展市場的視野，促進其投資的多樣化、國際化。同時，當其投資組合信用品質發生變化時，評等亦提供良好的監控機制。

4. **評等結可作為議價評估之依據**：如前所述，評級的高低常為信用風險升（貼）水的因素，以作為決定證券投資價格之依據。換言之，評等被投資人用來評估其證券投資預期信用損失的補貼參考。

牛刀小試

( )　**1** 周小姐向證券商承作1000萬元公債附買回交易，利率為1%，期間為30日，則到期時周小姐可拿回本利和共多少？（不考慮稅負，取最接近值）
(A)10,006,575元
(B)10,100,000元
(C)10,006,164元
(D)10,008,219元。　　　　　　　　　　　　【第30屆理財人員】

( )　**2** 假設余先生於某年11月16日購入面額為500萬元、5年後到期之零息債券，若該債券目前的殖利率為2.6%，則其存續期間為多久？
(A)4.82年　(B)4.94年　(C)5.00年　(D)5.13年。　【第30屆理財人員】

( )　**3** 銀行計畫發行金融債券，應向下列何中央主管機關提出申請？
(A)證期局　　　　　　　　　(B)銀行局
(C)中央銀行　　　　　　　　(D)商業司。　　【第30屆理財人員】

( )　**4** 有關債券存續期間（Duration）之觀念，下列敘述何者正確？
(A)在其他條件固定下，殖利率較高，則其存續期間較長　(B)在其他條件固定下，票面利率較高，則其存續期間較長　(C)在其他條件固定下，到期年限較長，則其存續期間較短　(D)存續期間係將債券各期收益加以折現，並用時間加權計算。【第37屆理財人員】

(　　) **5** 債券現值的評價基礎上,可由其未來所提供的預期現金流量計算
　　　得知,然而下列何者為現值計價中最主觀的數據?
　　　(A)各期債券的票息利息　　　　　(B)殖利率
　　　(C)到期本金　　　　　　　　　　(D)票面利率。　【第30屆理財人員】

(　　) **6** 政府公債和公司債的差別,在於政府公債不具有下列何種風
　　　險?　(A)違約風險　(B)利率風險　(C)再投資風險　(D)通貨
　　　膨脹風險。　　　　　　　　　　　　　　　　　【第30屆理財人員】

(　　) **7** 通常國內可轉換公司債之凍結期最少為發行後多久?　(A)1個月
　　　(B)3個月　(C)6個月　(D)100天。　　　　　　【第30屆理財人員】

(　　) **8** 信用評等機構對受評對象的評估因素代表的是一個綜合性指標,
　　　下列何者並不包含在評估受評對象的考量因素?
　　　(A)違約機率
　　　(B)資本額大小
　　　(C)必要時的奧援強度
　　　(D)債信本身的穩定度。　　　　　　　　　　　【第37屆理財人員】

(　　) **9** 某可轉債發行時約定轉換價格為40元,當現股漲到60元時,可轉
　　　債之合理市價為何?
　　　(A)100元　　　　　　　　　　　　(B)120元
　　　(C)150元　　　　　　　　　　　　(D)200元。　【第30屆理財人員】

(　　) **10** 林先生持有一面額為5千萬元,半年付息一次之15年期政府公債,
　　　若林先生每期約可領到1,500,000元,請問該公債之票面利率應為
　　　多少?　(A)5%　(B)6%　(C)7%　(D)8%。　【第30屆理財人員】

解答及解析

1 (D)。$10,000,000 + 10,000,000 \times 1\% \times 30/365 = 10,008,219$(元)。

2 (C)。零息債券存續期間恰為其到期日,由於零息債券之到期前並不付
息,到期前之權數為0,故零息債券的存續期間必等於到期期間。故本題
存續期間為5年。

3 (B)。銀行發行金融債券,應檢具申請(報)書,載明應記載事項,連同
應檢附書件,向主管機關申請。主管機關為銀行局。

4 (D)。所謂債券存續期間(Duration)之觀念,係將債券各期收益加以折
現,並用時間加權計算。

5 (B)。債券現值的評價基礎上，可由其未來所提供的預期現金流量計算得知，在計現值，須用殖利率去折現。

6 (A)。政府公債和公司債的差別，在於政府公債沒有違約風險。

7 (B)。可轉換公司債發行後一定期間內，投資人不得進行轉換，此一期間即為凍結期間。國內的可轉換公司債凍結期間通常為90天，而海外可轉換公司債的凍結期間通常為30天。

8 (D)。資本額大小與該公司之信用並無直接關係。

9 (C)。$100 \times 60/40 = 150$（元）。

10 (B)。$1,500,000 \times A30/r = 50,000,000$，r＝6%

重點2 股票投資　　重要度★★★

一、股票的基本概念

(一)**股票的定義**：股票是股份證書的簡稱，是股份公司為籌集資金而發行給股東作為持股憑證並藉以取得股息和紅利的一種有價證券。每股股票都代表股東對企業擁有一個基本單位的所有權。股票是股份公司資本的構成部分，可以轉讓、買賣或作價抵押，是資金市場的主要長期信用工具。股票的作用有三點：

1. 股票是一種出資證明，當一個自然人或法人向股份有限公司參股投資時，便可獲得股票作為出資的憑證。
2. 股票的持有者憑借股票來證明自己的股東身份，參加股份公司的股東大會，對股份公司的經營發表意見。
3. 股票持有者憑借股票參加股份發行企業的利潤分配，也就是通常所說的分紅，以此獲得一定的經濟利益。

(二)**股票的種類**

1. 按股東權利區分：

(1) 普通股：普通股是隨著企業利潤變動而變動的一種股份，是股份公司資本構成中最普通、最基本的股份，是股份企業資金的基礎部分。普通股的基本特點是其投資收益（股息和分紅）不是在購買時約定，而是事後根據股票發行公司的經營業績來確定。公司的經營業績好，普通股的收益就高；反之，若經營業績差，普通股的收益就低。在我

國證交所上市的股票都是普通股。一般可把普通股的特點概括為如下
四點：

A. 持有普通股的股東有權獲得股利，但必須是在公司支付了債息和
優先股的股息之後才能分得。普通股的股利是不固定的，一般視
公司淨利潤的多少而定。當公司經營有方，利潤不斷遞增時普通
股能夠比優先股多分得股利；但趕上公司經營不善的年頭，也可
能連一分錢都得不到，甚至可能連本也賠掉。

B. 當公司因破產或結業而進行清算時，普通股東有權分得公司剩餘
資產，但普通股東必須在公司的債權人、優先股股東之後才能分
得財產。

C. 普通股東一般都擁有發言權和表決權，即有權就公司重大問題進
行發言和投票表決。

D. 普通股東一般具有優先認股權，即當公司增發新普通股時，現有
股東有權優先購買新發行的股票，以保持其對企業所有權的原百
分比不變，從而維持其在公司中的權益。

(2) 優先股：優先股是股份公司發行的在分配紅利和剩餘財產時比普通股
具有優先權的股份。優先股的主要特徵有三：

A. 優先股通常預先定明股息收益率。由於優先股股息率事先固定，
所以優先股的股息一般不會根據公司經營情況而增減，而且一般
也不能參與公司的分紅，但優先股可以先於普通股獲得股息，對
公司來說，由於股息固定，它不影響公司的利潤分配。

B. 優先股的權利範圍小。優先股股東一般沒有選舉權和被選舉權，
對股份公司的重大經營無投票權，但在某些情況下可以享有投
票權。

C. 優先股的索償權先於普通股，而次於債權人。

2. 按股票的交易市場區分：

(1) 上市股票（一般事業）：在集中市場進行交易的被稱為上市股票，
指已經公開發行，並於集中市場以開掛牌買賣的股票，公司申請上
市須符合以下條件：

A. 設立年限：設立達3個會計年度（成立3年以上）。

B. 資本額：實收資本額達新臺幣6億元以上，且募集發行普通股股數
達3千萬股以上。

C. 申請股票上市之發行公司，經中央目的事業主管機關出具其係屬
科技事業之明確意見書，實收資本額達新臺幣3億元以上。

　　D. 獲利能力：最近一年內不能有虧損，且符合底下其中之一的條件：
　　　　a.最近2個會計年度稅前淨利占年度決算之財務報告所列示股本比率，均達6%以上者，或最近2個會計年度平均達6%以上，且最近一個會計年度之獲利能力較前一會計年度為佳者。
　　　　b.最近5個會計年度稅前淨利占年度決算之財務報告所列示股本比率，均達3%以上者。
　　　　c.股權分散：記名股東人數在1,000人以上，公司內部人及該等內部人持股逾50%之法人以外之記名股東人數不少於500人，且其所持股份合計占發行股份總額20%以上或滿一千萬股者。
　　　　d.輔導期間：須於興櫃交易滿6個月。
(2)上櫃股票：在店頭市場進行交易的稱為上櫃股票，指已經公開發行，並於店頭市場以開掛牌買賣的股票，公司申請上櫃須符合以下條件：
　　A. 設立年限：依公司法設立登記滿2個完整會計年度。
　　B. 資本額：實收資本額在新臺幣5,000萬元以上者。
　　C. 獲利能力：須符合下列任一條件者：財務報表之稅前淨利占財務報告所列示股本之比率最近年度達4%以上，且其最近一會計年度決算無累積虧損者；或最近二年度均達3%以上者；或最近二年度平均達3%以上，且最近一年度之獲利能力較前一年度為佳者。
　　D. 股權分散：公司內部人及該等內部人持股逾50%之法人以外之記名股東人數不少於300人，且其所持股份總額合計占發行股份總額20%以上或逾1,000萬股。
　　E. 輔導期間：須於興櫃交易滿6個月。
(3) 興櫃股票：發行人符合下列條件者得申請其股票登錄為櫃檯買賣：
　　A. 為公開發行公司。
　　B. 已與證券商簽訂輔導契約。
　　C. 經二家以上輔導推薦證券商書面推薦，惟應指定其中一家證券商係主辦輔導推薦證券商，餘係協辦輔導推薦證券商。

二、股票投資分析

(一)基本分析
1. 分析架構：
(1) 由下而上的分析法（Bottom-Up Approach）：「由下而上」的分析主要從公司層面的基本因素上開始篩選。基金經理留意的因素包括資產負債表的狀況、收益率、盈利增長和估值比例等。當篩選出符合要求

的股票後，基金經理會進一步就這些因素與行業標準比較，從而找出
估值被低估的股票。最後，他們會基於對未來經濟發展的預期，選出
最可能受惠的優質股票。這種方法淡化經濟和市場週期的重要性，而
專注對個別股票的仔細分析，有助基金經理發掘價廉，而在逆市中也
能表現穩定的公司。分析流程如下：

公司分析→產業分析→總體經濟分析

(2) 由上而下的分析法（Top-Down Approach）：「由上而下」的分析跟
「由下而上」截然不同，從對經濟趨勢和週期的看法著手，重視整體
經濟環境對股票價格的影響。基金經理會識別一些具增長潛力的國家
或行業，再從中選出最能受惠於這些增長機會而又具有良好基本因素
的公司股票。這種分析方法選出的股票通常都是一些高風險、但在升
市時最為受惠的投資。分析流程如下：

總體經濟分析→產業分析→公司分析

2. 總體經濟分析：

(1) 經濟成長率：經濟成長率通常由國內生產毛
額（GDP）的年增率來表示。

(2) 景氣對策信號：景氣對策信號亦稱「景氣燈
號」，係以類似交通號誌方式的五種不同信
號燈代表景氣狀況的一種指標，目前由貨幣
總計數M1B變動率等九項指標構成。每月依
各構成項目之年變動率變化（製造業營業氣
候測驗點除外），與其檢查值做比較後，視
其落於何種燈號區間給予分數及燈號，並予
以加總後即為綜合判斷分數及對應之景氣對
策信號。景氣對策信號各燈號之解讀意義如
下：若對策信號亮出「綠燈」，表示當前景
氣穩定、「紅燈」表示景氣熱絡、「藍燈」
表示景氣低迷，至於「黃紅燈」及「黃藍
燈」二者均為注意性燈號，宜密切觀察後續
景氣是否轉向。目前景氣對策信號各構成項
目檢查值，與編製說明如下：

	紅燈 Red ● 熱絡 Booming	黃紅燈 Yellow-red ● 轉向 Transitional	綠燈 Green ● 穩定 Stable	黃藍燈 Yellow-blue ● 轉向 Transitional	藍燈 blue ▽ 低 sluggish
綜合判斷（分）Total Score	45-38分	37-32分	31-23分	22-17分	16-9分
個別項目分數 Scores of Component Indicators	5分	4分	3分	2分	1分
貨幣總計數M1B Monetary Aggregates M1B	（%yoy） ◄— 14.5 — 8.5 — 6 — 3.5 —►				
股價指數 Stock Price Index	◄— 17.5 — 10 — -0.5 — -16.5 —►				
工業生產指數 Industrial Production Index	◄— 11 — 7 — 2.5 — -2 —►				
非農業部門就業人數 Non-agricultural Employment	◄— 2.3 — 1.7 — 1.2 — 0.6 —►				
海關出口值 Customs-Cleared Export	◄— 16 — 10 — 3.5 — -2 —►				
機械及電機設進口值 Imports of Machineries and Electrical Equipments	◄— 16.5 — 7 — 0 — -6.5 —►				
製造業銷售量指數 Manufacturing Sales Index	◄— 10.5 — 6 — 1.5 — -2 —►				
批發、零售及餐飲業營業額 Sales of Trade and Food Services	◄— 8 — 5.5 — 2.5 — -1 —►				
製造業營業氣候測驗點 The TIER Manufacturing Sector Composite Indicator	點（2006=100） ◄— 104 — 100.5— 97 — 93 —►				

註：1. 除製造業營業氣候測驗點檢查值為點（2006=100），其餘項目則為年變動率。

    2. 各個別項目除股價指數外均經季節調整。

Notes 1. Indiviual Componenets and check points are in terms of Pecentage changes over 1-year span, except that the TIER Manufacturing Sector Composite Indicator is point (2006=100)

    2. All components except stock price index, have been seasonally adjusted

資料來源：國家發展委員會：景氣對策訊號簡介。

　　(3) 景氣動向指標：

　　　　A. 領先指標：由外銷訂單指數、實質貨幣總計數M1B、股價指數、工業及服務業受僱員工淨進入率、核發建照面積（住宅、商辦、工業倉儲等）、實質半導體設備進口值，及製造業營業氣候測驗點等七項構成項目組成，具領先景氣波動性質，可用來預測未來景氣之變動。

　　　　B. 同時指標：由工業生產指數、電力（企業）總用電量、製造業銷售量指數、批發、零售及餐飲業營業額、非農業部門就業人數、實質海關出口值，與實質機械及電機設備進口值等七項構成項目組成，代表當前景氣狀況，可以衡量當時景氣之波動。

　　　　C. 落後指標：由失業率（取倒數）、工業及服務業經常性受僱員工人數、製造業單位產出勞動成本指數、金融業隔夜拆款利率、全體貨幣機構放款與投資，及製造業存貨率等六項構成項目組成，用以驗證過去之景氣波動。

　　(4) 利率：當利率上升時股價會下跌；當利率下跌時則股價會上漲。

　　(5) 物價：需求拉動的物價膨脹，政府會採取緊縮貨幣政策因應，結果導致利率上升，股價下跌。成本推動的物價膨脹，使股價下跌。

　　(6) 匯率：臺幣升值不利出口；臺幣貶值不利進口。

　　(7) 貨幣供給額：

　　　　A. M_{1A}＝通貨淨額＋支票存款＋活期存款

　　　　B. M_{1B}＝M_{1A}＋活期儲蓄存款

　　　　C. M_2＝M_{1B}＋準貨幣

　　　　※ 準貨幣：又稱「近似貨幣」，具有高流動性，但不如貨幣那樣高的物品，以價值儲藏持有居多，貨幣性並不完整，使用上須負擔手續費用。我國中央銀行所認定的「準貨幣」，自1997起也做了重大調整，調整後主要包括：定期存款、定期儲蓄存款、外幣存款、可轉讓定期存單、郵政儲金、重購回協定、外國人新臺幣存款……等。

3. **產業週期性分析**：企業生命週期的概念是援引自行銷學及個體經濟學領域中的產品生命週期的概念，每個產品都會歷經新創期、成長期、成熟期及衰退期四個週期。而企業亦可依據這樣的邏輯，分屬於不同生命週期的階段。如下圖所示：

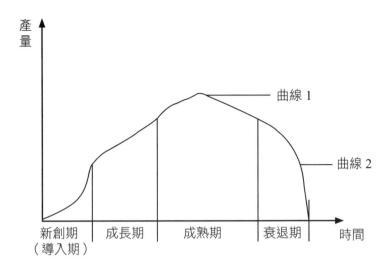

企業的生命週期曲線忽略了具體的產品型號、質量、規格等差異，僅僅從整個企業的角度考慮問題。企業生命週期可以從成熟期劃為成熟前期和成熟後期。在成熟前期，幾乎所有企業都具有類似S形的生長曲線，而在成熟後期則大致分為兩種類型：第一種類型是行業長期處於成熟期，從而形成穩定型的行業，如圖中右上方的曲線1；第二種類型是企業較快的進入衰退期，從而形成迅速衰退的行業，如圖中的曲線2。企業生命週期是一種定性的理論，企業生命週期曲線是一條近似的假設曲線。下面分別介紹生命週期各階段的特徵：

(1) 新創期（導入期）：這一時期的市場增長率較高，需求增長較快，技術變動較大，行業中的用戶主要致力於開闢新用戶、占領市場，但此時技術上有很大的不確定性，在產品、市場、服務等策略上有很大的餘地，對行業特點、行業競爭狀況、用戶特點等方面的信息掌握不多，企業進入壁壘較低，其股票投資風險高。若能存活未來獲利也高，但大約只有三成公司能存活。

(2) 成長期：這一時期的市場增長率很高，需求高速增長，技術漸趨定型，行業特點、行業競爭狀況及用戶特點已比較明朗，企業進入壁壘提高，產品品種及競爭者數量增多，其股票投資收益高，風險低。

(3) 成熟期：這一時期的市場增長率不高，需求增率不高，技術上已經成熟，行業特點、行業競爭狀況及用戶特點非常清楚和穩定，買方市場形成，行業盈利能力下降，新產品和產品的新用途開發更為困難，行業進入壁壘很高。

(4) 衰退期：這一時期的市場增長率下降，需求下降，產品品種及競爭者
數目減少，其股票已沒有投資價值。從衰退的原因來看，可能有四種
類型的衰退，它們分別是：

A. 資源型衰退，即由於生產所依賴的資源的枯竭所導致的衰退。

B. 效率型衰退，即由於效率低下的比較劣勢而引起的行業衰退。

C. 收入低彈性衰退。即因需求—收入彈性較低而衰退的行業。

D. 聚集過度性衰退。即因經濟過度聚集的弊端所引起的行業衰退。

4. **產業競爭因素分析**：波特認為影響產業競爭態勢的因素有五項，分別是
「新加入者的威脅」、「替代性產品或勞務的威脅」、「購買者的議價
力量」、「供應商的議價能力」、「現有廠商的競爭強度」。透過這五
項分析可以幫瞭解產業競爭強度與獲利能力。透過這五方面的分析，可
得知產業的競爭強度與獲利潛力，且經由這五力的結合力量，將可決定
產業最後的利潤率，即為長期投資報酬率。所謂的五項競爭力量是：

(1) 新加入者的威脅：企業被逼做出一些有競爭力的回應，因此不可避免
的要耗費掉一些資源，而降低了利潤。

(2) 替代性產品或勞務的威脅：如果市場上有可以替代企業的產品或服
務，那麼企業的產品或服務的價格就會受到限制。

(3) 購買者的議價力量：如果客戶有議價的優勢，他們絕不會猶豫，造成
利潤降低，企業獲利能力因而受影響。

(4) 供應商的議價能力：如果供應商企業佔優
勢，他們便會提高價格，對企業的獲利能力
產生不利的影響。

(5) 現有廠商的競爭強度：競爭導致企業需要在
行銷、研究與開發或降價方面做更多的努
力，這也將影響利潤。

> **考點速攻**
>
> 股票投資之基本面分析，
> 包括：總體經濟分析、產
> 業分析、公司分析。

(二)技術分析

1. **葛蘭碧八大法則**：葛蘭碧八大法則是利用價格與其移動平均線的關係作
為買進與賣出訊號的依據。其認為價格的波動具有某種規律，但移動平
均則代表著趨勢的方向。因此當價格的波動偏離趨勢時（即價格與移動
平均的偏離），則未來將會朝趨勢方向修正，所以發生偏離時，是一個
買賣訊號。

葛氏利用股價與移動平均線兩者間的變化，包括相互的關係性、股價穿
越均線的方式、兩者乖離的大小等各種情況，歸納出八種不同的情形，
作為進出的依據：

(1) 買進訊號：

　A. 當移動平均線從下降趨勢逐漸轉變為水平盤整或呈現上昇跡象時，若價位線從下方穿破移動平均線往上昇時，即為買進的訊號。（突破）

　B. 當價位線的趨勢走在移動平均線之上，價位線下跌但卻未跌破移動平均線便再度反彈上昇，亦可視為買進訊號。（有支撐）

　C. 雖然價位線往下跌破移動平均線，但隨即又回昇到移動平均線之上，且此時移動平均線依然呈現上昇的走勢，仍可視之為買進的訊號。（假跌破、騙線）

　D. 當價位線往下急跌，不僅跌破移動平均線，而且深深地遠離於移動平均線下，開始反彈上昇又趨向於移動平均線時，亦為買進之訊號。（反彈）

(2) 賣出訊號：

　A. 當移動平均線從上昇趨勢逐漸轉變成水平盤局或呈現下跌跡象時，若價位線從上方跌破移動平均線往下降時，為賣出的訊號。（跌破）

　B. 當價位線的趨勢走在移動平均線之下，價位線上昇但卻未能穿破移動平均線便再度反轉下跌，亦可視為賣出訊號。（有阻力）

　C. 雖然價位線往上昇穿破移動平均線，但隨即又回跌到移動平均線之下，且此時移動平均線依然呈現下跌的走勢，仍可視之為賣出的訊號。（假突破、騙線）

　D. 當價位線往上急漲，不僅穿破移動平均線，而且高高地遠離於移動平均線上，開始反轉下降又趨向於移動平均線時，亦為賣出之訊號。（反轉）

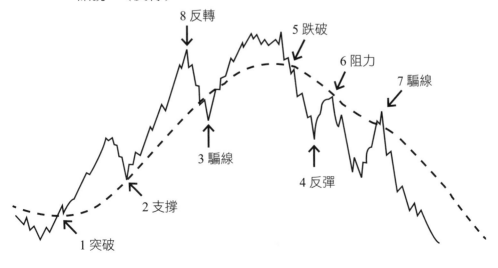

因此，當價位線同時突破長天期與短天期的移動平均線時，可以視其為當然的買進訊號，進行買進動作。而若價位線跌破短天期的移動平均線時，可以視為是賣出訊號，對手上現有的持股或合約進行平倉。而當價位線跌破長天期的移動平均線時，則可以進行放空的動作。

或者，也可以應用長短不同天期的移動平均線之間的交叉訊號來作為買賣的依據。亦即當短天期的移動平均線由下往上突破長天期的移動平均線時，一般稱之為黃金交叉，是買進的訊號。反之若短天期的移動平均線由上往下跌破長天期的利動平均線時，一般稱之為死亡交叉，是賣出的訊號。

> **考點速攻**
>
> 1. 黃金交叉係指在上升行情中當短期移動平均線由下往上突破長期移動平均線，此交叉點通常有上升行情。
> 2. 死亡交叉係指在下跌行情中當短期移動平均線由上往下突破長期移動平均線，此交叉點通常有下跌行情。

2. **K線理論**：K線是最基本、最簡單的技術分析指標，但其組合及應用也是最變化萬千的；K線是由開盤價、最高價、最低價、收盤價所構成，也是記錄買方和賣方實戰的過程；如果收盤價高於開盤價就以「實體紅線」表示，收盤價低於開盤價則以「實體黑線」表示，最高價及最低價則以「影線」表示，高價拉回則留上影線，低價回升則留下影線，因此這種多空實戰的記錄，就是來預測未來是多頭還是空頭的一種指標。

K線圖又稱陰陽線，是將每天的開盤價與收盤價畫成直立的方塊，若當天最高價大於收盤價或開盤價，則在方塊上方加畫一直線稱為上影線；而當天之最低價弱小於開盤價或收盤價，則在方塊下方加畫一直線稱為下影線。

陽線方塊多以白色或紅色表示，代表當天「收紅盤」，陰線之方塊會以黑色或綠色表示，當天則是「收黑盤」。圖示如下：

陽線	陰線	十字線
常以紅色、白色實體柱或黑框空心柱表示	常以綠色、黑色或藍色實體柱表示	—
股價強勢	股價弱勢	多空不明
收盤價高於開盤價	收盤價低於開盤價	收盤價等於開盤價
最高價等於收盤價時，無上影線。	最高價等於開盤價時，無上影線。	最高價等於開盤價時，無上影線。
最低價等於開盤價時，無下影線。	最低價等於收盤價時，無下影線。	最低價等於開盤價時，無下影線。

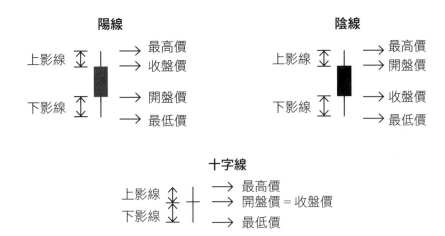

3. **道瓊理論：**

   (1) 道氏理論認為股票市場中有三種趨勢存在：道瓊理論把市場的趨勢分為三類：主要趨勢、次等級以及微波級。道氏將市場的這種劃分情況比喻為海流運動中的潮流、海浪和浪花。在這三種波動級別中，以主波級的趨勢最應為投資人所需關心和追蹤的，通常作為股價的主波級在其運行發展過程中，其時間跨度會長達幾個月，在國外較為規範的市場中，主波級行進時間會長達1年甚至數年，次等波級的走勢趨勢在時間上一般為數週或數個月，而微波浪花則以天作為時間單位來進行的。主波級（主要趨勢）的發展階段，道瓊理論中把它劃分為三段層次：第一階段為打底過程。此時以股價的發展形態看，往往是成交量極度萎縮，市場極不熱絡，股價處於一種圓弧狀的谷底，利空漸漸出盡的情況，較有遠見的投資者正悄悄地尋覓時間逐級介入。第二階段為底部完成向上。這一階段一般屬於技術派人士開始漸漸介入，市場經濟情況開始改善，股價開始上升。第三階段為行情成長爆發。第三階段主要體現在大眾投資者開始積極參與，大量利多消息開始在市場中和新聞媒體間傳播。市場的投機氣氛開始愈來愈濃厚。

   (2) 量價須互相配合：道氏認為在股價走勢圖中，成交量應為研判股價走勢訊號的重要配合工具。量須放大作為股價上升的動力與多頭市場的現象。如市道是處在空頭市道下，當股價下跌時，量會擴大，而對於一個反彈上升，反而量會縮小，呈現典型的價量背離現象。

4. **艾略特波浪理論：**

(1) 股價共有8個波形成一個週期：不論趨勢的
大小，股價都有一個「五波上升、三波下
降」的基本規律，所以總共有8個波，形成
一個週期。在5波的上升趨勢中，分為3個推
動波及2個調整波。三個推動波是第1、3、5
波，圖中的上升波段。
兩個調整波則是第2、4波，圖中的回檔波段。
在3波下降趨勢中，
分為a、b、c三波。
以下個別說明8個波段所代表的市場趨勢。

考點速攻

依據艾略特的波浪理論，
上升趨勢中有5個波段。

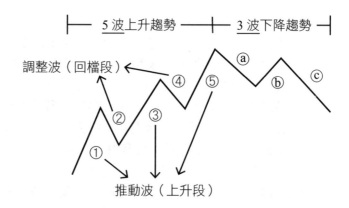

(2) 艾略特將波浪分為九級：超大循環波、超循環波、循環波、主波、中
型波、小型波、短波、微波和超微波。

(3) 各波段的特點：

A. 多頭市場第一波：一半左右的第一波發生在多頭市場築底的過
程。由於多頭意念尚未明朗，空頭市場是否近尾聲尚無法確定，
所以常常帶來大量。多頭市場第一波是股市展開五波攻擊形態的
契機，但並不表示一定成功，有時因主客觀因素無法配合而演成
失敗形態。

B. 多頭市場第二波：第二波走勢常是大幅回檔，洗掉大半第一波所獲
的利潤，第一波的獲利者此時出場，另一批投資人接手，是一種良
性換手。回檔的最低點通常在第一波的三分之一或三分之二處。

C. 多頭市場第三波：第三波走勢上升意圖明顯，多頭力道強勁，成交量大，股價也大幅漲升。第三波常產生延伸波，延伸波中的第三波也會昂揚進行，形成多頭市場第三波交投熱絡的景象，技術上的跳空、突破、成交量的擴大及攻勢的延長等情況常在圖形上顯現搶眼的走勢。由於第三波具備這種特性，因而可輔助我們界定五波段的趨勢架構。

D. 多頭市場第四波：第四波與第二波皆為回檔修正波，但複雜程度剛好相反。一般而言，第四波的行進步調較為複雜，形成第五波的底部基礎。一些條件較差的股票受到第三波主升段帶動而攀升，將在第四波作頭回跌；有些體質不佳的投機股在第三波嶄露頭角，但在第四波反轉下挫，說明市場已漸危弱，榮面期已有限。

E. 多頭市場第五波：第五波的勁道常不如一般所料的雄厚。此時市場瀰漫一片樂觀的看法，投機股與績優股的成交量不斷放大，次優的股票也因大眾廣泛參與而走揚，指數不斷創新高，但漲幅皆不大。由於市場沒有空頭的陰影，常使人失去戒心。

F. 空頭市場第a波：投資人大都認為這一波只是拉回整理，多頭局面尚未消逝，其實多頭行情已經結束。第a波形成的架構透露第b波的走勢。例如第a波呈平台形波浪，第b波則會是向上的鋸齒形走勢；若第a波段呈現下陷鋸齒形，第b波段會是平台形架構。

G. 空頭市場第b波：第b波常出現一些假象，製造多頭陷阱，投資人常誤認為多頭市場再度來臨而大舉加碼買入，最後慘遭套牢。此時走勢多為投機性的情緒化表現，市場結構脆弱，成交量不會太大。此時為出清持股的最佳時刻，因此第b波又稱為逃命波。

H. 空頭市場第c波：第c波呈現壓倒性的空頭優勢，是空頭市場的主跌段。第a波和第b波所存在的多頭幻想在第c波中完全消失，市場瀰漫著恐慌的賣壓和不安心理，造成第c波的慢性盤跌。

5. MACD移動平均：

(1) 利用移動平均線即將要收斂或發散的徵兆判斷買賣股票的時機與訊號：應用兩條速度不同的平滑移動平均線（EMA），計算兩者之間的差離狀態（DIF），並且對差離值（DIF）做指數平滑移動平均，即為MACD線。

簡單來說MACD就是，長期與短期的移動平均線即將要收斂或發散的徵兆，是用來判斷買賣股票的時機與訊號。

快線DIF向上突破慢線MACD→買進訊號。

快線DIF向下跌破慢線MACD→賣出訊號。

(2) MACD指標多會使用柱狀圖觀察：

當柱線接近0時，就是短線買進或賣出訊號。

柱線由負轉正→買進訊號。

柱線由正轉負→賣出訊號。

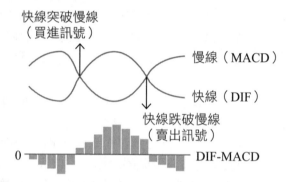

6. **RSI相對強弱指標**：相對強弱指標（Relative Strength Index）簡稱為RSI，是一種用來評估「買賣盤雙方力道強弱」情況的技術指標，買家是代表金錢的力量，賣家是代表持貨的力量。當買方力量稍遜，價格就會向下發展；相反，當賣方力量不足，價格就會向上發展。

RSI把相對強度的數值定義在0～100之間，如此更能方便參考使用。而多天期的RSI（即n值較大）其訊號將更具參考性。RSI數值越大代表買方力道越強，但強弩之末總會衰竭，因此當RSI大到某一程度時通常開始代表買超現象，需注意反轉。同理，當RSI低到某一程度時，通常代表市場出現非理性的賣超現象，表示底部區已近。

$RSI = 100 \times \{1 - [1 \div (1 + RS)]\}$，其中RS＝(一段時間內收盤價上漲部份之平均值)÷(一段時間內收盤價下跌部份之平均值)

一般來說，RSI有以下研判功能：

(1) 買超、賣超、持平：RSI的圖形表現通常較K線圖形的頭部或底部提早出現到頂或到底的徵兆。也就是說，RSI在70以上表示買超現象，在30以下為賣超現象，但買超與賣超的數值是不代表買賣訊號的，僅表示走勢的折返機率變大。而當RSI在50附近，代表多空力道接近。

(2) 反轉訊號：當指標上升到達80時，表示股市已有超買現象，如果一旦繼續上升，超過90以上時，則表示已到嚴重超買的警戒區，股價已形

成頭部，極可能在短期內「反轉迴轉」。同理，低於20則表示股市有超賣現象，如果一旦繼續下降至10以下時則表示已到嚴重超賣區域，股價極可能有「止跌回升」的機會。

(3) 背離訊號：當RSI指標與盤勢發生背離時，則代表盤勢即將反轉，為買進或賣出的訊號，不過發生機會相對較少。

若股價在創新高時，RSI沒有跟著創新高→轉弱訊號，下跌即將開始。

若股價在創新低時，RSI沒有跟著創新低→轉強訊號，上漲即將開始。

7. KD值：

(1) KD值>80表示高檔鈍化股價表現強勢，再上漲機率高。

(2) KD值<20則表示低檔鈍化股價表現弱勢，下跌機率高。

(3) KD值另外一個常使用的判斷方式是根據公式KD值都會朝向同一個趨勢發展，但K值反應市場價格的速度較D值來的快，波動亦較D值來的大，所以當K值與D值交叉時被稱為黃金交叉或死亡交叉，是買進或賣出的指標訊號。判斷方法如下：

K值由下而上穿越D值→黃金交叉，行情看好。

K值由上而下穿越D值→死亡交叉，行情看差。

8. **威廉指標**：威廉斯指標是由拉利・威廉斯（Larry Williams）在1973年所提出，這是一種簡單而有效的擺盪指標，又稱為百分比R指標或%R。它是衡量多空雙方將每天收盤價推到最近價格區間邊緣能力。威廉斯指標可以確認趨勢，並預示即

> **考點速攻**
>
> 威廉指標低於20為賣出訊號。

將發生的反轉。威廉指標參數周期小、波動頻率高，反應較靈敏。WR威廉指標應用法則與買賣點應用法則：

(1) 當威廉指數線高於80，市場處於超賣狀態，行情即將見底。

(2) 當威廉指數線低於20，市場處於超買狀態，行情即將見頂。

(3) 威廉指數與動力指標配合使用，在同一時期的股市周期循環內，可以確認股價的高峰與低谷。

(4) 使用威廉指數作為測市工具，既不容易錯過大行情，也不容易在高價區套牢。但由於該指標太敏感，在操作過程中，最好能結合相對強弱指數等較為平緩的指標一起判斷。

9. **乖離率**：乖離率是衡量目前股價與平均線距離的指標，也就是目前股價偏離了平均線的百分比，有助於對股價行為做預測。但比較均線與乖離率，天數必須相同如果是5日乖離率，就要用股價來和日均線來比較；同樣的，如果是6日乖離率那麼就是用股價來和60日均線來比較了。當收盤

價大於移動平均價時的乖離，稱為正乖離。當收盤價小於移動平均價時的乖離，稱為負乖離。

乖離率計算公式如下：

$$乖離率（Bias）＝\frac{目前價－移動平均價}{移動平均價}$$

結合均線與正負乖離，看出股價短期的波動訊號

(1) 當股價觸碰到「正乖離線」：不要追高買進，未來幾天可能會有一波股價下跌的修正。

(2) 當股價觸碰到「負乖離線」：不要殺低賣出，未來幾天可能會有一波股價上漲的反彈。

三、股票價值評估方法

將未來各期「現金股利」，依投資人要求之報酬率，折現成目前價值；即投資人心目中的目前願意購買的價格。

(一)傳統股利折現評價模式：

1. 股利零成長模式：指普通股股東永續持有，且各期股利均相同。

$$P＝\frac{D}{r}$$

D為股利，r為報酬率

範例

千千公司每年發放之現金股利固定為2元，而持股人要求之股票報酬率為10%，則千千公司股價為多少？

解析

$$Po＝\frac{D}{r}＝\frac{2}{10\%}＝20（元）$$

2. 股利固定成長模式–高登（Gordon）成長模式：

$$P＝\frac{D(1+g)}{(r-g)}$$

D為股利，r為報酬率，g 為股利固定成長率

範例

千千公司今年配發4元的現金股利，且已知該公司現金股利以5%穩定成長，若持股人要求之股票報酬率為15%，試求千千公司股價為多少？

解析

$$P = \frac{D+(1+g)}{(r-g)} = \frac{4(1+5\%)}{(15\%-5\%)} = 42（元）$$

(二)簡易評價方法：

1.本益比（P/E）倍數還原法：

$$本益比 = \frac{每股市價}{每股稅後盈餘}$$

合理股價＝預期每股盈餘×合理本益比

範例

千千公司預期每股盈餘為3元，若該產業合理本益比為12倍，則依本益比還原法股價應為？

解析

合理股價＝3×12＝36（元）

2.股價淨值比（P/B）還原法：

$$市價淨值比 = \frac{每股市價}{每股淨值} = \frac{每股市價}{每股盈餘} \times \frac{每股盈餘}{每股淨值}$$

合理股價＝淨值×合理股價淨值比

範例

千千公司為淨值10,000,000元，流通在外股數為100萬股，若該產業合理市價淨值比為16倍，則該公司合理市價為？

解析

$$市價淨值比 = 16 = \frac{每股市價}{10}$$

每股市價＝160（元）

3.股利殖利率法：

股利殖利率＝每股股金股利/每股股價

合理股價＝每股股利/合理股利殖利率

(三)股利折現模式與資本資產訂價模式之應用：

1.股利折現模式：

P＝D1/(r－g)，其中r是股票要求報酬率，相當於資本資產訂價模式的Ri

2. **資本資產訂價模式：**

$Ri=Rf+\beta\times(Rm-Rf)$

Ri：股票持有人要求的必要報酬率，也就是股利折現模式的K值

Rf：無風險投資報酬率

β：系統風險

(Rm－Rf)：市場風險溢酬

> **考點速攻**
>
> $\beta>1$時，表股票的系統風險大於市場風險。
> $\beta<1$時，表股票的系統風險小於市場風險。

範例

若國庫券利率為4%，股市預期報酬率為6%，某股票的β係數為1.5，則該股票預期報酬率為多少？

解析

$Ri=Rf+\beta\times(Rm-Rf)$
$\quad=4\%+1.5\times(6\%-4\%)=7\%$

3. **股利折現模式與本益比之應用：**

(1) 盈餘成長率：

$g=ROE\times r= ROE\times(1-d)$

$d=E/D$

g：盈餘成長率　　　ROE：股東權益報酬率　　　d：股利發放率

r＝1－d：保留盈餘率

(2) 股利折現模式與本益比的結合：

本益比＝$P/E=D/(K-g)/E$

$D=d\times E$

$P/E=(d\times E)/(K-g)/ E=d/(K-g)$

E：每股盈餘　　　P：每股市價　　　d：股利發放率

K：要求必要報酬率　　g：股利成長率

(四) 套利訂價模式APT：

1. **基本觀念：** APT的基本觀念在於有相同風險的證券，不可能存在兩種不同的價格，若市場存在一不均衡情況，則投資人可組成一個「套利投資組合」，直到市場均衡為止。

2. **APT之假設：**

(1) 投資人追求其財富極大。

(2) 完美市場假說：即市場上無交易成本及交易限制等。

(3) 市場上沒有無風險套利機會存在。

(4) 證券報酬為多項因素之線性函數。

3. **影響個股期望報酬率的因素：**

(1) 產業的生產值。

(2) 違約風險貼水的變動額，為美國AAA與Baa等級公司債兩者間到期報酬率之差額。

(3) 長短期利率的差額，為長期與短期政府公債兩者間到期報酬率之差額。

(4) 非預期的通貨膨脹率。

4. **引用以下五項總體經濟變數來推估個股期望報酬率：**

(1)長短期利率差。　　　　　(2)短期利率變動率。

(3)匯率變動率。　　　　　　(4)實質GNP變動率。

(5)通貨膨脹率變動率。

5. **套利訂價模式（APT）線性函數：**套利訂價模式（APT）引入多個因素來解釋證券報酬，APT首先假定任一證券的報酬為多個因素的線性函數，即：

$R_i = E(R_i) + b_{ik}F_1 + b_{i2}F_2 + \cdots b_{ik}F_k + \varepsilon_i$

R_i為i種證券的報酬

$E(R_i)$＝第i種證券的期望報酬

b_{ik}＝第i種證券報酬對第k項因素的敏感性

F_k＝解釋證券報酬的第k項因素

ε_i＝誤差項

→資產報酬＝「預期」報酬＋「未預期」K項影響資產報酬的因素

四、我國股票交易實務

(一)交易時段：

	交易單位	交易時間	成交時間
普通交易	1000股（＝1張）	集合競價08：30-09：00	09：00
		09：00-13：25	09：00-13：25
		集合競價13：25-13：30	13：30

	交易單位	交易時間	成交時間
盤後交易	1000股 （＝1張）	14：00-14：30	14：30
零股交易	1股	集合競價撮合13：40-14：30	14：30
普通預約	1000股 （＝1張）	14：40-下個交易日08：30	下個交易日 09：00-13：30

收盤前最後1分鐘模擬試算可能收盤價波動較大之個股，實施暫緩收盤，若達暫緩收盤標準，則該有價證券13：30不進行收盤撮合，投資人可於13：31起持續新增、取消或修改委託，至13：33分收盤。

(二)相關費用：

1. 交易手續費：自由費率，證券商向投資人收取最高為1.425‰。
2. 證券交易稅：投資人於賣出證券時按成交金額課徵：股票（3‰）受益憑證（1‰），債券免稅。
3. 證券交易所得稅：停徵。
4. 股利所得稅：納入綜合所得課徵，但法人收到的股利不計入所得稅。

牛刀小試

( )　**1** 評估股價有固定現金股利模型與現金股利固定成長模型，兩者之最大差異為下列何者？　(A)兩者採用不同之折現率計算　(B)前者採用次一年度的現金股利，而後者採用當年度的現金股利　(C)前者所計算的期數有限，而後者所計算的期數無限　(D)前者現金股利的成長率為0，而後者之現金股利成長率必須低於折現率。　　　　　　　　　　　　　　　【第30屆理財人員】

( )　**2** 下列何者非屬股票投資之技術分析模式？　(A)移動平均線（MA）　(B)由下往上分析法　(C)隨機指標（KD）　(D)K線分析法。　　　　　　　　　　　　　　　　　　　　【第30屆理財人員】

( )　**3** 由下往上（Bottom－Up Approach）的投資分析標準程序，係依一定判斷指標，比較所有股票的業績及其市價，下列敘述何者錯誤？　(A)公司是否處於獲利情況　(B)銷售量是否持續成長　(C)市價／帳面價值比是否低於兩倍　(D)資本市場分析。　【第30屆理財人員】

( ) **4** K線分析法中下列何種情況可能會形成十字線？ (A)開盤價＝最高價 (B)開盤價＝最低價 (C)開盤價＝收盤價 (D)開盤價＞收盤價。 【第30屆理財人員】

( ) **5** 某股80元時P／E＝20，則當股價上漲至100元時（假設獲利不變）則P／E＝？ (A)20 (B)25 (C)30 (D)40。 【第30屆理財人員】

( ) **6** 產業分析模式要分析外在因素、需求分析、供給分析、獲利分析和國際競爭和國際市場等五類因素。下列何者重要性最低？
(A)外在因素
(B)需求分析
(C)供給分析
(D)產業競爭分析。 【第30屆理財人員】

( ) **7** 下列何者不是普通股之特性？ (A)可優先參與分配股息 (B)公司增資發行新股之優先認購權 (C)參與公司經營權利 (D)承擔公司的經營成敗後果。 【第30屆理財人員】

( ) **8** 目前股票漲跌幅原則上係以當日開盤競價基準之上下某百分比為限制，倘有一股票當日開盤競價基準為54元，請問按現行制度，這檔股票當日最高可漲至多少價格？ (A)57.7元 (B)57.8元 (C)59.4元 (D)70.2元。 【第30屆理財人員】

( ) **9** 葛蘭碧八大法則利用下列何者為工具，以判斷交易訊號之重要法則？ (A)移動平均線（MA） (B)K線 (C)相對強弱指標（RSI） (D)波浪理論。 【第29屆理財人員】

( ) **10** 依現金股利固定成長模型，已知某公司之今年現金股利（Do）為4元，且已知該公司之現金股利成長率（g）穩定為8%，另假設持股人所要求之股票報酬率（k）為16%，則該公司之股價應為多少？ (A)25元 (B)27元 (C)50元 (D)54元。 【第29屆理財人員】

解答及解析

1 (D)。固定現金股利模型與現金股利固定成長模型，兩者之最大差異為固定現金股利模型的現金股利的成長率為0，而現金股利固定成長模型之現金股利成長率必須低於折現率。

2 (B)。由下往上分析法屬股票投資之基本分析模式。

3 (D)。由下往上（Bottom－Up Approach）的投資分析標準程序，係依一定判斷指標，比較所有股票的公司是否處於獲利情況？銷售量是否持續成長？市價／帳面價值比是否低於兩倍？

4 (C)。K線分析法中，當開盤價＝收盤價時，會形成十字線。

5 (B)。80/EPS＝20，EPS＝4
    100/4＝25

6 (C)。產業分析模式要分析外在因素、需求分析、供給分析、獲利分析和國際競爭和國際市場等五類因素，其中供給分析重要性最低。

7 (A)。普通股無法優先參與分配股息，特別股才可優先參與分配股息。

8 (C)。按現行制度，股票當日最高可漲至10%，故這檔股票當日最高可漲至＝54＋54×10%＝59.4

9 (A)。葛蘭碧八大法則的運作，是利用價格與其移動平均線（MA）的關係作為買進與賣出訊號的關係作為買進與賣出訊號的依據。其認為價格的波動具有某種規律，但移動平均則代表著趨勢的方向。

10 (D)。Po＝D(1＋g)/(r–g)＝4(1＋8%)/(16%–8%)＝54

精選試題

( ) **1** 對已上市上櫃的可轉債，下列敘述何者正確？ (A)可轉債市價愈高，賣回收益率愈低 (B)可轉債市價愈高，賣回收益率愈高 (C)可轉債轉換價值愈高，賣回收益率愈高 (D)可轉債市價變動與賣回收益率無任何關係。 【第29屆理財人員】

( ) **2** 假設某公債的面額為10萬元，年息8.5%，半年付息一次（剛付完息），發行期間7年，只剩3.5年，期滿一次付清，若該公債目前的殖利率為8.5%，請問其價格為多少元？ (A)95,660.22元 (B)100,000元 (C)104,585.91元 (D)168,500元。 【第29屆理財人員】

( ) **3** 某甲以3%的利率購買A、B兩支公司債，其面額皆為5,000萬元，A、B之票面利率各為5%、2%，兩支券皆餘3年到期，則A、B兩支券何者需要以溢價方式購買？ (A)僅A券 (B)僅B券 (C)A、B兩券皆需要 (D)A、B兩券皆不需要。 【第29屆理財人員】

( ) **4** 假設某公債於民國107年8月14日剛付完息，其基本資料如下：面額10萬元，年息6%，半年付息一次，民國102年2月14日發行，7年期，到期一次還本。若該公債殖利率為2.5%，則其買入價格為何？（取最接近金額） (A)105,121元 (B)102,101元 (C)100,000元 (D)95,121元。 【第37屆理財人員】

( )　**5** 下列敘述何者正確？
(A)一般債券票面利率低，其存續期間也較短
(B)零息債券之存續期間等於到期日
(C)當債券殖利率高於票面利率稱為溢價
(D)信用評等越高的公司，其股價一定越高。　　【第29屆理財人員】

( )　**6** 王先生於同一時間購買甲、乙、丙三個不同年期之債券各100萬元，其存續期間依序為4.0、7.0、9.0，若三個月後殖利率皆下跌10個基本點，則王先生購買的債券中，何者獲利最大？　(A)甲券
(B)乙券　(C)丙券　(D)一樣大。　　【第29屆理財人員】

( )　**7** 聯迅實業於101年發行面額為10萬元，可轉換股數為5,000股，則轉換價格為每股多少元？　(A)10元　(B)15元　(C)20元
(D)25元。　　【第29屆理財人員】

( )　**8** 某公司股價50元，明年發放股利1.5元，預期固定股利成長率8.0%，每股盈餘3元，股東要求年報酬率為11.0%，則本益比應為何？　(A)13.7　(B)14.7　(C)15.7　(D)16.7。　　【第29屆理財人員】

( )　**9** 倘A股票第一日收盤價23.7元，第二日收盤價25.2元，第三日收盤價24.4元，第四日收盤價25.9元，第五日收盤價26.8元，則A股票五日的RSI值為何？【RSI＝100×{1－〔1÷（1+RS）〕}，RS＝（一段時期內收盤價上漲部分之平均值）／（一段時期內收盤價下跌部分之平均值）】（取最接近值）　(A)73　(B)76　(C)83
(D)86。　　【第29屆理財人員】

( )　**10** 在股票市場裡，投資人即使有內線消息亦無法獲得超額報酬，則此股票市場屬於下列何者？　(A)強式（Strong form）市場效率　(B)半強式（Semi-strong form）市場效率　(C)弱式（Weak form）市場效率　(D)不具市場效率。　　【第29屆理財人員】

( )　**11** 下列何者通常為股票投資技術分析的「賣出時機」？　(A)相對強弱指標低於20（RSI）　(B)股價由平均線上方下降，但未跌破平均線，且平均線趨勢向上　(C)短期MA由上而下與長期MA交叉　(D)當D值小於20，且K線由下而上與D線交叉。　　【第29屆理財人員】

( )　**12** 「價跌量增」蘊含股價有何種機會？　(A)續跌　(B)平穩　(C)反彈　(D)區間震盪。　　【第29屆理財人員】

（　）**13** 乖離率（Bias）為股價偏離平均值的程度，若為正乖離率20%，股價為54元，求其股價平均價為多少元？　(A)40元　(B)45元　(C)50元　(D)60元。　【第29屆理財人員】

（　）**14** 有關債券的種類，下列敘述何者錯誤？　(A)依發行機構可分為公債、公司債、金融債券　(B)依發行形式可分為實體公債與無實體公債　(C)依票息之有無可分為有息債券與永久債券　(D)依債權之性質可分為普通債券與次順位債券。　【第28屆理財人員】

（　）**15** 債券持有人於債券投資期間所得之利息收入，其再投資時之報酬率，可能較原投資債券之殖利率為低，此種風險係指下列何者？
(A)贖回風險　　　　　　　　(B)提前到期風險
(C)再投資風險　　　　　　　(D)信用風險。　【第28屆理財人員】

（　）**16** 中央政府建設公債可依自償性與否，區分為甲、乙二類。下列敘述何者正確？
(A)甲類公債係為支應自償性之建設資金
(B)乙類公債係為支應非自償性之建設資金
(C)甲類公債係為支應非自償性之建設資金
(D)甲類和乙類均可支應非自償性之建設資金。　【第28屆理財人員】

（　）**17** 債券投資有關殖利率與債券價格的關係，下列敘述何者正確？
(A)當債券票面利率高於市場利率時，則債券的現值將低於面額，稱之為折價　(B)債券的價格與殖利率呈反向關係，殖利率愈高則債券價格愈低　(C)當債券市場利率走低時，則債券價格亦將下跌，持有債券可能產生資本損失　(D)債券殖利率與債券價格無絕對的關係。　【第28屆理財人員】

（　）**18** 企業發行可轉換公司債後，當發行公司的股票市價持續上漲至某一程度或是可轉債流通在外餘額過少時，發行公司得以保障利率強制買回可轉換公司債，此種發行人權利稱之為何？　(A)債券贖回權　(B)債券賣回條款　(C)轉換價格之重設權　(D)反稀釋條款。　【第28屆理財人員】

（　）**19** 張襄理於101年7月1日買入某期剛付完息的政府債券，該期債券主要的基本資料如下：買入面額100萬元，99年7月1日發行，發行期間為5年期，每年付息一次，發行當時的票面利率為2.8%；張襄理買入利率為3.5%，則其買入價格為多少？（取

最接近值）　(A)980,389元　(B)981,726元　(C)982,548元
(D)983,897元。　　　　　　　　　　　　　【第28屆理財人員】

(　) **20** 甲投資人購買一剛發行之5年期零息債券一百萬元，若當時之市
場殖利率為2.00%，則該投資人需付出多少金額來購買此債券？
（取最接近值）　(A)905,731元　(B)942,322元　(C)1,000,000元
(D)1,055,667元。　　　　　　　　　　　　【第28屆理財人員】

(　) **21** 在產業生命週期四個階段中，具有產品已有相當被接受度，轉虧
為盈，預期在短期內有大量的現金流入，投資收益高，風險相對
較小特性的階段是下列何者？　(A)草創型　(B)成長型　(C)成熟
型　(D)衰退型。　　　　　　　　　　　　【第28屆理財人員】

(　) **22** 以財務比率評估，一旦偏離正常情形，必須採取之分析為何？
(A)與產業在同一年度數值作比較
(B)與本身過去歷史數值作比較
(C)與產業之平均比率及歷史比率相比較
(D)與整體市場之同一比率在同一年度作比較。　【第28屆理財人員】

(　) **23** 下列何者為風險溢酬（risk premium）之涵義？
(A)無風險利率與折現率之加總
(B)因承擔特定資產風險而要求之額外報酬率
(C)Gordon模型中之現金股利成長率
(D)財務報表分析中之淨值報酬率。　　　　【第28屆理財人員】

(　) **24** 艾略特波浪理論中，下跌最重要的賣出時機通常出現在下列何者？
(A)第一波　(B)第三波　(C)第A波　(D)第B波。【第28屆理財人員】

(　) **25** 目前股票漲跌幅原則上係以當日開盤競價基準之上下某百分比為
限制，倘有一股票當日開盤競價基準為54元，請問按現行制度，
這檔股票當日最高可漲至多少價格？【提示：須考量升降單位】
(A)57.5元
(B)57.7元
(C)57.8元
(D)59.4元。　　　　　　　　　　　　　【第28屆理財人員改編】

(　) **26** 在兩因素之套利訂價模型（APT）中，若無風險利率為5%，且影
響A股票報酬之第一因素與第二因素風險溢酬分別為2%及4%，
當A股票之預期報酬率為10%、影響A股票報酬之第二因素Beta

值為1情況下，則影響A股票報酬之第一因素Beta值為下列何者？
(A)0.4　(B)0.45　(C)0.5　(D)0.55。　　　【第28屆理財人員】

(　) **27** 下列何組價格所畫出的K線為十字線（四個數字依序代表開盤價、最高價、最低價、收盤價）？　(A)54、57、53.5、55.5
(B)41、42、38、39　(C)31、33.5、31、31.5　(D)23、23.5、
21.5、23。　　　　　　　　　　　　　　　　【第39屆理財人員】

(　) **28** 下列何種技術指標為股票交易之賣出訊號？　(A)6日RSI指標低於20　(B)9日威廉指標低於20　(C)乖離率在-12%至-15%之間
(D)形成黃金交叉。　　　　　　　　　　　　　【第28屆理財人員】

(　) **29** 由下往上（Bottom－Up Approach）的投資分析標準程序，係依一定判斷指標，比較所有股票的業績及其市價，下列敘述何者錯誤？
(A)公司是否處於獲利情況　(B)銷售量是否持續成長　(C)市價／
帳面價值比是否低於兩倍　(D)資本市場分析。　【第38屆理財人員】

(　) **30** 債券在還本上有分期攤還設計者，將使債券之存續期間如何變動？
(A)縮短　(B)延長　(C)不變　(D)無法判斷。　【第27屆理財人員】

(　) **31** 假如投資人在經過投資策略的考量後，決定購買發行利率為3%的
政府債券，而當時在市場上的成交殖利率為4%，則投資人所須
支付投資價格和面額比較，係為下列何者？　(A)折價　(B)溢價
(C)平價　(D)無法判斷。　　　　　　　　　　【第27屆理財人員】

(　) **32** 債券存續期間的評價方式係為衡量債券價格之變動，並考量到持
有債券期間所收取債息的現金流量。因此，通常一般債券的存
續期間小於債券的到期日，下列何種債券，其存續期間等於到
期日？　(A)中央政府建設公債　(B)普通公司債　(C)金融債券
(D)零息債券。　　　　　　　　　　　　　　　【第27屆理財人員】

(　) **33** 信用評等是對企業或機構的償債能力進行評比，並提供予投資人公
正客觀的財務訊息。一般而言，下列何種長期評比等級以上，是屬
於風險低且報酬相對較低的穩健型債券？　(A)穆迪Ba1　(B)標準普
爾BBB-　(C)中華信評twBB＋　(D)惠譽BB＋。　【第27屆理財人員】

(　) **34** 目前可轉換公司債之重設價格，多數不得低於前次轉換價格之多少
比例？　(A)70%　(B)75%　(C)80%　(D)85%。【第27屆理財人員】

( ) **35** 王先生投資面額100,000元的可轉債一張，其約定轉換價格為25元。王先生將其轉換成普通股後以30元價格在市場上賣出，請問王先生獲利多少元？ (A)10,000元 (B)20,000元 (C)30,000元 (D)40,000元。 【第27屆理財人員】

( ) **36** 市場有A、B、C、D四支券，其票面利率依序為3%、3.5%、4%、5%，距離到期時間皆剩下3年，若市場利率為2%，請問哪支券的存續期間最長？
(A)A券 (B)B券
(C)C券 (D)D券。 【第27屆理財人員】

( ) **37** 依移動平均線（Moving Average）理論，於短期移動平均線由下方往上突破長期移動平均線時，在技術分析上，意指下列何者？
(A)死亡交叉 (B)黃金交叉
(C)賣出訊號 (D)向上反彈。 【第27屆理財人員】

( ) **38** 技術分析所依賴的方法為何？ (A)資本市場的情況 (B)產業發展 (C)股票歷史交易資料 (D)總體經濟表現。 【第27屆理財人員】

( ) **39** 下列何者為股票投資技術分析的「賣出時機」？ (A)相對強弱指標（RSI）低於20 (B)股價由平均線上方下降，但未跌破平均線，且平均線趨勢向上 (C)威廉指標（WMS）低於20 (D)當D值小於20，且K線由下而上與D線交叉。 【第27屆理財人員】

( ) **40** 下列何者屬於成熟型產業，較不受景氣循環影響？ (A)食品飲料業 (B)工具機業 (C)資訊業 (D)塑化業。 【第27屆理財人員】

( ) **41** 在股票投資領域中，下列何者不屬於總體經濟分析？ (A)景氣對策信號 (B)經濟成長率 (C)產業週期 (D)利率。 【第27屆理財人員】

( ) **42** 某股票的預期報酬率為23%，市場組合（market portfolio）的預期報酬率為20%，該股票的 β 係數為1.2，在CAPM方法下，無風險利率為下列何者？
(A)2% (B)3%
(C)4% (D)5%。 【第38屆理財人員】

( ) **43** 投資人於4月1日以150元買進A公司股票20,000股，於4月6日以180元賣出，買賣手續費皆為千分之1.425，該投資人所支付之證券買賣費用為多少元？ (A)20,205元 (B)15,935元 (C)9,410元 (D)15,080元。 【第27屆理財人員】

(　　) **44** 某上市公司股價為39元，其10日平均價為30元，請問其乖離率（BIAS）為下列何者？　(A)30%　(B)23%　(C)-30%　(D)-23%。　　　　　　　　　　　　　　　　　　　　　　【第27屆理財人員】

(　　) **45** 依套利訂價模式，如果國庫券利率為3.5%，因素1之貝它係數（Beta）與風險溢酬分別為2.3及3.2%；因素2之貝它係數（Beta）與風險溢酬分別為0.9及1.5%，則該個股之預期報酬率為何？　(A)12.21%　(B)9.21%　(C)8.21%　(D)6.21%。　　【第27屆理財人員】

(　　) **46** 有關指數股票型證券投資信託基金（ETF）的敘述，下列何者錯誤？　(A)可以信用交易，且不受六個月觀察期限制　(B)比照股價，受「平盤以下不得放空」的限制　(C)通常ETF之價格最小變動單位相對一般股票小　(D)可在集中市場買賣。【第27屆理財人員】

(　　) **47** 下列何者債券之長期信用評等是屬於投資等級？　(A)中華信評twBBB　(B)中華信評twBB＋　(C)中華信評twB　(D)中華信評twCC。　　　　　　　　　　　　　　　　　　　【第26屆理財人員】

(　　) **48** 目前公債交易以無實體公債為主流的原因為何？　(A)可避免交易曝光　(B)可避稅　(C)降低現券交割風險　(D)交易流程有跡可循。　　　　　　　　　　　　　　　　　　　　　【第26屆理財人員】

(　　) **49** 中鋼公司原先發行該公司第一次可轉換公司債，面額10萬元，轉換價格為40元，一年後中鋼配股票股利2.5元／股（不考慮員工配股），使得轉換價格降為32元，請問配股後轉換比率為多少股？　(A)2,500股　　　　　　　　　(B)3,000股　(C)3,125股　　　　　　　　　(D)4,000股。　　【第26屆理財人員】

(　　) **50** 下列敘述何者錯誤？　(A)殖利率較低，存續時間較長　(B)票面利率愈低，存續期間愈長　(C)票面利率愈高，存續期間愈長　(D)債券到期年限較長，存續期間較長。　　　　　　【第26屆理財人員】

(　　) **51** 有關美國證券主要市場指數之敘述，下列何者錯誤？　(A)道瓊工業指數（DJIA）是由30檔藍籌股所編製的股價加權平均指數　(B)那斯達克綜合指數係根據大型資本市場中所有股票編製　(C)那斯達克綜合指數除了高科技產業還有零售和批發貿易等公司　(D)標準普爾500指數（S&P500）是採用市值加權。　　　　　　　　　　　　　　　　　　　　　【第26屆理財人員】

( ) **52** 林先生購買100萬元當日發行之3年期債券，票面利率為3%，每年付息一次，一年後剛付完息時市場利率下降至2%，林先生即刻將該債券拋售，則林先生投資此債券之損益共計多少？（取最接近值） (A)獲利3.20萬元 (B)獲利4.94萬元 (C)損失4.94萬元 (D)損失3.20萬元。 【第26屆理財人員】

( ) **53** 根據波浪理論，當市場呈上升趨勢時會有幾個波段？ (A)三個 (B)四個 (C)五個 (D)六個。 【第26屆理財人員】

( ) **54** 市價在50至100元之間的股票，其最小變動單位（即一檔）為下列何者？ (A)0.05元 (B)0.1元 (C)0.5元 (D)1元。 【第26屆理財人員】

( ) **55** 以景氣循環作為產業分類，產業可區分為三大類，下列項目何者不是其中產業分類的類別之一？ (A)成長型產業 (B)隨循環型產業 (C)資產型產業 (D)抗循環型產業。 【第26屆理財人員】

( ) **56** 實務上將現金股利折現法（Gordon模型）與本益比（PER）相結合，若今年度現金股利為1.20元，折現率為10%，現金股利成長率為5%，預期每股盈餘為1.26元，則其理論本益比（PER）為多少倍？ (A)17倍 (B)18倍 (C)19倍 (D)20倍。 【第26屆理財人員】

( ) **57** 依據損益表、資產負債表與現金流量表之各科目加以交錯運算之比率數字，下列何者是股價評價之重要變數？ (A)流動比率 (B)活動比率 (C)債信比率 (D)成長比率。 【第26屆理財人員】

( ) **58** 戊公司股票之期望報酬率為16%，股利每年成長率為8%，若下年度現金股利預期發放3元，且其股東權益報酬率（ROE）為20%，請問下年度之每股盈餘為何？ (A)2元 (B)3元 (C)4元 (D)5元。 【第26屆理財人員】

( ) **59** 根據CAPM，證券之貝它係數（Beta）係用於描述下列何者？ (A)總風險 (B)市場風險 (C)財務風險 (D)營運風險。 【第39屆理財人員】

( ) **60** 股票與ETF的證券交易稅何者較高？ (A)ETF (B)股票 (C)相同 (D)視交易量而定。 【第26屆理財人員】

( ) **61** 投資國內公司債不會面臨下列何種風險？ (A)價格風險 (B)再投資風險 (C)發行者信用風險 (D)匯率風險。 【第25屆理財人員】

（　　）**62** 有關「香港證券市場」之敘述，下列何者錯誤？
(A)主要區分為主板及創業板
(B)在主板上市之公司須具備一定獲利標準
(C)創業板之公司盈利雖符合主板規定但成長性較小
(D)主板規模較大成立時間亦較長。　　　　【第25屆理財人員】

（　　）**63** 某投資人持有甲公司之可轉換公司債500萬元，持有成本500萬元，其轉換價格為40元，若該投資人執行轉換後於市場以每股48元出售，則可獲利多少元？（不考慮交易手續費及稅負）　(A)40萬元　(B)60萬元　(C)80萬元　(D)100萬元。　　【第25屆理財人員】

（　　）**64** 下列敘述何者錯誤？
(A)國內債券可分為政府公債、金融債券、公司債與國際金融組織新臺幣債券
(B)依發行形式可分為實體公債與無實體公債
(C)依票息之有無可分為固定利息債券、浮動利息債券與零息債券
(D)依債權之性質可分為普通債券與特別股。　　　【第25屆理財人員】

（　　）**65** 有關辦理股票借券之規定，下列敘述何者錯誤？
(A)出借標的必須是可為融資融券交易之有價證券
(B)出借對象須於證券商訂立委託買賣契約逾六個月以上者
(C)借券費率由證券商與客戶依年利率20%以下自行議定
(D)證券商收取擔保品之原始擔保比率為140%。【第25屆理財人員】

（　　）**66** 陳先生於97年11月10日買進下列剛付完息之中央政府公債：面額1千萬元，發行日期為94年11月10日，票面年息4%，每半年付息一次，5年期，期滿一次付清；若買入該公債之年殖利率為3%，則其買入價格為下列何者？（取最接近值）
(A)10,159,086元
(B)10,165,572元
(C)10,187,423元
(D)10,192,719元。　　　　　　　　　　　【第25屆理財人員】

（　　）**67** 針對可轉換公司債的敘述，下列何者錯誤？
(A)在無債信疑慮下隨時購買有保本的好處
(B)在無債信疑慮下價格下跌有支撐
(C)可間接參與標的公司除權
(D)可轉債市價與標的股價有關。　　　　　【第25屆理財人員】

( ) **68** 有關「草創型」產業之敘述，下列何者正確？
(A)約只有三成的公司可以存活
(B)成長率很高，但經營風險很低
(C)投資收益高，風險相對較小
(D)沒有投資價值，除非有較佳併購計畫。　　【第25屆理財人員】

( ) **69** β 係數是用以衡量市場預期報酬率對個股報酬率的影響，即市場風險。當 $\beta>1$ 表示為何？　(A)個股預期報酬率>市場預期報酬率
(B)個股預期報酬率<市場預期報酬率　(C)個股預期報酬率＝市場預期報酬率　(D)無法判斷個股預期報酬率與市場預期報酬率兩者之影響。　　【第25屆理財人員】

( ) **70** B公司今年度每股現金股利5元，且股利成長率為4%，乙股東要求之股票報酬率為12%，預期每股盈餘2.5元，依現金股利折現模式計算，其本益比應為何？　(A)16倍　(B)21倍　(C)20倍
(D)26倍。　　【第25屆理財人員】

( ) **71** 當加權指數為4,205點，30日平均加權指數為4,582點時，其30日的乖離率（BIAS）為下列何者？　(A)-8.23%　(B)8.23%
(C)8.97%　(D)-8.97%。　　【第25屆理財人員】

( ) **72** 評估股票之合理價格所用的「折現率」係指下列何者？　(A)無風險利率　(B)市場利率　(C)股票持有人要求之報酬率　(D)現金股利成長率。　　【第25屆理財人員】

( ) **73** 相對價值比較法有一定的使用缺點，下列敘述何者錯誤？
(A)難以發現兩家類似的公司可以直接比較
(B)投資報酬是以絕對價值計算而非相對價值
(C)比較的資料均為歷史資料，但股價主要取決於未來的營運績效
(D)投資報酬是以相對價值計算而非絕對價值。　【第25屆理財人員】

( ) **74** 有關「點心債」之敘述，下列何者錯誤？　(A)係指在香港發行的人民幣債券　(B)屬於定息證券類別提供定期及定量債息
(C)不受存款保障計畫保護　(D)當市場利率上升時不會產生價格損失。　　【第24屆理財人員】

( ) **75** 某一國內可轉換公司債之轉換價格為20元，請問可轉換多少普通股股數（轉換比例）？
(A)5張　　　　　　　　(B)10張
(C)15張　　　　　　　(D)20張。　　【第24屆理財人員】

( ) **76** 若A債券之存續期間（Duration）大於B債券之存續期間，則A債券對於殖利率變動之價格敏感度將較B債券為何？ (A)較大 (B)較小 (C)相同 (D)不一定。 【第24屆理財人員】

( ) **77** 五年期公債之面額10萬元、票面利率6%，市價為11萬元，則其「到期殖利率（YTM）」為下列何者？ (A)小於6% (B)等於6% (C)大於6% (D)無法判斷。 【第24屆理財人員】

( ) **78** 王先生於102年5月1日（剛付完息）購買101年5月1日發行之2年期政府公債面額5,000萬元，該債券票面年利率為2.5%，每半年付息一次，到期一次還本，若王先生買進之殖利率為2%，則其購入價格為何？ (A)50,000,000元 (B)50,245,098元 (C)50,246,299元 (D)50,485,390元。 【第24屆理財人員】

( ) **79** A先生購買距到期日僅剩兩年之公債100元，其票面利率為2%，每年付息一次，若目前市場利率為3%，則該券之存續期間為何？（取最接近值）

(A)1.83年 　　　　　　　　(B)1.98年

(C)2年 　　　　　　　　　(D)2.05年。 　【第24屆理財人員】

( ) **80** 目前我國證券商收取之證券交易手續費上限為股票成交金額之千分之多少？

(A)1.425 　　　　　　　　(B)1.625

(C)2.225 　　　　　　　　(D)3。 　【第24屆理財人員】

( ) **81** 評估股價有固定現金股利模型與現金股利固定成長模型，兩者之最大差異為下列何者？ (A)兩者採用不同之折現率計算 (B)前者採用次一年度的現金股利，而後者採用當年度的現金股利 (C)前者所計算的期數有限，而後者所計算的期數無限 (D)前者現金股利的成長率為0，而後者之現金股利成長率必須低於折現率。 【第24屆理財人員】

( ) **82** 有關借券效益之敘述，下列何者錯誤？

(A)出借人為市場參與者提供取得標的證券的管道

(B)出借人借出證券可為市場帶來買進動能

(C)借券人為其持有之證券部位取得資金融通以降低資金成本

(D)借券人借入證券可降低違約交割的可能性。 【第24屆理財人員】

( ) **83** 有關市場常用之技術指標，下列敘述何者錯誤？ (A)RSI俗稱相對強弱指標 (B)Bias俗稱乖離率 (C)K線俗稱長條圖 (D)KD值俗稱隨機指標。 【第24屆理財人員】

( ) **84** A公司今年度每股現金股利5元，且股利成長率為2.5%，國庫券利率為3%，股市預期報酬率為13%，A公司股票之β係數為1.2，依現金股利折現模式計算，A公司股票之每股價格應為何？ (A)65元 (B)41元 (C)32.5元 (D)26元。 【第24屆理財人員】

( ) **85** 有關香港股市交易之規定，下列敘述何者錯誤？ (A)交易時間分早市和午市，午市於16：00截止 (B)漲跌幅無限制；掛單須在上下24升降單位範圍內 (C)交割時間為T＋2但跨國交易資金須先到位 (D)交割幣別為港幣、美金等其他幣別但不包含臺幣。 【第24屆理財人員】

( ) **86** 面額100萬元，票面利率為8%，每年付息一次，發行年限3年到期的債券，倘市場殖利率為10%，則其存續期間為多少年？（取最接近值）
(A)2.535年 (B)2.626年
(C)2.777年 (D)2.863年。 【第23屆理財人員】

( ) **87** 可轉換公司債為保障投資人的安全和權益，通常會訂定各項重要保障條款，然而下列何項條款卻是為保障發行人的重要權利？ (A)反稀釋條款 (B)債券賣回權條款 (C)債券贖回權條款 (D)轉換價格重設權條款。 【第23屆理財人員】

( ) **88** 投資人於102年7月1日買入某期剛付完息的政府債券，該期債券主要的基本資料如下：買入面額100萬元；97年7月1發行，發行期間為7年期；每「半年」付息一次；發行當時的票面利率為3%；投資人買入利率為2%，則其買入價格為多少？（取最接近值） (A)1,019,510元 (B)1,019,416元 (C)1,019,308元 (D)1,019,224元。 【第23屆理財人員】

( ) **89** 有關債券存續期間（Duration）之觀念，下列敘述何者正確？
(A)在其他條件固定下，殖利率較高，則其存續期間較長
(B)在其他條件固定下，票面利率較高，則其存續期間較長
(C)在其他條件固定下，到期年限較長，則其存續期間較短
(D)存續期間係將債券各期收益加以折現，並用時間加權計算。
【第37屆理財人員】

（　）**90** 有關債券之敘述，下列何者錯誤？　(A)債券的利率風險可分為
價格風險與再投資風險　(B)零息債券之存續期間等於到期日
(C)當市場殖利率走高，持有債券會產生資本利得　(D)折價債券
離到期日愈近，其折價程度會漸漸減少。　　　　【第23屆理財人員】

（　）**91** 張老師持有面額10萬元之可轉換公司債，其轉換價格為40元，期初
以面額購入，目前該標的股之股價為45元，若不考慮交易成本及稅
負，則張老師請求轉換為股票後出售之獲利為何？　(A)10,000元
(B)12,500元　(C)15,000元　(D)20,000元。　　　　【第23屆理財人員】

（　）**92** 某上市公司淨值為8,820,000元，在外流通股數為1,000,000股，且股
價淨值比為15，請問買進股票之合理價格應為多少？　(A)132.3元
(B)140元　(C)130元　(D)142.5元。　　　　【第23屆理財人員】

（　）**93** 將股票一段固定期數（如每20日）的收盤價加以計算簡單算術
平均數，然後將隨時間經過所形成的點圖連接而成，稱為下列
何者？　(A)移動平均斂散值（MACD）　(B)乖離率（Bias）
(C)K線　(D)移動平均線（MA）。　　　　【第37屆理財人員】

（　）**94** 艾略特波浪理論中關於第五波之敘述，下列何者正確？　(A)通
常為下降趨勢中向上反彈的修正波　(B)通常可能出現雙重底現
象　(C)通常為五波中最短的一波　(D)通常其波幅寬度不如第
三波。　　　　【第23屆理財人員】

（　）**95** 下列何者非為上櫃股票一般類之重要資格條件之一？　(A)經二家
以上證券商推薦　(B)於興櫃股票市場交易滿六個月以上　(C)實
收資本額達新臺幣五千萬元以上　(D)最近三年營業利益佔實收資
本額之比率平均達1%以上。　　　　【第23屆理財人員】

（　）**96** 我國股票市場盤後定價交易時間為非例假日週一至週五之何時
段？　(A)13：30～14：30　(B)14：00～14：30　(C)14：30～
15：30　(D)13：30～17：00。　　　　【第23屆理財人員】

（　）**97** 相對強弱指標（RSI）之買進時機為何值？　(A)高於80　(B)介於
60與80之間　(C)介於30與50之間　(D)低於20。　　【第23屆理財人員】

（　）**98** 根據Gordon模型，已知某公司今年度現金股利為每股3元，且該
公司之現金股利成長率穩定為4%，若持股人所要求之股票報酬
率為8%，則該公司的股價應為下列何者？　(A)72元　(B)78元
(C)84元　(D)86元。　　　　【第23屆理財人員】

（　　）　**99** 假設甲公司以殖利率3%於市場購入金額500萬元、票面利率2.4%之中央公債，並與乙證券商承作附賣回交易，雙方議定利率為2.6%，承作天期20天，則其套利空間為若干？（不考慮稅負，取最接近值）　(A)0.8%　(B)0.6%　(C)0.4%　(D)0.2%。

【第22屆理財人員】

（　　）　**100** 王先生於今年3月1日購買明年3月1日到期之零息債券十萬元，假設買進利率為2.00%，則王先生於債券到期時可得到多少元？(A)96,117元　(B)100,000元　(C)102,000元　(D)104,040元。

【第22屆理財人員】

（　　）　**101** 張襄理於101年7月1日買入某期剛付完息的政府債券，該期債券主要的基本資料如下：買入面額100萬元，99年7月1日發行，發行期間為5年期，每年付息一次，發行當時的票面利率為2.8%；張襄理買入利率為3.5%，則其買入價格為多少？（取最接近值）　(A)980,389元　(B)981,726元　(C)982,548元(D)983,897元。

【第22屆理財人員】

（　　）　**102** 有關債券之敘述，下列何者錯誤？　(A)零息債券之存續期間等於到期日　(B)債券價格與殖利率成反向關係　(C)於到期日當天，債券價值等於面額　(D)殖利率下降使價格上漲的幅度低於殖利率上揚使價格下跌的幅度。

【第22屆理財人員】

（　　）　**103** 某公司於101年發行面額為10萬元之可轉讓公司債，可轉換股數為1,250股，則轉換價格為每股多少元？　(A)70元　(B)75元(C)80元　(D)85元。

【第22屆理財人員】

（　　）　**104** 陳先生購買距到期日剩三年之公債100元，其票面利率為3%，每年付息一次，若目前市場利率為3.5%，則該債券之存續期間為何？（取最接近值）　(A)2.687年　(B)2.748年　(C)2.852年(D)2.913年。

【第22屆理財人員】

（　　）　**105** 針對債券價格的敘述，下列何者正確？
(A)發債主體債信好壞與債券價格無關
(B)殖利率高於債券票面利率時，債券為折價
(C)離到期日的遠近不影響債券價格的波動程度
(D)附息債券沒有再投資風險。

【第22屆理財人員】

( ) **106** 下列何者屬於技術分析模式的範疇之一？ (A)由上往下模式 (B)現金股利固定成長模型 (C)K線分析法 (D)資本資產訂價 模式（CAPM）。 【第37屆理財人員】

( ) **107** 就技術分析而言，下列何項指標代表買進訊號？ (A)隨機指 標（KD值）在20以下，且K值大於D值時 (B)相對強弱指 標（RSI）值高於80時 (C)乖離率（Bias）達12%至15%時 (D)威廉指標值低於20時。 【第22屆理財人員】

( ) **108** 當物價明顯上漲時，政府通常會採用緊縮性的貨幣政策，以抑 制物價持續上漲，此時對利率與股價有何影響？ (A)利率上 升，對股價有不利之效果 (B)利率下降，對股價有不利之效果 (C)利率上升，對股價有助漲之效果 (D)利率下降，對股價有 助漲之效果。 【第22屆理財人員】

( ) **109** 下列何者是屬於抗循環型產業？ (A)資訊業 (B)軟體業 (C)食品業 (D)汽車業。 【第22屆理財人員】

( ) **110** 有關艾略特波浪理論，下列敘述何者錯誤？ (A)第一波為五波 中最低的一波，類似低價反彈 (B)第四波經常會出現三角形 的整理格局 (C)第五波為整個波浪理論中可能上升至最高波段 (D)第C波為下降趨勢中向上反彈之修正波。 【第39屆理財人員】

( ) **111** 國庫券利率為3%，股市預期報酬率為13%，A股票之 β 係 數為1.2，則A股票之預期報酬率為何？ (A)15% (B)18% (C)19.20% (D)20.45%。 【第22屆理財人員】

( ) **112** 黃先生以其所持有500萬元92-3期，票面利率2.5%之公債，向證 券商承作附賣回交易，雙方約定利率為1.3%，承作金額為500萬 元，期間為30天，則到期時黃先生應以多少錢買回該筆債券？ （不考慮稅負，取最接近值） (A)5,010,274元 (B)5,005,342 元 (C)5,004,932元 (D)5,004,273元。 【第21屆理財人員】

( ) **113** 有關無實體債券之敘述，下列何者錯誤？ (A)採登錄形式 (B)節省印製成本 (C)形同無記名債券 (D)可大幅降低交割現 券之風險。 【第22屆理財人員】

( ) **114** 可轉換公司債可將其視為普通公司債與股票選擇權所構成的金 融商品組合。在市場上投資者可以面額買入，可轉換公司債在 下列何種狀況時，為最理想的投資標的？ (A)當股價低於轉換

價時，且賣回殖利率高　(B)當股價高於轉換價時，且賣回殖利率高　(C)當股價高於轉換價時，但賣回殖利率不高　(D)當股價低於轉換價時，但賣回殖利率不高。　【第21屆理財人員】

(　) **115** 陳小姐購買距到期日剩三年之公債100元，其票面利率為5%，每年付息一次，若目前市場利率為6%，則該券之存續期間為何？（取最接近值）　(A)2.69年　(B)2.78年　(C)2.86年　(D)2.93年。　【第21屆理財人員】

(　) **116** 甲公司的可轉換公司債，轉換價格125元，投資人買進五張可轉換公司債，轉換成公司普通股後以150元賣出，在不考慮手續費及證交稅，請問投資人賺多少元？　(A)2萬元　(B)4萬元　(C)8萬元　(D)10萬元。　【第21屆理財人員】

(　) **117** 有關債券之敘述，下列何者錯誤？　(A)一般債券之存續期間小於到期日　(B)零息債券之存續期間等於到期日　(C)殖利率較低，則存續期間較短，票面利率愈高，其存續期間也愈長　(D)債券的存續期間是指將債券各期收益加以折現，並用時間加權計算推斷需多少年才能回收其固定成本。　【第21屆理財人員】

(　) **118** 可轉換公司債的發行設計，下列何者可使轉換公司債的理論價值減少？　(A)反稀釋條款　(B)轉換價格可重設　(C)債券贖回權　(D)賣回權次數增加。　【第21屆理財人員】

(　) **119** 倘甲公司今年度每股現金股利3元，且現金股利成長率穩定為5%，股東要求之股票報酬率為10%，依Gordon模型計算，其股票每股價格應為何？　(A)63元　(B)66元　(C)69元　(D)72元。　【第39屆理財人員】

(　) **120** 假設其他因素固定不變，下列何項會降低股票之本益比？　(A)股利率下降　(B)股票的β值下降　(C)利率下降　(D)市場的風險溢酬下降。　【第21屆理財人員】

(　) **121** 目前在我國賣出股票時，須繳納成交金額千分之幾的證券交易稅？　(A)千分之一點四二五　(B)千分之一點五　(C)千分之三　(D)無須繳納。　【第37屆理財人員】

(　) **122** 下列何種情況對以出口為主的臺灣電子業之股價有利？　(A)市場利率上升　(B)產品原料價格上漲　(C)政府採緊縮性貨幣政策　(D)臺幣貶值。　【第21屆理財人員】

( ) **123** 預期景氣即將復甦上揚，下列何者債券投資報酬可望最高？
(A)公司債　　　　　　　　(B)可轉換公司債
(C)登錄公債　　　　　　　(D)金融債券。【第37屆理財人員】

( ) **124** 目前我國證券交易市場之盤後定價交易，各種股票是以下列
哪一個價格來進行交易？　(A)當日開盤價　(B)當日最高價
(C)當日最低價　(D)當日收盤價。　　　　【第21屆理財人員】

( ) **125** 倘有一股票當日開盤競價基準為67元，若按現行制度，則這檔股票
當日跌停板之價格為何？【提示：須考量升降單位】　(A)62.31元
(B)62.35元　(C)60.3元　(D)62.5元。　　　　【第21屆理財人員】

解答及解析

1 (A)。
1. 可轉債市價愈高，賣回收益率愈低；可轉債市價愈低，賣回收益率愈高。選項(A)正確。選項(B)有誤。
2. 當可轉債的轉換價值遠低於債券面額時，投資人無法執行轉換權利，此時投資人可於特定期間內，要求發行公司以面額加計利息補償金的價格收回該債券，發行公司會依持有期間的長短訂出不同的賣回收益率。當可轉債上市上櫃交易後，賣回收益率就會隨著可轉債的市價而變動，若可轉債已具轉換價值或市價很高時，賣回收益率便會很低甚至出現負值；當可轉債出現嚴重折價現象時，其隱含的賣回收益率會提高。選項(C)、(D)有誤。

2 (B)。本題票面利率8.5%＝殖利率為8.5%→平價發行
故本題發行價格為100,000元。

3 (A)。票面利率>有效利率→溢價
本題僅A券票面利率>殖利率，需要以溢價方式購買。

4 (A)。$100,000 \times p3/2.5\% + 100,000 \times 3\% \times P3/2.5\% = 105,121$（元）。

5 (B)。
1. 一般債券票面利率低，其存續期間較長，選項(A)有誤。
2. 零息債券之存續期間等於到期日，選項(B)正確。
3. 當債券殖利率低於票面利率稱為溢價，選項(C)有誤。
4. 信用評等越高的公司，其股價並不一定越高，選項(D)有誤。

6 (C)。使持有某一債券至到期日所獲得的所有利息和本金之現值的總和等於該債券現在的市場價格的利率，便是到期殖利率。債券的價格和殖利率呈現反向變動。當殖利率下跌時，存續期間愈長的債券，獲利愈大。

7 (C)。轉換價格為每股
＝100,000/5,000＝20（元）。

8 (D)。本益比＝股價/每股盈餘＝50/3
＝16.7

9 (C)。將4天上升的數目相加，除以
4，上例中總共上升(1.5＋1.5＋0.9)
元除以4得0.975
將4天下跌的數目相加，除以4，上
例中總共下跌0.8元除以4得0.2
求出相對強度RS，即RS＝0.975/0.2
＝4.875
RSI＝100×{1－〔1÷(1＋RS)〕}＝
100×{1－〔1÷(1＋4.875)〕}＝83

10 (A)。強式效率市場假說（strong
form efficiency）：目前證券價格完
全充分反映已公開及未公開之所有
情報。尚未公開的內幕消息，投資
者已藉各種方式取得，早已成為公
開的秘密，證券價格也已調整。因
此，所有人皆無法從證券交易中獲
得超額報酬。

11 (C)。當長、短期平均線（MA）在
低檔向上走揚，且短期平均線由下
往上穿越長期平均線，稱為「黃金
交叉」，此時表示將有一段漲勢發
生；相反的，若短期平均線由上往
下穿越長期平均線，稱為「死亡交
叉」，表示將有一段跌勢。

12 (AC)。量增價跌現象大部分出現在
下跌行情的初期，也有小部分出現
在上升行情的初期，說明價格的下
跌得到部分買家的認可大批購買，
但也可能是主力在瘋狂出逃，所以
也要注意看成交量、大市行情。

13 (B)。乖離率又稱為y值，是反映股
價在波動過程中與移動平均線偏離
程度的技術指標。它的理論基礎
是：不論股價在移動平均線之上或

之下，只要偏離距離過遠，就會向
移動平均線趨近，據此計算股價偏
離移動平均線百分比的大小來判斷
買賣時機。計算公式如下：
乖離率＝（當日收盤價－N日內移動
平均價）/N日內移動平均價×100%
20%＝（54－N日內移動平均價）/N
日內移動平均價×100%
N日內移動平均價＝45

14 (C)。依票面利率設計分類：
1.零息債券（Zero Coupon Bond）：
不附票面利息，在到期前投資人
不會收到利息收入。因為此類債
券是以貼現方式發行，也就是說
投資人以較低本金購買（低於票
面），到期時債券持有人可以收
回票面本金。
2.固定利率債券（Fixed Coupon
Bond）：固定利率債券指在發行
時規定利率在整個償還期內不變
的債券。
3.浮動利率債券（Floating Rate
Note，FRN）：係一種無固定利
率的中長期債券，它的利息是隨
著期間的不同而變動的，有時平
均每半年或一年調整一次，其利
率是按預定公式定期作調整，而
且是在發行時就已規範好，例
如：LIBOR（London Interbank
Offered Rate）。
4.反浮動利率債券（Inverse Floater
Note）：指發行債券的票面利率與
市場指標利率的變動方向相反，也
就是當市場利率降低時，此債券的
債息會增加；當市場利率升高時，
此債券的債息會減少。

15 (C)。再投資風險係指債券持有人於債券投資期間所得之利息收入,其再投資時之報酬率,可能較原投資債券之殖利率為低之風險。

16 (C)。公債及借款,各分甲、乙兩類。甲類公債及甲類借款,指支應非自償之建設資金;乙類公債及乙類借款,指支應自償之建設資金。

17 (B)。債券價格與殖利率成反向關係,殖利率越低,債券價格越高;反之,殖利率越高,債券價格越低。

18 (A)。企業發行可轉換公司債後,當發行公司的股票市價持續上漲至某一程度或是可轉債流通在外餘額過少時,發行公司得以保障利率強制買回可轉換公司債,此種發行人權利稱之為「債券贖回權」。

19 (A)。$1,000,000 \times p3/3.5\% + 1,000,000 \times 2.8\% \times P3/3.5\% = 980,389$(元)

20 (A)。$\dfrac{1,000,000}{(1+2\%)^5} = 905,731$(元)

21 (B)。在產業生命週期四個階段中,具有產品已有相當被接受度,轉虧為盈,預期在短期內有大量的現金流入,投資收益高,風險相對較小特性的階段是「成長型」。

22 (C)。以財務比率評估,一旦偏離正常情形,必須採取與產業之平均比率及歷史比率相比較。

23 (B)。風險溢酬(risk premium)係指因承擔特定資產風險而要求之額外報酬率。

24 (D)。波浪理論的推動浪,浪數為5(1、2、3、4、5),調整浪的浪數為3(A\B\C),合起來為8浪。艾略特波浪理論中,下跌最重要的賣出時機通常出現在第B波。

25 (D)。按現行制度,股票當日最高可漲至10%,故這檔股票當日最高可漲至=54+54×10%=59.4

26 (C)。5%+2%×第一因素Beta值+4%×1=10%
第一因素Beta值=0.5

27 (D)。K線為十字線代表開盤價等於收盤價,故本題選(D)。

28 (B)。威廉指標一般以20及80分別代表買超及賣超的界線,當R高於80,表示處於超賣狀態,行情即將見底,可考慮買進,當R低於20,表示處於超買狀態,為賣出時機。

29 (D)。由下往上(Bottom－Up Approach)的投資分析標準程序,係依一定判斷指標,比較所有股票的業績及其市價,不須針對資本市場去分析。

30 (A)。存續期間是用來衡量債券價格對殖利率敏感的程度,債券在還本上有分期攤還設計者,將使債券之存續期間縮短。

31 (A)。票面利率3%<市場上的成交殖利率為4%→折價

32 (D)。零息債券存續期間恰為其到期日,由於零息債券之到期前並不付息,到期前之權數為0,故零息債券的存續期間必等於到期期間。

33 (B)。信用評等是對企業或機構的償債能力進行評比,並提供予投資人公正客觀的財務訊息。一般而言,長期評比標準普爾BBB－等級以

上，是屬於風險低且報酬相對較低的穩健型債券。

34 (C)。目前可轉換公司債之重設價格，多數不得低於前次轉換價格之80%。

35 (B)。$100,000/25 \times 30 - 100,000 = 20,000$（元）。

36 (A)。通常當債券到期年限固定，則票面利率愈低，由於現金回收慢，因此存續期間愈長。本題A券的存續期間最長。

37 (B)。依移動平均線（Moving Average）理論，於短期移動平均線由下方往上突破長期移動平均線時，在技術分析上，意指黃金交叉，為買進訊號。

38 (C)。技術分析所依賴的方法為股票歷史交易資料。

39 (C)。威廉指標一般以20及80分別代表買超及賣超的界線，當R高於80，表示處於超賣狀態，行情即將見底，可考慮買進，當R低於20，表示處於超買狀態，為賣出時機。

40 (A)。食品飲料業屬於成熟型產業，較不受景氣循環影響。

41 (C)。產業週期屬於個體經濟分析。

42 (D)。無風險利率＋1.2×(20%－無風險利率)＝23%
無風險利率＝5%

43 (A)。$20,000 \times 150 \times 0.001425 + 20,000 \times 180 \times 0.001425 + 20,000 \times 180 \times 0.003 = 20,205$

44 (A)。乖離率又稱為y值，是反映股價在波動過程中與移動平均線偏離程度的技術指標。它的理論基礎是：不論股價在移動平均線之上或之下，只要偏離距離過遠，就會向移動平均線趨近，據此計算股價偏離移動平均線百分比的大小來判斷買賣時機。計算公式如下：
乖離率＝(當日收盤價－N日內移動平均價)/N日內移動平均價×100%
30%＝(39－30)/30×100%

45 (A)。該個股之預期報酬率＝3.5%＋2.3×3.2%＋0.9×1.5%＝12.21%

46 (B)。指數股票型證券投資信託基金（ETF），只能買進賣出，不能放空。

47 (A)。中華信評twBBB：受評為「twBBB」的債務人，係指其相較於其他本國債務人，仍具有適當的保障性。但較可能因不利的經濟條件或環境變動，而減弱債務人對財務承諾的履行能力，屬於投資等級。

48 (C)。目前公債交易以無實體公債為主流係因為可降低現券交割風險。

49 (C)。$100,000/32 = 3,125$（股）。

50 (C)。通常當債券到期年限固定，則票面利率愈低，由於現金回收慢，因此存續期間愈長，選項(C)有誤。

51 (B)。那斯達克綜合指數係根據高科技產業還有零售和批發貿易等公司股票編製，選項(B)有誤。

52 (B)。$1,000,000 \times p2/2\% + 1,000,000 \times P2/2\% + 1,000,000 \times 3\% - 1,000,000 = 49,400$（元）→獲利。

53 (C)。波浪理論基本理論：不論趨勢大小，股價有「五波上升、三波下降」的規律。

解答及解析

54 (B)。市價在50至100元之間的股票，其最小變動單位0.1元。

55 (C)。以景氣循環作為產業分類，產業可區分為成長型產業、隨循環型產業、抗循環型產業三大類。

56 (D)。市價＝1.20×(1＋5%)/(10%－5%)＝25.2
本益比（PER）＝25.2/1.26＝20（倍）

57 (D)。成長比率是一家公司營運的重要資料，故其為股價評價之重要變數。

58 (D)。
1.股利成長率＝股東權益報酬率×(1－股利發放率)
8%＝20%×(1－股利發放率)
所以股利發放率＝60%
2.發放股利＝EPS×股利發放率
3＝EPS×0.6
EPS＝5

59 (B)。根據CAPM，證券之貝它係數（Beta）係指市場風險。

60 (B)。依照臺灣證券交易所的規定，ETF賣出的證交稅是千分之1，而一般股票賣出證交稅是千分之3。

61 (D)。投資國內公司債不會面臨匯率風險。

62 (C)。相對於聯交所主板市場來説，創業板具有更高的風險，創業板成長性較大，主要供專業投資人士參與。

63 (D)。5,000,000/40×48－5,000,000＝1,000,000（元）。

64 (D)。依債權之性質可分為有擔保債券與無擔保債券，選項(D)有誤。

65 (B)。若股票出借時，若遇公司現金增資是否提前還券？若勾選是，則投資人會收到現增繳款書，以利參與公司現金增資；若勾選否，則借券人會以權益補償方式將繳款通知書寄給出借人，出借人將現增股款存入指定戶頭即可參與公司現增。但出借對象無須於證券商訂立委託買賣契約逾六個月以上者，選項(B)有誤。

66 (D)。$10,000,000 \times p4/1.5\% + 10,000,000 \times 2\% \times P4/1.5\% = 10,192,719$（元）。

67 (A)。可轉換公司債就是介於債券市場與股票市場間的混合性商品，但不具有保本的特性。

68 (A)。草創時期的產業可提供投資人很高的報酬，但該時期的公司也很有可能會因經營不善而倒閉，因此風險也相對較高。「草創型」產業約只有三成的公司可以存活。

69 (A)。β係數是用以衡量市場預期報酬率對個股報酬率的影響，即市場風險。當β>1代表個股預期報酬率>市場預期報酬率。

70 (D)。$P = 5 \times 1.04/(12\% - 4\%) = 65$
本益比＝65/2.5＝26（倍）。

71 (A)。乖離率又稱為y值，是反映股價在波動過程中與移動平均線偏離程度的技術指標。它的理論基礎是：不論股價在移動平均線之上或之下，只要偏離距離過遠，就會向移動平均線趨近，據此計算股價偏離移動平均線百分比的大小來判斷買賣時機。計算公式如下：

乖離率＝(當日收盤價－N日內移動平均價)/N日內移動平均價×100%
－8.23％＝(4,205－4,582)/4,582×100%

72 (C)。評估股票之合理價格所用的「折現率」係股票持有人要求之報酬率。

73 (D)。相對價值比較法有一定的使用缺點：
1. 難以發現兩家類似的公司可以直接比較。
2. 投資報酬是以絕對價值計算而非相對價值。
3. 比較的資料均為歷史資料，但股價主要取決於未來的營運績效。

74 (D)。主要投資於中國大陸境外發行或分銷的人民幣計價債務工具及貨幣市場工具，俗稱為「點心債」。當市場利率上升的時候，債券價格亦可能會下調，基金價格亦有機會因而下跌。

75 (A)。100,000/20/1,000＝5（張）。

76 (A)。
1. 債券的存續期間（Duration），就是用來衡量市場利率的變化對債券價格的敏感度，一檔債券的存續期間愈長，就代表這檔債券對利率比較敏感，也就是只要市場利率稍有變化，就會造成債券價格較大的波動。存續期間較短，當然對市場利率的敏感度就會比較低。
2. A債券之存續期間（Duration）大於B債券之存續期間，則A債券對於殖利率變動之價格敏感度將較B債券為大。

77 (A)。該公債市價為11萬元>面額10萬元→面額10萬元<票面利率6%。

78 (C)。$50,000,000×p2/1\%+50,000×1.25\%×P2/1\%=50,246,299$（元）。

79 (B)。$[1×2/(1+3\%)+2×102/(1+3\%)]/100=1.98$（年）。

80 (A)。目前我國證券商收取之證券交易手續費上限為股票成交金額之千分1.425。

81 (D)。固定現金股利模型之現金股利的成長率為0，而現金股利固定成長模型之現金股利成長率必須低於折現率。

82 (C)。「借券」為有價證券借貸行為，僅指出借人將有價證券出借給借券人，賺取借券費收益，選項(C)有誤。

83 (C)。K線圖（Rosokuashi Chart）又稱為陰陽線或者是蠟燭線，選項(C)有誤。

84 (B)。預期報酬率＝$3\%+1.2×(13\%-3\%)=15\%$
A公司股票之每股價格＝$5×(1+2.5\%)/(15\%-2.5\%)=41$（元）。

85 (D)。香港股市交易交割幣別包含臺幣。選項(D)有誤。

86 (C)。
$$\frac{\frac{8}{(1+10\%)}×1+\frac{8}{(1+10\%)^2}×2+\frac{(8+100)}{(1+10\%)^3}×3}{\frac{8}{(1+10\%)}+\frac{8}{(1+10\%)^2}+\frac{(8+100)}{(1+10\%)^3}}$$
$=2.777$（年）

87 (C)。債券贖回權條款是為保障發行人的重要權利。

解答及解析

88 (A)。$1.5萬/(1+1\%)+1.5萬/(1+1\%)^2+1.5萬/(1+1\%)^3+1.5萬/(1+1\%)^4+100萬/(1+1\%)^4=1,019,510$（元）。

89 (D)。債券的存續期間（Duration），就是用來衡量市場利率的變化對債券價格的敏感度，存續期間係將債券各期收益加以折現，並用時間加權計算一檔債券的存續期間愈長，就代表這檔債券對利率比較敏感，也就是只要市場利率稍有變化，就會造成債券價格較大的波動。存續期間較短，當然對市場利率的敏感度就會比較低。

90 (C)。市場對該債券熱烈追捧，債券價格就會攀升，造成投資成本上升，選項(C)有誤。

91 (B)。$100,000/40×(45-40)=12,500$（元）。

92 (A)。$8,820,000/1,000,000×15=132.3$（元）。

93 (D)。移動平均線（MA）係指將股票一段固定期數（如每20日）的收盤價加以計算簡單算術平均數，然後將隨時間經過所形成的點圖連接而成，稱之。

94 (D)。波浪理論基本理論：不論趨勢大小，股價有「五波上升、三波下降」的規律。艾略特認為第五波通常其波幅寬度不如第三波。

95 (D)。上櫃股票一般類之重要資格條件之一，為最近1個會計年度合併財務報告之稅前淨利不低於新臺幣400萬元，且稅前淨利占股本（外國企業為母公司權益金額）之比率符合下列標準：最近1年度達4%，且無累積虧損。或最近2年度均達3%；或平均達3%，且最近1年度較前1年度為佳。

96 (B)。我國股票市場盤後定價交易時間為非例假日週一至週五之14：00~14：30。

97 (D)。相對強弱指數（RSI），一藉比較價格升降運動以表達價格強度的技術分析工具。相對強弱指標（RSI）之買進時機為低於20。

98 (B)。$P=3×1.04/(8\%-4\%)=78$（元）。

99 (C)。套利空間$=3\%-2.6\%=0.4\%$。

100 (B)。零息債券十萬元到期時等於面值十萬元。

101 (A)。$2.8萬/(1+3.5\%)+2.8萬/(1+3.5\%)^2+2.8萬/(1+3.5\%)^3+100萬/(1+3.5\%)^3=980,389$（元）。

102 (D)。債券價格對殖利率敏感性之增加程度隨到期期間延長而遞減。殖利率下降使價格上漲的幅度，高於殖利率上揚使價格下跌的幅度。選項(D)有誤。

103 (C)。$100,000/1,250=80$（元）。

104 (D)。

$$\frac{\frac{3}{(1+3.5\%)}+2×\frac{3}{(1+3.5\%)^2}+3×\frac{(3+100)}{(1+3.5\%)^3}}{\frac{3}{(1+3.5\%)}+\frac{3}{(1+3.5\%)^2}+\frac{(3+100)}{(1+3.5\%)^3}}$$

$=2.913$（年）

105 (B)。債券票面利率<殖利率→折價發行。
債券票面利率>殖利率→溢價發行。

106 (C)。k線表示單位時間段內價格變化情況的技術分析圖，所謂K線圖，就是將各種股票每日、每周、每月的開盤價、收盤價、最高價、最低價等漲跌變化狀況，用圖形的方式表現出來。K線是股民分析股價的重要參考。K線分析法屬於技術分析模式的範疇之一。

107 (A)。KD市場常使用的一套技術分析工具。其適用範圍以中短期投資的技術分析為最佳。隨機指標的理論認為：當股市處於牛市時，收盤價往往接近當日最高價；反之在熊市時，收盤價比較接近當日最低價，該指數的目的即在反映出近期收盤價在該段日子中價格區間的相對位置。隨機指標（KD值）在20以下，且K值大於D值時，代表買進訊號。

108 (A)。當物價明顯上漲時，政府通常會採用緊縮性的貨幣政策，以抑制物價持續上漲，但會造成利率上升，對股價有不利之效果。

109 (C)。抗循環型：較不受經濟景氣的好壞影響，獲利相當穩定。如：食品業、水電業。

110 (D)。波浪理論基本理論：不論趨勢大小，股價有「五波上升、三波下降」的規律。艾略特波浪理論中，下跌最重要的賣出時機通常出現在第B波。五波的上升趨勢可分為三個推動波以及二個修正波，三個推動波分別為第1、3及5波，而修正波則為第2及4波；在三波下降趨勢波則分為A、B、C三波。第C波常具有跌勢強烈且具有破壞

性，具有推動第3波類似的特性，跌幅大，時間持續久。

111 (A)。A股票之預期報酬率＝3%＋1.2×（13%－3%）＝15%

112 (C)。依據證券交易稅條例第2條，證券交易稅向出賣有價證券人按每次交易成交價格依左列稅率課徵之：一、公司發行之股票及表明股票權利之證書或憑證徵千分之三。

113 (C)。沒有實體債票，故又稱為無實體債券。無記名公司債券是指債券票面沒有載有持有人姓名或者名稱的債券，選項(C)有誤。

114 (B)。可轉換公司債在當股價高於轉換價時，轉換有利，且賣回殖利率高時，賣回亦有利，為最理想的投資標的。

115 (B)。$[5/(1+6\%)+2\times5/(1+6\%)^2+3\times5/(1+6\%)^3+3\times100/(1+6\%)^3]/[5/(1+6\%)+5/(1+6\%)^2+5/(1+6\%)^3]+100/(1+6\%)^3]=2.78$（年）

116 (D)。$5\times100,000/125\times(150-125)=100,000$（元）。

117 (C)。殖利率越高，存續時間越短，票面利率越高，存續時間越短。

118 (C)。債券贖回權是一項有利於發行公司的權利，目的在於降低公司發行成本及促使投資人進行轉換。債券贖回權的設計會使轉換公司債的理論價值減少。

119 (A)。$P=3\times1.05/(10\%-5\%)=63$（元）。

120 (A)。本益比是股價及每股盈餘的比率，假設其他因素固定不變，股

利率下降,會使股價下降,會降低股票之本益比。

121 (D)。K線為十字線代表開盤價等於收盤價,故本題選(D)。

122 (D)。臺幣兌美元匯率貶值,對於出口為主產業是有利的,特別是電子業、工具機等產業,企業會具有價格競爭力,同時也會獲取匯兌收益;不過對於進口企業就比較不利,部分產品可能面臨漲價。

123 (B)。預期景氣復甦,利率會上揚,債券價格下跌,預期景氣復甦,股價上揚,可轉換公司債價值也會上揚。

124 (D)。目前我國證券交易市場之盤後定價交易,各種股票是當日收盤價來進行交易。

125 (C)。
1. 當日開盤競價基準,即一般俗稱的平盤,通常為前一日收盤價格,目前股票當日漲跌以10%為限。
2. 該檔股票當日跌停板之價格＝$67 \times (1 - 10\%) = 60.3$(元)。

NOTE

第四章 共同基金及衍生性金融商品

依據出題頻率區分，屬：**A** 頻率高

本章是共同基金及衍生性金融商品的介紹，亦是理財工具的重點章節，這其實不難理解，因為共同基金及衍生性金融商品投資在臺灣這個環境也是十分方便，一般人就算沒有衍生性金融商品的投資經驗，大部分也有共同基金的投資經驗，本章的出題類型因投資工具特性及市場多元性的緣故，所以題型較有變化，但只要能熟讀內容，相信讀者以後對這兩種投資工具一定更有心得，更能得心應手。

重點1 共同基金　　　　重要度 ★★★

一、共同基金的意義

共同基金是由資產管理公司以發行公司股份或者發行受益憑證的方式，募集多數人的資金交由專家去投資運用。是共同承擔風險、共同分享投資利潤的投資方式，最大的特色在於投資風險的分散，以降低市場風險和波動性。基金依投資標的，可分為股票、債券、貨幣市場基金。

而所謂「境外基金」是在臺灣以外地區註冊的共同基金，相對於「國內共同基金」是在行政院金融監督管理委員會證券期貨局註冊登記的。所以境外共同基金與國內共同基金的不同點是基金的註冊地不同，與投資的地區無關。例如：國內證券投信公司募集之共同信託基金，雖然投資在歐洲股市，但該基金是在金管會證期局所註冊，所以是屬於國內基金。

考點速攻

1. 共同基金依基金公司之組織型態，可分為以下二種：
   (1) 公司制：成立以投資為目的之基金經理公司，為開放型公司，美國基金屬之。
   (2) 契約制：成立證券投資信託公司，發行受益憑證募集基金，我國基金屬之。
2. 目前我國共同基金受益憑證之發行係屬於契約制。
3. 契約制的共同基金受益憑證是由證券投資信託公司製發。
4. 在我國，基金資產係透過保管機構以基金專戶的名義儲存。

二、共同基金的運作

共同基金是由專業的證券投資信託公司以發行受益憑證的方式向多數人募集資金而成立，並交由專家去進行投資，由於共同基金的累積的資金多，所以經理人可將資金分散到多種不同的股票或債券，以達到降低波動性和風險分散的目的。

投信公司負責基金的募集共同基金之組成與運作是建立在管理與保管分開的基礎上。基金管理經理公司負責基金的募集、操作、下達投資買賣的決策、會計處理、淨值計算及相關報表的製作。基金管理公司在募集資金時，通常是由公司本身和承銷機構募集，至於基金的操作則交由基金經理人負責。基金的操作情形會在季報和年報中揭露，報紙也會刊登有關淨值、持股比率等的資訊，提供給投資人參考。

保管機構負責保管並依基金管理公司之指示處分基金的資產，基金的資產在保管機構內的帳戶是獨立的，若基金管理公司或保管機構因經營不善而倒閉，債權人是沒有權利動用這筆資產的。

主管機關行政院金融監督管理委員會證券期貨局對基金管理公司及保管機構負有監督管理的責任，同時會計師也會對基金經理公司和保管銀行的財務報表定期進行查核的工作。因此在如此嚴密的控管制度下，投資人是受到相當保障的。共同基金的運作架構如下：

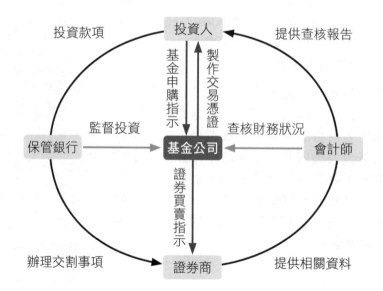

三、共同基金之分類

(一)以投資地區來分

1. **全球性共同基金**：是以全球金融市場為投資對象，通常以美、日、英、德等金融市場較為發達地區為主要投資標的；由於是全球性的投資，所以風險較低較分散。

2. **區域性共同基金**：是以特定區域內各個國家為投資對象，例如：歐洲地區國家或亞太地區國家等都屬此類。

3. **單一國家共同基金**：是以特定的某個國家為投資對象。一般來說投資單一國家的共同基金風險高於區域性及全球性基金。

(二)以投資屬性來分

1. **收益型共同基金**：主要是以追求定期最大的收入為目標；細分的話，還可分成固定收益型和股票收益型，其獲利來源為股利和利息。

2. **成長型共同基金**：著眼於資金的長期成長，獲取資本利得，也可細分為一般成長型和積極成長型；兩者之間最大的不同是，前者重視穩定、持續的長期成長，後者則常是追求資金在短期之內能有最大的增值。

3. **平衡型共同基金**：是既追求資金的長期成長，也注重定期收入的獲得，投資標的則分散在股票和債券上。

(三)以投資標的來分

1. **股票型共同基金**：主要投資於全球股票市場，依投資地區可分為全球型、區域型、單一國家型和產業型。因為世界各地區的經濟、政治等情況不盡相同，所以股票型基金的主要報酬及風險相對比貨幣市場型和債券型基金要高。

2. **債券型共同基金**：投資標的為各種不同收益率、不同到期日的債券，收益相較股票型基金穩定。如政府公債及公司債等。

3. **貨幣市場共同基金**：專門投資於短期貨幣市場工具。如國庫券、可轉讓定存單、定存和債券附買回交易等。因為貨幣市場工具的到期日短且產生固定收益，相對而言是一項低風險投資。

(四)以是否可以追加或買回來分

1. **開放型共同基金**：開放型基金是指發行單位數與發行期間不作特別限制的基金型態，投資人可依每日基金的淨值向基金公司買入或贖回基金，而基金經理人須保持基金資金的流動性以因應投資者隨時贖回，且須以優良的操作績效以吸引新的投資人之資金流入。贖回價格依次一營業日單位淨資產價值計算。

一般說來，開放型基金較適合投資於市場規模大且資金流動性高的市場，或分散投資於多個市場。目前全球的基金公司所發行的基金也多以開放型為主。不僅在國外，投資人較偏好開放型基金，環顧國內近幾年共同基金的發展，國人對開放型共同基金的接受度也日益提高，一方面由於國內共同基金的最低投資金額只要臺幣一萬元、手續費約1～2%，所以增加了一般小額客戶的興趣。另外，目前非常受到小額投資人歡迎且熱門的「定時定額投資」（每個月只要$3,000元以上）也是以開放型基金為主；再者開放型基金接受申購贖回的管道多，投資人可以親至基金公司辦理，或透過代銷銀行機構，以電匯、傳真、自動櫃員機轉帳或透過網路的方式辦理，相當便捷；需要轉換時，則可到指定贖回機構或親至基金公司辦理。

2. 封閉型共同基金：封閉型基金是指發行單位數固定，在發行期滿或基金規模達到預定規模後，便不再接受投資人的申購或贖回的基金型態。一般封閉型基金的交易須透過集中交易市場撮合，其交易的流程與股票買賣相同。

封閉型基金有兩種報價，一是集中交易市場每日看板上的市價，另一個則是基金公司每日計算的淨值。當市價低於淨值時，便是所謂的折價；反之則為溢價。市價的漲跌通常取決於成交日當時市場上對基金籌碼供給和需求的情況。

考點速攻

1. 封閉型基金的次級市場成交價格是由市場供需決定。
2. 開放式基金與封閉式的比較：

特色	開放式基金	封閉式基金
發行單位數	可以隨投資人買賣而隨時增減	固定不變
是否掛牌上市	不上市	上市
審核批准機構	行政院金融監督管理委員會證券期貨局	其申請上市之交易所
基金可投資金額上限	依各基金設立時的信託契約規定	依申請上市之交易所規定
買賣方式	直接向基金經理公司申購、轉換、或贖回。基金發行公司必須無條件接受	在交易所上市，投資人須透過證券經紀商買賣
買賣價格	依基金淨值計算，無折／溢價情況	交易所股市交易掛牌市價，依市場的供需而定依價格計算
買賣費用	向基金公司申購、轉換、或贖回費用	證券經紀商的手續費和證交稅
成交機率	一定可成交	依市場供需而定
操作績效	完全反映在淨值上，容易評估	易受市場行情波動影響較難評估，投資價格易被扭曲

四、投資共同基金之優點

(一)**專業的投資管理**：共同基金由專業的基金公司操作管理，因公司擁有專業的研究分析群及完整迅速的資訊網路，能隨時掌握投資市場的脈動，透過系統化的研究及精確的投資管理策略，配合有利的時機，積極為投資人謀求最大投資報酬。

(二)**有效分散投資風險**：「雞蛋不要放在同一個籃子裡」是基本的投資原則。共同基金集合了眾多投資人的資金，將投資人的錢分散到不同的投資標的，例如：股票、債券或附買回債券，也可以投資在不同產業以及不同的區域或國家，像是歐洲地區、東南亞地區等。相較於一般個人投資者因為資金有限，比較不可能投資太多種類或多個區域及國家，而共同基金的投資標的可以分散到數十種不同的股票或債券以及不同的市場，可以達到分散風險的效果。

(三)**變現容易，流動性佳**：投資人可以因個人需要，隨時將基金脫手變現。如果你投資的是開放型基金，可將基金賣回給基金經理公司；封閉型基金則可以透過證券交易市場中出售。

(四)**合法節稅**：投資國內外基金之資本利得，在證券交易所得稅停徵的期間內，一律免稅，是投資人最佳節稅管道。

五、我國證券投資信託基金及國外基金

(一)我國證券投資信託基金

1. **投資國內封閉式股票型**：國內募集，投資國內股票之封閉式股票型基金。

2. **投資國內開放式股票型基金**：國內募集，投資國內股票之開放式股票型基金。

3. **國外募集投資國內股票型基金**：國內募集，投資國內股票之閉式股票型基金。

考點速攻

投資人以「指定用途信託資金」的方式向銀行申購基金，係與銀行訂定信託契約。

4. **國際股票型基金**：投資標的不限定於任何國家或區域的股票型基金。

5. **平衡型基金**：將資金平均投資於股票與債券，由投資債券獲取穩定的利息收入，並投資股票以獲取資本利得。

6. **組合型基金**：又稱基金中的基金，以共同基金作為投資標的。投資人必需支付兩次管理費。

7. **指數股票型基金（ETF）**：以特定股價指數為投資標的，又可以像股票一樣在交易所上市、交易，因此又稱為指數股票型基金。可以成份股換取ETF憑證（實物申購），也可以ETF憑證換取成份股（實物買回），所以市價和淨值會大致相等。

8. **投資國內債券型基金**：國內募集，投資國內債票券之基金。

9. **投資國外債券型基金**：國內募集，投資國外債債票券之基金。

(二)**國外基金**：國外基金經行政院金融監督管理委員會核准或申報生效在國內募集及銷售，惟不表示絕無風險。75年開放指定用途信託資金投資國外有價證券，國內銀行開始引進國外基金，接受委託投資。

六、共同基金投資實務

(一)**投資「共同基金」的主要風險**

1. **市場風險**：這是最主要的風險來源。若該基金所投資的標的，其市場因國家政治、經濟環境、商業條件、重大事件、投資人情緒和信心等因素使得市場價格受到影響時，該基金淨值也會受到相當程度的影響。

2. **匯率風險**：外幣計價的境外基金，若計價幣別相對於新臺幣升值時，投資人有匯率上的獲利；若該貨幣相對於新臺幣貶值時，投資人則有匯率上的損失。舉例來說，美元計價的基金若新臺幣兌美元匯率由30元貶到34元，投資人就有匯兌收益；反之，則會有匯兌損失。

3. **流動性風險**：若投資標的國家的投資買賣受到限制，不能很方便的進行交易，而使得所投資標的物的變現性變差，就是所謂「流動性風險」。

(二)**投資「共同基金」的費用**

1. **基金管理費**：由基金經理公司收取，作為替投資人管理資產的報酬。管理費是直接反映在基金淨值中。國內股票基金收取的管理費約1.2%至2%，國內債券基金則收取0.2%至1.3%，至於國外基金經理公司發行的基金，管理費大約為0.6%至2%。

2. **基金保管費**：由保管機構收取，作為保管共同基金資產及處理交割手續的酬勞，直接反映在基金淨值中。國內股票型基金的保管費約為0.12%至0.15%，國內債券基金則為0.05%至0.15%，至於國外基金保管費約為0.5%至1%。

3. **申購手續費**：投資人申購基金所繳付的費用。大多採前收申購手續費方式。申購手續費約1.5%～3%。

4. **銷售費**：採後收申購手續費的共同基金，為了彌補期初未能收到申購手續費的損失，通常會收取「銷售費」。直接反映在基金淨值中。

5. **信託費**：由受託銀行收取，作為接受信託投資共同基金、管理投資人投資事務與帳務的報酬。一般約為0.2%至0.5%。

6. **轉換手續費**：將持有基金轉換為同一家基金公司發行的另一種基金，支付給基金公司的手續費。一般轉換手續費約為0.5%。

7. **贖回手續費和買賣價差**：多數基金不會收取贖回手續費，但有些基金會收取買賣價差，申購價格高於贖回價格。

(三)**投資「共同基金」的收益**

1. **資本利得**：投資於股票與債券，買賣價差所產生的利得。

2. **股利收入**：投資於股票，每年所配得的股票股利或現金股息。

3. **利息收入**：持有存款、短期票券、債券所得到的利息支付。

4. **匯兌損益**：如果投資國外有價證券，則匯率變化將使這些有價證券以本國貨幣計算的價值發生變化。

七、共同基金的運用

(一)**擬定投資計畫**

1. 衡量風險承擔能力。　　2. 考慮景氣變動狀況。

3. 考慮投資目標。　　　　4. 考慮既有的投資。

(二)**決定投資策略**

1. **定期定額投資**：每隔固定期間以固定金額的資金買進基金，投資人無須費心選擇進場時機，只須事先與銀行約定特定金錢信託方式每月固定投資於某特定基金的金額，然後根據計畫按時投資。每月屆時，銀行會自動扣除投資人指定帳戶內之約定金額，並投資於投資人選定的基金。可降低購買基金的平均成本，淨值高時，購得單位數較少，反之則較多，長期下來，單位成本可以攤低。

2. **單筆投資**：將資金一次買進某種基金。優點：在投資時點與金額的選擇上具有彈性。缺點：對投資時點可能判斷錯誤，導致投資績效不彰。

(三)**評估及選擇基金**

1. **基金經理公司**：基金公司最基本的條件就是必須以受益人的利益為依歸，內控良好，不會公器私用。

2. **基金過去績效**：基金的績效最直接就是以基金過去投資報酬率做為判斷方式。

3. **基金資產配置**：產品種類愈多的公司對客戶愈有利。因為在不同市場，有不同的漲跌情況，產品種類多的公司，可以提供客戶轉換到其他低風險產品的機會。

4. **基金經理人**：一般而言，基金經理人對操作績效影響甚大，選擇好的基金經理人較有保障。基金的誠信與經理人的素質，以長期的眼光看來，重要性甚至超過基金的績效。

5. **基金收費**：申購或持有基金時會收取相關費用，包括申購手續費、轉換費、基金管理費、信託保管費、通路服務費及其它相關費用。大部份申購手續費都是外加，但投資遞延至贖回時收取手續費之境外基金時則是採取申購時暫不收申購手續費，並於客戶贖回該基金時，按其持有該投資基金之期間長短，收取遞延銷售手續費，通常遞延銷售手續費率會逐年遞減。此外，遞延至贖回時收取手續費之境外基金將支付基金資產淨值一定比例的管理銷售年費，該費用將會每日計算並反映於基金淨值中。

牛刀小試

( ) **1** 投資人在決定利用共同基金進行投資前應先考慮之因素，不包括下列何者？　(A)風險承擔能力　(B)景氣變動狀況　(C)投資目標　(D)基金經理公司成立期間。　　　　　　【第30屆理財人員】

( ) **2** 下列何者不是投資人投資共同基金的主要獲利來源？　(A)資本利得　(B)利息收益　(C)權利金收入　(D)股利收入。　　【第30屆理財人員】

( ) **3** 下列何組基金類型，具有套利的機會？
(A)指數股票型基金（ETF）與避險基金
(B)國內債券型基金與指數股票型基金（ETF）
(C)保本型基金與封閉型基金
(D)指數股票型基金（ETF）與封閉型基金。　　【第30屆理財人員】

( ) **4** 指數股票型基金的商品性質不包括下列何者？
(A)股票型基金
(B)封閉型基金
(C)積極型基金
(D)開放型基金。　　　　　　　　　　　　【第30屆理財人員】

( ) **5** 有關寶來臺灣卓越50證券投資信託基金之敘述，下列何者錯誤？
(A)只有「參與證券商」才可以參與發行　(B)一般投資人僅可於次級市場進行交易　(C)證交稅率與一般股票交易相同　(D)可以進行信用交易。　　　　　　　　　　　　　　　【第30屆理財人員】

( ) **6** 有關投資共同基金所涉費用，下列何者非屬之？ (A)基金經理費 (B)基金保管費 (C)申購手續費遞減式後收的基金管銷費 (D)代銷佣金。 【第39屆理財人員】

( ) **7** 張先生持有臺灣50ETF基金10,000單位，買進時每單位是44.12元，一共支付給券商441,829元，今天以每單位44.53元賣出，請問券商於交割時必須支付給張先生多少金額？（交易手續費0.1425%、證交稅0.1%） (A)440,220元 (B)442,220元 (C)444,220元 (D)446,220元。 【第30屆理財人員】

( ) **8** 目前我國共同基金受益憑證之發行係屬於下列何種機制？
(A)合夥制
(B)契約制
(C)無限公司制
(D)股份有限公司制。 【第29屆理財人員】

( ) **9** 下列何項費用已反應在基金淨值上？ (A)基金經理費 (B)申購手續費 (C)轉換手續費 (D)買賣價差。 【第29屆理財人員】

( ) **10** ETF的淨值變動，每隔多久即公布最新數值？ (A)十秒 (B)十五秒 (C)二十秒 (D)三十秒。 【第29屆理財人員】

解答及解析

1 (D)。投資人在決定利用共同基金進行投資前應先考慮之因素，包括：風險承擔能力、景氣變動狀況、投資目標等。

2 (C)。投資人投資共同基金的主要獲利來源有：資本利得、利息收益、股利收入。

3 (D)。指數股票型基金與封閉式基金相同，皆會在證券交易所上市買賣，具有套利的機會。

4 (C)。指數股票型基金，是指在證券交易所上市買賣，以追蹤證券交易所設計或同意編製之標的指數，且申購、買回採實物（ETF表彰之股票組合）及依據證券投資信託契約規定方式交付的證券投資信託基金。屬於上市受益憑證的一種。指數股票型基金的商品性質不包括積極型基金。

5 (C)。依照臺灣證券交易所的規定，寶來臺灣卓越50證券投資信託基金賣出的證交稅是千分之一，而一般股票賣出證交稅是千分之三。選項(C)有誤。

6 (D)。投資共同基金所涉費用包括基金手續費、帳戶管理費、經理費、保管費。

7 (C)。10,000×44.53－10,000×44.53×0.1%－10,000×44.53×0.1425%
＝444,220（元）。

8 (B)。目前我國共同基金受益憑證之發行係採契約制，由基金公司，保管
銀行，投資人三方共同訂立信託契約，並受其契約規範，由基金公司發
行受益憑證給予投資人，並善加管理基金；保管銀行則負責保管基金的
資產；投資所產生的利潤則歸於投資，目前國內基金均屬於此一型態。

9 (A)。「基金經理費」按日收取，並於基金的淨值內直接扣除。此為基金
內部規定的內含費率，所以無法議價。這部分的費用支付基金公司培訓專
業人才或研究相關趨勢的成本，投資人通常只會在基金說明書裡看到，多
數基金公司並不對外主動說明。

10 (B)。ETF的淨值變動，每隔十五秒即公布最新數值。

重點2 衍生性金融商品　　　　　　　　　重要度 ★★★

一、衍生性金融商品之定義

所謂「衍生性金融商品」是指依附於其他資產標的
物上的金融商品，其價值高低取決於其所依附的
資產標的物之價值；換言之，係由傳統或基礎金融
市場（包括貨幣市場、債券和股票市場、外匯市場
等）的商品，如外匯、債券、股票、短期票券等現
貨市場商品所衍生出來的金融商品，比如資產（商
品、股票或債券）、利率、匯率或各種指數（股票
指數、消費者物價指數以及天氣指數）等。

> **考點速攻**
>
> 1. 衍生性金融商品意指依
>   附在金融商品上所衍生
>   出另一種型態之商品。
> 2. 共同基金並非衍生性金
>   融商品。

更具體地說，衍生性金融商品是一種財務工具或契約，其價值是由買賣雙方
根據標的資產的價值（如外匯的匯率、短期票券的利率及股票的價格等）或
其他指標如股價指數、物價指數來決定，這些要素的表現將會決定一個衍生
工具的回報率和回報時間。對衍生性金融商品工具進行買賣的投資者必須十
分謹慎小心，嚴格控管風險，因為造成的損失有可能大於投資者最初所投資
的資金。

二、衍生性商品之類型

衍生性商品的種類相當繁多，一般將衍生性商品分成基本四類：選擇權、遠契約、期貨及交換。這四種基本的衍生性商品，有人稱之為基石或積木（building block），就好像許多積木的堆積是幾種基本的積木堆積而成的，許多新的衍生性商品也都是由這四種基本衍生性商品組合而成。以下將簡單介紹這四種基本的衍生性商品。

(一) **遠期契約（Forwards）**：一種在今日約定未來特定時日交易特定標的物的契約，契約的買方同意在未來約定時日，支付一定金額，以交換賣方特定數量的商品、通貨或利息支付方式。雖遠期契約與其他三種工具在風險管理的功能上重複，但卻因契約條件較具彈性，能夠滿足部交易者的特殊需求，因此在金融市場中仍占有一席之地。

(二) **期貨契約（Futures）**：期貨契約與遠期契約同樣是買賣雙方約定在未來某一特定時日，以特定價格，買賣特定數量商品的交易行為，但兩者最大的不同在於期貨契約交易標的物已經過標準化，買賣雙方除價格外幾無任何彈性協議空間，不過也正因為它是經過標準化的金融商品，透過交易所的居間撮合可以節省許多搜尋交易對手的成本，而使其交易量迅速擴大，成為國際金融市場中不可或缺的基本金融商品。期貨可以分為「商品期貨」和「金融期貨」兩大類。

1. **商品期貨（Commodity Futures）**：
   (1) 農業期貨：農業產品期貨契約種類極多，有穀物、黃豆、玉米、生豬、牛腩及棉花等。
   (2) 金屬期貨：此種期貨又可分為貴金屬期貨（如黃金、白銀），及基本金屬（又稱「有色金屬」）期貨，如銅、鋁等期貨契約。
   (3) 能源期貨：此類契約以石油為主，又擴展至石油產品，如燃油、汽油契約等。
   (4) 軟性期貨：咖啡、可可、糖等特殊經濟作物期貨。

2. **金融期貨（Financial Futures）**：金融期貨是指期貨交易的標的物為金融工具，如外匯、債券和股價指數期貨。金融期貨標的物之現貨市場通常非常活絡、流動性很高，且金融工具沒有儲存成本，不像一般商品儲存成本較高。可分為：

考點速攻

期貨交易買賣之雙方在契約到期前作反向沖銷，此動作稱為「平倉」。

股價指數期貨與股票的比較：

項目	股票	股價指數期貨
交易標的	股票	股價指數
目的	籌資、投資、投機	避險、套利、投機
籌碼限制	公司流通在外股數	無
到期限制	無到期日	有到期日
所需資金	現金交易：100% 融資交易：40%	僅需契約總值3%～10%的保證金
財務槓桿	較小	較大
股利	有	無
操作靈活性	較不靈活	較靈活
每日結算	不需要每日結算	必須每日進行結算，交易人帳戶保證金淨額必須高於維持保證金。

(1) 利率期貨（Interest Rate Futures）：是指買賣雙方約定在未來某一特定期間或日期，以某一特定利率在市場買賣利率商品之契約，分為短期與長期利率期貨兩種，短期利率期貨以歐洲美元期貨和美國國庫券期貨（T-Bill Futures）為主；長期利率期貨則以美國中期公債期貨（T-Note Futures）和長期公債期貨（T-Bond Futures）為大宗。

(2) 外匯期貨（Foreign Exchange Futures）：買賣雙方約定在未來某一特定期間以彼此同意之匯率，以約定之某種通貨金額交換另一種通貨金額的契約。如美元、英鎊、日圓及歐元期貨等。

(3) 股價指數期貨（Stock Index Futures）：買賣雙方約定在未來某一特定期間依照彼此同意之價格買進或賣出以股價指數為標的之金融期貨，此種期貨通常以現金來交割。股價指數期貨之價格比利率期貨的價格更難決定，因為股價指數組合的價格會受到股票支付股利的影響，但是指數組合並不會配得股利。因此，股價指數期貨的價格必須扣除期貨到期前預期股利的現值。例如臺灣的臺指期貨、新加坡的摩根臺指期貨、美國的S&P500指數等，均有期貨可供交易。

3. **期貨的功能：**

(1) 避險功能：避險功能即風險之移轉，又稱「對沖」。為期貨交易之最原始與最主要目的，在於協助避險者降低面對的未來價格之不確定性，將價格風險移轉於願承受風險者（多為投機者），以使價格風險降至最

低。期貨最主要之功能為避險功能，與股票市場功能主要在於籌集資金不同。美國商品期貨委員會（CFTC）對避險的定義為：客戶所從事之行業與所交易之期貨商品須有密切的關係，且所交易之期貨部位須限於與本業相反方向的部位，契約數量也須和本業之營業量相配合。

(2) 價格發現功能：例如根據期貨價格發現的功能，從歐洲美元期貨價格可知遠期利率。

(3) 投機功能：參與期貨市場交易主要有避險者與投機者兩種人，避險者是為了規避價格風險，而投機者乃有能力且願意承擔由避險者轉移之風險，其目標而不在於規避價格風險，因手上並無太多現貨，乃期望藉由價格之變動，賺取投機的利潤。

(4) 促進市場流動性的功能：因為投資者及避險者的參加，期貨有促進市場流動性的功能。

4. **期貨交易制度：**

(1) 保證金制度：期貨市場係透過保證金制度、每日結算制度及先繳交保證金後才能下單的方式來降低風險，因保證金是期貨交易履約之擔保，是期貨交易風險管理中重要的一環。可分為：

A. 原始保證金：又稱「基本保證金」。原始保證金係指投資人在交易前，每口契約所要繳交給結算會員的最低金額的保證金。此保證金額之多寡是由期貨易所視期貨合約的總價值制定公告。保證金調整方式是由期交所視合約價值的變動調整。其設計繫於每日作結算，保證金多半設定足以涵蓋1天內價格化之水準。為了確保雙方能夠履行期貨契約，買賣雙方均要繳交保證金，以作為未來交割的保證。

B. 維持保證金與變動保證金：此保證金係維持交易者的權益所必須達到的保證金額，通常為原始保證金的75%。當投資人的保證金淨額因為每日期貨價格之變動而低於維持保證金時，結算期貨商會員便會對交易人同時以電話及書面方式發出「保證金追繳」通知，當投資人收到催繳通知時，交易人必須在結算所規定的時間內的24小時內，以現金將戶頭保證金的金額，補繳至原始保證之要求額度水準。期貨商通知追繳補足差額的金額即為變動保證金。若客戶不願補足差額，則期貨商「有責任」先從「自有資金帳戶」代墊繳交不足額的保證金後，再向客戶追索，並可依按客戶事先簽定之「同意」，有權以客戶名義平倉其所持有的期貨部位，此即國內所稱之「斷頭」。

(2) 每日結算制度：為了確保期貨交易之安全，除保證金額度外，期貨每日結算制度的設計亦十分重要，此結算制度的主要功能為「履約保證」。

每日結算係指期貨結算機構於每日期貨交易結束後，會以每日期貨的結算價格計算投資人未平倉的損益，進而反應到保證金餘額的變化。

(三)選擇權（Options）

1. **選擇權定義**：依據權利、義務的不同，權證（warrant）可以分為認購權證及認售權證。認購權證賦予權證買方在特定時間以事先約定價格（即履約價）購買標的股票的權利，當權證買方行使履約權利時，認購權證的賣方就必須負起履約的義務，以出售標的股票給權證買方。相反地，認售權證則賦予權證買方在特定時間以事先約定價格（即履約價）出售標的股票的權利，當權證買方行使履約權利時，認售權證的賣方就必須負起履約的義務，依履約價向權證買方購買標的股票。目前國內券商已經可以發行認購、認售權證，提供投資人多空兩方的選擇。

> **考點速攻**
>
> 認購權證與股票之比較：
> 1. 購買權證成本低：權證的價格比現股便宜，且可同步享受證券上漲的利潤。
> 2. 權證具有高槓桿：當標的股票上漲7%時，價平權證理論上可上漲7%乘上有效槓桿倍數，以目前流通的權證來看，有效槓桿倍數多居於2到3倍左右。

依據標的股票的不同，權證可以分為個股型、組合型及指數型權證。個股型權證係指權證的標的股票為單一個股，例如倍利20的標的股票為中華車即為個股型權證。組合權證係指權證的標的股票是由多檔股票組合而成，例如元大A6的標的股票為兆豐金、台塑、中鋼、仁寶及台積電等5檔股票所組成，即為組合型權證。指數型權證係指權證的標的為股價指數，例如臺灣加權股價指數。目前國內僅開放券商可以發行個股型及組合型權證，而市場上流通的權證多為個股型，組合型權證較不常見。

依據標的股股價與履約價格之關係，權證可以分成價外、價平及價內權證。以認購權證而言，價內表示標的股股價大於履約價格；價平表示標的股股價等於履約價格；價外表示標的股股價小於履約價格。若就認售權證而言，價內則指標的股股價小於履約價格；價平表示標的股股價等於履約價格；價外表示標的股股價大於履約價格。

2. **選擇權的分類**

(1) 依權利型態區分：可分為買權（Call Option）及賣權（Put Option）。

A. 買權（Call）：是指該權利的買方有權在約定期間內，以履約價格買入約定標的物，但無義務一定要執行該項權利；而買權的賣方則有義務在買方選擇執行買入權利時，依約履行賣出標的物。

B. 賣權（Put）：是指該權利的買方有權在約定期間內，以履約價格賣出約定標的物，但無義務一定要執行該項權利；而賣權（Put Option）的賣方則有義務在買方選擇執行賣出權利時，依約履行買進標的物。

(2) 依履約期限區分：可分為美式選擇權及歐式選擇權。

　　A. 美式選擇權（American Option）：美式選擇權的買方有權在合約到期日前的任何一天要求行使買入或賣出的權利。

　　B. 歐式選擇權（European Option）：歐式選擇權的買方必須於合約到期日當日方可行使買入或賣出的權利。

3. **選擇權的履約時機**：歐式選擇權的買方有權於到期日時，依市場情況來決定是否執行選擇權利，而決定是否執行的關鍵在於選擇權的到期履約價值。當到期履約價值大於零，交易人執行權利是有利的；反之，到期履約價值小於零，交易人執行權利將會有所損失，所以不具執行價值。以下將就「買進買權」及「買進賣權」兩種形態的履約時機分別說明。

1. 價內選擇權：選擇權買方依照目前標的資產價格，立即履約會產生獲利，此時該選擇權則稱為價內選擇權。
2. 價平選擇權：選擇權買方依照目前標的資產價格，立即履約的獲利為零，此時該選擇權則稱為價平選擇權。
3. 價外選擇權：選擇權買方若依照目前標的資產價格，立即履約會產生虧損，此時該選擇權則稱為價外選擇權。

(1) 買進買權（Long Call）：買入買權者通常是對市場未來趨勢看漲而希望能在未來以低於市價的價格（即選擇權履約價）買入標的物。買權的內含價值計算公式為：標的物市價－（選擇權履約價）－選擇權權利金。所以當標的物市價上揚，致其內含價值大於／等於零時，選擇權買方執行權利是有利的。

(2) 買進賣權（Long Put）：買入賣權（Long Put Option）者通常是對市場未來趨勢看跌而希望能在未來以高於市價的價格（即選擇權履約價）賣出標的物。賣權的內含價值計算公式為：即選擇權履約價－（標的物市價）－選擇權權利金。所以當標的物市價下跌時，致其內含價值大於／等於零時，選擇權買方執行權利是有利的。

4. **選擇權的價值**：權證的價值就是權證的價格，可以分解成「內含價值」及「時間價值」：

(1) 內含價值：內含價值又稱為履約價值，係指立即履約所能得到之報償，由於權證持有人擁有履約的權利而非義務，如果執行履約卻無利

可圖，持有人將不會履行權利，因此，內含價值不可能為負數，其最小值為0。

(2) 時間價值：「時間價值」係指在到期日之前，權證有可能因股價波動而產生更大的內含價值，因此，這段可供等待獲利的時間具有價值。換言之，距到期日愈長，可供權證持有人等待的時間也愈長，相對地，獲利機會也愈多，時間價值自然愈大，但隨著時間消逝，時間價值也會日趨減小。由於權證具有時間價值，如果我們觀察在市場交易的權證，可以發現即使是價外權證，只要在到期日之前，其價格均會大於0。

(3) 圖形分析：圖一是以認購權證為例來說明權證價值之結構，圖中紅線表示權證的價值，藍線表示權證的內含價值，而紅線與藍線的差距即為時間價值。

考點速攻

選擇權的報酬率並非線性。

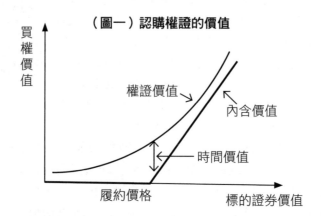

（圖一）認購權證的價值

5. **影響選擇權價格因素：**

(1) 標的資產價格：買權是賦予買權買方有權利向賣方依照事先約定的履約價格，買入標的資產的權利。賣權是賦與賣權的買方有權利向賣方依照事先約定的履約價格，賣出標的資產的權利。→買權價值與標的資產價格呈現正相關，賣權價值與標的資產價格呈現負相關。

(2) 履約價格：買權的履約價格相當於買權買方向賣方買入標的資產之買入成本，故當履約價格越高時，買入成本越高，買權價值越低。賣權的履約價格相當於賣權買方未來將標的資產賣給賣方之價格，故當履約價格越高時，賣出價格越高，賣權價值越高。→買權價值與履約價格呈現負相關。賣權價值與履約價格呈現正相關。

(3) 距到期日時間：買權與賣權價值均與距到期日時間呈正向關係。

(4) 標的資產報酬率之波動率：標的資產報酬率之波動率與買權或賣權價值呈正相關。

(5) 無風險利率：無風險利率與履約價格呈負相關。→無風險利率與買權價值呈正相關。無風險利率與賣權價值呈負相關。

(6) 股利：股利與標的資產價格呈負相關。→股利與買權價值將呈負相關，而股利與賣權價值則呈正相關。

6. **選擇權策略應用**

(1) **買進買權（Long Call Option）**：適用時機預期：預期盤勢大漲時。

　　最大損失：支付之權利金。

　　最大利潤：無限。

　　損益平衡點：履約價＋權利金點數。

　　範例

　　操作方式：買進一口4月到期，履約價為6,500，權利金為260點的買權。

　　損益圖：

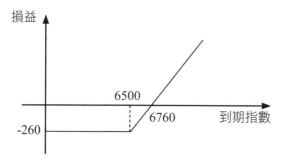

　　最大損失：260點。

　　最大利潤：無限。

　　損益平衡點：指數在6,760點時

(2) **買進賣權（Long Put Option）**：

　　適用時機預期：預期盤勢大跌時。

　　最大損失：支付之權利金。

　　最大利潤：無限。

　　損益平衡點：履約價－權利金點數。

範例

操作方式：買進一口4月到期，履約價為6,500，權利金為240點的賣權。

損益圖：

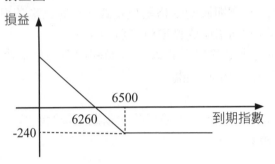

最大損失：240點。

最大利潤：無限。

損益平衡點：指數在6,260點時。

(3) **賣出買權（Short Call Option）**：

適用時機預期：預期盤勢小跌時。

最大損失：無限。

最大利潤：收取之權利金。

損益平衡點：履約價＋權利金點數。

範例

操作方式：賣出一口4月到期，履約價為6,500，權利金為260點的買權。

損益圖：

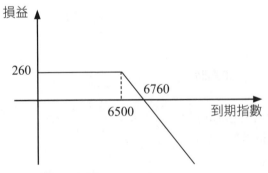

最大損失：無限。

最大利潤：260點。

損益平衡點：指數在6,760點時。

(4) **賣出賣權**（Short Put Option）：

　　適用時機預期：預期小漲時。

　　最大損失：整個標的物價值－權利金。

　　最大利潤：收取之權利金。

　　損益平衡點：履約價－權利金點數。

　　範例

　　操作方式：賣出一口4月到期，履約價為6,500，權利金為240點的
　　　　　　　　賣權。

　　損益圖：

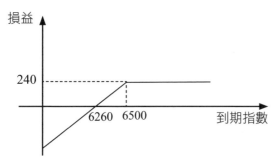

　　最大損失：6,260點（指數跌至0時）。

　　最大利潤：240點。

　　損益平衡點：指數在6,260點時。

(5) **多頭價差**（Bull Spread）：

　　作法一：買入低履約價買權＋賣出高履約價買權，此方式完全利用買
　　　　　　　權組成多頭價差，於期初為淨支出，故不用付出保證金，成
　　　　　　　本較低。

　　適用時機預期：預期小漲，但僅願承擔有限風險。

　　最大損失：買進買權支付之權利金－賣出買權收取之權利金。

　　最大利潤：(高履約價－低履約價)×50－投資成本。

　　損益平衡點：低履約價＋(買進買權權利金點數－賣出買權權利金點數)

　　範例

　　操作方式：買進一口4月到期，履約價為6,500，權利金為260點的買
　　　　　　　　權；賣出一口4月到期，履約價為6,600，權利金為220點
　　　　　　　　的買權。

損益圖：

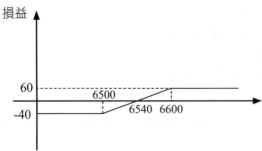

最大損失：40點。

最大利潤：60點。

損益平衡點：指數在6,540點時。

作法二：買入低履約價賣權＋賣出高履約價賣權，此方式完全利用賣
權組成多頭價差，於期初有淨收入，故需付出保證金，成本
較高，但在接近到期日時，時間價值減損較快，應用此策略
較適合。

適用時機預期：預期小漲，但想獲取權利金收入。

最大損失：(高履約價－低履約價)×50－(賣出賣權權利金-買進賣權
權利金)

最大利潤：賣出賣權收取權利金－買進賣權支付權利金。

損益平衡點：高履約價－(賣出賣權權利金點數－買進賣權權利金點數)

範例

操作方式：買進一口4月到期，履約價為6,500，權利金為240點的賣
權；賣出一口4月到期，履約價為6,600，權利金為260點
的賣權。

損益圖：

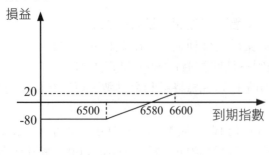

最大損失：80點。

最大利潤：20點。

損益平衡點：指數在6,580點時。

(6) **空頭價差（Bear Spread）：**

作法一：買入高履約價買權＋賣出低履約價買權，此方式完全利用買權組成空頭價差，於期初有淨收入，故需付出保證金，成本較高，但在接近到期日時，時間價值減損較快，應用此策略較適合。

適用時機預期：預期小跌，但想獲取權利金收入。

最大損失：(高履約價－低履約價)×50－(賣出買權權利金－買進買權權利金)

最大利潤：賣出買權權利金－買進買權權利金。

損益平衡點：低履約價＋(賣出買權權利金點數－買進買權權利金點數)

範例

操作方式：買進一口4月到期，履約價為6,600，權利金為220點的買權；賣出一口4月到期，履約價為6,500，權利金為260點的買權。

損益圖：

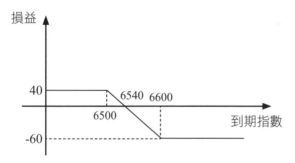

最大損失：60點。

最大利潤：40點。

損益平衡點：指數在6,540點時。

作法二：買入高履約價賣權＋賣出低履約價賣權，此方式完全利用賣權組成空頭價差，於期初為淨支出，故不用付出保證金，成本較低。

適用時機預期：預期市場小跌，但僅願承擔有限風險

最大損失：買進賣權權利金－賣出賣權權利金

最大利潤：(高履約價－低履約價)×50元－(買進賣權權利金－賣出賣權權利金)

損益平衡點：高履約價－(買進賣權權利金點數－賣出賣權權利金點數)

範例

操作方式：買進一口4月到期，履約價為6,600，權利金為280點的賣
　　　　　　權；賣出一口4月到期，履約價為6,500，權利金為260點
　　　　　　的賣權。

損益圖：

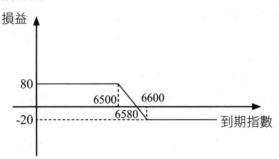

最大損失：20點。

最大利潤：80點。

損益平衡點：指數在6,580點時。

(7) **買進跨式（Long Straddle）**：

　　適用時機預期：預期標的物大漲或大跌時。

　　最大損失：買進買權權利金＋買進賣權權利金。

　　最大利潤：無限。

　　損益平衡點：履約價＋(買進買權權利金點數＋買進賣權權利金點數)或
　　　　　　　　　履約價－(買進買權權利金點數＋買進賣權權利金點數)

範例

操作方式：買進一口4月到期，履約價為6,500，權利金為260點的買
　　　　　　權；買進一口4月到期，履約價為6,500，權利金為260點
　　　　　　的賣權。

損益圖：

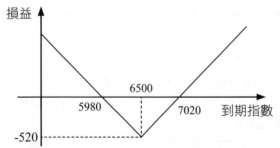

最大損失：520點。

最大利潤：無限。

損益平衡點：指數在5,980點或7,020點時。

(8) **賣出跨式（Short Straddle）**：

適用時機預期：預期市場盤整時。

最大損失：無限。

最大利潤：賣出買權權利金＋賣出賣權權利金。

損益平衡點：履約價＋(賣出買權權利金點數＋賣出賣權權利金點數)
　　　　　　或履約價－(賣出買權權利金點數＋賣出賣權權利金點數)

範例

操作方式：賣出一口4月到期，履約價為6500，權利金為260點的買
　　　　　　權；賣出一口4月到期，履約價為6500，權利金為260點
　　　　　　的賣權。

損益圖：

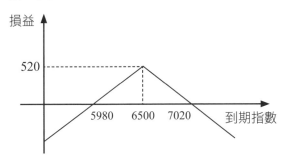

最大損失：無限。

最大利潤：520點。

損益平衡點：指數在5,980點或7,020點時。

(9) **買進勒式（Long Strangle）**：

適用時機預期：預期標的物大漲或大跌時。

最大損失：買進買權權利金＋買進賣權權利金。

最大利潤：無限。

損益平衡點：高履約價＋(買進買權權利金點數＋買進賣權權利金點
數)或低履約價－(買進買權權利金點數＋買進賣權權利金點數)

範例

操作方式：買進一口4月到期，履約價為6,600，權利金為240點的買
權；買進一口4月到期，履約價為6,400，權利金為240點的賣權。

損益圖：

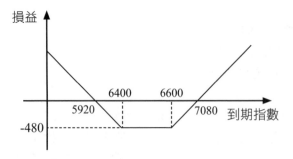

最大損失：480點。
最大利潤：無限。
損益平衡點：指數在5,920點或7,080點時。

(10) **賣出勒式（Long Strangle）：**

　　適用時機預期：預期市場盤整時。

　　最大損失：無限。

　　最大利潤：賣出call權利金＋賣出put權利金。

　　損益平衡點：高履約價＋(賣出call權利金點數＋賣出put權利金點數)
　　　　　　　　　　或低履約價－(賣出call權利金點數＋賣出put權利金
　　　　　　　　　　點數)

　　範例

　　操作方式：賣出一口4月到期，履約價為6,600，權利金為240點的買
　　　　　　　　權；賣出一口4月到期，履約價為6,400，權利金為240點
　　　　　　　　的賣權。

　　損益圖：

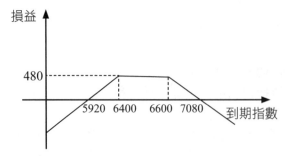

最大損失：無限。
最大利潤：480點。
損益平衡點：指數在5,920點或7,080點時。

(四)**交換契約（Swaps）**：交換是一種以物易物的互利行為，運用在金融工具的操作上，乃是指兩個或兩個以上的經濟個體（銀行或企業）在相互約定的條件（包括幣別、金額、期間、計息方式、利率及匯率）下，將握有的資產或負

考點速攻

交換期貨選擇權＝交換合約＋期貨契約＋選擇權

債與對方交換的契約。依其標的資產的不同，可分為通貨交換、利率交換、換匯等多種，金融交換交易與遠期交易相同，是在店頭市場上進行的，以簽訂契約完成。交換契約一般可分為利率交換契約、貨幣交換契約、商品交換契約以及權益交換契約等。分述如下：

1. **利率交換契約（interest rate swap）**：是交易雙方約定在未來的某一期限內，彼此交換一連串不同的利息支付契約。一般稱「固定利率與浮動利率的交換為單純利率交換（plain vanilla interest rate swap）」。利率交換除了可以規避浮動利率風險，也可以經由比較利益降低借款成本。
   (1) 作為銀行機構管理利率風險的工具：銀行機構或是保險公司可以藉由利率交換來縮小利率敏感性資產和利率敏感性負債的差距（gap）。
   (2) 作為企業改變其資產收益方式或是負債融資方式的工具：譬如公司資產中已經擁有浮動利率債券，如果預期未來利率會下跌，公司可以進行一個利率交換，將資產的收益由浮動的利率轉變為固定的收益。

2. **貨幣交換契約（currency swap）**：又稱「通貨交換」，指雙方約定在期初交換兩種不同的貨幣（例如：美元與德國馬克），而在期中交換所得到貨幣之利息支付，到期末再換回兩種不同的貨幣。

3. **商品交換契約（commodity swap）**：商品交換是一方交付另外一方浮動商品的價格乘以名目數量，而由另外一方收到固定商品的價格乘以名目數量。

4. **權益交換契約（equity swap）**：是另外一種形式的交換契約，指雙方約定在未來的一段時間，依名目本金由一方支付另外一方股價指數或股票的報酬，而另外一方則支付對方固定利率或者是浮動利率。

牛刀小試

( ) **1** 投資剩餘期間2年期貨契約，當現貨價格50元，市場風險利率5%，無風險利率3%情況下，試問利用期貨評價模式，該期貨價格應為下列何者？[exp(0.1)＝1.10517；exp(0.06)＝1.06184] (A)55.26　(B)53.09　(C)45.24　(D)47.09。　【第30屆理財人員】

(　　) **2** 下列何者非屬衍生性金融商品？ (A)選擇權 (B)期貨 (C)交換契約 (D)債券。 【第30屆理財人員】

(　　) **3** 有關影響選擇權價格的因素，下列何者錯誤？ I.標的商品的價格 II.標的商品價格的波動性 III.履約價格（執行價格） IV.無風險利率 V.投資人對風險的態度 (A)IV與V (B)I與III (C)僅V (D)II與IV。 【第30屆理財人員】

(　　) **4** 有關選擇權商品性質，下列敘述何者錯誤？ (A)為非線性關係報酬率 (B)買賣雙方須繳保證金 (C)買方具有履約權利 (D)無風險利率為影響選擇權價格因素之一。 【第29屆理財人員】

(　　) **5** 有關遠期契約與期貨契約之敘述，下列何者錯誤？
(A)二者契約內容均可完全依交易雙方需要而議定
(B)出口商所交易的遠期外匯為遠期契約的一種
(C)期貨契約交割時可採用現金交割或實物交割
(D)遠期契約並不在有組織化的交易所內交易。 【第29屆理財人員】

(　　) **6** 當股票選擇權賣權權利金為3元，當損益兩平股價為28元時，請問該選擇權買入賣權履約價應為下列何者？ (A)25元 (B)28元 (C)31元 (D)34元。 【第29屆理財人員】

(　　) **7** 如果投資人於5,050點賣出臺灣期交所之加權股價指數小型期貨，並於5,120點回補，其損益為何？（手續費與期交稅不計）
(A)損失14,000元 (B)獲利14,000元 (C)損失3,500元 (D)獲利3,500元。 【第29屆理財人員】

(　　) **8** 假設買入一股票買權，目前股價為50元，履約價格為48元，選擇權到期當日方可履約，假設到期股價為45元，請問屆時買權的投資人會採取的行動及該選擇權類別為何？
(A)會執行選擇權，此為美式選擇權
(B)不執行選擇權，此為美式選擇權
(C)會執行選擇權，此為歐式選擇權
(D)不執行選擇權，此為歐式選擇權。 【第29屆理財人員】

(　　) **9** 共同基金的資產受到法令及下列何者的監督和保障？
(A)信託公會
(B)證券主管機關
(C)中央銀行
(D)投信投顧公會。 【第39屆理財人員】

( ) **10** 目前市場上區間內計息債券（Range Accrual Notes）係藉由何種利率選擇權所架構之商品？ (A)Strangle (B)利率區間（Collar） (C)數位利率選擇權（Digital Option） (D)Cap Spread。 【第36屆理財人員】

解答及解析

1 (B)。該期貨價格＝50×exp（0.06）＝50×1.06184＝53.09

2 (D)。所謂「衍生性金融商品」是指依附於其他資產標的物上的金融商品，其價值高低取決於其所依附的資產標的物之價值，債券非屬衍生性金融商品。

3 (C)。影響選擇權價格的因素，包括：標的商品的價格、標的商品價格的波動性、履約價格（執行價格）、無風險利率、投資人對風險的態度。

4 (B)。選擇權商品，買方付權利金、賣方收權利金且繳交保證金。選項(B)有誤。

5 (A)。期貨合約是指交易雙方約定於未來某一時間，依事先約定的價格（標準化契約，無法完全依交易雙方需要而議定）買入或賣出某一特定數量的資產。選項(A)有誤。

6 (C)。
1.當指數在4487點時，履約價4,400低於4,487，故4,400以下的call皆稱為價內之買權，此時可解讀成4400履約價有至少87點的價值；而履約價4,500雖高於4,487可稱為價內賣權，但一般皆稱其為最接近價平之賣權，故4,600以上的put才稱為價內之賣權，而此時4,600的put有113點的價值。
2.本題該選擇權買入賣權履約價＝28＋3＝31（元）。

7 (C)。小型期貨一點50元。
本題損失＝（5,120－5,050）×50＝3,500（元）

8 (D)。
1.歐式選擇權是指買方買入選擇權後，必須在契約期滿時，才可要求賣方履行賣出或買進，故本題為歐式選擇權。
2.本期到期股價僅45元<履約價格為48元，故屆時買權的投資人不會執行選擇權。

9 (B)。共同基金是集合投資人的資金，委託專業的投資機構代為管理操作的投資工具，投資人彼此共同承擔風險、共同分享投資利潤。共同基金的運作模式採「經理與保管分開」，並且接受相關國家的證券管理機構監督。

10 (C)。區間內計息債券為利率選擇權所架構之商品。

精選試題

(　　) **1** 下列何種基金的基金保管費最低？
(A)國內債券型基金
(B)國內股票型基金
(C)海外平衡型基金
(D)海外全球債券型基金。　　　　　　　　　　　　　　【第29屆理財人員】

(　　) **2** 某基金申購手續費2.5%，基金經理費1%，基金保管費0.15%，一年前某投資人透過銀行（信託管理費依期初信託金額0.3%計算，贖回時收取）申購該基金2萬個單位，並支付5,000元申購手續費給銀行，當時買入價格10元，贖回價11元，則贖回時可以拿到多少元？　(A)219,400元　(B)219,100元　(C)217,400元　(D)217,100元。　　　　　　　　　　　　　　　　　【第29屆理財人員】

(　　) **3** 某三個月期保本型商品保本率為90%，假設定存利率是2%，若該商品之內含選擇權每單位的價金是12%，計算該商品的參與率應為下列何者？（取最接近值）　(A)76%　(B)78%　(C)84%　(D)87%。　　　　　　　　　　　　　　　　　　　　　　　【第28屆理財人員】

(　　) **4** 在國內，投資共同基金的優點，不包括下列何者？　(A)專業機構的管理和運用　(B)具節稅功能　(C)有效分散投資風險　(D)保障投資收益。　　　　　　　　　　　　　　　　　　　　　【第28屆理財人員】

(　　) **5** 下列何種管道目前無法提供投資人申請購買海外基金？
(A)銀行
(B)發行投資型保單的保險公司
(C)證券商
(D)票券金融公司。　　　　　　　　　　　　　　　　　【第28屆理財人員】

(　　) **6** 有關寶來臺灣卓越50證券投資信託基金之敘述，下列何者錯誤？
(A)只有「參與證券商」才可以參與發行
(B)一般投資人僅可於次級市場進行交易
(C)證交稅率與一般股票交易相同
(D)可以進行信用交易。　　　　　　　　　　　　　　　【第28屆理財人員】

(　　) **7** 為了彌補初期未能收到申購手續費的損失，通常基金公司會就何種基金收取「管銷費用」，並直接在每日基金淨值中扣除？

(A)A股基金

(B) α 股基金

(C)B股基金

(D) β（Beta）股基金。　　　　　　　　　　　【第28屆理財人員】

(　　) **8** 張先生以總成本10萬元投資某雙向報價基金，其申購手續費為申購金額之2%，申購時申購價為10.1元，贖回價為10元。贖回時申購價為12.1元，贖回價為12元，則贖回時可以拿回多少金額？（取最接近值）　(A)116,482元　(B)117,453元　(C)118,824元(D)119,768元。　　　　　　　　　　　【第28屆理財人員】

(　　) **9** 下列何項對買權（call option）與賣權（put option）之價值有相同的影響方向？　(A)利率水準　(B)履約價格　(C)權利期間(D)標的物之孳息。　　　　　　　　　　　【第28屆理財人員】

(　　) **10** 有關基本型衍生性商品之敘述，下列何者正確？

(A)遠期契約具有標準規格與報價

(B)期貨契約僅採實物交割

(C)交換契約屬買賣雙方特定協議契約

(D)選擇權契約賣方具有履約權利。　　　　　【第28屆理財人員】

(　　) **11** 假設臺股指數報價為4,350點，則下列何者履約價格屬於價外？

(A)4,300點之買權（CALL）

(B)4,100點之賣權（PUT）

(C)4,400點之賣權（PUT）

(D)4,200點之買權（CALL）。　　　　　　　【第28屆理財人員】

(　　) **12** A股票選擇權賣權權利金15元，時間價值7元，當A股票市場價值為70元時，試問該賣權履約價格為下列何者？　(A)62元　(B)77元　(C)78元　(D)92元。　　　　　　　　　　【第28屆理財人員】

(　　) **13** 臺股指數報價為4,525點，臺指選擇權4,500點之賣權（PUT）權利金為125，該履約價權利金的內含價值為何？　(A)125　(B)0(C)150　(D)100。　　　　　　　　　　　【第28屆理財人員】

(　　) **14** 下列各類型基金之風險高低順序為何？　A.積極成長型基金B.收益型基金　C.成長加收益型基金　D.成長型基金　(A)A＞B＞C＞D　(B)A＞C＞D＞B　(C)A＞D＞C＞B　(D)A＞B＞D＞C。　　　　　　　　　　　　　　　　【第27屆理財人員】

（　）**15** 某單向報價的基金，其申購手續費3%，基金經理費1.5%，基金保管費0.2%，請問投資人申購20萬元基金，除20萬元投資金額外，另須額外支付費用多少元？　(A)6,000元　(B)6,600元　(C)12,000元　(D)12,600元。　　　　　　　　　　【第27屆理財人員】

（　）**16** 某投資人買入淨值10元免申購手續費之A基金10萬，當基金跌至8元時轉換至淨值為20元之B基金（轉換手續費內扣0.5%），至B基金漲至24元時贖回，請問該投資人的最後損益為何？　(A)獲利4,478元　(B)損失4,478元　(C)損失5,522元　(D)獲利5,522元。　　　　　　　　　　　　　　　　【第27屆理財人員】

（　）**17** 某基金申購手續費3%，基金經理費1.5%，基金保管費0.15%，一年前小王透過銀行（信託管理費依信託金額0.2%逐年計算，贖回時收取）申購20萬元該基金，並另支付6,000元申購手續費給銀行，當時買入價格10元，持有迄今贖回，贖回價8元，則小王贖回時可以拿到多少元？　(A)200,000元　(B)160,000元　(C)159,600元　(D)156,600元。　　　　　　　　　　　　　　【第27屆理財人員】

（　）**18** 選擇權的買方：
(A)只有履約的義務
(B)須繳交保證金
(C)只有履約的權利
(D)履約之權利與義務依交易策略不同因應。　　【第27屆理財人員】

（　）**19** 履約價格上升對買權（call）價格有什麼影響？
(A)買權價格上升
(B)買權價格下降
(C)沒有影響
(D)可能上升也可能下降。　　　　　　　　　【第27屆理財人員】

（　）**20** 有關交換契約（Swap）之敘述，下列何者錯誤？　(A)大多有多個交割時點　(B)多為金融機構間的交易　(C)交換的是原始商品產生的現金流量　(D)皆為標準化商品。　　【第27屆理財人員】

（　）**21** 投資剩餘期間2年期貨契約，當現貨價格50元，市場風險利率5%，無風險利率3%情況下，利用期貨評價模式，該期貨價格約為下列何者？〔exp（0.1）＝1.10517；exp（0.06）＝1.06184〕
(A)55.26　(B)53.09　(C)45.24　(D)47.09。　　　【第30屆理財人員】

( ) **22** 陳君以60萬元進行期貨交易，9月1日買進五口9月台指期貨（變動1點價值200元，假設當時每口原始保證金12萬元），指數為4,300點，9月2日時，9月台指期貨指數上漲到4,500點，則陳君平倉所有部位後共計獲利多少？（不考慮手續費及交易稅） (A)8萬元 (B)12萬元 (C)20萬元 (D)32萬元。 【第27屆理財人員】

( ) **23** 有關ETF的敘述，下列何者錯誤？ (A)可以信用交易，且不受六個月觀察期限制 (B)當日價格之變動，並無上下限制 (C)手續費比照股票交易，上限為千分之一點四二五 (D)可在集中市場買賣，亦可要求贖回。 【第26屆理財人員】

( ) **24** 下列何者為貨幣型基金最主要的獲利來源？
(A)資本利得
(B)利息收益
(C)股息收入
(D)股價指數之波動。 【第38屆理財人員】

( ) **25** 下列何者不是投資共同基金的風險？ (A)贖回風險 (B)市場風險 (C)利率風險 (D)匯兌風險。 【第26屆理財人員】

( ) **26** 袁大頭於94年1月份支付新臺幣1,000,000元買進某檔美元計價海外基金，但因國際股市表現欠佳，袁大頭於4月底決定贖回，請問袁大頭的損益如何？（基金申購手續費3%、買進時匯率1：33.1、目前匯率1：30.9、買進時淨值7.865美元、目前淨值6.523美元） (A)虧損185,268元 (B)虧損199,802元 (C)虧損238,918元 (D)虧損248,981元。 【第26屆理財人員】

( ) **27** 指數股票型基金的商品性質不包括下列何者？
(A)股票型基金
(B)封閉型基金
(C)積極型基金
(D)開放型基金。 【第37屆理財人員】

( ) **28** 期貨採用保證金交易，其性質為下列何者？ (A)交易之部分價款 (B)履約保證 (C)通常為交易價金之百分之五十以上 (D)與契約價金之間無關。 【第26屆理財人員】

( ) **29** 有關股票與期貨之比較，下列敘述何者錯誤？ (A)股票為有價證券，期貨為買賣契約 (B)股票在購入後可轉售，期貨不可轉售但

可作反向沖銷　(C)股票的信用交易槓桿倍數約為10至20倍，期貨
之保證金交易槓桿倍數約為1至2倍　(D)股票當日沖銷需透過信用
交易帳戶，期貨可隨時以反向部位交易。　　　　【第26屆理財人員】

(　) **30** 假設有一買權的履約價格為55元，權利金2元，其標的物價格目前
為52元，請問該買權的履約價值為何？　(A)3元　(B)2元　(C)1
元　(D)0元。　　　　　　　　　　　　　　　【第26屆理財人員】

(　) **31** 甲於大盤止跌時，買進一口近月小型臺指期貨，價位4232點。他
擔心指數會繼續下跌，故同時買進一口臺指賣權避險，履約價
4000點，權利金57點。隨後指數上漲，甲以4432點價位將期貨平
倉，同時賣出原先臺指賣權，權利金22點。則甲損益為何？（指
數1點為50元）　(A)賺11,750元　(B)賠11,750元　(C)賺8,250元
(D)賠8,250元。　　　　　　　　　　　　　　【第26屆理財人員】

(　) **32** 目前臺灣期交所除了加權股價指數期貨外，尚有哪些期貨商品？
A.電子類股價指數期貨　B.金融保險類股價指數期貨　C.短期
利率期貨　D.外匯期貨　(A)僅A.B　(B)僅A.B.C　(C)僅A.B.D
(D)A.B.C.D。　　　　　　　　　　　　　　　【第26屆理財人員】

(　) **33** 下列何者是芝加哥商業交易所（CME）第一個推出的金融期貨？
(A)股價指數期貨　　　　　　　　(B)股票期貨
(C)利率期貨　　　　　　　　　　(D)外匯期貨。　【第26屆理財人員】

(　) **34** 有關國內共同基金，下列敘述何者錯誤？　(A)由證券投資信託
公司經申請核准後發行　(B)發行實體為受益憑證　(C)開放式基
金不在交易所掛牌，故不屬於有價證券　(D)國內共同基金屬於
契約制。　　　　　　　　　　　　　　　　　【第25屆理財人員】

(　) **35** 下列何者為B股基金之特徵？　(A)限制持有國內與國外股票比
例　(B)限制持有股票與債券比例　(C)申購手續費為遞減式後收
型　(D)申購手續費為前收式。　　　　　　　　【第36屆理財人員】

(　) **36** 目前銀行的信託部接受客戶申購基金，其與投信公司所簽訂的
契約為下列何者？　(A)投資契約　(B)信託契約　(C)代銷契約
(D)承銷契約。　　　　　　　　　　　　　　　【第25屆理財人員】

(　) **37** 有關國內指數股票型基金（ETF）之敘述，下列何者錯誤？　(A)投
資標的為「一籃子股票」　(B)價格最小變動幅度與一般股票相同
(C)所課徵之證券交易稅之稅率為千分之一　(D)除可像股票一樣掛
單賣出外，亦可向基金經理人作贖回。　　　　【第25屆理財人員】

( ) **38** 林小姐額外支付申購手續費後，買入淨值10元之A基金30萬元，當基金跌至9元時轉換至淨值為20元之B基金（轉換手續費內扣0.4%），下列敘述何者錯誤？ (A)理論上林小姐約可買到13,446.22單位之B基金 (B)轉換手續費約為1,080元 (C)若林小姐於B基金漲至22元時贖回，則最終共約損失4,188元 (D)若林小姐於B基金漲至25元時贖回，則最終共約獲利36,150元。 【第25屆理財人員】

( ) **39** 下列何組基金類型，具有套利的機會？ (A)指數股票型基金（ETF）與避險基金 (B)國內債券型基金與指數股票型基金（ETF） (C)保本型基金與封閉型基金 (D)指數股票型基金（ETF）與封閉型基金。 【第25屆理財人員】

( ) **40** 有關普通股與期貨比較的敘述，下列何者正確？ (A)股票有到期日，期貨沒有到期日 (B)股票的槓桿倍數比期貨高 (C)股票要有保證金才能交易，期貨則不需要保證金 (D)期貨比股票容易賣空。 【第38屆理財人員】

( ) **41** 對於衍生性商品，下列敘述何者正確？ (A)均為線性報酬率 (B)期貨商品保證金交易每日結算 (C)遠期契約都是標準化契約 (D)臺指選擇權履約方式是美式選擇權。 【第25屆理財人員】

( ) **42** 我國目前在期交所上市的期貨與選擇權商品，其契約規格中最後交易日均定為各該契約交割月份的哪一時間？ (A)第三個星期五 (B)最末一個星期四 (C)第三個星期四 (D)第三個星期三。 【第25屆理財人員】

( ) **43** 假設台積電股票成交價格為47.5元，台積電10月履約價格46元之買權（CALL），其權利金為3.5元，則該買權的時間價值為下列何者？（契約乘數為1000） (A)3,500元 (B)0元 (C)1,500元 (D)2,000元。 【第25屆理財人員】

( ) **44** 現階段市場交換契約，不包含下列何者？ (A)權益交換 (B)指數交換 (C)貨幣交換 (D)利率交換。 【第25屆理財人員】

( ) **45** 某投資人買進一口相同到期日之歐式買權與歐式賣權，其履約價格均為40元，若買權的權利金為4元，賣權的權利金為3元，則到期時股價在什麼範圍內，投資人才有淨利？（不考慮交易手續費及稅負） (A)介於37元與44元之間 (B)介於33元與47元之間 (C)低於37元或高於44元 (D)低於33元或高於47元。 【第25屆理財人員】

(　　) **46** 假設基金組合中A基金之平均報酬率為24%，標準差為30%，無風險利率為6%，請問其夏普指數為下列何者？　(A)0.5　(B)0.6　(C)0.7　(D)0.8。　　　　　　　　　　　　　　　　　【第24屆理財人員】

(　　) **47** 有關投資共同基金的各種風險，下列何者非屬之？　(A)市場風險　(B)產品風險　(C)作業風險　(D)匯兌風險。　　　　　【第24屆理財人員】

(　　) **48** 有關ETF之敘述，下列何者錯誤？　(A)ETF的證券交易稅率為千分之一　(B)ETF可進行信用交易，而且是一上市馬上可以信用交易　(C)ETF之證券交易稅率與一般股票不同　(D)ETF在平盤以下不得放空。　　　　　　　　　　　　　　　　　　【第24屆理財人員】

(　　) **49** 有關共同基金評比指標之敘述，下列何者錯誤？　(A)夏普指數主要衡量每單位總風險下所能產生的超額報酬　(B)夏普指數愈大時表示風險溢酬愈高　(C)崔諾指數值越大時表示績效愈好愈可以投資　(D)詹森指數值不顯著不等於0時表示績效不彰不值得投資。　　　　　　　　　　　　　　　　　　　　　　　　　【第24屆理財人員】

(　　) **50** 指數股票型證券投資信託基金（ETF），主要是由下列何種傳統基金演化而成？　(A)積極型基金　(B)消極型基金　(C)絕對報酬型基金　(D)相對報酬型基金。　　　　　　　　　　　【第24屆理財人員】

(　　) **51** 大明投資B基金1,000個單位數，淨值為10美元，另收手續費1%。投資一年後，每單位配息0.2美元，淨值變為10.5美元。若將手續費成本列入計算，則其投資報酬率為何？（取最接近值）　(A)5.94%　(B)6.93%　(C)7.23%　(D)8.10%。　【第24屆理財人員】

(　　) **52** 有關我國「黃金選擇權契約」規格之敘述，下列何者錯誤？　(A)交易標的之成色為千分之九九九點九之黃金　(B)契約到期日為最後交易日之次一營業日　(C)權利金報價單位為0.5點（新臺幣50元）　(D)履約型態為歐式。　　　　　　　　　　【第24屆理財人員】

(　　) **53** 假設臺灣證券交易所加權股價指數為5,000點，其臺股期貨的契約價值為何？　(A)500,000元　(B)1,000,000元　(C)1,500,000元　(D)100,000元。　　　　　　　　　　　　　　　【第24屆理財人員】

(　　) **54** 世界最早的黃金期貨市場及目前世界最主要的大宗商品期貨市場依序為下列何者？　(A)紐約商業交易所（NYMEX）；芝加哥期貨交易所（CBOT）　(B)芝加哥期貨交易所（CBOT）；東京工業品交易所（TOCOM）　(C)東京工業品交易所（TOCOM）；

紐約商業交易所（NYMEX）　（D)倫敦黃金市場訂價公司（LDGMFL）；芝加哥期貨交易所（CBOT)。　【第24屆理財人員】

(　) 55 有關價內與價外選擇權之權利金，下列敘述何者正確？
(A)在其他條件相同的情況下，價內選擇權的權利金比價外選擇權低
(B)在其他條件相同的情況下，價內選擇權的權利金比價外選擇權高
(C)價內選擇權沒有權利金
(D)在其他條件相同的情況下，價內選擇權的權利金與價外選擇權的權利金無法相比。　【第24屆理財人員】

(　) 56 下列何者不會直接影響到認股權證之訂價？　(A)履約價格(B)現股價格　(C)到期日　(D)每股盈餘。　【第24屆理財人員】

(　) 57 有一履約價為37元之股票選擇權買權，該買權權利金目前報價為10元，同時該股票現貨市場價格為40元，請問該買權之時間價值為多少元？　(A)0元　(B)7元　(C)10元　(D)13元。　【第24屆理財人員】

(　) 58 下列何種基金又稱為基金中的基金？　(A)組合型基金　(B)指數股票型基金　(C)國際股票型基金　(D)區域型基金。　【第23屆理財人員】

(　) 59 某檔基金同時分別投資於股票和債券，並著重在資本利得和固定收益。若以投資目的區分，該基金屬於下列何種基金？
(A)平衡型基金
(B)收益型基金
(C)成長型基金
(D)積極成長型基金。　【第23屆理財人員】

(　) 60 投資人欲申購國內之股票型基金100萬元，該基金申購手續費為2.00%，基金經理費為1.50%，基金保管費為0.15%，請問除申購金額100萬元外，投資人另需額外支付多少費用？　(A)20,000元(B)21,500元　(C)35,000元　(D)36,500元。　【第36屆理財人員】

(　) 61 在指定用途信託資金的架構下，銀行是以何種地位在投信公司開戶？
(A)委託人　　　　　　　　(B)代銷機構
(C)承銷機構　　　　　　　(D)受託人。　【第23屆理財人員】

（　　）**62** 周先生額外支付申購手續費後，買入淨值10元之A基金10萬元，
當基金漲至12元時轉換至淨值為5元之B基金（轉換手續費內扣
0.5%），然後在B基金漲至8元時贖回，請問周先生贖回時可以拿
到多少錢？
(A)119,402元
(B)120,000元
(C)191,045元
(D)192,000元。　　　　　　　　　　　　　　　【第23屆理財人員】

（　　）**63** 下列哪一種衍生性商品交易之進行無須繳交保證金？　(A)買期貨
(B)賣買權　(C)賣期貨　(D)買賣權。　　　　　　　【第23屆理財人員】

（　　）**64** 選擇權的市場價值係指下列何者？
(A)真實價值
(B)時間價值
(C)履約價值加上時間價值
(D)履約價值扣除時間價值。　　　　　　　　　　　【第39屆理財人員】

（　　）**65** 有關影響選擇權價格之因素，下列敘述何者正確？
(A)選擇權買權的價格與標的商品價格成反向關係
(B)選擇權賣權的價格與標的商品價格的波動性成正向關係
(C)選擇權買權的價格與履約價格成正向關係
(D)選擇權賣權的價格與無風險利率成正向關係。【第31屆理財人員】

（　　）**66** 下列何者不是衍生性金融商品？　(A)Forwards　(B)Futures
(C)Shares　(D)Swap。　　　　　　　　　　　　　【第23屆理財人員】

（　　）**67** 以期貨建立一個相反於現貨的部位來規避商品價格變動的風險，
係利用期貨之下列何種特性？
(A)期貨與現貨價格間具有同方向變動的特性
(B)期貨與現貨價格間具有反方向變動的特性
(C)期貨的到期日價格一定低於現貨價格
(D)期貨的到期日價格一定高於現貨價格。　　　　【第23屆理財人員】

（　　）**68** 台指期貨原始保證金為90,000元，維持保證金為70,000元，投資
者存入90,000元買進一口台指期貨價位為4,300。下列哪一個價
位，投資者須補繳保證金？（契約值＝200×指數）　(A)4,195
(B)4,215　(C)4,395　(D)4,405。　　　　　　　　【第33屆理財人員】

( ) **69** 趙先生投資基金20萬元，其申購手續費2%，基金經理費1.5%，基金保管費0.15%，請問除20萬元申購金額外，另需額外支付費用多少元？
(A)7,300元　　　　　　　　(B)7,000元
(C)4,300元　　　　　　　　(D)4,000元。　【第22屆理財人員】

( ) **70** 依目前所得稅法規定，個人投資海外基金投資所得50萬元，其餘並無任何海外投資所得，則該50萬元之課稅方式，下列何者正確？　(A)課繳10%稅率　(B)課繳15%稅率　(C)課繳20%稅率
(D)免稅。　【第22屆理財人員】

( ) **71** 有關投資共同基金所涉費用，下列何者非屬之？　(A)基金經理費
(B)基金保管費　(C)申購手續費遞減式後收的基金管銷費　(D)代銷佣金。　【第22屆理財人員】

( ) **72** 李先生有1,500單位的A基金，申購時淨值為12元，贖回時淨值為為15元，請問李先生淨賺多少元？　(A)6,000元　(B)5,000元
(C)4,500元　(D)3,000元。　【第35屆理財人員】

( ) **73** 下列敘述何者錯誤？
(A)基金的資產不屬於基金經理公司的財產
(B)基金經理公司只負責管理基金及操作
(C)基金的資產都是透過保管機構以基金專戶的名義儲存或投資，並不具獨立性
(D)投資人放在基金的資產不需承受基金經理公司或保管機構倒閉的風險。　【第22屆理財人員】

( ) **74** 有關選擇權商品性質，下列敘述何者錯誤？　(A)為非線性關係報酬率　(B)買賣雙方需繳保證金　(C)買方具有履約權利　(D)無風險利率為影響選擇權價格因素之一。　【第22屆理財人員】

( ) **75** 下列何項因素對選擇權買權之價格的影響，呈現反向關係？
(A)履約價格　(B)至到期前所剩餘的時間　(C)標的商品的價格
(D)標的商品價格的波動。　【第22屆理財人員】

( ) **76** 若臺指期貨原始保證金為90,000元，維持保證金為70,000，投資者存入保證金90,000元，買進一口臺指期貨價位為4,720，當臺指期貨下跌至4,520，則投資者須補繳保證金的金額為何？（臺指期貨契約值＝指數×200元）　(A)30,000元　(B)40,000元
(C)10,000元　(D)20,000元。　【第22屆理財人員】

（　）**77** 下列何者屬於保護性賣權策略（Protective Put）？　(A)買入股票，賣出賣權　(B)買入股票，買入賣權　(C)賣空股票，賣出賣權　(D)賣空股票，買入賣權。　　　　　　【第22屆理財人員】

（　）**78** 有關期貨商品性質，下列敘述何者錯誤？　(A)採保證金交易　(B)採每日結算　(C)為非線性關係報酬率　(D)屬槓桿操作。　【第22屆理財人員】

（　）**79** 混合證券（hybrids）為兩種以上商品加以組合而成，大多數為衍生性商品與標的資產或無風險債券的混合，常見類型之一的可轉換債券（convertible bond）可拆解為以下哪兩者的組合？　(A)普通債券和選擇權的組合　(B)普通債券及一遠期契約的組合　(C)普通債券加上一利率交換的組合　(D)可轉換債券附上對發行公司的認購權證（warrant）。　　　　　　【第22屆理財人員】

（　）**80** 共同基金若以投資目的區分，其中以追求極大化的資本利得，具有高風險、高報酬的特性，是屬於下列何種基金？　(A)平衡型基金　(B)收益型基金　(C)成長型基金　(D)積極成長型基金。　　　　　　　　　　　　　　　　　【第21屆理財人員】

（　）**81** 投資人以「指定用途信託資金」的方式向銀行申購基金，係與銀行訂定下列何種契約？　(A)投資契約　(B)信託契約　(C)代銷契約　(D)承銷契約。　　　　　　　　　　　　【第21屆理財人員】

（　）**82** 張先生以總成本10萬元投資某雙向報價基金，其申購手續費為申購金額之2%，申購時申購價為10.1元，贖回價為10元。贖回時申購價為12.1元，贖回價為12元，則贖回時可以拿回多少金額？（取最接近值）　(A)116,482元　(B)117,453元　(C)118,824元　(D)119,768元。　　　　　　　　　　　　【第21屆理財人員】

（　）**83** 投資人欲申購國內之股票型基金50萬元，該基金申購手續費為2.00%，基金經理費為1.50%，基金保管費為0.15%，請問除申購金額50萬元外，投資人另需額外支付多少費用？　(A)10,000元　(B)10,750元　(C)17,500元　(D)18,250元。　　　　　　【第21屆理財人員】

（　）**84** 有關開放型基金的敘述，下列何者錯誤？　(A)基金規模不固定　(B)投資人可隨時向基金公司要求贖回　(C)基金的成交價格由市場供需關係決定　(D)為維持基金的流動性，將一部分的基金投資於變現性高的工具。　　　　　　　　　　　【第21屆理財人員】

( ) **85** 有關衍生性商品的交易，下列何者不須繳交保證金？ (A)買進期貨 (B)賣出期貨 (C)買進買權（CALL） (D)賣出賣權（PUT）。 【第21屆理財人員】

( ) **86** 股票選擇權買權權利金為5元，當損益兩平時股價為60元時，請問該選擇權賣出買權履約價應為下列何者？ (A)50元 (B)55元 (C)60元 (D)65元。 【第21屆理財人員】

( ) **87** 下列何項因素對選擇權賣權之價格的影響，呈現反向關係？ (A)無風險利率 (B)標的商品價格的波動 (C)履約價格 (D)至到期前所剩餘的時間。 【第21屆理財人員】

( ) **88** 下列何者是期貨市場價格發現的功能？ (A)規避標的商品價格波動風險 (B)及早發現標的商品的價格 (C)增進標的商品市場交易的順暢性 (D)提升市場的訂價效率。 【第21屆理財人員】

( ) **89** 某交易人買進一口履約指數6,000點之臺灣證券交易所加權股價指數期貨契約，則該期貨契約之價值為多少元？ (A)45萬元 (B)60萬元 (C)120萬元 (D)180萬元。 【第21屆理財人員】

( ) **90** 台指選擇權4,500買權（CALL），權利金為100，Delta＝0.5，若指數上漲50點，4,500買權的權利金報價約為多少？ (A)100 (B)200 (C)125 (D)150。 【第21屆理財人員】

( ) **91** 有關期貨交易所目前接受之委託類別，下列敘述何者錯誤？ (A)當市場行情觸及指定價位時，轉換成為市價委託的委託單稱為觸及市價委託單 (B)當市價達到指定之停損價位時，便成為市價委託的委託單稱為停損委託單 (C)停損限價委託是指當市價觸及所設定之停損價格時，該委託自動變成限價委託，且必須比所限價格高或相同時才能成交 (D)收盤市價委託是指委託限定以交易所公佈收盤時段內，委託期貨商以限價下單。 【第36屆理財人員】

( ) **92** 有關投資共同基金的風險，下列敘述何者正確？ (A)投資國內投信發行的國外基金，因為以台幣計價，所以沒有匯兌風險 (B)由於基金具有分散投資降低風險的效果，可以使不同產品間的風險差距也可因此減低 (C)利率風險影響股票型基金最大，其次是債券型基金 (D)投資地區的景氣、產業榮枯，對於股票型基金、債券型基金都會產生市場風險。 【第37屆理財人員】

解答及解析

1 (A)。國內型基金的保管費比國外型基金的保管費低，債券型基金的保管費又比股票型基金保管費低。

2 (A)。
$20,000 \times 11 - 20,000 \times 10 \times 0.3\% = 219,400$（元）。

3 (D)。保本率＋參與率×選擇權收益＝100%
90%＋參與率×12%＝100%
參與率＝87%

4 (D)。投資共同基金有其風險，並未保障投資收益。

5 (D)。票券金融公司目前無法提供投資人申請購買海外基金。

6 (C)。依照臺灣證券交易所的規定，寶來臺灣卓越50證券投資信託基金賣出的證交稅是千分之一，而一般股票賣出證交稅是千分之三。

7 (C)。B股基金（Class B shares；B－Share Mutual Fund）：投資人可免申購手續費，但為了為了彌補初期未能收到申購手續費的損失，通常基金公司會收取「管銷費用」，並直接在每日基金淨值中扣除。

8 (A)。實際投資額：10萬／（1＋2%）＝98,039元
可購買基金單位：98,039／10.1＝9,706.83
贖回可拿回：
12×9,706.83＝116,482元

9 (C)。買權（call option）與賣權（put option）隨著權利期間均是時間愈長，契約愈有價值，呈相同的影響方向。

10 (C)。交換契約（Swap）是衍生性金融商品的一種，指交易雙方約定在未來某一時期（特定協議契約），相互交換某種資產或現金流的交易形式，可以是同種貨幣間不同計息方法的交換、或是不同貨幣間的交換、也可是不同貨幣及不同計息方式的交換，因此大致上可分為貨幣交換、利率交換及貨幣利率交換3大類。

11 (B)。價外買賣權
買權：標的股價小於履約價。
賣權：標的股價大於履約價。
本題臺股指數報價（標的報價）為4,350點＞4,100點之賣權（PUT），屬於價外。

12 (C)。該賣權履約價格＝70＋15－7＝78（元）。

13 (B)。
1.履約價格：選擇權約定依某一固定價格買賣標的物，此一固定價格稱為「履約價格」或「執行價格」。而內含價值等於標的物市價大於履約價值的部分。
2.本題標的物價值即等於履約價值125，故該履約價權利金的內含價值為0。

14 (C)。
1.收益型基金以追求安全性和穩定報酬為目的，因其風險較低，也

難有高報酬。成長加收益型基金以追求長期資本增值和合理的當期收入為目的。積極成長型基金（aggressive growth fund）係指以追求資本利得極大化為操作主要目標的共同基金，具有高風險、高報酬的特性，是基金類型中最富冒險性的產品。

2.各類型基金之風險高低順序：積極成長型基金＞成長加收益型基金＞成長型基金＞收益型基金。

15 (A)。$200,000 \times 3\% = 6,000$
投資人申購20萬元基金，除20萬元投資金額外，另須額外支付申購手續費。

16 (B)。
$80,000 ／（1＋0.5\%）÷ 20 \times 24 = 95,522$（元）
損失 $= 100,000 - 95,522 = 4,478$（元）

17 (C)。
$200,000/10 \times 8 - 200,000 \times 0.2\% = 159,600$（元）。

18 (C)。對買方而言，選擇權既為一種權利而非義務，為取得此權利，自然必須付出代價，相對的，賣方提供權利並負擔履約的義務，當然要收取一定的代價，此代價便是選擇權的價值，也就是權利金（Premium）。

19 (B)。買權的履約價格相當於買權買方向賣方買進標的資產之成本。隨著履約價格的提高買權（call）價格會下降。

20 (D)。交換契約（Swap）又稱掉期交易，是衍生性金融商品的一種，指交易雙方約定在未來某一時期，相互交換某種資產或現金流的交易形式，可以是同種貨幣間不同計息方法的交換、或是不同貨幣間的交換、也可是不同貨幣及不同計息方式的交換，因此大致上可分為貨幣交換、利率交換及貨幣利率交換3大類，非為標準化商品。

21 (B)。該期貨價格 $= 50 \times \exp(0.06) = 50 \times 1.06184 = 53.09$

22 (C)。$(4,500 - 4,300) \times 5 \times 200 = 200,000$（元）。

23 (B)。國內的ETF（指在臺灣證券交易所掛牌上市的ETF），比照臺灣股市有10%漲跌幅的限制。

24 (B)。利息收益為貨幣型基金最主要的獲利來源。

25 (A)。共同基金是由資產管理公司（國內為證券投信公司）以發行公司股份或者發行受益憑證的方式，募集多數人的資金交由專家去投資運用。是共同承擔風險、共同分享投資利潤的投資方式，最大的特色在於投資風險的分散，以降低市場風險和波動性。投資共同基金的風險不包括「贖回風險」。

26 (D)。
$(1,000,000 \times 0.97)/(33.1 \times 7.865) = 3,726.0184$（單位）
$3,726.0184 \times 30.9 \times 6.523 = 751,018.82$
虧損 $1,000,000 - 751,018.82 = 248,981$（元）

27 (C)。指數股票型基金，是指在證券交易所上市買賣，以追蹤證券交易所設計或同意編製之標的指數，

且申購、買回採實物（ETF表彰之股票組合）及依據證券投資信託契約規定方式交付的證券投資信託基金。屬於上市受益憑證的一種。指數股票型基金的商品性質不包括積極型基金。

28 (B)。 期貨採用保證金交易，期貨的保證金性質類似履約保證。

29 (C)。 期貨交易有以小搏大的特性，目前台指期槓桿倍數高達13倍，絕非一般股票交易比得上，股票市場就算採取較積極的信用交易操作，槓桿倍數也不過2倍。選項(C)有誤。

30 (D)。 在選擇權的遊戲規則中，買方可以選擇履約或不履約（有權力無義務），而賣方是沒的選擇（只有履約的義務），一定要履約。本題現貨價格已大於履約價格，故本題買權的履約價值為0元。

31 (C)。 獲利(4432-4232)×50-(57-22)×50＝8,250（元）。

32 (B)。 目前臺灣期交所除了加權股價指數期貨外，尚有電子類股價指數期貨商品、金融保險類股價指數期貨商品、短期利率期貨商品。

33 (D)。 外匯期貨是芝加哥商業交易所（CME）第一個推出的金融期貨。

34 (C)。 開放式基金亦屬於有價證券。

35 (C)。 投資人在申購B股基金時不用支付手續費，其實是基金業者先幫投資人墊付，申購手續費為遞減式後收型。

36 (A)。 目前銀行的信託部接受客戶申購基金，其與投信公司所簽訂的契約為投資契約。

37 (B)。 國內成分證券ETF之漲跌幅度與股票相同為10%，而國外成分證券ETF（含連結式ETF）及境外ETF則無漲跌幅限制。ETF的價格波動幅度通常較股票為低,故其價格最小變動幅度較小。

38 (A)。
270,000/(1＋0.4%)/20
＝13,446.22（單元）B基金

39 (D)。 指數股票型基金與封閉式基金相同，皆會在證券交易所上市買賣，具有套利的機會。

40 (D)。
1.股票有到期日，期貨也有到期日，選項(A)有誤。
2.期貨的槓桿倍數比股票高，選項(B)有誤。
3.股票融資券要有保證金才能交易，期貨需要保證金才能交易，選項(C)有誤。
4.期貨比股票容易賣空，選項(D)正確。

41 (B)。 國內期貨交易保證金之繳交，得以現金或經主管機關核定之有價證券為之，期貨商品保證金交易每日結算。

42 (D)。 我國目前在期交所上市的期貨與選擇權商品，其契約規格中最後交易日均定為各該契約交割月份的第三個星期三。

43 (D)。 買權的時間價值＝(46＋3.5-47.5)×1,000＝2,000（元）。

44 (B)。 交換契約（Swap）又稱掉期交易，是衍生性金融商品的一種，指交易雙方約定在未來某一時期，相互交換某種資產或現金流的交易形

式，現階段市場交換契約，不包含指數交換。

45 **(D)**。歐式選擇權（European option）的買方僅能於到期日要求履約。

到期時股價在低於33元(40－4－3)或高於47(40＋4＋3)元，投資人才有淨利。

46 **(B)**。6%＋30%×夏普指數＝24%

夏普指數＝0.6

47 **(C)**。投資共同基金的各種風險不包括作業風險。

48 **(D)**。境外ETF不受平盤下不得融券賣出之限制。選項(D)有誤。

49 **(D)**。詹森指數實際上是對基金超額收益大小的一種衡量。這種衡量綜合考慮了基金收益與風險因素，比單純的考慮基金收益大小要更科學。詹森指數值大於0時才值得投資。選項(D)有誤。

50 **(B)**。指數股票型證券投資信託基金（ETF），主要是由消極型基金演化而成。

51 **(A)**。1000單位×10美元×(1＋1%的手續費)＝10,100。

市價＝10.5美元×1000單位＋0.2美元配息×1000單位＝10,700

報酬率＝10,700/10,100－1＝5.94%

52 **(C)**。新臺幣計價黃金選擇權，契約規格為5台兩（折合187.5公克），是臺幣黃金期貨契約規格10台兩的一半，權利金報價單位為0.5點，權利金乘數為50元，因此權利金變動0.5點，黃金選擇權價值變動為25元。

53 **(B)**。臺股期貨的契約價值＝5,000×200＝1,000,000（元）。

54 **(A)**。世界最早的黃金期貨市場為紐約商業交易所（NYMEX）；目前世界最主要的大宗商品期貨市場為芝加哥期貨交易所（CBOT）。

55 **(B)**。選擇權是一種權利契約，買方支付權利金（即選擇權價格）購買後，便有權利在未來約定的某特定日期（到期日）之前或當日，依約定之履約價格（Strike Price），買入（買權；Call Options）或賣出（賣權；Put Options）一定數量的約定標的物。在其他條件相同的情況下，價內的時間價值最大，價內或價外越深的選擇權，時間價值越小。

56 **(D)**。每股盈餘與認股權證之訂價無涉。

57 **(B)**。買權之時間價值＝37－(40－10)＝7（元）。

58 **(A)**。組合型基金（簡稱FOF），又稱為基金中的基金、母基金，是一種特殊的基金，這種基金以其他基金為投資標的，而非直接投資於股票、債券等有價證券。

59 **(A)**。平衡型基金以兼顧長期資本增長和穩定收益為投資目的。即投資標的兼有投資股票及債券的混合式投資組合，並著重在資本利得和固定收益。

60 **(A)**。投資人另需額外支付該基金申購手續費為2.00%，即100萬元×2%＝20,000（元）。

61 **(D)**。在指定用途信託資金的架構下，銀行是以受託人地位在投信公司開戶。

62 **(C)**。120,000/(1＋0.5%)/5×8＝191,045（元）。

63 (D)。買賣權，買方支付權利金予賣方，無需繳交保證金。

64 (C)。選擇權的市場價值係指履約價值加上時間價值。

65 (B)。選擇權是一種權利契約，買方支付權利金（即選擇權價格）購買後，便有權利在未來約定的某特定日期（到期日）之前或當日，依約定之履約價格（Strike Price），買入（買權；Call Options）或賣出（賣權；Put Options）一定數量的約定標的物。標的商品價格的波動性愈大，選擇權賣權及買權的價格就愈高，呈正向關係。

66 (C)。衍生性金融商品的四個基本積木：Forward, Futures, Options and Swaps。"Shares"不是衍生性金融商品。

67 (A)。以期貨建立一個相反於現貨的部位來規避商品價格變動的風險，係利用期貨與現貨價格間具有同方向變動的特性。

68 (A)。(契約值－4,300)×200＞－20,000
契約值＝4,195

69 (D)。趙先生投資基金20萬元，除20萬元申購金額外，另需額外支付申購手續費2%，200,000×2%＝4,000（元）。

70 (D)。海外所得：指未計入綜合所得總額之非中華民國來源所得及香港澳門地區來源所得。一申報戶全年合計數未達新臺幣100萬元者，免予計入；在新臺幣100萬元以上者，應全數計入。所以此題免稅。

71 (D)。投資共同基金所涉費用：
1. 經理費：基金公司操作基金所收取的費用，也是基金公司最主要的收入來源，該經理費是按日計算，但投資人不須另外支付，而是每月直接從基金淨資產中扣除。
2. 保管費：為了投資人資金的安全，共同基金的運作方式是操作和保管分開的制度，因此投資人的錢是交給銀行或其他金融機構保管，保管費用就是交給保管單位的，和經理費一樣，費用會直接從基金淨資產內扣除，投資人不須另外支付。
3. 手續費：投資人在購買共同基金時，除了申購金額外須再支付的費用。
4. 買回費：投資人贖回基金時所付的費用，不過目前大部份的基金都沒有收取此種費用。

72 (C)。1,500×(15－12)＝4,500（元）。

73 (C)。基金財產獨立性：基金資產透過保管機構以基金專戶名義儲存，暨不屬於基金經理公司之財產，也不屬於保管機構之財產，基金資產保有獨立性，選項(C)有誤。

74 (B)。買方繳的是權利金，因為買方是買一個權利，有權在到期日前選擇是否履約，如果情況不利買方，可以選擇不履約，賣方需要繳保證金。

75 (A)。當履約價格越高時，買入成本越高，買權價值越低，亦即買權價值與履約價格呈現反向關係。

76 (B)。(4,720－4,520)×200＝40,000（元）。

77 (B)。保護性賣權策略（protective put）是指投資組合中包含了股票與賣權，亦即先買入股票，再買入賣權來保護股價下跌的損失。

78 (C)。選擇權是非線性關係報酬率商品，期貨是線性關係報酬率商品。

79 (A)。混合證券（hybrids）為兩種以上商品加以組合而成，大多數為衍生性商品與標的資產或無風險債券的混合，可轉換債券為普通債券和選擇權的組合。

80 (D)。共同基金若以投資目的區分，其中以追求極大化的資本利得，具有高風險、高報酬的特性，是屬於「成長型基金」。

81 (B)。投資人以「指定用途信託資金」的方式向銀行申購基金，係與銀行訂定信託契約。

82 (A)。實際投資額：10萬/(1+2%)＝98,039元
可購買基金單位：98,039/10.1＝9706.83
贖回可拿回：12×9706.83＝116,482（元）。

83 (A)。投資基金50萬元，除50萬元申購金額外，另需額外支付申購手續費2%，500,000×2%＝10,000（元）。

84 (C)。開放型基金成交價以基金淨資產價值為基準，選項(C)有誤。

85 (C)。買方繳的是權利金，因為買方是買一個權利，有權在到期日前選擇是否履約，如果情況不利買方，可以選擇不履約，賣方需要繳保證金。買進買權（CALL）不須繳交保證金。

86 (B)。該選擇權賣出買權履約價＝60－5＝55（元）。

87 (A)。利率越高，履約價格經折現後價值會愈低，因此對買權的影響是正向的，即價格變高；而對賣權是負向的影響。無風險利率對選擇權賣權之價格的影響，呈現反向關係。

88 (B)。期貨市場價格發現的功能為及早發現標的商品的價格。

89 (C)。
6,000×200＝1,200,000（元）。

90 (C)。買權的權利金報價＝100＋0.5×50＝125

91 (D)。收盤市價委託是於收盤前委託，在收盤前至收盤之間的一段時間內執行交易，參考成交價是收盤前一段期間的任一成交價皆可能，不一定是收盤價。

92 (D)。(A)發行國外基金，仍然有匯兌風險；(B)無法使風險差距減低；(C)利率風險影響債券型基金最大。

解答及解析

第五章 保險及信託的運用

依據出題頻率區分，屬：**B** 頻率中

本章是保險及信託商品的介紹，保險在臺灣幾乎人手一張，再加上信託這幾年也是滿熱門的，所以本章的出題比率也不低，但出題比例比前二章低，本章的出題方向皆是以觀念為主，所以只要觀念清楚，分數自可手到擒來，讀者請務必掌握。

重點1 保險的運用   重要度★★

一、風險及保險

風險就是未來事物的不確定性或將其稱為事故發生而遭受損失的機會。未來事物我們很難完全掌控，故風險必然存在。產業不同，風險也就不同，各類風險比重也不同。一般來說，不確定性愈高、遭受損失的機會或差異愈大者，風險即愈高。

而保險就是對風險管理所產生的成本，保險係對特定風險事故發生所導致損失，集合多數個人或經濟單位，根據合理的計算，共同集資，以作為的補償之經濟制度。

二、人壽保險

(一)**人壽保險的種類**：人壽保險，簡稱「壽險」，是人身保險的一種。和所有保險業務一樣，被保險人將風險轉嫁給保險人，接受保險人的條款並支付保險費。與其他保險不同的是，人壽保險轉嫁的是被保險人的生存或者死亡的風險。人壽保險可以被劃分成以下類型：

　1. **生存保險**：生存保險又稱儲蓄險，被保險人於保險契約有效期間屆滿仍生存時，保險人依約定，給付生存保險金。

考點速攻

1. 若被保險人於契約有效期間內死亡，生存保險無保險給付。
2. 定期壽險於保險期間若無保險事故發生，壽險公司不需理賠，且不須退還所繳保險費。

2. **死亡保險**：被保險人死亡時給付死亡保險金。可分為定期壽險及終身壽險。「定期壽險」屬純粹「人壽保險」，並無儲蓄、投資成分、紅利，只會在投保人去世時提供賠，合約設有定期時限，例如10年或20年。期滿而未有索償的話，合約便會自動終止。終身壽險提供被保險人終身的死亡保障，保險期間一般到被保險人年滿100歲時止。無論被保險人在100歲前何時死亡，受益人將獲得一筆保險金給付。如果被保險人生存到100歲時，保險公司給付被保險人一筆保險金。由於被保險人何時死亡，保險人均要支付保險金，所以終身死亡壽險有儲蓄性質，其價格在保險中是較高的。該保險有現金價值，有些保險公司的有些險種提供保險單貸款服務。

3. **生死合險**：又稱「混合保險」或「養老保險」，即被保險人在約定期間內死亡或到仍繼續生存時由保險人給付保險金。生死合險無論被保險人在保險期間死亡，還是被保險人到保險期滿時生存，保險公司均給付保險金。生死合險保險是人壽保險中價格最貴的。其可以提供老年退休基金，可以為遺屬提供生活費用，特殊情況下，可以作為投資工具、半強迫性儲蓄工具，或者可以作為個人借貸中的抵押品。養老保險既然由定期保險與生存保險混合而成，其保險費可劃分為二部份，一部份是生存保險費，一部份是死亡定期保險費，但若保戶各分別購買同保險期間，保險金額的生存保險與定期保險，則所付出的保險費總數，要比購買養老保險貴多了，這是因為保險經混合組成後保險公司節省許多經營管理費用。生死合險的種類有：

   (1) 多倍型養老保險：所謂多倍給付型養老保險，係在保單設計時，在養老保險上附加一個或多個同樣保額，同一保險期間的平準型定期保險，叫「多倍給付型養老保險」，若附加一個，則被保險人於保險期間內死亡，便可以得到2倍保額的死亡保險金，而保險期滿仍生存時，可領得原保額的滿期（生存）保險金。多倍給付之基本型態尚有以養老保險為基礎，附加多倍普通意外，及對特定意外，例如交通事故等，給付更多的倍數。

   (2) 增額分紅型養老保險：增值型養老保險是以養老保險為基礎，而後依保險年度每年以複利或單利方式就投保時保險金額增值，或每幾個保險年度依投保時保險金額定額增值，被保險人在保險期間內死亡則以增值後的死亡保險金給付；滿期時，亦以增值後滿期生存保險金給付。

(3) 養老終身型保險：養老終身型是以養老保險與終身保險混合設計而成的保險商品，例如林先生投保10年養老保險與同保額終身險之商品，若保險金額10萬元，則他於投保後10年內死亡，遺族可獲得20萬元之死亡保險金，於第10保險年度屆滿仍健在，可獲10萬元之生存養老金，以後一直到身故時遺族仍可獲得10萬元保險金。

(4) 還本型終身保險：還本終身型是變化養老終身型生死合險而成的保險商品，即保單每經過5個或10個保險年度，給付被保險人投保保額一定百分比的金額，例如林先生投保一保險金額10萬元，每5年按投保保額20%還本之終身保險，每一次保單屆滿5年而林先生仍生存時，即可獲得2萬元的生存保險金，直至終身，若林先生於保險有效期間內死亡時，林先生的遺族可獲得10萬元的死亡保險金。

(5) 附生存給付型養老保險：附生存給付養老保險是以養老保險為主，每年或一定期間給付生存保險金之商品，例如林先生投保一保險金額10萬元，每年按增值率5%複利增值，第一次生存給付10%，每滿5年給付比率遞增5%生存給付乙次之增值生存給付養老保險；若保險期間30年，則林先生除可獲得複利增值型養老保險的保障外，每屆滿5個保險年度仍健在時，可分別獲得10,000元，15,000元，20,000元，25,000元，30,000，35,000元的生存保險金給付。

(二)人壽保險的除外責任：

1. 受益人故意致被保險人於死，但其他受益仍得申請全部保險金。
2. 要保人故意致被保險人於死。
3. 被保險人故意自殺或自成殘廢。但自契約訂立或復效之日起2年後故意自殺致死者，保險公司仍負給付身故保險金之責任。
4. 被保險人因犯罪處死或拒捕或越獄致死或殘廢。

三、年金保險

年金保險是在保險契約有效期間內，保險公司自約定時日起，每屆滿一定期間給付保險金，可運用於累積退休金以維持退休後經濟生活。年金給付期間若約定以被保險人生存為要件給付者稱為「生存年金給付期間」；不以被保險人是否生存

為條件給付者稱「保證給付期間」。保險費躉繳的年金保險，於保險費交付後，即進入年金給付期間，稱之為即期年金保險；保險費分期交付的年金保險，於繳費期間終了後，進入年金給付期間，稱之為遞延年金保險。年金保險的種類有：

(一)**即期年金保險**：即期年金保險指年金保險訂立後，保險人即開始給付年金。通常年金保險費皆為躉繳保險費。保險人給付年金一般皆在期末為之。如約定期初給付者，稱為「期初給付年金」。

> **考點速攻**
> 適用於已擁有大筆資金，想直接轉換為分期給付之退休所得者。

(二)**遞延年金保險**：年金保險契約訂立後，須經過一定年數之後，或被保險人年齡達到後，保險人方開始給付年金者，分為一次付清和分期繳納。

(三)**利率變動型年金保險**：對抗幣值下跌之風險，最低保證利率之長期性保障。

(四)**變額型年金保險**：年金每期給付額可能因通貨膨脹因素或其他預定投資因素等，而變動年金給付額。將年金保險費匯集形成基金投資運用，運用成果為未來年金保險給付之財源。

四、投資型保險

投資型保險是結合保險與投資二種功能的保險商品，保戶所繳交的保費除了一部分用來支應保險成本與保單相關費用外，其餘的保費則會依照保戶事先約定的投資方式與投資比重進行投資，由保戶完全享有投資成果，並負擔投資風險。投資型保險之選擇，年輕時：風險承擔能力高，可選擇高風險的投資工具。成家後：責任變重，保險應以保障為主，投資應以穩健為主。退休族群：卸下家庭重擔，經濟負擔變輕，減少保障，而投資以債券及保本型基金為主。投資型保險的種類有：

> **考點速攻**
> 1.投資型保險之投資淨收益或損失原則上應由要保人自行承擔。
> 2.投資型保險之資訊應透明化且應有保險之約定而非只是投資。
> 3.增值分紅養老保險非屬健康保險。

(一)**變額壽險**：變額壽險為保險金額不固定，而繳費固定的保險，可以採用躉繳或分期繳的方式。保戶可以自行選擇投資標的，直接享有投資報酬並自行承擔風險。變額壽險用以強調保單持有人可以自行操作保單帳戶價值，而其保險金額可隨保單帳戶價值「變動」而非「固定」。變額壽險商品之設計，是將保險費扣除各項經營費用與死亡成本後，剩餘之現金價值置於投資帳戶中，保單持有人可指定資產投資標的，此帳戶即所

謂的分離帳戶。而變額壽險之死亡給付和保單帳戶價值會隨著實際投資績變動而改變。

(二)**變額年金保險**：在保險遞延期間內，保單帳戶價值隨著保戶自行選擇的投資標的績效而變動，因此保險金額不固定，遞延期滿後，年金給付方式可由保戶自行選擇一次提領或分年提領。它不像傳統年金保證會支付定額的平準給付金，而是承諾的是長期變動的給付金額，以反映投資資產的市場價值，其價值亦能反應消費者物價及生活費上下變動。變額年金把基金的累積及給付和投資連結在一起，因此可以提供一個長期隨著通貨膨脹而調整的收入來源。

(三)**變額萬能壽險**：同時擁有繳費彈性、保額調整及由保戶自行選擇投資標的之特性。萬能壽險的原理是以契約的方式把終身壽險保單死亡給付成分分割成淨危險保額及另一個獨運作的現金價值，使保單更有彈性。其最大特色為單位保費和可變動的保險金額，亦即保險費可隨時並依個人意願繳納。

五、傷害保險與健康保險

(一)**傷害保險**：

1. **傷害保險種類**：傷害保險被保險人於保險契約有效期間內，因遭受意外傷害事故，致其身體蒙受傷害而致殘廢或死亡時，保險公司依約定，給付保險金。而所謂「意外傷害事故」指非由疾病引起之外來突發事故，故本保險又稱「意外保險」。通常保險公司會單獨發售意外傷害保險，但亦有用附加方式附加於普通壽險販賣，使保險契約的保障擴大者。傷害保險的種類有：

   (1) 一般傷害保險：又稱「個人傷害保險」或「普通傷害保險」，當被保險人遭遇事故，造成身體機能受損或死亡時，保險公司將依約定補償被保險人的醫療費用及收入損失或死亡保險金。

   (2) 傷害失能保險：傷害失能保險金係指被保險人因意外傷害事故喪失工作能力，以致不能獲得正常收入或收入減少時，由保險公司依契約約定給付保險金。

考點速攻

1. 被保險人在個人傷害保險期間內因遭遇意外傷害事故，致十隻手指機能永久完全喪失，其保險金給付比例為80%。
2. 旅行平安保險之醫療給付是以實支實付為限。
3. 如果被保險人酒醉駕車致死，保險公司不須給付傷害保險理賠。

(3) 旅行平安保險：承保被保險人於旅行行程中所發生的意外傷害事故，殘廢給付項目與保險金給付標準，與一般傷害保險相同，醫療方面是以實支實付為限。

2. 傷害保險的除外責任：

(1) 受益人的故意行為。

(2) 要保人、被保險人的故意行為。

(3) 被保險人的犯罪行為。

(4) 被保險人酒後駕車，其吐氣所含酒精成分超過道路交通法令規定標準者。

(5) 戰爭、內亂及其他類似的武裝變亂。

(6) 因原子或核子能裝置所引起的爆炸、灼熱、輻射或污染。

(二)健康保險：

1. 健康保險之種類：健康保險指被保險人於保險契約有效期間內，罹患疾病或遭受意外傷害而門診、住院或外科手術醫療時，保險公司依約定以定額、日額或依實際醫療費用實支實付保險金，通稱為「醫療保險」。通常一般健康保險多以特約或附加的方式，隨同傷害保險及普通壽險出單，但也有單獨的健康保險商品，像是防癌健康保險。健康保險的種類有：

(1) 住院醫療保險：指因發生疾病或意外而住院，保險公司予以理賠，又分為「日額型住院醫療險」以及「實支實付型住院醫療險」，後者也有日額給付可理賠，二擇一。

(2) 癌症保險：癌症險除了有住院醫療保險金和手術醫療保險金外，也根據罹癌可能產生的特殊醫療需求，增加初次罹癌、癌症出院療養、癌症門診醫療、放療、
化療保險金等給付項目，有些險種還有癌症骨髓移植保險金、安寧照護保險金、乳癌重建手術保險金等。

(3) 重大疾病保險：重大疾病險係針對七項疾病，包含心肌梗塞、冠狀動脈繞道手術、腦中風、慢性腎衰竭、癌症、癱瘓及重大器官移植，理賠一次性的保險金。一般醫療險需要相關醫療證明才會支付保險金，重大疾病險只要符合重大疾病定義就可以請領保險金，可以補貼癌症標靶藥物或其他新治療方式的龐大費用。

考點速攻

重大疾病險保險項目，包含心肌梗塞、冠狀動脈繞道手術、腦中風、慢性腎衰竭、癌症、癱瘓及重大器官移植。

(4) 長期看護保險：長期看護保險是針對被保險人因疾病或意外傷害，經專科醫師診斷，經專科醫師診斷，符合生理功能障礙或心智功能障礙之情形且持續○○日（免責期間）者，保險公司提供一次或分期給付看護費，作為經濟來源補助的保險商品，作為經濟來源補助的保險商品。

(5) 失能保險：失能保險是工作能力喪失的一種保障，當被保險人發生失能（因事故或疾病而無法工作時）的情況時，保險公司將會依壽險保額的1%，作為每個月的失能保險金。通常在事故發生後有4到6個月的等待期，確定被保險人在等待期後仍無法工作，才能開始領取保險金。在領取保險金期間，不需要再繳交所有保費，原有的保障也將不受影響。

2. 健康保險的除外責任：

(1) 受益人的故意行為。

(2) 要保人、被保險人的故意行為。

(3) 被保險人的犯罪行為。

(4) 被保險人酒後駕車，其吐氣所含酒精成分超過道路交通法令規定標準者。

(5) 戰爭、內亂及其他類似的武裝變亂。

(6) 因原子或核子能裝置所引起的爆炸、灼熱、輻射或污染。

六、財產保險

財產保險指的是，投保人根據合同約定，向保險人交付保險費，保險人按保險合同的約定，對所承保的財產及其有關利益，因自然災害或意外事故造成的損失而承擔賠償責任的保險。財產保險是以財產及其有關利益為保險標的。廣義上，財產保險包括財產損失保險（有形損失）、責任保險、信用保險等。以財產或與其有關的利益為標的的保險種類。又稱「損害保險」或「非壽險」。財產保險的種類有：

(一)**火災保險**：自古以來，祝融之災威脅生命財產的情形，到目前依然層出不窮，而火災具有極高的毀滅性與不確定性，且難以預測，因此火災保險有其投保的必要性。

　　火險可依據投保場所的使用性質，分為「住宅火災保險」或「商業火災保險」，亦可視財產的風險需要，選擇投保各類附加險，以建立全面完善的保障。主要內容即為保險人承保火災所引起的財產損失。

(二)**海上保險**：海上保險可依保險標的物之不同，可分為貨物運輸保險、船體保險、漁船保險、航空保險以及責任險。海上保險為集合多數有海上或運送風險之經濟單位，共同聚資作損失分擔之準備，於損失發生時，給予補償，藉以保障經濟與財務安全的一種制度。

(三)**陸空保險**：貨物從甲地運送至乙地，在運輸過程中，難免會因各種不同的意外事故發生而遭受損失，為確保貨主權益，減輕此類損失，遂產生陸空保險的需求。

(四)**責任保險**：責任保險，或稱「第三者保險」，通指承擔第三者損失的保險。該損失係因受保人的行為而產生。受損範圍通常包括人體受傷及財物損失。有些責任保險也承擔第三者的個人傷害。

考點速攻

專業人士，可能因執行職務之過失、錯誤、疏漏而導致第三人遭受損失，可投保責任保險以移轉其賠償責任。

(五)**保證保險**：保證保險以信用風險作為保險標的，保險人對被保證人的作為或不作為致使權利人遭受損失負賠償責任的保險。

(六)**其他財產保險**：其他財產保險為不屬於火災保險、海上保險、陸空保險、責任保險及保證保險之範圍，而以財物或無形利益為保險標的之各種保險。

牛刀小試

(　　) **1** 下列何種保險不屬於人身保險？　(A)火災保險　(B)人壽保險　(C)健康保險　(D)年金保險。　　　　　【第30屆理財人員】

(　　) **2** 被保險人在個人傷害保險期間內因遭遇意外傷害事故，致雙手十手指機能永久完全喪失，其保險金給付比例為下列何者？(A)100%　(B)70%　(C)80%　(D)50%。　　【第39屆理財人員改】

(　　) **3** 下列何種商品保戶繳費期間及繳費額度可任意變動？
(A)定期壽險　　　　　　　　(B)變額萬能壽險
(C)遞延年金保險　　　　　　(D)癌症保險。　【第30屆理財人員】

(　　) **4** 人壽保險依承保之保險事故的不同而分為下列幾種？
(A)定期保險與終身保險
(B)傷害保險與年金保險
(C)生存保險、死亡保險及意外保險
(D)生存保險、死亡保險及生死合險。　　【第30屆理財人員】

( ) **5** 下列何種年金保險可抵銷通貨膨脹引起之影響？
(A)傳統型年金保險
(B)變額型年金保險
(C)遞延年金保險
(D)即期年金保險。 【第37屆理財人員】

解答及解析

1 (A)。火災保險係財產保險的一種。

2 (C)。依據傷害保險單示範條款之失能程度與保險金給付表規定，雙手十指均永久喪失機能者，其保險金給付比例為80%。

3 (B)。變額萬能壽險係將變額保險與萬能壽險結合，兼具萬能壽險之彈性及變額保險之投資機會，而其特色是將分離帳戶方式導入萬能保險，因此與萬能保險最大差別即在於保單帳戶價值的變動性質，變額萬能壽險保戶繳費期間及繳費額度可任意變動。

4 (D)。人壽保險依承保之保險事故的不同，包括：
1.以被保險人死亡為保險給付條件的死亡保險。
2.以被保險人生存為保險給付條件的生存保險。
3.合併被保險人生存與死亡為給付條件的生死合險（養老保險）三類。

5 (B)。變額型年金保險承諾的是長期變動的給付金額，以反映投資資產的市場價值，其價值亦能反應消費者物價及生活費上下變動。變額年金把基金的累積及給付和投資連結在一起，因此可以提供一個長期隨著通貨膨脹而調整的收入來源。

重點2 信託的運用　　　重要度★★

一、信託的意義

信託法第1條之規定：「稱信託者，謂委託人將財產權移轉或為其他處分，使受託人依信託本旨，為受益人之利益或為特定之目的，管理或處分信託財產之關係。」

信託，是委託人將財產交付給受託人，並由受託人依信託契約或遺囑的內容，對信託財產管理、處分或運用，再由受託人將信託財產及其所生的孳息，依信託契約、遺囑內容交付給指定的受益人。以財產管理的觀點而論，信託乃財產權利人不再自己管理財產，而將財產交由受託人管理。

二、信託之架構及成立要件

(一)**信託之架構**：信託關係之成立，在法律主體方面，必須有委託人、受託人及受益人；在法律客體方面，必須有信託財產。此外，信託行為尚可指定及設立信託監察人，以監督受託人的行為。整理信託關係的架構圖如下：

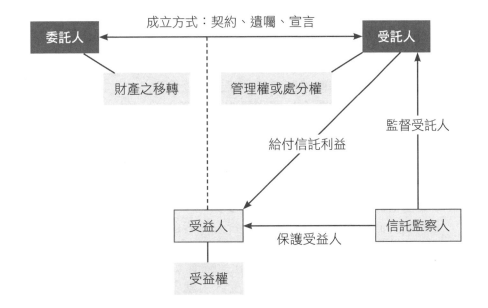

(二)**信託之成立要件**：信託的成立，除應具備當事人有行為能力、標的適法之一般要件外，尚應具備下列二項特別成立要件：其一為信託財產的移轉；其二為受託人對信託財產具有管理或處分的權限。
 1. 委託人將財產權移轉或為其他處分給受託人：信託的第一要素，是委託人必須將財產移轉或為其他處分給受託人。因此，委託人不僅是將財產權移轉占有給受託人，而且必須有移轉權利的外觀，始符合信託的定義。
 2. 受託人有管理或處分信託財產之權限：信託的第二要素，為受託人應依信託本旨管理或處分信託財產。

三、信託的種類

（一）**依財產管理運用情形區分：**

1. **集團信託**：所稱集團信託，是指受託人受多數委託人的信託，而集合投資大眾的信託資金，依特定目的而統籌運用的信託。例如，信託業法所規定之共同信託基金，因具備受益人為多數人及信託財產為金錢等基本要素，堪稱為最典型的集團信託。

> **考點速攻**
>
> 接受信託目的相同的特定多數人委託，以定型化契約將信託財產集中管理運用之信託，稱為「準集團信託」。

2. **準集團信託**：通常因其受益人為多數人，本質上係運用信託架構以集合多數投資人的資金，而交由受託人負責管理，故亦具有集團性的特點。例如受益人則依其持有集合管理運用帳戶信託受益權之比例，而享有及行使信託受益權，故具有準集團信託的性質。

3. **個別信託**：所謂個別信託，是指受託人就各個委託人所分別信託的特定財產，分別予以管理或處分的信託。

（二）**依設立原因區分：**

1. **契約信託**：契約信託係指信託契約的設立，是依委託人與受託人間意思表示的合意成立信託關係。

2. **遺囑信託**：遺囑信託係指信託的設立，是依委託人所立的遺囑生效時（即被繼承人死亡時）發生效力的信託關係。

> **考點速攻**
>
> 1. 遺囑信託契約的生效日為委託人發生繼承事實之。
> 2. 遺囑信託仍須列入遺產總額。

3. **宣言信託**：該類信託是委託人將自己的特定財產指定為信託財產，並對外公開宣言自己為委託人及受託人，而為特定公益目的管理或處分信託財產。

(三)依信託設立目的區分：

1. 私益信託：私益信託是指公益信託以外之其他信託。
2. 公益信託：所謂公益信託是以慈善、文化、學術、技藝、宗教、祭祀或其他公共利益為目的之信託。

考點速攻

公益信託與私益信託的區別：

	公益信託	私益信託
成立是否經目的事業主管機關許可	是	否
監督機關	目的事業主管機關	法院
受託人辭任	受託人僅得於有正當理由時，始得申請目的事業主管機關許可其辭任。	受託人得依信託行為所定或經委託人及受益人之同意辭任，其有不得以事由時，亦得聲請法院許可其辭任。

(四)依信託人與受益人是否為同一人區分：

1. **自益信託**：委託人係為自己之利益而設定信託，致使信託利益歸屬於委託人本身者，稱為「自益信託」。
2. **他益信託**：委託人係為第三人之利益而設定信託，致使信託利益歸屬於第三人者，稱為「他益信託」。

(五)依受託人接受信託行為是否以營業為目的區分：

1. **營業信託**：受託人接受信託是以營業為目的者，稱為營業信託，又稱為「商業信託」，以營業為目的就是指以接受信託為業。
2. **非營業信託**：受託人非以營業為目的而承接之信託，又稱之為「民事信託」，如一般自然人、律師為受託人即屬之。

(六)依信託設立方式區分：

1. **生前信託**：是一種可部分替代遺囑的書面法律文件。辦理生前信託後可將個人資產（如住宅、銀行帳戶、股票等）交付信託，由受託人在生前為您管理這些資產，並在去世後轉讓予指定受益人。大多數人會指定自己為管理信託資產的受託人。

考點速攻

1. 目前國內信託業者辦理保險金信託，係以保險的受益人為委託人可避免他益信託之稅賦問題。
2. 信託法上所稱近似解釋之原則，是指公益信託在設立後，發生不可能、不適切或不合法事情事時，若委託人在設立信託當時有為一般公益之意思表示，則該信託之信託財產可被轉用於接近委託人原意之其他公益目的上，而不使該信託無效或消滅。此一原則並不適用於私益信託。

2. **遺囑信託**：遺囑信託係指信託的設立，是依委託人所立的遺囑生效時（即被繼承人死亡時）發生效力的信託關係。

(七)**依設立信託時委託人交付之財產性質區分：**

1. **金錢之信託**：設立信託時，以金錢為信託財產之信託，稱「金錢之信託」。金錢之信託，依照信託業法施行細則第八條之規定，按受託人就信託財產之管理及運用方法，與受託人對信託財產是否具有運用決定權，又可分為：

   (1) **指定營運範圍或方法**：又可分為單獨管理指定營運範圍或方法之運用金錢信託；集合管理運用金錢信託。係指委託人對信託資金保留運用決定權，並約定由委託人本人或委任之第三人，對該信託資金之營運範圍或方法，就投資標的、運用方式、金額、條件、期間等事項為具體特定之運用指示，並由受託人依該運用指示為信託資金之管理或處分者。

   (2) **不指定營運範圍或方法**：又可分為單獨管理不指定營運範圍或方法之運用金錢信託；集合管理運用金錢信託。

2. **有價證券之信託**：以有價證券為信託財產之信託，稱有「價證券之信託」。

> **考點速攻**
>
> 不指定金錢信託係金錢信託中受託人對信託財產之運用裁量權最大的信託。

3. **動產之信託**：係指委託人將其所有之動產，信託予受託人管理或處分之信託，稱動產之信託，一般而言，汽車、航空器、電腦設備等皆可信託。

4. **不動產之信託**：接受信託時，信託財產為不動產者，稱「不動產之信託」，不動產信託一般以土地信託為主，乃土地所有人（委託人）將其土地或其定著物信託移轉於受託人。

5. **其他權利之信託：**

   (1) **金錢債權及其擔保物權之信託**：金錢債權及其擔保物權之信託是指委託人（債權人）將其金錢債權及其擔保物權信託於受託人，使其成為名義上之債權人，執行金錢債權之催收、保全、管理、處分，在將其所得利益交付受益人。

   (2) **租賃權之信託**：租賃權之信託是接受以租賃權為信託財產的信託。通常係由委託人將其所擁有的租賃權，移轉予信託業，由信託業（受託人）為受益人（通常是委託人）利益，就該租賃權為管理處分。

   (3) **地上權之信託**：由委託人將其所有之地上權，移轉於受託人，由受託人為受益人（通常是委託人）利益，將地上權為出租或讓售等管理處分之信託，稱之為「地上權之信託」。

   (4) **專利權之信託**：專利權之信託是以專利權為信託財產之信託。

(5) 著作權之信託：著作權屬於智慧財產權，以著作權為信託財產之信託稱之為「著作權之信託」，著作權則是指因著作完成生之著作人格權及著作財產權，其中著作財產依法得全部或部分讓與他人，故得為信託財產。

四、信託的功能

(一)**財產管理**：透過信託之方式處理往往比自己處理更專業，同時也更具有效率，以理財為例，以信託方式理財等於請專家理財，省時省心，由專家來研判投資的風險，分析金融工具，投資理財更有效率。因個人的知識、時間及精力有限，無法針對每一項金融商品及投資標的作深入廣泛的研究分析，但透過信託，可避免個人投資的情緒性、盲目性及投機性，以達到客觀、專業之投資判斷及財富管理。

(二)**財產增值**：在先進國家中，以年金信託之方式，將公司所提撥及勞工自行提撥部分，信託予信託業者，由信託業者為其管理、投資增值，等到老年時，信託業者再按月給付生活費之情形相當普遍。

(三)**照顧遺族**：人生在世難免生老病死，當年事已高、精力不再或發生意外遭逢巨變，但其他親人或子女年幼還需要照顧時，透過信託可以達到長期照顧的功能，即可預作規劃。透過信託機制，即使委託人已不在人世，受託人仍會依照信託契約，為委託人想要照顧的對象（受益人）管理或運用信託財產；甚而，信託財產既已移轉至受託之信託業者，達到財產隔離的功能，可以避免其他親友覬覦；且信託業者如解散、破產或撤銷登記，仍可以變更受託人，由新任信託業者繼續執行信託財產的管理與處分，可以達到長期照顧的目的直到信託終止。

(四)**節省稅負**：設立信託除了可以達到財產專業管理外，妥善規劃也可以達到節稅的目的，主要因為信託稅制具有調節課稅時點及折現計算的效果，可將財富管理與稅賦規劃結合。例如，若想移轉財產贈與子女，可設計部分他益的信託，這類型的信託雖仍須繳納贈與稅，但信託財產的贈與價值是以複利方式折算現值，透過妥善的規劃，可達成節稅的效果。

五、信託的運用與規劃

信託可依個人需要量身訂做，並無一定制式，以下僅就不同年齡層之需要，提出概略性規劃建議如下：

(一)**21歲至30歲（創業期）**：此時期為開始成家立業之階段，雖具有自己的經濟能力，但財富累積有限，應以追求利潤為主，宜利用定期定額或分

散投資組合之單筆投資等金錢信託方式累積資產，且如所服務企業有設立員工持股信託，亦應考慮加入。

(二)**31歲至40歲（安家期）**：此一階段，經濟能力逐漸增強，但隨著子女的誕生，使得生活責任增加，此時除追求利潤外，還須考慮風險管理，此時除以定期定額投資或分散投資組合之單筆投資等金錢信託方式累積資產外，亦應考慮辦理與子女教育、創業相關之信託，以達到照顧子女之目的。且為確保最終保障心願達成，亦可辦理保險金信託畫。所謂保險金信託係指設定信託之際，自委託人移轉人壽保險金債權作為信託財產稱之。可分二種型態：

1. 在訂定人壽保險契約時，同時設定人壽保險信託，由委託人指定受託人或信託公司為保險金受領人，於保險事故發生時，由信託公司受領保險金，以之交付於受益人，或受託公司不直接將保險金交付於受益人，仍由其管理運用。

2. 就既存的人壽保險契約設定人壽保險信託。此時人壽保險契約已經訂立，委託人嗣後將信託公司變更為保險金受領人，於保險事故發生時，僅命信託公司受領保險金，或命其將所受領之保險金繼續加以管理運用。

(三)**41歲至50歲（成熟期）**：此階段資金較為充裕，應以追求財產管理、追求利潤及風險管理為目標，可依個別家庭狀況、風險承擔能力及意願，考慮將多餘的資金藉由金錢信託，一部分進行穩健投資，一部分則從事較積極之投資運用。而保險金信託、信託理財計畫及子女教育相關信託等，依個別家庭情形在此階段應是仍有需要的。

(四)**51歲以後（退休期）**：此時主要應考慮退休金之運用、財產永續管理及遺產繼承等問題，應以追求財產管理、追求利潤、風險管理及事務處理為目標，可利用提供整體財產管理服務之個人財產管理信託，除金錢信託外，亦可結合不動產信託及有價證券信託等，並可考量財產繼承及遺產管理需要，預為訂立遺囑信託。

牛刀小試

(　　) **1** 有關遺囑信託，下列敘述何者正確？　(A)預立遺囑對於財產規劃與分配並無幫助　(B)遺囑信託能協助解決遺產管理和遺囑執行之問題　(C)與受託人簽訂信託契約時將遺囑附註於後即為遺囑信託　(D)若成立遺囑信託，委託人死亡後遺產可免納遺產稅。
【第30屆理財人員】

( ) **2** 下列何者不是成立信託之主要目的？
(A)投資理財，降低風險
(B)防止家族爭產
(C)進行訴訟，打贏官司
(D)永續保存資產。 【第36屆理財人員】

( ) **3** 僅單純享受利益之人，係指下列何者？ (A)委託人 (B)受託人
(C)受益人 (D)信託監察人。 【第36屆理財人員】

( ) **4** 陳先生有房屋一間信託登記給甲銀行，受益人為陳小弟，約定銀
行在不動產市場好轉時，可將房屋出售變現，甲銀行於第三年將
房屋賣給高先生，下列何者為應納契稅之納稅義務人？ (A)陳
先生 (B)甲銀行 (C)高先生 (D)陳小弟。 【第30屆理財人員】

( ) **5** 有關信託與全權委託，下列敘述何者錯誤？
(A)全權委託是以委任關係進行
(B)信託財產具有其獨立性
(C)全權委託之操作方式得對抗債權人對財產的強制執行
(D)全權委託無法指定其他受益人。 【第29屆理財人員】

解答及解析

1 (B)。遺囑信託是指委託人以立遺囑的方式，把指定範圍的遺產，透過遺
囑執行人於申報、繳交遺產稅後交付信託，再由本行依信託契約的約定，
為委託人指定之繼承人、受遺贈人管理遺產，至信託存續期間屆滿為止，
以確保遺產可以依照委託人生前的規劃來運用。

2 (C)。成立信託之主要目的有：
1.投資理財，降低風險。
2.防止家族爭產。
3.永續保存資產。

3 (C)。僅單純享受利益之人，係指「受益人」。

4 (C)。
1.契稅條例第4條規定：「買賣契稅，應由買受人申報納稅。」
2.本題買賣之應納契稅之納稅義務人為買受人高先生。

5 (C)。全權委託是以委任關係進行，但全權委託之操作方式不得對抗債權
人對財產的強制執行，選項(C)有誤。

精選試題

(　) **1** 對於定期壽險與終身壽險之敘述，下列何者錯誤？
(A)定期壽險之保險期間較終身壽險短
(B)皆以死亡為保險事故
(C)定期壽險保險費較高
(D)終身壽險採一定期間繳費最為適宜。　　　　【第29屆理財人員】

(　) **2** 大雄投保終身壽險保額200萬元並附加傷害保險保額100萬元，若大雄因為酒駕不幸死亡，經調查後發現血液內酒精濃度超過規定標準，並且證實非自殺行為致死，則保險公司應如何理賠？
(A)只須給付終身壽險200萬元的保險金
(B)只須給付傷害保險100萬元的保險金
(C)須給付終身壽險200萬元保險金及傷害保險100萬元的保險金
(D)完全不予理賠。　　　　【第29屆理財人員】

(　) **3** 有關年金保險，下列敘述何者錯誤？　(A)年金保險人於被保險人生存期間或特定期間內，依照契約負一次或分期給付一定金額之責　(B)年金保險之被保險人於生存時必為保險受益人　(C)購買年金保險之目的乃保障遺族之經濟生活　(D)年金保險於給付期間時不得解約或保單借款。　　　　【第29屆理財人員】

(　) **4** 委託人甲以其所有之存款，500萬元成立信託，約定信託期間為五年，五年間利息歸乙，五年期滿該存款亦將轉給乙，而乙於第三年底死亡，請問乙死亡時其未領受之信託利益權利價值為何？（假設郵政儲金匯業局一年期定期儲金固定利率為2%）
(A)500萬元　(B)530萬元
(C)471萬元　(D)200萬元。　　　　【第29屆理財人員】

(　) **5** 他益信託關係存續中，受託人依信託本旨交付信託財產給受益人，下列敘述何者正確？
(A)由該受益人併入取得信託財產年度之所得稅課徵所得稅
(B)由委託人申報繳納贈與稅
(C)受益人取得信託財產不課徵所得稅
(D)由受託人代扣繳所得稅。　　　　【第29屆理財人員】

( ) **6** 李先生將銀行存款一千萬元指定B銀行為受託人,受益人為李先生之兒子,規定每年B銀行給付受益人一百萬元給付七年,其剩餘財產由李先生取回,下列計算何者正確? (A)因贈與稅免稅額每年為一百萬元,因此可以免徵贈與稅 (B)按七百萬元,複利折算現值計徵贈與稅 (C)按一千萬元,複利折算現值計徵贈與稅 (D)以每年一百萬元,依規定利率,分七年按年複利折算現值之總和計徵贈與稅。 【第29屆理財人員】

( ) **7** 有關投資型保險的特點,下列敘述何者錯誤?
(A)應以專設帳戶記載投資資產為前提
(B)既有保障作用又有投資功能
(C)保單資訊高度透明化
(D)由被保險人和保險公司共同承擔投資風險。 【第28屆理財人員】

( ) **8** 下列何種商品為財產保險承保範圍? (A)失能保險 (B)傷害失能保險 (C)責任保險 (D)住院醫療保險。 【第28屆理財人員】

( ) **9** 下列何種事故非屬保險上所謂除外責任? (A)要保人故意致被保險人於死 (B)被保人投保壽險兩年後之故意自殘致死 (C)健康保險中因墮胎所致的疾病 (D)投保壽險被保險人酒後駕車酒測超過法令標準者。 【第28屆理財人員】

( ) **10** 張先生為自己投保新臺幣100萬元保額的定期壽險,若其在契約有效期間內因意外事故而致十足趾缺失,則可獲得殘廢保險金為新臺幣多少元? (A)無給付 (B)10萬元 (C)50萬元 (D)100萬元。 【第28屆理財人員】

( ) **11** 有關生前信託,下列敘述何者錯誤?
(A)金錢、保險單、有價證券、動產及不動產都可作為信託財產
(B)委託人仍有修改信託契約的權利
(C)一個完整的信託規劃,應以單一資產配置為原則
(D)依個人生活環境與狀況而存在「多重且混合的信託財產和信託目的」。 【第28屆理財人員】

( ) **12** 陳先生有房屋一間信託登記給甲銀行,受益人為陳小弟,約定銀行在不動產市場好轉時,可將房屋出售變現,甲銀行於第三年將房屋賣給高先生,下列何者為應納契稅之納稅義務人? (A)陳先生 (B)甲銀行 (C)高先生 (D)陳小弟。 【第28屆理財人員】

( ) **13** 委託人為營利事業訂定信託契約，明訂信託利益之受益人為胎兒，其受益人享有之信託利益如何申報所得稅？
(A)由委託人將信託利益併入委託人該年度所得辦理結算申報
(B)由委託人依規定之扣繳率申報納稅
(C)由受託人將信託利益併入受託人該年度所得辦理結算申報
(D)由受託人依規定之扣繳率申報納稅。　　　　　【第28屆理財人員】

( ) **14** 下列何種保單須設置專設帳簿？
(A)利率變動型年金
(B)附生存給付型養老保險
(C)投資型保險
(D)健康保險。　　　　　【第27屆理財人員】

( ) **15** 父母如想為兒女教育費用作規劃，可投保下列何種保險？　(A)還本型終身保險　(B)增額分紅型養老保險　(C)附生存給付型養老保險　(D)多倍型養老保險。　　　　　【第27屆理財人員】

( ) **16** 財產保險因係屬損害填補型的保險，於理財上之運用乃以填補實際損失為主要目的，它與下列哪一險種相類似？
(A)終身壽險
(B)年金保險
(C)住院醫療費用保險
(D)投資型保險。　　　　　【第27屆理財人員】

( ) **17** 下列何種金錢信託表示受託人對信託財產之運用裁量權最大？
(A)特定金錢信託　(B)不特定金錢信託　(C)指定金錢信託
(D)不指定金錢信託。　　　　　【第27屆理財人員】

( ) **18** 遺囑信託契約的生效日為下列何者？　(A)委託人與受託人簽約之日　(B)委託人發生繼承事實之日　(C)受益人與受託人簽約之日
(D)選定信託監察人之日。　　　　　【第27屆理財人員】

( ) **19** 有關生前信託，下列敘述何者錯誤？　(A)金錢、保險單、有價證券、動產及不動產都可作為信託財產　(B)委託人仍有修改信託契約的權利　(C)一個完整的信託規劃，應以單一資產配置為原則
(D)依個人生活環境與狀況而存在「多重且混合的信託財產和信託目的」。　　　　　【第27屆理財人員】

( ) **20** 有關遺囑信託，下列敘述何者正確？ (A)預立遺囑對於財產規劃與分配並無幫助 (B)遺囑信託能協助解決遺產管理和遺囑執行之問題 (C)與受託人簽訂信託契約時，將遺囑附註於後即為遺囑信託 (D)若成立遺囑信託，委託人死亡後遺產可免納遺產稅。 【第27屆理財人員】

( ) **21** 有關信託的主要功能，下列敘述何者錯誤？ (A)信託最主要功能就是財產管理 (B)信託機制具有委託專家管理財產 (C)避免遺產爭訟過程 (D)以複利年金方式降低稅負。 【第38屆理財人員】

( ) **22** 委託人甲與受託人乙訂定信託契約，以甲之兒子丙為受益人；契約約定甲死亡後以甲之遺產委託乙為丙之利益管理、運用及處分，試問下列敘述何者正確？ (A)此種信託稱為遺囑信託 (B)信託契約之生效日為甲死亡時 (C)甲必須盡忠實義務為丙之利益負責 (C)乙必須依信託本旨管理處分信託財產。 【第38屆理財人員】

( ) **23** 保險公司的儲蓄型保單利率較銀行為高，原因何在？
(A)違約風險較低
(B)業務費用較低
(C)理賠不確定性大
(D)流動性較差。 【第26屆理財人員】

( ) **24** 下列何項理財工具是風險管理方法中，彌補損失的最佳方法？ (A)債券 (B)股票 (C)共同基金 (D)保險。 【第26屆理財人員】

( ) **25** 某甲為全家人投保壽險，全年所繳保費為：本人30,000元、妻子28,000元、兒子18,000元、女兒15,000元、若全家合併申報綜合所得稅採列舉扣除方式，則可扣除之保險費為下列何者？
(A)96,000元 (B)91,000元
(C)81,000元 (D)48,000元。 【第26屆理財人員】

( ) **26** 下列何者不是財產保險？ (A)運輸保險 (B)責任保險 (C)健康保險 (D)保證保險。 【第26屆理財人員】

( ) **27** 保險公司對旅行平安險被保險人醫療費用之給付，一般最高以保險金額的多少為限？
(A)1% (B)5%
(C)10% (D)15%。 【第26屆理財人員】

( ) **28** 下列何種型態之年金保險可以提供對抗幣值下跌風險及最低保證利率之長期性保障？ (A)即期年金保險 (B)遞延年金保險 (C)變額型年金保險 (D)利率變動型年金保險。 【第26屆理財人員】

( ) **29** 為維持晚年養老及身故時家庭的經濟保障，應選擇下列何種保險商品為宜？ (A)養老保險 (B)年金保險 (C)傷害保險 (D)失能保險。 【第26屆理財人員】

( ) **30** 下列何種保險最能提供最高的死亡保障（假設其他條件如被保險人、保險費等都一樣）？ (A)生存保險 (B)定期壽險 (C)終身壽險 (D)生死合險。 【第26屆理財人員】

( ) **31** 信託關係中，信託財產須移轉交付給下列何者？ (A)委託人 (B)受託人 (C)受益人 (D)不須移轉。 【第26屆理財人員】

( ) **32** 信託成立時，若受益人享有「按期定額給付信託利益」之權利，係以每年享有信託利益之數額，依贈與時之下列何種利率，按年複利折算現值之總和計算贈與稅？
(A)郵儲一年期定期儲金固定利率
(B)郵儲一年期定期儲金機動利率
(C)臺銀一年期定期儲金固定利率
(D)臺銀一年期定期儲金機動利率。 【第26屆理財人員】

( ) **33** 遺囑信託於遺囑人死亡時，其信託財產應依稅法規定課徵下列何種稅？
(A)贈與稅 (B)遺產稅
(C)契稅 (D)免予課稅。 【第26屆理財人員】

( ) **34** 個人財產信託下列各款，哪一款之信託關係人間財產之移轉，不課徵贈與稅？
(A)明定信託利益之全部或一部之受益人為尚未存在者
(B)信託關係存續中，變更信託利益之全部或一部之受益人為非委託人者
(C)信託關係存續中，追加信託財產，致增加非委託人享受信託利益之權利者
(D)信託關係存續中，受託人依信託本旨交付信託財產受託人與受益人間。 【第26屆理財人員】

(　) **35** 為避免因疾病或意外傷害以致長期臥床時的經濟負擔，應購買何種保險商品，以分散此一風險？　(A)定期保險　(B)養老保險 (C)年金保險　(D)長期看護保險。　　　　　　　　【第25屆理財人員】

(　) **36** 退休族群購買投資型保險，應選擇下列何種方式為宜？
(A)除保障部分外，可選擇高獲利高風險之投資標的
(B)可減少部分保障，並以債券、保本型基金為中心
(C)保障部分應提高，投資部分亦以高收益為主
(D)應完全以保障為主，投資部分不宜考慮。　　　【第25屆理財人員】

(　) **37** 在人口高齡化的社會，為使老年生活有所憑恃，有賴下列何種保險制度的發揮？
(A)意外險　　　　　　　　　(B)醫療險
(C)壽險　　　　　　　　　　(D)產險。　　　【第25屆理財人員】

(　) **38** 為維持退休後之經濟生活，下列所建議之購買年金的金額應為何者較為適當？
(A)退休時薪資的50%至70%
(B)退休時薪資的100%
(C)訂約時薪資的30%至50%
(D)訂約時薪資的100%。　　　　　　　　【第25屆理財人員】

(　) **39** 對於經濟能力低且又負擔家中主要經濟來源的家庭成員，應選擇下列何種保險商品，以兼顧其經濟負擔與家庭保障？
(A)變額型壽險　　　　　　　(B)萬能型壽險
(C)變額萬能型壽險　　　　　(D)團體保險。　【第25屆理財人員】

(　) **40** 現行強制汽車責任保險之給付標準，下列敘述何者錯誤？　(A)每一個人傷害醫療給付最高新臺幣10萬元　(B)每一個人殘廢給付最高新臺幣200萬元　(C)每一個人死亡定額給付新臺幣200萬元 (D)每一事故給付人數無上限。　　　　　　　【第25屆理財人員】

(　) **41** 下列何者所致之損失非屬現行住宅火災保險基本承保範圍？
(A)地震震動
(B)閃電及雷擊
(C)爆炸
(D)航空器墜落。　　　　　　　　　　　【第25屆理財人員】

(　) **42** 下列何者不是信託的主要功能？　(A)財產管理　(B)資產增值　(C)照顧遺族　(D)規避債務。　【第25屆理財人員】

(　) **43** 信託運用於投資理財上，下列敘述何者錯誤？
(A)發揮專業分工
(B)擴大經濟效益
(C)降低投資風險
(D)防止家族鬥爭。　【第25屆理財人員】

(　) **44** 有關信託的敘述，下列何者錯誤？　(A)信託是一種由受託人為受益人之利益管理財產的制度　(B)無暇投資理財的人可以委由受託人進行投資　(C)委託人明確指定投資或運用標的的金錢信託稱為「指定金錢信託」　(D)依信託目的區分，信託可分為「公益信託」及「私益信託」。　【第25屆理財人員】

(　) **45** 因信託行為解除，受託人與受益人間，基於信託關係財產之移轉，下列規定何者錯誤？　(A)受益人為委託人不課徵土地增值稅　(B)不課徵所得稅　(C)不課徵贈與稅　(D)遺囑信託受託人將財產交付給受益人應申報課徵土地增值稅。　【第25屆理財人員】

(　) **46** 有關信託的種類，下列敘述何者錯誤？　(A)非以信託為業接受信託者稱為「民事信託」　(B)透過指定用途信託資金投資國外共同基金稱為「特定金錢信託」　(C)接受個別委託人委託為其管理處分信託財產稱為「集團信託」　(D)委託人以自己之財產權對外宣言為受託人稱為「宣言信託」。　【第25屆理財人員】

(　) **47** 人壽保險契約訂立超過二年後，被保險人自殺未死但致成四肢機能永久完全喪失，其承保之壽險公司應否予以理賠？　(A)被保險人已完全殘廢，應給付保險金之100%後契約終止　(B)應不給付殘廢保險金，俟該被保險人死亡時給付身故保險金　(C)因契約訂立已超過二年，應給付保險金之50%　(D)保單條款並未約定，應由保險公司與被保險人協商酌予給付殘廢保險金。　【第24屆理財人員】

(　) **48** 有關投資型保險，下列敘述何者正確？
(A)保險給付較傳統型商品為高
(B)保險公司承擔保險及投資風險
(C)變額型保險為投資型保險之一種
(D)利率變動型年金保險為投資型保險之一種。　【第24屆理財人員】

（　）**49** 所繳年金保險費投資於相結合的投資工具且其運用成果直接影響
未來年金給付之額度，這種年金是屬於下列何者？　(A)投資型年
金保險　(B)利率變動型年金保險　(C)傳統型年金保險　(D)即期
年金保險。　　　　　　　　　　　　　　　　　【第24屆理財人員】

（　）**50** 責任保險係因被保險人依法對下列何者負有賠償責任時，給
付保險金之保險？　(A)第三人　(B)被保險人　(C)要保人
(D)受益人。　　　　　　　　　　　　　　　　　【第24屆理財人員】

（　）**51** 為維持退休後的經濟生活，建議購買年金的金額約為退休時薪資
的百分之幾？　(A)10%～30%　(B)30%～50%　(C)50%～70%
(D)70%～90%。　　　　　　　　　　　　　　　【第24屆理財人員】

（　）**52** 長期看護保險之被保險人經診斷確定為長期看護狀況之日起幾天
為所謂「免責期間」？
(A)0天　　　　　　　　　　　　(B)30天
(C)60天　　　　　　　　　　　　(D)90天。　　　【第24屆理財人員】

（　）**53** 個人傷害保險中第二級殘廢程度的保險金給付比例為何？
(A)100%　(B)90%　(C)80%　(D)70%。　　　　【第24屆理財人員】

（　）**54** 我國兼營信託業務之銀行，較常辦理的金錢信託型態，下列何者
非屬之？　(A)贈與信託　(B)保險信託　(C)教養信託　(D)宣言
信託。　　　　　　　　　　　　　　　　　　　【第24屆理財人員】

（　）**55** 享有信託財產本體所衍生之孳息利益者，稱為下列何者？　(A)原
本受益人　(B)原本委託人　(C)孳息受益人　(D)孳息委託人。
　　　　　　　　　　　　　　　　　　　　　　【第24屆理財人員】

（　）**56** 有關信託制度的起源，下列敘述何者正確？
(A)起源於財產管理
(B)起源於投資理財
(C)起源於節省稅賦
(D)起源於照顧遺族。　　　　　　　　　　　　【第24屆理財人員】

（　）**57** 受益人享有「全部信託利益」的權利時，其信託當時委託人贈與
稅價值如何計算？　(A)以信託金額或贈與時信託財產的時價為準
計算　(B)以信託金額按贈與當時郵儲一年期定期儲金固定利率複
利折算現值　(C)以受益人死亡時已領受信託金額或信託財產的時
價為準計算　(D)以委託人死亡時受益人未領受信託金額或信託財
產的時價為準計算。　　　　　　　　　　　　【第24屆理財人員】

(　　) **58** 現行住宅火災保險，對於每一事故補償「臨時住宿」費用之每日最高限額為新臺幣若干元？　(A)一千元　(B)二千元　(C)三千元　(D)四千元。　　　　　　　　　　　　　　　　　　　　【第23屆理財人員】

(　　) **59** 剛結婚所得不高，但又是家中主要經濟來源的年輕上班族，宜選擇下列何種保險商品，以兼顧其經濟負擔與家庭保障？　(A)儲蓄保險　(B)定期保險　(C)養老保險　(D)年金保險。【第23屆理財人員】

(　　) **60** 有關我國旅行平安保險之敘述，下列何者錯誤？　(A)殘廢給付項目及保險金給付標準，與一般傷害保險相同　(B)醫療方面是以定額給付方式給付　(C)不需要身體檢查　(D)除經保險公司同意外，保險期間最長以180天為限。　　　　　　　　【第23屆理財人員】

(　　) **61** 胡經理為全家人投保壽險，全年所繳保費為：本人40,000元、妻子30,000元、兒子20,000元、女兒15,000元、若全家合併申報綜合所得稅採列舉扣除方式，則可扣除之保險費為下列何者？
(A)105,000元　　　　　　　　　　(B)83,000元
(C)75,000元　　　　　　　　　　(D)69,000元。　【第23屆理財人員】

(　　) **62** 下列何者非屬生存保險之特性？　(A)被保險人於保險期間內死亡無保險給付　(B)有零存整付之儲蓄意義　(C)被保險人於保險期間內全殘依約定給付保險金　(D)提供保戶在一定期間後，如期獲得一筆資金以應付其需要。　　　　　　　　　　【第23屆理財人員】

(　　) **63** 下列何種情況，保險公司不須給付傷害保險理賠？　(A)被保險人意外溺水死亡　(B)被保險人遭謀殺致死　(C)被保險人登山意外摔落山谷死亡　(D)被保險人酒醉駕車致死。　　【第23屆理財人員】

(　　) **64** 有關養老保險，下列敘述何者錯誤？　(A)為死亡保險與生存保險之結合　(B)又稱生死合險　(C)其保費較同期死亡保險低　(D)兼具保障與儲蓄特性。　　　　　　　　　　　　　【第23屆理財人員】

(　　) **65** 下列何者為「有價證券之信託」？　(A)以股票為信託財產之信託　(B)以金錢為信託財產之信託　(C)以土地為信託財產之信託　(D)以汽車為信託財產之信託。　　　　　　　　【第23屆理財人員】

(　　) **66** 有關信託之敘述，下列何者錯誤？　(A)依信託目的區分，可分為「公益信託」與「私益信託」　(B)受託人以信託為業所接受的信託，稱「營業信託」，又稱「商事信託」　(C)委託人以自己財產

權的全部或一部，對外宣言自為受託人的信託，稱「自益信託」
(D)不論「生前信託」或「遺囑信託」，委託人若死亡後，其修改
信託契約的權利即隨之消滅。 　　　　　　　　【第23屆理財人員】

(　) **67** 按信託法規定，信託依其設立之「原因」分為三類，下列何者
錯誤？　(A)契約信託　(B)宣言信託　(C)營業信託　(D)遺囑
信託。 　　　　　　　　　　　　　　　　　　【第23屆理財人員】

(　) **68** 信託節稅規劃課徵遺產稅，下列敘述何者錯誤？　(A)遺囑信託，
於遺囑人死亡時，其信託財產應課徵遺產稅　(B)信託契約明訂信
託利益一部或全部之受益人為非委託人，應課徵遺產稅　(C)委託
人設立遺囑信託，其死亡時之信託財產應課徵遺產稅　(D)受益人在
信託後若死亡，其未領受部分課徵遺產稅。 　　　【第23屆理財人員】

(　) **69** 下列何者屬於人身保險？　(A)年金保險　(B)責任保險　(C)保證
保險　(D)海上保險。 　　　　　　　　　　　　【第23屆理財人員】

(　) **70** 被保險人自契約訂立之日起二年後故意自殺或自成殘廢者，依主管
機關頒布之「人壽保險單示範條款」規定，下列何者正確？　(A)故
意自殺致死者，保險公司仍負給付身故保險金之責　(B)故意自成殘
廢者，保險公司仍負給付保險金之責　(C)故意自殺無論致死或成殘
者，保險公司均應負給付保險金之責　(D)故意自殺無論致死或成殘
者，保險公司均不負給付保險金之責。 　　　　　【第22屆理財人員】

(　) **71** 有關「年金保險」之敘述，下列何者錯誤？
(A)年金保險是一種生存給付保險
(B)手邊無大筆資金者，較適合購買躉繳遞延年金保險
(C)係指保險公司承諾在被保險人終身生存期間，定期性提供特定
　　給付金額的一種保險契約
(D)若未對年金給付期間解約及保險單借款加以限制，可能產生逆
　　選擇。 　　　　　　　　　　　　　　　　　【第22屆理財人員】

(　) **72** 下列何種事故非屬一般責任險涵蓋範圍？
(A)至遊樂場遊玩被其他遊客開車撞傷
(B)騎機車駕駛人天雨路滑不慎跌傷
(C)食用訂購之便當而集體中毒
(D)開車不慎撞及電線桿致路人受傷。 　　　　　【第22屆理財人員】

(　) **73** 多倍型養老保險其實是哪二種商品的結合？
(A)保額相同的定期保險與生存保險
(B)多個定期保險與一個生存保險
(C)保額相同的養老保險與終身保險
(D)多個養老保險與一個終身保險。　　　　　【第22屆理財人員】

(　) **74** 有關我國旅行平安保險之敘述，下列何者錯誤？　(A)旅客若有
需要，經保險公司同意可延長保險期間　(B)醫療給付以實支實
付為限　(C)旅行期間搭乘飛機致心臟病發作死亡，可以獲得死
亡保險金　(D)殘廢給付項目與保險金給付標準，與一般傷害保
險相同。　　　　　　　　　　　　　　　　　【第22屆理財人員】

(　) **75** 下列何種養老保險是為因應通貨膨脹，以確保將來給付時保單
價值的保險？　(A)附生存給付養老保險　(B)養老終身型保險
(C)還本型終身保險　(D)增額分紅型養老保險。【第22屆理財人員】

(　) **76** 信託契約成立之三大主體，不包括下列何者？　(A)委託人
(B)保管銀行　(C)受託人　(D)受益人。　　　　【第22屆理財人員】

(　) **77** 有關信託之敘述，下列何者正確？　(A)將自己資金透過全權委任
投資方式委任投信公司代為操作屬於金錢信託　(B)委託人概括指
定信託財產運用範圍的金錢信託稱為特定金錢信託　(C)企業員工
持股信託屬於準集團信託　(D)委託人以遺囑設立的信託稱為宣言
信託。　　　　　　　　　　　　　　　　　　【第22屆理財人員】

(　) **78** 現行委託人或投資人透過銀行指定用途信託資金投資國內外共
同基金業務，下列敘述何者正確？　(A)屬「指定金錢信託」
(B)屬「特定金錢信託」　(C)屬「不指定金錢信託」　(D)屬「不
特定金錢信託」。　　　　　　　　　　　　　【第22屆理財人員】

(　) **79** 信託契約明定信託利益之受益人為非委託人者，應由委託人申報
課徵贈與稅，其申報贈與稅之規定為何？
(A)訂定信託契約之日為贈與行為發生日，於發生日後三十日內申
　　報贈與稅
(B)訂定信託契約之日後六十日內申報贈與稅
(C)於信託財產移轉登記給受託人之日後三十日內申報贈與稅
(D)於信託財產移轉登記給受託人之日後六十日內申報贈與稅。
　　　　　　　　　　　　　　　　　　　　　【第22屆理財人員】

( ) **80** 下列何種保險非屬健康保險？ (A)癌症保險 (B)重大疾病保險 (C)增值分紅養老保險 (D)失能保險。 【第21屆理財人員】

( ) **81** 張先生因病導致雙目失明，下列何種保險不需支付理賠？
(A)終身壽險
(B)失能保險
(C)意外傷害保險
(D)投資型保險。 【第21屆理財人員】

( ) **82** 經濟能力較低又負擔家中主要經濟來源的人，可選擇下列哪一種保險來提高特定期間之家庭保障？ (A)定期壽險 (B)生存保險 (C)終身壽險 (D)養老保險。 【第21屆理財人員】

( ) **83** 下列何者為因應通貨膨脹，確保將來給付時保單價值之保險商品？ (A)多倍型養老保險 (B)增額分紅型養老保險 (C)還本型終身保險 (D)附生存給付型養老保險。 【第21屆理財人員】

( ) **84** 某甲為全家人投保壽險，全年所繳保費為：本人35,000元、妻子25,000元、兒子20,000元、女兒15,000元、若全家合併申報綜合所得稅採列舉扣除方式，則可扣除之保險費為下列何者？
(A)83,000元 (B)87,000元
(C)95,000元 (D)96,000元。 【第21屆理財人員】

( ) **85** 投保人壽保險，下列何種情況保險公司不須給付死亡保險金？）
(A)契約訂立（或復效）二年後故意自殺致死
(B)要保人故意致被保險人於死
(C)受益人故意致被保險人於死
(D)寬限期間死亡。 【第21屆理財人員】

( ) **86** 年金單位價值會隨投資收益而變動者為下列何種年金保險？
(A)變額型年金保險 (B)利率變動型年金保險 (C)即期年金保險
(D)遞延年金保險。 【第21屆理財人員】

( ) **87** 如信託的受益人是享有按期定額給付信託利益的權利時，應以每年受益人享有信託利益的數額，在贈與時依下列何種固定利率，按年複利折算現值的總和計算贈與稅？
(A)中央銀行公告的固定利率
(B)財政部公告的固定利率
(C)郵政儲金匯業局一年期定期儲金的固定利率
(D)臺灣銀行一年期定期存款的固定利率。 【第21屆理財人員】

( ) **88** 委託人甲與受託人乙訂定信託契約,以甲之兒子丙為受益人;契
約約定甲死亡後以甲之遺產委託乙為丙之利益管理、運用及處
分,則下列敘述何者正確?
(A)此種信託稱為遺囑信託
(B)信託契約之生效日為甲死亡時
(C)甲必須盡忠實義務為丙之利益負責
(D)乙必須依信託本旨管理處分信託財產。 【第21屆理財人員】

( ) **89** 下列何者為「有價證券之信託」?
(A)以股票為信託財產之信託
(B)以金錢為信託財產之信託
(C)以土地為信託財產之信託
(D)以汽車為信託財產之信託。 【第21屆理財人員】

( ) **90** 本金比例分配收益之信託,係屬下列何者? (A)集體信託
(B)集團信託 (C)集合信託 (D)個別信託。 【第21屆理財人員】

( ) **91** 有關保險業之敘述,下列何者錯誤?
(A)火災保險、責任保險、保證保險皆屬財產保險
(B)依保險法規定,保險業之組織以股份有限公司為限
(C)財產保險業及人身保險業應分別提撥資金,設置財團法人安定
基金
(D)保險法所稱被保險人,指於保險事故發生時,遭受損害,享有
賠償請求權之人。 【第36屆理財人員】

( ) **92** 下列何種事故非屬保險上所謂除外責任? (A)要保人故意致被保
險人於死 (B)被保人投保壽險兩年後之故意自殘致死 (C)健康
保險中因墮胎所致的疾病 (D)投保壽險被保險人酒後駕車致死
亡,其酒測超過法令標準。 【第36屆理財人員】

( ) **93** 關於國人透過銀行指定用途信託資金投資國內外共同基金,下
列敘述何者正確? (A)屬於自益信託 (B)屬於指定金錢信託
(C)為全權委託投資之代客操作 (D)委託人僅須對投資運用的種
類或範圍作概括指示。 【第37屆理財人員】

解答及解析

1 (C)。終身壽險的保險費較定期壽險保險費高，選項(C)有誤。

2 (A)。傷害保險的除外責任中包含被保險人酒後駕車，其吐氣或血液所含酒精成分超過法令規定標準者，故不理賠傷害保險。但壽險中無此除外責任，且因非自殺行為，故本題須理賠200萬。

3 (C)。年金保險的目的係提供定期性繼續保險給付，以保障本人及其家屬未來生活安全為目的的一種社會保障，選項(C)有誤。

4 (A)。本題乙於信託關係存續中受益人死亡時，應就其享有信託利益之權利未領受部分即為500萬元。

5 (C)。
　1.依所得稅法第3-3條規定：「信託財產於左列各款信託關係人間，基於信託關係移轉或為其他處分者，不課徵所得稅：一、因信託行為成立，委託人與受託人間。二、信託關係存續中受託人變更時，原受託人與新受託人間。三、信託關係存續中，受託人依信託本旨交付信託財產，受託人與受益人間。四、因信託關係消滅，委託人與受託人間或受託人與受益人間。五、因信託行為不成立、無效、解除或撤銷，委託人與受託人間。……」
　2.依前揭法令規定，他益信託關係存續中，受託人依信託本旨交付信託財產給受益人，受益人取得信託財產不課徵所得稅。

6 (D)。
　1.遺產及贈與稅法第10-2條規定：「…四、享有信託利益之權利為按期定額給付者，其價值之計算，以每年享有信託利益之數額，依贈與時郵政儲金匯業局一年期定期儲金固定利率，按年複利折算現值之總和計算之；享有信託利益之權利為全部信託利益扣除按期定額給付後之餘額者，其價值之計算，以贈與時信託財產之時價減除依前段規定計算之價值後之餘額計算之。五、享有前四款所規定信託利益之一部者，按受益比率計算之。…」
　2.本題應以每年一百萬元，依規定利率，分七年按年複利折算現值之總和計徵贈與稅。

7 (D)。投資型保險是指與投資掛鉤，具備投資和保障雙重功能的保險，它為客戶設置了資本保值賬戶，提供沒有利息稅的高收益服務。投資型保險由投保人承擔投資的風險，選項(D)有誤。

8 (C)。財產保險又稱產物保險，以各種財產或責任為保險標的的保險。是一種社會化的經濟補償制度，其主要目的是補償投保人或者被保險人的經濟損失。財產保險承保範圍有：住宅火險、住宅地震險、汽車保險、責任保險等。

9 (B)。人壽保險有四種除外責任：
　1.受益人故意致被保人於死，但其他受益人仍得申請全部保險金。
　2.要保人故意致被保人於死。

3.被保人故意自殺或自成殘廢，但自契約訂立或復效之日起二年後故意自殺致死者，公司仍負身故保險金之責。

4.被保人因犯罪處死或拒捕或越獄致死或殘廢。

10 (A)。

1.低保險費建構高保障，萬一不幸身故或完全殘廢，提供整筆給付，補貼家人生活支出。

2.本題張先生在契約有效期間內因意外事故而致十足趾缺失，並未達到完全殘廢，故不能獲得殘廢保險金。

11 (C)。一個完整的信託規劃，應以個人生活環境與狀況而存在「多重且混合的信託財產和信託目的」，選項(C)有誤。

12 (C)。

1.契稅條例第4條規定：「買賣契稅，應由買受人申報納稅。」

2.本題買賣之應納契稅之納稅義務人為買受人高先生。

13 (D)。

1.依所得稅法3-4條規定：「信託財產發生之收入，受託人應於所得發生年度，按所得類別依本法規定，減除成本、必要費用及損耗後，分別計算受益人之各類所得額，由受益人併入當年度所得額，依本法規定課稅。前項受益人有二人以上時，受託人應按信託行為明定或可得推知之比例計算各受益人之各類所得額；其計算比例不明或不能推知者，應按各類所得受益人之人數平均計

算之。受益人不特定或尚未存在者，其於所得發生年度依前二項規定計算之所得，應以受託人為納稅義務人，於第七十一條規定期限內，按規定之扣繳率申報納稅，其依第八十九條之一第二項規定計算之已扣繳稅款，得自其應納稅額中減除；其扣繳率，由財政部擬訂，報請行政院核定。……」

2.本題受益人享有之信託利益由受託人依規定之扣繳率申報納稅。

14 (C)。保險公司銷售投資型保險商品時，要保人所繳保險費依約定方式扣除保險公司各項費用後，依要保人同意或指定之投資分配方式置於專設帳簿。

15 (C)。附生存給付養老保險是以養老保險為主，每年或一定期間給付生存保險金之商品，父母如想為兒女教育費用作規劃，可投保之。

16 (C)。財產保險因係屬損害填補型的保險，於理財上之運用乃以填補實際損失為主要目的，它與住院醫療費用保險相類似。

17 (D)。不指定金錢信託：指委託人不指定信託資金之營運範圍或方法，由受託人於信託目的範圍內，對信託資金具有運用決定權。

18 (B)。遺囑信託契約的生效日為委託人發生繼承事實之日。

19 (C)。一個完整的信託規劃，應以個人生活環境與狀況而存在「多重且混合的信託財產和信託目的」，選項(C)有誤。

20 (B)。遺囑信託是指委託人以立遺囑
的方式，把指定範圍的遺產，透過
遺囑執行人於申報、繳交遺產稅後
交付信託，再由本行依信託契約的
約定，為委託人指定之繼承人、受
遺贈人管理遺產，至信託存續期間
屆滿為止，以確保遺產可以依照委
託人生前的規劃來運用。

21 (D)。信託具有以折現方式降低稅負
的功能。

22 (D)。(A)契約信託、他益信託；(B)
遺囑信託（委託人預立遺囑並指定
遺囑執行人將才依約分給受益人）
的效力，是委託人發生繼承事實之
日（即被繼承人死亡）；(C)丙必須
依信託本旨管理處分信託財產。

23 (D)。保險公司的儲蓄型保單利率較
銀行為高，是因為流動性差，不能隨
時提領。

24 (D)。保險是理財工具中，風險管理
方法內，彌補損失的最佳方法。

25 (C)。
1.所得稅法第17條規定，納稅義務
人、配偶或受扶養直系親屬之人
身保險、勞工保險、國民年金保
險及軍、公、教保險之保險費，
每人每年扣除數額以不超過二萬
四千元為限。但全民健康保險之
保險費不受金額限制。
2.本題可扣除之保險費＝24,000
＋24,000＋18,000＋15,000＝
81,000。

26 (C)。健康保險是人身保險。

27 (C)。保險公司對旅行平安險被保險
人醫療費用之給付，一般最高以保
險金額的10%為限。

28 (D)。利率變動型年金：於年金遞
延期間，依保單約定以保險公司的
「宣告利率」計算年金保單價值準
備金；並於年金給付開始日時，依
保單約定以一次給付或分期給付。
利率變動型年金保險可以提供對抗
幣值下跌風險及最低保證利率之長
期性保障。

29 (A)。為維持晚年養老及身故時家
庭的經濟保障，應選擇養老保險之
保險商品為宜。

30 (B)。在其他條件如被保險人、保險
費等都一樣的情況下，定期壽險最
能提供最高的死亡保障。

31 (B)。信託關係中，信託財產須移轉
交付給受託人管理。

32 (A)。遺產及贈與稅法第10-2條規
定：「…四、享有信託利益之權利
為按期定額給付者，其價值之計
算，以每年享有信託利益之數額，
依贈與時郵政儲金匯業局一年期定
期儲金固定利率，按年複利折算現
值之總和計算之；享有信託利益之
權利為全部信託利益扣除按期定額
給付後之餘額者，其價值之計算，
以贈與時信託財產之時價減除依前
段規定計算之價值後之餘額計算
之。五、享有前四款所規定信託利
益之一部者，按受益比率計算之。
…」

33 (B)。遺囑信託於遺囑人死亡時，
其信託財產應依稅法規定課徵遺產
稅。

34 (D)。
1.依所得稅法第3-3條規定：「信託
財產於左列各款信託關係人間，

基於信託關係移轉或為其他處分者，不課徵所得稅：一、因信託行為成立，委託人與受託人間。二、信託關係存續中受託人變更時，原受託人與新受託人間。三、信託關係存續中，受託人依信託本旨交付信託財產，受託人與受益人間。四、因信託關係消滅，委託人與受託人間或受託人與受益人間。五、因信託行為不成立、無效、解除或撤銷，委託人與受託人間。……」

2.依前揭法令規定，信託關係存續中，受託人依信託本旨交付信託財產受託人與受益人間，不課徵所得稅。

35 (D)。為避免因疾病或意外傷害以致長期臥床時的經濟負擔，應購買長期看護保險，以分散此一風險。

36 (B)。退休族群購買投資型保險，應選擇可減少部分保障，並以債券、保本型基金為中心。

37 (C)。在人口高齡化的社會，為使老年生活有所憑恃，有賴壽險制度的發揮。

38 (A)。為維持退休後之經濟生活，購買年金的金額應為退休時薪資的50%至70%較為適當。

39 (C)。變額萬能壽險係將變額保險與萬能壽險結合，兼具萬能壽險之彈性及變額保險之投資機會，而其特色是將分離帳戶方式導入萬能保險，因此與萬能保險最大差別即在於保單帳戶價值的變動性質，變額萬能壽險保戶繳費期間及繳費額度可任意變動。對於經濟能力低且又

負擔家中主要經濟來源的家庭成員，應選擇變額萬能型壽險，以兼顧其經濟負擔與家庭保障。

40 (A)。強制汽車責任保險每一個人傷害醫療給付最高新臺幣20萬元，選項(A)有誤。

41 (A)。住宅火災保險係以動產和不動產，為保險標的，以火災、閃電雷擊，為主要承保，由保險人針對被保險人之保險標的物，因承保事故之發生所遭受損失，予以補償的一種契約行為，地震震動非屬現行住宅火災保險基本承保範圍。

42 (D)。信託的主要功能有：
1.財產管理。
2.資產增值。
3.照顧遺族。

43 (D)。信託運用於投資理財上，可以發揮專業分工，擴大經濟效益，降低投資風險。

44 (C)。委託人明確指定投資或運用標的的金錢信託稱為「特定金錢信託」，選項(C)有誤。

45 (D)。遺囑信託受託人將財產交付給受益人不課徵土地增值稅，選項(D)有誤。

46 (C)。接受個別委託人委託為其管理處分信託財產稱為「個別信託」，選項(C)有誤。

47 (B)。被保險人故意致成四肢機能永久完全喪失者，不給付殘廢保險金，但本題因人壽保險契約訂立超過二年，故俟該被保險人死亡時給付身故保險金。

48 (C)。投資型保險的類型，首先要認識兩個名詞，一是「變額」，意思

是保險的金額並非固定，而是隨著投資帳戶價值的投資標的價值有所變動；其二是「萬能」，意思是指繳費的時間，以及繳費金額都是彈性的。變額型保險為投資型保險之一種。

49 (A)。投資型年金保險係指所繳年金保險費投資於相結合的投資工具且其運用成果直接影響未來年金給付之額度。

50 (A)。責任保險以被保險人致人損害依法應當承擔的損害賠償責任為標的，為填補被保險人的損害之第三人保險。即責任保險係因被保險人依法對第三人負有賠償責任時，給付保險金之保險。

51 (C)。為維持退休後的經濟生活，購買年金的金額約為退休時薪資的50%～70%。

52 (D)。長期看護保險之被保險人經診斷確定為長期看護狀況之日起90天為所謂「免責期間」。

53 (B)。個人傷害保險中第二級殘廢程度的保險金給付比例為90%。

54 (D)。我國兼營信託業務之銀行，較常辦理的金錢信託型態有：贈與信託、保險信託、教養信託等。

55 (C)。享有信託財產本體所衍生之孳息利益者，稱為「孳息受益人」。

56 (A)。信託制度的起源於財產管理。

57 (A)。
1.遺產及贈與稅法第10條規定：「遺產及贈與財產價值之計算，以被繼承人死亡時或贈與人贈與時之時價為準；被繼承人如係

受死亡之宣告者，以法院宣告死亡判決內所確定死亡日之時價為準。…」
2.受益人享有「全部信託利益」的權利時，其信託當時委託人贈與稅價值以信託金額或贈與時信託財產的時價為準計算。

58 (C)。現行住宅火災保險，對於每一事故補償「臨時住宿」費用之每日最高限額為新臺幣五千元。

59 (B)。剛結婚所得不高，但又是家中主要經濟來源的年輕上班族，宜選擇定期保險，以兼顧其經濟負擔與家庭保障。

60 (B)。有關我國旅行平安保險醫療方面有以限額給付方式給付，及實支實付。

61 (B)。
1.所得稅法第17條規定，納稅義務人、配偶或受扶養直系親屬之人身保險、勞工保險、國民年金保險及軍、公、教保險之保險費，每人每年扣除數額以不超過二萬四千元為限。但全民健康保險之保險費不受金額限制。
2.本題可扣除之保險費＝24,000＋24,000＋20,000＋15,000＝83,000。

62 (C)。生存險之特性，即是在約定期間，被保險人仍生存，即可領取一筆滿期保險金或生存保險金。生存保險被保險人於保險期間內死亡無保險給付，有零存整付之儲蓄意義，提供保戶在一定期間後，如期獲得一筆資金以應付其需要。

63 (D)。傷害保險的除外責任中包含被
保險人酒後駕車，其吐氣或血液所
含酒精成分超過法令規定標準者，
故不理賠傷害保險。

64 (C)。養老保險因兼具保障與儲
蓄特性，其保費較同期死亡保險
高，選項(C)有誤。

65 (A)。所謂「有價證券之信託」係以
股票為信託財產之信託。

66 (C)。委託人以自己財產權的全部或
一部，對外宣言自為受託人的信託，
稱「宣言信託」，選項(C)有誤。

67 (C)。按信託法規定，信託依其設立
之「原因」分為三類：契約信託、
宣言信託、遺囑信託。

68 (B)。遺產及贈與稅法第5-1條規
定，信託契約明訂信託利益一部或
全部之受益人為非委託人，應課徵
贈與稅，選項(B)有誤。

69 (A)。年金保險是指，在被保險人生
存期間，保險人按照合同約定的金
額、方式，在約定的期限內，有規
則的、定期的向被保險人給付保險
金的保險，年金保險屬於人身保險
的一種。

70 (A)。被保險人自契約訂立之日起二
年後故意自殺致死者，依主管機關
頒布之「人壽保險單示範條款」規
定，保險公司仍負給付身故保險金
之責。

71 (B)。躉繳是指一次繳清保險費，手
邊有大筆資金者，較適合購買躉繳
遞延年金保險。選項(B)有誤。

72 (B)。一般責任險涵蓋範圍為因風
險事故造成第三人的人身或財產損
失，騎機車駕駛人天雨路滑不慎跌

傷，非屬一般責任險涵蓋範圍。

73 (B)。多倍給付型養老保險，係在
保單設計時，在養老保險上附加一
個或多個同樣保額，同一保險期間
的平準型定期保險，叫多倍給付型
養老保險，若附加一個，則被保險
人於保險期間內死亡，便可以得到
二倍保額的死亡保險金，而保險期
滿仍生存時，可領得原保額的滿期
（生存）保險金。多倍型養老保險
其實是多個定期保險與一個生存保
險的結合。

74 (C)。旅行平安保險是針對出國旅
行途中可能發生的各種意外（除疾
病、外科手術、自殺、戰事變亂、
職業性運動競賽與故意行為外）所
導致的一切意外死傷事故所做的保
障，一般皆可獲得保險公司理賠。
旅行期間搭乘飛機致心臟病發作死
亡，不屬於旅平險的賠償範圍。

75 (D)。增額分紅型養老保險：為因應
通貨膨脹而設計，以確保將來給付
時保單價值的保險。

76 (B)。信託契約成立之三大主體：委
託人、受託人、受益人。

77 (C)。
1.將自己資金透過全權委託投資方
式委任投信公司代為操作為委任
契約，選項(A)有誤。
2.委託人概括指定信託財產運用範
圍的金錢信託稱為指定金錢信
託，選項(B)有誤。
3.如果受益人或委託人為特定多數
人之信託，稱為準集團信託，例
如某一企業成員構成之信託。選
項(C)正確。

4.委託人以遺囑設立的信託稱為遺囑信託，選項(D)有誤。

78 (B)。委託人或投資人透過銀行指定用途信託資金投資國內外共同基金業務，屬「特定金錢信託」。

79 (A)。
1.遺產及贈與稅法第24條規定：「除第二十條所規定之贈與外，贈與人在一年內贈與他人之財產總值超過贈與稅免稅額時，應於超過免稅額之贈與行為發生後三十日內，向主管稽徵機關依本法規定辦理贈與稅申報。……」
2.信託契約明定信託利益之受益人為非委託人者，訂定信託契約之日為贈與行為發生日，於發生日後三十日內申報贈與稅。

80 (C)。健康保險是以被保險人在保險期間內因疾病不能從事正常工作，或因疾病造成殘疾或死亡時由保險人給付保險金的保險。增值分紅養老保險非屬健康保險。

81 (C)。意外傷害保險是指以意外傷害而致身故或殘疾為給付保險金條件的人身保險。張先生因病導致雙目失明不屬於意外傷害保險理賠範疇。

82 (A)。經濟能力較低又負擔家中主要經濟來源的人，可選擇定期壽險來提高特定期間之家庭保障。

83 (B)。增額分紅型養老保險：為因應通貨膨脹而設計，以確保將來給付時保單價值的保險。

84 (A)。
1.所得稅法第17條規定，納稅義務人、配偶或受扶養直系親屬之人身保險、勞工保險、國民年金保險及軍、公、教保險之保險費，每人每年扣除數額以不超過二萬四千元為限。但全民健康保險之保險費不受金額限制。
2.本題可扣除之保險費＝24,000＋24,000＋20,000＋15,000＝83,000。

85 (B)。保險法第103條規定，人壽保險法定免責事由包括要保人故意致被保險人於死。

86 (A)。變額年金險，也算是投資型保單的一種，民眾將保費交給保險公司後，可以自己挑選投資標的，在年金的累積期間，靠這些標的的投資獲利，滿期之後，視帳戶價值內累積的金額，再按照當時的宣告利率及生命年金表，計算保戶每年可以領取多少年金。換言之，年金單位價值會隨投資收益而變動者為變額型年金保險。

87 (C)。遺產及贈與稅法第10-1條規定，如信託的受益人是享有按期定額給付信託利益的權利時，應以每年受益人享有信託利益的數額，在贈與時依郵政儲金匯業局一年期定期儲金的固定利率，按年複利折算現值的總和計算贈與稅。

88 (D)。委託人甲與受託人乙訂定信託契約，以甲之兒子丙為受益人；契約約定甲死亡後以甲之遺產委託乙為丙之利益管理、運用及處分，則乙為本信託契約的受託人，乙必須依信託本旨管理處分信託財產。

89 (A)。以股票為信託財產之信託為「有價證券之信託」。

90 (B)。接受信託目的相同的不特定多
數人，以定型化契約將信託財產集
中管理運用，再依本金比例分配收
益之信託，係屬「集團信託」。

91 (B)。保險法第136條，保險業之組
織，以股份有限公司或合作社為限。
但經主管機關核准者，不在此限。

92 (B)。被保人故意自殺或自成殘廢，
但自契約訂立或復效之日起2年後故
意自殺致死者，公司仍負身故保險
金之責。

93 (A)。國人透過銀行指定用途信託資
金投資國內外共同基金是特定金錢
信託，為自益信託。（特定金錢信
託是自己決定商品，指定金錢信託
是交給信託人決定商品）

NOTE

_____

_____

_____

_____

_____

_____

_____

第六章　金融商品與金融創新

依據出題頻率區分，屬：**C** 頻率低

本章是金融商品與金融創新的介紹，並不是重點章節，讀者在研讀本章時，只要閱讀過有印象，可以選出答案即可，出題方向也是以觀念題為主，讀者務必掌握。

重點1　組合式商品及結構型商品　　重要度★

一、外幣組合式商品

(一)**外幣組合式商品的定義**：是由外幣定期存款與外幣匯率選擇權或外幣遠期契約組合而成的金融商品。銀行和客戶事先約定，在客戶存入一筆外幣定期存款後，附帶買入或賣出一種或多種組合的外幣匯率選擇權，或與外幣匯率遠期契約組合，並視其標的匯率在特定時點或一段時間內，價格波動的狀況以提昇客戶存款之收益。

> **考點速攻**
>
> 外幣組合式商品＝外幣投資本金＋選擇權等衍生性金融商品。

(二)**外幣組合式商品特性**

此商品的特性有：

1. 可以提供投資人比市場利率更高報酬收益的可能性：可依投資人對於風險之承擔能力及需求特性，選擇最有效率的投資組合，追求優於一般外幣定存之投資收益的機會。

2. 屬於短期理財工具：投資期間短，資金運用效率高。

3. 選擇多：可選擇美金／歐元／英鎊／澳幣／紐幣／加幣／港幣／日幣／新加坡幣／瑞士法郎，分別作為計價貨幣及連結貨幣，依投資人本身貨幣需求或對於匯率走勢之看法投資標的，隨時可投資。

4. 承作金額門檻低：承作金額門檻低，投資免手續費，讓投資人容易進入此投資機會。

5. 可規避手上持有貨幣貶值的風險：如持有美元的投資人擔心未來美國經濟前景不明朗而有貶值的風險，亦可利用承作此商品量身訂作適合自己的避險工具，規避掉手上持有貨幣貶值造成資產縮水的狀況。

(三)**外幣組合式商品分類**：組合式外幣定期存款，其型式一般可分為保本型組合式外幣商品與加值型組合式外幣商品，茲介紹如下：

1. **保本型組合式外幣商品：**

(1) 即外幣定存結合買入選擇權，其通常以投資人之外幣定期存款之利息或部分本金買入一種或多種外幣選擇權，藉由選擇權之操作利潤，使投資人有機會獲得更高收益。由於投資人以結合買入選擇權方式進行交易，因此

> **考點速攻**
>
> 保本型組合式外幣商品＝
> 一般定存＋買進外匯選擇權

若匯率走勢與預期相同，則可參與外匯選擇權之獲利，若與預期不同時，其最大損失為投資人之外幣定期存款之利息或部分本金。保本型組合式外幣定期存款的存款利率不一定會高於一般定存之利率，但其本金並無被轉換為其他幣別的風險。

(2) 收益率計算公式如下：

A. 商品收益率＝最低收益率＋選擇權到期執行收益÷存款本金×360÷敘作天期

B. 最低收益率＝（外幣定存利息收入－銀行手續費用－買入選擇權的權利金支出）÷存款本金×360÷敘作天期

2. **加值型組合式外幣商品：**

(1) 又稱為「雙元貨幣存款」（Dual Currency Deposit；DCD）即外幣定期存款結合賣出選擇權，藉由收取權利金之來提高投資人的收益，但須面臨賣出選擇權利潤有限風險無限之特性，即到期時若相對貨幣表現強勢且到

> **考點速攻**
>
> 加值型組合式外幣商品為不
> 保本但保息之結構型商品。

期匯率高於或等於基準匯率時，投資人可領回投資於基準貨幣之本金與利息，但到期時若相對貨幣表現疲弱，到期匯率低於基準匯率時，賣出選擇權被迫履約，則客戶須依事先約定之匯率將原外幣定期存款轉換為約定之相對弱勢貨幣。

(2) 所以雙元貨幣存款為一不保本但保息之結構型商品，存款到期時投資人可收回利息即外幣定期存款利息加上賣出選擇權的權利金，但其本金有被轉換為其他幣別的風險，如果匯差損失大於其收益時，投資人將面臨損失，因此這類型的存款利率一定會高於一般定存之利率。

(3) 收益率計算公式如下：商品收益率＝外幣存款利率＋[(賣出選擇權權利金－銀行手續費用)÷存款本金×360÷敘作天期]

3. **改良型雙元貨幣組合式商品：**

(1) 除雙元貨幣組合式商品（Dual Currency Investment）外，另再結合買入選擇權，一但賣出選擇權部分產生匯兌損失時，可藉由買入的選擇權避險，可使匯兌損失得以控制在一定範圍內。可是也因為投資人另須再支付額外權利金來買入選擇權，藉以鎖住市場風險，所以收益率通常較雙元貨幣組合式商品低。

(2) 改良型雙元貨幣組合式商品＝外幣定期存款＋(賣出外幣選擇權＋買入外幣選擇權)

(3) 收益率計算公式如下：商品收益率＝外幣存款利率＋[(賣出選擇權權利金－買入選擇權權利金－銀行手續費用)÷存款本金×360÷敘作天期]

(四)投資組合式外幣商品的優缺點

1. **優點：**

(1) 投資成本低：免申購手續費及保管費。

(2) 承作門檻低：參與門檻大都在等值5,000元美金左右，適合小額投資人承作，且可配合單一客戶需要量身訂作商品。

(3) 高投資報酬率：由於報酬率係決定於個別商品所連結之衍生性金融商品操作損益，只要達約定的匯率目標，其報酬率或可高於一般定存利率。

(4) 分散投資風險：對於保守之投資人而言，利用定存利息購買匯率選擇權，風險有限，而最大損失僅為利息收入。

(5) 資本利得免課個人綜合所得稅：該商品除依定期存款期間之銀行外匯定期存款牌告利率計算之利息，需納入存款人之利息所得，須課徵利息所得稅外，其餘超過定期存款牌告利息的獲利部份為選擇權收益屬資本利得，個人戶可免課徵所得稅。

(6) 提高資金運用效率：大部分組合式外幣定期存款期間多為1至6個月，屬於短期投資，投資人可有效運用資金。

2. **缺點：**

(1) 可能無法保本：雙元組合式外幣商品是一種高風險的外匯期貨選擇權買賣交易，可能無法保本（加值型雙元貨幣）。當買進此類商品時，只要投資人的基準貨幣相對於約定貨幣的值走強，將會自動進行轉

換，到期日拿到的是相對約定貨幣，貨幣價值也會減少。一旦外幣走勢不如預期，往往會造成本金虧損。

(2) 風險難以評估：外匯走勢一日數變，難以掌握，銀行在鼓吹客戶購買此類商品時，卻往往刻意疏於強調匯兌風險，而把此類高風險的金融商品推銷給不具有風險承擔能力的一般存款客戶。

(3) 不在存款保險保障內：非一般傳統定存商品，屬於衍生性金融商品，因此不受存款保險之保障。

(五)課稅規定

對象	所得稅規定
個人	收益（利息加權利金）扣繳10%分離課稅。
營利事業	收益（利息加權利金）預扣10%且應計入營利事業所得額合併課稅，其扣繳稅款得自營利事業所得稅結算申報應納稅額中扣除。
OBU客戶	免稅。

註：個人依規定扣繳稅款後，不併計綜合所得稅總額；營利事業依規定預扣稅款後，併入營利事業所得稅申報。財產交易所得應於投資本金外幣兌換成新臺幣時計算，由投資人自行依法申報。

二、結構型商品

(一)結構型商品之定義：結構型商品（Structured Notes）又稱連動式債券，其係透過財務工程技術，針對投資者對於市場之不同預期，以存款、保險或債券等固定收益商品為基礎，再利用利息或部分本金操作選擇權、權證等衍生性金融商品，透過財務槓桿，獲取較高的報酬率。

結構型商品與常見的衍生性金融商品（如期貨與選擇權）存在著許多不同的差異。結構型商品由於大多數屬於契約化量身訂作金融商品，因此在集中市場交易量並不多，多半是存在於客戶與投資銀行間的店頭市場交易；而期貨與選擇權絕大部分都在交易所進行交易。其次，結構型商品的報酬率型態不僅受所連結標的資產的變動所影響，同時也會因為不同選擇權的設計結構，而得以使投資人最終報酬率不同，也因此，配合量身訂作的特性，結構型商品可以針對投資人的標的偏好、特定投資期間及風險承擔能力等條件設計出符合投資人需求的金融商品。

結構型商品的組成圖（資料來源：劉慶平，2003）

(二)結構型商品基本要素

一個結構型債券有三個基本要素：

1. **固定收益證券連結成份**：本金、利息或兩者都有；若是零息債券，則連結者一定是本金。若是附息債券，則連結者可能是利息、本金或債券全體。

2. **連結對象**：這可以是商品價格（例如股票價格、美元匯率、黃金價格）、價格指數（例如股價指數、物價指數）或某種特殊事件的發生（例如違約事件、自然災害事件）。

3. **連結方式**：主要是買賣遠期契約或買賣選擇權（買權或賣權）。

(三)結構型商品之風險

一般購買結構型商品前，銷售銀行會展示一份中文產品說明書，其中臚列十餘項風險，並告知並不限於所列之風險。茲將結構型商品常見的風險摘要並說明如下：

> **考點速攻**
>
> 連動式債券的標的屬國外有價證券，故屬於海外投資，不計入個人所得稅。

1. **信用風險**：由於投資的期限通常較長，如果發行機構不幸倒閉，投資人的本金可能有無法回收的風險。委託人須承擔債券發行或保證機構之信用風險；而「信用風險」之評估，端視委託人對於債券發行或保證機構之信用評等價值之評估；亦即保本保息係由發行機構所承諾，而非委託人之承諾或保證。

2. **利率風險**：由於結構型商品一部分為固定收益商品所組成，例如債券，債券自正式交割發行後，其存續期間之市場價格往往會受將受發行幣別利率變動所影響；當該幣別利率調升時，債券之市場價格有可能下降，並有可能低於票面價格而損及原始投資金額；當該幣別利率調降時，債券之市場價格有可能上漲，並有可能高於票面價格而獲得額外收益。

3. **匯率風險**：連動債多以外幣計價（例如美元、歐元），其價格將受到外幣走勢影響，投資人在投資期限到期兌換回臺幣時，若不幸遇到臺幣相對走勢較弱時，轉換回新臺幣資產時將可能產生低於投資本金之匯兌風

險，則可能遭到匯兌損失，承受匯率風險；又通常產品期間可能長達數年，其匯率走勢預測更是艱難，不確定性很高。

4. **流動性風險**：部分的結構型商品會規定提前贖回的周期，此周期可能為每個月、每季或每年開放一天讓投資人贖回，且通常提前贖回所能取回的金額，都會有一定的折價，因此，投資人購買結構型商品有可能急需資金時無法贖回結構型商品，或贖回金額不如預期，此外，其流動性較差，投資人金額較小的提前贖回要求，亦可能無法成交。

5. **市場風險**：最大的市場風險來自於選擇權部分，保本型商品投資人所買入的選擇權到期價值可能為零，使得投資人投資於保本型商品的最終收益，比不上直接將所有資金投資於固定收益商品或定存；而股權連結商品投資人是藉由賣出選擇權來拉高股權連結商品名目利率，但當賣出的選擇權到期處於價內時，投資的本利和將遭到侵蝕，最大的可能損失是所有投資本金。

6. **法律風險**：由於許多結構型商品的設計相當複雜，再加上契約中常有許多額外的條款規定雙方的權利義務，對於這些條款應該詳加閱讀，以維護自身權益，避免不必要的法律風險。

7. **再投資風險**：發行機構有強制買回條款，當投資期限尚未到期，發行機構提前買回時，投資人再次投資的標的可能無法提供與先前相同的收益。

8. **發行機構強制轉換投資標的之風險**：有的產品說明書上已載明發行機構有權轉換給付標的，因此，投資人拿到的到期金額不是原先被轉換前預期的金額，而是轉換標的後相對較低的金額，例如，遭發行機構轉成跌價的股票，或雙元存款中，當商品與市場走勢相反時，投資人本金被轉為另一個弱勢貨幣。

9. **最低收益風險**：當投資期間所連結標的表現不佳，以致委託人於到期日時僅得到發行機構所保證之最低收益風險。

10. **事件風險**：如遇發行機構發生重大事件，有可能導致債券評等下降（bond downgrades）。

(四)**結構型商種類**：一般來說，就設計結構來分類，結構型商品可以大致分為保本型商品及非保本商品兩大類，分述如下：

1. **保本型商品**：係指犧牲部分本金或固定收益商品之利息，用以買入衍生性金融商品，收益連結標的資產（利率、匯率、選擇權等等，但不包含信用）的表現，讓投資人在風險有限的情

考點速攻

我國主管機關規定保本率不得低於80%。

況下追求穩健的報酬。保本型商品是固定收益投資工具，擔保投資人在
到期時可獲得100%或一定比率的原始投資金額給付，外加一定比率的連
結商品或指數的上漲價值。下圖為保本型商品預估獲利率圖：

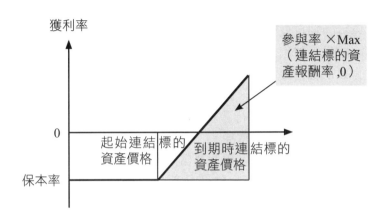

通常發行機構在投資初期即購買一個等額的零息債券，零息債券的市場
價格係以市場利率將債券到期金額折現到交易時之現值，換句話說購買
價格等於先扣除未來的利息收入，以淨額支付交易對手，債券到期日可
收到與投資人原始投入金額相等數額的金額，故具保本效果。再以預收
的利息去購買（buy）一個商品的賣權（put）或買權（call），買權的
買方有權利在約定期間內，用約定價格、買入約定的標的物；賣權的買
方有權利在約定期間內，以約定價格賣出約定的標的物，不論買權或賣
權，買方擁有主控權，頂多只損失購買選擇權的權利金，投資人最後可
領回的就是原來的本金，但若執行買權或賣權有利時，即有利潤可分享
投資人。下圖為結構型商品結構圖：

2. **非保本型商品**：非保本型商品與
保本型商品不同的是賣出買權或
賣權，若買方未執行選擇權，則
投資人除收回原始本金外可分享
固定收益的利息及賣出選擇權的
權利金收入。但因為賣方有義務
應買方要求履行賣出義務，或應
買方要求履行買入義務，通常買
方有利才會要求賣方履行義務，故賣方處於不利地位，可能損及投資本
金或轉換成股票等其他證券。

非保本型商品風險最高之類型為信用連結型商品（Credit-linked Notes，
以下簡稱CLN），其衍生性商品部位，則以信用衍生性商品為連結標
的，包括信用違約交換（Credit Default Swaps）、總報酬交換（Total
Return Swaps）及信用價差選擇權（Credit Spread Options）等，此類商
品通常高度財務槓桿操作，即使設有虧損上限，一般人常忽略一旦經濟
景氣衰退時，骨牌效應將產生連鎖倒閉風潮，投資機構須賠付信用交易
對手，即侵蝕到原始本金，有可能血本無歸。右圖為非保本型商品預估
獲利率圖：

牛刀小試

（　）**1** 信用連結組合式商品中，下列何種情況非屬信用參考標的之信用
違約事件？　(A)信用標的申請債務展期或政府紓困　(B)信用標
的發生存款不足退票情事　(C)發行之股票遭下市處分　(D)破產
或公司重整之申請。　　　　　　　　　　　　　　【第30屆理財人員】

（　）**2** 假設某存款組合式商品（歐
式選擇權），存款本金
10,000歐元，連結標的為
EUR／USD匯率，存款期
間一個月（實際投資為35
天），保障存款稅前年收
益4%，轉換匯率＝進場匯
率＋0.015，清算匯率低於

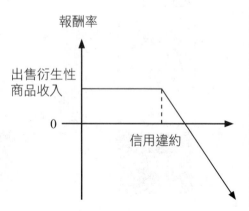

轉換匯率則歐元本金不會被轉換，若進場匯率為1.135，且清算日當天清算匯率為1.125，則投資人可領本金及收益為何？ (A)本金10,000歐元，利息38.89歐元 (B)本金10,000歐元，利息0歐元 (C)本金10,000歐元，利息38.89美元 (D)本金11,500美元，利息38.89歐元。 【第30屆理財人員】

( ) **3** 有關利率連結組合式商品之敘述，下列何者正確？ (A)其投資報酬率是涉及複雜的匯率交換契約 (B)所運用之利率商品收益曲線與利率選擇權價值無關 (C)所運用之利率商品收益曲線斜率越低，該商品報酬率越高 (D)所運用之利率商品收益曲線斜率越高，該商品報酬率越高。 【第29屆理財人員】

( ) **4** 目前市場上區間內計息債券（Range Accrual Notes）係藉由何種利率選擇權所架構之商品？ (A)Strangle (B)利率區間（Collar） (C)數位利率選擇權（Digital Option） (D)Cap Spread。 【第28屆理財人員】

( ) **5** 有關反浮動利率組合式商品，下列敘述何者錯誤？ (A)每期利息收益最低為零 (B)其投資收益係隨浮動利率指標之上升而下降 (C)係運用利率交換及利率選擇權而成 (D)其組合式商品隱含一個利率下限（Floor）在內。 【第38屆理財人員】

解答及解析

1 (B)。信用違約連結票據又稱「信用連結票據」，是在票據中植入信用衍生性金融商品。信用連結票據為信用衍生性金融商品中，成長最快速的一種工具。由信用保護買方創設一破產隔離的特殊目的機構，由該特殊目的機構發行票據與投資人。特殊目的機構再與信用保護買方從事信用交換。信用參考標的之信用違約事件有：信用標的申請債務展期或政府紓困、發行之股票遭下市處分、破產或公司重整之申請等。

2 (A)。
1.本題清算日當天清算匯率為1.125<轉換匯率1.15(1.135＋0.015＝1.15)→本金不會被轉換為美元，投資人可領本金還是10,000（歐元）。
2.利息＝10,000×4%×35/360＝38.89。

3 (D)。連結利率指數的商品，可視為債券與利率選擇權或利率交換組合而成的新金融商品，其報酬獲利隨利率高低而定，所運用之利率商品收益曲線斜率越低，該商品報酬率越高，所運用之利率商品收益曲線斜率越高，該商品報酬率越低。

4 (C)。區間計息債券（Range accrued note）是指當指標利率落在一定區間內該債券才計息，否則不計息。目前市場上區間內計息債券係藉由數位利率選擇權所架構之商品。

5 (D)。反浮動利率商品係結合了存款或債券之利息收入、利率交換（IRS）及利率上限選擇權（cap）而成。

重點2 指數股票型基金　　　重要度★

一、指數股票型基金的定義

指數股票型基金（ETF英文原文為"Exchange Traded Funds"），係一種追蹤標的指數變化且在證券交易所交易的基金，在基金的管理方式上則屬於「被動式管理」，經理人不會主動選股，操作的重點即是在追蹤標的指數。

ETF成立目標就是要追求某特定指數的績效，所以每檔ETF都有一個追蹤的指數，並會根據追蹤的指數來調整本身的投資標的。舉例來說，若今天該檔ETF的追蹤指數是臺灣50，那此檔ETF便會去購買臺灣50所包含的股票，以使ETF的績效表現與臺灣50一致。

二、指數股票型基金的分類

(一)國內ETF

發行人為國內發行機構之ETF，又可分為：

1. 「國內成份證券ETF」：指該ETF之標的指數成份證券全部為國內證券。
2. 「國外成份證券ETF」：又可分為兩類：
   (1) 「國外成份股ETF」：指該ETF之標的指數成份證券含一種以上之國外證券。
   (2) 「聯結式ETF」：指國內投信公司將外國ETF再包裝後來臺上市交易之ETF。

(二)境外「ETF」：若發行人為國外發行機構，直接於外國交易所上市交易之ETF或指境外基金機構委託國內總代理人，將國外ETF直接跨境來臺上市交易之ETF。

> **考點速攻**
>
> 國內成分證券ETF之漲跌幅度與股票相同為10%，而國外成分證券ETF（含連結式ETF）及境外ETF則無漲跌幅限制。

三、投資指數股票型基金的優點

(一)**分散投資**：ETF與共同基金一樣，是由一籃子的標的組成，所以有風險分散的效果。而另一方面，ETF可在集中市場進行交易，交易方式和交易時間完全與股票相同，因此ETF不但具有共同基金投資標的多元化的優點，又有股票靈活交易的特性。

(二)**被動式管理可降低成本**：ETF與其他金融商品最大的不同在於它採取「被動式」的投資管裡策略，與一般基金追求絕對績效不同，ETF追求的是與追蹤指數績效相同為目標，重點擺在與指數的連動性上，不會因為經理人主觀判斷或是其它消息面、政治面的因素而改變持股內容。這樣的好處在於能夠大幅降低管理費用，因為共同基金必須耗費相當多的成本在轉換成本、營運成本以及經理人的管理費用。

(三)**選擇多樣化且如看準趨勢可避免選股風險**：ETF連結的指數涉及各個國家、各個市場、各個產業，包含的範圍相當廣泛，提供投資人非常多樣化的選擇，舉例來說，若投資人看好美國市場，便可去投資連結指數是衡量美國表現的ETF。假設今天投資人看好半導體產業，覺得未來半導體極有可能大漲，那投資人便可以去投資半導體類的ETF。這樣投資的好處就是可以避免個股的風險，此外，投資ETF的另一個好處就是不用去研究個別公司的財報與歷史資料，只要能瞭解產業背景和判斷未來走勢便可進行投資來獲利。

(四)**流動性高**：ETF的投資標的都是指數的成分股，一般而言都是市場上市值較大且流動性較高的股票，加上其隨時買賣且資產規模不固定的特點，使得其流動性較高，所以即使看錯行情放空ETF也不會被軋空。

(五)**投資組合透明度高**：因為ETF以複製指數表現為目標，所以其投資組合內容與標的指數成分一樣，可讓投資人清楚的知道自己到底買了什麼產品。相較於不夠透明的一般傳統基金，ETF可算是相當令人放心的商品。

> **考點速攻**
>
> ETF是一種貼近指數報酬的商品，其包含的投資組合依照指數所包含的成分股調整。

四、投資指數股票型基金的風險

(一)**被動式投資風險**：ETF並非以主動方式管理，基金經理人不試圖挑選個別股票，或在逆勢中採取防禦措施，故投資人可能因為標的指數／ETF投資組合之波動而須承受損失。

(二)**流動性風險**：ETF流動量提供者是負責提供ETF買賣報價，方便投資人買賣ETF。儘管ETF大部分有一個或以上的流動量提供者，但若有流動量提供者失責或停止履行報價義務，投資人可能會有買不到或是賣不掉ETF的風險。

(三)**市場風險**：ETF的價格會因經濟、政治、貨幣、法律等各種影響市場因素而波動。

(四)**追蹤誤差風險**：追蹤誤差係指ETF報酬率與標的指數報酬率的差異程度。產生追蹤誤差的原因很多，包括基金須支付的費用及支出影響、基金資產與指數成分股之差異、基金的計價貨幣、交易貨幣及投資所用的貨幣間的匯率差價，ETF投資組合的成分股配股配息、基金經理人所使用的追蹤工具及複製策略等，皆會造成ETF的資產淨值與股價指數間存在落差。

(五)**市價波動風險**：境外ETF、國外成分股ETF與連結式ETF價格無漲跌幅限制，價格波動可能較大。臺灣交易時間與境外不一致，若臺灣市場收盤後，境外發生重大事件，將造成在臺上市之境外ETF、國外成分股ETF與連結式ETF延遲反映市價。

(六)**匯率風險**：國外成分股ETF、連結式ETF及境外ETF之投資組合係以外幣計價之資產為主，基金的計價貨幣、交易貨幣及投資所用的貨幣間的匯率波動，皆會影響ETF表現。

考點速攻

ETF與共同基金的比較：

	ETF	共同基金
管理方式	被動管理，追求與指數一致的報酬。	被動管理，追求與指數一致的報酬。
投資組合變動頻率	低。除非指數成分股變動，否則投資組合內容固定。	高。依照經理人判斷是否要更改投組內容。
資訊透明度	較高	較低
管理費用管理費用	較低	較高

五、投資指數股票型基金的交易方式

(一)**在發行市場**：投資人可透過證券商和ETF發行公司進行實物申購或實物買回，也就是以手中持有之現股向ETF發行公司申請轉換為ETF或以持有之ETF申請轉換為現股。

(二)**在交易市場**：投資人不是直接買入一籃子股票，而是購買表彰股票指數的有價證券，投資人在證券商買賣ETF與買賣一般上市、上櫃股票相同，已有交易戶頭時不必另開戶，也以可以融資、融券。交易稅率1‰，比股票的3‰低。

牛刀小試

( )　**1** 有關ETF之敘述，下列何者錯誤？　(A)賣時須課徵千分之一的證券交易稅　(B)價格最小變動幅度與一般股票相同　(C)交易手續費上限為千分之一點四二五　(D)可在集中市場買賣，亦可要求贖回。　　　　　　　　　　　　　　　　　　　　【第23屆理財人員】

( )　**2** 有關ETF（指數股票型基金）之敘述，下列何者錯誤？　(A)投資標的為「一籃子股票」　(B)所課徵證券交易稅之稅率為千分之一　(C)一上市即可信用交易　(D)價格最小變動幅度與一般股票相同。　　　　　　　　　　　　　　　　　　　【第25屆理財人員】

( )　**3** 有關股價連結組合式商品，下列敘述何者錯誤？　(A)係以存款利息或部分本金去購買股票　(B)可以連結單一股票之股價　(C)亦可連結一籃子股票之股價指數　(D)臺灣ETF50亦屬可連結之標的。　　　　　　　　　　　　　　　　　　　【第38屆理財人員】

( )　**4** 台灣ETF50亦屬可連結之標的48.信用連結組合式商品中，下列何種情況非屬信用參考標的之信用違約事件？　(A)信用標的申請債務展期特案或政府紓困　(B)信用標的發生存款不足退票情事　(C)發行之股票遭下市處分　(D)破產或重整公司之申請。　【第38屆理財人員】

( )　**5** 有關連結匯率，組合式產品所具有的風險，下列何者錯誤？　(A)存款本金轉換風險　(B)流動性風險　(C)非系統風險　(D)匯兌風險。　　　　　　　　　　　　　　　　　　　【第39屆理財人員】

解答及解析

1 (B)。國內成分證券ETF之漲跌幅度與股票相同為10%，而國外成分證券ETF（含連結式ETF）及境外ETF則無漲跌幅限制。ETF的價格波動幅度通常較股票為低，故其價格最小變動幅度較小，選項(B)有誤。

2 (D)。國內成分證券ETF之漲跌幅度與股票相同為10%，而國外成分證券ETF（含連結式ETF）及境外ETF則無漲跌幅限制。ETF的價格波動幅度通常較股票為低，故其價格最小變動幅度較小，選項(D)有誤。

3 (A)。股價連結組合式商品係以存款的利息或部份本金購買選擇權或賣出選擇權，選項(A)有誤。

4 (B)。信用標的發生存款不足退票情事不屬於信用連結組合式商品中信用參考標的之信用違約事件。

5 (C)。組合式商品可能面臨之主要風險為：市場利率風險、投資標的適用風險、本金損失風險、流動性風險、信用風險、稅賦風險、匯兌風險、中途解約風險、再投資風險、產品條件變更風險等。

重點3　保險商品之創新　　重要度★

一、創新型人壽保險的定義

創新型人壽保險是指包含保險保障功能並至少在一個投資帳戶中擁有一定資產價值的人身保險產品。創新型人壽保險除了提供同傳統人壽保險一樣的保障服務外還可以讓客戶直接參與由保險公司管理的投資活動。客戶的大部分保費記入由保險公司專門設立的投資帳戶中，由投資專家負責帳戶內資金的調動和投資決策。投資帳戶中的資產價值將隨著保險公司實際收益情況發生變動，所以客戶在享受專家理財的同時也面臨一定的投資風險。

二、創新型保險商品的特色

(一)**具有保險與投資雙重功能**：創新型人壽保險與傳統人壽保險最大的不同之處在於它集保險保障與投資理財於一身。該險種將客戶繳付的保費分成「保障」和「投資」兩個部分，一部分用於保險保障，即使投資收益不理想，客戶在保險期限內也可獲得身故保險金、全殘保險金、滿期保險金等基本保障；其餘部分保費轉入專門的投資帳戶，由保險公司的投資部門通過專業理財管道進行投資運作，以達到資產的保值增值目的，投資收益全部歸客戶所有。

(二)**設獨立專戶以記載投資資產**：獨立專戶是指客戶在投保創新型人壽保險後將擁有一個獨立的個人投資專戶。投資專戶是保險公司為投保人單獨

設立、單獨管理的資金運用專戶。在這個專戶中，保險公司記錄投保人交費、部分領取等資金的流入流出情況，記錄所有投資損益的變化情況。這獨立專戶可以有效地將創新型人壽保險與保險公司的其他資產分割開，保證客戶的切身利益。

(三)**投資風險由要保人即投資人自行承擔**：創新型人壽保險不承諾投資回報率，客戶實際得到的投資收益率取決於公司專門帳戶的投資績效，所有的投資風險由客戶自行承擔。

(四)**保障水平不確定**：創新型人壽保險在給付保險金時取決於保險金額和投資專戶投資單位價值總額的較大值。因此，當投資專戶中的投資單位價總額低於保額時，保險金按保險金額給付，保障水平是確定的；而當投資專戶中的投資單位價值總額高於保額時，保險金額按投資專戶價值總額給付，隨投資帳戶資產價值的增加而增加，此時保障水平就表現出一定的不確定性。

重點4 信託商品之創新　　　　　　　　重要度★

一、集合管理運用帳戶的定義

「集合管理運用帳戶」的全名是「信託資金集合管理運用帳戶」（或簡稱集管帳戶），係屬於信託業務的一環。依信託資金集合管理運用管理辦法第2條規定：本辦法所稱「信託資金集合管理運用」，謂信託業受託「金錢信託」，依信託契約約定，委託人同意其信託資金與其他委託人之信託資金集合管理運用者，由信託業就相同營運範圍或方法之信託資金設置集合管理運用帳戶，集合管理運用。所以簡單來說，就是將所有委託人具有共同運用範圍的資金結合起來，統籌管理運用投資。集合管理運用帳戶是屬於準集團信託，其運作方式分成二層信託：

(一)**第一層信託**：由運用方式相同的特定委託人與受託人簽訂各種「第一層信託」契約，如個人信託契約、保險信託契約、員工福利信託契約。這些契約均分別約定信託資金投資於相同的投資組合。

(二)**第二層信託**：再由這些特定委託人與受託人簽訂「第二層信託」集合管理運條款，約定將原信託資金投資組合中與其他特定委託人投資組合中相同的資金，可以集合起來投資到這些特定委託人集合管理運用帳戶上。

二、集合管理運用帳戶的投資標的

集合管理運用帳戶可投資標的十分多元化，每一檔集合管理運用帳戶均有其特定之運用約款，依照運用約款的規範投資於國內外各式各樣的金融商品如：股票、債券、ETFs、REITs或基金等…。因此可以組合出各種不同投資風格的帳戶，例如：保守型、穩健型、平衡型、成長型或積極型等…，用以滿足不同理財需求的委託人。

集合管理運用帳戶透明度高，委託人加入帳戶後，按其加入金額除以單位淨值，以受益權單位數表彰委託人之權利，該單位淨值會隨各帳戶所投資標的價值變動而波動，所以銀行必須每日公告單位淨值，方便委託人分析決定加入或退出帳戶之時機。

三、信託資金集合管理運用帳戶V.S證券投資信託基金比較

項目	信託資金集合管理運用帳戶	證券投資信託基金
法源依據	1.信託業法 2.信託資金集合管理運用管理辦法	1.證券交易法 2.證券投資信託基金管理辦法
法律關係	信託關係（得設信託監察人）	特別法上之信託關係
募集對象	已和信託業者簽訂信託契約之投資人	不特定大眾
募集額度	募集額度	有上限額度限制
課稅方式	所得發生年度課稅	有收益分配時課稅
主管機關	金管會銀行局	金管會證期局

牛刀小試

( )　**1** 集合管理運用帳戶依相關法令規定，其所參與之委託人為何？ (A)為公開募集之不特定大眾　(B)為非公開募集之特定人　(C)為非公開募集之國外投資人　(D)為公開募集之政府機構法人。【第30屆理財人員】

( )　**2** 下列何者為集合管理運用帳戶之法源依據？　(A)證券交易法 (B)證券投資信託基金管理辦法　(C)信託法與信託業法　(D)共同信託基金管理辦法。　　　　　　　　　　　　　　【第30屆理財人員】

(　) **3** 下列哪一種契約是所謂第一層信託契約？
(A)員工福利信託
(B)貨幣型集合管理運用帳戶
(C)債券型集合管理運用帳戶
(D)基金組合型集合管理運用帳戶。　　　　　　【第29屆理財人員】

解答及解析

1 (B)。「集合管理運用帳戶」的全名是「信託資金集合管理運用帳戶」（或簡稱集管帳戶），係屬於信託業務的一環。依信託資金集合管理運用管理辦法第2條規定：本辦法所稱「信託資金集合管理運用」，謂信託業受託「金錢信託」，依信託契約約定，委託人同意其信託資金與其他委託人之信託資金集合管理運用者，由信託業就相同營運範圍或方法之信託資金設置集合管理運用帳戶，集合管理運用。「集合管理運用帳戶」不得涉及對非特定人公開招募。

2 (C)。「集合管理運用帳戶」的全名是「信託資金集合管理運用帳戶」（或簡稱集管帳戶），係屬於信託業務的一環。依信託資金集合管理運用管理辦法第2條規定：本辦法所稱「信託資金集合管理運用」，謂信託業受託「金錢信託」，依信託契約約定，委託人同意其信託資金與其他委託人之信託資金集合管理運用者，由信託業就相同營運範圍或方法之信託資金設置集合管理運用帳戶，集合管理運用。所以簡單來說，就是將所有委託人具有共同運用範圍的資金結合起來，統籌管理運用投資。集合管理運用帳戶之法源依據為信託法與信託業法第28條。

3 (A)。第一層信託：由運用方式相同的特定委託人與受託人簽訂各種「第一層信託」契約，如個人信託契約、保險信託契約、員工福利信託契約。這些契約均分別約定信託資金投資於相同的投資組合。

精選試題

(　) **1** 有關集合管理運用帳戶之運作，下列敘述何者正確？　(A)是一種集團信託　(B)運用範圍不得為債券及受益憑證　(C)其主要法源依據為證券投資信託基金管理辦法　(D)參加對象限特定人，即非公開募集。　　　　　　【第29屆理財人員】

(　　) **2** 假設一存款組合式商品（歐式選擇權），存款本金10,000歐元，連結標的為EUR／USD匯率，存款期間1個月（實際投資為35天），存款起息日105/5/16，到期日105/6/20，清算日為105/6/18，保障存款稅前年收益4%，轉換匯率＝進場匯率＋0.015，清算匯率低於轉換匯率則歐元本金不會被轉換，若進場匯率為1.135，且清算日當天清算匯率為1.165，則投資人可領本金及收益為何？　(A)本金10,000歐元，利息38.89歐元　(B)本金11,500美元，利息0美元　(C)本金11,500美元，利息44.72美元　(D)本金11,500美元，利息38.89歐元。　　　　　　【第37屆理財人員】

(　　) **3** 有關股價連結組合式商品，下列敘述何者錯誤？　(A)股價連結組合式商品得連結之標的有個股、一籃子股票與股價指數　(B)依據對未來股價或指數之上下波動之預測作架構　(C)產品收益會受股價或指數選擇權價值影響　(D)臺灣50指數股票型基金不得作為連結之標的。　　　　　　　　　　　　　　　　【第28屆理財人員】

(　　) **4** 信用連結組合式商品中，下列何種情況不屬於信用參考標的之信用違約事件？　(A)信用標的申請債務展期或政府紓困　(B)信用標的發生存款不足退票情事　(C)發行之股票遭下市處分　(D)破產或公司重整之申請。　　　　　　　　　　　　　　　【第38屆理財人員】

(　　) **5** 如匯率連結組合式存款係以賣出匯率選擇權之買權為架構，保障存款稅前年收益5%，到期時匯率未上升到履約價格之上，則投資人到期可領回金額若干？　(A)95%本金　(B)100%本金　(C)100%本金＋存款期間利息　(D)無法確定。　【第28屆理財人員】

(　　) **6** 王先生購買二百萬元為期3個月之保本型商品，保本率為95%，則到期時王先生最少可領回多少金額？
(A)一百九十萬元
(B)一百九十五萬元
(C)二百萬元
(D)二百一十萬元。　　　　　　　　　　　　　　　【第27屆理財人員】

(　　) **7** 利率連結型商品中的利率區間（Collar）係由下列何項選擇權組合所產生？　(A)買一個Cap及買一個Floor之組合　(B)買一個Floor及賣一個Cap之組合　(C)買一個Cap及賣一個Floor之組合　(D)賣一個Floor及賣一個Cap之組合。　　　　　　【第27屆理財人員】

( ) **8** 下列何者非屬反浮動利率商品之組成項目？
(A)存款利息收入
(B)利率交換契約
(C)匯率選擇權契約
(D)利率上限契約。 【第39屆理財人員】

( ) **9** 下列何種商品具到期保障不損及名目本金之特性？ (A)匯率連結存款組合式商品 (B)反浮動利率組合式商品 (C)信用連結組合式商品 (D)股價連結目標收益型組合式商品。 【第27屆理財人員】

( ) **10** 一檔以賣出「USD Call EUR Put」之匯率組合式商品，下跌至履約價格時，其美元存款本金轉換為弱勢之歐元本金，投資人須承受何種風險？【第26屆理財人員】 (A)產品條件變動風險 (B)稅負風險 (C)匯兌風險 (D)流動性風險。 【第37屆理財人員】

( ) **11** 匯率連結型商品為使組合式商品達到一定比率之保本率，明確的領回本金比率，則應以下列何種選擇權方式架構？ (A)購買買權 (B)賣出賣權 (C)賣出買權 (D)均可保本。 【第26屆理財人員】

( ) **12** 反浮動利率組合式債券商品適合在何種利率環境中最為有利？
(A)當國內外利率不斷下降環境下最典型的商品 (B)當國內外利率持續上升下最典型的商品 (C)當國內利率環境和國外利率環境處於相反走勢環境下最典型的商品 (D)國內外利率趨勢並不影響到反浮動利率商品的收益。 【第26屆理財人員】

( ) **13** 投資連動債券商品不必注意下列何者因素？
(A)保本率
(B)所得稅率
(C)參與率
(D)投資人未來的現金流量規劃。 【第25屆理財人員】

( ) **14** 投資以美元存款連結匯率選擇權之組合式商品，倘賣出選擇權「USD Call EUR Put」時，則下列敘述何者正確？
(A)應賣出美元現貨買入歐元現貨，以提高投資組合收益
(B)當選擇權被執行時，組合式商品原來之美元存款本金將被轉換成歐元本金
(C)最大損失僅止於所支付的權利金
(D)這種商品係為保本型商品。 【第25屆理財人員】

（　　）**15** 有關證券投資信託基金之敘述，下列何者錯誤？
(A)參加對象為不特定大眾，即公開募集
(B)其規模大小並無限制
(C)其法律關係為準信託關係
(D)其運用範圍限為有價證券。　　　　　【第25屆理財人員】

（　　）**16** 假設甲公司發行一億元之四個月期保本型商品，保本率為94%，
倘當時定存利率是5%，則甲公司需存定存，以保證到期能達
保本率要求之金額為多少元？（取最接近值）　(A)9,246萬元
(B)9,357萬元　(C)9,412萬元　(D)9,528萬元。　【第24屆理財人員】

（　　）**17** 有關匯率連結組合式商品之特性，下列敘述何者錯誤？
(A)必為保本型商品
(B)購買或賣出之匯率選擇權，可以為買權亦可為賣權
(C)選擇權不被執行時，原存款本金不被轉換
(D)適合有兩種幣別需求之客戶。　　　　【第24屆理財人員】

（　　）**18** 有關利率連結組合式商品之收益率高低決定於下列何種因素？
(A)所運用之利率商品收益曲線陡峭程度　(B)風險貼水　(C)投資
期間的長短　(D)本金的多少。　　　　【第24屆理財人員】

（　　）**19** 下列何項有價證券在性質上，與指數股票型證券投資信託基金
（ETF）之特性不符？　(A)一籃子股票　(B)國庫債券　(C)封閉
式共同基金　(D)開放式共同基金。　　　【第24屆理財人員】

（　　）**20** 信用連結組合式商品的連結標的為下列何者？
(A)利率參考指標
(B)匯率參考指標
(C)信用參考指標
(D)獲利率參考指標。　　　　　　　　【第24屆理財人員】

（　　）**21** 假設甲公司發行一億元之四個月期保本型商品，保本率為94%，
倘定存利率是5%，則甲公司可用以購買衍生性商品之金額為
多少元？　(A)7,541,000元　(B)8,037,000元　(C)8,652,000元
(D)9,245,000元。　　　　　　　　　　【第23屆理財人員】

（　　）**22** 假設匯率連動債券係以債券利息及5%之本金去買進匯率選擇權之
買權，若未來匯率未上升到履約價格之上，則到期可領回多少金
額？　(A)95%本金　(B)100%本金　(C)105%本金　(D)100%本
金＋利息。　　　　　　　　　　　　【第38屆理財人員】

( ) **23** 有關選擇權之敘述，下列何者錯誤？
(A)買進買權，獲利空間可能無限大
(B)賣出買權，損失可能無限大
(C)賣出賣權，獲利空間可能無限大
(D)買進賣權，最大損失為權利金之付出。　　【第23屆理財人員】

( ) **24** 有關利率連結組合式商品之敘述，下列何者錯誤？
(A)不必考慮稅負風險
(B)必須注意流動性風險
(C)必須注意產品條件變更的風險
(D)是運用利率選擇權所組成的架構。　　【第23屆理財人員】

( ) **25** 有關集合管理運用帳戶之敘述，下列何者錯誤？
(A)運用範圍以具有次級交易市場的投資標的為原則
(B)其法源依據為信託法、信託業法
(C)規模大小有最低及最高發行金額限制
(D)不得以其他類似基金的名稱為廣告行銷。　　【第23屆理財人員】

( ) **26** 證券投資信託基金之法源依據為下列何者？
(A)信託法
(B)銀行法
(C)證交法
(D)證券投資信託基金管理辦法。　　【第22屆理財人員】

( ) **27** 有關集合管理運用帳戶之敘述，下列何者錯誤？　(A)運用範圍不限有價證券　(B)可公開募集　(C)為兩層信託契約　(D)由信託業者集合管理及運用。　　【第22屆理財人員】

( ) **28** 某三個月期保本型商品保本率為90%，假設定存利率是2%，若該商品之內含選擇權每單位的價金是12%，計算該商品的參與率應為下列何者？（取最接近值）　(A)76%　(B)78%　(C)84%　(D)87%。　　【第28屆理財人員】

( ) **29** 信用連結組合式商品的連結標的為下列何者？
(A)利率參考指標
(B)匯率參考指標
(C)信用參考指標
(D)獲利率參考指標。　　【第21屆理財人員】

( ) **30** 現行指數股票型證券投資信託基金（ETF）係與臺灣50指數相對應，當ETF價格上漲，而50指數下跌時，投資人不宜採取下列何種交易策略？ 【第21屆理財人員】
(A)賣出ETF，買進50檔現股申請申購ETF，以為賣出ETF之交割
(B)賣出50檔現股，買進ETF申請贖回50檔現股，以為賣出50檔現股之交割
(C)融券賣出ETF
(D)建立臺灣50指數期貨空頭部位。 【第21屆理財人員】

( ) **31** 有關「集合管理運用帳戶」與「證券投資信託基金」之比較，下列敘述何者錯誤？
(A)規模大小：前者無限制，後者有最低及最高發行金額限制
(B)資產保管：前者為信託業者（受託人），後者為保管機構
(C)參加對象：前者為非公開募集，後者為公開募集
(D)運用範圍：前者限有價證券及證券相關商品，後者不限有價證券。 【第21屆理財人員】

( ) **32** 有關ETF之敘述，下列何者錯誤？
(A)可以信用交易，且不受六個月觀察期限制
(B)當日價格之變動，並無上下限制
(C)手續費比照股票交易，上限為千分之一點四二五
(D)可在集中市場買賣，亦可要求贖回。 【第21屆理財人員】

( ) **33** 反浮動利率組合式商品最適合的投資時機為下列何者？ (A)經濟開始下滑時 (B)經濟開始成長時 (C)利率開始上升時 (D)利率持平時。 【第21屆理財人員】

( ) **34** 如匯率連結組合式存款係以賣出匯率選擇權之買權為架構，保障存款稅前年收益5%，到期時匯率未上升到履約價格之上，則投資人到期可領回金額若干？ (A)95%本金 (B)100%本金 (C)100%本金＋存款期間利息 (D)無法確定。 【第36屆理財人員】

( ) **35** 有關利率連結組合式商品之敘述，下列何者正確？ (A)其投資報酬率是涉及複雜的匯率交換契約 (B)所運用之利率商品收益曲線與利率選擇權價值無關 (C)所運用之利率商品收益曲線斜率越低，該商品報酬率越高 (D)所運用之利率商品收益曲線斜率越高，該商品報酬率越高。 【第36屆理財人員】

( ) **36** 匯率連結組合式存款若是以購買買權方式架構，下列敘述何者正確？ (A)存款到期領回之存款本金金額無法確定 (B)當未來匯率下跌到履約價格以下時，可以行使選擇權權利，進而享受價差 (C)未來匯率並未上升到履約價格以上，最多僅損失權利金，達到一定保本比率的保本效果 (D)當連結匯率下跌至履約價格以下，組合式存款將可能被迫轉換成另一連結幣別。 【第37屆理財人員】

( ) **37** 下列何者非屬反浮動利率商品之組成項目？
(A)存款利息收入
(B)利率交換契約
(C)匯率選擇權契約
(D)利率上限契約。 【第38屆理財人員】

解答及解析

1 (D)。「集合管理運用帳戶」的全名是「信託資金集合管理運用帳戶」（或簡稱集管帳戶），係屬於信託業務的一環。依信託資金集合管理運用管理辦法第2條規定：本辦法所稱「信託資金集合管理運用」，謂信託業受託「金錢信託」，依信託契約約定，委託人同意其信託資金與其他委託人之信託資金集合管理運用者，由信託業就相同營運範圍或方法之信託資金設置集合管理運用帳戶，集合管理運用。所以簡單來說，就是將所有委託人具有共同運用範圍的資金結合起來，統籌管理運用投資，參加對象限特定人，即非公開募集。

2 (D)。
1.本題清算日當天清算匯率為1.165>轉換匯率1.15(1.135＋

0.015＝1.15)→本金會被轉換為美元10,000×1.15＝11,500（美元）。
2.利息＝10,000×4%×35/360＝38.89。

3 (D)。股價連結式商品（Equity-Linked Notes, ELN）：係利用存款或債券之利息收益或部分之本金去購買股價或股價選擇權，股價連結組合式商品得連結之標的有個股、一籃子股票與股價指數，臺灣50指數股票型基金亦得作為連結之標的。選項(D)有誤。

4 (B)。信用違約連結票據又稱「信用連結票據」，是在票據中植入信用衍生性金融商品。信用連結票據為信用衍生性金融商品中，成長最快速的一種工具。由信用保護買方創設一破產隔離的特殊目的機構，由該特殊目的機構發行票據與投資人。特殊目的機構再與信用保護買方從事信用交換。信用參考標的之信用違約事件有：信

用標的申請債務展期或政府紓困、發行之股票遭下市處分、破產或公司重整之申請等。

5 (C)。
1. 一般常聽到的雙元貨幣組合式商品（也有銀行稱為匯率連結組合式商品）屬於到期不保本型的結構型商品，連結標的為匯率，投資人賣出匯率選擇權以收取權利金。
2. 匯率連結組合式存款係以賣出匯率選擇權之買權為架構，保障存款稅前年收益5%，到期時匯率未上升到履約價格之上，則投資人到期可領回100%本金＋存款期間利息。

6 (A)。2,000,000×95％＝1,900,000

7 (C)。利率連結型商品中的利率區間（Collar）係預先設定某指標利率和特定利率區間，若該指標利率落入特定利率區間則支付利息，反之若該指標利率未落入特定利率區間則不支付利息，投資人的獲利視指標利率落入特定利率區間的次數而定。利率連結型商品中的利率區間（Collar）係由買一個Cap及賣一個Floor之組合。

8 (C)。反浮動利率商品為利率連結式商品，利用存款或債券利息收益或部分之本金去改買利率選擇權，希望能夠賺取利率之上升、或下跌或區間波動之價差利潤。

9 (B)。反浮動利率債券上標明的利率通常是兩種利率的組合，一個是固定數字的利率，另一個是某一具代表性市場的某一特定利率。反浮動利率組合式商品雙方僅交換利息不

交換本金，具到期保障不損及名目本金之特性。

10 (C)。一檔以賣出「USD Call EUR Put」之匯率組合式商品，下跌至履約價格時，其美元存款本金轉換為弱勢之歐元本金，投資人須承受匯兌風險。

11 (A)。保本型商品為固定收益商品加上參與分配連結標的資產報酬之權利所組成的衍生性金融商品交易，投資人在到期時，至少可獲得事先約定某一比例的投資本金，而實際的總報酬則是隨著連結標的資產價格成長幅度而定，其架構如下：
保本型商品＝零息債券＋買進標的資產選擇權

12 (A)。反浮動利率債券上標明的利率通常是兩種利率的組合，一個是固定數字的利率，另一個是某一具代表性市場的某一特定利率。反浮動利率組合式商品雙方僅交換利息不交換本金，具到期保障不損及名目本金之特性。反浮動利率組合式債券商品適合在當國內外利率不斷下降環境下最典型的商品環境中最為有利。

13 (B)。投資連動債券商品不必注意所得稅率，所得稅率與個人所得有關，不影響投資連動債券商品的決策。

14 (B)。投資以美元存款連結匯率選擇權之組合式商品，倘賣出選擇權「USD Call EUR Put」時，則當選擇權被執行時，組合式商品原來之美元存款本金將被轉換成歐元本金。

15 (B)。證券投資信託基金規模大小有限制，選項(B)有誤。

16 (A)。$(1億×94\%)/(1+5\%×4/12)=$
9,246（萬元）。

17 (A)。匯率連結組合式商品是一種結合外幣存款及匯率選擇權之投資理財產品，有分為保本型商品及非保本型商品。

18 (A)。連結利率組合式商品：以存款的利息或部份本金購買利率選擇權或賣出利率選擇權。利率連結組合式商品之收益率高低決定於所運用之利率商品收益曲線陡峭程度。

19 (B)。ETF是一種貼近指數報酬的商品，其包含的投資組合依照指數所包含的成分股調整，ETF是封閉式共同基金及開放式共同基金，投資ETF具有分散風險的優點。ETF與國庫債券無關。

20 (C)。信用違約連結票據又稱信用連結票據，是在票據中植入信用衍生性金融商品。信用連結票據為信用衍生性金融商品中，成長最快速的一種工具。由信用保護買方創設一破產隔離的特殊目的機構，由該特殊目的機構發行票據與投資人。特殊目的機構再與信用保護買方從事信用交換。信用參考標的之信用違約事件有：信用標的申請債務展期或政府紓困、發行之股票遭下市處分、破產或公司重整之申請等。信用連結組合式商品的連結標的為信用參考指標。

21 (A)。$100,000,000×(1-94\%)=X(1+5\%×4／12)$
X=92,459,016
100,000,000－92,459,016=7,540,984
≒7,541,000

22 (A)。匯率連動債券係以債券利息及5%之本金去買進匯率選擇權之買權，若未來匯率未上升到履約價格之上，則到期只能領回95%本金。

23 (C)。買進賣權：持有者（買方）支付權利金後，取得未來某一特定日期或特定期間內，以履約價格，賣出一定數量標的物予賣方之權利。買進賣權，最大損失為權利金之付出，賣出賣權損失可能無限大，選項(C)有誤。

24 (A)。利率連結組合式商品利息採10%分離課稅，不用另行計入綜合所得，這對高所得的人具有相當的誘因，選項(A)有誤。

25 (C)。所謂「集合管理運用帳戶」，是指受託銀行就不同客戶委託的信託資金，其中有相同投資規劃部分，分別設置帳戶但集合在一起投資運用；集合管理帳戶投資運用範圍可直接投資在國內外股票、債券、貨幣，或不同類型的基金組合，好處在於有專業管理、透過一些人共同資金集合運用，除具經濟規模投資效益外，並可降低投資成本。集合管理運用帳戶發行規模大小並無限制，選項(C)有誤。

26 (D)。證券投資信託基金之法源依據為「證券投資信託基金管理辦法」。

27 (B)。所謂「集合管理運用帳戶」，是指受託銀行就不同客戶委託的信託資金，其中有相同投資規劃部分，分別設置帳戶但集合在一起投資運用；集合管理帳戶投資運用範圍可直接投資在國內外股票、債

券、貨幣，或不同類型的基金組合，好處在於有專業管理、透過一些人共同資金集合運用，除具經濟規模投資效益外，並可降低投資成本。集合管理運用帳戶不可公開募集，選項(B)有誤。

28 (D)。用在保本的資金占可用資金比例：90%/(1＋2%×3/12)＝89.55%
則投資該商品的可用資金：1－89.55%＝10.45%
參與率＝投資該商品的資金／該商品之內含選擇權每單位的價金
10.45%/12%＝87%

29 (C)。信用連結組合式商品是由固定收益證券和信用衍生性商品組合而成。信用連結組合式商品的連結標的為信用參考指標。

30 (B)。現行指數股票型證券投資信託基金（ETF）係與臺灣50指數相對應，當ETF價格上漲，而50指數下跌時，投資人宜賣出ETF，買進50檔現股申請申購ETF，以為賣出ETF之交割，不宜採取賣出50檔現股，買進ETF申請贖回50檔現股，以為賣出50檔現股之交割。

31 (D)。所謂「集合管理運用帳戶」，是指受託銀行就不同客戶委託的信託資金，其中有相同投資規劃部分，分別設置帳戶但集合在一起投資運用；集合管理帳戶投資運用範圍可直接投資在國內外股票、債

券、貨幣，或不同類型的基金組合，選項(D)有誤。

32 (B)。國內成分證券ETF之漲跌幅度與股票相同為10%，而國外成分證券ETF（含連結式ETF）及境外ETF則無漲跌幅限制，選項(B)有誤。

33 (A)。反浮動利率債券是指債券的票面利率，以一固定利率扣除一指標浮動利率形式呈現。當指標浮動利率上揚時，投資該債券的利息收入隨之減少，亦即利息收入和指標浮動利率走勢成反向關係，所以稱為反浮動利率債券。反浮動利率組合式商品最適合的投資時機為經濟開始下滑時。

34 (C)。履約風險最大損失為標的物價格為0，到期時匯率未上升到履約價格之上，則無履約，故可領回金額為100%本金＋存款期間利息。

35 (D)。以存款利息或部分本金購買或賣出利率選擇權為利率連結組合式商品。

36 (C)。匯率連結組合式存款若是以購買買權方式架構，未來匯率並未上升到履約價格以上，最多僅損失權利金，達到一定保本比率的保本效果。

37 (C)。反浮動利率商品為利率連結式商品，利用存款或債券利息收益或部分之本金去改買利率選擇權，希望能夠賺取利率之上升、或下跌或區間波動之價差利潤。

第二部分　理財規劃實務

第一章　理財規劃概論及步驟

依據出題頻率區分，屬：**C** 頻率低

本章是理財規劃後續章節的基礎，讀者在準備時務必抱持著打地基的想法，先建立基本概念，本章的出題方向皆是以基本的概念題為主，皆是基本分數，幾乎都是從歷屆考題考出，只要有讀就有分，讀者務必掌握。

重點1　理財規劃概論　　　重要度★

一、臺灣金融整合

在金控公司的架構下，使金融業務範圍擴大，提供多樣化的產品以滿足消費者一站購足（one stop shopping）所有金融理財商品的便利，金融機構得以跨業經營、交叉銷售，使得服務的金融商品更加多樣化，也因此加速國內財富管理市場發展。

全球銀行創新之父Brett King所提出的「未來銀行不再是一個地方，而是一種行為」，相信未來銀行將超乎想像，人們將不再倚賴銀行臨櫃服務與實體ATM，轉而大量使用網路銀行、行動支付。銀行的服務也將財富管理業務列為銀行首要發展的目標。財富管理的範疇包括理財規劃以及買賣股票、基金、保險，甚至是信託業務，也就是涵蓋證券、投信、投顧、保險、銀行之全方位金融業務。針對高淨值客戶，提供有關現金、證券、保險、信用、投資管理，以及稅務、退休、財產規劃等一系列的理財規劃與資產管理服務，幫助客戶管理人生各階段的現金流量，協助客戶進行投資規劃，這些都歸在財富管理。財富管理包括了投資建議、稅務規劃、風險管理等範疇，其中牽涉保險、銀行或投信等不同的專業人士，有時還需要律師及會計師的專業服務。狹義解釋財富管理應該與人生的目標相連接，內容應與個人的未來損益表、資產負債表及現金流量表相關。人生的需求包括：保障未來、降低風險、降低負債、規劃支出與稅負規劃等重點，而財富管理應提供之基本產品

及服務包括：現金管理、資產管理、保險醫療風險管理、負責管理、退休遺產規劃、長期稅負規劃。

而銀行業在推薦金融理財商品予投資人前，必須先瞭解客戶及其商品適合度。銀行業要先充分認識客戶及商品，經由交叉比對後，方能辨識客戶適合之商品類型，進而提供適合的理財商品予客戶。經過商品適合度評估後，投資人將可以瞭解自己風險承受程度之等級，避免投資超逾自己的風險承受度之投資理財商品（如風險性過高或波動性過大），銀行也可以辨識出客戶之「商品適合度」，進而推薦其適合的理財商品。

目前臺灣的銀行財富管理業務已進入以客戶需求為導向，為客戶量身打造符合不同人生階段的整體的理財規劃。就產品面來看，財管服務漸漸擴及家族，多家銀行開始推信託、租稅等整合性服務，讓客戶資產能保值增值，並順利傳承。

二、理財規劃的目的與利益

(一)**理財規劃的目的**：理財規劃主要為管理一生的現金流量與財務風險。理財的主要目的是平衡一生中的財務收支，藉由適宜的理財方式，多累積資產，享受更好的生活，若要對抗通貨膨脹，更須以理財來創造財富。換言之，理財規劃是指針對個人或家庭發展的不同時期，依據收入、支出狀況的變化，制定財務管理的具體方案，實現各個階段的目標和理想。

> **考點速攻**
>
> 理財的目的主要有四：
> 1. 平衡一生中的收支差距。
> 2. 過更好的生活。
> 3. 回饋社會。
> 4. 對抗通貨膨脹。

(二)**理財規劃的利益**：理財規劃就是管理個人一生的現金流量與風險。理財規劃包含以下涵義：

1. 理財是現金流量管理，每個人出生就需要用錢，需要賺錢，因此，不管有沒有錢都需要理財。

2. 理財也涵蓋了風險管理，因為未來的現金流量具有不確定性，包括人身風險、財產風險與市場風險，都會影響收入與支出。理財的範圍包括賺錢（收入）、用錢（支出）、存錢（儲蓄）、借錢（負債）、省錢與護錢，理財規劃的利益主要是幫我們達到理財規劃的目的。

   比較理財規劃與否的影響如下：

理財活動	理財活動／定義	無規劃結果	有規劃結果
收入	事業規劃： 1.工作收入：包括薪資、佣金、工作獎金、自營事業所得等。 2.理財收入：包括利息收入、房租收入、股利、資本利得等。	隨機性的求職、就職情緒性的離職、跳槽一窩蜂的創業轉業。	學以致用就學就業銜接、按生涯規劃階段性轉職、在可行性評估後創業。
支出	消費預算： 1.生活支出：包括食衣住行育樂醫療等家庭開銷。 2.理財支出：包括貸款利息支出、投資手續費用支出等。	衝動無計畫的消費可能導致個人信用破產。	在既定預算下消費，並對實際與預算差異分析，逐月改善達成預算目標。
儲蓄	儲蓄計畫： 1.緊急預備金：保有一筆現金以備失業週轉或不時之需。 2.投資本金：可用來滋生理財收入的投資工具組合。	無持續性及前瞻性的儲蓄計畫。	儲蓄根據長期目標訂定，是控制數據、有持續性及前瞻性的儲蓄計畫。
置產	購屋、購車：購置自用房屋、自用車等提供使用價值的資產。	僅就短期支付能力決定購置，未考慮長期負擔能力。	從生涯需求與負擔能力，可訂定平衡兩者的階段性購屋與購車規劃。
投資	退休金規劃 教育金規劃	沒有目標盲目投資，暴露過高的投資風險，缺乏一致性的投資策略。	以淨值儲蓄及風險承受度設計投資組合，可達成合理的理財目標。

理財活動	理財活動／定義	無規劃結果	有規劃結果
借貸	償債計畫：指償還貸款的本金計畫	未規劃還款來源，忽略借債投資風險，可能導致違約法拍。	以未來的收入及儲蓄能力決定可貸款金額，可按計畫的攤還貸款減輕負擔。
保險	保障計畫： 1.人壽保險：壽險保額需求分析（壽險、醫療險、意外險、失能險）。 2.產物保險：產險保額需求分析（火險、地震險、責任險、竊盜險）。	在人情壓力下投保，花大錢買小保障。	以生活保障需求規劃保單，保險事故發生時可達到足額保障的效果。
稅負	節稅規劃： 1.所得稅節稅規劃：扶養親屬、列舉扣除額、所得申報方式等。 2.財產稅節稅規劃：投資與置產時的各項節稅安排。 3.財產移轉節稅規劃：分年贈與、高額保單、境外公司等。）	繳了可以不用繳的稅、未善用免稅額度與節稅工具。	在稅法允許範圍內善用基金、保險、信託等工具可節省可觀稅負。
整體層面	全方位規劃： 如信託：信託的架構、信託目的、信託財產、信託受益人等。	只考慮短期目標，而忽略教育基金或退休金等長期目標。	同時考慮短中長期目標，可確保退休後財務獨立，過著有尊嚴的晚年。

(三)**理財的範圍與相互關係：**

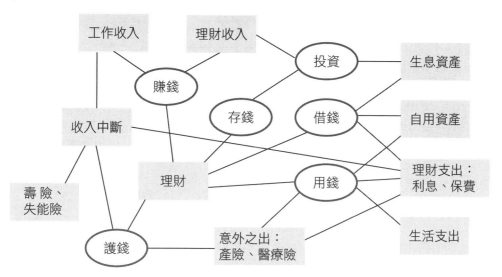

三、理財規劃的架構與流程

(一)**理財規劃的架構：**每一個人都有夢想，夢想可以成為激發企圖心的動力，但夢想一定要有實際的行動去實現才不會成為空想，而理財規劃就是以目前的條件實現未來夢想的過程，其整體架構如下：

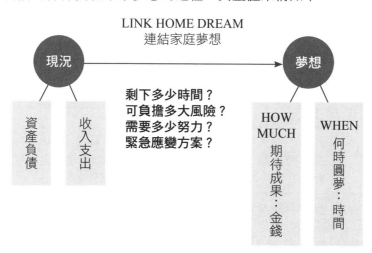

(二)**理財規劃流程：**若要將理財規劃的目標需求及現況條件進一步付諸實施，則流程如下圖：

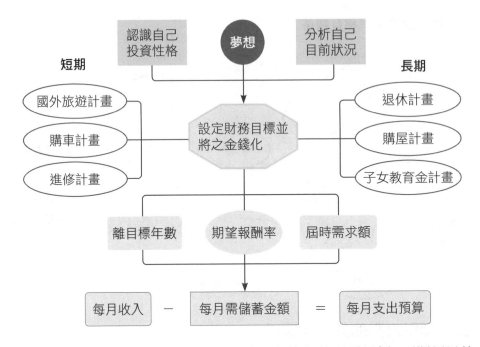

依照上圖的流程，必須將未來夢想轉成數據化的理財目標，再運用目前可投資額及未來的收入能力，來達成理財目標。前項，短中長期的理財目標，說明如表1-2。後項，目前可投資額及未來的收入能力，說明如表1-3。

表1-2　短中長期的理財目標

目標層面	短期目標 （3年以內）	中期目標 （4-14年）	長期目標 （15年以上）
個人	個人生活費用、個人保險費用、個人利息支出、償還消費貸款、深造留學、自我充電的投資。	創業資本籌措、償還創業貸款。	退休
家庭	扶養親屬費用、家庭保費支出、家庭利息支出、償還短期負債、結婚、子女出生、國內外旅遊、購車換車。	購屋換屋、償還房屋貸款	－
社會	固定金額、捐獻慈善機構	隨收入增加提高捐獻金額	成立基金會或公益信託造福人群

完整的理財目標應包含下列四項重點：何時實現此理財目標？剛開始時需要有多少整筆現金流出，以實現此一目標？開始後每年需要有多少現金流出，以實現此一目標？要持續多少年的現金流出，才能滿足此一目標？

表1-3　目前可投資額及未來的收入能力

	目前的可投資額	未來收入能力	已安排的流入
定義	可運用在支應理財目標的目前資產值	可運用在支應理財目標的年收入額	已投保之滿期領回儲蓄險或年金（含勞保及勞工退休金）
排除項目	提供目前使用價值的資產值，如自用汽車、住宅	無法用在個人或家庭的收入額，如稅捐。	保障型壽險的理賠金是或有收入，不列入
考慮因素	隨著經濟環境變化,定期檢視目前資產市值，調整投資方向	隨著未來收入或支出狀況變化，檢視年儲蓄的穩定度與成長性	儲蓄險保單持續有效是確保未來流入的前提，保費支出不能中斷

完整的理財資源應包括下列五項重點：剛開始時有多少生息資產（可產生投資收益的資產），來支應理財目標的現金流出？實現某些理財目標時，是否也伴隨一些現金流入？自己或配偶可用來支應理財目標的年工作收入有多少？自己或配偶何時退休，還可以工作多少年？已安排好或預計的其他現金流入等。

如果認為算出來的應有收入遠超過自己能力所及，就要檢討自己的夢想是否過於不切實際？可能作的調整方式如下：

1. 延後退休來延長可賺取工作收入的期間。
2. 降低理財目標的需求額。
3. 延後理財目標的達成年限。
4. 提高投資報酬率假設，但這一點通常只建議給原本過於保守者。（即原估計之報酬率較保守者）。

考點速攻

1. 連結夢想與現況的首要原則：生涯收入＝生涯支出。
2. 目標並進法係分散所有的資源延長各目標達成時間，來將全部各目標達成。

四、理財規劃人員

(一)理財規劃人員的定位

1. **家庭理財醫師**：對理財規劃人員而言，在金融投資領域的廣度遠比深度重要。在有限的工作生涯中很少人是什麼都懂而且都非常專精者，能夠診斷出客戶在理財上所面對的癥結，有時需要更專業顧問如律師、會計師與證券分析師協助，才能幫助客戶擬訂出一個具有深度的解決方案，才是理財規劃人員的責任。
2. **比家人更親的朋友**：婚前協議與遺贈信託。

(二)職業規範及準則

1. **臺灣理財顧問認證協會公告的「職業規範」**：

原則	內容
守法原則	了解並遵守相關法令的規定，不得有違反或幫助他人違反法令之行為。
忠實義務原則	包含客戶利益優先、衝突避免、禁止短線交易、禁止不當得利與公平處理五項原則。
誠信原則	應以誠信態度提供專業服務，誠信係由誠實與公正組成，不能附屬於個人利益之下。
客觀性原則	應客觀提供客戶專業服務，此客觀係指合理且審慎並符合客戶利益之專業判斷。
能力原則	應有能力提供客戶服務並維持必要的知識及技能，以從事此專業領域。
保密原則	妥慎保管客戶資料，確認客戶資料及客戶隱私之保密性。
職業道德原則	應在所有職業活動上，建立誠信與專業精神。
謹慎原則	應該謹慎地提供專業服務，謹慎係指以合理、即時及完全之態度提供服務。
資訊公開原則	提供客戶充足必要之資訊，告知客戶投資之風險及從事投資決定或交易過程之實質資訊。
善良管理原則	應盡善良管理人之責任及注意義務，為客戶適度分散風險，並提供最佳之專業理財服務。

2. **理財規劃執業準則：**

理財規劃步驟	相關執業準則
1. 建立及確認與客戶之間的關係	確認服務範圍
2. 收集資料及訂定目標	確認顧客及個人財務目標、需求及優先事項取得量化資訊與工具
3. 分析並評估客戶財務資料	分析及評估客戶資訊
4. 研擬並提出理財規劃建議書及因應方案	辨認及評估理財規劃方案 擬定理財規劃建議 簡報理財規劃建議書
5. 執行理財計劃	同意執行的責任 選擇產品及服務以執行理財規劃
6. 監控理財計劃	確定追蹤監控的責任

牛刀小試

( ) **1** 有關個人理財觀念，下列敘述何者錯誤？ (A)沒有錢的人，更應提前開始理財 (B)只要能夠守財，不必積極理財 (C)超出負擔能力的超額負債，是理財戰場最大陷阱，一旦陷入難以脫身 (D)理財目標的訂定要合理可行。 【第30屆理財人員】

( ) **2** 有關理財規劃靜態與動態分析，下列何者正確？ (A)靜態分析是假設幾種不同的報酬率，看改變報酬率後各目標的達成狀況 (B)動態分析本身未考量未來儲蓄能力可以改善的情況 (C)靜態分析較為保守，動態分析則較為樂觀 (D)在動態分析時可順利達成的目標，在靜態分析都可以達成。 【第29屆理財人員】

( ) **3** 有關金融從業人員的道德標準及行為紀律，下列敘述何者正確？ (A)理財規劃人員可基於交叉行銷之需要，將客戶之基本資料轉介其他部門同事 (B)理財規劃人員可以間接暗示的方式，將客戶未公開消息告知第三者 (C)理財規劃人員可基於產品的特性，強調並大肆宣傳此產品的過去績效 (D)理財規劃人員於提供商品時，若該商品與理財規劃服務係不可分，在無妨害公平競爭之虞時，可建議客戶購買該商品。 【第28屆理財人員】

( ) **4** 有關理財規劃人員的道德規範,下列敘述何者正確?
(A)以客戶利益為優先考量,必要時得協助客戶逃漏稅
(B)為積極推展業務,應特別強調產品過去之績效
(C)對特定背景之高所得且高風險客戶,開戶審核程序應較為寬鬆
(D)如經客戶簽訂契約或書面同意,得轉介其資料予關係企業做交叉行銷。 【第27屆理財人員】

( ) **5** 關於目標並進法之敘述,下列何者正確? (A)依目標先後順序達成目標 (B)儘量縮短各目標達成時間,使複利效果充分發揮 (C)開始即考慮多目標儲蓄,因此早期負擔較重,愈往後愈輕 (D)集中所有資源儘早達成設定之單一目標。 【第38屆理財人員】

解答及解析

1 (B)。有關個人理財觀念,應提前開始理財,積極理財,選項(B)有誤。

2 (C)。因為靜態分析較保守,其所計算出來的理財目標也較保守;動態分析較樂觀,其所計算出來財目標也較樂觀。選項(C)正確。

3 (D)。
1.理財規劃人員不可基於交叉行銷之需要,將客戶之基本資料轉介其他部門同事,選項(A)有誤。
2.理財規劃人員不可以間接暗示的方式,將客戶未公開消息告知第三者,選項(B)有誤。
3.理財規劃人員不可基於產品的特性,強調並大肆宣傳此產品的過去績效,選項(C)有誤。
4.理財規劃人員於提供商品時,若該商品與理財規劃服務係不可分,在無妨害公平競爭之虞時,可建議客戶購買該商品,選項(D)正確。

4 (D)。
1.雖然以客戶利益為優先考量,但不能協助客戶逃漏稅,選項(A)有誤。
2.為積極推展業務,仍不能特別強調產品過去之績效,選項(B)有誤。
3.對特定背景之高所得且高風險客戶,開戶審核程序應較為嚴謹,選項(C)有誤。
4.如經客戶簽訂契約或書面同意,得轉介其資料予關係企業做交叉行銷,選項(D)正確。

5 (C)。目標並進法係指開始即考慮多目標儲蓄,因此早期負擔較重,愈往後愈輕。

重點2 理財規劃步驟　　　　重要度★

一、理財規劃六大步驟

(一)**建立與確認個人與認證理財規劃顧問雙方的信任關係（定位關係）**：工作經驗與工作穩定是優秀理財規劃顧問的條件，1～3年的相關經驗是建議的最低標準。資格認證是表彰專業能力的客觀證明，理財規劃人員通常需要有一項以上的認證來顯示其專業廣度。目前在國內由政府或公會辦理的理財周邊行業資格認證，在券商有證券及期貨的營業員與高級營業員；在保險有保險業務員，中級業務員及投資型保單認證；在投信投顧有投信投顧人員及證券分析人員；在銀行有信託人員及理財規劃人員；在不動產方面有房屋仲介人員及未來的不動產估價師。若另具有會計師、律師或精算師背景，更可為理財規劃人員的深度加分。而擁有美國的證券分析師（CFA）或理財規劃師的執照。

理財規劃顧問一詞目前在國內已經不幸遭到濫用，投資人很難正確判斷誰的專業水平與職業道德值得信賴。具備保險規劃、租稅規劃、投資理財規劃、遺產及退休規劃等不同領域金融證照對投資人多少都有幫助。但是否具備跨領域的整合服務、是否與時俱進持續進修及是否接受專業職業道德與紀律規範更重要。

(二)**收集個人資料並協助擬定個人人生目標與期望（需求訪談）**：需要對自己的經濟狀況有一個整體的認識，這是理財規劃明確理財目標的基礎，因為你目前的經濟狀況需求，與你當前的年齡職業狀況，以及婚姻狀況等有非常密切的關係，這些可能影響甚至決定了你在未來的投資中的投資方向和態度，並且直接與你的生活方式聯繫在一起。收集客戶資料不需要直接請客戶填寫他個人或家庭目前的資產負債表等，應該用比較技巧的問卷，總和後為他推估目前財務現況，避免單刀直入問他的月薪資為多少？可以設計成如下的問卷：

問題	推估財務現況
請問你目前每個月家庭費用開銷約為多少錢？	生活支出
請問你目前每個月房貸本息攤還約為多少錢？	理財支出
請問你退休前每個月約可儲蓄多少錢？	支出＋儲蓄＝收入

問題	推估財務現況
請問你目前可用來投資的錢有多少？	金融資產總額
請問你目前住宅是否自有？目前市值約多少？	自用資產
請問你目前房貸及其他負債約為多少錢？	負債
請問你已投保的壽險總額及年繳保費有多少？	保障及理財支出
請問你目前最主要運用的投資工具為何？	金融資產組合
請問你日常開銷中佔最大的比重是哪一項？	生活支出組合
請問你是否有投資用不動產？市值及年租金為何？	資產及理財收入

(三) **客觀的分析與評估個人的資料以確定其整體財務情況（規劃建議）**：當然生活在不同的年齡事業階段你的目標可能會有所不同，但是這些階段是需要明確的，然後根據這些來確立你未來的財務需求。

(四) **共同制定並了解整體的理財計劃（擬定策略）**：根據這個目標和經濟狀況來制定可實施的理財計劃，它包括兩個方面，一方面要提出所有可能的行動方案，另一方面就是從中選出適合自己的行動方案，這一步的工作，需要非常詳細，但同時要做到可行可控，這需要在搜集大量訊息的基礎上，作出當然要結合自己的經濟狀況和目標，選擇合適的投資和實現目標的其他渠道，在制定好幾套方案之後選擇比較適合自己的特點和性格的方案來執行。

(五) **實行共同擬定的理財計劃（執行計劃）**：一個成功的規劃並不代表未來的成功，還要保證執行下去達到既定的目標，這就要求當事人利用好現有的資源，嚴格的執行擬定的理財計劃，這是計劃成功實行的保證。

(六) **檢視與監控理財計劃執行的進度（定期追蹤）**：計劃成功執行後，過一段時間需要進行反思和檢驗。檢驗擬定的階段性目標是否已經實現，如果沒有實現，問題出在哪方面？原有的計劃需要改進嗎？但是，切記不要毫無目的的改變原有計劃，這樣可能導致整盤計劃的失敗。如果階段性目標成功實現，也要看看有沒有改進的餘地。總之，理財規劃需要時間的檢驗和提高。

二、理財規劃策略

在充分評估的基礎上，根據理財的三性原則，即流動性、安全性和變現性，設定對客戶最合適的理財策略，可以給出客戶以下幾種理財策略：

(一)**保本型理財策略**：該理財策略的目標是保本：一是保證本金不減少，二是理財所得資金可以抵禦通貨膨脹的壓力，比較適合風險承受能力比較低的理財者，如上面所說的超級保守型和有點保守型家庭。主要理財工具是儲蓄、國債和保障型險種。參考理財組合：儲蓄和保險占70%，債券占20%，其他占10%。

(二)**穩定─增長型理財策略**：該理財策略的目標是在穩定收入的基礎上尋求資本的增值，比較適合具備一定風險承受能力的理財者，如上述的理想型理財者。主要理財工具是分紅保險、國債、基金。儲蓄和保險占40%，債券占20%，基金和股票占20%，其他理財占20%。

(三)**高收益型理財策略**：該理財策略的目標是獲取高收益，比較適合具備較高風險承受能力的理財者，如上述的衝動型理財者。主要理財工具有股票、基金、投資連接保險等，如有足夠的資金還可以買房、炒外匯。參考理財組合：儲蓄保險20%，債券和股票占60%，外匯、房地產等占20%。

考點速攻

風險承受度低之客戶，可配置較多債券型基金。銀髮族不宜搭配高比例之衍生性商品，以確保本金。

三、理財目標

合理理財目標應具備特徵：

(一)**目標要具體量化可衡量**：結果可以用貨幣計算，目標要具體量化可衡量，如果想要在5年後購置一棟100萬元的大房子。

(二)**目標要可行**：目標可以達成。理財目標要能夠針對家庭的收入水平預期和消費水平預期設定，使目標設立在一定基礎之上而可達成。脫離實際不可達到的目標等於沒設，如目前尚處於「月光族」階段的一般白領族希望自己明年就能購置一棟500萬的別墅，這個目標與生活脫節，只是一個空泛的想像而沒有意義。

(三)**目標要有時間性**：即要有實現目標的最後期限。例如，我想10年後成為百萬富翁，我想每月給孩子存300元的學費，我想60歲後每月領取3000元的退休金，可以連續領取25年。

(四)**目標要有現實性**：考慮外在環境、自己的個性與體能限制，如投資報酬率20%的假設在景氣較佳的環境或對冒險型的投資人而言是可達到的；但在經濟前景低迷的時刻或對極端保守的人而言，20%的報酬率假設是不切實際的。

(五)**目標要具體的**：達成目標的計畫要具體，如20年的退休規劃可落實至年或月的儲蓄投資計畫，累積退休金的進度與目標的差距也要定期檢討調整策略。

四、客戶需求分析評估

(一)客戶需求分析的TOPS原則

1. **Trust（信任）**：要先取得客戶的信任，客戶才願意提供有關個人財務的訊息作為理財規劃的腳本。通常，與既有客戶往來的時間愈久，客戶對理財專員的信任感愈高，透過需求分析尋求交叉銷售的機會便愈大。即使是面對新客戶，在需求面談上表現出來的專業素養，親切且讓客戶沒有壓力的態度，都有可能讓客戶在接觸不久後就產生信任感。若是過去的專業服務已建立口碑，即有客戶願意引介他們的親友成為你的新客戶。因此，在有人為你的信任背書的情況下，由需求分析著手的新客戶開發，應可水到渠成。

2. **Opportunity（機會）**：讓客戶覺得這是他改善未來財務狀況的機會。以為何需做理財規劃的理由正面說服客戶，探詢客戶最關心或困擾的理財問題，比如說對有年幼子女的客戶，可以詢問其目前是否已對子女高等教育資金來源做規劃？如何規劃？在問答中含蓄地指出原有規劃的盲點，藉由需求分析的機會便可幫客戶做更好的調整。

3. **Pain（負面避免痛苦）**：對於沒有意識到理財規劃的重要性，或者從來不曾做過理財規劃的客戶，比較難從正面找機會點切入。此時應該從如果現在不做規劃的話，依照目前財務狀況，老年可能無所依靠，或萬一有事故發生家人將流離失所，生活難以為繼等的說明著手；同時，舉一些最近發生的實例來提醒客戶，是否願意承擔沒有做投資或保險規劃的可能痛苦？對大部分客戶來說，負面避免痛苦的效果常比正面機會說服來得有效。

4. **Solution（解決方案）**：你必須告知客戶，在他填寫理財問卷與需求分析之後，下一步我們會怎麼做？可以出示樣本讓客戶知道會得到一份類似的理財規劃報告，分析從目前財務狀況到客戶理財目標間的差距，是否可能在期望期限內達成？以何種方式安排可提高達成的機會？如果他願意執行，我們應為他建議投資或保險組合，並且協助安排其執行。

(二)**客戶一般需求分析**：依照客戶的財務現況與目標需求進行分析模擬：

1. **問卷及客戶需求輸入**：包括前述的客戶財務現況、家庭結構、風險承受度，及對各項理財目標的期望，皆可採取質化或量化輸入。

2. **理財相關統計輸入**：蒐集理財相關統計數據，作為訂定理財目標及投資建議的合理基準。可將各項理財目標案分成基本水準、平均水準及滿意水準，不曉得如何訂定理財目標的客戶，可先設定平均水準，若資源足夠可晉級至滿意水準，即使資源不足的話無論如何不能低於基本水準。

3. **依財務現況及風險承受度檢驗各項目標達成的可能性**：
必須清楚地界定以下各項準則：
(1) 以客戶的理財價值觀，排定各理財目標間的優先順序。
(2) 現有資源運用的優先順序。
(3) 依照風險承受度與理財目標作資產配置。
(4) 所有目標無法同時達成時，須檢驗標示及調整模式。
(5) 所有目標可以同時達成，而資源仍有剩餘時的調整模式。
(6) 未來生涯資產淨值模擬。
(7) 短期現金流量模擬。

(三) **客戶特殊需求分析**：特殊需求包括特定的短期流動性需求，及為解決生涯或家庭狀況發生變化所衍生問題的需求。包括：

1. **短期流動性需求**：當短期收支無法平衡，需要運用信用貸款來度過難關時，理財規劃顧問可以幫客戶審視短期現金流量，確定應有的銀行信貸額度、適合的銀行貸款產品及可能適用的優惠利率，並擬定儘早還清貸款的計畫。

2. **生涯狀況變化的需求**：
(1) 失業：評估失業持續的狀況及時間，及其對家庭生活及資產負債狀況的影響。理財顧問也可以是客戶的生涯規劃顧問，協助客戶分析轉業、創業的可能性。
(2) 有計畫的創業：創業需要做營業計畫、市場調查，整個過程可以看作一個理財規劃專案。一個稱職的理財顧問需要了解創業的流程，把協助客戶做創業規劃視為整體服務的一部分。

3. **家庭狀況改變的需求**：
(1) 移民：移民牽涉到移居後的工作與居住安排、在臺灣的財產處理及跨國的稅務處理問題等。理財顧問可以配合專業移民公司將移民規劃視為專案處理。
(2) 離婚：離婚牽涉到子女監護權、贍養費、共同財產分配或婚後財產差額請求權等議題，對原來家庭的影響頗大。理財顧問可配合對離婚前後的家庭現金流量及資產負債的變化預做模擬，降低離婚對原來家庭成員的負面影響。

(3) 分產：事先安排好遺產信託，是解決家族紛爭與避免祖產分割的建議方式。

五、理財規劃報告書

(一)**摘要**：將上述運用理財軟體所得出的結果整理出一至兩頁的摘要，針對客戶所最關心的理財目標或亟待解決的特殊需求，提出明確的診斷結果與建議。

(二)**主要內容**

1. 客戶的家庭資產負債表及財務結構。
2. 客戶的家庭現金流量表及收支儲蓄結構。
3. 對客戶目前財務狀況的診斷與建議。
4. 依照客戶風險承受度設定合理投資報酬率。
5. 根據設定的投資報酬率與理財目標達成期限，參考各投資工具或各種基金過去的報酬率與風險，模擬出最有機會達到理財目標的核心投資組合資產配置建議，並可以資產配置圖強化說明效果。
6. 將包括年生活費的理財目標所需的未來現金流出，與現有的資產及工作能力可產生的未來現金流入相對照，比較資金缺口，提出應提高收入、降低支出或調整其他理財目標金額與年限的建議。
7. 依照家庭需要法或收入彌補法，算出保障型保額需求。

(三)**行動方案建議**

1. **解決客戶特殊需求的行動方案**：包括首次諮詢一般性的理財規劃；定期檢視執行成果的理財健診；因為移民、離婚或分產需要做的特殊規劃安排，及現金流量（大額流入或借貸需求）或節稅上的特別考慮。
2. **投資調整方案**：比較現有的投資組合及建議的投資組合，列出可行的投資組合調整比率、金額及調整時機。
3. **保險調整方案**：評估客戶目前已有的保險安排是否已充分有保障，家庭可能遭受到的收入中斷、費用遽增等改變生涯現金流量的可能風險。以保費佔收入的比例、保額為年支出的倍數等指標來衡量保險配置的適當性，提出保單調整的方向。

(四)**產品推薦**：獨立客觀的理財規劃顧問，只會在客戶要求協助執行規劃方案時才做產品推薦，一般金控、銀行、保險等行業的理財顧問應於此時才切入，尋找自身產品中適合客戶規劃內容與調整方向建議的產品。假使並沒有客戶需求的產品公司，也應為客戶搭配推薦別家的產品，並納入整個投資或保險建議，這樣才能實行先服務再行銷的流程。

牛刀小試

( ) **1** 當您第一次與客戶面談，下列何者屬於理財規劃流程的「客戶資訊蒐集與設定理財目標」流程？ (1)詢問扶養親屬人數 (2)詢問扶養親屬年齡或生日 (3)決定投資哪種股票 (4)蒐集財務資料 (A)僅(1) (B)僅(1)(2) (C)僅(2)(3) (D)僅(1)(2)(4)。　【第31屆理財人員】

( ) **2** 下列項目之先後順序應如何排列，才是合理之理財規劃流程？ (1)與客戶建立關係 (2)擬定理財規劃報告書 (3)蒐集客戶資訊及設定理財目標 (4)控管執行進度與定期檢討修正
(A)(1)(2)(4)(3)　　　　　　　(B)(3)(1)(4)(2)
(C)(1)(3)(2)(4)　　　　　　　(D)(3)(2)(1)(4)。　【第26屆理財人員】

( ) **3** 對一位理財規劃人員而言，引導客戶需求分析應該掌握的 "TOPS" 原則為下列何者？
(A)Trust（信任），Optimistic（樂觀），Pain（負面避免痛苦），Solution（解決方案）
(B)Trust（信任），Opportunity（機會），Positive（正面思考），Solution（解決方案）
(C)Trust（信任），Optimistic（樂觀），Positive（正面思考），Solution（解決方案）
(D)Trust（信任），Opportunity（機會），Pain（負面避免痛苦），Solution（解決方案）。　【第26屆理財人員】

( ) **4** 就狹義的「理財規劃」與「財富管理」之異同而言，下列敘述何者錯誤？ (A)財富管理應與人生目標相連接 (B)財富管理的範疇比理財規劃大 (C)人生目標多與理財規劃有關 (D)投資規劃不屬於理財規劃範疇。　【第33屆理財人員】

( ) **5** 檢視客戶主要財務資料，下列敘述何者錯誤？
(A)資產負債表
(B)收入支出表
(C)預算表
(D)股東權益變動表。　【第32屆理財人員】

解答及解析

1 (D)。理財規劃流程的「客戶資訊蒐集與設定理財目標」流程：詢問扶養親屬人數、詢問扶養親屬年齡或生日、蒐集財務資料。

2 (C)。理財規劃流程：與客戶建立關係→蒐集客戶資訊及設定理財目標→擬定理財規劃報告書→控管執行進度與定期檢討修正。

3 (D)。引導客戶需求分析應該掌握的 "TOPS" 原則為：Trust（信任），Opportunity（機會），Pain（負面避免痛苦），Solution（解決方案）。

4 (D)。投資規劃屬於理財規劃範疇，選項(D)有誤。

5 (D)。個人沒有股東權益變動表，故客戶主要財務資料不含股東權益變動表。

精選試題

( )　**1** 下列何者非屬理財之範疇？　(A)賺取投資收益　(B)規劃逃漏稅　(C)規劃投資或消費負債　(D)風險管理。　【第26屆理財人員】

( )　**2**「請問您目前最主要運用的投資工具為何？」是向準客戶詢問哪一方面的問題？　(A)生活支出組合　(B)自用資產　(C)金融資產組合　(D)理財收入。　【第25屆理財人員】

( )　**3** 下列哪一種保險會產生資產累積效果？　(A)定期壽險　(B)醫療險　(C)全民健保　(D)退休年金。　【第35屆理財人員】

( )　**4** 依據臺灣理財顧問認證協會的職業道德原則，會員所應信守的職業道德原則中，主要意涵在為客戶利益優先，避免利益衝突，禁止不當得利與公平處理等原則為下列何者？　(A)誠信原則　(B)忠實義務原則　(C)客觀性原則　(D)專業原則。　【第24屆理財人員】

( )　**5** 有關財富管理之敘述，下列何者錯誤？
(A)財富管理係針對客戶不同人生階段需求提供服務
(B)財富管理包含投資建議、稅務規劃及風險管理等範疇
(C)財富管理的目的是替客戶保值及創造財富
(D)財富管理整合私人銀行業務、資產管理業務及保險經紀業務三大板塊。　【第24屆理財人員】

( )　**6** 理財規劃人員在引導客戶需求分析時應該掌握的TOPS原則，下列敘述何者錯誤？　(A)T代表Trust，是取得客戶信任的意思　(B)O代表Opportunity，是正面掌握機會的意思　(C)P代表Pain，是負面避免痛苦的意思　(D)S代表Sale，是表示強力促成銷售的意思。　【第24屆理財人員】

( ) **7** 理財專員評估客戶所有理財目標均可同時達成，剩餘財產遠超過遺產稅免稅額時，不宜為下列何項規劃建議？ (A)提升儲蓄額 (B)投保高額終身壽險 (C)分年贈與 (D)以子女為受益人之信託。 【第24屆理財人員】

( ) **8** 針對可承受投資風險的問卷評量，應包括的五個項目，下列敘述何者正確？ (A)基本資料、投資狀況、投資人配偶或家人的看法、流動性需求、理財目標彈性 (B)基本資料、投資狀況、理財性向測驗、流動性需求、理財目標彈性 (C)投資人工作資歷、投資狀況、理財性向測驗、流動性需求、理財目標彈性 (D)基本資料、目前現有資金投資績效、理財性向測驗、流動性需求、理財目標彈性。 【第37屆理財人員】

( ) **9** 有關理財的範圍，下列何者錯誤？
(A)護錢（保險與信託）
(B)省錢（節稅）
(C)存錢（資產）
(D)討錢（討債技巧）。 【第23屆理財人員】

( ) **10** 有關理財規劃人員應有的學養，下列何者非屬之？ (A)隱匿商品風險之行銷話術 (B)金融市場價格走勢 (C)各種金融商品的結構 (D)與理財相關之各種法規。 【第23屆理財人員】

( ) **11** 理財規劃人員在協助客戶執行規劃方案時，下列敘述何者正確？
(A)無論目標為何，應優先行銷所屬銀行之商品 (B)風險承受度低之客戶，可配置較多股票型基金 (C)銀髮族宜搭配高比例之衍生性商品以增加收入 (D)複雜的個案宜選擇配合的律師或會計師以供諮商。 【第23屆理財人員】

( ) **12** 下列項目之先後順序應如何安排，才是合理的理財規劃流程？
I.與客戶訪談，確認理財目標 II.定期檢視投資績效 III.提出理財建議 IV.協助客戶執行財務計劃 V.蒐集財務資料 (A)I,III,V,IV,II (B)V,I,III,II,IV (C)I,V,IV,III,II (D)I,V,III,IV,II。 【第23屆理財人員】

( ) **13** 有關目標並進法之敘述，下列何者正確？
(A)係在同一時間只設定一個目標
(B)係儘量縮短各目標達成時間，使複利效果充分發揮
(C)係開始即考慮多目標儲蓄，因此早期負擔較重，愈往後愈輕
(D)係集中所有資源儘早達成設定之單一目標。
【第23屆理財人員】

(　) **14** 評估客戶投資風險承受度，下列敘述何者錯誤？　(A)資金需要動用的時間離現在愈近，愈不能承擔高風險　(B)年齡較大，所能承受的投資風險較低　(C)已退休客戶，應建議其投資保守型商品　(D)長期理財目標彈性愈大，愈無法承擔高風險。　【第23屆理財人員】

(　) **15** 下列何者為較完整的理財定義？　(A)理財就是一種投資　(B)理財就是賺錢　(C)理財是理一生之財，也就是個人一生的現金流量管理與風險管理　(D)理財就是運用多餘的錢。　【第22屆理財人員】

(　) **16** 金融控股公司之設立，對於消費者及金融從業人員之影響，下列敘述何者錯誤？　(A)金融人員可以發揮交叉行銷之綜效　(B)行政支援人員比率大幅提高　(C)理財專員必須充實各種金融商品專業知識　(D)消費者可獲一次購足之服務。　【第38屆理財人員】

(　) **17** 診斷與分析客戶財務情況是財務規劃流程的一部分，下列何項工作在此階段完成？I.確認投資工具II.確認財務現況的優劣點III.推薦節稅策略IV.蒐集財務資料　(A)僅II&IV　(B)僅I&III　(C)I,II&III　(D)II,III&IV。　【第22屆理財人員】

(　) **18** 下列何種目標設定符合SMART原則？　(A)打算在20年後的55歲退休，屆時有2千萬元的養老基金　(B)任意操作衍生性商品，以小博大，在40歲以前快速致富　(C)期待中樂透頭彩，購買豪宅與轎車　(D)消極投資股市，每年以獲取50%的投資報酬率為目標。　【第22屆理財人員】

(　) **19** 有關目標順序法與目標並進法之敘述，下列何者錯誤？
(A)目標順序法的優點為同一時間只限定一個目標，可儘早達成理財目標
(B)目標順序法的缺點為順序在後的目標，可能較無足夠的時間與資源可達成
(C)目標並進法的優點為可儘量延長各目標達成時間，使複利效果充份發揮
(D)目標並進法的缺點為先甘後苦，較無彈性因應目標調整時的變化。　【第22屆理財人員】

(　) **20** 對於財富管理客戶開戶之審查原則，下列敘述何者錯誤？　(A)應審查客戶之所得與資金來源　(B)應審查客戶及受益人之身分　(C)應審查客戶過往之投資經驗　(D)對特定背景之高風險人士，應給予較寬鬆之核准程序。　【第21屆理財人員】

(　) **21** 財富管理業務如涉及證券投資顧問之諮詢服務者，應依下列何項
設置標準之規定，經主管機關核准兼營該項業務？
(A)信託業　　　　　　　　　(B)期貨顧問事業
(C)證券投資顧問事業　　　　(D)證券業。　　【第21屆理財人員】

(　) **22** 協助客戶訂定財務目標時，須符合的SMART原則，下列敘述何
者錯誤？　(A)S代表Specific（明確的）　(B)M代表Measurable
（可衡量的）　(C)A代表Attainable（可達到的）　(D)R代表
Rough（概略的）。　　　　　　　　　　　【第21屆理財人員】

(　) **23** 財務規劃流程的首要條件是下列何者？　(A)理財商品利潤
(B)瞭解客戶需求　(C)市場研究資訊　(D)所提供的理財規劃如何
計費。　　　　　　　　　　　　　　　　　【第37屆理財人員】

(　) **24** 投資工具依其風險由低至高排列，下列何者正確？
(A)投機股、績優股、有擔保公司債、票券
(B)全球型基金、平衡型基金、有擔保公司債、定存
(C)定存、有擔保公司債、認股權證、平衡型基金
(D)國庫券、有擔保公司債、績優股、期貨。　【第21屆理財人員】

(　) **25** 就狹義的「理財規劃」與「財富管理」之異同而言，下列敘述何
者錯誤？
(A)財富管理應與人生目標相連接
(B)財富管理的範疇比理財規劃大
(C)人生目標多與理財規劃有關
(D)投資規劃不屬於理財規劃範疇。　　　　【第34屆理財人員】

(　) **26** 有關報酬率與投資期間之關係，下列敘述何者正確？　(A)隨著
時間的拉長，報酬率上下限的差異愈來愈大　(B)投資期間愈
短，平均報酬率愈穩定　(C)同一種投資工具的風險，可藉由拉
長投資時間來降低　(D)投資期間愈短，愈可選擇短期內高風險
的投資工具。　　　　　　　　　　　　　　【第21屆理財人員】

(　) **27** 下列何者並非正確的投資規劃準則？　(A)依達成年限、金額等設
定投資目標　(B)就各目標設定有機會達成的預定報酬率　(C)依
理財目標的特性來進行資產配置　(D)強調長期投資，因此投資之
後最好都不要調整投資組合。　　　　　　　【第36屆理財人員】

( ) **28** 當你第一次與客戶面談，下列何項屬於理財規劃流程的「客戶資訊蒐集與設定理財目標」流程？I.詢問扶養親屬人數II.詢問扶養親屬年齡或生日III.決定投資哪種股票IV.蒐集財務資料　(A)僅I (B)僅I&II　(C)僅II&III　(D)僅I,II&IV。　【第36屆理財人員】

( ) **29** 理財規劃人員協助客戶訂定理財目標時，下列何者不符SMART原則？　(A)目標內容及希望達成時間應明確　(B)目標應數據化、金錢化　(C)目標應超越現實而理想化　(D)達成目標之計畫應具體。　【第39屆理財人員】

( ) **30** 理財人員在協助客戶控管其理財規劃執行進度時，下列建議何者錯誤？　(A)儲蓄額降低時，宜減少開銷或增加收入　(B)倘累積生息資產大幅減損時，可考慮延長目標達成年限　(C)利率持續走升，則定存到期時可買進債券型基金　(D)有緊急意外支出需求時，可尋求優惠利率貸款支應。　【第39屆理財人員】

解答及解析

1 (B)。理財就是一個人一生的現金流量管理與風險管理。理財的範圍包含賺錢與用錢。規劃逃漏稅非屬理財之範疇。

2 (C)。「請問您目前最主要運用的投資工具為何？」是向準客戶詢問金融資產組合方面的問題。

3 (D)。退休年金是一個帳戶，會隨提撥金額而累積。

4 (B)。忠實義務原則主要意涵在為客戶利益優先，避免利益衝突，禁止不當得利與公平處理等。

5 (D)。財富管理是指以客戶為中心，設計出一套全面的財務規劃，通過向客戶提供現金、信用、保險、投資組合等一系列的金融服務，財富管理服務提供對象除了個人外，現在已包括企業，因為企業背後代表的

就是大老闆、也會有資金需求，選項(D)有誤。

6 (D)。引導客戶需求分析應該掌握的"TOPS"原則為：Trust（信任），Opportunity（機會），Pain（負面避免痛苦），Solution（解決方案）。

7 (A)。理財專員評估客戶所有理財目標均可同時達成，剩餘財產遠超過遺產稅免稅額時，不宜為提升儲蓄額規劃建議，這樣會被課到稅。

8 (B)。針對可承受投資風險的問卷評量，應包括的五個項目，分別為：基本資料、投資狀況、理財性向測驗、流動性需求、理財目標彈性。

9 (D)。理財的範圍不含討錢（討債技巧）。

10 (A)。理財規劃人員應有的學養，不含隱匿商品風險之行銷話術。

11 (D)。理財規劃人員在協助客戶執
行規劃方案時,應優先行銷適合客
戶之商品。風險承受度低之客戶,
可配置較多債券型基金。銀髮族不
宜搭配高比例之衍生性商品,以確
保本金。複雜的個案宜選擇配合的
律師或會計師以供諮商。

12 (D)。合理的理財規劃流程:
與客戶訪談,確認理財目標→蒐集財
務資料→提出理財建議→協助客戶執
行財務計劃→定期檢視投資績效。

13 (C)。目標並進法係開始即考慮多目
標儲蓄,因此早期負擔較重,愈往
後愈輕。

14 (D)。評估客戶投資風險承受度,長
期理財目標彈性愈大,愈可以承擔
高風險。選項(D)有誤。

15 (C)。理財定義:理財是理一生之
財,也就是個人一生的現金流量管
理與風險管理。

16 (B)。金融控股公司之設立,會有綜
效產生,首先就是行政支援人員比
率可大幅下降。

17 (A)。診斷與分析客戶財務情況是財
務規劃流程的一部分,此階段必須完
成:此階段完成及蒐集財務資料。

18 (A)。美國理財專家Rejda和
McNaMara曾提出「SMART原則」
可供投資朋友參考,所謂的SMART
是由五個英文單字的字首所組成,
分別是:原則說明「S」,"Specific"
(明確的)目標內容、希望達成的
時間與執行的方法必須明確以書面
方式詳細紀錄,以免夢想永遠是腦
海中的空想。「M」,"Measurable"
(可衡量的)衡量實現目標所需要
的金錢,將目標數據化、金錢化。
「A」,"Attainable"(可達成的)根
據現有的財富、未來收入與目標年
限,在合理的假設下訂定有機會達
成的目標。「R」,"Realistic"(符合
現實的)考慮經濟景氣、外在環境、
個人與家庭條件等,讓目標符合
現實狀況。「T」,"Tangible"(具體
的)達成目標的方法要具體。本題
打算在20年後的55歲退休,屆時有
2千萬元的養老基金目標設定符合
SMART原則。

19 (D)。目標並進法的優點為較無有彈
性因應目標調整時的變化,選項(D)
有誤。

20 (D)。對特定背景之高風險人士,
應給予較嚴謹之核准程序,選項(D)
有誤。

21 (C)。財富管理業務如涉及證券投資
顧問之諮詢服務者,應依證券投資
顧問事業設置標準之規定,經主管
機關核准兼營該項業務。

22 (D)。美國理財專家Rejda和McNaMara
曾提出「SMART原則」可供投資朋
友參考,所謂的SMART是由五個
英文單字的字首所組成,分別是:
原則說明「S」,"Specific"(明確
的)目標內容、希望達成的時間與
執行的方法必須明確以書面方式詳
細紀錄,以免夢想永遠是腦海中的
空想。「M」,"Measurable"(可
衡量的)衡量實現目標所需要的
金錢,將目標數據化、金錢化。
「A」,"Attainable"(可達成的)
根據現有的財富、未來收入與目標

年限,在合理的假設下訂定有機會達成的目標。「R」,"Realistic"(符合現實的)考慮經濟景氣、外在環境、個人與家庭條件等,讓目標符合現實狀況。「T」,"Tangible"(具體的)達成目標的方法要具體。選項(D)有誤。

23 **(B)**。財務規劃流程的首要條件是瞭解客戶需求為何。

24 **(D)**。投資工具依其風險由低至高排列:
國庫券<有擔保公司債<績優股<期貨。

25 **(D)**。投資規畫屬於理財規劃之範疇。

26 **(C)**。
1.隨著時間的拉長,報酬率上下限的差異愈來愈小。選項(A)有誤。
2.投資期間愈短,平均報酬率愈不穩定。選項(B)有誤。
3.同一種投資工具的風險,可藉由時間來平緩投資風險。選項(C)正確。

4.投資期間愈短,不一定愈可選擇短期內高風險的投資工具。選項(D)有誤。

27 **(D)**。應依照實際情況而隨時動態調整投資組合。

28 **(D)**。需求面談確認理財目標→蒐集財務資料→提出理財建議→協助客戶執行財務計畫→定期檢視投資績效。

29 **(C)**。SMART原則分別是:S(Specific明確的):目標內容、達成時間必須明確;M(Measurable可衡量的):將目標數據化、金錢化;A(Attainable可達成的):在合理的假設下,訂定有機會實現的目標;R(Realistic符合現實的):考慮外在環境與個人狀況,訂定符合現實狀況的目標;T(Tangible具體的):達成目標的方法要具體並確實執行。

30 **(C)**。債券型基金主要是在賺穩定的配息,當預期未來利率上升,則定存到期時不應買進債券型基金。

第二章 客戶型態與家庭預算

依據出題頻率區分，屬：**B** 頻率中

本章是客戶型態與家庭預算的介紹，所以出題比率算中等，讀者在研讀本章時，只要閱讀過有印象，可以選出答案即可，本章的出題方向皆是以觀念題為主，故本章是基本分數，讀者務必掌握。

重點1 客戶型態　　　　　　　重要度★

一、家庭生命週期與理財重點

(一)**家庭生命週期**：家庭生命週期指的是一個家庭誕生、發展直至死亡的運動過程，它反映了家庭從形成到解體呈迴圈運動的變化規律。家庭隨著家庭組織者的年齡增長，而表現出明顯的階段性，並隨著家庭組織者的壽命而消亡。家庭生命週期概念是美國人類學學者P.C.格里克於1947年首先提出來的。

一個典型的家庭生命周期可以劃分為以下六個階段：形成、擴展、穩定、收縮、空巢與解體六個階段，分述如下：

1. **青年單身期**：參加工作至結婚的時期，一般為1～5年。這時的收入比較低，消費支出大。這個時期是提高自身、投資自己的大好階段。這個時期的重點是培養未來的獲得能力。財務狀況是資產較少，可能還有負債（如貸款、父母借款），甚至淨資產為負。

2. **家庭形成期**：指從結婚到新生兒誕生時期，一般為1～5年。這一時期是家庭的主要消費期。經濟收入增加而且生活穩定，家庭已經有一定的財力和基本生活用品。為提高生活質量往往需要較大的家庭建設支出，如購買一些較高檔的用品；貸款買房的家庭還須一筆大開支付貸款還款。

3. **家庭成長期**：指小孩從出生直到上大學前，一般為9～15年。在這一階段里，家庭成員不再增加，家庭成員的年齡都在增長，家庭的最大開支是保健醫療費、學前教育、智力開發費用。同時，隨著子女的自理能力增強，父母精力充沛，又積累了一定的工作經驗和投資經驗，投資能力大大增強。

4. **子女教育期**：指小孩上大學的這段時期，一般為4～8年。這一階段裡子女的教育費用和生活費用暴增，財務上的負擔通常比較繁重。

5. **家庭成熟期**：指子女參加工作到家長退休為止這段時期，一般為15年左右。這一階段裡自身的工作能力、工作經驗、經濟狀況都達到高峰狀態，子女已完全自立，債務已逐漸減輕，理財的重點是擴大投資。

6. **退休養老期**：指退休以後。這一時期的主要內容是安度晚年，投資和花費通常都比較保守。

(二) **家庭生命週期的理財重點**：梅修、墨菲和羅傑斯認為，在確定和分析消費者金融需求方面，家庭生命周期是比年齡更為重要的因素，因此，引人家庭生命周期概念，可以更為恰當地分析家庭的理財需求。根據年齡和其他一些因素，可以按家庭生命周期把家庭分為幾類，表2-1所示，各生命周期階段均有不同的理財要重點考慮的因素，表2-2所示。

表2-1　家庭生命周期分類表

類別	特徵	類別	特徵
1	青年，單身	5	老年夫婦，子女獨立或接近獨立
2	青年夫婦，無子女	6	老年，單身
3	夫婦兩人，有子女	7	夫婦兩人，退休
4	單身，有子女	8	單身、退休

表2-2　家庭各生命周期理財要素分析表

理財要素	生命周期不同階段理財要素的重要性							
	1	2	3	4	5	6	7	8
風險管理	L	M	H	H	M	L	M	L
債務管理	M	M	H	H	M	L	L	L
投資	L	M	L	L	H	H	M	M
退休計劃	L	L	L	L	H	H	H	H

L：不重要；M：中等重要；H：很重要
1，2，3，…，8，與表2-1中的8種類型對應

二、生涯規劃與理財計畫

(一)**生涯規劃的環節**：Super認為生涯是生活裡各種事件的演進方向與歷程，綜合個人一生中的各種職業與生活角色，由此表現出個人獨特的自我發展組型；生涯也是人生自青春期至退休，一連串有酬或無酬職位的綜合，生涯規劃包括四個環節：事業規劃、家庭規劃、居住規劃與退休規劃。理財計畫也包括四個環節：投資計畫、貸款計畫、保險計畫與節稅計畫。根據生涯規劃所訂的理財目標，必須有按部就班的理財行動計畫，才能加以落實。生涯規劃與理財計畫分析圖如下：

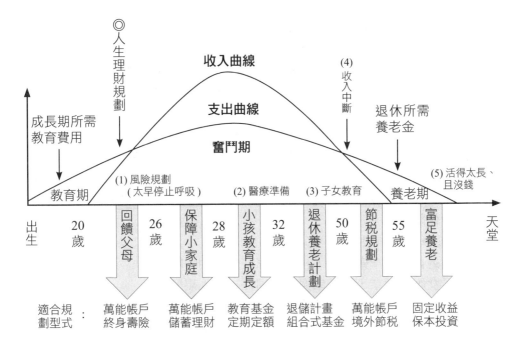

(二)**生涯規劃的理財目標**：

1. 短期：國內外旅遊、購置家電汽車及裝潢。
2. 中期：結婚、購屋、創業。
3. 長期：子女高等教育基金及退休金。

(三)**生涯規劃各階段的理財活動**：生涯規劃大致上可以分為探索期、建立期、穩定期、維持期、高原期、退休期等六個階段：

1. 探索期→15～24歲：
   (1) 為就業前的準備階段。
   (2) 正在就學，大都未婚，與父母同住。

(3) 理財活動以提升自己的專業，取得可提升未來工作收入的證照為是。可理的財有限，以活存、標會或小額信託為主。保險以意外險為主，以父母為受益人。

2. 建立期→25～34歲：

(1) 剛踏入社會，擇偶、結婚、養兒育女時期，家庭形成期。

(2) 婚前與父母同住，婚後開始準備購屋，可能開始有房貸。

(3) 理財應「量入為出，存自備款」為重。投資可放定存、標會或定期定額投資國內外基金。保險以定期壽險、儲蓄險為主。

3. 穩定期→35～44歲：

(1) 確定生涯方向的階段，屬家庭成長期的前段。

(2) 職場歷練十年了，子女開始上學。

(3) 理財以「償還貸款，籌措教育基金」為主，最大負債為房貸。投資自用住宅為主，有餘可投資股票型基金。保險投保「遞減型房貸壽險」。

4. 維持期→45～54歲：

(1) 屬家庭成長期之後半期，是最具有投資能力的年齡層。

(2) 事業邁向中階主管，子女教育費用龐大，投資能力最強時。

(3) 理財活動應多元投資組合，包括國內外基金、債券型基金、全球型基金。理財目標以準備退休金為主。保險以養老險附加終醫療險及投資型保險為主。

5. 高原期→55～64歲：

(1) 是退休前的準備階段，相當於家庭成熟期的階段。

(2) 子女應已就業，租屋或與父母同住，邁入銀髮族。

(3) 理財活動以「準備退休金」為重，投資應增加債券型基金及定存的比率，降低投資組合的風險。保險上應以節稅規劃為重，可將滿期金轉為退休年金。

6. 退休期→65歲以後：

(1) 退出職場，享受人生，相當於家庭衰老期階段。

(2) 子女成家立業也有子女，本人可念飴弄孫。夫妻漸有人亡故。

(3) 理財活動應以「享受人生、規劃遺產」為重點，投資組合應以固定收益工具為主。可以將部分退休金購買退休年金險，活得越久領得越多。

考點速攻

1. 生涯規劃高原期保險計畫以滿期金轉退休年金為宜。

2. 一般生涯規劃中，最具有投資力的年齡層落在維持期（約45～54歲）。

3. 經常入不敷出的家庭，理財的首要重點為量入為出，避免消費借貸，以免陷入惡性循環。

上述各階段理財規劃茲整理如下表：

期間	學業事業	家庭型態	理財活動	投資工具	保險計畫
探索期 15-24歲	升學成就 業轉業抉擇	以父母家庭 為生活重心	提升專業 提高收入	活存標會 小額信託	意外險壽險 受益人父母
建立期 25-34歲	在職進修 確定方向	擇偶結婚 學前小孩	量入節出 存自備款	定存標會 小額信託	壽險儲蓄險 受益人配偶
穩定期 35-44歲	管理技能 創業評估	小孩上小學 中學	償還房貸 籌教育金	自用房地 股票基金	依房貸餘額 年限保壽險
維持期 45-54歲	中階管理 專業聲譽	小孩上大學 或深造	收入增加 籌退休金	建立多元 投資組合	養老險或 投資型保單
高原期 55-64歲	高階管理 指導組織	小孩已 獨立就業	負擔減輕 準備退休	降低投資 組合風險	以滿期金 轉退金年金
退休期 65歲後	名譽顧問 經驗傳承	兒女成家 含飴弄孫	享受生活 規劃遺產	固定收益 投資為主	領退休年金 至終老

三、理財價值觀

資源有限，慾望無窮，因此必須要做選擇，決定資源的分配順序，經濟學就是探討選擇的科學，決定的標準就在於每一個選擇項目可帶來的效用高低。然而效用對每個人來說並不是常數，而是相當主觀的。在理財規劃上，我們把當現有資源無法滿足所有理財目標時，人們對個別理財目標間的相對重要性或實現順序的主觀選擇，稱為理財價值觀。

選擇性支出可以選擇現在消費，提升當前的生活質量，使其高於基本水準。也可以選擇儲蓄，當作支應未來消費的財源。未來消費可以按照人生三大理財目標：購屋、子女教育與退休來劃分，由此可以劃分出四種典型的理財價值觀，分別以螞蟻族、蟋蟀族、蝸牛族、慈烏族命名。

(一)**螞蟻族（先犧牲後享受）**：螞蟻族的特點是高儲蓄率。這類型的人如同螞蟻，為了準備過冬而辛勤勞作，一輩子忙碌。他們不注重眼前享受，努力賺取高收入，將選擇性支出投向儲蓄，維持高儲蓄率，迅速積累財富，期待未來的生活品質能得到提高。後果可能是人生苦短，在年青時過於苛求自己，沒有時間享受生活。工作儲蓄＝退休後生活支出。螞蟻族靠儲蓄就能完成理財目標。但也不能太保守，也應投資於一些收益較

為穩定的基金或股票，或者購買養老保險，達到個人收益最大化。投資可選擇穩定的基金或股票。保險則選擇養老保險或投資性保險。

(二)蟋蟀族（先享受後犧牲）：蟋蟀族猶如童話裡那隻夏天整日唱歌嬉戲、嘲笑螞蟻不會享受的蟋蟀，到了冬天因沒有糧食而餓死。蟋蟀族的價值觀是「今朝有酒今朝醉」，注重跟前享受，將大部分選擇性支出用於現在的消費上，只顧提升當前的生活水準，未來靠政府或兒女，只要不餓死就好了。蟋蟀族要注意在及時享樂的同時，不要忘了老有所養，要有一定的儲蓄投資計劃及保險計劃，以便在晚年做到財務獨立。投資可選擇穩定基金或股票。保險則選擇基本需要的養老保險。

(三)蝸牛族（背負不嫌苦）：蝸牛族泛指對擁有房子心理效用高的一族，他們為了擁有房子不惜節衣縮食，認為有土斯有財。哪怕高額負債，收入扣除房貸後所剩無幾、生活水平一般也在所不惜。義務性支出以房貸為主，對於沒有房子的他們來說，儲蓄的重要目標就是購房。蝸牛族以購買房屋作為最主要的理財目標，在這一目標上耗用太多的資源，必將影響其他目標的實現以及生活水平的提高。因此這部分人要充分考慮自己的收入水平和還貸能力，還要注意購買房屋保險。可以以基金準備購房頭期款。投資則選擇中短期看好的基金。保險則選擇房產保險。

(四)慈烏族（一切為兒女著想）：慈烏族投入在子女教育經費占其消費的比重偏高，或儲蓄的動機是以獲得子女未來接受高等教育儲備金為首要目標者，就像烏鴉媽媽擔心小烏鴉挨餓受凍的心情。由於太多投資於兒女教育，自己留下不多的退休金會影響未來的生活水準。慈烏族要注意留一些資源給自己，對於花費較大的子女教育項目要做好長期準備。這種情況的人應該投資於一些中長期的收益比較穩定的金融產品。投資可選擇中長期表現好的基金。保險則選擇子女教育年金。

上述各重類型的價值觀及行銷種類，茲整理如下：

螞蟻族—先犧牲後享受	蟋蟀族—先享受後犧牲
順水推舟可築夢餘生 投資—區域型基金投資組合 保險—養老險或投資型保單	喚起需要強迫儲蓄最低額 投資—單一全球型基金 保險—基本需求養老險
蝸牛族—為殼節衣縮食	**慈烏族—為兒辛苦為兒忙**
以基金準備購屋自備款 投資—中短期較看好的基金 保險—短期儲蓄險或房貸壽險	以基金準備子女教育金 投資—中長期表現穩定基金 保險—子女教育年金

四、達成理財目標的方法

(一) **目標順序法**：當自己家庭的理財目標進行了統一的計劃之後，就要開始
分析自己家庭的理財目標了。依各目標先後順序逐項達成。例如達成購
屋目標後才考慮子女教育目標，達成子女教育目標後才考慮退休目標。
目標順序法的優點，目標順序法的缺點是一旦順序在前的目標耗用太多
的時間與資源，順序在後的目標可能就無足夠的時間與資源可達成。在
於同一個時間只設定一個目標。使用目標順序法主要有四個步驟：
1. 確定目標基準點，一般是將理財目標實現的時點作為目標基準點。
2. 計算資金總供給，即將目標基準點之前進行的一次性投資和每期儲蓄的
現金流累計到目標基準點，計算出終值。
3. 計算資金總需求，即將目標基準點之後需要支付的現金流向前折現到目
標基準值，計算出現值。
4. 比較資金總供給與總需求，當總供給大於等於總需求時，表示理財目標
是可以實現的，否則需要進行調整。

(二) **目標並進法**：與目標順序法不同，目標並進法是對多個理財目標同時進
行規劃的方法，即各個理財目標不分時間先後，均在當前時刻開始規
劃，使得針對不同理財目標的投資齊頭並進。
對比目標順序法和目標並進法，目標順序法是
在實現一個理財目標後才開始對下一個目標進
行規劃，壓縮了後期目標的規劃時間，因而通
常會給這些目標的實現帶來較大壓力，可能造
成後期目標無法實現，或者為了實現目標而不

> **考點速攻**
> 目標並進法可以彈性因應目標調整的變化。

得不推遲目標實現時間、增加儲蓄或提高投資報酬率；而目標並進法則
是在當前時刻即對全部理財目標進行規劃，因此前期的儲蓄負擔較重，
而隨著理財目標的逐個完成，壓力將越來越小。
目標並進法的優點是儘量延長各目標達成時間，使複利的效果充分發揮，
降低遠期目標早期所需投入額，使早期的儲蓄還有餘裕來分配至中長期目
標。目標並進法的缺點是違反一般人只看近期目標的習性，且投資組合運
作的方法較複雜。

五、客戶投資風險忍受度分析

衡量風險承受度不單單只有考慮到個人，必須要把很多因素也考量進去：年
齡、家人、投資目標…等，如果今天你必須要撫養一個家庭，那你所能承受
的風險絕對比你個人認為的要低，你必須要考慮總體家庭的風險，而不單單
只是個人的投資風險，如果今天你投資目的是幫小孩準備教育金，這份投資

也不應該承擔較高的風險，如果今天你已經70歲，你所能承受的風險絕對比20歲的時候低。投資風險與投資工具的搭配，茲整理如下表：

投資風險	極高	中高	中低	極低
類型描述	冒險型	積極型	穩健型	保守型
主要投資工具	期貨外匯 認股權證 投機股 新興股市基金	績優股 成熟股市 全球型基金	優先股 公司債 平衡型基金	定存 公債 票券 保本投資型定存
財務槓桿擴大信用	融資融券 一至兩倍	以理財型房貸機動運用	自有資金操作	自有資金操作
操作期間	短期	中短期	中長期	中長期
利益來源	短線差價	波段差價	長期利益	長期利益

牛刀小試

( ) **1** 家庭形成期若有信託上的安排，應以下列何種規劃較為適當？ (A)遺產信託 (B)購屋置產信託 (C)公益信託 (D)退休安養信託。 【第30屆理財人員】

( ) **2** 有關家庭成熟期的資產狀況，下列敘述何者正確？ (A)可累積的資產逐年增加，要開始控制投資風險 (B)可累積的資產達到巔峰，應降低投資風險準備退休 (C)逐年變現資產當退休後生活費，以固定收益工具為主 (D)可累積的資產有限，但年輕可承受較高的投資風險。 【第31屆理財人員】

( ) **3** 有關四種典型的理財價值觀描述，下列敘述何者錯誤？ (A)螞蟻族是認真工作，早日退休，築夢餘生 (B)蟋蟀族是青春不留白，及時行樂 (C)蝸牛族是有土斯有財，將購屋置產列為首要目標 (D)慈烏族盡孝道，盡心伺候父母至壽終正寢。 【第38屆理財人員】

( ) **4** 有關理財目標方程式之敘述，下列何者錯誤？ (A)若理財目標金額、達成期間及期望報酬率均不變時，可藉由提升未來的儲蓄能力來達成理財目標 (B)在現況條件與理財目標均固定的情況下，

達成目標的時間愈短，所需要的報酬率愈高　(C)若現況條件與投資報酬率改變的空間均不大，則可降低理財目標額　(D)預期報酬率應列為最先調整的變數。　　　　　　　　　　【第29屆理財人員】

(　　) **5** 關於目標並進法的敘述，下列何者正確？　(A)依目標先後順序達成目標　(B)集中所有的資源來儘早達成目標，符合一般人的理財習慣以及中短期的理財眼光，比較容易被接受　(C)儘量延長各目標的達成時間，使複利的效果充分發揮，降低遠期目標早期所需投入額，使早期的儲蓄還有餘裕來分配至中長期目標　(D)目標並進法較無彈性因應目標調整時的變化。　　　　　　【第38屆理財人員】

解答及解析

1 (B)。家庭形成期若有信託上的安排，應以購屋置產信託規劃較為適當。

2 (B)。家庭成熟期時，當可累積的資產達到巔峰，應降低投資風險準備退休。選項(B)正確。

3 (D)。慈烏族是對小孩盡心盡力，把錢都花在小孩身上，選項(D)有誤。

4 (D)。理財目標方程式，預期報酬率應列為最後調整的變數，選項(D)有誤。

5 (C)。目標並進法係指儘量延長各目標的達成時間，使複利的效果充分發揮，降低遠期目標早期所需投入額，使早期的儲蓄還有餘裕來分配至中長期目標。選項(C)正確。

重點2 家庭預算　　　　　　　　　重要度★★

一、編製家庭財務報表的基本會計觀念

(一)**記帳與編製家庭財務報表**：記帳與編製家庭財務報表，是理財的起步。

(二)**個人／家庭財務報表**：個人或家庭的財務報表，包括資產負債表、收支儲蓄表與現金流量表，為了解與分析個人家庭財務狀況必備的工具。

(三)**企業財務報表編製，需遵循一般公認會計原則**：個人或家庭財務報表編製，不需遵循。企業採應計基礎（權責發生制），但家庭絕大部份採現金基礎。家庭採應計基礎部份，主要在信用卡刷卡與繳費間做調整。

(四)**資產負債表是存量的觀念**：資產負債表表某結算時點資產與負債狀況。
通常是以月底、季底或年底當作資產負債的結算基準日，在結算日除了
準備當期所有的帳面資料外，還要盤點手邊的現金。
本期收入＋本期支出＝本期儲蓄＝淨資產增加的水位
期初資產＝過去歷年儲蓄累積額－資產折舊＋資產價值增減額（資本利得
或損失）

(五)**收入與支出是流量的觀念**：損益表顯示一段期間現金收支的變化，儲蓄
也是流量。期初存量＋本期流入－本期流出＝期末當期流入－當期流出
＝當期淨流入（本期儲蓄）＝前後期淨值差異。

(六)**家庭收支大都採用現金基礎**：會計基礎分為「現金基礎」與「應計基
礎」。現金基礎：有現金流入或流出時才記帳。家庭收支大都採用現金
基礎。應計基礎：又稱權責發生制，即交付貨物或勞務時就應記「應收
款」，收到物或勞務時就應記「應付款」。

(七)**編製資產負債表時，最好將成本計價與市價計價的報表並列**：編製資產
負債表時，最好將以成本計價與市價計價的報表並列，可看出資產損
益。以成本計價的資產負債表，本期期末的淨值－上期期末的淨值＝當
期儲蓄，可用此來檢視記帳是否準確。計算市值時，除了公開的股票、
債券或基金價格可供計算以外，自用資產如房屋、汽車或收藏品，也可
定期估價以反映其變現價值。

二、家庭資產負債表

(一)家庭資產負債表的意義

家庭資產負債表係顯示某一特定時點一個家庭的財務狀況，可以每年之12
月31日觀察。
資產＝負債＋淨值
資產－負債＝淨值

(二)家庭資產負債項目

1. **資產與負債的分類**：資產分為生息資產與自用資產；負債分為自用資產
負債、投資負債與消費負債。

2. **生息資產，包括：**
   (1) 現金及活儲。　　　　　　　(2) 定期存款。
   (3) 債券票券。　　　　　　　　(4) 國內股票。
   (5) 共同基金。　　　　　　　　(6) 期貨。

(7) 保值性商品。　　　　(8) 壽險保單現值。

(9) 已繳活會。　　　　　(10)貸出款。

(11)不動產投資。

3. **自用資產，包括：**

(1) 預售屋預付款：預售屋的預付款是資產科目。

(2) 自用住宅。

(3) 汽車機車。

(4) 其他自用資產。

4. **用資產負債，包括：**

(1) 自用住宅貸款。　　　(2) 汽車貸款。

5. **投資負債，包括：**

(1) 股票質押貸款。　　　(2) 股票融資融券。

6. **消費負債，包括：**

(1) 信用卡應付款。　　　(2) 死會應付款。

7. **當期儲蓄額：**

(1) 以成本計之期初期末淨值差異＝當期儲蓄額。

　　以市價計之期初期末淨值差異＝當期儲蓄額＋未實現資本利得或損失＋資產重估增值或折損。

　　茲整理家庭資產負債結構表如下：

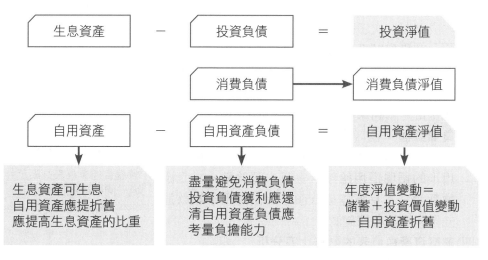

(三)編製家庭資產負債表所需的單據

1. **現金**：月結日清點手邊現金，加總家庭成員的手邊現金額。

2. **活儲**：若有數個不同帳戶，要加總各帳戶月結日當天餘額。

3. **金融性投資的成本與市值**：清點定存單、集保存摺或股票、國內基金受益憑證、海外基金指定用途信託憑證等，以確定定存金額、股票名稱與鼓數、基金種類名稱與單位數。股數或單位數乘以取得單價就是取得成本，乘以結算日的市價就是結算日的市值。股票收盤價、國內外基金淨值資產價格資料，可由報紙、投信公司或銀行取得。海外基金須以結算日匯率換算成新臺幣的市價。

4. **房地產的成本與市值**：以房屋與土地所有權狀確定面積坪數，由買賣契約上的總價加上契稅、仲介費、代書費確定取得成本；藉由市場比較法評估房地產目前每坪的市價，以每坪市價乘以面積坪數來估計房地產的市值。

5. **其他耐久財資產估價**：資產負債表上若要顯示自用汽車的價值，須參考同品牌的中古車行情。其他資產方面，除方式有增值可能的古董或收藏品需要定期估價，一般家具、電器等耐久財，若要計價只能以舊貨商品的收購行情計。

6. **應收款**：借貸給他人的款項若確定可回收，以借出額為應收款市值，但若回收無望或倒帳機會高，則應比照企業提列呆帳的方式，將應收款成本按照回收機率打折來計算市價。民間標會若為已繳未標的活會，應視為應收款列入資產，但是若跟會已發生問題，會員間協議折舊取回會金，或可能被倒會時，應將活會應收款按照可回收的比率做調整。

7. **保單現金價值**：在編製資產負債表時常會忽略保單現金價值。若投保終身壽險、養老險、子女教育年金、退休年金、短期儲蓄險及其他分年還本或滿期一次領回的險種或投資型保單，投保2年以上，及有保單現金價值，若投保時間較久，保單現金價值在資產上佔有相當大的比重，不可以漏列。保單現金價值通常是以保單週年為調整基準，可查閱保單上所記載的解約金價值來當作該年的現金價值。若每月作資產負債表，在繳保費當月調高保單現金價值即可，不需要每月調整。

8. **負債餘額**：包括房貸、車貸、小額信貸最近繳款通知單所載餘額減去本期的本金還款額。信用卡的循環信用餘額＝上月未還餘額＋本月應繳款額－本月實際繳款額，可由信用卡繳款通知單與繳款收據確認。

考點速攻

> 家庭資產負債表是顯示特定時間的存量狀況。

(四)**家庭資產負債表的財務比率分析**

1. **家庭負債比率分析**：

   負債比＝總負債÷總資產

   ＝(自用資產負債＋投資負債＋消費負債)÷(自用資產＋生息資產)

　　　　＝自用資產貸款成數×自用資產權數＋融資比率×生息資產權數
　　　　　＋消費負債佔總資比率
(1) 總資產＝自用資產＋生息資產
(2) 總負債＝自用資產負債＋投資負債＋消費負債

負債比率愈高，財務負擔愈大，若收入不穩定時無法還本付息的風險也愈大。應該儘量避免消耗性質的消費負債，借錢來投資應按期結算損益後還清，自用資產負債則應考慮還款能力。

2. **自用資產貸款成數分析：**

自用資產貸款成數＝自用資產貸款額÷自用資產市值

自用房地產在自用資產中佔最大的比例，自用資產貸款額是以自用資產為抵押標的物來申請借貸，若無其他自用資產，自用資產貸款成數＝房貸額÷自用房地產市值＝房貸成數。銀行的核貸標準一般為七成，隨著房貸剩餘繳款年數減少，此比率會逐步走低；但在房地產市值大幅下降的情況下，房貸比率也有可能反向走高。自用淨值呈負數的情況。通常房貸負債以本利平均攤還的方式，每期還本金的金額遞增，因此房貸負債逐漸減少；房地產淨值增加的主因，來自於房貸餘額的降低。

例：千千2年前以自備款300萬元購買當時價值900萬元的透天厝，其餘不
　　足額向銀行申貸，約定前3年只還利息不還本金，目前房子市價1,200
　　萬元，則千千的自用資產貸款成數為多少？
　　答：→（900萬元－300萬元）÷1,200萬元＝50%

3. **自用資產權數分析：**

自用資產權數＝自用資產÷總資產

自用資產以提供使用價值為主要目的，一般人未購屋前此比例不會太高，但若年輕人把大部分的積蓄用來買車，即使未購屋還是會顯現高自用資產權數。在購屋後貸款未繳清前，多數家庭均將積蓄用來還貸款，以致無法累積生息資產，因此自用資產佔總資產的比重多在七、八成以上。

4. **融資比率分析：**

融資比率＝投資負債÷生息資產市值

不管來源是理財型房貸、股票融資或是證券質押貸款，只要是用來投資都應計入融資比率中。

5. **生息資產權數分析：**

生息資產權數＝生息資產÷總資產

生息資產是資產中最具生產力的部份。生息資產佔總資產的比重越大，表示資產中可累積的生息愈多，成長的機會愈大。

6. **消費負債佔資產比率分析：**

消費負債佔資產比率＝消費負債額÷總資產

在理財上應該盡量避免消費負債，但若需借貸時，在沒有自用資產負債或投資負債的前提下，消費負債比率等於總負債比率。此時消費負債合理的額度不宜超過總資產的一半。

7. **總淨值與自用淨值、投資淨值的關係分析：**

(1) 總淨值中自用淨值比率很高時，總淨值會隨負債的減少而緩慢成長。

(2) 總淨值中投資淨值比率很高時，因投資負債固定生息資產市值隨行情有較大幅度的波動，總淨值起伏較大。投資負債的比重愈大，投資淨值波動的幅度即愈大。

(五)**對資產負債狀況做理財診斷**

1. 不同負債狀況的家庭，理財的重點也不同。

2. 資產遠高於負債，淨值超過遺產稅免稅額的殷實家庭，理財的重點在節稅而非創造更高的資產。若節稅規劃得當，要移轉20%的稅後資產給下一代，比投資多賺20%來繳稅更容易。

3. 資產略高於負債的一般家庭，理財的重點是衡量未來生涯階段資產負債的可能變化預做因應，避免晚年負債高於資產，成為子女的負擔。

三、家庭收支儲蓄表

現代家庭記帳遠比以前方便，只要保留所有的收支單據及資產負債憑據，每個月月底記帳，就可以掌握當月份的收支儲蓄與資產負債變動的狀況。以下介紹以單據憑證記帳的方法。

(一)**每個月需要保留的收支單據**

1. **薪資收入額及扣繳所得稅、勞健保費**：薪資轉帳憑單明列薪資收入及扣繳的所得稅與勞健保費，可算出撥入銀行薪資轉帳戶的現金淨收入。通常在薪資轉帳憑單中會另外註明年終獎金或員工紅利。

2. **其他工作收入**：臨時工、稿費與演講費則根據領款的收據。若無憑證，領款當日應於便條紙上註明收入來源及金額。

3. **理財收入**：根據房租契約規定計算房租收入。銀行活儲利息有的月結，有的每年6月底或年底才結算一次，次月刷存摺即可知道過去一個月或半年利息收入有多少。定存單若為到期一次

考點速攻

1. 非控制型支出：如保險費、房貸本息與每月的定期投資額。

2. 一般而言，理財收入會比工作收入不穩定。

領本息，於月結時檢視當月是否有定存單到期，領取利息即可；若每月領息，定存金額乘以利率就是利息。

4. **資本利得或損失**：假使進出股市頻繁，對照集保存摺與交割轉帳專戶存摺，就可算出當月份已實現的資本利得或損失。

5. **現金領取額**：由存摺或自動提款機領取，保留提款機憑單或參閱存摺上的領款紀錄。

6. **現金消費支出額**：保留所有現金支出發票或收據作為現金消費的紀錄，及付款單據，把所有的發票與收據放在同一個罐子裡，到月結日再整理。

7. **刷卡消費簽帳額**：保留所有的簽帳憑單，確定本月份刷卡簽帳金額及用途。

8. **信用卡繳款額**：保留月結帳單及繳款收據。如果較大金額的消費都用刷卡，便可由信用卡月結帳單清楚的知道何時何處消費及消費的產品，等於替你記帳。

9. **利息支出額**：不管是房貸、車貸或信用卡貸款，繳款通知書上應會註明本期應繳的總額及其中的本金與利息各多少。死會的利息支出可以標得會款之標金，乘以每月死會的期數來計算。

10. **保費支出**：不管是保險公司派人來收取保費、自動轉帳或刷卡繳保費，都會收到保費送金單收據。

(二) **計算當月儲蓄額**：依據前述保留的單據，可算出當月支出如下：

1. **本月收入額**：本月收入額＝薪資單上薪資收入＋存摺存單上利息收入＋活會會單估計利息收入＋便條紙記帳其他收入＋股票交割專戶紀錄，算出本月資本利得或損失。

2. **本月支出額**：本月支出額＝現金消費發票、收據或便條紙記帳額＋例行性交通及早午餐支出等估計額＋本月信用卡繳款額＋本月依各項貸款繳款通知單的利息支出額＋依會單得標金計算的死會利息＋本月保費送金單的繳費金額。

3. **本月儲蓄額**：本月儲蓄額＝本月收入額－本月支出額

(三) **利用活期儲蓄存款帳戶寫理財日記**

1. **集中一本活儲為理財帳戶**：可以所有的個人理財交易，均集中在同一家銀行的活儲戶，可以把活儲存摺當做家庭的現金流量表。每月月底只要根據活儲存摺的收支存數字，做資產負債調整，就可以編製個人收支儲蓄表與資產負債表。

2. **當期現金淨增加額：**

資產負債表的一般公式如下：

當期現金淨增加額＝當期儲蓄＋以信用卡簽帳繳款為主的短期負債淨增加額＋以房貸本金借入償還為主的長期負債淨增加額＋以投資買進或賣出為主現金以外資產淨減少額

(四)**編製家庭收支儲蓄表應注意要點**

1. **資本利得或損失的認列：**以實現資本利得或損失示收入或支出科目，未實現的資本利得為期末資產與淨值增加的調整科目，不會顯示在收支儲蓄表中。

2. **民間標會的認列：**活會利息是利息收入，死會利息是利息支出；標首會時等於借入一筆錢分期償還本息，收尾會時類似定期定額投資賺利息。

3. **預付款的認列：**預售屋的預付款是資產科目，不是支出科目。因此，每月房貸的繳款額應區分本金與利息：利息費用是支出科目，房貸本金是負債科目。所有的資產負債科目，都會將期初期末的差異顯示在淨值儲蓄額中。

4. **保險的認列：**產險保費多無儲蓄性質，應列為費用支出科目。而終身壽險、養老險、教育年金及退休年金，因可累積保單現值屬儲蓄性質應列為資產科目。以儲蓄為主的保費，屬儲蓄性質，應列為資產科目，如終壽險、養老險、教育年金及退休年金，因可累積保單現值。

(五)**家庭收支儲蓄表的財務比率分析**

1. **支出比率分析：**支出比率＝總支出÷總收入
   ＝（消費支出＋理財支出）÷總收入
   ＝消費支出÷總收入＋理財支出÷總收入
   ＝消費率＋財務負擔率

2. **消費率分析：**

   消費率＝消費支出÷總收入

   消費支出是指日常的食、衣、住、行、育、樂、醫療等支出。基本上，賺得多自然花得多，但是並非等比率的關係。

3. **邊際消費率分析：**

   邊際消費率＝非基本支出÷總收入＝（年消費支出－基本支出）÷總收入
   所得愈高，邊際消費率愈低；所得愈低，邊際消費率愈高。

4. **財務負擔率分析：**

   財務負擔率＝理財支出F÷總收入

   財務負擔率以利息支出佔總收入20%為上限，保障型保費支出佔總收入10%為合理上限，因此合計不應超過總收入的30%為上限。

5. **自由儲蓄額分析：**

   自由儲蓄額＝總儲蓄額－已經安排的本金還款或投資

   包括房貸應定期攤還的本金額、應繳儲蓄型保費額、應繳的定期定額投資額，與應繳的死會額等。一般人所認定的儲蓄額為自由儲蓄，是可以自由決定如何運用的儲蓄。

6. **自由儲蓄率分析：**

   自由儲蓄率＝自由儲蓄額÷總收入＝儲蓄率－還本投資率

   自由儲蓄率可以10%為目標。通常較多收入的月份，如發放年終獎金與紅利時，會有比較高的自由儲蓄額可運用。

   假設年終獎金只有10萬元，扣除預留稅款與子女註冊費後，可能所剩無幾；若有20萬元，可再規劃當年度全家的國外旅遊支出；若有30萬元，可編列換購家具電器的年度預算開銷；超過30萬元，多餘的自由儲蓄可用來還貸款或投資，早日達成原訂的償債與儲備退休金計畫。

7. **收支平衡點的收入分析：**

   收支平衡點的收入＝固定支出負債÷工作收入淨結餘比率

   全邊際收入＝目前實際收入－收支平衡點收入

   安全邊際率＝安全邊際÷實際收入

   邊際收入＝(1－邊際稅率)×邊際收入。

   固定支出負擔包括每月固定生活費用支出、房貸本息支出、固定應繳死會款等每月固定的支出；而工作收入淨結餘是指工作收入減所得稅扣繳額、減勞健保扣繳額，再減掉為了工作所必須支付的費用（如通勤的交通費、停車費、中午外食便當費或治裝費月分攤額）。分析收支平衡點的主要目的，是要算出現在及退休後的生活水準，應當開創多少收入，才能量出為入。但當不容易提昇收入時，便要考慮降低固定費用支出，支出或者提高工作收入淨結餘比率。由於所得稅扣繳與勞保費飛自己能控制，但交通與外食費用較有彈性，可藉此提高收入淨結餘比率。

   對單薪家庭且家計由先生負責者，可把薪資收入的70%給太太安排家用及其它固定開銷。

例：若固定生活開銷為每月3萬元，房貸本息支
出為每月2萬元，合計5萬元。

5萬元÷70%＝71,428元，為收支平衡點時應有的收入，目前收入與收支平衡點的收入差異比率，(80,000元－71,428元)÷80,000元＝10.7%，稱為安全邊際，用來衡量當收入減少時，有多少緩衝空間。

例：延用上例，但因應未來需求的每月定期定額投資需2萬元，固定支出增加為7萬元，7萬元÷70%＝10萬元。因此，應設法找個10萬元的工作，才能支應現在與未來生活需求。

8. **相對收支率分析：**

相對收支率＝(目前年收入÷區域平均收入)÷(目前年支出÷區域平均支出)

(1) 相對收支率的標準為1。

(2) 大於1，表示儲蓄率高於平均值。

(3) 小於1，表示儲蓄率低於平均值，儲蓄應加強。

(六)**對家庭收支儲蓄表做財務診斷：**分析收支平衡點的主要目的，是要算出現在及退休後的生活水準，應當開創多少收入，才能量出為入。

但當不容易提昇收入時，便要考慮降低固定費用支出，支出或者提高工作收入淨結餘比率。由於所得稅扣繳與勞保費飛自己能控制，但交通與外食費用較有彈性，可藉此提高收入淨結餘比率。

四、個人財務診斷

(一)**理財成就率分析：**

理財成就率＝目前的淨資產÷(目前的年儲蓄×已工作年數)

理財成就率的標準值＝1，此比率愈大表示過去的理財成績愈佳。比如說已工作5年，現在年儲蓄15萬元。假使儲蓄增長率與投資報酬率相當的話，過去儲蓄本金加投資收目前的年儲蓄×已工作年數

目前的淨資產益的累積基準值＝15萬元×5＝75萬元。

如果現在的資產只有60萬元，理財成就率＝60／75＝80%，表示過去理財的成績不算好，未來應趕上。

(二)**淨值投資比率分析**：

淨值投資比率＝生息資產÷淨值

　　　　　　＝(生息資產÷總資產)×(總資產÷淨值)

　　　　　　＝投資資產比重×財務槓桿倍數

淨值投資比率分析可解釋理財成就率的原因。

※財務槓桿倍數越高，代表藉負債擴充信用的倍數越大；當淨值投資比率越高，淨值投資比率>100%，表示有運用財務槓桿借錢投資。

(三)**資產成長率分析**：

資產成長率＝資產變動額÷期初總資產

　　　　　　＝(年儲蓄＋年投資收益)÷期初總資產

　　　　　　＝年儲蓄÷期初總資＋年投資收益÷期初總資產

　　　　　　＝(年儲蓄÷年收入)×(年收入÷期初總資產)＋(生息資產額÷期初總資產)×投資報酬率

　　　　　　＝儲蓄率×收入週轉率＋生息資產比重×投資報酬率

資產成長率表示家庭財富累積的速度。去除年齡因素，儘可能多儲蓄，並將儲蓄所累積的淨值做積極的投資，是快速致富的不二法門。

(四)**財務自由度分析**：

財務自由度＝(目前的淨資產×投資報酬率)÷目前的年支出

理想的目標值是當你退休之際財務自由度等於1，即包括退休金在內的資產，放在銀行生息的話，光靠利息就可以維生。但當利率降至1%以下低水準時，多數人的財務自由度會偏低。但若每個人所估計投資報酬率不同，則財務自由度就無從比較。因此，可訂定較客觀的標準，每個家庭都可以採用相同且合理的投資報酬率，根據個別的淨資產與年支出狀況，計算財務自由度。

五、致富公式的運用

(一)**致富公式**

1. 所謂致富，就是讓淨資產增加的過程。淨值成長率代表個人累積淨值的速度，成長率愈高，淨值累積愈快，因此淨值成長率公式也稱為致富公式。

2. 致富公式g＝V÷E即淨值成長率＝淨儲蓄÷淨值

　　g表淨值成長率，V表淨儲蓄，E表淨值

3. 淨儲蓄(V)＝毛儲蓄(S)＋理財收入(M)－理財支出(I)

毛儲蓄(S)＝薪資或事業收入－生活支出

理財收入(M)＝生息資產×投資報酬率

理財支出(I)＝負債×負債平均利率

(二)提升淨值成長率的方法

1. **提升薪資儲蓄率**：適合年輕人，因其薪資收入遠大於理財收入，提升薪資儲蓄率對淨值成長率貢獻最大。

薪資儲蓄率＝毛儲蓄額÷(薪資收入或事業收入)

2. **提高投資報酬率**：中年時淨值已大幅提升，理財收入大大提高，提升投資報酬率，對提高淨值成長率貢獻最大。

全部收入＝薪資收入或事業收入＋理財收入

3. **提高生息資產的比重**：自用資產只會折舊無法生息，提高生息資產的比重，可以提升淨值成長率。年輕人可延後購車、購屋，來達成此一目標。

4. **降低淨值占總資產的比重**：多運用財務槓桿擴充信用來投資，可以發揮提升淨值報酬率的效果。

5. **降低薪資收入與理財收入的相對比率**：指的是運用財務槓桿原理擴充信用來投資，當總投資報酬率高於負債利率時，淨值報酬率就會高於總投資報酬率。

牛刀小試

(　　) **1** 下列哪一事件對個人淨值增減沒有影響？
(A)領壓歲錢
(B)償還信用卡債
(C)繳交停車費
(D)遺失零用錢。　　　　　　　　　　【第30屆理財人員】

(　　) **2** 下列哪種類型的家庭最好避免太早買房子或車子，才能累積財富？　(A)總財產低於800萬，但生息資產高於50%的家庭　(B)總財產低於800萬，但生息資產低於50%的家庭　(C)總財產高於800萬，但生息資產低於50%的家庭　(D)總財產高於800萬，但生息資產高於50%的家庭。　　　　　　　　　　【第31屆理財人員】

( )　**3** 在編製家庭財務報表時，下列敘述何者正確？
(A)家庭收支儲蓄表應比照國富調查的方法來編製
(B)資產與負債應採用流量的觀念編製
(C)收入與支出應採用流量的觀念編製
(D)家庭銀行存款餘額月底較月初增加的金額即代表當月份的儲蓄額。　　　　　　　　　　　　　　【第30屆理財人員】

( )　**4** 下列何者屬於一般家庭的家庭收入？　(A)薪資所得　(B)彩券獎金　(C)保費收入　(D)股票資本利得。　　　　【第30屆理財人員】

( )　**5** 編製家庭收支儲蓄表與資產負債表時，下列敘述何者正確？
(A)預售屋預付款是支出科目　(B)每月房貸繳款額中之房貸本金是資產科目　(C)每月房貸繳款額中之房貸本金是負債科目　(D)每月房貸繳款額中之利息費用是收入科目。　　　　【第29屆理財人員】

( )　**6** 倘C君年收入100萬元，年支出60萬元，股利收入10萬元，資本利得年收入80萬元，利息年支出30萬元，保費年支出10萬元，則C君年理財儲蓄為多少？　(A)40萬元　(B)50萬元　(C)80萬元　(D)90萬元。　　　　　　　　　　　　　【第29屆理財人員】

( )　**7** 有關全生涯資產負債表與保險需求之敘述，下列何者正確？
(A)營生資產H＋實質資產A－養生負債F－實質負債L＝一生的淨值E　(B)保險需求以淨收入彌補法計算其應保額＝養生負債F－實質淨值W　(C)保險需求以遺族需要法計算其應保額＝營生資產H　(D)遺族支出占所得比重愈高，表示家庭負擔愈小，故應保額愈小。　　　　　　　　　　　　　　【第29屆理財人員】

( )　**8** 下列敘述何者正確？　(A)家庭或個人收支儲蓄表及資產負債表都是過去交易資料，對理財規劃無關　(B)編製收支儲蓄表及資產負債表，並加以分析、檢討，才能做好理財規劃　(C)沒有大量財產的人，不需要理財規劃　(D)有巨額花不完的財產的人，無後顧之憂，不必理財。　　　　　　　　　　　　【第28屆理財人員】

( )　**9** 有關家庭財務比率之分析，下列敘述何者錯誤？　(A)淨值投資比率大於100%，表示有運用財務槓桿借錢投資　(B)淨值投資比率小於100%，表示沒有運用財務槓桿借錢投資　(C)理財成就率的標準值等於1，比率愈大，表示過去理財成績越佳　(D)理財成就率小於1，表示過去理財成績不算太好。　　　　【第36屆理財人員】

( ) **10** 有關家庭成熟期的資產狀況，下列敘述何者正確？ (A)可累積的資產逐年增加，要開始控制投資風險 (B)可累積的資產達到巔峰，應降低投資風險準備退休 (C)逐年變現資產當退休後生活費，以固定收益工具為主 (D)可累積的資產有限，但年輕可承受較高的投資風險。 【第39屆理財人員】

解答及解析

1 (B)。償還信用卡債會使負債減少，資產亦等額減少，對個人淨值增減沒有影響。

2 (B)。總財產低於800萬，但生息資產低於50%的家庭，最好避免太早買房子或車子，才能累積財富。

3 (C)。在編製家庭財務報表時，資產與負債應採用存量的觀念編製，收入與支出應採用流量的觀念編製，選項(B)正確。

4 (A)。薪資所得屬於一般家庭的家庭收入。

5 (C)。預售屋的預付款是資產科目，房貸本金是負債科目。

6 (B)。(股利收入10萬元＋資本利得年收入80萬元)－(利息年支出30萬元＋保費年支出10萬元)＝90萬元－40萬元＝50萬元

7 (A)。全生涯資產負債表：
營生資產H＋實質資產A－養生負債F－實質負債L＝一生的淨值E

8 (B)。
1.家庭或個人收支儲蓄表及資產負債表對理財規劃有關，選項(A)有誤。
2.編製收支儲蓄表及資產負債表，並加以分析、檢討，才能做好理財規劃，選項(B)正確。
3.沒有大量財產的人，也需要理財規劃，選項(C)有誤。
4.有巨額花不完的財產的人，亦需理財，選項(D)有誤。

9 (B)。財務槓桿倍數越高，代表藉負債擴充信用的倍數越大；當淨值投資比率越高，淨值投資比率>100%，表示有運用財務槓桿借錢投資。

10 (B)。家庭成長期（或稱家庭成熟期、退休規劃期），此時期，個人的事業和收入已達到峰頂，家庭支出開始減少，沒有重大支出項目，為退休準備積蓄成為重點，因此可累積的資產達到巔峰，應降低投資風險準備退休。

精選試題

( ) **1** 下列何項將影響個人資產負債表中之淨值？A.以存款帳戶餘額清償貸款，B.以部份付現、部份貸款方式買車，C.個人持有全球股票指數型基金，全球股市全面上揚，D.個人持有債券，利率上揚 (A)BC　(B)CD　(C)ACD　(D)ABD。　　　【第29屆理財人員】

( ) **2** 有關家庭財務報表，下列敘述何者錯誤？　(A)收支儲蓄表係顯示一特定期間之收支進出狀況　(B)資產負債表係顯示一特定期間之資產負債狀況　(C)連結收支儲蓄表與資產負債表的科目是儲蓄 (D)儲蓄是收入減支出後之淨額。　　　【第38屆理財人員】

( ) **3** 經濟學上的恩格爾法則，是指所得增加時，下列何項支出比重會隨之降低？　(A)娛樂教育　(B)醫療保健　(C)運輸通訊　(D)食品飲料。　　　【第29屆理財人員】

( ) **4** 如果借入利率8%的小額信用貸款來償還18%的信用卡負債，此種理財行為會造成個人資產負債表上如何變化？　(A)資產增加負債減少　(B)資產負債同時減少　(C)負債減少淨值增加　(D)負債總額不變。　　　【第28屆理財人員】

( ) **5** 月收入低於10萬元，經常入不敷出的家庭，理財的首要重點為何？
(A)不用理財，能生活就好
(B)貸款投資
(C)量入為出，避免消費借貸，以免陷入惡性循環
(D)貸款創業。　　　【第28屆理財人員】

( ) **6** 假設10月份家庭收支儲蓄表顯示：儲蓄4萬元，並以信用卡簽帳消費1萬元於11月份支付，則10月份之現金淨增加額為多少？　(A)1萬元　(B)3萬元　(C)4萬元　(D)5萬元。　　　【第38屆理財人員】

( ) **7** 有關家庭資產負債表結構分析，下列敘述何者錯誤？
(A)負債比率愈高，財務負擔愈小
(B)負債比率高，其財務風險之高低，應視其負債之組合而定
(C)不論來源是理財型房貸或股票融資，只要用來投資，都應計入融資比率中
(D)負債比率＝總負債÷總資產。　　　【第27屆理財人員】

（　　）　**8** 有關資產成長率之敘述，下列何者錯誤？　(A)資產成長率表示家庭財富增加的速度　(B)年輕人的資產成長率一般而言較年長者為低　(C)可藉由提高儲蓄率及投資報酬率以提高資產成長率　(D)資產成長率等於資產變動額除以期初總資產。　　【第27屆理財人員】

（　　）　**9** 家庭現金流量結構分析中，現金流入的主要項目，除工作收入及理財收入外、尚包括下列何者？　(A)資產負債調整後現金流入　(B)利息收入　(C)房租收入　(D)獎金收入。　　【第37屆理財人員】

（　　）　**10** 假設9月份家庭收支儲蓄表：收入8萬元，各項費用支出7萬元，9月份繳清8月份以信用卡簽帳消費款項1.8萬元，9月份又有以信用卡簽帳消費0.5萬元於10月份支付。已知8月底資產負債表上現金餘額有9.3萬元，則資產負債表上9月底之現金餘額為多少？　(A)8.5萬元　(B)9.0萬元　(C)10.3萬元　(D)11.6萬元。　　【第32屆理財人員】

（　　）　**11** 丁先生今年60歲，每月生活費用8萬元，投資基金1,000萬元、定期存款200萬元、債券500萬元，若平均年投資報酬率為5%，則其財務自由度為下列何者？（取最近似值）　(A)70.5%　(B)75.5%　(C)88.5%　(D)112.9%。　　【第27屆理財人員】

（　　）　**12** 有關家庭現金流量之敘述，下列何者錯誤？　(A)工作收入－生活支出＝工作儲蓄　(B)理財收入－房租支出＝理財儲蓄　(C)資產負債調整現金流入－資產負債調整現金流出＝資產負債調整現金淨流量　(D)該期現金流量變動＝工作儲蓄＋理財儲蓄＋資產負債調整現金淨流量。　　【第27屆理財人員】

（　　）　**13** 下列哪一種財務報表是顯示特定時間的存量狀況？　(A)家庭收入支出儲蓄表　(B)家庭資產負債表　(C)家庭所得結構表　(D)家庭消費分配表。　　【第26屆理財人員】

（　　）　**14** 張三家103年初資產總計150萬元，負債50萬元；103年度家庭的現金流量如下：工作收入120萬元，生活支出105萬元，理財收入4萬元，理財支出3萬元，則張三家庭103年淨值成長率為多少？　(A)16%　(B)15%　(C)13.8%　(D)13%。　　【第26屆理財人員】

（　　）　**15** 下列何項理財工具比率一般用來檢驗目前家庭對工作收入的依賴程度與安全邊際？　(A)理財成就率　(B)財務自由度　(C)收支平衡點　(D)自由儲蓄率。　　【第26屆理財人員】

( ) **16** 有關家庭財務比率之分析，下列敘述何者錯誤？ (A)淨值投資比率大於100%，表示有運用財務槓桿借錢投資 (B)淨值投資比率小於100%，表示沒有運用財務槓桿借錢投資 (C)理財成就率的標準值等於1，比率愈大，表示過去理財成績越佳 (D)理財成就率小於1，表示過去理財成績不算太好。 【第26屆理財人員】

( ) **17** 某乙11月的薪資收入10萬元，出售股票現金流入50萬元，其中5萬元是資本利得，現金流出9萬元，其中5萬元為生活支出，3萬元為房貸利息，1萬元為房貸本金，某乙11月的淨儲蓄為多少？ (A)4萬元 (B)5萬元 (C)6萬元 (D)7萬元。 【第26屆理財人員】

( ) **18** 小張年收入200萬元，消費支出120萬元，房貸利息支出24萬元，年金保險費用6萬元，毛儲蓄50萬元，則其財務負擔率為何？ (A)15% (B)25% (C)60% (D)75%。 【第32屆理財人員】

( ) **19** 下列何者非大企業雇主常用的理財節稅工具？ (A)個人信託 (B)高額保單 (C)境外公司 (D)新臺幣定存。 【第26屆理財人員】

( ) **20** 有關家庭現金流量分析，下列敘述何者錯誤？ (A)以成本計算時，淨流入量（儲蓄）＝前後期淨值差異 (B)理財收入－理財支出＝理財儲蓄 (C)資產負債調整的現金流入－資產負債調整的現金流出＝資產負債調整現金淨流量 (D)工作收入－利息保費支出＝工作儲蓄。 【第26屆理財人員】

( ) **21** 小周每月基本家庭開支為8萬元，收入超過基本開支時，每增加一元收入，需增加0.6元支出，第四季各月收入分別為9萬元，8.5萬元，15萬元，小周可設定之最高邊際儲蓄率為下列何者？ (A)40% (B)60% (C)26% (D)9%。 【第26屆理財人員】

( ) **22** 有關慈烏族理財價值觀的敘述，下列何者正確？ (A)先享受後犧牲 (B)保險以短期儲蓄險或房貸壽險為主 (C)投資以單一全球型基金為主 (D)以基金準備子女教育金為目標。 【第26屆理財人員】

( ) **23** 有關投資冒險型的敘述，下列何者正確？ (A)預期投資報酬率約3%～5%左右 (B)利益來源以波段差價為主 (C)喜好運用融資融券，擴大財務槓桿 (D)主要投資工具以績優股、成熟股市、全球型基金為主。 【第26屆理財人員】

( ) **24** 達成人生三大理財目標，可以目標順序法與目標並進法兩方式進行，比較兩種方法，下列何者錯誤？ (A)目標順序法所需的儲蓄

愈來愈高　(B)目標順序法較能與所得逐年增加而負擔能力提升的
事實配合　(C)先苦後甘的目標並進法較無法彈性因應目標調整的
變化　(D)目標並進法一開始就同時考慮各目標，早期負擔很重，
但往後負擔愈來愈輕。　　　　　　　　　　　　　【第26屆理財人員】

(　　) **25** 有關家庭財務報表之編製，下列敘述何者錯誤？
(A)已實現資本利得是收入科目
(B)已繳活會是資產，應繳死會是負債
(C)產險保費是負債科目
(D)每月房貸繳款額，利息部分是支出科目。　　　【第25屆理財人員】

(　　) **26** 年所得100萬元至200萬元之間的小康家庭，理財規劃人員所提供
服務的重點為何？　(A)投資組合規劃及個人信託為主　(B)境外
理財與節稅規劃　(C)擬定長期儲蓄投資計劃來達成結婚成家、置
產、子女教育、退休等理財目標　(D)提供現金流量管理的工具，
如信用卡、個人信用貸款及小額信託。　　　　　【第25屆理財人員】

(　　) **27** 張三已工作8年，年儲蓄為10萬元，目前淨資產為100萬元，假設
儲蓄增長率與投資報酬率相當，則張三的理財成就率為多少？
(A)0.75　(B)0.8　(C)1.0　(D)1.25。　　　　　　【第25屆理財人員】

(　　) **28** 張先生年收入150萬元，年支出120萬元，生息資產100萬元，無
自用資產亦無負債。今張先生於年初以自備款80萬元、貸款220
萬元購屋以供自用，不考慮購屋折舊及貸款利息支出，購屋後
年生活支出降為90萬元。假設年投資報酬率為5%，購屋貸款採
到期還本方式，年利率6%。則下列敘述何者正確？　(A)購屋後
當時之生息資產比重為6.75%　(B)購屋後當時之財務自由度為
10.2%　(C)購屋後當時之負債比率為68.75%　(D)該年度淨值增
加46.3萬元。　　　　　　　　　　　　　　　　【第25屆理財人員】

(　　) **29** 張三每年存三年期固定利率存款50萬元，第一年存款收益率為
8%，利率每年下降2%的情況下，第二年時其總存款平均收益率
為何？　(A)8%　(B)7%　(C)6%　(D)4%。　　　【第25屆理財人員】

(　　) **30** 家庭消費主要決定於可支配所得的大小。假設某家庭之年平均
收支資料如下：薪資所得60萬元，財產所得收入20萬元，各項
消費支出50萬元，對政府經常性移轉支出10萬元，則該家庭
之可支配所得為多少？　(A)20萬元　(B)30萬元　(C)50萬元
(D)70萬元。　　　　　　　　　　　　　　　　【第25屆理財人員】

( ) **31** 在家庭現金流量表中，下列何者屬於理財收入？ (A)利息收入 (B)佣金收入 (C)薪資 (D)年終獎金。 【第25屆理財人員】

( ) **32** 先犧牲後享受的是屬於何種理財價值觀？ (A)蟋蟀族 (B)蝸牛族 (C)螞蟻族 (D)慈烏族。 【第25屆理財人員】

( ) **33** 有關生涯規劃高原期理財活動的敘述，下列何者正確？ (A)家庭型態以父母家庭為生活重心 (B)理財活動以量入節出存自備款為主 (C)投資工具以定存標會、小額信託為主 (D)保險計畫以滿期金轉退休年金為宜。 【第31屆理財人員】

( ) **34** 張三目前淨資產為900萬元，年支出為100萬元，若投資報酬率為6%，則張三目前的財務自由度為多少？ (A)48% (B)54% (C)11.1% (D)46%。 【第24屆理財人員】

( ) **35** 家庭平均消費結構之分析，可做為下列哪一事項之參考？ (A)預計未來所得成長 (B)預計家庭資產淨值 (C)擬訂家庭之預算支出 (D)編製個人的資產負債。 【第24屆理財人員】

( ) **36** 小鍾月薪10萬元，每月之薪資所得扣繳1.3萬元、勞健保費4千元、交通費及餐費8千元、固定生活費4萬元、房貸本息支出2萬元，則小鍾的收支平衡點之月收入為多少萬元？ (A)6萬元 (B)7.5萬元 (C)7.2萬元 (D)8萬元。 【第24屆理財人員】

( ) **37** 有關提昇淨值成長率之方式，下列敘述何者錯誤？ (A)提昇薪資儲蓄率 (B)提高投資報酬率 (C)提高生息資產比重 (D)提高薪資收入與理財收入相對比率。 【第24屆理財人員】

( ) **38** 下列何者為流量的概念？ (A)負債 (B)貨幣供給量 (C)儲蓄 (D)資產。 【第24屆理財人員】

( ) **39** 王先生王太太年收入170萬元，支出130萬元，生息資產140萬元，有房屋價值300萬元，貸款七成，房貸利率6%，當年度投資報酬率為5%，其淨值增加多少？ (A)34.2萬元 (B)32.3萬元 (C)36.4萬元 (D)34.4萬元。 【第24屆理財人員】

( ) **40** 在家庭預算編製中，下列何者屬於資本支出預算？ (A)購買車輛 (B)醫療費用 (C)房租 (D)贈與。 【第24屆理財人員】

( ) **41** 一般生涯規劃中，最具有投資力的年齡層落在下列何者時期？ (A)維持期（約45-54歲） (B)退休期（65歲以後） (C)高原期（約55-64歲） (D)建立期（約25-34歲）。 【第24屆理財人員】

（　　）**42** 決定最後投資工具選擇或投資組合配置的關鍵性因素，下列敘述何者正確？　(A)理財目標的彈性　(B)資金需要動用的時間 (C)投資人主觀的風險偏好　(D)年齡。　　　　　【第24屆理財人員】

（　　）**43** 下列哪些行為將會影響個人之淨值？I.持有之股票市價上漲　II.刷卡出國遊學　III.以無名氏名義捐款予孤兒院　IV.公司尾牙摸彩抽中現金　(A)僅I、II　(B)僅I、II、III　(C)僅II、III、IV (D)I、II、III、IV。　　　　　　　　　　　【第23屆理財人員】

（　　）**44** 池小姐已工作五年，年收入100萬元，年生活支出80萬元，現在的資產有80萬元，理財成就率為多少？　(A)125%　(B)100% (C)80%　(D)50%。　　　　　　　　　　　　【第23屆理財人員】

（　　）**45** 淨值成長率是代表個人累積淨值的速度，想提升淨值成長率，下列何項方法是有效的？　(A)提高淨值占總資產的比重　(B)提高生息資產占總資產的比重　(C)提高薪資收入與理財收入相對比率 (D)降低薪資儲蓄率。　　　　　　　　　　　【第23屆理財人員】

（　　）**46** 大丙目前資產總額為2,000萬元，生息資產之市值為800萬元，其中自有資金為600萬元，則其生息資產權數為多少？　(A)25% (B)30%　(C)40%　(D)60%。　　　　　　　　　【第23屆理財人員】

（　　）**47** 有關家庭財務結構分析之敘述，下列何者錯誤？
(A)總資產＝自用資產＋生息資產
(B)總負債＝自用資產負債＋投資負債＋消費負債
(C)自用資產貸款成數＝自用資產負債總資產
(D)融資比率＝投資負債生息資產市值。　　　　【第23屆理財人員】

（　　）**48** 下列何者非降低支出的途徑之一？
(A)省吃儉用
(B)訂定支出預算並確實執行
(C)將保障型壽險調整為儲蓄險，以便在同樣保額下，降低保費支出
(D)將現有貸款轉貸成較低利率貸款。　　　　　【第23屆理財人員】

（　　）**49** 有關家庭收支管理，下列敘述何者錯誤？　(A)損益平衡營業額為總投資額除以毛利率　(B)各項稅捐屬不可控制支出預算　(C)投資回收期間以總投資額除以淨利來計算　(D)當月收入低於家庭最低消費額時，邊際儲蓄率為零。　　　　　　【第23屆理財人員】

( ) **50** 張先生原有本金100萬元，另信用貸款300萬元，全部投資於某金融商品，貸款年利率5%，年投資報酬率為10%，則一年後其淨值投資報酬率為何？

(A)25% (B)40%

(C)70% (D)100%。　【第23屆理財人員】

( ) **51** 銀行的一年定期存款利率為2%，而某結構型商品一年提供7%之報酬率，若A君每月固定支出為5萬元，則以一年緊急預備金來投資上述商品之機會成本為多少？　(A)1萬元　(B)1.2萬元　(C)2.5萬元　(D)3萬元。　【第23屆理財人員】

( ) **52** 慈烏族在理財規劃時，比較重視下列何種規劃？

(A)退休規劃 (B)子女教育基金

(C)改善生活 (D)社會福利。　【第22屆理財人員】

( ) **53** 有關投資類型的描述，下列敘述何者錯誤？

(A)保守型的投資人其主要的投資工具為定存、國庫券、票券

(B)穩健型的投資人其主要的投資工具為特別股、公司債、平衡型基金

(C)積極型的投資人其主要的投資工具為定存、國庫券、票券

(D)冒險型的投資人其主要的投資工具為期貨外匯、認股權證、新興股市基金。　【第22屆理財人員】

( ) **54** 有關家庭財務報表，下列敘述何者錯誤？

(A)收支儲蓄表係顯示一特定期間之收支進出狀況

(B)資產負債表係顯示一特定期間之資產負債狀況

(C)連結收支儲蓄表與資產負債表的科目是儲蓄

(D)儲蓄是收入減支出後之淨額。　【第22屆理財人員】

( ) **55** 小明2年前以自備款300萬元購買當時價值900萬元的透天厝，其餘不足額向銀行申貸，約定前3年只還利息不還本金，目前房子市價1,200萬元，則現在小明的自用資產貸款成數為多少？　(A)30% (B)50%　(C)66%　(D)75%。　【第22屆理財人員】

( ) **56** 阿忠工作年收入50萬元，年消費60萬元，年利息支出5萬元，儲蓄險保費支出2萬元，則其年儲蓄率為何？

(A)-10% (B)-17%

(C)-25% (D)-34%。　【第22屆理財人員】

( ) **57** 有關個人理財之觀念，下列敘述何者錯誤？
(A)利率持續向上趨勢明顯，定存應選擇以機動利率計息
(B)當新臺幣對美元升值，同時日圓對美元貶值，則新臺幣對日圓貶值
(C)理財成就率愈大，表示過去理財成效愈佳
(D)負債比率愈高，財務負擔愈大。 【第22屆理財人員】

( ) **58** 老李目前每月薪資10萬元，勞健保扣繳5,000元，所得稅扣繳1萬元，因工作所花油錢為5,000元，假設其工作收入淨結餘比率不變，若每月固定生活開銷3萬元，另需繳房貸26,000元，則每月收支平衡時應有的收入為何？ (A)6萬元 (B)7萬元 (C)8萬元 (D)9萬元。 【第22屆理財人員】

( ) **59** 家庭收支儲蓄表中列有收入7萬元，各項費用支出5萬元，而資產負債表中之期末淨值為6萬元，則期初淨值為多少？ (A)4萬元 (B)6萬元 (C)8萬元 (D)13萬元。 【第22屆理財人員】

( ) **60** 有關執行家庭預算控制，下列敘述何者正確？
(A)貸款及繳保費年期最遲應控制在退休時截止，讓退休後只有理財支出而沒有生活支出
(B)生活儲蓄在工作期應為正數，若是負數則表示寅吃卯糧，入不敷出
(C)一月領取年終獎金，應以定期定額方式投資股票基金，作為當年四月全家計畫出國旅遊基金準備
(D)為使定期定額投資不致因偶發支出而中斷，可以投保定期壽險。 【第22屆理財人員】

( ) **61** 下列敘述何者正確？
(A)編製收支儲蓄表及資產負債表，要有會計知識，又花費時間及人力，一般人不需編製
(B)收支儲蓄表及資產負債表，可依個人情況編製，可繁可簡，不一定花費很多人力及時間
(C)家庭或個人的支出或消費，很多沒有交易憑證，財務報表不可能正確，沒有用處
(D)自用資產及投資資產，其市價資料沒有客觀標準，所以編製之財務報表用處不大。 【第21屆理財人員】

(　) **62** 張先生月薪11萬元，扣繳所得稅1.3萬元，勞保、健保保險費4千元，上下班交通費及餐費8千元，員工儲蓄信託1萬元，其家庭每月固定生活費用4萬元，房貸本息2.5萬元，張先生目前之收支安全邊際為何？
(A)11.8%　　　　　　　　(B)10.6%
(C)9.2%　　　　　　　　(D)8.4%。　　　　【第21屆理財人員】

(　) **63** 下列何項交易導致個人理財之資產與負債等額增加？
(A)定期存款中途解約購買股票
(B)向銀行貸款購買債券型基金
(C)以出售股票所得清償銀行貸款
(D)以年終獎金購買股票。　　　　　　　　【第21屆理財人員】

(　) **64** 有關個人或家庭財務報表之編製，下列敘述何者錯誤？　(A)資產負債表，係顯示特定結算時點之資產與負債狀況　(B)收支儲蓄表如同企業之損益表，係顯示一段時間現金收支變化　(C)購買休旅車時支付之自備款屬資產科目，未付之車貸屬負債科目，而每期支付之車貸則為支出科目　(D)繳納之汽車險保費，如強制險及車體險，屬資產科目。　　　　　　　　　　　　【第21屆理財人員】

(　) **65** 如果一間12坪的早餐店店面租金每月租金3萬元，店面市場平均收益率5%，則以收入還原法來計算此間店面每坪的市值應為多少元？
(A)36萬元　　　　　　　　(B)48萬元
(C)60萬元　　　　　　　　(D)72萬元。　　　【第21屆理財人員】

(　) **66** 老張家庭100年初資產總計150萬元，負債50萬元；100年度家庭的現金流量如下：工作收入120萬元，生活支出105萬元，理財收入4萬元，理財支出3萬元，則其家庭100年淨值成長率為何？　(A)16.0%
(B)15.2%　(C)14.6%　(D)13.8%。　　　　【第21屆理財人員】

(　) **67** 下列何者屬於「非控制型支出」？　(A)油錢車資　(B)菜錢外食
(C)年度旅遊　(D)保險費。　　　　　　　　【第21屆理財人員】

(　) **68** 商店收入的70%是估計的進貨成本，每月租金等雜費為5萬元，月收入為30萬元，真正賺到的錢為多少？　(A)2萬元　(B)3萬元
(C)4萬元　(D)5萬元。　　　　　　　　　【第21屆理財人員】

( ) **69** 下列敘述何者錯誤？ (A)股利、投資利得、利息等理財收入，通常受金融環境影響很大，不是穩定收入 (B)一般而言，理財收入會比工作收入多且穩定 (C)退休後理財儲蓄需為正數，且足以支應生活所需，如此才能財務獨立 (D)剛踏入社會的新鮮人往往沒有理財收入。 【第21屆理財人員】

( ) **70** 在家庭預算編列中，下列何者非屬可控制支出預算？
(A)國外旅遊 (B)購置衣物
(C)娛樂費用 (D)各項稅捐。 【第37屆理財人員】

解答及解析

1 (B)。以存款帳戶餘額清償貸款及以部份付現、部份貸款方式買車，將使資產及負債同額增加或減少，不影響個人資產負債表中之淨值。

2 (B)。資產負債表係顯示某日之資產負債狀況，選項(B)有誤。

3 (D)。恩格爾法則是指一個家庭食物的支出在總支出中的比例是與該家庭的總收入成反比例的。

4 (D)。借入利率8%的小額信用貸款來償還18%的信用卡負債，會造成負債總額不變。

5 (C)。月收入低於10萬元，經常入不敷出的家庭，理財的首要重點為量入為出，避免消費借貸，以免陷入惡性循環。

6 (D)。4＋1＝5（萬元）。

7 (A)。負債比率愈高，財務負擔愈大，選項(A)有誤。

8 (B)。年輕人的資產成長率一般而言較年長者為高，選項(B)有誤。

9 (A)。(A)現金流入；(B)理財收入；(C)理財收入；(D)工作收入。

10 (B)。8－7＋0.5＝1.5
9.3－1.8＋1.5＝9（萬元）。

11 (C)。財務自由度＝(目前淨資產×投資報酬率)/目前年支出
＝（1,000＋200＋500）×5%／96＝88.5%

12 (B)。理財收入－理財支出＝理財儲蓄。選項(B)有誤。

13 (B)。家庭資產負債表是顯示特定時間的存量狀況。

14 (A)。張三家庭103年淨值成長率＝(120－105＋1)/(150－50)＝16%

15 (C)。收支平衡點一般用來檢驗目前家庭對工作收入的依賴程度與安全邊際。

16 (B)。淨值投資比率小於100%，並不是表示沒有運用財務槓桿借錢投資，選項(B)有誤。

17 (D)。淨儲蓄V＝毛儲蓄S＋理財收入M－理財支出I＝10＋5－5－3＝7（萬元）。

18 **(A)**。財務負擔率＝理財支出/總收入＝(24＋6)/200＝15%

19 **(D)**。大企業雇主常用的理財節稅工具有：個人信託、購買高額保單、設立境外公司等。

20 **(D)**。工作收入－生活支出＝生活儲蓄。選項(D)有誤。

21 **(A)**。$8×3＋[(9＋8.5＋15)－(8×3)]×0.6$元＝29.1萬
$9＋8.5＋15＝32.5$
$(32.5－29.1)/8.5＝40\%$

22 **(D)**。慈烏族是對小孩盡心盡力，把錢都花在小孩身上，慈烏族理財價值觀會以基金準備子女教育金為目標。

23 **(C)**。冒險型投資人喜好運用融資融券，擴大財務槓桿。

24 **(C)**。先苦後甘的目標並進法可以彈性因應目標調整的變化，選項(C)有誤。

25 **(C)**。產險保費是是預付性質，屬資產科目。

26 **(C)**。年所得100萬元至200萬元之間的小康家庭，理財規劃人員所提供服務的重點為擬定長期儲蓄投資計劃來達成結婚成家、置產、子女教育、退休等理財目標。

27 **(D)**。理財成就率(淨值成就率)＝目前的淨資產/(目前的年儲蓄×已工作年數)
＝$100/(10×8)＝1.25$

28 **(C)**。購屋後當時之負債比率＝$220/(220＋100)＝68.75\%$

29 **(B)**。$(8\%＋6\%)/2＝7\%$

30 **(D)**。$20＋50＝70$（萬元）。

31 **(A)**。利息收入是利用資金去賺取的所得，屬於理財收入。

32 **(C)**。螞蟻族－先犧牲後享受，把選擇性支出大部分均存起來，而儲蓄投資的最重要目標是未來退休後高品質的生活期待。

33 **(D)**。高原期－退休前的準備，約55至64歲，一般人的退休年齡約為55歲至65歲。假使體力許可至65歲屆齡退休的話，則還有約10年的期間。生涯規劃高原期保險計畫以滿期金轉退休年金為宜。

34 **(B)**。財務自由度＝(目前淨資產×投資報酬率)/目前年支出
＝$900×6\%/100＝54\%$

35 **(C)**。家庭平均消費結構之分析，可做為擬訂家庭之預算支出之參考。

36 **(D)**。收支平衡點的收入＝固定支出負擔/工作收入淨結餘比率
(固定生活4萬＋房貸本息2萬)/[(10萬－1.3萬－4千－8千)/10萬]＝8（萬元）。

37 **(D)**。提升淨值成長率之方式，與提高薪資收入與理財收入相對比率無關，與提昇薪資儲蓄率及提高投資報酬率較有關係。

38 **(C)**。儲蓄為流量的概念，其餘選項為存量的概念。

39 **(D)**。$170－130＋140×5\%－210×6\%＝34.4$（萬元）。

40 **(A)**。購買固定資產為資本支出預算，故本題選(A)。

41 (A)。一般生涯規劃中,最具有投資力的年齡層落在維持期(約45-54歲)。

42 (C)。決定最後投資工具選擇或投資組合配置的關鍵性因素為投資人主觀的風險偏好。

43 (D)。持有之股票市價上漲→個人之淨值增加
刷卡出國遊學→個人之淨值減少
無名氏名義捐款予孤兒院→個人之淨值減少
公司尾牙摸彩抽中現金→個人之淨值增加

44 (C)。理財成就率(淨值成就率)=目前的淨資產/(目前的年儲蓄×已工作年數)
=80/(20×5)=80%

45 (B)。淨值成長率是代表個人累積淨值的速度,想提升淨值成長率,可以透過提高生息資產占總資產的比重。

46 (C)。800/2,000=40%

47 (C)。自用資產貸款成數=自用資產負債自用資產。選項(C)有誤。

48 (C)。壽險與儲蓄險的功能不同,將同樣保額的保障型壽險調整為儲蓄險,並非降低支出的途徑之一。

49 (A)。損益平衡營業額=固定成本/毛利率。選項(A)有誤。

50 (A)。(100×10%+300×10%-300×5%)/100=25%

51 (B)。機會成本就是選擇最好的必須放棄其次好的成本,其次好的成本就叫「機會成本」。因為2%和7%,我們會選擇較好的7%,所以放棄其

次高的2%,故2%為機會成本。
5×12×2%=1.2(萬元)。

52 (B)。慈烏族是對小孩盡心盡力,把錢都花在小孩身上,慈烏族在理財規劃時,比較重視子女教育基金。

53 (C)。積極型的投資人其主要的投資工具為積優股及全球基金。

54 (B)。資產負債表係顯示某一期日之資產負債狀況,選項(B)有誤。

55 (B)。房貸成數=房貸額/房地產市值=600/1,200=50%

56 (D)。(-60-5+50-2)/50=-34%

57 (B)。當新臺幣對美元升值,同時日圓對美元貶值,則新臺幣對美元及日圓升值,選項(B)有誤。

58 (B)。工作收入淨結餘比率=(30,000+26,000)/(100,000-5,000-10,000-5,000)=70%
收支平衡點的收入=100,000×70%=70,000(元)。

59 (A)。6-(7-5)=4(萬元)。

60 (B)。執行家庭預算控制,應將生活儲蓄在工作期控制為正數,若是負數則表示寅吃卯糧,入不敷出。選項(B)正確。

61 (B)。
1.編製收支儲蓄表及資產負債表,不需要有會計知識,一般人為了了解收支狀況均需編製,選項(A)有誤。
2.收支儲蓄表及資產負債表,可依個人情況編製,可繁可簡,不一定花費很多人力及時間,選項(B)正確。

3.家庭或個人的支出或消費,所編製財務報表有用處,選項(C)有誤。

4.自用資產及投資資產,其市價資料有客觀標準,選項(D)有誤。

62 (A)。工作收入淨結餘比率＝(工作收入－工作支出)/工作收入＝(11－2.5)/11＝77.27%

收支平衡點＝固定支出/工作收入淨結餘比率＝75,000/0.773＝97,025

安全邊際＝(工作收入－收支平衡點)/工作收入＝(110,000－97,025)/110,000＝11.8%

63 (B)。向銀行貸款購買債券型基金,會使個人理財的資產與負債均同額增加。

64 (D)。繳納之汽車險保費,如強制險及車體險,屬費用科目,選項(D)有誤。

65 (C)。30,000/5%＝600,000(萬元)。

66 (A)。淨值成長率=資產變動額/期初總資產

=(120+4－105－3)/(150－50)

=16%

67 (D)。非控制型支出:如保險費、房貸本息與每月的定期投資額,如無意外,應與預算進度相同,可與現金流量與餘額相核對。

68 (C)。30×(1－70%)－5＝4(萬元)。

69 (B)。一般而言,理財收入會比工作收入不穩定,選項(B)有誤。

70 (D)。國外旅遊、購置衣物、娛樂費用皆是可以省去支出,為可控制支出預算。

第三章　現金流量管理與貨幣的時間價值
依據出題頻率區分，屬：**B** 頻率中

本章是現金流量管理與貨幣的時間價值的介紹，所以出題比率算中等，且以貨幣的時間價值出題比重較重，讀者在研讀本章時，一定要搞懂複利及年金的計算，方能掌握到大部分的分數。

重點1　現金流量管理　　　　　　　重要度★

一、家庭所得來源的分類與特性

(一)受僱者（內勤上班族）的收入

1. **穩定性**：非常穩定，有公保或勞保保障。
2. **成長性**：調薪有限，獎金比率低。
3. **中斷風險**：因失能或失業會造成收入中斷。
4. **理財策略**：適合保守求安定族群、不應購買超出負擔能力之自用資產、以定期定額投資來累積資產。

(二)自營＋受僱（外勤佣金收入族）

1. **穩定性**：以業務獎金為主要收入，環境變化對其影響很大。
2. **成長性**：獎金比重高，收入空間寬廣。
3. **理財策略**：應擬一套不同所得水準下，每月應有消費、透支與儲蓄模式，以達到長期理財目標下應有的儲蓄。
   (1) 月儲蓄＝(當月收入－基本收入)×邊際儲蓄率。
   (2) 基本收入＝淡季時最低收入或維持家庭基本生活需求的最低消費額，取其較高者。
   (3) 邊際儲蓄率＝每多出一元的額外所得，應提高儲蓄的比率。
   (4) 當月收入低於家庭最低消費時，邊際儲蓄率為0。

(三)一般自營者（小本開店族）的收入

1. **穩定性**：視業別而定，收入來源還算穩定。
2. **成長性**：受限於地區環境，收入空間有限。
3. **理財策略**：首先要做好財務規劃
   (1) 要會計算開店損益平衡點，以便知道回本生意額為多少？
       損益平衡點的營業額＝固定成本÷毛利率
   (2) 流行趨勢明顯的店要考慮回收期間
       總投資回收期間＝總投資額÷淨利

(四)**專業自營者（醫師、律師、會計師、作家等）的收入**

1. **穩定性**：收入相對高族群有最低的起薪點。
2. **成長性**：依個人的專業與經驗差別大。
3. **理財策略**：其工作場所與居家、工作與私生活往往難有分際，容易造成「工作成癮」。收入高，沒時間理財，投資保守，應早規劃退休金，早日退休。

(五)**中小企業僱主的收入**

1. **穩定性**：視業別而定，收入來源較不穩定。
2. **成長性**：有創新利基點時，收入空間廣。
3. **理財策略**：中小企業主有賺錢時要預留流動資金，以應未來營運之需。另應以信託方式將家庭生活所需資金隔絕於企業之外。

(六)**大企業家的收入**

1. **穩定性**：收入以股息紅利為主視經營成效而定。
2. **成長性**：景氣好時，持股股利成長大。
3. **理財策略**：成功的創業者或是大企業的第二代，多頭市場轉讓持股資本利得很大，財富應付生活支出及理財目標綽綽有餘。節稅與遺產規劃重要性，高於投資理財計劃。

(七)**專業投資者（股市專業投資人）的收入**

1. **穩定性**：收入以財產所得為主，波動大。
2. **成長性**：選對時機或標的時獲利成長大。
3. **理財策略**：投資應嚴格執行停損觀念。

二、家計預算的編製與控制

(一)家庭預算編製的程序

1. **設定長期理財目標**：計算達成長期理財目標，如購屋、子女教育、退休等所需的儲蓄額。

2. **年度儲蓄目標**：依據所設定的長期目標計算達成長期理財目標所需的年儲蓄額。

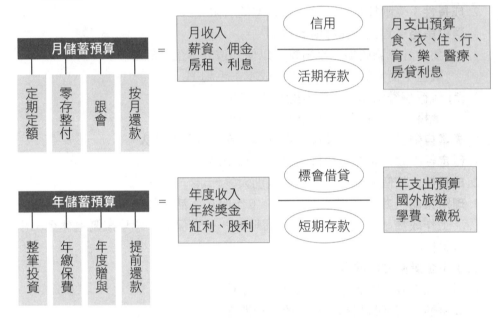

3. **預測家庭收入**：預估年度收入，收入穩定的公教人員或在大企業工作的上班族，可相當準確的預估年度收入。收入淡旺季差異大的佣收族或自營工作者，就要以過去的平均收入為基準，做最好與最壞狀況下的敏感度分析。
4. **設定家庭支出預算**：年度收入－年儲蓄目標＝年度支出預算
5. **將預算劃分科目分門別類**：
   (1) 預算的分類如下表：

預算分類	年度預算	月經常性預算
收入預算	年終獎金、紅利、股利	薪資、佣金、房租、利息
可控制支出預算	國外旅遊、子女註冊費、購置衣物、保養維修	菜錢外食、洗衣理容、水電日用、油錢車資、娛樂費用、醫療費用
不可控制支出預算	各項稅捐、保障型保費	房貸利息、房租、管理費

預算分類	年度預算	月經常性預算
資本支出預算	購車、家具電器、購屋訂金及自備款	預售屋工程款、耐久財分期付款
儲蓄運用預算	儲蓄型保費、提前償還房貸、整筆投資、贈與（家族儲蓄）	定期定額投資、還房貸本金、跟會繳會錢、零存整付

(2) 費用支出或資本支出：

　A. 資本支出指購置自用資產支出，單筆金額大，除靠變現生息資產外，就是借房貸、信用貸款、汽車分期付款等。

　B. 效用原則：假使支出後所獲得的效用在短期內顯現，列為費用；在未來3年還會持續提供使用的效益，列為資本支出，在資產負債表上會顯現自用資產的增加。

　C. 金額大小原則：有些小家電可以使用超過3年，但金額不到一定標準（如10,000元或收入的5%），仍然可以視為費用支出，以方便記帳。

(二)家庭預算控制

　1. **家庭預算控制流程圖：**

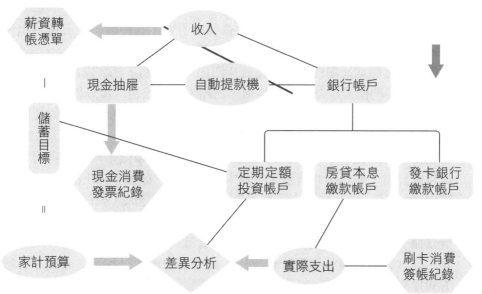

2. **家計預算控制表：**

支出類型	月費用型	年費用型	週期非控制型
包括細目	菜錢外食、洗衣理容、水電日用、油錢車資、娛樂醫療	購置衣物、家具電器、保養維修、學費才藝、年度旅遊	各項稅捐、保險費、房貸本金利息、房租管理費、定期定額投資
實際支出	當月支出	當年累計	週期開始起累計
預算支出	當月預算	當年預算	全週期預算總額
差異	當月差異	當年差異	已有進度差異
達成率	當月達成率	當年達成率	週期預算達成率

三、預算控制差異分析

(一)預算控制差異分析意義

每月記帳時，記帳的科目應與預算科目相同，才能將每月的收入、支出、儲蓄與預算的收入、支出、儲蓄相對照，並加以分析，謂之差異分析。差異應儘量控制在10%內。

(二)從事差異分析應注意的要點

1. **總差異重要性大於細目差異**：總額差異若不大，若持續二、三個月出現科目預算有高估、有低估，則應修正該等科目預算金額。

2. **訂定差異金額或比率門檻以利追蹤**：訂出一個門檻，如實際超過預算1千元或10%等門檻來作為追蹤的標準，若超出應挑出進一步分析。

3. **按預算類別個別分析**：年預算應以整年度實際收支與預算收支做比較，月預算應以月實際收支與預算收支做比較。

4. **初始期每月選定一項差異大之項目做重點改善**：剛開始做預算與記帳的人常會發現，他們花的錢遠比想像中高出很多，如預算支出3萬元，實際支出5萬元等。此時應訂定分期改善計畫分4月來達成，如每月縮減支出5千元。可能每個科目都超支，但每個月選擇一個重點科目來進行改善。

5. **無法降低支出就要設法增加收入**：月儲蓄與年儲蓄預算是理財規劃重點，如試圖改善還是無法降低支出，此時需想辦法以加班、兼職等各種方式提高收入，先提高收入預算，作為達到年度實際收入的目標。

四、家庭儲蓄的運用策略

(一)**家庭現金流量結構分析**：儲蓄是所有理財計畫的源頭，一個家庭如何開始產生儲蓄，就要先從家庭現金流量結構分析著手。現金流入可分為工作收入、理財收入及資產負債調整的現金流入。工作收入包括薪資、佣金與獎金等，以人力資源所創造出來的收入，通常較為穩定，

但仍有失業或失能風險；理財收入主要是指房租、利息、股利及投資利得等以金錢或已有財產衍生出來的收入，通常會隨著金融環境而有較大的變化，這就是一般所謂的投資風險。

茲整理家庭現金流量結構分析如下圖：

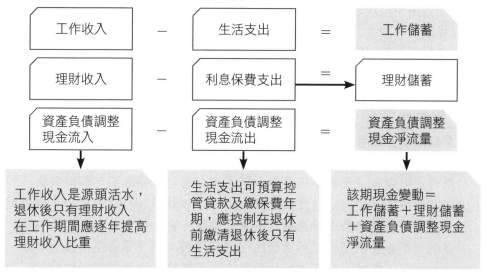

(二)**提高家庭儲蓄的可能方式**

1. **增加家庭工作收入**：

   (1) 在原有工作上求表現而獲得晉升加薪。

   (2) 論時或論件計酬時，加班或增加工作量以增加收入。

   (3) 兼第二份工作或寫書演講增加收入。

   (4) 行銷能力強者可尋找以業績佣金為主的工作提高收入。

   (5) 原為單薪家庭可轉為雙薪家庭，多一分工作收入。

2. **增加家庭理財收入**：

   (1) 利用網路下單、手續費優惠折扣時投資，不僅節省成本，更較容易買在低點。

(2) 善用信用擴張、提高財務槓桿操作。

(3) 參加免費投資講座，閱讀財經書籍，提升投資素質，提升投資報酬率。

(4) 提升生息資產。

3. **降低家庭生活支出：**

(1) 省吃儉用。　　　　　　　　(2) 善用折扣。

(3) 多利用大眾交通工具。　　　(4) 訂定支出預算計劃。

(5) 使用公共財（如：公園、圖書館、學校）。

(6) 所得稅節稅計劃，如善用列舉扣除額、申報方式等。

4. **降低家庭理財支出：**

(1) 尋找或轉貸適合自己狀況的低利貸款。

(2) 善用免稅規定。

(3) 以租代購。

(4) 保單調整以降低保費支出。

(5) 利率走低時，理財支出同步走低。

> **考點速攻**
>
> 當可運用資金不足以達成所設定之理財目標時，產生資金需求缺口，可透過減少目標期望值、延後退休、增加年收入、增加投資報酬率去調整。

五、緊急預備金

(一)緊急預備金的用途

1. **因應失業或失能導致工作收入中斷**：如果一個家庭突然收入中斷，如失業等，但還有一家大小仍要過生活，若有房貸也要償還。假使有良心的老闆肯按勞基法規定發放資遣費，以工作年資1年發放1個月計，年資稍久者還可以資遣費維持幾個月的生活支出，直到找到下一個工作為止，就怕企業惡性倒閉或以各種理由拖欠資遣費，讓失業者生活沒有著落，因此在有工作時，有必要針對可能的失業風險，準備可度過難關的緊急預備金。基本的緊急預備金：至少應準備3個月的固定支出。建議的緊急預備金：至少應準備六個月的固定支出。

2. **因應緊急醫療或意外災變所導致的超支費用：**
雖然並沒有失業或失能導致收入中斷，但有時因為自己或家人需要緊急醫療或因為天災、遭竊等導致財產損失，需要重建時，一時的龐大支出可能遠超過收入能力，此時也要有一筆緊急預備金才能因應這些突發的狀況。故為預防天災、意外事故造成損失，須預備緊急預備金支應。

> **考點速攻**
>
> 儲備緊急預備金的形式，以高變現性為佳。

(二)**緊急預備金的因應能力**

1. **失業保障月數**：失業保障月數用以衡量萬一失業或失能，可變現資產可以支應多少個月。可變現資產包括現金、活儲、定儲、股票、基金、活會等。不包括汽車、房地產、古董字畫等。

   最保守的保障月數，是以存款保障。即存款保障月數＝存款÷月固定支出。

   稍寬鬆的保障月數，是以存款、可變現資產或淨值保障。即存款保障月數＝（存款、可變現資產或淨值）÷月固定支出。

   最廣義的失業保障月數＝淨值÷月固定支出。

2. **意外或災變承受能力**：

$$意外或災變承受能力＝\frac{可變現資產＋保險理賠金－現有負債}{5－10年生活費＋房屋重建裝潢成本}$$

   若此比率>1，表示承受萬一發生變故的能力較高。

   若此比率<1，表示承受萬一發生變故的能力較低，亦即意外災變的損失會影響家庭短期內生活水準及居住環境。

   若此比率為負數，表示將無力重整家園。

   若此比率偏低時，可增加壽險、意外險、居家綜合險來改善。

(三)**緊急預備金的準備方式**

1. **以存款準備**：以流動性高的活期存款或短期定期存款準備。

2. **以貸款準備**：以備用貸款額度準備。

六、負債管理

(一)**負債管理之目的**：對於家庭來說，成功的家庭理財規劃，就是把收入支出、可投資資金和資產、各種負債合理地分為幾部分，對各部分進行全面細緻的分析和管理，保證儘快實現生活的目標，同時確保財務安全，增加財務流動性和自由度，為平衡收支或時間異所造成的財務缺口，適合理財工具有短期借款、信用卡借款、標會、理財型房貸等，不宜以購買長期性保險支應。

(二)**借錢之目的**

1. **投資**：藉財務槓桿讓資產速成長，借錢可以發揮財務槓桿的效用，讓你的資產加速成長，前提當然是投資報酬率要高於借款利率，才能產生有利的財務槓桿的效用。借錢來投資，若投資報酬率高於借款利率時，可發揮財務槓桿作用讓資產加速成長；但若沒賺錢反而虧錢時，則會導致家庭財務狀況惡化，要有所警惕。

2. **置產**：如購屋貸款。

3. **消費**：若用在購買消費品或服務費支出，應儘快還清原則。

(三)**借錢之金額**：在合理利率水準下，可借多少錢取決於收入能力與資產價值。

借款最大額度＝收入×信貸倍數＋資產×借款成數

1. **收入能力**：銀行核貸時係以收入為最主要考量，通常以月入數倍為基準，例如3倍到10倍。抵押貸款則是根據抵押標的物價值，來決定貸款額度。

2. **資產價值**：以資產質押或抵押借款，本金變動不大的定存單與保單可借到9成；市價變動幅度較大的股票與房地產，一般在6、7成之間。

(四)**如何還本付息**

1. **隨借隨還**：高利率的消費貸款，應隨借隨還，有錢就先還償。

2. **本息平均攤還**：房貸或創業貸款，大都採用本息平均攤還方式償還。

3. **提前清償**：利用年度自由儲蓄，一次還清短期借貸，或提早還清房貸。

牛刀小試

( ) **1** 下列何者為衡量緊急預備金因應意外或災變承受能力之指標？
(A)(可變現資產＋保險理賠金＋5至10年生活費用)/(現有負債＋房屋重建裝潢成本)
(B)(可變現資產＋保險理賠金－5至10年生活費用)/(現有負債＋房屋重建裝潢成本)
(C)(可變現資產＋保險理賠金－現有負債)/(5至10年生活費用＋房屋重建裝潢成本)
(D)(可變現資產＋保險理賠金)/(現有負債＋房屋重建裝潢成本＋5至10年生活費用)。　　　　　　　　【第28屆理財人員】

( ) **2** 有關家庭現金流量管理之敘述，下列何者錯誤？
(A)家計單位之現金流出，可概分為生活支出、理財支出及資產負債調整之支出
(B)貸款及保險繳費年限應控制在退休之後，以便工作生涯期間有充裕時間準備
(C)生活儲蓄在工作期間宜為正數，若為負數可能寅吃卯糧、入不敷出
(D)退休後理財儲蓄應為正數且可支應生活負儲蓄，才能財務獨立。　　　　　　　　【第28屆理財人員】

(　) **3** 在家庭理財上，關於最應優先滿足的現金流量，下列敘述何者正確？
(A)日常生活基本開銷、已有負債之本利攤還支出、已有保險之續期保費支出
(B)日常生活基本開銷、已有負債之本利攤還支出、休閒旅遊費用之支出
(C)日常生活基本開銷、籌備養老費用之支出、已有保險之續期保費支出
(D)享受高品質生活的開銷、已有負債之本利攤還支出、已有保險之續期保費支出。　　　　　　　　　　　　　　　　【第28屆理財人員】

(　) **4** 運用年金觀念時，須符合哪些要件？　A.每期金額固定　B.期間內持續　C.投入金額的時間不固定　(A)僅A　(B)A與B　(C)A與C　(D)B與C。　　　　　　　　　　　　　　　　【第28屆理財人員】

(　) **5** 家庭現金流量結構分析中，現金流入的主要項目，除工作收入及理財收入外、尚包括下列何者？
(A)資產負債調整後現金流入
(B)利息收入
(C)房租收入
(D)獎金收入。　　　　　　　　　　　　　　　　【第37屆理財人員】

解答及解析

1 (C)。衡量緊急預備金因應意外或災變承受能力之指標：(可變現資產＋保險理賠金－現有負債)/(5至10年生活費用＋房屋重建裝潢成本)

2 (B)。貸款及保險繳費年限應控制在退休之前，以便工作生涯期間有充裕時間準備，選項(B)有誤。

3 (A)。在家庭理財上，最應優先滿足的現金流量是日常生活基本開銷、已有負債之本利攤還支出、已有保險之續期保費支出。

4 (B)。運用年金觀念時，須符合下列要件：1.每期金額固定。2.期間內持續。

5 (A)。(A)現金流入；(B)理財收入；(C)理財收入；(D)工作收入。

重點2 貨幣的時間價值與數量方法　　重要度★

一、貨幣的時間價值

(一)複利終值

1. **複利終值的定義**：複利終值指一定量的貨幣，按複利計算的若干期後的本利總和。投資一筆錢下去經過若干年後，包括本金、利息或資本利得會累積成多少錢。

   終值＝本金×$(1+r)^n$

   n＝期數，若r為年利率，則n為年數。

   r＝利率、投資報酬率、通貨膨脹率。

   $(1+r)n$＝複利終值係數。

   範例：May把100萬元拿去投資基金，若平均投資報酬率為8%，3年以後可累積金額為多少？

   答：100萬元×$(1+8\%)^3$＝100萬元×1.26＝126萬元

2. **複利終值的運用**：

   (1) **求存款本利和**：

   一筆錢100萬元存銀行3年期定存，利率8%，到期一次領取本息的本利和為：100萬元×$(1+8\%)^3$＝126萬元

   100萬元為以8%複利計算的利息。但若為存本取息，每年年底領取8%的利息8萬元，不滾入本金計息的話，則利息總和＝8萬元×3＝24萬元，這是以單利計息，比用複利計息算的利息總和要少2萬元。

   (2) **估算整筆投資到期可累積的目標額**：

   如果把一筆錢10萬元拿去投資基金，若平均投資報酬率為12%，5年以後可累積的金額為：10萬元×$(1+12\%)^5$＝10萬元×1.762＝17.62萬元。

   (3) **計算通貨膨脹效果**：

   也就是維持同樣購買力需累積的金額，例如：45歲的人如果想要在65歲退休時擁有相當於現在1千萬元的資產，假設通貨膨脹率為4%，離退休還有20年1,000萬元×$(1+4\%)^{20}$＝1,000萬元×2.191＝2,191萬元，即20年後要準備的名目貨幣金額為2,191萬元，才相當於現在1千萬元的購買力。

(二)複利現值

1. **複利現值的定義**：複利現值是複利終值的對稱概念，指未來一定時間的特定資金按複利計算

考點速攻

複利終值係數×複利現值係數＝1。

的現在價值，或者說是為取得將來一定複利現值係數本利和現在所需要的本金。

現值＝本金×[1/(1＋r)ⁿ]＝本金×複利現值係數

範例：老王目前45歲預計65歲退休，退休時要準備1千萬元，若以平均報酬率6%，現在應存入多才錢到退休信託帳戶？

1千萬元×複利現值係數(r＝6%，n＝20)

答：1千萬元×0.312＝312萬元

2. **複利現值的運用：**

(1) **已知目標額，現在應該投入多少錢來準備：**
若確定20年後退休需要準備1千萬元，若以平均複利報酬率10%為目標的話，現在應存多少錢到退休金信託帳戶？

→查表n＝20，r＝10%的複利現值係數為0.149

1,000萬元×0.149＝149萬元

(2) **計算零息債券的目前價值：**
如零息債券面額100萬元，還有20年到期，市場殖利率為10%

→查n＝20，r＝10%的複利現值係數為0.149

100萬元×0.149＝14.9萬元

(3) **計算貨幣過去的購買力：**複利現值可用來計算貨幣過去的購買力。

> **考點速攻**
>
> 1. 零息債券的目前價值之計算公式：債券面值×複利現值係數（剩餘年限，市場殖利率）。
> 2. 在總報酬率與投資年數相同時，複利年平均報酬率一定低於單利年平均報酬率，最後總投資報酬率才會相同。

(三)**年金終值**

1. **年金終值的定義：**表示每年收取或給付的錢，在經過一段期間後，所能累積的金額。

年金終值係數＝[(1＋r)ⁿ]－1/r

範例：陳先生每年投資5萬元，假設年平均報酬率為5%，請問3年後可以累積多少金額？

答：5萬元×年金終值係數(r＝5%，n＝3)

＝5萬元×3.153＝15.765萬元

2. **年金終值的運用：**

(1) **定期定額投資的計算：**
例如：May每年投資10萬元，假設年平均報酬率為5%,請問3年後可以累積多少金額？

10萬元×年金終值係數（n＝3,r＝5%）

＝10萬元×3.153＝31.53萬元

(2) **已知年繳保費與滿期的金額，估算儲蓄險報酬率：**

如果年繳保費10萬元，繳期10年，屆時可
領回120萬元，內含報酬率如何計算？

→先計算終值是年金的倍數。終值÷年金＝
120萬元÷10萬元＝12倍。因為保費是期初
繳，因此要運用期初年金終值係數。查11年
的期末年金終值係數－1＝12，因此要查在
哪一個報酬率下11年的期末年金終值係數
最接近13，可查出n＝11，r＝3%時係數為
12.808，r＝4%時係數為13.486，再用插補
法推估報酬率在3.83%左右。

(四)年金現值

1. **年金現值的定義**：年金現值的觀念是把未來一段期間的每年或每月收取
   或給付的現金流量折現為目前的一筆錢。

   年金現值＝n期複利現值加總。

   年金現值係數＝$[1-(1+r)^{-n}]/r$

   範例：老王65歲退休時有退休金792萬元,估計至77歲終老，若年報酬率
   為5%，試問其退休後每年至多可花費多少元？

   答：退休後每年花費×年金現值係數(r＝5%，n＝12)＝792萬元。

   退休後每年花費×8.863＝792萬元。

   退休後每年花費＝89.36萬元。

2. **年金現值的運用**：

   (1) **計算退休後生活費用總額**：如退休後每月生活費3萬元，預估至終老
       前還有20年，折現至退休當年需要準備多少退休金？公式如下：如每
       月生活費3萬元，1年36萬元，若至終老前還有20年，折現率6%，其
       退休當年需累積的退休金為：

       36萬元×11.47＝412.92（萬元）。

   (2) **貸款本利攤還的計算**：平均本利攤還的房貸，每期償還的金額固定，
       符合年金要件。

   (3) **年繳保費折算躉繳保費**：保費可選擇年繳或躉繳，知道躉繳金額與年
       繳金額後，可以換算出計算的利率。若利率遠高於存款利率，躉繳可
       較年繳省息。

(4) **債券現值的計算**：債券每期的票面利息固定，符合年金的原則，因此可以用年金現值計算配息部分的債券價值。

二、理財目標與投資價值方程式

(一)**理財目標方程式**：目前可投資額×複利終值係數＋未來每年儲蓄額×年金終值係數＝理財目標額。

> **範例**：陳先生的理財目標是5年後要準備200萬元的購屋首期款，他目前有現金48萬元，每月儲蓄2萬，則其理財目標為：
>
> **答**：48萬元×複利終值係數(r＝？,n＝5)＋2萬元×年金終值係數(r＝？,n＝5)＝200萬元
> 投資報酬率均為6%

(二)**投資價值方程式**：每年可領取的租金或利息×年金現值係數＋到期收回的本金×複利現值係數＝合理的投資價格。

> **範例**：若投資時間為5年，每年可領取租金24萬元，以房貸利率4%，五年後預期房價為500萬元，則合理價格為多少？
>
> **答**：合理房產價格＝24萬元×年金現值係數(r＝4%,n＝5)＋500萬元×複利現值係數(r＝4%,n＝5)
> ＝24萬元×4.452＋500萬元×0.822
> ＝106.848萬元＋411萬元＝517.848萬元

> **考點速攻**
>
> 正確之理財目標金額之計算公式：
> 未來的年儲蓄能力×年金終值係數＋目前的可投資額×複利終值係數。

三、投資報酬率之計算

(一)**投資報酬率**：投資報酬率＝(期末回收金額－期初投資成本＋當期收益－交易成本)/期初投資成本。

> **範例**：小May以單位淨值10元，買入1000單位的共同基金，基金經理公司收取2%的手續費，1年以後以12萬元贖回，期間配息5%，領現金，其投資報酬率為多少？
>
> **答**：R＝(12×1000－10×1000＋10×1000×5%－10×1000×2%)÷(10×1000)
> ＝23%

(二)**算術平均投資報酬率**：一個在市場上投資長達10年的算術平均報酬率以總報酬率÷投資年數計算。

(三)**幾何平均投資報酬率**：若已知各期之期間報酬率，則以幾何平均報酬率計算。

$$R = \sqrt[n]{(1+r_1) \times (1+r_2) \times ... \times (1+r_n)} - 1$$

範例：阿花投資股票兩年的投資酬率為5%及12%，則其年報酬率為？

答：$\sqrt{(1+5\%)(1+12\%)} - 1 = 8.44\%$

四、投資風險的衡量

(一)**風險的意義**：風險就投資的觀點來講，可視為投資損失或發生不利情形的可能性。根據馬斯洛（Abraham H Maslow）的需求理論，人的需要層級最底部為生理需要，這是維持食衣住行等基本生活需求。生理需要得到基本滿足之後，安全需要便接踵而至。安全的另一種說法是避免風險，在理財上的危險包括生命風險、失業風險與財產減損風險。投資上的風險有一部分可靠增加關聯性低的個股或投資工具來分散，此種風險叫做非系統風險。另一種風險是整體市場變動的風險，又稱為系統風險，只能靠延長投資年限來涵蓋景氣循環的方式降低此種風險。

(二)**風險的衡量**：一般常以報酬率的變異數或標準差及變異係數來衡量風險的大小，分別說明如下：

1. **變異數及標準差的計算**：
   (1) 計算預期報酬率或期望值報酬率。
   (2) 計算每一個可能報酬率與預期報酬率之差異。
   (3) 計算每一組差異之平方，再將其乘以對應的機率，將這些乘積加總可得報酬率之變異數。
   (4) 求變異數之平方根即為標準差。

2. **變異係數**：所謂的變異係數來標準化欲進行比較者的報酬基準。變異係數其實就是「單位預期報酬率所承擔的風險」。變異係數的公式如下：

$$變異係數 = \frac{標準差}{預期報酬率} \times 100\%$$

範例：假設中華電信和大哥大的預期報酬率分別為18%及15%，而標準差分別為54%及40%，求中華電信和大哥大的變異係數。

答：所以中華電信的變異係數為 $\frac{0.54}{0.18} \times 100\% = 300\%$

大哥大的變異係數為 $\dfrac{0.40}{0.15} \times 100\% = 267\%$

雖然中華電信的期望報酬較高，但是大哥大的變異係數較低。

3. **夏普指數**：夏普指數＝超額報酬／總風險＝
(平均報酬率－無風險利率)/標準差
夏普指數代表每承受一份風險會有多少風
險貼水。

> **考點速攻**
>
> 被波及的風險稱為「可分散風險」。

範例：某基金之平均報酬率為15%，無風險利率為9%，該基金夏普
（Sharpe）指數為0.4，請問該基金之標準差等於多少？

答：夏普指數＝(15%－9%)/標準差＝0.4
標準差＝15%

牛刀小試

( ) **1** 有關家庭現金流量表結構分析的敘述，下列何者正確？
(A)剛踏入社會的新鮮人同時會有工作收入與理財收入
(B)退休人員只有工作收入沒有理財收入
(C)資產負債調整的現金流入包括借入款、資產變現款及債權回收
款等
(D)貸款及繳保費年期應控制在最遲退休時截止，讓退休後只有理
財支出而沒有生活支出。 【第30屆理財人員】

( ) **2** 下列何者是風險衡量的基準之一？ (A)幾何平均報酬率 (B)偏
峰 (C)標準差 (D)算術平均報酬率。 【第31屆理財人員】

( ) **3** 有關零息債券的目前價值之計算公式，下列敘述何者正確？
(A)債券面值×複利現值係數（剩餘年限，市場殖利率） (B)債
券面值×複利終值係數（剩餘年限，市場殖利率） (C)債券面值
×年金現值係數（剩餘年限，市場殖利率） (D)債券面值×年金
終值係數（剩餘年限，市場殖利率）。 【第33屆理財人員】

( ) **4** 在總報酬率與投資年數相同時，有關單利年平均報酬率及複利年
平均報酬率，下列敘述何者正確？ (A)投資年數愈長，兩者差異
愈小 (B)漲幅倍數愈高，兩者差異愈小 (C)複利年平均報酬率
＝總報酬率÷投資年數 (D)複利年平均報酬率一定低於單利年平
均報酬率。 【第30屆理財人員】

( )　**5** 下列何者為正確之理財目標金額計算公式？　(A)未來的年儲蓄能力×年金現值係數＋目前的可投資額×複利終值係數　(B)未來的年儲蓄能力×年金終值係數＋目前的可投資額×複利現值係數　(C)未來的年儲蓄能力×年金現值係數＋目前的可投資額×複利現值係數　(D)未來的年儲蓄能力×年金終值係數＋目前的可投資額×複利終值係數。　【第30屆理財人員】

( )　**6** 假設35歲的小陳想要在60歲退休時擁有2,000萬元，若某金融商品年投資報酬率為5%，則其目前應準備多少資金投資於該商品？（取最接近值）　(A)585萬元　(B)590萬元　(C)595萬元　(D)600萬元。　【第30屆理財人員】

( )　**7** 當可運用資金不足以達成所設定之理財目標時，產生資金需求缺口，下列何者是可行之調整選擇？　(A)增加目標期望值　(B)提前退休　(C)增加年收入　(D)減少投資報酬率。　【第30屆理財人員】

( )　**8** 下列敘述何者正確？　(A)期初年金終值係數(n,r)＝期末年金終值係數(n,r)＋複利終值係數(n,r)－1　(B)期初年金終值係數(n,r)＝期末年金終值係數(n,r)－複利終值係數(n,r)－1　(C)期初年金終值係數(n,r)＝期末年金終值係數(n,r)＋複利終值係數(n,r)＋1　(D)期初年金終值係數(n,r)＝期末年金終值係數(n,r)－複利終值係數(n,r)＋1。　【第34屆理財人員】

( )　**9** 在計算零息債券目前價值，所採用方法為下列何者？
(A)複利現值　　　　　　　(B)複利終值
(C)年金現值　　　　　　　(D)年金終值。　【第37屆理財人員】

( )　**10** 在計算年金終值時，下列敘述何者正確？　(A)每期金額固定，每期現金流量可中斷　(B)每期金額固定，每期現金流量不可中斷　(C)每期金額不固定，每期現金流量可中斷　(D)每期金額不固定，每期現金流量不可中斷。　【第39屆理財人員】

解答及解析

1 (C)。
1.剛踏入社會的新鮮人不一定有理財收入，選項(A)有誤。
2.退休人員只有理財收入沒有工作收入，選項(B)有誤。
3.資產負債調整的現金流入包括借入款、資產變現款及債權回收款等，選項(C)正確。

4.就算貸款及繳保費年期應控制在最遲退休時截止，讓退休後仍有生活支出，選項(D)有誤。

2 (C)。標準差是風險衡量的基準之一。

3 (A)。零息債券的目前價值之計算公式＝債券面值×複利現值係數（剩餘年限，市場殖利率）

4 (D)。在總報酬率與投資年數相同時，複利年平均報酬率一定低於單利年平均報酬率，最後總投資報酬率才會相同。

5 (D)。理財目標金額計算公式＝未來的年儲蓄能力×年金終值係數＋目前的可投資額×複利終值係數

6 (B)。A×複利終值（r＝5%,n＝25）＝2,000（萬元），A×3.386＝2,000（萬元）→A＝590（萬元）

7 (C)。當可運用資金不足以達成所設定之理財目標時，產生資金需求缺口，可透過減少目標期望值、延後退休、增加年收入、增加投資報酬率去調整。

8 (A)。期初年金終值係數(r,n)＋1＝期末年金終值係數(r,n)＋複利終值係數(r,n)
期初年金終值係數(r,n)＝期末年金終值係數(r,n)＋複利終值係數(r,n)－1

9 (A)。計算零息債券目前價值採複利現值。

10 (B)。年金終值：表示每年收取或給付的錢，在經過一段期間後，所能累積的金額。計算年金終值，每期金額可不固定，每期現金流量可中斷。

精選試題

( ) **1** 假設投資100萬元，2年後出售得款121萬元，不考慮交易成本時，以複利計算的年報酬率為多少？ (A)21% (B)10.50% (C)20% (D)10%。 【第29屆理財人員】

( ) **2** 為了5年後累積創業金300萬元，小明計畫將目前現金100萬元利用定期定額方式，每年（每期）「期初」投資6%的固定收益債券型基金，請問每期定期定額投資額應為下列何者？（取最接近值）
(A)22萬元　(B)25萬元
(C)28萬元　(D)31萬元。 【第29屆理財人員】

( )　**3** 某投資組合之報酬率為15%，報酬率標準差為21%，無風險利率為5%，請問其夏普指數為多少？（取最接近值）　(A)23.81% (B)33.33%　(C)47.62%　(D)71.43%。　　　　　【第29屆理財人員】

( )　**4** 小郭現有資金100萬元，其收入扣除開銷後每年結餘50萬元，若希望20年後能達到2,000萬元之理財目標，而將現有資金及每年之結餘均持續存入定期存款（按年複利，年利率4%），期間20年，則屆時其資金缺口為何？（取最接近值）　(A)286萬元　(B)288萬元　(C)290萬元　(D)292萬元。　　　　　　　　　【第34屆理財人員】

( )　**5** 胡叔叔持有甲、乙兩家公司之股票，其比重分別為80%及20%，標準差分別為10.5%及7.6%，假設甲、乙兩家公司股票的共變異數為－1.5%時，則此投資組合的風險為何？　　【提示：投資組合風險即為投資組合的標準差】（取最接近值）　(A)4.99% (B)4.75%　(C)4.53%　(D)4.31%。　　　　　【第29屆理財人員】

( )　**6** A君的投資組合包含甲、乙、丙三家公司股票，其占投資組合比重分別為30%、25%及45%，假設甲、乙及丙公司個股股票期望投資報酬分別為10%、8%及9%，請問A君的整體投資組合報酬率約為何？　(A)6%　(B)7%　(C)8%　(D)9%。　　　　　【第29屆理財人員】

( )　**7** 已知股票A之期望報酬率14%，標準差8%，股票B之期望報酬率10%，標準差6%，設股票A及股票B的相關係數為－1，請問75%股票A及25%股票B的投資組合變異數為何？
(A)0.00202　　　　　　　　　(B)0.002025
(C)0.002205　　　　　　　　　(D)0.002255。　【第29屆理財人員】

( )　**8** 阿才現年40歲，目前有100萬元年利率3%之定存，希望55歲退休時能累積500萬元的退休金，則每年另須投資多少錢於年報酬率10%的理財工具上？（取最接近值）　(A)9.12萬元　(B)9.83萬元 (C)10.83萬元　(D)11.12萬元。　　　　　　　【第29屆理財人員】

( )　**9** 老李今年40歲，計劃60歲退休，工作期間每年生活費需60萬元，擬退休時自籌1,000萬元退休金，目前僅有200萬元生息資產，倘年投資報酬率4%，則老李在未來20年期間，平均每年應有多少收入才能達成其理財目標？（取最接近值）
(A)63.4萬元　　　　　　　　　(B)78.9萬元
(C)93.6萬元　　　　　　　　　(D)110萬元。　【第29屆理財人員】

( ) **10** 用來計算每月應投資多少錢，才能累積至理財目標年限時應擁有的財富，其每期的收入或支出金額固定不變，且在計算期間內，每期現金流量持續不能中斷，是指下列何者的計算？
(A)複利終值　　　　　　　　(B)複利現值
(C)年金終值　　　　　　　　(D)年金現值。　【第29屆理財人員】

( ) **11** 在計算幾何平均年報酬率與算術平均年報酬率時，若二者之總報酬率與投資年數相同，且投資期間超過1年，下列敘述何者正確？
(A)複利年平均報酬率一定低於單利年平均報酬率，且投資年數愈長差異愈大
(B)複利年平均報酬率一定高於單利年平均報酬率，且投資年數愈長差異愈大
(C)複利年平均報酬率一定低於單利年平均報酬率，且投資年數愈長差異愈小
(D)複利年平均報酬率一定高於單利年平均報酬率，且投資年數愈長差異愈小。　【第28屆理財人員】

( ) **12** 下列何者為正確之理財目標金額之計算公式？
(A)未來的年儲蓄能力×年金現值係數＋目前的可投資額×複利終值係數
(B)未來的年儲蓄能力×年金終值係數＋目前的可投資額×複利現值係數
(C)未來的年儲蓄能力×年金現值係數＋目前的可投資額×複利現值係數
(D)未來的年儲蓄能力×年金終值係數＋目前的可投資額×複利終值係數。　【第30屆理財人員】

( ) **13** 老李現有存款300萬元，每年另可儲蓄60萬元，計畫7年後退休，在存款年利率固定為2%之情形下，請問老李在退休時可累積多少退休金？（取最接近值）　(A)782萬元　(B)786萬元　(C)791萬元　(D)794萬元。　【第28屆理財人員】

( ) **14** 李小姐申請房屋貸款600萬元，年利率2%，貸款期間20年，約定採本利平均攤還法按年期清償；然其於償還第10期本利和後，因手中有一筆閒錢150萬元，故即刻將之用於提前還款，惟貸款利率調升為3%，其他條件維持不變。則自此之後，李小姐每期所須償還之本利和較前10期減少多少元？（取最接近值）　(A)152,518元　(B)154,086元　(C)156,362元　(D)158,274元。　【第38屆理財人員】

( ) **15** 阿義目前有100萬元現金及每年投資80萬元,預計3年後要購屋,
房貸利率5%,借期20年,投資報酬率6%,自備款三成,則3年後
阿義至多有能力買若干金額之房子?(取最接近值) (A)1,196
萬 (B)1,246萬 (C)1,322萬 (D)1,408萬。 【第38屆理財人員】

( ) **16** 有關零息債券的目前價值之計算公式,下列敘述何者正確?
(A)債券面值×複利現值係數(剩餘年限,市場殖利率) (B)債
券面值×複利終值係數(剩餘年限,市場殖利率) (C)債券面值
×年金現值係數(剩餘年限,市場殖利率) (D)債券面值×年金
終值係數(剩餘年限,市場殖利率)。 【第33屆理財人員】

( ) **17** 假設目前存款二十萬元,每年投資十二萬元,五年後欲有一百萬
元創業基金,則應選擇何種投資工具? (A)年利率8%之定存
(B)保本率8%之保本型商品 (C)宣稱投資績效8%之基金 (D)股
東報酬率8%之股票。 【第27屆理財人員】

( ) **18** 假設X與Y兩種基金屬於同一區域或類型,投資X基金的平均報酬率
為10%,無風險利率為4%,標準差為12%,投資Y基金的平均報酬
率為7%,無風險利率為4%,標準差為4%,下列敘述何者錯誤?
(A)投資X基金的夏普指數(Sharpe Index)為0.50
(B)投資Y基金的夏普指數(Sharpe Index)為0.75
(C)投資X基金的績效優於Y基金
(D)投資Y基金的績效優於X基金。 【第27屆理財人員】

( ) **19** 老陳投資尚餘7年到期、每年付息一次、面額100萬元的債券,若
該債券市場殖利率為4%時,計算得知其市場價格為110萬元,請
問該債券每年固定債息應為何?(取最近似值) (A)4.66萬元
(B)5.16萬元 (C)5.66萬元 (D)6.16萬元。 【第38屆理財人員】

( ) **20** 當保費採「期初」年金年繳7萬元,期間15年,在報酬率7%下,
如改採躉繳方式繳納,其金額為何? (A)60.2萬元 (B)64.2萬
元 (C)68.2萬元 (D)72.2萬元。 【第27屆理財人員】

( ) **21** 假設年投資報酬率6%,預計二十年後累積100萬元,則每月應儲
蓄之金額為多少元?(四捨五入至百元)
(A)1,600元 (B)1,800元
(C)2,000元 (D)2,300元。 【第34屆理財人員】

( ) **22** 小張現年40歲，預計60歲退休，如果想在退休時擁有2,500萬元的退休金，以每年平均投資報酬率7%估算，從現在起每年應有之投資金額為若干？（取最近似值）　(A)609,830元　(B)645,995元　(C)674,484元　(D)905,000元。　【第30屆理財人員】

( ) **23** 在下列攤還方式下，何者可採年金方式計算？　(A)本金平均攤還房貸　(B)本利平均攤還房貸　(C)彈性還款總額房貸　(D)一次清償還款房貸。　【第35屆理財人員】

( ) **24** 有關達成理財目標金額的期望，下列敘述何者正確？　(A)目前的可投資額×複利終值係數＋未來的年儲蓄能力×年金終值係數　(B)目前的可投資額×年金終值係數＋未來的年儲蓄能力×複利終值係數　(C)目前的可投資額×複利終值係數＋未來的年儲蓄能力×複利終值係數　(D)目前的可投資額×年金終值係數＋未來的年儲蓄能力×年金終值係數。　【第26屆理財人員】

( ) **25** 假設投資債券時，票面利率為5%，面額100萬元還有5年到期的債券，每年的利息收入固定為5萬元，假設市場殖利率為6%，此時債券的現值為多少？　(A)95.763萬元　(B)102.885萬元　(C)159.863萬元　(D)161.985萬元。　【第26屆理財人員】

( ) **26** 在經濟金融領域通常使用常態分配，以常態分配表示事件機率、平均值與標準差，在平均值加減兩個標準差間的機率為下列何者？(A)42.57%　(B)68.27%　(C)95.45%　(D)99.73%。　【第26屆理財人員】

( ) **27** 王先生花15年時間投資基金以累積一筆資金，其於第1年年底投資10萬元，第2年年底投資30萬元，而第3年至第15年之每年年底均投資60萬元，假設年投資報酬率固定為5%，則王先生15年後共可累積多少錢？（取最近值）　(A)1,139.16萬元　(B)1,142.97萬元　(C)1,214.74萬元　(D)1,218.36萬元。　【第36屆理財人員】

( ) **28** 小李投資股票三年，其報酬率依序為25%、－15%及5%，其投資報酬率之變異數為何？　(A)1.67%　(B)2.67%　(C)3.67%　(D)4.67%。　【第26屆理財人員】

( ) **29** 儲備緊急預備金的形式，以下列何者為佳？
(A)不動產
(B)三年期定期存款
(C)活期性存款
(D)投資之10年期美國政府公債。　【第25屆理財人員】

（　）**30** 運用年金時，須注意其是否符合兩項要件，下列敘述何者正確？
(A)每期收入或支付金額固定且計算期間現金流量可中斷　(B)每期收入或支付金額變動且計算期間現金流量可中斷　(C)每期收入或支付金額固定且計算期間現金流量不可中斷　(D)每期收入或支付金額變動且計算期間現金流量不可中斷。　　　【第25屆理財人員】

（　）**31** 假設A股票平均報酬率5%，標準差20%，而B股票平均報酬率8%，標準差5%，在無風險利率3%下，下列敘述何者正確？
(A)A股票夏普指數為1
(B)B股票夏普指數為0.5
(C)A股票與B股票夏普指數相同
(D)A股票夏普指數小於B股票夏普指數。　　　【第25屆理財人員】

（　）**32** 股票投資人在測試風險承受度時，可以使用淨值壓力指標來計算股票投資比重，一般來說，若儲蓄淨值比越低，壓力測試後可接受的股票投資比重，下列何者正確？　(A)越高　(B)越低　(C)不一定　(D)無關。　　　【第25屆理財人員】

（　）**33** 假設某一投資案預期每年淨現金流入200萬元，20年後該投資案結束尚可回收1,000萬元，若想達到每年4%之投資報酬率，則起始投資金額上限為何？（不考慮稅負，取最接近金額）
(A)3,174萬元
(B)3,097萬元
(C)2,718萬元
(D)2,685萬元。　　　【第25屆理財人員】

（　）**34** 以自有資金100萬元，另向銀行貸款100萬元，利率10%，投資股市，期末股票市值250萬元，則全現金法下之投資報酬率為何？
(A)25.00%
(B)20.00%
(C)50.00%
(D)資料不足無法計算。　　　【第25屆理財人員】

（　）**35** 投資股票第一年報酬率為100%，第二年報酬率為-50%，其兩年來的幾何平均報酬率為多少？
(A)0%　　　　　　　　　　　(B)25%
(C)50%　　　　　　　　　　(D)100%。　　　【第25屆理財人員】

( ) **36** 下列何者不是「緊急預備金」的用途？ (A)因應失業導致的工作收入中斷 (B)因應失能導致的工作收入中斷 (C)因應日常生活所需 (D)因應意外災變導致的超支費用。 【第24屆理財人員】

( ) **37** 某甲參與定時定額基金的投資，每年12萬元，請問20年後在投資年報酬率為5%的前提下，某甲共擁有多少的資金？
(A)396.8萬元
(B)382.6萬元
(C)378.2萬元
(D)371.4萬元。 【第24屆理財人員】

( ) **38** 小張計劃自行開店創業，預期未來5年內每年淨收入80萬元，若5年後將店面轉讓可賣得200萬元，在10%折現率下，合理開店資本額應為下列何者？（取近似值至萬元） (A)334萬元 (B)388萬元 (C)403萬元 (D)427萬元。 【第24屆理財人員】

( ) **39** 有關複利現值係數與複利終值數，下列敘述何者正確？ (A)複利終值係數＋複利現值係數＝1 (B)複利終值係數－複利現值係數＝1 (C)複利終值係數×複利現值係數＝1 (D)複利終值係數÷複利現值係數＝1。 【第39屆理財人員】

( ) **40** 小陳投資基金2年，其幾何年平均報酬率為10%，若總報酬率與投資年數相同，則其單利年平均報酬率為下列何者？ (A)9.5% (B)10.5% (C)11.5% (D)12.5%。 【第24屆理財人員】

( ) **41** 若A基金之平均報酬率8%，變異數16%，在無風險利率4%下，A基金之夏普指數（Sharpe）應為下列何者？ (A)0.1 (B)0.25 (C)0.5 (D)0.75。 【第24屆理財人員】

( ) **42** 某地發生火災，使得附近公司的廠房受到波及，這種風險稱為下列何者？ (A)系統風險 (B)不可分散風險 (C)可分散風險 (D)市場風險。 【第24屆理財人員】

( ) **43** 小張預計12年後上大學，屆時需學費120萬元，若小張的父親每年投資8萬元於年投資報酬率3%的債券型基金，請問12年後是否足夠支付當時學費？差額多少？（取最接近值） (A)不夠，還少約6.5萬元 (B)夠，還多約6.5萬元 (C)不夠，還少約5.8萬元 (D)夠，還多約5.8萬元。 【第37屆理財人員】

(　　) **44** 假設某一投資案預期每年淨現金流入500萬元，7年後該投資案結束另可回收2,000萬元，若每年投資報酬率固定為5%，則起始投資金額為何？（取最接近值）　(A)4,315萬元　(B)4,277萬元　(C)4,203萬元　(D)4,181萬元。　　　　　　　　　　【第23屆理財人員】

(　　) **45** 夏普指數越大，下列敘述何者正確？　(A)每單位風險下其報酬率較高　(B)每單位風險下其報酬率較低　(C)每單位期間其報酬率較高　(D)每單位期間其報酬率較低。　　　　　　　　　　【第23屆理財人員】

(　　) **46** 就國內投資人而言，下列何種事件最宜歸屬於投資組合理論中所稱之非系統性風險？　(A)美元匯率劇貶，東南亞各國貨幣連動升值　(B)中東石油禁運，國際油價大漲　(C)受美國企業作假帳風波影響，全球股市下挫　(D)國內某家上市公司工廠發生火災，生產線暫時停頓。　　　　　　　　　　【第23屆理財人員】

(　　) **47** 小王每月初定期定額投資基金新臺幣1萬元，持續12個月後，月底贖回時金額為15萬元。考慮時間加權後，小王於該期間之年投資報酬率為多少？（取最接近值）　(A)36.15%　(B)41.15%　(C)46.15%　(D)51.15%。　　　　　　　　　　【第23屆理財人員】

(　　) **48** 楊先生投資尚餘8年到期、每年付息一次、面額500萬元的債券，若該債券市場殖利率為3%時，計算得知其市場價格為510萬元，請問該債券之票面利率為何？（取最接近值）　(A)3.29%　(B)3.41%　(C)3.53%　(D)3.62%。　　　　　　　　　　【第23屆理財人員】

(　　) **49** 有關貨幣時間價值的運用，下列敘述何者錯誤？　(A)整存整付定期存款到期本利和之計算可運用複利終值　(B)零息債券目前價值之計算可運用複利現值　(C)房貸本利攤還額之計算可運用年金終值　(D)籌措退休後生活費用總額之計算可運用年金現值。　　　　　　　　　　【第23屆理財人員】

(　　) **50** 有關緊急預備金之敘述，下列何者錯誤？
(A)可以備用的貸款額度來籌備
(B)以存款籌備，其機會成本為因準備流動性而可能無法達到長期投資的平均報酬率
(C)存款利率與短期信用貸款利率之差距愈大，以信用貸款當準備金的誘因便愈大
(D)為免投資資本損失，應避免採行長期投資拋售作為短期急用。
　　　　　　　　　　【第22屆理財人員】

( ) **51** 下列敘述何者錯誤？
(A)一個家計預算規劃，可以概分為「月儲蓄預算」與「年儲蓄預算」兩部分
(B)月儲蓄預算為當月薪資、佣金、房租、利息收入，扣除當月食衣住行育樂等及房貸支出後應有的金額
(C)本息平均攤還之房屋貸款是調節前後兩個月現金流量不平衡的工具
(D)年儲蓄除了可以用來提前償還部分貸款外，亦可用於整筆投資、年繳之保費或年度贈與。 【第22屆理財人員】

( ) **52** 王經理投資某一剛付完息且尚餘7年到期、面額500萬元債券，每半年付息一次，票面年利率3%，若買進時市場利率升至4%，則該債券合理價格為下列何者？（取最接近值）
(A)4,697,950元
(B)4,721,865元
(C)4,746,624元
(D)4,762,386元。 【第22屆理財人員】

( ) **53** 下列敘述何者錯誤？
(A)在同樣利率下，期間愈長，複利效果愈大
(B)在同樣期間下，利率愈高，複利效果愈大
(C)實質投資報酬率＝名目投資報酬率－通貨膨脹率
(D)在整體投資報酬率相同情況下，幾何平均報酬率一定大於算術平均報酬率。 【第22屆理財人員】

( ) **54** 假設A基金風險貼水8%，變異數0.16%，在無風險利率4%下，則A基金之夏普（Sharpe）指數為下列何者？ (A)1 (B)1.5 (C)2 (D)2.5。 【第22屆理財人員】

( ) **55** 不考慮股票配股配息，投資股票金額50萬元，第一年底金額變為100萬元，第二年底金額變為50萬元，第三年底金額變為60萬元，第四年底金額變為90萬元，下列敘述何者正確？（以四捨五入方式計算）
(A)四年來算術平均年報酬率為30%
(B)四年來幾何平均年報酬率為30%
(C)四年來算術平均年報酬率為15.83%
(D)四年來幾何平均年報酬率為15.83%。 【第22屆理財人員】

(　　) **56** 下列何者是資本預算最廣為接受的評估方式，係將各投資案未來收益的現金流量還原為現值，接著以扣除成本後的淨現值來比較各投資案是否划算？　(A)股利折現模式（DDM）　(B)漲跌比率（ADR）　(C)淨現值法（NPV）　(D)由上而下法（TOP DOWN）。　　　　　　　　　　　　　　　　【第22屆理財人員】

(　　) **57** 為了10年後達成創業金1,000萬元，張先生計畫將目前現金300萬元，及利用定期定額方式，每年（每期）「期初」投資具有5%的固定收益債券型基金，則每期定期定額投資額應至少為下列何者？（取最接近值）　(A)39萬元　(B)41萬元　(C)43萬元　(D)45萬元。　　　　　　　　　　　　　　　　　　　　　【第22屆理財人員】

(　　) **58** 有關緊急預備金的敘述，下列何者錯誤？　(A)衡量緊急預備金的因應能力，最低標準的失業保障月數是三個月　(B)要提高意外災變承受能力，在年生活費不變的情況下，應設法提高可變現資產　(C)緊急預備金可以活存及備用的貸款額度儲備　(D)當存款利率與短期信用貸款利率差距愈大時，以存款當緊急預備金之誘因愈小。　　　　　　　　　　　　　　　　　　　　【第39屆理財人員】

(　　) **59** 有關標準差之敘述，下列何者正確？　(A)與平均值同為風險衡量的基準　(B)為變異數平方值　(C)衡量可能發生事件分佈狀況　(D)夏普指數（Sharpe）與標準差無關。　　　　　【第21屆理財人員】

(　　) **60** 小王每月初定期定額投資基金新臺幣2萬元，持續12個月後，月底贖回時金額為25萬元。考慮時間加權後，小王於該期間之年投資報酬率為多少？　(A)7.69%　(B)8.33%　(C)9.47%　(D)10.18%。　　　　　　　　　　　　　　　　　　　【第21屆理財人員】

(　　) **61** 下列何者為年金現值之運用？　(A)已知年繳保費與期滿領回的金額，估算儲蓄險報酬率　(B)不可提前清償之貸款本利攤還之計算（每期攤還金額固定）　(C)計算零息債券的目前價值　(D)採LIBOR＋50BP計息之債券現值之計算。　　　【第21屆理財人員】

(　　) **62** 下列敘述何者錯誤？　(A)針對發生機率大，但損失金額小的事件，應列入預算內支出　(B)根據馬斯洛的需求理論，人的需要層級最低為生理需求　(C)夏普指數（Sharpe）愈大者，具有相對較差的報酬風險組合　(D)就常態分配下，在平均值加減兩個標準差間的機率約為95.45%。　　　　　　　　　　　　【第21屆理財人員】

( ) **63** 假設投資900萬元創業,除預期每年淨利為100萬元外,10年後該投資可回收本金800萬元,年折現率10%,則是否值得投資?又其淨現值為何?(不考慮稅負) (A)值得投資,約923萬元 (B)值得投資,約947萬元 (C)不值得投資,約877萬元 (D)不值得投資,約853萬元。 【第21屆理財人員】

( ) **64** 姜先生申請房屋貸款500萬元,年利率3%,貸款期間20年,約定採本利平均攤還法按年清償;惟在其於償還第10期本利和後,年利率即調降為2%,其他條件不變。則至此之後,姜先生每期所須償還之本利和為多少?(取最接近值) (A)28.3萬元 (B)29.6萬元 (C)30.4萬元 (D)31.9萬元。 【第21屆理財人員】

( ) **65** 李先生稅後家庭年收入200萬元,夫妻兩人尚可工作30年及尚可生活50年,家庭年生活費50萬元(含年租金支出12萬元),若養育兩個小孩,每個小孩生涯總費用各為750萬元,今李先生計劃購買50坪新屋,請問每坪單價最多可為多少? (A)30萬元 (B)35萬元 (C)40萬元 (D)45萬元。 【第37屆理財人員】

解答及解析

1 (D)。$100 \times (1+r)^2 = 121$
$r = 10\%$

2 (C)。100萬×(6%,5年,複利終值)=133.8(萬元)
166.2萬/[(6%,6年,年金終值)-1]=28(萬元)

3 (C)。夏普指數=(投資組合報酬率-無風險利率)/報酬率標準差
=(15%-5%)/21%=47.62%

4 (D)。100萬×(4%,20年,複利終值)+50萬×(4%,20年,年金終值)=1,708萬。
資金缺口2,000-1,708=292(萬元)。

5 (A)。$(80\% \times 10.5\%)^2 + (20\% \times 7.6\%)^2 + [2 \times 80\% \times 20\% \times (-1.5\%)] = 0.002487$
此投資組合的風險=$\sqrt{0.002487}$=0.0499

6 (D)。A君的整體投資組合報酬率=30%×10%+25%×8%+45%×9%=9%

7 (B)。$(0.75 \times 8\%)^2 + (0.25 \times 6\%)^2 + 2 \times (-1) \times 0.75 \times 0.25 \times 8\% \times 6\% = 0.002025$

8 (C)。500萬-100萬×(3%,15年,複利終值)=344.2(萬元)
344.2萬/(10%,15年,年金終值)=10.83(萬元)

9 (B)。1000萬－200萬×(4%,20年,複利終值)＝561.8（萬元）
60萬＋561.8萬/(4%,20年,年金終值)＝78.9（萬元）

10 (C)。用來計算每月應投資多少錢，才能累積至理財目標年限時應擁有的財富，其每期的收入或支出金額固定不變，且在計算期間內，每期現金流量持續不能中斷，是指年金終值。

11 (A)。在總報酬率與投資年數相同時，複利年平均報酬率一定低於單利年平均報酬率，最後總投資報酬率才會相同。

12 (D)。正確之理財目標金額之計算公式：未來的年儲蓄能力×年金終值係數＋目前的可投資額×複利終值係數。

13 (C)。300萬×(2%,7年,複利終值)＋60萬×(2%,7年,年金終值)＝791（萬元）。

14 (C)。600/(2%,20的年金現值)＝600萬/16.351＝366,950
366,950×(10,2%)＝366,950×8.983＝3,296,312
3,296,312－1,500,000＝1,796,312
1,796,312/(3%,20)＝1,796,312/8.53＝210,588
366,950－210,588＝156,362（元）

15 (B)。[80×(6%,3年,年金終值)＋100×(6%,3年,複利終值)]/30%＝1,246（萬元）

16 (A)。零息債券的目前價值之計算公式：債券面值×複利現值係數(剩餘年限,市場殖利率)。

17 (A)。假設目前存款二十萬元，每年投資十二萬元，五年後欲有一百萬元創業基金，則應選擇一定會達到目標的保守穩健型的理財工具，故本題選(A)。

18 (C)。投資X基金的績效＝4%＋0.12×(10%－4%)＝4.72%
投資Y基金的績效＝7%＋0.04×(7%－4%)＝7.12%
選項(C)有誤。

19 (C)。A×(4%,7,年金現值)＋100萬×(4%,7,複利現值)＝110（萬元）
A＝5.66（萬元）

20 (C)。期末年金現值表n＝14，r＝7%之係數是8.745，再加1＝9.745
7萬×9.745＝68.2（萬元）。

21 (D)。[1,000,000/(6%,20年,年金終值)]/12個月＝2,300（元）。

22 (A)。25,000,000/(7%,20年,年金終值)＝609,830（元）。

23 (B)。本利平均攤還房貸就是一種年金方式的還款計算。

24 (A)。理財目標金額的期望：目前的可投資額×複利終值係數＋未來的年儲蓄能力×年金終值係數。

25 (A)。5萬×(6%,5年,年金現值)＋100萬×(6%,5年,複利現值)＝95.763（萬元）。

26 (C)。在平均值加減一個標準差間的機率為68.27%，在平均值加減兩個標準差間的機率為95.45%，在平均值加減三個標準差間的機率為99.73%。

27 (A)。60萬×（5%,13年,年金終值)＋10萬×(5%,14年,複利終值)＋30萬×(5%,13年,複利終值)＝1,139.16（萬元）。

28 (B)。
1.預期報酬率＝(0.25－0.15+0.05)/3＝0.05
2.標準差
$$\sigma=\sqrt{[(0.25-0.05)^2+(-0.15-0.05)^2+(0.05-0.05)^2]/3}$$
$$=2.67\%$$

29 (C)。儲備緊急預備金的形式，以高變現性為佳，故本題選(C)。

30 (C)。運用年金時，須注意其是否符合兩項要件：每期收入或支付金額固定且計算期間現金流量不可中斷。

31 (D)。
1.夏普指數的計算方式，是將股票或基金在某一期間的報酬率減去在此期間的無風險證券的報酬率，再除以該股票或基金在此期間的標準差，意謂著每承受每一分風險所得到的報酬補償。
2.A股票夏普指數＝(5%－3%)/20%＝0.1
　B股票夏普指數＝(8%－3%)/5%＝1

32 (B)。股票投資人在測試風險承受度時，可以使用淨值壓力指標來計算股票投資比重，一般來說，若儲蓄淨值比越低，壓力測試後可接受的股票投資比重越低。

33 (A)。200萬×(4%,20年,年金現值)＋1,000萬×(4%,20年,複利現值)＝3,174（萬元）

34 (A)。全現金法下之投資報酬率＝(250－100－100)/200＝25%

35 (A)。幾何平均報酬率＝$\sqrt{[(1+100\%)\times(1-50\%)]}-1=0\%$

36 (C)。「緊急預備金」的用途為：因應失業導致的工作收入中斷、因應失能導致的工作收入中斷、因應意外災變導致的超支費用。

37 (A)。12萬×(5%,20年,年金終值)＝396.8（萬元）。

38 (D)。80萬×(10%,5年,年金現值)＋200萬×(10%,5年,複利現值)＝427（萬元）。

39 (C)。複利終值係數×複利現值係數＝1

40 (B)。幾何平均法＝$\sqrt{(1+r)(1+r)}-1=10\%$
r＝10.5%

41 (A)。
　　1.夏普指數的計算方式，是將股票或基金在某一期間的報酬率減去在此期間的無風險證券的報酬率，再除以該股票或基金在此期間的標準差，意謂著每承受每一分風險所得到的報酬補償。
　　2.A基金標準差/1＝0.16　A基金標準差＝0.4
　　　A基金夏普指數＝（8%－4%）/0.4＝0.1

42 (C)。被波及的風險稱為「可分散風險」。

43 (A)。8萬元×(3%,12年,年金終值)＝113.5萬元
　　120－113.5＝6.5（萬元）

44 (A)。500萬×(5%,7年,年金現值)＋2000萬×(5%,7年,複利現值)＝4,315（萬元）。

45 (A)。夏普指數越大，每單位風險下其報酬率較高。

46 (D)。非系統性風險是指對某個證券產生影響的風險，它通常由某一特殊的因素引起，與整個證券市場的價格不存在系統的全面關係，本題國內某家上市公司工廠發生火災，生產線暫時停頓即屬之。

47 (C)。(15萬－12萬)／(1/12＋2/12＋3/12＋...＋12/12)＝46.15%

48 (A)。A×(3%,8年,年金現值)＋500萬×(3%,8年,複利現值)＝510（萬元）
　　A＝16.45（萬元）
　　票面利率＝16.45萬/500萬＝3.29%

49 (C)。房貸本利攤還額之計算可運用年金現值，選項(C)有誤。

50 (C)。存款利率與短期信用貸款利率之差距愈小，以信用貸款當準備金的誘因便愈大。選項(C)有誤。

51 (C)。還息不還本的房屋貸款是調節前面幾期現金流量不平衡的工具。選項(C)有誤。

52 (A)。75,000×(2%,14,年金現值)＋5,000,000×(2%,14,複利現值)＝4,697,950(元)。

53 (D)。在整體投資報酬率相同情況下，幾何平均報酬率一定小於算術平均報酬率。選項(D)有誤。

54 (C)。0.16%的平方根＝0.04
　　夏普指數＝(平均報酬率－無風險利率)/標準差＝風險貼水/變異數之平方根
　　　　　　＝8%/4%＝2

55 (D)。第一年報酬率：(100萬－50萬)/50萬＝100%
　　第二年報酬率：(50萬－100萬)/100萬＝－50%

第三年報酬率：(60萬－50萬)/50萬＝20%

第四年報酬率：(90萬－60萬)/60萬＝50%

幾何平均報酬率：$[(1+100\%)(1-50\%)(1+20\%)(1+50\%)]^{1/4}-1=15.83\%$

56 (C)。淨現值法（NPV）是資本預算最廣為接受的評估方式之一，係將各投資案未來收益的現金流量還原為現值，接著以扣除成本後的淨現值來比較各投資案是否划算。

57 (A)。1,000萬－300萬×(5%,10年,複利終值)＝511.3（萬元）。

511.3萬/[(5%,11年,年金終值)－1]＝39（萬元）。

58 (D)。當存款利率與短期信用貸款利率差距愈大時，以存款當緊急預備金之誘因愈大，選項(D)有誤。

59 (C)。標準差係衡量可能發生事件分佈狀況。

60 (A)。$(25-24)/[2\times(1/12+2/12+3/12+...12/12)]=7.69\%$

61 (B)。年金現值是指將在一定時期內按相同時間間隔在每期期末收入或支付的相等金額折算到第一期初的現值之和。不可提前清償之貸款本利攤還之計算（每期攤還金額固定）即為年金現值之運用。

62 (C)。夏普指數（Sharpe）愈大者，具有相對較好的報酬風險組合，選項(C)有誤。

63 (A)。100萬×(10%,10年,年金現值)＋800萬×(10%,10年,複利現值)＝923（萬元），值得投資。

64 (D)。500萬/(3%,20年,年金現值)＝33.61萬

第一年利息15萬，本金18.61萬

第二年利息481.39萬×3%＝14.44萬，本金19.17（萬元）

第三年利息462.22萬×3%＝13.87萬，本金19.74（萬元）

第四年利息442.48萬×3%＝13.27萬，本金20.34（萬元）

第五年利息422.14萬×3%＝12.66萬，本金20.95（萬元）

第六年利息401.19萬×3%＝12.04萬，本金21.57（萬元）

第七年利息379.62萬×3%＝11.39萬，本金22.22（萬元）

第八年利息357.40萬×3%＝10.72萬，本金22.88（萬元）

第九年利息334.51萬×3%＝10.04萬，本金23.57（萬元）

第十年利息310.94萬×3%＝9.33萬，本金24.28（萬元）

本金尚餘286.66萬，利率降為2%

每年償還本利和＝286.66萬/(2%,10年,年金現值)＝31.9（萬元）

65 (C)。家庭生涯收入（200×30）－夫妻生涯支出（50×50）－子女生涯支出（750×2）＝2,000萬，2,000萬/50坪＝40萬。

第四章 居住規劃與子女教育養育規劃

依據出題頻率區分，屬：**B** 頻率中

本章是居住規劃與子女教育養育規劃的介紹，居住規劃與子女教育養育規劃是每個家庭都會面臨的問題，本章的出題比率算中等，居住規劃與子女教育養育規劃兩者出題的比重差不多，出題方向皆是以觀念為主，只要觀念清楚，分數自可手到擒來，讀者務必掌握。

重點1　居住規劃　　　　　　　　　　　重要度★★

一、租屋與購屋的決策考量

(一)租屋的優、缺點：

1. **租屋的優點**：在於遷徙自由度較高，可因應家庭條件、工作地點以及收入水準調整。隨著子女的出生及成長，家庭人數會逐漸增加，可改租用空間較大的房屋。當工作地點異動時，租屋地點可隨工作地點轉換而調整。當家庭收入增加時，可租用條件較佳的房屋；當家庭收入減少時，也可調降對住屋的要求，以減少租金壓力。

2. **租屋的缺點**：在於自主性較差，包括：被要求搬離、無法依己意裝修房屋，以及租金可能調高的風險。

(二)購屋的優、缺點

1. **購屋的優點**：包括自主性較佳及可累積財富。在自主性方面，擁有自宅不必被迫搬離，可帶來安定的感覺，並且可以在合法範圍內裝修房屋以提高生活品質。在累積財富方面，隨著購屋前準備自備款及購屋後償還貸款，家庭財富會逐漸增加，房屋價格上漲也有機會帶來財富增值。

2. **購屋的缺點**：則在於換屋時會有包括稅捐、仲介費、求售折價等成本，導致流動性較低而不易因應家庭情況調整。持有房屋需負擔房屋稅、地價稅及維修費用，房屋價格下跌則會造成財富減損。

(三)為什麼要有購屋規劃

1. **量入為出**：在衡量房貸負擔能力時，需要預先為考慮每年總會有些意外支出會影響房貸支付能力。對於工作收入會隨業務量大幅變化的人來說，更應以較保守的收入，來衡量貸款負擔能力，才能穩健購屋。對於以利息收入維生的退休族，要考慮未來利率升降的變動，針對購屋與退休目標的資源配置做調整。

2. **擬定合理的屋涯規劃**：購屋要配合負擔能力，在一生中可隨生涯階段的改變而換屋，這就是「屋涯規劃」。成家前或新婚族的首次購屋，可以以小坪數產品為主，使用3至5年當第二個小孩出生時便可考慮換購三房產品，注重國小、國中學區品質與生活機能，至少住個10年以上。在中年期若能力足夠，可考慮以居住品質與休閒機能為主的第二次換屋，讓已上中、大學的小孩有較好的居住環境與較大的獨立空間。到退休後子女已遷出，可換購較小坪數，多出來的錢可以兼顧醫療、休閒及供退休以後的生活需求。若好高騖遠一次就要買大房子居住，不但負擔不起，且浪費空間。

3. **規劃購屋現金流量**：未能事先規劃購屋現金流量，可以無法存到首期款或無法選擇最低的貸款配合，增加房貸負擔。

(四)購屋與租屋的決策考量

購屋與租屋應如何抉擇，可用年成本法與淨現值法來計算，分析如下：

1. **年成本法**：購屋者的使用成本是自備款的設算利息與房屋貸款利息，而租屋者的使用成本是房租。

   例如：李歐巴看上一間30坪大廈公寓，

   租金每月2.5萬，押金3個月

   總價700萬，自備款210萬，房貸利率約5%，

   若押金與自備款機會成本以2%設算

   租屋年成本＝年租金2.5萬×12月＋押金2.5萬×3月×2%＝30.15（萬元）

   購屋年成本＝利息支出490萬×5%＋自備款210萬×2%＝28.7（萬元）

   →由上得知購屋較租屋划算。

   但尚要考慮下列因素：

   (1) 房租是否會每年調整。

   (2) 房貸與房租所得稅扣除額不同：自用房貸利息年扣除額30萬元，而房租扣除額僅12萬元。

   (3) 房價漲升潛力。

   (4) 房貸利率之高低：利率愈低，購屋的年成本愈低，購屋會相對划算。

2. **淨現值法：**

淨現值法是考慮在一個固定的居住期間內，將租屋及購屋的現金流量還原至現值，比較兩者的現值較高者為划算。同樣以李歐巴的例子來說，若已確定要在該處住滿5年，房租每年調升1萬元，以存款利率3%為折現率，若貸款利率6%，20年房貸每年本利平均攤還額＝貸款額490萬元÷年金現值係數($r=6\%$，$n=20$)

＝490萬元÷11.47＝427,201元，依淨現值法分析如下：

(1) 租屋淨現金流量現值：

$$=75,000 \div (1.03)^5 - 75,000 - 300,000 \div (1.03) - 310,000 \div (1.03)^2 - 320,000 \div (1.03)^3 - 330,000 \div (1.03)^4 - 340,000 \div (1.03)^5$$

$$=1,473,103$$

只有押金是5年後可回收的部分，其他都屬現金支出，因此淨流出現值約為147.3萬元。

(2) 購屋淨現金流量現值：

$$=5年後售屋淨所得 \div (1.03)^5 - 2,100,000 - 427,201 \div (1.03) - 427,201 \div (1.03)^2 - 427,201 \div (1.03)^3 - 427,201 \div (1.03)^4 - 427,201 \div (1.03)^5$$

＝5年後售屋淨所得÷$(1.03)^5$－4,056,455

租、購之現金流量相等時，

5年後售屋淨所得÷$(1.03)^5$－4,056,455＝－1,473,103

5年後售屋淨所得＝2,994,813

5年後售屋淨所得＝5年後售屋房價－5年後房貸餘額現值

5年後房貸餘額現值＝427,201×年金現值係數($r=6\%$，$n=15$)

　　　　　　　　＝427,201×9.712＝4,148,976

5年後售屋房價＝5年後售屋淨所得＋5年後房貸餘額現值

　　　　　　　＝2,994,813＋4,148,976＝7,143,789

→故5年後的出售房價只要在714萬之上，則購屋會比租屋划算。

如果不打算在同一個地方住3年以上，最好還是以租代購。因為3年內房租再怎麼調漲，仍會低於房貸利息的負擔，若購屋者有裝潢又只住3年，持有成本太高。若沒住多久就要換屋的話，房屋的交易成本，如仲介費用、契稅、土地增值稅等合計起來也要房價的3%以上，再加上裝潢費用，除非房價在3年內大幅上漲，否則計入房屋的交易成本及裝潢等費用後的淨現值流出應該都會比租屋高。一般的通則是，一個地方住愈久，購屋比租屋划算的機會愈大。

二、購屋規劃

(一)購屋規劃流程

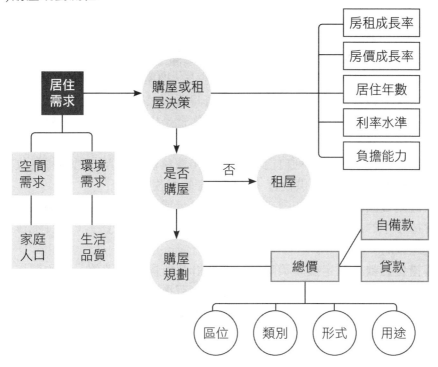

(二)購屋規劃決策

1. **房屋總價之決定**：以儲蓄及繳息能力估算負擔得起的房屋總價陳曉西年收入為100萬，預估收入成長率3%。目前淨資產150萬，40%為儲蓄自備款與負擔房貸的上限，打算5年後購屋，投資報酬率10%，貸款年限20年，利率以6%計，可以負擔房價為：
   自備款部分：100萬元×40%×(年金終值10%,5年)＋150萬×(複利終值6%,5年)＝486萬
   貸款部份＝100萬×(複利終值3%,5年)×40%×(年金現值6%,20年)＝532萬
   可負擔屆時房價＝自備款486萬＋貸款532萬＝1,018（萬元）

2. **房屋單價之決定**：可負擔房屋總價÷需求坪數＝可負擔房屋單價。
   臺灣每人平均居住面積為11坪，每戶平均3.6人故每個家庭平均約需40坪。
   可負擔房屋單價＝1,018萬÷40坪＝25萬／坪。

3. **購屋環境需求**：區位決定單價，區位生活機能愈佳，單價愈高，房子愈大，總價愈高。不同區位間的單價差距甚大，因此需考量總負擔能力，

在可接受的居住坪數下，選擇住得起的地區。環境需求要考慮的重點，包括所居住社區的生活品質、離上班地點或子女學區遠近。

三、換屋規劃

(一)**換屋規劃步流程**：換屋可不像換衣服那麼簡單，由於標的物價值較高，如無事前資金規劃，經濟上會有極大的壓力。換屋規劃步流程分述如下：

1. **選定換屋區位**：在房價鬆動卻不知何時落底之時，換屋族可先挑選自己下一個想要居住的地點、坪數，是預售還是中古，電梯還是公寓，先估算總價範圍，再來安排資金。

2. **列出資產負債表**：詳列自己的總資產和總負債，算算自己的每月收支，是否有多餘的資金可供投資，了解自身的財務能力。

3. **決定是否出售舊屋**：知道手上有多少錢可運用之後，便可以知道要不要賣掉手中的房子。選擇「先買後賣」、「先賣後買」、「只買不賣」的換屋策略。

4. **籌措自備款**：選定換屋策略後，開始計算所需的自備款。例如選擇「先賣後買」，需要籌措的資金就會比「先買後賣」來得少，選擇直接購入第二間的，就等於所有資金都需要另外支出。看舊屋如何利用才能算出換屋資金需求。

5. **選定貸款方式**：知道自備款後，便可以開始找銀行詢問貸款產品。目前升息氛圍濃厚，不少民眾會選擇固定型利率，而在過去市場利率下滑時，指數型房貸也是許多人偏好的選項。政府或銀行提供的房貸內容多樣化，換屋族可先做做功課詢問仔細，選定對自己最有利的。

6. **預留裝潢資金**：很多換屋族因為小換大，貸款壓力太重，沒有多餘的錢支付裝修費，反而住得沒有以前舒適。所以在算自備款或銀行貸款金額的時候，別忘了多留一點空間給裝修費。

7. **考慮稅賦問題**：政府打房對於房屋稅、地價稅，土增稅都有若干變更，換屋前要精算過，以免增加的稅金沒有預算支付。如果不知如何計算，也可請委託的代書預先算好做為參考。

(二)**換屋規劃決策**

1. **準備自備款**：應考量手邊可變現之資產是否足夠付換屋自備款。

2. **衡量繳息還款之壓力**：換屋前需對未來是否有能力負擔新屋房貸繳息還款之壓力審慎評估，原先舊屋值500萬，貸款尚有200萬→舊屋淨值

考點速攻

1. 教育程度愈高的人所得愈高，通常儲蓄率也愈高。
2. 房屋稅是房屋持有每年應付的稅費之一，買賣房屋不會產生房屋稅。

＝300萬，新屋值1,000萬，預計貸款600萬，
則換屋自備款＝新屋1,000萬－新屋貸款600
萬－舊屋淨值300萬＝100萬
本利平均攤還＝600萬÷(年金現值6%,20年)÷12月＝43,592元
尚需考慮下列因素：

(1) 裝潢費用。　　　(2) 仲介費用。　　　(3) 代書費。

(4) 搬家費。　　　　(5) 契稅。　　　　　(6) 土地增值稅。

四、自住型房貸規劃

(一)影響不動產價格之總體面因素

需求面因素	供給面因素
1.人口結構之改變 2.總體經濟因素 3.貨幣供給與資金流量走向 4.利率走勢 5.購屋觀念轉變	1.餘屋的多寡 2.政策的轉變 3.法拍屋的衝擊 4.區位相對供給

考點速攻

本利平均攤還房貸，每月償還本金遞減及利息遞減。

(二)不動產估價方法

1. **成本法：**

(1) 常為建商所使用。

(2) 土地：

開發後土地總價＝素地取得成本＋開發工程費＋管銷費用＋資金利息＋合理費用

建坪數＝土地坪數×容積率

單位建坪價格＝開發後土地總價÷建坪數

(3) 建築物：

新屋＝每建坪建築成本×建坪數，依磚造、鋼筋水泥（RC）與鋼骨結構（SRC）等不同。

中古屋＝新屋建築成本×(1－折舊率×使用年數)，此處折舊率只算房屋，因此應假設在2%以上。

若建材人工成本波動大，應用重製成本觀念取代歷史成本。

(4) 單位總成本－每建坪單價＝土地建坪價格＋建物建坪建造成本。

2. **收益還原法：**
   (1) 常用於房價隨房租而變動之投資用途房地產估價→套房、辦公大樓及店面。
   (2) 房地產總價＝房租淨收入÷市場投資收益率
   (3) 不考慮未來房價漲升空間，投資收益率＝存款利率＋房地產流動性貼水
   (4) 常用於投資用途房地產估價，如套房、店面與辦公大樓，房價隨房租而變動。
   (5) 房租應以扣掉成本後的淨收益計算。
   (6) 根據各地區各類型不動產的平均投資收益率，只要知道房租就可以算出合理房價。
   (7) 考慮流動性貼水，通常套房收益率最高，依次為辦公室與店面。
3. **市場比較法：**
   (1) 常用於一般住宅之估價。
   (2) 估價標的物房價＝同地區同類型房屋房價×屋齡調整係數×地段調整係數×議價係數。
   (3) 比較新屋與中古屋，依折舊情況設定屋齡係數。
   (4) 不同樓層、街頭街尾地段差異大者，依地段調整係數。
   (5) 若以賣方開價而非成交價做比較基準，需做議價係數調整。
   (6) 一般估價公司做住宅估價時多用市場比較法，選擇3至4個案例與佔價標的物做比較，再依上述係數調整說明，最後定出調整後的合理價格。

(三) **房貸類型**

自住型房貸之類型	房貸的還本付息方式
1.到期還款型房貸 2.提早還清型房貸 3.隨借隨還型房貸（理財型） 4.貨款組合型房貸（低利貸款＋一般貸款） 5.超額貸款型房貸（房貸需求＞房屋總價×貸款成數） 6.指數型房貸（利率調整） 7.抵利型房貸（可搭配另一活存帳戶，其活存帳戶之餘額可抵扣貸款金額）	1.本金平均攤還法 2.本利平均攤還法 3.設定最低還款額，彈性還款總額法

(四)**轉貸之考量**

1. 利率差距。
2. 應負擔費用。
3. 轉貸額度。
4. 是否為部份優惠利率的組合貸款。
5. 新舊貸款的還款彈性。

考點速攻

1. 換屋時必須考慮自備款與房價：新舊屋差價＝換屋自備款＋因換屋增加的貸款。
2. 房貸轉貸時除了可能面臨舊房貸的違約金，可能還得支付其他各項費用，如鑑價費用和代償費用等。
3. 本利平均攤還房貸，是每期還款金額固定，本金越還越多、利息越還越少。

牛刀小試

(　　) **1** 請問決定房價最重要的因素為何？ (A)建材良窳 (B)樓層高低 (C)區位 (D)採光隔局。 【第30屆理財人員】

(　　) **2** 李先生計畫投資房地產，現今他看上一棟房屋，以800萬元購置，打算先出租10年後再以當時價格500萬元售出。假設欲達成每年7%之投資報酬率，則此10年期間每年之淨租金收入至少應為何？(取最接近值) (A)71.68萬元 (B)73.97萬元 (C)75.53萬元 (D)77.71萬元。 【第30屆理財人員】

(　　) **3** 某銀行推出20年期房貸利率2%優惠專案，若向其申貸480萬元，按年以本利平均償還，則第一期應償還多少本金？ (A)196,260元 (B)197,560元 (C)197,950元 (D)200,920元。 【第34屆理財人員】

(　　) **4** 小儀計畫以勞工首次購屋貸款貸250萬元，年利率3%，信用貸款100萬元，年利率6%及標會150萬元，年利率8%共計500萬元購屋，在其他條件相同情形下，請問其平均借款利率為何？ (A)5.10% (B)5.50% (C)5.67% (D)6.00%。 【第32屆理財人員】

(　　) **5** 為防止房子被火燒掉後，借款人無力償還剩餘貸款，銀行通常會要求借款人如何？ (A)提供其他等值不動產抵押品 (B)提供等值的銀行存款證明 (C)購買意外險 (D)購買火險。 【第37屆理財人員】

解答及解析

1 (C)。決定房價最重要的因素為Location（區位）。

2 (D)。NPV＝投資期年固定現金流入×年金現值係數(7%,10)＋投資期滿回收額×複利現值係數(7%,10)

800＝投資期年固定現金流入×7.024＋500×0.508
投資期年固定現金流入（淨租金收入）＝77.71萬元

3 (B)。4800,000＝A×F./p,2%,20
A＝197,560（元）

4 (A)。(2,500,000×3%＋1,000,000×6%＋1,500,000×8%)/5,000,000＝5.1%

5 (D)。為防止房子被火燒掉後，借款人無力償還剩餘貸款，銀行通常會要求借款人購買火險。

重點2　子女教育養育規劃　　　　重要度★★

一、單薪與雙薪家庭的抉擇

當子女出生後，父母是否需要有一方放棄既有工作，當一個專職的家庭主夫（婦）來養兒育女，亦即在單薪與雙薪家庭間做一抉擇，往往是一個重大的家庭理財決策。除了涉及親子關係與工作價值觀的判斷以外，現實的環境及對往後家庭收支型態的影響，也是重要的考慮因素。作此決策所要考慮的項目包括：

(一)**單薪時的絕對所得額**

每個家庭都要面對基本的生活需求，假使另一半的絕對所得不高，甚至低於生活需求額，選擇雙薪家庭是不得已的抉擇。

(二)**雙薪時保母費的機會成本**

以目前的保母費行情與職業婦女的平均薪資相較，若兩個小孩皆請保母照顧，單由淨收益的觀點，可以找出所得在多少金額以上，妻子繼續工作才值得的損益平衡點。若低於此平衡點，妻子就業並不能增加家庭淨收益。更何況親子關係是難以用金錢衡量的，留在家裡帶小孩應是較明智的抉擇。以目前一個小孩日間的保母費每月至少是1.5萬元左右，如兩個小孩都需要保母，則妻子的所得至少要在3萬元以上才值得繼續工作。即使僱用外籍女傭每月2萬元幫忙照顧兩個小孩，還要包括吃住費用，實際總費用也要花上3萬元以上。

(三)**考慮所得稅效果後的差異**

綜所稅教育學費特別扣除額：只限扶養子女就讀大專以上院校的子女教育學費，其他的費用是無法在申報綜所稅時扣除，因此，評估所得稅效果後的差

益也是考慮因素之一。例如：適用邊際稅率12%者，保母費3萬元時，其應有的稅前薪資應為：應有的稅前薪資＝保母費3萬元÷(1－12%)＝34,100元。

(四) 考慮因上班而增加的額外支出

因妻子就業需要增加的額外費用包括服裝、化妝品、交通費等等；另外因上班無暇料理晚餐，也使得外食餐費明顯增加，如果保母不在住家附近，還要加上接送小孩的交通費。同上例：如果再考慮服裝、化妝品開銷5,000元，交通費5,000元，增加外食餐費5,000元，應有的稅前薪資＝(保母費30,000＋服裝、交通等增加費用15,000)÷(1－12%)＝51,100元。

依此評估後，妻子年齡在28-35歲之間，如果薪資低於51,100元就可以考慮在家照顧子女。

(五) 考慮家庭長期性的經濟需求

除了以上的考慮因素外，有些家庭三代同堂或父母親願意幫忙帶孫子，自然可省下不少保母費用，繼續當個職業婦女。但是多數家庭應是從更長遠的角度來看，如果短暫辭去工作當全職媽媽，3、5年後再就業，可能變得非常困難的話，即使每月算起來增加的收入還不夠支出，多數婦女還是不會考慮辭去工作。

(六) 考慮未來收支的育兒資產負債

若把未來養育小孩20年的總支出的現值，視為育兒負債，將未來20年先生稅後收入減去夫妻生活費用後的結餘，折現還原後，視為育兒資產，假使育兒資產大於育兒負債，此時可選擇單薪家庭。

這種情況下，妻子若仍投入工作，並非只就經濟上的考慮，而是另有考量。假使育兒資產小於育兒負債，此時應選擇雙薪家庭，不能只考慮需要請保母的階段，為了支應將來的子女高等教育金的需求，維持雙薪、提高淨收入來達到育兒的目標是一種合理、負責的行為。以上例來看，其丈夫至65歲退休總收入：100萬元/年×65歲－35歲)＝3,000萬元。夫妻至終老生活總支出：2.5萬元/月×12×(65歲－35歲＋20)＝1,500萬元。(總收入3,000萬元－總支出1,500萬元－購房支出1000萬元)÷500萬元＝(1個)，夫

考點速攻

1. 準備子女教育金規劃之原則：
   (1) 子女教育金具有時間上的壓力。
   (2) 可利用儲蓄險來準備一部分的教育金。
   (3) 子女的資質可以無法事先掌控，不能僅以公立大學學費規劃。
   (4) 由於教育金不易準備，不能完全仰賴投資在壽險上。
2. 在不考慮購屋支出的前提下，以全生涯現值觀念，計算可負擔的子女養育數目作為家庭計畫的理性基礎公式為：(家庭生涯收入－夫妻生涯費用)/每個子女生涯支出負擔。

妻最多只能養育一個子女,妻子才可以安心當全職的媽媽。假使妻子原來在工作穩定的公教機構上班,因子女出生後辭去工作,就全生涯的機會成本來算,當全職媽媽的代價更大。

二、家庭計畫

(一)不考慮購屋支出

養育子女數＝(家庭生涯收入－夫妻生涯費用)÷每個子女生涯支出負擔

例:夫妻新婚一開始做家庭計畫時,丈夫30歲月薪7萬元,妻子28歲月薪4萬元,年終獎金平均2個月,平均稅率13%來算,家庭稅後收入＝(7萬元＋4萬元)×(12＋2)×87%＝134萬元。假設收入成長率與通貨膨脹率相抵銷,預計30年後兩人同時退休,生涯收入＝134萬元×30＝4,020萬元。夫妻倆含房租每月的生活費用是4萬元,平均每人每年24萬元,估算到80歲為止的生活費,(80－30)×24萬元＋(80－28)×24萬元＝2,448萬元。

4,020萬元－2,448萬元＝1,572萬元。究竟可養幾個小孩,係依該夫婦擬提供給子女的生活水準及對子女的期望而定,若都是上公立學校,養育一個孩子據統計約350萬元已足夠,則1,572萬元÷350萬元＝4.49,該夫婦可生四個小孩。若加上才藝班及家教支出,每位子女生涯費用達5百萬元,則1,572萬元÷500萬元＝3.14,該夫婦可養三個小孩。若要培養子女出國留學並唸到博士學位,每個小孩的生涯費用可能高達7百萬元以上,則該夫婦只能養兩個小孩。

(二)考慮購屋支出

養育子女數＝(家庭生涯收入－夫妻生涯收入－購屋總價)÷每個子女生涯支出負擔

考慮購屋支出下的家庭計畫,要將子女的居住空間計算在內。以目前臺灣家庭平均每人居住面積11坪來算,多一個小孩就要多準備11坪,以每坪20萬元計算,相當於多出220萬元的購屋預算。

購屋總價＝(2＋養育子女數)×11坪×每坪單價

以上例收入來算,若住臺北市,夫妻加三個子女所需坪數為55坪,每坪單價20萬元,則購屋總價為1,100萬元。但因購屋的關係,該夫妻生涯費用每月可減1萬元租金來算,50年可省6百萬元。1,572萬元＋600萬元－1,100萬元＝1,072萬元。1,072萬元÷350萬元＝3.06,這對夫妻在兼顧購屋的情況下,勉強可養三個小孩。若養兩個小孩,購屋需求880萬元,2,172萬

元－880萬元＝1,292萬元，1,292萬元÷2＝646萬元，可投入在每個小孩身上的生涯總費用各為646萬元。

(三)動機與替代效果

家庭計畫除了以養不養育小孩及買不買房子為考量外，尚須考量動機與替代效果，目前全世界面臨人口晚婚與缺乏生育意願的現象，目前少子化的**趨勢**非常明顯。願不願意生養小孩是每個家庭的價值觀，但為數不少的無子族，在決定不生小孩後往往花得更多；因為不生養小孩，又非常講究生活品質，結果每月可開銷可能比有生養小孩的家庭更多。

另外，有子女的家庭生活壓力大，相對地會更努力工作賺取比較高的收入，即使是同年齡層有子女的家庭，平均收入還是比無子女的家庭高。

有小孩的家庭因為擔子重，寧可自己省錢，也會想盡辦法積極為小孩存錢；因此核心家庭的儲蓄額還是可能比只有夫妻二人家庭高，財產的累積也不見得落後。

生養小孩不純粹是費用問題，父母願意投入的心力才是最重要的考慮因素。不願意投入者即使有錢也不該生育子女，願意投入者即使目前並不富裕，在上述動機論與費用替代論的理由下，仍可以培育未來的主人翁。

三、子女教育金規劃

(一)子女教育金規劃流程圖

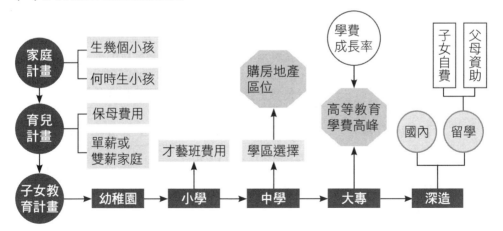

(二)教育子女各階段花費

0歲／16萬	1歲／25萬	2歲／25萬
生育費用 ・產前檢查1萬元 ・孕婦裝2萬元 ・生產費用2萬元 ・坐月子中心9萬元 養育費用 ・嬰兒床0.5萬元 ・嬰兒車0.5萬元 ・哺育用品0.5萬元 ・嬰兒衣物0.5萬元	養育費用 ・奶粉副食品5萬元 ・尿片2萬元 ・學步車玩具1萬元 ・醫藥費其他2萬元 保母教育費用 ・保母費15萬（帶白天）	養育費用 ・10萬元 保母教育費用 ・15萬元
3歲／25萬	**4歲／25萬（小班）**	**5歲／25萬（中班）**
養育費用 ・10萬元 保母教育費用 ・15萬元	養育費用 ・食5萬元 ・衣2萬元 ・其它2萬元 保母教育費用 ・幼稚園學費10萬元 ・才藝班費用6萬元	養育費用 ・9萬元 保母教育費用 ・幼稚園學費10萬元 ・才藝班費用6萬元
6歲／25萬（大班）	**7歲／16萬（小一）**	**8歲／16萬（小二）**
養育費用 ・9萬元 保母教育費用 ・幼稚園學費10萬元 ・才藝班費用6萬元	養育費用 ・9萬元 保母教育費用 ・小學學雜費1萬元 ・才藝班費用6萬元	養育費用 ・9萬元 保母教育費用 ・小學學雜費1萬元 ・才藝班費用6萬元
9歲／16萬（小三）	**10歲／16萬（小四）**	**11歲／16萬（小五）**
養育費用 ・9萬元 保母教育費用 ・小學學雜費1萬元 ・才藝班費用6萬元	養育費用 ・9萬元 保母教育費用 ・小學學雜費1萬元 ・才藝班費用6萬元	養育費用 ・9萬元 保母教育費用 ・小學學雜費1萬元 ・才藝班費用6萬元

12歲／16萬（小六）	13歲／18萬（初一）	14歲／18萬（初二）
養育費用 ・9萬元 保母教育費用 ・小學學雜費1萬元 ・才藝班費用6萬元	養育費用 ・生活費用9萬元 ・零用錢1萬元 保母教育費用 ・初中學雜費2萬元 ・補習班費用6萬元	養育費用 ・10萬元 保母教育費用 ・初中學雜費2萬元 ・補習班費用6萬元
15歲／24萬（初三）	**16歲／21萬（高一）**	**17歲／21萬（高二）**
養育費用 ・10萬元 保母教育費用 ・初中學雜費2萬元 ・補習班費用12萬元	養育費用 ・生活費用9萬元 ・上學車資1萬元 ・零用錢1萬元 保母教育費用 ・高中學雜費3萬元 ・補習班費用6萬元	養育費用 ・12萬元 保母教育費用 ・高中學雜費3萬元 ・補習班費用6萬元
18歲／27萬（高三）	**19歲／22萬（大一）**	**20歲／22萬（大二）**
養育費用 ・12萬元 保母教育費用 ・高中學雜費3萬元 ・補習班費用12萬元	養育費用 ・在外住宿費8萬元 ・交通費2萬元 ・零用錢4萬元 保母教育費用 ・大學學雜費6萬元 ・書籍費1萬元 ・社團費用1萬元	養育費用 ・14萬元 保母教育費用 ・大學學雜費6萬元 ・書籍費1萬元 ・社團費用1萬元
21歲／22萬（大三）	**22歲／28萬（大四）**	**23歲／24萬（研一）**
養育費用 ・14萬元 保母教育費用 ・大學學雜費6萬元 ・書籍費1萬元 ・社團費用1萬元	養育費用 ・14萬元 保母教育費用 ・大學學雜費6萬元 ・書籍費1萬元 ・社團費用1萬元 ・進修補習班6萬元	養育費用 ・14萬元 保母教育費用 ・研究所學費8萬元 ・書籍費2萬元

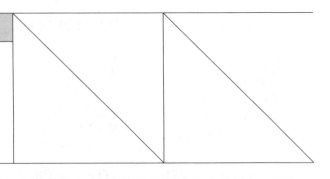

24歲／26萬（研二）		
養育費用 ・14萬元 保母教育費用 ・研究所學費8萬元 ・書籍費2萬元 ・論文製作費2萬元		

總計：生育費用14萬元+養育費用236萬元+保母教育費用250萬元=500萬元

考點速攻

有關子女教育金規劃的概念，因有物價上漲的影響，應以未來各級教育的學費作為
將來應準備之教育金總額。

(三)子女教育金的規劃重點

1. **日常支出的增加**：家庭裡多了一位成員，每個月因此而增加的食衣住行
   等花費，支出增加，此時要考量收入是否夠用。
2. **為教育金支出較大的階段預為準備**：金額較大的兩個階段，學齡前跟大
   學，平時就要儲蓄一筆金額作為準備。目前實際上在談教育金規劃，大
   部分指的是幫孩子準備未來大學或研究所的花費，學齡前的部分，有的
   家庭會由爺爺奶奶幫忙照顧，或者雙薪家庭的媽媽暫時離開職場來照
   顧，變通的方法較多。

(四)子女教育金規劃之原則

1. **採「核心」投資策略**：教育費用應以儲備至大學為目標，並採取核心投
   資策略，選擇風險較低、長期績效較佳的「全球型股票基金」做為投
   資主軸，雖然過去10年來，全球股市經歷網路泡沫及911恐怖攻擊等危
   機，但根據理柏資訊統計，代表全球股市的摩根士丹利世界指數過去10
   年平均年報酬率仍達10.11%，投資全球股市不失為抵抗學費調漲壓力
   的好選擇。
2. **定期投資、長期持有**：利用定期定額投資海外共同基金，可以透過長戰
   線的方式，減輕每月的投資負擔，由於定期定額投資是在固定時點投
   資固定金額，當基金淨值上揚時，可買到的單位數較少；當淨值下降
   時，買到的單位數較多，所以能分散投資風險、平均進場成本，長期

投資下來能減輕短線震盪的影響，也較有機會掌握完整的波段漲幅。世界第二大富豪巴菲特，他投資勝績彪炳的祕訣就在「價值選股、分散投資並長期持有」，因此建議只要所選擇的該檔基金長期趨勢看好，過去長時間投資績效穩健，應該要耐心投資、長期持有，在市場處於低檔時，更應持續扣款，趁此累積更多的單位數，當市場上漲達到預設的理財目標，則可考慮部分贖回備用、但持續扣款投資，以享受資產成長的複利效果。

3. **及早籌措避免遺憾發生**：現代人晚婚趨勢成型，使得不少人升格為父母時已三、四十歲，等到孩子上大學，父母的年紀可能已接近退休，一方面既要籌措子女的學費，又要擔心自己的退休金，負擔可不輕，然而當孩子有天賦、有意願學習時，若因為學費上短缺而放棄學習機會，都將是父母心中的一大遺憾。建議你及早儲蓄教育基金，將來也才有機會給予小孩最完整的教育，讓孩子的未來有能力也讀得起！

4. **避免顧此失彼**：以30至35歲生育，子女高等教育期間可能長達6年來算，48至59歲為支付子女高等教育金的高峰期，但此時也是自己準備退休金的黃金期。父母為了送子女出國唸書，耗費的資源更多，沒有留下足夠的金錢為自己準備退休金。如果你未在子女唸國小時，就開始以10年以上的時間來準備這筆高等教育基金，屆時可能會因為經費問題，不得不為籌子女深造學費而四處告貸，或是動用原來為自己晚年所準備的退休基金。支應子女高等教育金的階段，與準備自己退休金的黃金時期高度重疊，應避免顧此失彼。

(五)**子女教育金規劃之特性**

1. **沒有時間彈性**：子女的教育階段是有限制的，例如到了18歲左右就要唸大學，不像購屋規劃，因為沒有時間彈性，所以更要提早準備。

2. **沒有費用彈性**：與退休規劃生活水準或購屋規劃房價水準的選擇彈性比較，退休規劃若財力不足，降低退休後生活水準也還熬得過去。購屋規劃若財力不足，選擇偏遠一點、房價較低的區位將就。但子女高等教育的學費相對固定，這些費用對每一個學生都是相同的，不會因為家庭富有與否而有所差異。

3. **子女的資質無法事先掌控**：在子女教育方面，最後需要多少財務資源，比可由自己決定的退休規劃與購屋規劃更難掌握。子女出生時很難知道這個子女在獨立前會花掉父母多少錢，這與子女的資質、注意力與學習能力有關。

牛刀小試

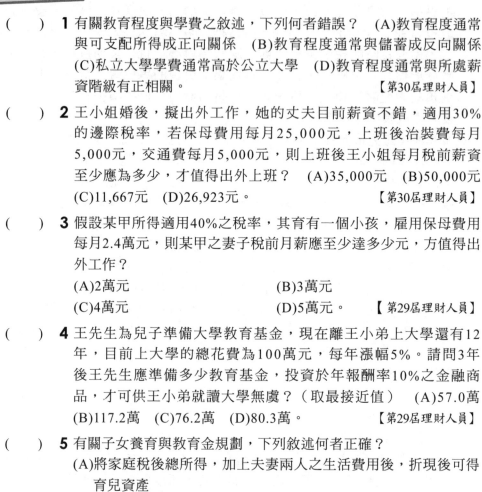

(　) **1** 有關教育程度與學費之敘述，下列何者錯誤？　(A)教育程度通常與可支配所得成正向關係　(B)教育程度通常與儲蓄成反向關係　(C)私立大學學費通常高於公立大學　(D)教育程度通常與所處薪資階級有正相關。　【第30屆理財人員】

(　) **2** 王小姐婚後，擬出外工作，她的丈夫目前薪資不錯，適用30%的邊際稅率，若保母費用每月25,000元，上班後治裝費每月5,000元，交通費每月5,000元，則上班後王小姐每月稅前薪資至少應為多少，才值得出外上班？　(A)35,000元　(B)50,000元　(C)11,667元　(D)26,923元。　【第30屆理財人員】

(　) **3** 假設某甲所得適用40%之稅率，其育有一個小孩，雇用保母費用每月2.4萬元，則某甲之妻子稅前月薪應至少達多少元，方值得出外工作？
(A)2萬元　　　　　　　　　　(B)3萬元
(C)4萬元　　　　　　　　　　(D)5萬元。　【第29屆理財人員】

(　) **4** 王先生為兒子準備大學教育基金，現在離王小弟上大學還有12年，目前上大學的總花費為100萬元，每年漲幅5%。請問3年後王先生應準備多少教育基金，投資於年報酬率10%之金融商品，才可供王小弟就讀大學無虞？（取最接近值）　(A)57.0萬　(B)117.2萬　(C)76.2萬　(D)80.3萬。　【第29屆理財人員】

(　) **5** 有關子女養育與教育金規劃，下列敘述何者正確？
(A)將家庭稅後總所得，加上夫妻兩人之生活費用後，折現後可得育兒資產
(B)養育子女數＝(家庭生涯收入－夫妻生涯費用－購屋總價)／每個子女生涯支出負擔
(C)若以定期定額準備時，須比較目前學費與定期定額投資之複利終值，來計算此筆投資數額
(D)若育兒資產小於育兒負債，應選擇單薪家庭制，讓妻子在家中看顧小孩。　【第29屆理財人員】

解答及解析

1 (B)。教育程度愈高的人因為賺得較多，通常儲蓄率較高，教育程度通常與儲蓄成正向關係，選項(B)有誤。

2 (B)。(25,000＋5,000＋5,000)/(1－30%)＝50,000(元)。

3 (C)。2.4/(1－40%)＝4（萬元）。

4 (C)。100×(5%,12年,複利終值)＝179.6（萬元）
179.6×(10%,9年,複利現值)＝76.2（萬元）

5 (B)。
1.將家庭稅後總所得，減掉夫妻兩人之生活費用後，折現後可得育兒資產。選項(A)有誤。
2.養育子女數＝(家庭生涯收入－夫妻生涯費用－購屋總價)/每個子女生涯支出負擔。選項(B)正確。
3.若以定期定額準備時，須比較目前學費與定期定額投資之年金終值，來計算此筆投資數額。選項(C)有誤。
4.若育兒資產小於育兒負債，應選擇雙薪家庭制。選項(D)有誤。

精選試題

( ) **1** 有關房屋貸款之敘述，下列何者錯誤？
(A)本利平均攤還房貸，每月償還利息金額遞增
(B)理財型房貸可隨借隨還，故動用時利率較一般房貸利率為高
(C)本金平均攤還房貸，每月償還本金加利息之總金額遞減
(D)常有額外收入來源，或收入起伏大的業務員，可選擇提早還清型房貸。　　　　　　　　　　【第29屆理財人員】

( ) **2** 小趙初入職場即向銀行辦理一筆年利率6%、期間20年之房貸400萬元，約定以本利平均攤還方式按年定期還款，其每年工作結餘60萬元，用以償還房貸並逐年將餘額全數投資至年投資報酬率為3%之基金，則小趙於20年後完成該筆房貸之清償時，另積蓄多少錢？（取最接近值） (A)587萬元 (B)675萬元 (C)736萬元 (D)803萬元。　　　　　　　　　　【第29屆理財人員】

( ) **3** 考慮以300萬元購屋或以每年10萬元租屋為期5年，使用淨現值法計算比較，假設折現率均以3%計，房租與房價5年內不變，且不考慮稅負及房貸因素下，下列敘述何者正確？ (A)租屋之淨現值為37.2萬元 (B)購屋之淨現值為負35.8萬元 (C)購屋較有利 (D)租屋之淨現值為負41.1萬元。　　　　　　　　　　【第29屆理財人員】

（　　）**4** 姜君購屋以供出租，預期10年後該屋將以當時價格500萬元出售，在此期間每年租金淨收入40萬元，若欲達成每年5%之投資報酬率，則姜君目前購買此屋之上限金額為下列何者？（取最接近值）
(A)555萬元　　　　　　　　　(B)585萬元
(C)615萬元　　　　　　　　　(D)645萬元。　【第29屆理財人員】

（　　）**5** 請以10年為期之淨現值法計算，在下列何種情形下，租屋較購屋划算？（假設折現率均以4%計，房租及房價10年內不變，且不考慮稅負與房貸因素）　(A)購屋房價600萬元，年房租22萬元　(B)購屋房價700萬元，年房租30萬元　(C)購屋房價400萬元，年房租17萬元　(D)購屋房價350萬元，年房租15萬元。　【第29屆理財人員】

（　　）**6** 某甲目前有房貸餘額500萬元，採本利平均攤還，期間20年，若整個貸款期間房貸利率從2%提高至3%，請問其每年償付銀行之金額應增加多少？（取最接近值）　(A)0.75萬　(B)1.97萬元　(C)2.5萬　(D)3.03萬元。　【第29屆理財人員】

（　　）**7** 有關計算子女教育金的簡易分析，下列敘述何者錯誤？
(A)學前階段是養兒育女開銷的高峰之一
(B)計算未來學費總額，應以目前的平均學費乘上複利終值
(C)若以整筆投資準備時，須比較目前學費與整筆投資兩者之複利終值，計算投資數額
(D)若以定期定額投資準備時，須比較目前學費與定期定額投資兩者之複利終值，計算投資數額。　【第28屆理財人員】

（　　）**8** 家庭計畫在考慮購屋支出之情況下，下列何者不是計算養育子女數應列入之主要因素？　(A)家庭生涯收入　(B)夫妻生涯費用　(C)子女生涯支出負擔　(D)長期性的經濟展望。　【第28屆理財人員】

（　　）**9** 王小姐婚後，擬出外工作，她的丈夫目前薪資不錯，適用30%的邊際稅率，若保母費用每月25,000元，上班後置裝費每月5,000元，交通費每月5,000元，則上班後王小姐每月稅前薪資至少應為多少，才值得出外上班？　(A)35,000元　(B)50,000元　(C)11,667元　(D)26,923元。　【第30屆理財人員】

（　　）**10** 用年成本法考量購屋與租屋時，下列何者為租屋者的使用成本？　(A)房貸自備款的設算利息　(B)房屋貸款利息　(C)修繕費　(D)房租。　【第28屆理財人員】

(　) **11** 彭先生計劃5年後以1,000萬元換新屋，目前舊屋價值600萬元，尚有房貸400萬元需在未來10年內償還，假設新舊屋的房貸利率皆為3%，此期間房價水準不變，不另籌自備款下，購置新屋需要多少貸款？（取最近值）　(A)615萬元　(B)621萬元　(C)623萬元　(D)625萬元。　　　　　　　　　　　　　　　　　　　　【第28屆理財人員】

(　) **12** 店面與辦公大樓估價時通常採收益還原法，若臺北市某辦公大樓樓層面積150坪，每月淨租金收入為16萬元，未來市場投資年收益率皆為5%，請問其合理總價為何？　(A)960萬元　(B)2,400萬元　(C)3,000萬元　(D)3,840萬元。　　　　　　　　　　　　【第36屆理財人員】

(　) **13** C君購置1,200萬元之住宅自住，其中自備款200萬元，其餘以貸款支付，貸款年限為20年期，固定利率4%採本利平均攤還法，則C君每年應支付多少房貸本利和（取最近似值）？　(A)62.4萬元　(B)68.3萬元　(C)73.6萬元　(D)76.8萬元。　　　　　　【第27屆理財人員】

(　) **14** 小傑擬投資房地產5年，在現在合理房地產價格850萬元下，預期5年後房價為1,000萬元，以房貸利率6%為折現率，每年應收取多少租金？　(A)20.45萬元　(B)22.45萬元　(C)24.45萬元　(D)26.45萬元。　　　　　　　　　　　　　　　　【第27屆理財人員】

(　) **15** 有關子女養育與教育金規劃，下列敘述何者正確？
(A)將家庭稅後總所得，加上夫妻兩人之生活費用後，折現後可得育兒資產
(B)養育子女數＝(家庭生涯收入－夫妻生涯費用－購屋總價)/每個子女生涯支出負擔
(C)若以定期定額準備時，須比較目前學費與定期定額投資之複利終值，來計算此筆投資數額
(D)若育兒資產小於育兒負債，應選擇單薪家庭制，讓妻子在家中看顧小孩。　　　　　　　　　　　　　　　　　　【第27屆理財人員】

(　) **16** 張太太擬出外上班，如果上班後每月要增加服裝化妝品5,000元、交通費5,000元、外食費5,000元、保母費30,000元，以適用邊際稅率20%而言，則張太太每月稅前薪資收入額至少應為多少才划算？
(A)15,250元　　　　　　　　　　　　(B)30,000元
(C)45,250元　　　　　　　　　　　　(D)56,250元。　【第27屆理財人員】

(　) **17** 假設周君目前有淨資產50萬元可作為教育金投資，如以平均報酬率10%之基金為標的，請問其18年後可累積教育金多少元？　(A)200萬元　(B)278萬元　(C)300萬元　(D)378萬元。　　　【第27屆理財人員】

(　) **18** 有關房貸轉貸，下列敘述何者正確？　(A)為了節省利息支出，只要知道別家金融機構有提供較低利率的房貸應馬上轉貸　(B)轉貸時除了可能面臨舊房貸的違約金，可能還得支付其他各項費用，如鑑價費用和代償費用等　(C)政府的低利優惠不能帶到第二家銀行，所以享有此優惠的房貸戶根本不用考慮轉貸　(D)考慮轉貸時，只需要注意舊房貸是否可隨時提前還款不會有違約金，不需要考慮新房貸何時可提前還款不會有違約金。　【第27屆理財人員】

(　) **19** 有關購屋或租屋之決策，下列哪些為使用淨現值法時須考慮之變數？A.折現率　B.未來各期淨現金流量　C.年限　(A)僅A、B　(B)僅B、C　(C)僅A、C　(D)A、B、C。　【第27屆理財人員】

(　) **20** 比較房貸利率時要以至少10年期的平均利率來相較，假設無其他轉貸成本，舊房貸利率為6.5%，新房貸利率第一年5%，第二年6%，第三年以後7%，請問其10年平均利率與舊房貸利率相較為何？(A)高0.5%，轉貸不划算　(B)低0.5%，可以轉貸　(C)高0.2%，轉貸不划算　(D)只要利率較低，即可轉貸。　【第27屆理財人員】

(　) **21** 某銀行推出20年期房貸利率2%優惠專案，若向其申貸480萬元，按年以本利平均償還，則第一期應償還多少本金？　(A)196,260元　(B)197,560元　(C)197,950元　(D)200,920元。　【第34屆理財人員】

(　) **22** 某甲目前有房貸餘額500萬元，採本利平均攤還，期間20年，若整個貸款期間房貸利率從2%提高至3%，請問其每年償付銀行之金額應增加多少元？(取最近似值)　(A)0.75萬　(B)1.97萬　(C)2.5萬　(D)3.03萬。　【第27屆理財人員】

(　) **23** 小王申請房屋貸款400萬元，寬限期2年，採1年期平均定儲利率加碼2%浮動計息之指數型房貸（假設1年期平均定儲利率為1.725%，一年浮動調整一次），請問小王第一年應償還之貸款利息為多少元？　(A)23,188元　(B)69,000元　(C)80,000元　(D)149,000元。　【第35屆理財人員】

(　) **24** 有關子女教育金規劃流程圖中所考慮之計畫，不包括下列何者？　(A)家庭計畫　(B)育兒計畫　(C)子女教育計畫　(D)退休金計畫。　【第38屆理財人員】

(　) **25** 王家打算養育兩個小孩，一個小孩的養育費總現值為368萬元；除養育費外，一家每月總支出現值為3萬元。王先生估計尚可工作30年，且退休後還要生活20年。若王先生之生涯平均稅率為13%，

則其每月收入現值至少需要多少錢,妻子才無須出外工作?(取最接近金額)

(A)8.1萬元 　　　　　　　　　　(B)7.1萬元

(C)6.1萬元 　　　　　　　　　　(D)5.1萬元。　【第26屆理財人員】

(　) **26** 趙太太育有一對孿生子女,現年均為5歲。計畫其18歲時分別進入公私立大學就讀。假設目前公立大學學費100萬元,每年成長5%,私立大學學費150萬元,每年成長3%,趙太太現在起以每年投資定期定額基金方式準備子女教育基金,假設該基金年報酬率為8%,則趙太太每年至少需投資多少金額才夠子女就讀大學?(取最接近值)

(A)16萬元 　　　　　　　　　　(B)17萬元

(C)18萬元 　　　　　　　　　　(D)19萬元。　【第26屆理財人員】

(　) **27** 假設臺北市某店面50坪,每月淨租金收入為18萬元,以收益還原法估價,市場投資年收益率6%,其合理總價為何? 　(A)3,000萬元 (B)3,600萬元 　(C)3,800萬元 　(D)4,000萬元。　【第26屆理財人員】

(　) **28** 有關房貸換貸款銀行之決策,轉貸前需考量的因素,下列敘述何者錯誤? 　(A)新舊貸款的還款彈性 　(B)是否為部分優惠利率的組合貸款 　(C)轉貸額度 　(D)轉貸費用包括鑑價費用、代償費用及土地增值稅。　　　　　　　　　　　【第26屆理財人員】

(　) **29** 王先生目前年收入為120萬元,預估收入成長率為3%,計畫於5年後購屋,若以購屋當時年收入50%為每年負擔房貸之上限,20年期貸款期間,年利率以4%計算,採本利平均攤還法按年清償,則屆時至多可負擔購屋貸款金額為多少元?(取最接近值) 　(A)945萬元 　(B)932萬元 　(C)927萬元 　(D)916萬元。　【第26屆理財人員】

(　) **30** 買賣房屋不會產生何種稅費? 　(A)登記規費 　(B)契稅 　(C)土地增值稅 　(D)房屋稅。　　　　　　　　　　【第26屆理財人員】

(　) **31** 有關子女教育金規劃的概念,下列何者錯誤? 　(A)安親班、才藝班等學前階段學費也要準備 　(B)以現在各級教育的學費作為將來應準備之教育金總額 　(C)養育子女數與教育金的準備為正相關 (D)子女教育金是家庭計劃的一部份。　　　【第25屆理財人員】

(　) **32** 假設某甲所得適用40%之稅率,其育有一個小孩,雇用保母費用每月2.4萬元,則某甲之妻子稅前月薪應至少多少元,始值得出外工作?

(A)2萬元 　(B)3萬元 　(C)4萬元 　(D)5萬元。　【第25屆理財人員】

( ) **33** 有關房貸之敘述，下列何者錯誤？ (A)隨借隨還型房貸適合投資機會較多者採用 (B)本金平均攤還房貸，每月還款金額逐月遞減 (C)本利平均攤還房貸，每月還款金額逐月遞減 (D)提早還清型房貸，其利率通常較高。 【第25屆理財人員】

( ) **34** 某甲計劃將現有房屋貸款轉貸，假設房屋鑑價費用5,000元，代償費用8,000元，代書費用（包括設定及塗銷費）計4,500元，設定規費6,000元，原有房貸提前清償違約金15,000元，土地增值稅20,000元，請問某甲應負擔之轉貸費用為多少？ (A)23,500元 (B)34,000元 (C)38,500元 (D)58,500元。 【第25屆理財人員】

( ) **35** 有關購屋或租屋之決策，採年成本法做決策時，除租屋與購屋成本考量外，尚須考量之因素，下列敘述何者錯誤？ (A)薪資成長率 (B)房貸與房租所得稅扣除額 (C)房租上漲率 (D)房價未來走勢。 【第31屆理財人員】

( ) **36** 小方申請房屋貸款360萬元，年利率4%，期間10年，採本金平均攤還法按月清償，請問小方最後一期應償還之本利和為多少？
(A)16,987元 (B)24,988元
(C)30,100元 (D)36,987元。 【第25屆理財人員】

( ) **37** 小連申請房屋貸款240萬元，採1年期平均定儲利率加碼2%浮動計息之指數型房貸（假設定儲1年期平均利率為1.425%，一年浮動調整一次），請問小連第一年應償還之貸款利息計多少？ (A)34,200元 (B)48,000元 (C)82,200元 (D)100,200元。 【第34屆理財人員】

( ) **38** 王太太每月稅後所得為3.8萬元，上班需要交通外食治裝等開銷為1.2萬元，保姆費為1.8萬元，家庭平均稅率為14%，王太太每月至少需要降低多少開支，上班的收入效益才會大於留在家中親自照顧孩子？ (A)2,203元 (B)3,117元 (C)9,703元 (D)不需要降低開支。 【第24屆理財人員】

( ) **39** 有關子女教育金規劃的步驟，下列何者錯誤？
(A)收集現在各級教育的學費及相關支出作為衡量的基準
(B)以複利終值計算目前的學宿費屆時需要多少
(C)目前應該規劃整筆投資及儲蓄組合
(D)只要努力工作及量入為出，不必過早計畫。 【第24屆理財人員】

(　) **40** 在不考慮購屋支出的前提下，以全生涯現值觀念，應如何計算可負擔的子女養育數目，以作為家庭計畫的理性基礎？　(A)家庭生涯收入/每個子女生涯支出負擔　(B)目前家庭淨值/每個子女生涯支出負擔　(C)目前家庭資產/每個子女生涯支出負擔　(D)(家庭生涯收入－夫妻生涯費用)/每個子女生涯支出負擔。　【第24屆理財人員】

(　) **41** 小張有一市價1200萬元的房屋，想再10年後換購目前市價2,000萬元的別墅，假設房價每年以3%成長，請問10年後換屋應補的房價為多少？（四捨五入至萬元）　(A)1,075萬元　(B)1,080萬元　(C)1,090萬元　(D)1,100萬元。　【第24屆理財人員】

(　) **42** 某甲從事傳銷業，常有額外收入來源，欲貸款購屋且希望利息費用能盡量低，則他應選擇的房貸型態為何？　(A)到期還款型　(B)提早還清型　(C)隨借隨還型　(D)超額貸款型。　【第24屆理財人員】

(　) **43** 小鄭申請房屋貸款300萬元，年利率6%，期間10年，採本利平均攤還法按年清償，請問小鄭於償還第4期本息款後，其未清償貸款本金尚餘多少？(取最接近值)　(A)120萬元　(B)150萬元　(C)180萬元　(D)200萬元。　【第24屆理財人員】

(　) **44** 評估租屋及購屋決策時，最不需立即考慮之因素為下列何者？
(A)公告現值　　　　　　　　(B)利率水準
(C)房價成長率　　　　　　　(D)負擔能力。　【第24屆理財人員】

(　) **45** 換屋時必須考慮自備款與房價，請問下列敘述何者正確？　(A)新舊屋差價＝換屋自備款＋因換屋增加的貸款　(B)需籌自備款＝新屋總值－舊屋淨值　(C)新屋淨值＝新屋總價－舊屋總價　(D)舊屋淨值＝舊屋總價－新屋貸款。　【第34屆理財人員】

(　) **46** 有關房屋貸款計息之方式，下列敘述何者錯誤？　(A)本金平均攤還房貸，每月償還本金及利息總金額遞減　(B)本金平均攤還房貸，每月償還利息金額遞減　(C)本利平均攤還房貸，每月償還利息金額遞減　(D)本利平均攤還房貸，每月償還本金及利息總金額遞減。　【第38屆理財人員】

(　) **47** 李伯伯向銀行貸款480萬元購屋，其貸款利率為4%，償還期限為20年期，李伯伯可採用本金平均攤還法或本利平均攤還法來償還房貸，請問以本利平均攤還法償還第五年期房貸，會比本金平均攤還法償還同期房貸時少若干金額？(取最接近值)　(A)3.96萬元　(B)4.04萬元　(C)4.12萬元　(D)4.28萬元。　【第23屆理財人員】

( ) **48** 王經理計劃投資房地產,現今他看上一棟房屋,以1,000萬元購置,打算先出租15年後再以當時價格800萬元售出。假設欲達成每年5%之投資報酬率,則此15年期間每年之淨租金收入至少應為何?(取最接近值)　(A)59.27萬元　(B)58.43萬元　(C)57.61萬元　(D)56.83萬元。　　　　　　　　　　　　　　　　【第23屆理財人員】

( ) **49** 假設折現率均以4%計,房租與房價5年內不變且不考慮稅負及房貸因素下,以5年為期淨現值法計算,下列何種情形租屋較購屋划算?
(A)年房租30萬元,購屋房價700萬元
(B)年房租35萬元,購屋房價800萬元
(C)年房租20萬元,購屋房價550萬元
(D)年房租25萬元,購屋房價600萬元。　　　　　　【第23屆理財人員】

( ) **50** 許老闆向甲銀行申請某房屋專案貸款500萬元,償還期限20年期,約定採本利平均攤還法按年期清償。年利率前5期優惠為2%,自第6期起則調整為3%。則自第6期起,許老闆每期所須償還之本利和為多少元?(取最接近值)　(A)329,127元　(B)317,841元　(C)312,964元　(D)305,792元。　　　　　　　　　　　【第23屆理財人員】

( ) **51** 考慮未來收支的育兒資產負債時,下列敘述何者錯誤?　(A)養育小孩總支出的現值可視為育兒負債　(B)將家庭稅後總所得,加上夫妻兩人之生活費用後,折現後可得育兒資產　(C)若育兒資產小於育兒負債,應選擇雙薪家庭制　(D)考慮育兒之資產與負債時,除了幼時的保母費用外,尚須考慮未來的教育支出。　　　【第23屆理財人員】

( ) **52** 張君需為其女兒小文準備大學教育基金,小文離上大學還有12年,目前上大學總花費為120萬元,每年漲幅為3%。張君每年至少要提撥多少元,投資年報酬率8%之基金,才可供小文就讀大學?（取最接近值）　(A)7萬元　(B)9萬元　(C)10萬元　(D)11萬元。　　　　　　　　　　　　　　　　　【第23屆理財人員】

( ) **53** 有關準備子女教育金規劃之原則,下列敘述何者正確?　(A)子女教育金不具有時間上的壓力,可以慢慢準備　(B)可利用儲蓄險來準備一部分的教育金　(C)子女的資質可以事先掌控,因此以公立大學學費規劃即可　(D)由於教育金不易準備,只能多投資在壽險上,以備不時之需。　　　　　　　　　　　　【第23屆理財人員】

（　）**54** 楊老師計劃於7年後以1,200萬元換新屋，目前舊屋價值700萬元，尚有房貸200萬元需在未來10年內以本利平均攤還法按年期償還，假設新、舊屋的房貸利率皆為3%，此期間房價水準不變，現已有生息資產200萬元，投資報酬率為4%，則購置新屋時還需要多少貸款？(取最接近值)　(A)301萬元　(B)303萬元　(C)305萬元　(D)307萬元。　　　　　　　　　　　　　　　　【第23屆理財人員】

（　）**55** 有關銀行房地產貸款之敘述，下列何者錯誤？　(A)臺灣地區的銀行房貸，多採取本金平均攤還法　(B)同一地區新成屋通常比中古屋可貸款額度為高　(C)臺灣地區銀行的房貸採浮動利率者居多　(D)以房地產價值為設定貸款額度，動用本金時才支付利息之方式稱為理財型房貸。　　　　　　　　　　　　　　　　　　【第36屆理財人員】

（　）**56** 李小姐申請房屋貸款600萬元，年利率2%，貸款期間20年，約定採本利平均攤還法按年期清償；然其於償還第10期本利和後，因手中有一筆閒錢150萬元，故即刻將之用於提前還款，惟貸款利率調升為3%，其他條件維持不變。則至此之後，李小姐每期所須償還之本利和較前10期減少多少元？(取最接近值)　(A)152,518元　(B)154,086元　(C)156,362元　(D)158,274元。　　　　　　　　　　　　【第38屆理財人員】

（　）**57** 小張目前有房屋貸款500萬元，年利率4%，期間15年，採本利平均攤還法按年期清償，其每年工作結餘金額80萬元除用以償還房貸外全數投入年報酬率5%之基金，則小張於15年後完成房貸清償後，另可儲蓄多少元？(取最接近值)　(A)756萬元　(B)754萬元　(C)752萬元　(D)750萬元。　　　　　　　　　　　　　　　　　【第22屆理財人員】

（　）**58** 下列何者不是已有子女之家庭選擇單薪或雙薪之重要考慮因素？
(A)單薪時的絕對所得額
(B)雙薪時保母費的機會成本
(C)考慮所得稅效果後的差異
(D)考慮出國旅遊需支出之費用。　　　　　　　　　　【第22屆理財人員】

（　）**59** 下列何者不是子女教育金規劃的原則？　(A)在子女國小國中階段性向未定時，應以較寬鬆的角度因應子女未來不同的選擇　(B)寧可多準備，也不要少準備　(C)若資金不足，可以拿父母退休金作規劃　(D)可利用子女教育年金或10年至20年的儲蓄險作規劃。　　　　　　　　　　　　　　　　　　　　　　【第22屆理財人員】

( ) **60** 目前大學四年教育花費須40萬元，學費年成長率為5%。陳先生打算用定期定額為6歲的女兒準備其18歲時就讀大學之教育準備金，年報酬率為8%。若考慮購屋計畫，將由女兒12歲時開始準備教育金，不考慮購屋計畫則可立即開始準備，則兩種計畫的每年準備金額差距多少？（取最接近值） (A)考慮購屋計畫時每年須多準備60,072元 (B)不考慮購屋計畫時每年須多準備60,072元 (C)考慮購屋計畫時每年須多準備34,356元 (D)不考慮購屋計畫時每年須多準備34,356元。 【第22屆理財人員】

( ) **61** 比較房貸利率時要以至少10年期的平均利率來相較，假設無其他轉貸成本舊房貸利率為4%，新房貸利率第一年2%，第二年3%，第三年4%，第四年以後5%，請問其10年平均利率與舊房貸利率相較為何？ (A)高0.2%，轉貸不划算 (B)低0.2%，可以轉貸 (C)高0.4%，轉貸不划算 (D)低0.4%，可以轉貸。 【第38屆理財人員】

( ) **62** 小方申請房屋貸款360萬元，年利率3%，期間10年，採本金平均攤還法按月清償，請問小方第117期應償還之本利和為多少？ (A)30,375元 (B)30,300元 (C)30,225元 (D)30,150元。 【第21屆理財人員】

( ) **63** 陳伯伯目前有以下三筆房貸，皆採本利平均攤還法按年清償：(甲)金額200萬元，年利率4%，貸款期間15年；(乙)金額250萬元，年利率3%，貸款期間20年；(丙)金額300萬元，年利率2%，貸款期間25年。則此三筆貸款每年所償還之本利和，金額由小至大排列應為何？ (A)(丙)<(乙)<(甲) (B)(乙)<(丙)<(甲) (C)(丙)<(甲)<(乙) (D)(乙)<(甲)<(丙)。 【第21屆理財人員】

( ) **64** 請以7年為期之淨現值法計算，在下列何種情形下，租屋較購屋划算？（假設折現率均以5%計，房租及房價7年內不變，且不考慮稅負與房貸因素） (A)購屋房價500萬元，年房租25萬元 (B)購屋房價400萬元，年房租21萬元 (C)購屋房價550萬元，年房租27萬元 (D)購屋房價450萬元，年房租23萬元。 【第34屆理財人員】

( ) **65** 有關教育程度與學費之敘述，下列何者錯誤？ (A)教育程度通常與可支配所得成正向關係 (B)教育程度通常與儲蓄成反向關係 (C)私立大學學費通常高於公立大學 (D)教育程度通常與所處薪資階級有正相關。 【第21屆理財人員】

(　) **66** 子女教育金目標與其他理財目標比較，下列敘述何者錯誤？ (A)可控制性較低，子女能否考上公立大學非父母可掌控　(B)子女教育金絕對金額不高，不用特別準備　(C)與購屋目標相較，子女教育金具有不可替代性　(D)與退休目標相較，子女教育金較沒有時間彈性。　　　　　　　　　　　　　　　【第21屆理財人員】

(　) **67** 小張預計12年後上大學，屆時需學費120萬元，若小張的父親每年投資8萬元於年投資報酬率3%的債券型基金，請問12年後是否足夠支付當時學費？差額多少？（取最接近值）　(A)不夠，還少約6.5萬元　(B)夠，還多約6.5萬元　(C)不夠，還少約5.8萬元　(D)夠，還多約5.8萬元。　　　　　　　　　　　【第37屆理財人員】

(　) **68** 下列何者非為房貸轉貸之費用？　(A)鑑價費用　(B)代償費用　(C)設定規費　(D)契稅。　　　　　　　　　　　　　　【第37屆理財人員】

(　) **69** 有關子女教育費用之敘述，下列何者錯誤？　(A)在教育投資的試算下得知投資高等教育是值得的　(B)養兒育女的開銷有兩大高峰，一是學前階段，一是高等教育階段　(C)為了儲蓄子女教育經費，可動用晚年準備的退休基金　(D)教育費用年年上升，需及早準備才足以支應。　　　　　　　　　　　　　　　　【第38屆理財人員】

(　) **70** 彭先生計劃5年後以1,000萬元換新屋，目前舊屋價值600萬元，尚有房貸400萬元需在未來10年內償還，假設新舊屋的房貸利率皆為3%，此期間房價水準不變，不另籌自備款下，購置新屋需要多少貸款？（取最接近值）　(A)615萬元　(B)621萬元　(C)623萬元　(D)625萬元。　　　　　　　　　　　　　　　【第39屆理財人員】

解答及解析

1 (A)。本利平均攤還房貸，是每期還款金額固定，本金越還越多、利息越還越少。選項(A)有誤。

2 (B)。每年還：400/(6%,20年,年金現值)＝34.87（萬元）
每年結餘60－34.87＝25.13（萬元）
25.13×(3%,20年,年金終值)＝675（萬元）

3 (C)。購屋的淨現值＝300萬×複現(r＝3%,n=5)＝300萬×0.863＝258.9萬
258.9萬－300萬＝－41.1萬
租屋的淨現值＝－10萬×年現(r＝3%,n=5)＝－10萬×4.58＝－45.8萬
－41.1萬＞－45.8萬，所以購屋較為有利。

4 (C)。500萬×(5%,10年,複利現值)＝307（萬元）

40萬×(5%,10年,年金現值)＝308（萬元）

307萬＋308萬＝615萬（萬元）

5 (A)。購屋600－600×(4%,10年,複利現值)＝194.66

房租22×(4%,10年,年金現值)＝178.4397(租屋划算)

6 (D)。500萬/(2%,20年,年金現值)＝30.58萬元

500萬/(3%,20年,年金現值)＝33.61萬元

33.61－30.58＝3.03（萬元）

7 (D)。若以定期定額投資準備時，須比較目前學費與定期定額投資兩者之年金終值，計算投資數額，選項(D)有誤。

8 (D)。家庭計畫在考慮購屋支出之情況下，計算養育子女數應列入之主要因素有：

1.家庭生涯收入。2.夫妻生涯費用。3.子女生涯支出負擔。

9 (B)。(25,000＋5,000＋5,000)/(1－30%)＝50,000(元)。

10 (D)。用年成本法考量購屋與租屋時，房租為租屋者的使用成本。

11 (A)。貸款400萬，每年償還＝400/(3%,10年,年金現值)＝46.89萬

第一年利息＝400萬×3%＝12萬，本金34.89萬

第二年利息＝365.11萬×3%＝10.95（萬元），本金35.94（萬元）

第三年利息＝329.17萬×3%＝9.88（萬元），本金37.01（萬元）

第四年利息＝292.16萬×3%＝8.76（萬元），本金38.13（萬元）

第五年利息＝254.03萬×3%＝7.62（萬元），本金39.27（萬元）

五年合計還本185萬，銀行貸款尚欠215（萬元）

新屋價值－舊屋價值＝400（萬元）

購屋貸款400萬＋215萬＝615（萬元）

12 (D)。16×12個月/5%＝3,840（萬元）。

13 (C)。(1200萬－200萬)/(4%,20年,年金現值)＝73.6（萬元）。

14 (C)。[850萬－1000萬×(6%,5年,複利現值)]/(6%,5年,年金現值)＝24.45（萬元）。

15 (B)。子女養育與教育金規劃公式：養育子女數=(家庭生涯收入－夫妻生涯費用－購屋總價)/每個子女生涯支出負擔。

16 (D)。(5,000＋5,000＋5,000＋30,000)/(1－20%)＝56,250(元)。

17 (B)。50萬×(10%,18,複利終值)＝278（萬元）。

18 (B)。房貸轉貸時除了可能面臨舊房貸的違約金，可能還得支付其他各項費用，如鑑價費用和代償費用等。

19 (D)。購屋或租屋之決策，使用淨現值法時須考慮之變數有：折現率、未來各期淨現金流量、年限。

20 (C)。新房貸平均利率＝[5%＋6%＋7%*8(第三~第十年)]/10＝6.7%

舊房貸＝6.5%

故本題高新房貸利率0.2%，轉貸不划算。

21 (B)。每期償還本利＝480萬/(2%,20,年金現值)＝293,560

第一期利息＝480萬×2%＝96,000
償還本金＝293,560－96,000＝
197,560(元)。

22 (D)。5,000,000/(3%,20,年金現值)－
5,000,000萬/(2%,20,年金現值)＝3.03
（萬元）

23 (D)。4,000,000×(2%＋1.725%)＝
149,000(元)。

24 (D)。子女教育金規劃流程圖中所考
慮之計畫，不包括退休金計畫。

25 (A)。3×50年×12個月＋368×2小
孩＝2,536（萬元）
2,536/(30×12)＝7.044
7.044/(1－13%)＝8.1

26 (D)。100萬×(5%,13年,複利終值)
＋150(3%,13年,複利終值)＝408.95
（萬元）
408.95/(8%,13年,年金終值)＝19（萬
元）

27 (B)。18×12/6%＝3,600（萬元）

28 (D)。轉貸費用不包括土地增值稅。
選項(D)有誤。

29 (A)。120×(3%,5年,複利終值
)×50%×(4%,20年,年金現值)＝945
（萬元）

30 (D)。房屋稅是房屋持有每年應付
的稅費之一，買賣房屋不會產生房
屋稅。

31 (B)。有關子女教育金規劃的概念，
因有物價上漲的影響，應以未來各
級教育的學費作為將來應準備之教
育金總額，選項(B)有誤。

32 (C)。2.4/(1－40%)＝4（萬元）。

33 (C)。本利平均攤還房貸，每月還款
金額逐月遞增，選項(C)有誤。

34 (C)。5,000＋8,000＋4,500＋6,000＋
15,000＝38,500(元)。

35 (A)。有關購屋或租屋之決策，採年
成本法做決策時，除租屋與購屋成
本考量外，尚須考量之因素有：房
貸與房租所得稅扣除額、房租上漲
率、房價未來走勢。

36 (C)。A×(4%,10年,年金現值)/12＝
360（萬元）
A＝30,100(元)

37 (C)。2,400,000×(1.425%＋2%)＝
82,200(元)。

38 (D)。稅後所得3.8萬元>(1.2＋
1.8)×(1－14%)→不需要降低開支。

39 (D)。子女教育金規劃的步驟，必須
及早計畫，選項(D)有誤。

40 (D)。在不考慮購屋支出的前提下，
以全生涯現值觀念，計算可負擔的
子女養育數目作為家庭計畫的理性
基礎公式為：(家庭生涯收入－夫妻
生涯費用)/每個子女生涯支出負擔。

41 (A)。(2,000萬－1,200萬)×(3%,10年
,複利終值)＝1,075（萬元）。

42 (B)。甲從事傳銷業，常有額外收入
來源，欲貸款購屋且希望利息費用
能盡量低，則他應選擇的房貸型態
為提早還清型。

43 (D)。每年還＝300萬/(6%,10年,年金
現值)＝40.76（萬元）
第一年利息＝300萬×6%＝18萬，
本金22.76（萬元）
第二年利息＝277.24萬×6%＝16.63
萬，本金24.13（萬元）

第三年利息＝253.11萬×6%＝15.19萬，本金25.57（萬元）

第四年利息＝227.54萬×6%＝13.65萬，本金27.11（萬元）

本金尚餘＝227萬－27萬＝200（萬元）

44 (A)。評估租屋及購屋決策時，最不需立即考慮之因素為公告現值。

45 (A)。換屋時必須考慮自備款與房價：新舊屋差價＝換屋自備款＋因換屋增加的貸款。

46 (D)。本利平均攤還房貸，每月償還本金遞減及利息遞減，選項(D)有誤。

47 (B)。本利平均攤還每年償還＝480萬元/(4%,20年,年金現值)＝35.32萬元

本金平均攤還第五年償還＝384萬元×4%＋24萬＝39.36萬元

39.36萬元－35.32萬元＝4.04萬元

48 (A)。[1,000萬元－800萬元×(5%,15年,複利現值)]/(5%,15年,年金現值)＝59.27（萬元）

49 (C)。年房租20萬元小於購屋房價×折現率5%(550×5%)，租屋划算。

50 (A)。A×(2%,5的年金現值)＋A×(3%,15的年金現值)×(2%,5的複利現值)＝5,000,000

A＝329,127(元)。

51 (B)。將家庭稅後總所得，減掉夫妻兩人之生活費用及房貸等負債後，折現後可得育兒資產，選項(B)有誤。

52 (B)。120萬×(3%,12年,複利終值)/(8%,12年,年金終值)＝9（萬元）

53 (B)。準備子女教育金規劃之原則：

1.子女教育金具有時間上的壓力。

2.可利用儲蓄險來準備一部分的教育金。

3.子女的資質可以無法事先掌控，不能僅以公立大學學費規劃。

4.由於教育金不易準備，不能完全仰賴投資在壽險上。

54 (B)。7年後剩餘房貸本金：200萬/(3%,10年,年金現值)×(3%,3年,年金現值)＝66.33（萬元）

7年後生息資產：200萬×(4%,7年,複利終值)＝263.2（萬元）

購置新屋需貸款：1,200＋66.33－700－263.2＝303（萬元）

55 (A)。臺灣地區的銀行房貸，多採取本息平均攤還之房屋貸款。選項(A)有誤。

56 (C)。每年償還＝6,000,000元/(2%,20年,年金現值)＝366,937(元)

第十年償還150萬元後，還欠銀行1,796,073元，利率3%，分10年償還1,796,073元/(3%,10年,年金現值)＝每年償還210,555(元)

366,937－210,555＝156,382(元)

57 (A)。每年投資基金金額＝80萬－500萬/(4%,15年,年金現值)＝35.03（萬元）。

35.03萬×(5%,15年,年金終值)＝756（萬元）。

58 (D)。出國旅遊需支出之費用並不是經常性的支出，不是已有子女之家庭選擇單薪或雙薪之重要考慮因素。

59 (C)。子女教育金規劃的原則，不含資金不足，拿父母退休金作規劃。選項(C)有誤。

60 (A)。不考慮購屋計畫：
400,000×(5%,12年,複利終值)/
(8%,12年,年金終值)＝37,856(元)
考慮購屋計畫：400,000×(5%,12
年,複利終值)/(8%,6年,年金終值)＝
97,928(元)
97,928－37,856＝60,072(元)。

61 (C)。新房貸平均利率：[2%＋3%＋
4%＋5%×7(第4~第10年)]/10＝4.4%
舊房貸：4%
故新房貸利率高0.4%,轉貸不划算。

62 (B)。3,600,000/(3%,12年,年金終值)
＝30,300(元)。

63 (A)。200萬/(4%,15年,年金現值)＝
17.99（萬元）
250萬/(3%,20年,年金現值)＝16.8
（萬元）
300萬/(2%,25年,年金現值)＝15.37
（萬元）

64 (C)。
1.購屋ＮＰＶ＝－500萬＋500萬
×1.05^(－7)＝－144.6593349萬
租屋NPV＝－25萬×(1－1.05^(－
7))/0.05＝－144.6593349萬
無差異。
2.購屋ＮＰＶ＝－400萬＋400萬
×1.05^(－7)＝－115.7274679萬
租屋NPV＝－21萬×(1－1.05^(－
7))/0.05＝－121.5138413萬
購屋划算。
3.購屋ＮＰＶ＝－550萬＋550萬
×1.05^(－7)＝－159.1252684萬
租屋NPV＝－27萬×(1－1.05^(－
7))/0.05＝－156.2320817萬
租屋划算。
4.購屋ＮＰＶ＝－450萬＋450萬
×1.05^(－7)＝－130.1934014萬

租屋NPV＝－23萬×(1－1.05^(－
7))/0.05＝－133.0865881萬
購屋划算。
所以答案為(C)。

65 (B)。教育程度愈高的人所得愈高,
通常儲蓄率也愈高,故教育程度通常
與儲蓄成正向關係,選項(B)有誤。

66 (B)。子女教育金金額高,需特別準
備,選項(B)有誤。

67 (A)。8萬×（3%,12年,年金終值）
＝113.5萬,還少6.5萬。

68 (D)。契稅是指建物所有權因發生買
賣、贈與、交換、分割等移轉行為
及設定典權,或因占有而取得所有
權時,依法由取得所有權人按契約
所載價額,向主管機關所申報核課
之一種建物契約稅,亦屬財產稅與
地方稅之一種,因此房貸轉貸時不
會產生。

69 (C)。儲蓄子女教育經費不應考慮動
用晚年準備的退休基金。

70 (A)。400/年金現值(3%,10)＝46.89
第一年利息＝400×3%＝12,本金還
本＝34.89
第二年利息＝365.11×3%＝10.95,本
金還本＝35.94
第三年利息＝329.17×3%＝9.88,本
金還本＝37.01
第四年利息＝292.16×3%＝8.76,本
金還本＝38.13
第五年利息＝254.03×3%＝7.62,本
金還本＝39.27
合計還本＝185萬；尚欠400－
158＝215（萬）
需貸款＝1000－(600－215)＝615
（萬）

第五章 退休規劃與投資規劃

依據出題頻率區分，屬：**A** 頻率高

本章是退休規劃與投資規劃的介紹，是理財規劃中的的重點章節，出題類型因投資規劃多元性的緣故，題型較有變化，但只要能理解本章，相信讀者以後對退休規劃與投資規劃更有心得。

重點1 退休規劃 重要度★

一、為什麼需要退休規劃

(一)**退休規劃的目的**

退休規劃就是為保證將來有一個自尊、自立、保持水準的退休生活，而從現在起就開始實施的財務方案。現在退休老人的生活品質一般，許多人除了依靠子女贍養、維持飲食起居不虞匱乏之外，只有少部分的人能夠有足夠的金錢來完成人生中尚未實現的夢想，如果不幸罹患疾病，又沒有足夠的保險保障，就對子女造成極大的財務壓力。如果自己手裡沒有一筆豐厚的養老基金，想要維持有尊嚴而體面的晚年生活並不現實，甚至無法滿足老年人對安全與幸福感的需要。

退休規劃主要包括：退休後的消費、其他需求及如何在不工作的情況下滿足這些需求。單純靠政府的社會養老保險，只能滿足一般意義上的養老生活。如果想要退休後生活得舒適、獨立，一方面可以在有工作能力時積累一筆退休基金作為補充，另一方面也可在退休後選擇適當的業餘性工作為自己謀得補貼性收入。

(二)**退休規劃的必要性**

1. **退休生活時間在增加**：科技進步，經濟增長方式的變化以及高等教育的普及等原因大大推遲了個人就業的年齡，而與此同時，人們的退休年齡卻沒有延伸，甚至有所縮減，其結果就是人們的工作年限減少，這就意味著為未來進行經濟積累的時間減少。此外，隨著生活水平和醫療水平

的提高，個人的平均壽命相比以前有了快速的增長，如此一來，造成的結果就是現代人的退休生活大幅延長。不言而喻，更長的退休後生活需要人們在退休之前積攢起更多的儲蓄，因此如何未雨綢繆地進行更好的退休規劃就變得非常重要了。

退休生活通常佔了人們三分之一的生存時間，是充分享受人生的最好時期。安排好退休生活將是人們達到財務自由的最終目標。從某種意義上講，所有的個人理財規劃，最終都是為富足養老服務的。忽略退休規劃的重要性和緊迫性，將來就可能會陷入嚴重的困境，晚年生活將不得安寧。如果想晚年活得有尊嚴，過上高品質的生活，那麼及早開始有規劃地設計自己的人生理財規劃，主動地面對問題而非被動地等待是非常必要的。

2. **老齡化社會的趨勢**：很多大型的城市已經提早進入了老齡化。人口老齡化日趨嚴重，已成為未來人口發展過程中不可逆轉的趨勢。因此如何在未來謀求一份令人滿意的退休生活，就成為我們要提前考慮併計劃的事情了。

3. **觀念的轉變**：無數人把他們晚年的幸福寄託在「子女是否孝順」這個偶然因素上。然而，隨著社會的發展，這種養老模式越來越顯露出它的弊端，許許多多的老年人，正用他們自身的悲劇否定了這種養老模式。

甚至，相反地，現代為人父母者恐怕要提防「養老防兒」現象，因為越來越多的子女晚婚、不婚、失業或無力購屋，父母退休後還得供子女吃住，或者子女收入有限，養兒不但無法養老，還要再養孫子，分攤養孫子女的責任，甚至出現父母退休金被不肖子女花光的情況。

因此，在未來退休生活的安排上，「養錢防老」觀念已取代「養兒防老」，成為新趨勢。

4. **通貨膨脹的嚴峻**：在不斷通貨膨脹的社會環境中，人們在退休後不再工作而失去了穩定的收入來源，僅僅依靠統籌的社會保障系統來度過漫長的晚年生活是非常危險的。另外，通貨膨脹的影響隨著時間的發展對物價水平以及日常生活日益加重，如果不能很好地保持增值水平，辛苦攢下的退休金也許就會被通貨膨脹吞噬。

5. **退休後的醫療費用增加**：無論年輕時多麼強壯，隨著年齡的增加，身體的機能也會衰退，體質減弱，各種疾病接踵而至。因此退休後的醫療費用支出將成為退休規劃的重要組成部分。許多人的退休規劃因為未納入醫療規劃，而因為一場大病，就此亂了退休規劃，淪為下流老人。

6. **退休保障制度的不完善**：各國都有自己的退休保障制度，其制度體系各不相同，但都不能保證所有人的退休生活能夠獲得完善的保障。一般來

說，社會保障體系提供的退休金只能維持生存，按目前的養老金提取比例，在未來社會平均工資穩定提升的前提下，不論現在工資多少，最後拿到的退休金數額差別並不大，因為社會統籌的養老保險保障的是老年人的基本生活。但是，想僅僅通過某項獨立的退休保障制度獲得足夠的退休費用是不現實的，因此建立多管道、多層次的個人退休保障計劃是非常必要的。

二、退休規劃的重要原則

退休規劃的總原則是：本金安全，適度收益，抵禦生活費增長和通貨膨脹。具體而言包括以下幾個方面：

(一)儘早開始計劃

許多人發現很難為退休打算。房貸、生活開銷、孩子的教育佔據了極大比重的支出，結果，直到40歲左右或更晚，他們才意識到養老安排需要提上議程。可惜為時已晚，越早開始為退休規劃，到達退休生活目標的可能性越大，從短期市場低迷和投資失誤中恢復過來就越容易。

(二)投資講究安全

相對於年輕時候而言，退休之後已經沒有時間接受失敗重新開始了，所以針對退休所做的投資應該傾向於安全性，在此基礎上盡量追求收益性。如果規劃時間長可選收益和風險相對較高的產品，時間會攤平風險；如果規劃時間短，則可選儲蓄和短期債券，確保本金安全。

(三)具有彈性

因為通貨膨脹以及其他不確定的因素的影響，在進行退休規劃時，不要對未來收入和支出的估計太過樂觀，很多人往往高估了退休之後的收入而低估了退休之後的開支，在退休規劃上過於吝嗇，不願意動用太多的財務資源。所以應該制定一個比期望略高的退休理財目標，多做財務上的準備以應付意料之外的退休費用增長，寧多勿少。

> **考點速攻**
>
> 有關退休規劃重要原則，愈早儲備退休基金，愈輕鬆累積晚年生活所需，且退休金儲蓄之運用宜保守，以免損及本金。

三、退休規劃的影響因素

(一)每月退休生活費用越高，退休金籌備壓力越大

在個人能力範圍內，進行規劃的方向應該是為退休前提高資產增值效率，而非降低退休後每月生活支出，影響退休生活品質。

(二)**每月退休生活費用若有固定收入支持，則退休金籌備壓力較小**

每月固定收入來源包括月退休金、年金保險給付、房租收入、資產變賣現金等等。

(三)**通貨膨脹率越高，退休金籌備壓力越大**

(四)**退休後生活期間越長，所需退休總費用越高**

退休金籌備壓力越大。壽命的長短非個人所能預料，一般以人平均壽命再加5～10歲作為規劃目標即可。

(五)**離退休日越短，表示累積工作收入期間越短，退休金籌備壓力越大**

延後退休時，可增加工作期間，累積更多工作收入，並讓退休後生活期間縮短，因此退休金籌備壓力變小。但延後退休可能影響人生規劃，就業環境客觀上也可能不允許。

(六)**退休前資產累積越多，退休後每月生活費越寬裕**

若資產累積迅速或退休金優厚，則可以規劃提早退休，趁年輕力壯，完成其他人生願望。

(七)**退休規劃應以自己及配偶的需求為優先考慮**

省吃儉用提高儲蓄率來增加遺產額，雖然是天下父母的心願，但從整體理財生活目標的平衡上來看，並不值得鼓勵。

四、退休金規劃流程

(一)退休金規劃程序

在對退休生活進行規劃時，一般依照以下程序，這個程序會讓你很方便的制定出合適的退休計劃：

1. **退休目標與需求分析**：退休目標指人們所追求的退休之後的一種生活狀況。退休需求就是人們退休後維持一定生活水平的需求。對退休目標與需求進行分析，就是根據個人以及家庭的情況，設計合理的退休目標以及針對退休後的生活需求分析出可能需要的退休生活費用。

養老期間
由設定期望的退休年齡，以及屆該退休年齡時之餘命估計養老期間。

期望退休　　　　　　　存活年齡

60歲　　養老期間：25年　　85歲

養老生活支出費用的假設　　　每個月生活支出需求

2. **退休收入分析**：如果我們所處的是一個靜態的經濟環境，制定退休計劃將會簡單很多。然而現實情況是，我們的個人財務預算和財務狀況要受到不斷變化的經濟環境的影響，準確預測一個人的退休收入是非常困難的。然而，預測退休收入卻是製定退休計劃中必須執行的一個重要步驟。在對退休收入來源分析的基礎上，我們可以採用諸如個人儲蓄投資、參加企業年金計劃等方式來提高退休收入。

    (1) 例如國民年金保險、勞工保險、公教人員保險、軍人保險等之相關老年給付；依勞動基準法與勞工退休金條例的退休金、軍公教人員退休撫卹制度中的退休金。

    (2) 可能由上一代繼承而來的財產，或是子女孝心表現的奉養金等移轉性收入，不確定性高，不容易掌握。

    (3) 目前有多少生息（投資）資產，以及合裡預估未來個人（家庭）有多少的收入能力，可用於退休目標的儲備。

    (4) 再由現在距離退休目標年齡的時間，以及依個別投資能力預估長期投資報酬率等四項條件（生息資產、未來儲蓄、累積時間與投資報酬），計算出在退休前自己可以儲備的資產。

3. **退休金缺口分析**：計算各種退休收入的精確值，對比已經算出的預期退休生活總費用，計算出兩者的差額，就是退休金的缺口。通常，一個人的預期退休收入與退休需求之間會存在差異，並且這個差異往往表現為預測的退休收入達不到退休收入需求的要求。

退休時需要有多少 退休資產的累積	−	相關的退休給付 與移轉性收入	−	退休前自己可 以儲備的資產	=	

負數	—	目前的退休準備計書將能達成未來對養老生活的期待。
正數	—	目前的退休規劃需做調整，例如增加儲蓄金額或延後退休等。

4. **制定詳細退休計劃書**：在對退休生活的需求與收入有一個清晰的了解之後，剩下的就是編制出一個詳細的退休計劃書，需要考慮到生活水平、退休年齡、儲蓄投資的計劃等。制定一個詳細的退休計劃書可以讓我們有一個明確的依據去規劃我們的退休生活，在很大程度上保證了退休目標的順利實現。

依照符合自己之投資風險屬性、所處的家庭週期，建立適宜的資產配置內容，並透過長時間的持有，降低報酬波動的影響，將可以達成穩健的投資收益。

因為退休目標時間較長，必須定期的檢視計畫內容，包括：

(1) 工作收入能力的提高或降低（升遷、失業）。

(2) 意外事故造成人身及財產突發高額費用的支出（突發傷病、地震火災）。

(3) 投資報酬率與通貨膨脹率的預期與實際產生較大的變動等等。

考點速攻

許多影響因素皆須考量，並且作出適宜的調整，方不致於造成退休計畫的中斷或無法達到預期的結果。

(二)因應退休需求的準備

1. **人生理財藍圖先理清楚**：很多人知道要存錢為未來做準備，但是存錢卻沒有方法，存錢只是把錢放定存就好，不知道自己是為什要存錢，存錢是做什麼用途用的、需要存多少錢才夠，這些都沒有概念。因此時常是好不容易存了一大筆錢了，突然要修車、房子要裝修等又把這筆錢用掉了。有高達54%的人，還沒開始做退休準備或是因故中斷了。要改善這種現象的方法是：利用一點時間把自己想要完成的財務目標列出來，每一個目標要有明確的需要完成的時間，以及需要準備的金額，配合自己的財務現況（收入、支出的狀況，每月可以有多少錢用來做財務目標的準備等），把這個整理出來後，每個月就固定撥入多少金額做投資或儲蓄。因應不同的需求，可能選擇不同的金融工具來做投資（例如5年之後要買房子，跟20年後要退休投資方式與工具的選擇會不一樣）。一旦規畫出這樣的計劃了，儲蓄投資這件事就要長期持續的做下去，不能因為其他原因去挪用計劃中的錢，這樣長期持續的做，而且是專款專用的方式，你才有可能在需要錢來完成這些目標的時候，有足夠的錢可以用。

2. **退休準備有其不可替代性**：一般人因為退休的時間還早，在生活中只看到眼前的需求：購屋、買車等立即的需要，卻忽略了退休的準備，可能到了45歲、50歲才意識到，需要開始為退休做準備。因此在時間有限的狀況下，可能就造成準備不足的狀況。這方面其實大家應該要有這種體認：退休準備是有其不可取代的必要性的，你不能把它排在購屋、買車、存子女教育基金等目標的後面，等到即將面臨退休時，才來開始著

急退休準備不足。其結果就是因為準備的時間太短，你必須要花更多的成本，或是冒更多的投資風險，才能達到所需的退休準備。你也不要對政府退休金有不切實際的期望，一般上班族能拿到的勞保老年年金與勞退新制退休金，頂多可以支應你的退休所需的生活費的2～3成，大部分的退休金還是得自己做準備，而且還必須提早開始做準備，才能事半功倍。

3. **存退休金最好是獨立帳戶長期投資**：退休金的準備往往是長達10年、20年的事情，要怎麼去維持不要中斷？除了要有紀律的，固定提撥收入的一部分來做儲蓄與投資外，你必須用對管理方式。除了要獨立帳戶、專款專用，不要跟其他日常開銷用的錢混在一起，要獨立管理避免隨意把它用掉之外，要慎選投資工具、做好投資管理。

牛刀小試

( )　**1** 下列何種狀況下可以領到勞退舊制的勞工退休金？
(A)在同一家公司由39歲做到49歲
(B)在同一家公司由38歲做到滿55歲
(C)工作30年換了三家公司每家作10年
(D)在同一家公司由28歲做到50歲。　　　　【第33屆理財人員】

( )　**2** 依勞退舊制規定，假若一位勞工在55歲退休時，於同一企業服滿26年，則其退休時可領取之基數為何？　(A)37　(B)41　(C)45　(D)52。　　　　【第30屆理財人員】

( )　**3** 依勞退舊制規定，勞工最多可領幾個基數的退休金？　(A)35　(B)40　(C)45　(D)50。　　　　【第30屆理財人員】

( )　**4** 小張現年40歲，預計60歲退休，如果想在退休時擁有2,500萬元的退休金，以每年平均投資報酬率7%估算，從現在起每年應有之投資金額為多少？（取最近似值）　(A)609,830元　(B)645,995元　(C)674,484元　(D)905,000元。　　　　【第30屆理財人員】

( )　**5** 勞退新制實施後，對薪資結構及雇傭關係可能產生之影響，下列敘述何者錯誤？　(A)雇主可能以獎金取代調薪　(B)雇主可能將本薪佔總所得之比重提高　(C)企業可能將非核心工作外包　(D)業務員可能改為有業績才支付報酬的承攬制度。　　　　【第29屆理財人員】

解答及解析

1 (B)。勞退舊制規定,勞退舊制的勞工退休金適用條件,勞工工作十五年以上年滿五十五歲者或工作二十五年以上,得自請退休。故本題選(B)。

2 (B)。
1. 勞退舊制規定,按工作年資,每滿一年給與兩個基數。但超過十五年之工作年資,每滿一年給與一個基數,最高總數45個基數為限。
2. 本題退休時可領取之基數=15×2+(26-15)×1=41。

3 (C)。按工作年資,每滿一年給與兩個基數。但超過十五年之工作年資,每滿一年給與一個基數,最高總數45個基數為限。

4 (A)。A×F/P,7%,20=2,500(萬元)
A=609,830(元)。

5 (B)。勞退新制實施後,對薪資結構的影響,雇主可能以獎金取代調薪,雇主可能將本薪佔總所得之比重降低,選項(B)有誤。

重點2 投資規劃 　　　　　重要度★

一、以理財目標進行資產配置

(一)資產配置基本概念

資產配置係指透過邏輯系統的方式,將投資組合的資金分配為股票、債券與現金等並考慮更細的分類。考慮因素有:年齡、投資時間長度、風險容忍程度與資金規模等等。主要目的是減少資產類別的風險,以求得更大的利益空間。

而投資是達到理財目標的手段,必須先設定短、中、長期的理財目標,才能針對目標進行投資規劃。由於投資規劃年限愈短,複利的效果愈小,且風險性資產處於短期景氣循環與市場波動中,不確定性愈大,因此投資規劃的原則是:距現在愈近的理財目標,安全性資產的比重應愈高;距現在愈遠的理財目標,可適度提高風險性資產的比重。

(二)資產配置的優缺點

資產配置的優點是可以利用各資產類別對經濟和金融市場的不同反應,進行多元化配置從而降低組合的波動,提高投資回報;然而同時它也可能錯過一種或多種資產的重大、持續的價格上漲。

(三)資產配置原則

1. **針對理財目標設定高低標準**：風險性資產的投資遠景是一個範圍大的區間的選擇，因此有必要針對理財目標設定高低標準，投資成果好時，可達高標準目標，投資成果較預期為差時，也能合乎低標準的目標。

2. **短期目標若是金額確定，應選擇可保障獲利成果的投資工具**：如預期兩個月後到國外旅遊，可將旅行支出以兩個月定存的方式處理。需求如較有彈性的短期目標，如投資獲益時買APPLE手機，賠錢時則買ASUS手機，則可以投資高風險報酬的工具來換取更大的獲益空間。

3. **長期目標需求因複利計算有擴大效果**：投資期間愈長，可跨過幾個景氣循環獲取經濟長期成長的利得，因此時機的好壞對於最後投資成果的影響愈小。如退休金等15年以上的長期目標，應提高股票等風險性資產的投資比率。依上述原則將目前淨值及未來儲蓄做資產配置，若短、中、長期目標分配資源比為10%：30%：60%，可投資股票比分別為20%：40%：60%，則最後可得出兼顧各項理財目標特性的股票比率為：10%×20%＋30%×40%＋60%×60%＝50%，其他50%為存款比率。

4. **年限愈短，複利的效果愈小，不確定性愈大**：年限愈短，複利的效果愈小，安全性資產與風險性資產累積的財富差異有限，不易彌補風險性資產的不確定風險。年限愈短，風險性資產處於短期景氣循環與市場波動中，不確定性愈大；年限愈長，跨過景氣循環的作用，風險性資產的報酬率波動區間愈小。

5. **分散風險的資產配置**：「不要把雞蛋放在同一個籃子裡」，假使假使A、B兩支股票走勢完全相反，A漲時B跌，B漲時A跌，那麼同時持有兩種股票各50%，平均收益會穩定的成長，不像完全持有A或B個別股票的起伏那麼大，這就是分散風險的效應。如下圖：

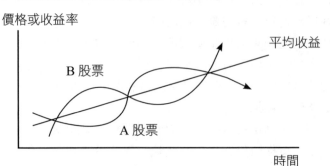

二、現代投資組合理論

(一)風險規避與效用值

1. **效用值**：是一種用來排列投資組合等級的方法。

   效用值$(U) = E(r) - 0.005A\sigma^2$

   $E(r)$表預期報酬率，σ^2為變異數，A為規避風險係數。

   (1) 較高的預期報酬率，可以提升投資人的效用；相反地，較高的變異數（就是風險）會降低投資人效用。

   (2) 變異數降低效用的程度視A而定，風險規避程度越大的投資者，對要求的預期報酬率就愈高；風險規避程度越小的投資者，對要求的預期報酬率就愈低。

2. **風險偏好的類型**：

   (1) 風險規避者：對任何有風險的投資組合，會要求較低的確定投資報酬率。在同樣的預期報酬率中，偏好較低風險的投資組合；在同樣的預期風險中，偏好較高報酬率的投資組合。

   (2) 風險中立者：只根據預期報酬率判斷風險，至於風險程度對風險中立者而言，是無關緊要的。

   (3) 風險愛好者：此種人享受風險的樂趣，並向上調整預期報酬率。

(二)風險與報酬的無異曲線

1. **無異曲線的形成**：高風險高報酬投資組合，與低風險低報酬投資組合，對投資人具有相同的吸引力。這些相同吸引力的投資組合會落在預期報酬率平均數與標準差圖形中的一條曲線上，無數個具有相同效用的投資組合連結而成，便成為無異曲線。如下圖：

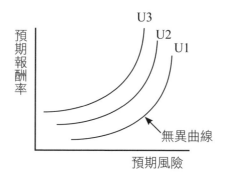

2. **無異曲線的特性：**

(1) 風險與報酬率呈現正相關，高報酬伴隨著高風險。

(2) 風險與報酬率呈現向右凸性，要風險規避者承更高的風險，需要有更高的報酬率。

(3) 愈往左上方的無異曲線，效用水準愈高，即U3＞U2＞U1

(三)效率投資組合

1. **效率投資組合的定義：**指在一定預期報酬率下，風險最低的投資組合；或在一定風險下，預期報酬率最大的投資組合。這些投資組合構成的集合稱為「效率投資組合」。

2. **效率投資組合必須符合下列兩個條件：**

(1) 在相同風險下，其預期報酬率最高者。

(2) 在相同預期報酬率下，其風險最低者。

(四)效率前緣

1. **效率前緣的定義：**根據效率投資組合兩個條件，可以篩選出很多的投資組合，這些投資組合描繪成的曲線，叫效率前緣，如圖ABDF之曲線。這一概念由馬可維茲（H. Markowitz）所提出的。

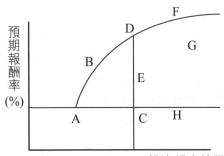

投資組合總風險 (%)
（以標準差衡量總風險）

2. **效率前緣的形成**

(1) A、C、H三個投資組合預期報酬率相同，以A之風險最低，故應選A點為效率投資組合，不應選C和H，因C和H報酬率雖相同但風險卻比較高。

(2) D、E、C三個投資組合風險相同，以D之預期報酬率最高，故應選D點為效率投資組合，不應選E和C，因E和C風險雖相同但報酬率卻比較差。

(3) 依此規則可以尋找出無數個效率投資組合，分佈在ABDF那條弧線上，即ABDF弧線上任何一點，均為效率投資組合。

(五)投資組合的選擇

根據效率前緣與投資人對風險之態度，便可選出同時滿足投資效率與效用極大的投資組合。其選擇條件為投資人無異曲線與效率前緣相切之處。如下圖D點所示。

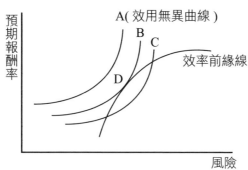

(六)投資組合風險指標

1. **投資組合的意義**：投資組合觀念是將多種投資標的組合起來，避免風險過度集中單一投資標的，將風險降至非常低的水準，達到風險分散效果，這稱為證券或資產所構成的集合，可稱為投資組合。不要把所有雞蛋放在同一籃子裡，最能表達分散風險概念。

2. **投資組合的報酬**：

   (1) 將投資組合中之個別資產的預期報酬率加權平均，即為投資組合之預期報酬率。

   (2) 投資組合預期報酬率Rp公式如下：

   $$R_p = \sum_{i=1}^{n} W_i \times R_i = W_1 \times R_1 + W_2 \times R_2 + \cdots\cdots + W_{n-1} \times R_{n-1} + W_n \times R_n$$

   R_p表投資組合之預期報酬率

   R_n表投資組合中第n個個別證券或資產之預期報酬率

   W_n表投資組合中第n個個別證券或資產之權數

3. **投資組合的風險**：

   (1) 投資組合風險以標準差衡量之，標準差越大，風險愈高。

   (2) 計算投資組合標準差，必先計算其變異數，而投資組合變異數並非由個別資產的變異數直接加權平均而得。

   以A、B兩個資產組成投資組合為例，其變異數計算如下：

   投資組合變異數$(\sigma_P^2) = (\sigma_A^2 \times W_A^2) + (\sigma_B^2 \times W_B^2) + 2 \times W_A \times W_B \times \sigma_{AB}$

σ_P^2表投資組合的變異數

W_A表資產A之投資比重

W_A表資產B之投資比重

σ_A表資產A之標準差

σ_B表資產B之標準差

σ_{AB}表資產A與B之共變數

(3) 資產A、B的共變數(σ_{AB})＝$\sigma_A \times \sigma_B \times \rho_{AB}$

ρ_{AB}表資產A與B之相關係數

$\rho_{AB}＝1$，表示二者完全正相關

$\rho_{AB}＝0$，表示二者完全不相關

$\rho_{AB}＝-1$，表示二者完全負相關

避險資產與投資組合中的其他資產相關係數為負，才會達到避險效果。
完全負相關可以達到完全避險。

(七) β係數

1. 系統風險與非系統風險：

(1) 系統風險：指整體市場來源的風險，係源自基本經濟或政治因素的影響所造成的風險，即使經由分散投資亦無法避免，又稱「市場風險」或「不可分散風險」。

(2) 非系統風險：乃指來自個別公司因素所造成的風檢，可以經由分散投資來消除的風險，又稱「個別風險」或「可分散風險」。

2. β係數的意義：

β係數是一個證券系統風險測量值，表示無法透過分散風險加以避免的風險。用於衡量個別資產或投資組合，相對於市場投資組合的風險。即個別資產或投資組合報酬率變動與市場報酬率變動的敏感度。

(1) β係數是衡量某證券的系統風險，整體市場的β係數為1。

(2) 個別證券之β係數，範圍是沒限制的，可大於1，等於1，小於1。

(3) 無風險資產β係數等於0。

(4) β係數＞1，表該股票風險大於市場平均風險，波動性較大。

(5) β係數＜1，表該股票風險小於市場平均風險，波動性較小。

(6) β係數＝1，表該股票風險等於市場平均風險，隨市場波動。

(7) β係數高的證券在空頭市場較低β係數證券下跌得快；在多頭市場較低β係數證券上漲得快。

(8) β係數低的證券在空頭市場較高β係數證券下跌得慢；在多頭市場較高β係數證券上漲得慢。

(八)資本資產訂價模式（CAPM）

1. **證券市場線（Security Market Line, SML）**：證券市場線是用以表示當證券市場達成均衡時，個別證券或投資組合效率或無效率之期望報酬率與系統風險 β 係數之間的關係。也就是資本資產訂價模式（CAPM）。

2. **證券市場線強調以 β 係數衡量系統風險：**

   (1) 因為非系統風險可以分散，理論上非系統性風險在充分分散投資組合中可以完全互相抵銷，所以在證券市場線上證券投資組合中，非系統性風險與預期報酬無關，只有系統性風險與其預期報酬有關。

   (2) 以 β 係數來衡量系統風險而導出下列公式：$E(R) = R_F + \beta \times [E_{(RM)} - R_F]$

   $E(R)$表證券的預期報酬率（或稱必要報酬率）

   R_F表無風險利率

   $E_{(RM)}$表市場資產組合報酬率

   β 表個別證券市場風險

   $[E_{(RM)} - R_F]$表市場風險溢酬，也就是證券市場的斜率。

3. **證券的評價：**

   (1) 若有a、b、c三種證券資料如下：

   A. 證券：市場期望報酬率＝$(44 + 1.5 - 35) \div 35 = 30\%$，依CAPM算出之必要報酬率＝$3.5\% + 3.4 \times [12\% - 3.5\%] = 32.4\%$，必要報酬率＞市場期望報酬率，表示A證券價值被高估，a點位於證券市場線下方，持有者應賣出，未持有者暫建議不介入買進。

   B. 證券：市場期望報酬率＝$(53 + 3 - 50) \div 50 = 12\%$，依CAPM算出之必要報酬率＝$3.5\% + 0.9 \times [12\% - 3.5\%] = 11.15\%$，必要報酬率＜市場期望報酬率，表示B證券價值被低估，b點位於證券市場線上方，持有者應續持有，未持有者可建議介入買進。

   C. 證券：市場期望報酬率＝$(27 + 1.85 - 25) \div 25 = 15.4\%$，依CAPM算出之必要報酬率＝$3.5\% + 1.4 \times [12\% - 3.5\%] = 15.40\%$，必要報酬率＝市場期望報酬率，表示C證券價值符合市場預期，c點位於證券市場線上，買進或賣出中性看待。

   (2) 股票合理報酬率與預期報酬率間之差異，稱為股票的 α 值：

   投資組合中應去多增加 α 值為正的股票，減少 α 值為負的股票。在相同 β 值之下，應選擇 α 值越大者做為投資工具。

(九)資本市場線（Capital Market Line, CML）

1. 衡量效率投資組合期望報酬率（R_P）與總風險（σ_P）間的關係。

2. 假設資本市場是一個能以無風險利率借貸的場所，則透過資本市場運作，可以提高投資效率。

3. 資本市場線：在無風險資產的存在，效率前緣將變成無風險資產與原效率前緣的切線（切點B即為市場投資組合），而此切線即為資本市場線。

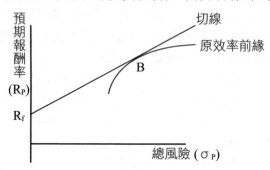

4. **資本市場線公式：**

$E(RP) = R_F + \{[E_{(Rm)} - R_F] \div \sigma_m\} \times \sigma_P$

$E_{(RP)}$表效率投資組合的期望報酬率

σ_P表效率投資組合的總風險（即組合的標準差）

$[E_{(Rm)} - R_F] \div \sigma_m$表資本市場的斜率，表示每增加一單位的風險時，所應增加的風險溢酬，就是風險溢酬的單價，也稱為風險的價格（price of risk）。

5. **最適投資組合的選擇：**

(1) 在資本市場線存在下，最適投資組合是投資人效用無異曲線與資本市場線相切點之處。如下圖A、B點均是。

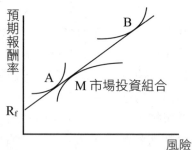

(2) 在資本市場線上之投資組合皆由無風險性資產和市場投資組合組成的

   A. 市場組合與無風險性資產間之投資組合（Rf至M這一段，如A組合），其投資於無風險資產和市場組合權重之和均介於0～100%之間，亦即兩者加必為1。

   B. 市場組合上方之投資組合（如B組合），則投資於無風險資產的權重小於0，亦即放空無風險資產（借入資金）去投資市場組合，使投資市場組合之權重大於1。

(3) 就A、B兩種投資組合比較：

A. A組合為風險規避者：因為此組合風險規避程度高，保守投資人會投資無風險性資產，甚至以風險性利率借予他人，如錢存在銀行，再將剩餘資金購買市場組合。

B. B組合為風險愛好者：因為此組合風險規避程度低，積極的投資人為了效用極大化，會向他人借入資金，如向銀行貸款，再將全部資金購買市場投資組合。

(十)常態分配與風險值

1. 常態分配：

(1) 機率是以一百分比數值表示某一事件發生的可能性，而機率分配是事件發生次數的分佈狀況。

(2) 常態分配是在統計學上當實驗次數無限多次時大多數的機率分配會是常態分配，是一般最常使用的機率分配。

(3) 常分配所表示事件的機率、平均值與標準差之間，有以下重要統計關係：

A. 在平均值正負一個標準差$[+/-(1\sigma)]$之間機率為68.27%。

B. 在平均值正負二個標準差$[+/-(2\sigma)]$之間的機率為95.45%。

C. 在平均值正負三個標準差$[+/-(3\sigma)]$之間的機率為99.73%。

(4) 例如某股票平均報酬率為8%，標準差為12%，在常態分配下其報酬率有：

A. 68.27%的機會落在－4%與20%之間。

B. 95.45%的機會落在－16%與32%之間。

C. 99.73%的機會落在－28%與44%之間。

D. 報酬率低於－28%，或高於44%之機會，只有0.27%而已。

2. 風險值(VAR)：

(1) 風險值意義：是運用統學技術，衡量在特定信賴水準下，某一特定期間內最大可能損失。風險值$(VAR)=Z\times\sigma_p$。

(2) 風險值如何應用：

A. 常態分配下預期報酬率在平均值±二個準差（$\pm 2\sigma$）的機率有95.45%，風險值（VAR）只計算左半部（左尾檢定）。因此，預期報酬率小於平均值減二個標準差的機率有2.5%，一般用Z值（可以查機率表而得）來表示，也就是說Z＝2時，預期報酬率小於2個標準的機率為2.5%。

B. 一般用二個Z值當作檢驗標準：
　　a.第一個是Z＝1.65，表示預期報酬率小於1.65個標準差的機會為
　　　5%（較嚴格的定義）。
　　b.第二個是Z＝1.28，表示預期報酬率小於1.28個標準差的機會為
　　　10%（較寬鬆的定義）。
　　c.例如某平均報酬率為10%，標準差為15%的股票，以Z＝1.28來
　　　檢定，其投資績效低於10%－（1.28×15%）＝－9.2%的機率有
　　　10%，其最大損失為－9.2%。

三、整合理財目標及分散風險的投資規劃

(一)資產配置三部曲

理財規劃的投資管理必須要考慮到投資的風險，
因為投資的虧損可能就導致投資人的理財目標無
法達成。因此投資不見得是要追求報酬的極大
化，對於風險的控管相對會顯得更為重要。有關
資產配置三部曲分述如下：

1. **安全性的考量**：投資學上的第一條法則，就是
   高報酬一定會伴隨著高風險。股票的風險高於
   債券，債券又高於貨幣，因此就平均報酬率來看也是股票大於債券，債
   券大於貨幣。對風險承受度高者，投資股票的比重可高一點，保守者則
   應以債券及貨幣為主。

> **考點速攻**
>
> 當央行擔心景氣過熱可能
> 引發通貨膨脹而將利率開
> 始往上調整時，此時對股
> 市不利，應將資金由股票
> 基金逐步轉至貨幣基金。

2. **流動性考量**：風險承受度是指能夠忍受「在一
   年內若出售股票可能遭受損失的程度」。如理
   財目標期限很長，需要用錢賠錢出售股票機率
   不高時，表能夠忍受在一年內若出售股票可能
   遭受損失的程度」很高，可據此調整配置多一
   些股票。假使投資人的理財目標期限還很長，
   需要用錢而賠錢出售股票的機率不高的時候，
   就可以據此調整資產配置。年齡是一個簡單的指標，可以(100－年齡
   ×100%)來估算可持有股票的比重。

> **考點速攻**
>
> 進行資產配置時，考量
> 「理財目標期限」層面
> 時，以流動性因素為主要
> 考量因素。

3. **獲利性考量**：在不同的景氣循環階段，有各自勝場的投資工具。景氣復
   甦期領先景氣的股票表現最佳；景氣高峰期則以與景氣同步的房地產氣
   勢最旺；景氣衰退期，政府為刺激景氣會調降利率，此時為債券的黃金
   時代；到了景氣蕭條期，任何投資工具都很難獲利，此時現金為王。不

過景氣的判斷並非如此容易，因此把市場趨勢研判當做調整核心資產配置的部份指標即可。上述資產配置的原則，也可用在傳統儲蓄險與股票基金連結的投資型保單上。

有些投資型保單在有緊急資金需求時，仍可以保單質借方式運用，因此流動性的考慮比直接投資基金更有彈性。如年紀愈大，則領回金額固定的儲蓄險比重應愈高，年輕人可以有較高比重配置在與股票基金連結的投資型保單上。假使投資型保單有不同風險程度的股票、債券、貨幣型基金等可供選擇，則應該隨著年齡漸長逐年降低股票投資比重。

(二)資產配置的步驟

1. **先確定可配置資產**：使用中的自用資產如住宅、汽車等不需放在需配置的資產中。

2. **確定目前的現金流量狀態**：資產配置也要考量個人的現金流，以免發生資金不足的情形。要確認每個月的現金流入及流出各有多少？每個月可供持續投入生息資產的儲蓄額有多少？

3. **配置緊急預備金**：緊急預備金最主要的考慮為安全性與流動性，目的在支應失業或失能引起的收入中斷，或意外災變所導致的臨時大額支出。因此緊急預備金的配置以存款為主，通常是以3～6個月的支出額為標準。

4. **配置1年內的短期目標現金流量需求**：配置1年內計畫完成的短期目標，如出國旅遊、留學、買車等，可根據自己的狀況把所需要的金額擬定出來。此部份的配置原則，仍然以安全性與流動性為主。短期資金運用以保本為主，風險偏好低者，無能力也無意願承擔風險，此時把錢放定存即可。風險偏好中者，可投資流動性高而目前淨收益仍稍高於存款的國內債券基金，惟收益率較高者，通常包括較多無擔保公司債的基本組合，仍要審慎評估。風險偏好高者，可投資保本投資定存，所保的是外幣本金，因此需承擔匯率風險，以利息的部份來換取連結標的參與率，要有可能損失利息的心理準備。

5. **配置2至5年的中期目標現金流量需求**：中期目標要考慮獲利性的高低，但仍以安全性與流動性為優先。國內債券型基金、海外貨幣型基金（注意匯率風險）及有保本設計的結構式債券，都是可以選擇配置的投資工具。

6. **配置5年以上20年以下的目標現金流量需求**：當理財目標時間拉長，須考量通貨膨脹效果及獲利的高低。此時比較適合的投資工具，可配合理財目標以中長期目的持有債券，或持有包括股票與債券的平衡式基金。保守者可考慮以滿期或年金給付，配合儲蓄險來作為主要安排。

7. **配置20年以上的長期目標現金流量需求**：首要考量獲利的高低，投資組合配置以長期平均報酬率最高的國內股票或海外股票型基金為主。目標報酬率可以設定在8%至10%之間。

8. **以定期定額投資來補足長期目標的不足**：可配置資產由短期至長期投資全部配置完畢後，若不足以滿足未來理財目標，則其不足的額度就要用儲蓄的部份，透過定期定額投資來達成。為因應最終的長期目標需求。長期資金運用以追求長期資本利得為主，股票還是長期投資報酬率較高的投資工具。風險偏好低者，以平衡型基金仍包括部份債券來搭配，風險偏好中者以大型價值股，風險偏好高者以中小型成長股為主。

四、投資組合與投資策略

(一)投資組合型態

1. **儲蓄組合**：
   (1) 儲蓄組合的定義：係指投入確定的本金，在一定期間內換取確定的本利回收，滿足未來基本需求的現金流量。目的係滿足短期目標或長期目標中的基本需求。
   (2) 儲蓄組合的缺點：
      A. 放棄累積高額財富的可能機會。
      B. 報酬率偏低，無法因應退休生活：儲蓄組合偏低的報酬率不但無法累積財富，連退休後的基本需求都不足以因應。
   (3) 儲蓄組合的指標：
      A. 緊急預備金。
      B. 未來一年內確定要開銷的非經常支出。
      C. 大環境不佳時的資金暫存處。

2. **投資組合**：
   (1) 投資組合的定義：係指把一筆錢拿來運用，以確定的投入換取長時間一確定範圍內的回收，就是投資。目的係在可接受的財富累積上下限內，因應中長期理財目標的需要。

> **考點速攻**
> 1. 群眾型的投資者喜歡跟熱門的標的。
> 2. 成長型投資係指找出具高度成長潛力的公司，享受成長的獲利。

(2) 投資組合的指標：

A. 退休準備金。　　　　　　　B. 子女教育準備金。

C. 中期理財目標需要（買房子、買車……）。

3. **投機組合：**

(1) 投機組合的定義：係指把一筆錢拿來運用，以確定的投入換取短期內無確定範圍的回收，就是投機。目的係想在短期內快速致富。

(2) 投機組合的缺點：

A. 缺乏長期規劃。　　　　　　B. 輸贏以機運的成分居多。

C. 快速虧光投機金額。

(二)投資策略

1. **固定投資比例策略：**

(1) 固定投資比例策略的定義：係指依設定好的理財目標、達成目標時間、個人風險偏好及風險承擔能力，將投資在股票或積極成長型基金佔總資產比重，控制在一定範圍內，謂之「固定投資比例策略」。操作方式：例如設定股票占總資產的50%，當股價上揚其他資產價格不變時，股票市值占總資產比例會提高，此時應賣出部分股票；反之，如果股票下跌則應再買入，使市值比回升至50%。

(2) 固定投資比例策略的優點：

A. 固定比例投資減少成本：維持固定比例投資，基本上是逢高出脫，逢低買進，符合高出低進原則。所以，不會大進大出，減少交易成本。

B. 固定比例是長期最適切投資比例：設定股票占總資產固定比例，此比例是依年齡、理財目標、資金可用年限、風險偏好等主客觀因素所設定，在大部份的投資期間內，這一比例是某一個人最適切的投資比例。

(3) 固定投資比例策略的缺點：

A. 標的多時調整困難：投資組合種類繁多時，除非設計程式控管，否則計算調整很複雜。

B. 調整標準不易拿捏：可採持有固定金額、固定比例、固定期間三種方式。但不易拿捏，幅度太大才調整此策略效果會打折，幅度太小即調整，交易成本又會大增。

C. 主觀因素影響調整時間：一般人常因主觀及群眾因素影響，該調整時未調整，致影響此策略的效果。

2. **投資組合保險策略：**

(1) 投資組合保險的定義：係一種以總資產市值與事先設定可容忍最大損失限額或資產市值最大容忍下限，二者差額，乘以個人可承擔風險係數，來估算可投資在股票金額之策略，謂投資組合保險策略。操作公式：$K = m \times (V - F)$

　　K表可投資在股票的金額，

　　m表可承擔風險係數，

　　V表總資產市值，

　　F表可接受的資產市值下限

　　m＝1時，代表買進後持有，其總市值變化與股票市值變化相同，不會因股票的漲跌而影響其他資產的持有。

　　m＞1時，代表當股票上漲時，總資產市值增加，與可接受下限間的差距提高，投資人有能力負擔更高風險。因此，應再買入股票。相反地，當股票下跌時，總資產市值減少，與可接受下限間的差距降低，投資人無力負擔更高風險。因此應再賣出股票。

(2) 投資組合保險的優點：

A. 有停損設定總資產市值下限可確保：因風險忍受限度事先設定，必要時會執行停損，可保有期望的總資產市值下限。

B. 可創造較高利潤：多頭市場時，追漲或停損賣出，可產生較高利潤。

(3) 投資組合保險的缺點：

A. 盤整市場不易獲利：市場走勢膠著，此策略買高賣低，不易獲利。

B. 獲利了結時機不明確：停利時點，並參考指標，常坐失最佳獲利時點。

3. **策略性與戰術性資產配置(投資組合的向日葵原則)**：向日葵有一特大的花心，配合向外放射的花瓣，再加上向著太陽成長。個人投資組合也應分為兩部份。花心→是策略性資產配置下「核心投資組合」，持股內容以穩定的績優股、成熟市場的大型股基金為主，投資策略：長期持有，投資目的：在獲取長期資本增值；花瓣→是機動性高戰術性資產配置下「衛星投

考點速攻

投資組合保險策略是在將一部分資金投資於無風險資產從而保證資產組合的最低價值的前提下，將其餘資金投資於風險資產並隨著市場的變動調整風險資產，在股票多空趨勢明顯時，具有漲時追價，跌時停損之特性。

考點速攻

根據策略性資產配置原則所規劃出來的核心投資組合，其持股或基金的內容，應以較穩定的績優股或成熟股市的大型股基金為主。

資組合」。)持股內容以風險較大，報酬較高投機股或新興市場基金為主。投資策略：短期操作，適時調整最佳之投資組合。投資目的：靈活操作，賺取短期利益。

4. **定期定額投資策略：**

(1) 適合定期定額投資的基金：

A. 短期震盪幅度大，但長期趨堅向上的基金較適合定期定額投資。一直在箱型整理或一波比一波低，趨勢向下的基金不適合。

B. 過去一年內漲幅太大者不適合。

(2) 定期定額基金轉換策略：定期定額投資一般在三至五年即可考慮是否轉換至展望較好的基金。

(3) 以一固定金額投資時，高價時買的單位數少，低價時買的單位數多，使振幅倍數永遠大於1。

(4) 波動幅度越大時，低價多買、高價少買的效果越大，振幅的倍數越大。

> **考點速攻**
>
> 1. 定期定額投資好處之一，即不論市場持續上揚、持續下跌或上下波動，其每股平均成本皆低於平均價格，但投資人是否能忍受持續的虧損，仍屬選擇定期定額基金投資之必然考慮因素。
> 2. 使用加碼攤平策略時應注意，該策略最適用於資金充足且長期投資者。

牛刀小試

( ) **1** 在股票多空趨勢明顯時，下列何種投資策略具有漲時追價，跌時停損之特性？ (A)固定投資比例策略 (B)投資組合保險策略 (C)加買攤平策略 (D)定期定額投資策略。 【第30屆理財人員】

( ) **2** 基本面明顯轉差或技術面呈空頭排列的各股或基金，此時應考慮的重點為下列何者？ (A)向下攤平 (B)反向操作 (C)即時停損 (D)長期持股。 【第30屆理財人員】

( ) **3** 採取定期定額的理財策略可能陷入下列何項迷思？
(A)短期震盪幅度大，長期向上趨勢明顯適合採定期定額投資
(B)定期定額投資因可向下攤平，所以在空頭市場也不會有所損失
(C)定期定額投資仍應注意股價趨勢，適時做好資產配置
(D)全球市場基金應具有分散風險的特性，故為定期定額較適合的投資標的。 【第36屆理財人員】

( ) **4** 「當市場指數大漲時，A股只有小漲」，則A股是屬於哪種股票？
(A)個別風險高者　　　　　　(B)$\beta > 1$
(C)$\beta < 1$　　　　　　　　(D)$\beta = 0$。　　　【第33屆理財人員】

( ) **5** 定期定額投資的好處之一，是不管市場持續上揚、下跌或波動時，平均每股成本皆低於下列何者？　(A)平均價格　(B)期初成本　(C)期末成本　(D)任一市價。　　　【第35屆理財人員】

( ) **6** 下列何者屬於風險偏好高的投資人所喜好的產品？
(A)政府公債
(B)平衡型基金
(C)銀行存款
(D)高收益債券。　　　【第31屆理財人員】

( ) **7** 有關投資組合的向日葵原則敘述，下列何者錯誤？　(A)向日葵花心就是按照理財目標策略性資產配置原則下規劃的核心投資組合　(B)向日葵花心的投資策略是長期持有以獲取長期資本增值　(C)向日葵花瓣部分比重可佔整體向日葵100%，以在最有利時機下賺取最高報酬　(D)向日葵花瓣部分是屬機動性高之戰術性資產配置。　　　【第30屆理財人員】

( ) **8** 依據風險值VAR理論，某一投資組合的平均投資報酬率為15%，標準差為20%，若投資人甲的最大風險承受度為20%，在90%的信賴水準下，是否能承受此一風險？　(A)可以承受　(B)無法承受　(C)不一定　(D)無法判斷。　　　【第35屆理財人員】

( ) **9** 下列何者不是選擇一次領取退休金或退休年金的重要考量因素？
(A)預期剩餘壽命　(B)通貨膨脹率　(C)運用退休金可達到的投資報酬率　(D)子女教育費用。　　　【第36屆理財人員】

( ) **10** 張科長現年60歲擬申請退休，假設其退休金可選擇一次領取（給付基數為50個月）或採年金方式給付（生存時每年年底給付退休當時年薪40%），在年投資報酬率3%下，若張科長選擇採年金方式領取，則其應至少活到幾歲才划算？（取最接近值）　(A)73歲　(B)75歲　(C)77歲　(D)79歲。　　　【第37屆理財人員】

解答及解析

1 (B)。投資組合保險策略是在將一部分資金投資於無風險資產從而保證資產組合的最低價值的前提下，將其餘資金投資於風險資產並隨著市場的

變動調整風險資產，在股票多空趨勢明顯時，具有漲時追價，跌時停損之特性。

2 (C)。基本面明顯轉差或技術面呈空頭排列的各股或基金，此時應考慮即時停損，以免損失擴大。

3 (B)。採取定期定額的理財策略可能陷入投資因可向下攤平，所以在空頭市場也不會有所損失的迷思中。

4 (C)。當β<1(β>-1)，表示投資資產的報酬率（風險值）波動幅度，比市場波動的幅度小。投資資產的預期報酬率會受到風險因子的影響，而導致實現報酬的不穩定，「當市場指數大漲時，A股只有小漲」，則A股是屬於β<1的股票。

5 (A)。定期定額投資的好處之一，是不管市場持續上揚、下跌或波動時，平均每股成本皆低於平均價格。

6 (D)。風險愛好者實際上追求「高風險、高預期報酬率」。高收益債券屬於風險偏好高的投資人所喜好的產品。

7 (C)。花瓣（戰術）─機動投資組合佔總資產一至五成，目的是視時機操作，選項(C)有誤。

8 (A)。平均報酬率為15%，標準差為20%的股票，以Z＝1.28來檢定，其投資績效低於10%－(1.28×20%)＝－15.6%的機率有10%，其最大損失為15.6%<20%%，在90%的信賴水準下，能承受此一風險。

9 (D)。子女教育費用不是選擇退休金領取方式的考量。

10 (A)。假設退休月薪X
12X×40%×年金現值（3%,n）＝50X
4.8X×年金現值（3%,n）＝50X
年金現值（3%,n）＝10.416，查表n＝13
60＋13＝73。

精選試題

（　）**1** 無風險利率Rf＝10%，市場報酬率E(Rm)＝15%，甲股票的β值為1.6，甲股票的需要報酬率為何？　(A)17%　(B)18%　(C)19%　(D)20%。　　【第33屆理財人員】

（　）**2** 某股東以每股100元買入股票，持有一段時間後便以每股110元售出。該股東曾在持有期間收到來自發行公司發放的現金股利5元，

則該股東之投資報酬率為多少？　(A)12%　(B)15%　(C)20%
(D)24%。　　　　　　　　　　　　　　　　【第34屆理財人員】

(　) **3** 群眾型的投資者較喜歡下列何種理財工具？　(A)基金組合
(B)定存　(C)定期壽險　(D)熱門共同基金。　　【第30屆理財人員】

(　) **4** 假設臺灣銀行的定存利率為3%，某臺灣股票基金的年報酬率為
10%，標準差為20%，則該股票基金的風險貼水為多少？　(A)10%
(B)20%　(C)7%　(D)17%。　　　　　　　　【第33屆理財人員】

(　) **5** 在生息資產中，下列何者屬於成長型投資？　(A)存款　(B)房地
產　(C)股票期貨　(D)借款給他人。　　　　　【第33屆理財人員】

(　) **6** 下列何者不是短期的投資工具？　(A)存款　(B)給付確定的傳統
儲蓄險　(C)貨幣市場基金　(D)承兌匯票。　　【第33屆理財人員】

(　) **7** 有關勞工退休金條例之規定，下列敘述何者錯誤？
(A)雇主每月負擔之勞工退休金提繳率，不得低於勞工每月工資
　　6%
(B)資遣費由雇主按其工作年資，每滿一年發給二分之一個月之平
　　均工資
(C)依本條例提繳之勞工退休金運用收益，不得低於當地銀行一年
　　定期存款利率
(D)勞工或其遺屬或指定請領人請領退休金時，其請求權自得請領
　　之日起，因五年間不行使而消滅。　　　　　【第29屆理財人員】

(　) **8** 某甲目前每月支出50,000元，預估退休後每月支出可減少24,000
元，假設目前離退休年數為20年，平均通貨膨脹率為4%，請問退
休後屆時之實際支出調整率為若干？　(A)113.93%　(B)110.12%
(C)32.80%　(D)23.71%。　　　　　　　　　【第37屆理財人員】

(　) **9** 有關投資組合的向日葵原則，下列敘述何者正確？　(A)戰術性資產
配置優先於策略性資產配置　(B)戰術性資產配置比重高於策略性
資產配置　(C)戰術性資產配置穩定性高於策略性資產配置　(D)戰
術性資產配置機動性高於策略性資產配置。　　【第29屆理財人員】

(　) **10** 股價或基金淨值下跌時加碼攤平策略的運用原則，下列敘述何
者錯誤？　(A)攤平的運用只限於分批買入的情況　(B)不要用
原股票質借出來的錢攤平　(C)較適合資金量小且短期投資的散
戶　(D)先檢視當時的市場有否更佳選擇，才考慮將多餘資金向
下攤平。　　　　　　　　　　　　　　　　【第29屆理財人員】

( ) **11** 如果投資者決定採用投資組合保險策略,且可承擔風險係數為2,總資產市值100萬元,可接受的總資產市值下限80萬元,則可投資在股票的金額應為多少元? (A)100萬元 (B)80萬元 (C)40萬元 (D)20萬元。 【第29屆理財人員】

( ) **12** 依據公式K＝m×(V-F)制訂投資組合保險策略,假設可承擔風險係數m＝3,起始總資產市值V為120萬元,可容忍最大損失為20%。若所投資股票市值增加20萬元,則可投資股票金額K變為多少?

(A)102萬元 (B)112萬元
(C)122萬元 (D)132萬元。 【第29屆理財人員】

( ) **13** 證券市場線是在表達預期報酬率與下列何者的關係? (A)實現報酬率 (B)必要報酬率 (C)總風險 (D)β值。 【第31屆理財人員】

( ) **14** 將投資10年以上的報酬率之上、下限區間,與單年期的投資報酬率之上、下限區間相比較,下列敘述何者較符合實證之事實?

(A)10年報酬率,其上下限區間較集中
(B)單年期報酬率,其上下限區間較集中
(C)二者之上下限區間,大致相同
(D)二者無穩定之關係。 【第29屆理財人員】

( ) **15** 有關退休規劃重要原則之敘述,下列何者錯誤? (A)愈早儲備退休基金,愈輕鬆累積晚年生活所需 (B)退休金儲蓄之運用不能太保守,設定的退休金報酬率宜20%以上 (C)以養老險準備退休金,缺點為報酬率偏低,需有較高的儲蓄能力,才能滿足退休需求保額 (D)退休後的收入低於基本生活支出水準,則需仰賴救濟。 【第28屆理財人員】

( ) **16** 假設某甲退休後的投資報酬率為4.5%,通貨膨脹率為3.5%,退休後首年度支出為300,000元,退休後餘命20年,試以實質報酬率折現法計算退休金總需求為若干元? (A)7,320,000元 (B)6,657,000元 (C)5,413,800元 (D)5,232,300元。 【第37屆理財人員】

( ) **17** 某甲目前月薪為5萬元,每月支出4萬6千元,打算20年後退休,預計退休後每月支出淨減少1萬5千元,假設收入成長率等於通貨膨脹率,則其退休後所得替代率為多少?(取最接近值) (A)46% (B)50% (C)55% (D)62%。 【第28屆理財人員】

（　）**18** 某甲40歲開始選用新制退休金，假設雇主及自己每年均提撥年薪6%
至其個人退休金帳戶中，預計於60歲退休，退休後餘命20年，年投資
報酬率為5%，若不考慮薪資成長與通貨膨脹等因素，則其退休後每
年退休金為工作期間年薪之多少比率？（取最接近值）　(A)31.84%
(B)25.46%　(C)21.62%　(D)18.28%。　　　　　　【第28屆理財人員】

（　）**19** 王君預計於工作20年後累積1000萬元退休金，假設年投資報酬率為
10%，請問每年應儲蓄之金額為多少？（取最接近值）？　(A)17.46萬元
(B)17.94萬元　(C)18.23萬元　(D)19.16萬元。　　　　【第28屆理財人員】

（　）**20** 根據策略性資產配置原則所規劃出來的核心投資組合，其持股或
基金的內容，應以下列何者為主？　(A)較穩定的績優股或成熟
股市的大型股基金　(B)高風險、高報酬率的成長型股票或單一
國家基金　(C)新興市場的股票或基金　(D)起伏較大的投機股或
高收益債券基金。　　　　　　　　　　　　　　　【第28屆理財人員】

（　）**21** 如以移動平均線做為投資股票轉換參考依據，則下列敘述何者錯
誤？　(A)移動平均線止跌回升時，考慮買入持有　(B)移動平均
線止升回跌時，考慮賣出　(C)若無移動平均線上揚之股票，則將
資金轉到貨幣基金　(D)此種策略將會讓投資者買到最低點，賣到
最高點。　　　　　　　　　　　　　　　　　　　【第28屆理財人員】

（　）**22** 下列何投資策略具有買漲殺跌的投資特性？　(A)固定投資比例策
略　(B)加碼攤平策略　(C)定期定額投資策略　(D)投資組合保險
策略。　　　　　　　　　　　　　　　　　　　　【第38屆理財人員】

（　）**23** 當央行擔心景氣過熱可能引發通貨膨脹而將利率開始往上調整
時，此時應將資金如何配置？
(A)由股票基金逐步轉至貨幣基金
(B)由股票基金逐步轉至債券基金
(C)由貨幣基金逐步轉至債券基金
(D)由貨幣基金逐步轉至股票基金。　　　　　　　【第28屆理財人員】

（　）**24** 進行資產配置時，考量「理財目標期限」層面時，以下列何種因
素為主？
(A)安全性　　　　　　　　　　　　(B)流動性
(C)獲利性　　　　　　　　　　　　(D)相關性。　【第28屆理財人員】

（　）25 有關定期定額投資，下列敘述何者錯誤？　(A)累積漲幅未過大，且趨勢向上的基金，衡量動者恆動之慣性定律作用，得列為定期定額投資標的　(B)投資人是否能忍受持續的虧損，非屬選擇定期定額基金投資之必然考慮因素　(C)定期定額投資好處之一，即不論市場持續上揚、持續下跌或上下波動，其每股平均成本皆低於平均價格　(D)判斷現在市場係屬多頭或空頭，得以連續6個月趨勢倍數大於1或小於1為依據。　【第28屆理財人員】

（　）26 美國大型股票基金過去10年的平均報酬率為10%，標準差為20%，若以一個常態分配為例，未來報酬率超過30%的機會約為何？　(A)66%　(B)33%　(C)17%　(D)5%。　【第28屆理財人員】

（　）27 預期未來30年景氣向上、持平與向下的機率分別為30%，30%，40%，景氣向上股市平均年報酬率為20%，持平時為5%，向下時為-12%，則股市的期望報酬率為何？　(A)2.70%　(B)4.33%　(C)4.90%　(D)22.82%。　【第31屆理財人員】

（　）28 假設國庫券利率為3%，整體股票市場投資預期報酬率為8%，高島公司股票的預期報酬率為1%，請問高島公司股票價格與股票市場指數呈現下列何種關係？　(A)正相關　(B)負相關　(C)無任何相關　(D)無法判別。　【第28屆理財人員】

（　）29 群眾型的投資者較喜歡下列何種理財工具？　(A)基金組合　(B)定存　(C)定期壽險　(D)熱門共同基金。　【第27屆理財人員】

（　）30 當發現目前每年的儲蓄率無法達到原先的退休規劃需求，得採取的措施，下列何者錯誤？　(A)延後退休年齡　(B)降低原訂的退休後生活水準　(C)增加每日定期定額投資額度　(D)把錢全部放在定存以免發生投資損失。　【第27屆理財人員】

（　）31 有關退休金規劃，下列何者正確？　(A)期望企業的勞工退休金　(B)及早自行籌備退休金　(C)依賴政府的國民年金　(D)養兒防老。　【第27屆理財人員】

（　）32 有關投資組合與投資策略，下列何者錯誤？　(A)投資組合保險策略在盤整市場時，有買高賣低特性　(B)固定比例策略沒有具體的調整標準，容易受主觀因素影響　(C)要從事投機組合，最好以閒餘資金或意外財源操作　(D)運用向日葵原則，其中花心是機動性較高，視波段操作的戰術資產配置。　【第36屆理財人員】

（　） **33** 有關投資組合敘述，下列何者錯誤？　(A)投資組合是一般人資產配置的核心，占資產中最大的比重　(B)若以退休準備金為主，則可投資於價值型股票或風險分散的股票型共同基金　(C)若以子女教育準備金為主，則可投資於殖利率高的中長期債券搭配成長型股票　(D)其他較短期已做理財目標規劃的項目，不須放在投資組合中。　　　　　　　　　　　　　　　　　　　【第27屆理財人員】

（　） **34** 當央行擔心景氣過熱可能引發通貨膨漲而將利率開始往上調整時，此時應將資金如何配置？　(A)由股票基金逐步轉至貨幣基金　(B)由股票基金逐步轉至債券基金　(C)由貨幣基金逐步轉至債券基金　(D)由貨幣基金逐步轉至股票基金。　　　　　　　　　【第27屆理財人員】

（　） **35** 黃先生總資產市值為100萬元，可接受的總資產市值下限為70萬元，可承擔風險係數為3，依投資組合保險策略投資股票，若所投資之股票價值下跌10萬元，則應如何調整？　(A)賣出股票10萬元　(B)賣出股票20萬元　(C)買入股票10萬元　(D)買入股票20萬元。　　　　　　　　　　　　　　　　　　　【第27屆理財人員】

（　） **36** A君的投資組合包含甲、乙、丙三家公司股票，其占投資組合比重分別為30%、25%及45%，假設甲、乙及丙公司個股股票期望投資報酬分別為10%、8%及9%，請問A君的整體投資組合報酬率約為何？　(A)6%　(B)7%　(C)8%　(D)9%。　　【第29屆理財人員】

（　） **37** 假設國庫券利率為3%。整體股票市場投資預期報酬率為8%，高島公司股票的預期報酬率為1%，請問高島公司股票價格與股票市場指數呈現下列何種關係？　(A)正相關　(B)負相關　(C)無任何相關　(D)無法判別。　　　　　　　　　　　　　　　【第28屆理財人員】

（　） **38** 將投資10年以上的報酬率之上、下限區間，與單年期的投資報酬率之上、下限區間相比較，下列敘述何者較符合實證之事實？　(A)10年報酬率，其上下限區間較集中　(B)單年期報酬率，其上下限區間較集中　(C)兩者之上下限區間，大致相同　(D)兩者並無穩定之關係。　　　　　　　　　　　　　　　　　【第27屆理財人員】

（　） **39** 目前某一指數為100點，預期未來三個月達到130點的機率為30%，跌到90點的機率為50%，維持目前狀況為20%，則投資此一指數的預期報酬率為何？　(A)3%　(B)4%　(C)5%　(D)6%。　　　　　　　　　　　　　　　　　　　【第27屆理財人員】

( ) **40** 有關規劃整筆投資及儲蓄組合應考慮的因素，下列敘述何者錯誤？ (A)目前資產中有多少可配置到子女教育金需求上 (B)設定可能達到的長期平均投資報酬率，再選擇適當工具來達成 (C)不必考慮通貨膨脹問題，即假設學費成長率為零 (D)如有一位以上之子女，應分別依其年齡規劃後再做加總。 【第27屆理財人員】

( ) **41** 在即將退休之際，下列何者為保單不宜調整之項目？ (A)增加醫療險保單 (B)增加長期看護險 (C)滿期養老險轉退休年金 (D)增加分期繳費遞延年金保險。 【第26屆理財人員】

( ) **42** 勞工在下列何種情形下較不適宜選擇勞退新制？ (A)公司未按勞基法規定提撥勞工退休金 (B)經常跳槽或更換工作 (C)任職公司有歇業遣散員工之虞 (D)在依法提撥退休金之公司服務且為資深員工。 【第26屆理財人員】

( ) **43** 某甲目前月薪為60,000元，每月支出55,000元，打算10年後退休，預計退休後之支出淨減少22,000元，請問其退休後年支出調整率為多少？（取最接近值） (A)60% (B)65% (C)70% (D)75%。 【第26屆理財人員】

( ) **44** 某甲現年25歲，月薪6萬元，採取勞工退休新制，雇主及自己均提撥6%，若投資報酬率均為5%，不考慮調薪，AF(5%，35)＝90.320，AP(5%，35)＝16.374，請問某甲於60歲退休時，其退休金專戶可以累積多少退休金？（取最接近值） (A)780萬元 (B)800萬元 (C)810萬元 (D)830萬元。 【第26屆理財人員】

( ) **45** 依勞退舊制規定，有關勞工退休金基數，下列敘述何者正確？ (A)按服務年數，每年一個基數 (B)按服務年數，每年二個基數 (C)前15年每年二個基數，後15年每年一個基數，最多45個基數 (D)前15年每年一個基數，後15年每年二個基數，最多45個基數。 【第26屆理財人員】

( ) **46** 使用加碼攤平策略時應注意的原則為何？ (A)該策略最適合於盤勢下跌時使用 (B)該策略僅適合於單一投資標的 (C)該策略最適用於資金充足且長期投資者 (D)該策略較適合於以融資操作放大財務槓桿之投資人。 【第26屆理財人員】

( ) **47** 有關向日葵原則之說明，下列何者正確？ (A)以較穩健的績優與大型股為主，進而機動視市場時機從事獲利較高之波段操作

(B)以高報酬的追求為主，遇到操作不利時再加碼買進予以攤平成本　(C)整筆投資高收益基金，直至達到預定報酬為止　(D)以起伏較大的投機股或新興市場的基金為主，進行財務高槓桿原理之操作。　　　　　　　　　　　　　　　　　　【第26屆理財人員】

(　) **48** 某甲以退休金為目標從事資產配置，目前的生息資產有2百萬元，每月收入10萬元，儲蓄4萬元；生息資產配置4個月支出為緊急預備金以活儲持有，其餘以股票50%、基金30%、債券20%來配置，則某甲資產的比重各約為多少？　(A)活儲8%、股票46%、基金28%、債券18%　(B)活儲8%、股票48%、基金27%、債券17%　(C)活儲12%、股票44%、基金26%、債券18%　(D)活儲12%、股票46%、基金26%、債券16%。　　　【第26屆理財人員】

(　) **49** 在一個有效率的市場，只有下列何種風險可得到風險貼水作為補償？　(A)可分散風險　(B)不可分散風險　(C)非系統風險　(D)個別公司意外風險。　　　　　　　　　　　　　　【第26屆理財人員】

(　) **50** 已知股票A市價為40元，配息2元，一年後預期報酬率10%，請問該股票一年後預期價格為多少？　(A)41元　(B)42元　(C)43元　(D)44元。　　　　　　　　　　　　　　　　　　　【第26屆理財人員】

(　) **51** 有關投資策略中投資組合保險策略之優點，下列敘述何者正確？　(A)股票市場盤整時，可以創造出較高利潤　(B)股票市場盤整時，符合高買低賣的原則　(C)無論股市如何變化，平均每股成本皆低於平均價格　(D)事先設定停損點，保有可接受的最低總資產市值。　　　　　　　　　　　　　　　　　　【第26屆理財人員】

(　) **52** 有關儲蓄組合敘述，下列何者錯誤？　(A)以確定的本金投入且在一定期間內換取確定的本金回收　(B)可滿足未來基本現金流量的需求　(C)可滿足短期目標與長期目標之基本資金需求的部位　(D)主要目的在累積及創造財富。　　　　　　　【第26屆理財人員】

(　) **53** 公保之被保險人於繳付保險費滿幾年，並年滿幾歲，就具有公保給付之請領資格？　(A)15年；55歲　(B)15年；50歲　(C)10年；55歲　(D)10年；50歲。　　　　　　　　　　　【第25屆理財人員】

(　) **54** 活得太長以致生活費不足是退休所面臨的最大風險，所以愈保守的人應如何？　(A)假設自己活得愈長　(B)假設自己活得愈短　(C)用平均餘命估算　(D)用平均壽命估算。　　　【第25屆理財人員】

( ) **55** 某甲目前月薪50,000元,參加勞退新制,雇主之提撥率為6%,投資報酬率5%,假設AP(5%,30)=15.372,AF(5%,30)=66.439,且不考慮收入成長率,請問其30年後退休時之個人帳戶累積金額為若干?(取最接近值) (A)23萬元 (B)55萬元 (C)239萬元 (D)280萬元。 【第25屆理財人員】

( ) **56** 對於退休後應調整家庭支出費用習慣的原則,下列何者正確?A.依目前家庭人口數與退休後家庭人口數的差異調整衣食費用 B.刪除因工作而必須額外支出之費用 C.刪除退休前應可支付完畢的負擔,如:子女教育費,房屋貸款應攤還本息,限期繳費的保險費 D.加上退休以後依自己的夢會增加的休閒費用及因年老而增加的醫療費用 (A)僅AB (B)僅BC (C)僅ABC (D)ABCD。 【第25屆理財人員】

( ) **57** 陳先生40歲時進入甲公司服務,現年60歲從該公司退休,依勞退舊制規定,可領多少個月退休金? (A)20 (B)25 (C)35 (D)45。 【第25屆理財人員】

( ) **58** 李先生目前擬申請退休,假設其退休金可選擇一次領取(給付基數為45個月)或採年金方式給付(生存時每年年底給付退休當時年薪40%),在年投資報酬率3%下,若李先生選擇一次領取方式,則其退休後預估餘命應最多幾年才划算?(取最接近值) (A)11年 (B)13年 (C)15年 (D)17年。 【第25屆理財人員】

( ) **59** 某甲即將退休,目前年所得為30萬元,假設退休後之所得替代率為70%,安全支用率為5%,投資報酬率等於通貨膨脹率,請問夫妻二人生活應準備之退休金為新臺幣多少元? (A)420萬元 (B)560萬元 (C)840萬元 (D)930萬元。 【第25屆理財人員】

( ) **60** 下列何者投資工具較適合風險矩陣中,長資金運用期、低風險偏好者? (A)高收益債券 (B)平衡式基金 (C)存款 (D)外幣保本定存。 【第25屆理財人員】

( ) **61** 5年以上20年以下的目標現金流量需求,不考慮個人投機性要求及特殊市場時機判斷下,應建議採用下列何組方法規劃? (A)房地產與零存整付定存 (B)海外貨幣型基金、保本設計的結構式債券 (C)以中長期目的持有債券、股債平衡基金、保守者可考慮以滿期或年金給付配合儲蓄險 (D)海外新興市場股票型基金、國內股票、定期定額基金。 【第25屆理財人員】

（　　）62 有關定期定額投資基金策略，下列敘述何者錯誤？　(A)增值倍數等於趨勢倍數乘以振幅倍數　(B)趨勢倍數大於1時，表示基金的趨勢往上　(C)投資定期定額最好仍須配合對市場多空走勢作判斷　(D)短期震盪幅度大，但長期向下趨勢明顯，適合做定期定額投資。　　　　　　　　　　　　　　　　　　　　　　【第25屆理財人員】

（　　）63 若採用固定投資比例策略限制股票資產在40%，起始投資組合之股票為80萬元，其餘則持有現金，若三個月後股票資產上漲28萬元，則此時投資人應採取何種動作？　(A)賣出價值9.6萬元的股票　(B)賣出價值10.8萬元的股票　(C)賣出價值16.8萬元的股票　(D)不買不賣。　　　　　　　　　　　　　　　　　　　　　【第25屆理財人員】

（　　）64 如果投資者決定採用投資組合保險策略，且可承擔風險係數為2，總資產市值120萬元，可接受的總資產市值下限90萬元，當原股票市價漲5萬元，而其他資產以現金持有價值不變時，投資者應採取下列何者舉動？　(A)加買股票5萬元　(B)加買股票10萬元　(C)賣出股票5萬元　(D)賣出股票10萬元。　　　　　【第25屆理財人員】

（　　）65 假設詹君現年30歲，工作期儲蓄率為28%；倘投資報酬率等於通貨膨脹率，詹君希望退休後生活水準為目前的60%，若詹君80歲終老，請問其計畫於幾歲退休？（取最接近值）　(A)50歲　(B)60歲　(C)70歲　(D)80歲。　　　　　　　　　　　　【第24屆理財人員】

（　　）66 下列何者不是選擇一次領取退休金或退休年金的重要考量因素？　(A)預期剩餘壽命　(B)通貨膨脹率　(C)運用退休金可達到的投資報酬率　(D)子女教育費用。　　　　　　　　　　　　　　　　【第24屆理財人員】

（　　）67 依勞工退休金條例之規定，雇主每月負擔之勞工退休金提繳率不得低於勞工每月工資之多少百分比？　(A)2%　(B)3%　(C)5%　(D)6%。　　　　　　　　　　　　　　　　　　　　　　　　　【第24屆理財人員】

（　　）68 有關國民年金之敘述，下列敘述何者錯誤？　(A)該保險制度之主管機關為財政部，委託勞工保險局辦理　(B)採柔性強制加保，即不加保沒有罰則，只是不能享受國民年金之保障　(C)保險費由政府負擔四成，民眾負擔六成　(D)保險事故包含老年、身心障礙及死亡三種。　　　　　　　　　　　　　　　　　　　　　【第38屆理財人員】

（　　）69 某甲現年30歲，打算60歲退休，退休後想維持目前生活水準至80歲，且不打算留遺產，假設除儲蓄外無任何退休金來源，

且儲蓄投資報酬率只等於通貨膨脹率，則其儲蓄率應為多少？
(A)33.3%　(B)40%　(C)50%　(D)66.7%。　　　　【第24屆理財人員】

(　　) **70** 某甲計劃65歲退休，退休中期10年每年需要40萬元，退休後期5年每年需要30萬元，假設退休期間之實質報酬率為1%，請以實質報酬率折現法計算某甲退休時的總退休金需求為何？　(A)5,546,000元　(B)5,244,300元　(C)5,105,990元　(D)5,000,300元。　　　　　　　　　　　　【第24屆理財人員】

(　　) **71** 若全球股票基金過去15年平均年報酬率為8%，標準差為16%，最近一年漲幅達39%，對於定期定額投資者運用機率分佈的判斷，下列敘述何者正確？　(A)處於向上慣性追價轉入區，可以繼續投資　(B)屬進入地心引力超漲轉出區，應轉入保守性基金或轉換投資　(C)屬於向下慣性停損轉出區，不宜進場　(D)屬於地心引力超跌轉入區，可以採定時不定額加碼扣款。　　【第24屆理財人員】

(　　) **72** 有關理財目標之敘述，下列何者錯誤？　(A)進行投資理財規劃前，首先要設定短、中、長期目標　(B)理財目標距離現在越遠，越可適度提高風險性資產的比重　(C)短期目標若是金額確定，應選擇可保障獲利成果的投資工具　(D)投資期間愈長，景氣好壞對於最後投資成果影響愈大。　　　　　　　　【第24屆理財人員】

(　　) **73** 台塑股票目前價格60元，β 值為0.8，預期一年後台塑股票價格為65元、配發股息4元，臺灣股市有14%的報酬率，下列敘述何者正確？　(A)台塑股票的一年期望報酬率為12%　(B)倘無風險利率為10%，台塑股票之可彌補系統風險的需要報酬率高於期望報酬率　(C)台塑股票的一年期望報酬率為11.4%　(D)無風險利率高於19%時，台塑股票不具投資價值。　　　　　　　【第24屆理財人員】

(　　) **74** 利用風險矩陣做個人資產配置，主要取決因素包括下列何者？
(A)分散風險的程度　(B)資金可運用的多寡　(C)個人風險偏好　(D)期望報酬率的高低。　　　　　　　　　　　　【第24屆理財人員】

(　　) **75** 有關現代投資組合理論之敘述，下列何者錯誤？　(A)由於投資人總是希望風險愈低越好，報酬越高越好，反映在風險報酬座標上的無異曲線，為一呈現負相關之曲線　(B)資本市場線上之市場組合M與左側無風險報酬所在Y軸間連線MY為系統風險，與右側個

別證券D之連線MD為非系統風險　(C)投資工具間相關性太高，對整體投資組合變異數的降低貢獻有限　(D)變異數計算必須有足夠的樣本數，否則數值容易出現偏誤。　【第36屆理財人員】

(　　) 76 張先生將於月底退休，有關其取得退休金之敘述，下列何者錯誤？　(A)在編製家庭財務報表時，取自服務單位之退休金屬收入科目　(B)退休時，取自勞工保險之老年給付，全數免所得稅　(C)其他狀況不變下，取得退休金時，家庭之負債比率會降低　(D)取得該退休金後，該資金之運用不能太保守，否則無法達成原定之退休規劃目標。　【第23屆理財人員】

(　　) 77 依勞工保險條例之規定，下列何者不符合一次請領老年給付之要件？　(A)擔任具有危險、堅強體力等特殊性質之工作合計滿五年，年滿五十歲退職者　(B)參加保險之年資合計滿二十五年，年滿五十歲退職者　(C)參加保險之年資合計滿一年，男性年滿六十歲或女性年滿五十五歲退職者　(D)在同一投保單位參加保險之年資合計滿二十五年退職者。　【第23屆理財人員】

(　　) 78 小王目前30歲，打算60歲退休，希望退休後生活水準為工作期之80%並維持到75歲，若目前積蓄為年所得的5倍，年儲蓄率為50%，則75歲時小王可累積年所得多少倍之積蓄給子女？（假設儲蓄的投資報酬率等於通貨膨脹率）　(A)10倍　(B)12倍　(C)14倍　(D)16倍。　【第23屆理財人員】

(　　) 79 某甲目前月薪為5萬元，每月支出4萬6千元，打算20年後退休，預計退休後每月支出淨減少1萬5千元，假設收入成長率等於通貨膨脹率，則其退休後所得替代率為多少？（取最接近值）　(A)46%　(B)50%　(C)55%　(D)62%。　【第28屆理財人員】

(　　) 80 何小姐年薪扣除開銷後每年餘額為60萬元；今何小姐向銀行辦理房屋貸款600萬元，利率3%，期間20年，採本利平均攤還法按年定期還款。倘何小姐年薪餘額扣除房貸後逐年持續定存（定存利率2%），請問20年後定存總額為何？（取最接近值）　(A)487萬元　(B)484萬元　(C)481萬元　(D)478萬元。　【第23屆理財人員】

(　　) 81 鄭科長現年65歲申請退休，假設其退休金可選擇一次領取（給付基數為50個月）或採年金方式給付（生存時每年年底給付），若鄭科長擬選擇年金給付方式，在年投資報酬率固定為4%且享年80歲之條件下，每期退休金至少須達退休當時年薪之若干比率

才划算？（取最接近值） (A)35.72% (B)36.64% (C)37.48%
(D)38.96%。 【第23屆理財人員】

( ) **82** 有關新制勞工退休金制度，下列敘述何者錯誤？
(A)資遣費每滿一年發給半個月
(B)資遣費最多只能請領六個月
(C)退休金運用收益不得低於當地銀行一年期定存利率
(D)運用收益不足部分由國庫補足。 【第23屆理財人員】

( ) **83** 無風險利率為2%，市場報酬率為6%，在不融資的情況下，希望
獲得8%的需要報酬率，則應選擇 β 值為多少的證券？ (A)1.2
(B)1.3 (C)1.4 (D)1.5。 【第23屆理財人員】

( ) **84** 小明所持有之投資組合包含甲、乙兩種股票，其比重各占30%及
70%，標準差分別為3%及2%，假設此投資組合風險為4%，則
此兩種股票間之共變異數為何？ 【提示：投資組合風險等
於投資組合的標準差】 (A)0.315% (B)0.365% (C)0.437%
(D)0.487%。 【第23屆理財人員】

( ) **85** 某股東以每股50元買入股票，持有一段時間後便以每股55元售
出。該股東曾在持有期間收到來自發行公司發放的現金股利3元，
若不考慮交易成本及稅負，請問該股東之投資報酬率為多少？
(A)12% (B)15% (C)16% (D)18%。 【第23屆理財人員】

( ) **86** 投資組合保險策略中，總資產市值100萬元，現金、股票各半，可
承擔風險係數為2，可忍受的最大損失為25萬元，當股票下跌10%
時，需採何種策略？ (A)出售5萬元股票 (B)出售15萬元股票
(C)加買5萬元股票 (D)加買15萬元股票。 【第23屆理財人員】

( ) **87** 有關效率前緣之敘述，下列何者錯誤？
(A)係以預期報酬率為縱軸，預期風險為橫軸
(B)以風險等於零時的報酬率為起點之直線，與效率前緣相切之點
代表市場投資組合
(C)在資本市場線上，市場投資組合的左邊為積極投資人
(D)市場投資組合通常只有系統風險。 【第23屆理財人員】

( ) **88** 下列哪些因素與籌措退休金的壓力成正相關？A.退休後每月生活費
用 B.月退俸與年金收入 C.通貨膨脹率 D.退休期間 (A)a、b、
c、d (B)僅a、c (C)僅b、d (D)僅a、c、d。 【第22屆理財人員】

（　）**89** 黃協理現年62歲擬申請退休，假設其退休金可選擇一次領取（給付基數為50個月）或採年金方式給付（生存時每年年底給付退休當時年薪35%），在年投資報酬率3%下，若黃協理選擇年金方式給付，則其應至少活到幾歲才划算？（取最接近值）　(A)81歲　(B)79歲　(C)77歲　(D)75歲。　　　　　　　　　　【第22屆理財人員】

（　）**90** 企業經工會或半數以上勞工之同意，投保符合保險法規定之年金保險者，其僱用勞工人數應為若干人以上？　(A)200人　(B)300人　(C)400人　(D)500人。　　　　　　　　　　　　【第22屆理財人員】

（　）**91** 陳先生計劃於60歲退休，退休前期15年每年需要50萬元，退休後期10年每年需要40萬元，假設退休期間之實質報酬率為2%，試以實質報酬率折現法計算陳先生退休時的總退休金需求？（取最接近值）　(A)9,256,523元　(B)9,094,248元　(C)8,869,642元　(D)8,676,987元。　　　　　　　　　　　　　　　　【第22屆理財人員】

（　）**92** 阿龍現年40歲，剛參與勞保，目前投保薪資已達43,900元。假設勞保投保薪資年增幅為2%，阿龍於60歲退休時，可領勞保老年給付(一次請領)多少金額？（取最接近值）　(A)125萬元　(B)147萬元　(C)163萬元　(D)218萬元。　　　　　　　　　【第22屆理財人員】

（　）**93** 對性格保守、安全需求度高的人來說，以股票等較高風險，高報酬的投資工具來支應退休生活的哪一部分較為合宜？　(A)食物、衣著支出　(B)醫療保健支出　(C)居住交通支出　(D)嗜好、品味支出。　　　　　　　　　　　　　　　　　　　　【第22屆理財人員】

（　）**94** 劉伯伯現年45歲，估算退休後每年生活支出現值為50萬元，退休前費用上漲率為3%，退休後費用維持不變。假設劉伯伯20年後退休，預計退休後餘命15年，退休金投資報酬率為4%，則劉伯伯退休時，應至少準備多少退休金？（取最接近值）　(A)1,318萬元　(B)1,242萬元　(C)1,126萬元　(D)1,004萬元。　【第22屆理財人員】

（　）**95** 有關兩資產所構成效率前緣的敘述，下列何者正確？　(A)必可找出左凸於兩資產間直線的效率前緣　(B)效率前緣曲線上，報酬對風險比值最高者，即為最佳資產配置　(C)效率前緣必須基於總投資金額不變動的前提　(D)兩資產間的相關性愈高，效率前緣的向左凸性愈明顯。　　　　　　　　　　　　　　　　　　　【第22屆理財人員】

( ) **96** 假設期初時，您的總資產市值為100萬元，採用股票佔總資產比例為40%之固定投資比例策略，如果股價漲9萬元，您應如何調整您的投資組合？ (A)買入4.8萬元股票 (B)賣出4.8萬元股票 (C)賣出5.4萬元股票 (D)買入5.4萬元股票。 【第22屆理財人員】

( ) **97** 有關基本的投資組合形態，下列敘述何者錯誤？ (A)儲蓄組合是以確定的本金投入，在一定期間內換取確定的本利回收，以滿足未來基本要求的現金流量 (B)投資組合是在相對固定的波動範圍內，以確定的投入換取長期間在一確定範圍內之報酬 (C)投機組合是為追求短期獲利機會而往往缺乏長期規劃 (D)儲蓄組合應該是一般人資產配置的核心，占資產比重最高。 【第22屆理財人員】

( ) **98** 在投資組合保險策略中，起始資產市值為100萬元，可接受的總資產市值下限為80萬元，可承擔風險係數為2.5倍時，股票投資額應為何？ (A)30萬元 (B)40萬元 (C)50萬元 (D)60萬元。 【第22屆理財人員】

( ) **99** 胡叔叔持有甲、乙兩家公司之股票，其比重分別為80%及20%，標準差分別為10.5%及7.6%，假設甲、乙兩家公司股票的共變異數為-1.5%時，則此投資組合的風險為何？ 【提示：投資組合風險即為投資組合的標準差】（取最接近值） (A)4.99% (B)4.75% (C)4.53% (D)4.31%。 【第29屆理財人員】

( ) **100** 陳老師現年43歲，3年前投資300萬元於某基金，在預期某固定年投資報酬率下，計劃61歲累積達1,020萬元時即予退休。惟因投資績效不彰，當初300萬元至目前只剩下250萬元。假設往後每年均能達成原先所預期之年投資報酬率且陳老師擬將退休時間提前至58歲，則其自現在起，每年應至少另再投資多少金額，才能達成新設定目標？（取最接近值） (A)21.62萬元 (B)20.24萬元 (C)19.16萬元 (D)18.08萬元。 【第21屆理財人員】

( ) **101** 假設儲蓄的投資報酬率等於通貨膨脹率，王先生現年45歲，無積蓄，想要在60歲退休，且維持現有的生活水準到75歲，請問從現在起每年儲蓄率若干才恰好足以支應退休生活？ (A)30% (B)40% (C)50% (D)55%。 【第21屆理財人員】

(　　)　**102** 王君現年40歲，每年投資50萬元，年投資報酬率為3%，在不考慮通貨膨脹下，希望退休時能至少累積1,170萬元以供其退休使用，請問王君最早於幾歲時可退休？（取最接近值）　(A)54歲　(B)56歲　(C)58歲　(D)60歲。　　　　　　　　　【第21屆理財人員】

(　　)　**103** 有關勞工退休金條例之規定，下列敘述何者錯誤？　(A)雇主每月負擔之勞工退休金提繳率，不得低於勞工每月工資百分之六　(B)勞工年滿六十歲，工作年資至少滿二十年以上者，才得請領月退休金　(C)勞工於請領退休金前死亡者，應由其遺屬或指定請領人請領一次退休金　(D)依該條例提繳之勞工退休金運用收益，不得低於當地銀行二年定期存款利率。　　【第21屆理財人員】

(　　)　**104** 小郭現有資金100萬元，其收入扣除開銷後每年結餘50萬元，若希望20年後能達到2,000萬元之理財目標，而將現有資金及每年之結餘均持續存入定期存款(按年複利，年利率4%)，期間20年，則屆時其資金缺口為何？（取最接近值）　(A)286萬元　(B)288萬元　(C)290萬元　(D)292萬元。　　　【第21屆理財人員】

(　　)　**105** 陳先生現年60歲擬申請退休，假設其退休金可選擇一次領取（給付基數為45個月)或採年金方式給付（生存時每年年底給付退休當時年薪30%），在年投資報酬率3%下，若陳先生選擇年金給付之領取方式，則其預估應至少活到幾歲才划算？（取最接近值）　(A)76歲　(B)74歲　(C)72歲　(D)70歲。　　　【第21屆理財人員】

(　　)　**106** 有關退休規劃之敘述，下列何者錯誤？　(A)每月退休生活費用愈高，退休金籌備壓力愈大　(B)通貨膨脹率愈高，退休金籌備壓力愈大　(C)退休規劃應以自己及配偶的需求為優先考慮　(D)愈早開始儲備退休基金，退休規劃會愈辛苦。　　【第21屆理財人員】

(　　)　**107** 某一剛付完息且尚餘7年到期、面額500萬元債券，每年付息一次，票面年利率3%，若買進時市場利率跌至2%，則該債券合理價格為下列何者？（取最接近值）　(A)5,306,200元　(B)5,310,400元　(C)5,325,800元　(D)5,338,600元。　　　【第21屆理財人員】

(　　)　**108** 依據公式K＝m×(V－F)制訂投資組合保險策略，假設可承擔風險係數m＝2，起始總資產市值V為150萬元，可容忍最大損失為30%。若所投資股票市值增加10萬元，則可投資股票金額K變為多少？　(A)105萬元　(B)110萬元　(C)115萬元　(D)120萬元。　　　　　　　　　　　　　【第21屆理財人員】

( ) **109** 總資產市值100萬元，其中現金、股票各占40%、60%，當股票下跌5%時，採固定投資比例之投資人應如何因應？ (A)出售1.1萬元股票 (B)出售1.2萬元股票 (C)加買1.1萬元股票 (D)加買1.2萬元股票。 【第21屆理財人員】

( ) **110** 依資本資產定價模型(CAPM)，假設存放銀行之無風險利率為3%，乙公司股票所處的證券市場之大盤期望報酬率為7%，乙公司股票相較於大盤指數的系統風險係數 β 為1.5，請計算出購買乙公司股票的期望報酬率為何？ (A)7% (B)8% (C)9% (D)10%。 【第21屆理財人員】

( ) **111** 當景氣向上機率為50%時，基金B預期報酬率5%，景氣持平機率為40%時，基金B預期報酬率為0%；景氣向下機率為10%時，基金B預期報酬率為-5%。則其標準差為何？（取最接近值）(A)2.87% (B)3.32% (C)4.53% (D)5.29%。 【第21屆理財人員】

( ) **112** 有關勞工退休金條例之規定，下列敘述何者錯誤？
(A)退休金請求權的時效為三年
(B)資遣費為每滿一年發給二分之一個月之平均工資，最多6個月
(C)雇主每月負擔之勞工退休金提繳率，不得低於勞工每月工資百分之六
(D)勞工於請領退休金前死亡者，應由其遺屬或指定請領人請領一次退休金。 【第37屆理財人員】

解答及解析

1 (B)。甲股票的需要報酬率＝10%＋1.6×(15%－10%)＝18%。

2 (B)。(110－100＋5)/100＝15%。

3 (D)。群眾型的投資者喜歡跟熱門標的，故其較喜歡熱門共同基金作為理財工具。

4 (C)。該股票基金的風險貼水＝10%－3%＝7%

5 (C)。成長型投資係指找出具高度成長潛力的公司，享受成長的獲利，在生息資產中，股票期貨屬於成長型投資。

6 (B)。給付確定的傳統儲蓄險最短為6年期，為中長期的投資工具。

7 (C)。依勞工退休金條例之規定提繳之勞工退休金運用收益，不得低於當地銀行二年定期存款利率，選項(C)有誤。

8 (A)。退休後每月支出26,000×(4%,20年,複利終值)/目前每月支出50,000＝113.93%

9 (D)。向日葵有一個遠比一般花朵還大的花心，配合往外放射的花瓣，向著太陽的方向成長。個人的投資組合，也應分為兩個部分，花心就是按照理財目標策略性資產配置原則下，規劃出來的核心投資組合，至少應佔總資產的一半；或按照個人風險偏好，積極投資者核心組合佔50%、穩健投資者核心組合佔70%、保守投資者核心組合佔90%。但原則上戰術性資產配置機動性高於策略性資產配置。

10 (C)。股價或基金淨值下跌時加碼攤平策略的運用原則，較適合資金量大且長期投資的散戶，選項(C)有誤。

11 (C)。可投資在股票的金額＝80/2＝40（萬元）。

12 (D)。可接受的總資產市值下限：
120萬－120萬×20%＝96萬
當投資股票市值增加20萬時，總資產市值為140萬
代入公式：K＝3×（140萬－96萬）＝132（萬元）。

13 (D)。證券市場線（簡稱SML）主要用來說明投資組合報酬率與系統風險β值的關係。證券市場線是在表達預期報酬率與β值的關係。

14 (A)。將投資10年以上的報酬率之上、下限區間，與單年期的投資報酬率之上、下限區間相比較，時間愈長，報酬率，其上下限區間較集中。故10年報酬率，其上下限區間較集中。

15 (B)。有關退休規劃重要原則，愈早儲備退休基金，愈輕鬆累積晚年生活所需，且退休金儲蓄之運用宜保守，以免損及本金。選項(B)有誤。

16 (C)。$300,000 \times 18.046 = 5,413,800$（元）。

17 (D)。$(46,000 - 15,000)/50,000 = 62\%$

18 (A)。12%×(5%,20年,年金終值)/(5%,20年,年金現值)＝31.84%

19 (A)。1,000萬/(10%,20年,年金終值)＝17.46（萬元）。

20 (A)。根據策略性資產配置原則所規劃出來的核心投資組合，其持股或基金的內容，應以較穩定的績優股或成熟股市的大型股基金為主。

21 (D)。如以移動平均線做為投資股票轉換參考依據，則移動平均線止跌回升時，考慮買入持有，移動平均線止升回跌時，考慮賣出，但此策略不會讓投資者買到最低點，賣到最高點。選項(D)有誤。

22 (D)。投資組合保險策略是在將一部分資金投資於無風險資產從而保證資產組合的最低價值的前提下，將其餘資金投資於風險資產並隨著市場的變動調整風險資產，在股票多空趨勢明顯時，具有漲時追價，跌時停損之特性。

23 (A)。當央行擔心景氣過熱可能引發通貨膨脹而將利率開始往上調整時，此時對股市不利，應將資金由股票基金逐步轉至貨幣基金。

24 (B)。進行資產配置時，考量「理財目標期限」層面時，以流動性因素為主要考量因素。

25 (B)。定期定額投資好處之一，即不論市場持續上揚、持續下跌或上下波動，其每股平均成本皆低於平均價格，但投資人是否能忍受持續的虧損，仍屬選擇定期定額基金投資之必然考慮因素，選項(B)有誤。

26 (C)。$(100\%-66\%)/2=17\%$

27 (A)。股市的期望報酬率
$=30\%\times20\%+30\%\times5\%+40\%\times(-12\%)=2.7\%$

28 (B)。高島公司股票的預期報酬率為1%<整體股票市場投資預期報酬率為8%
→高島公司股票價格與股票市場指數呈現負相關。

29 (D)。群眾型的投資者喜歡跟熱門的標的，故其較喜歡熱門共同基金作為理財工具。

30 (D)。當發現目前每年的儲蓄率無法達到原先的退休規劃需求，得採取：延後退休年齡、降低原訂的退休後生活水準、增加每日定期定額投資額度等措施。

31 (B)。有關退休金規劃，應及早自行籌備退休金。選項(B)正確。

32 (D)。向日葵有一個遠比一般花朵還大的花心，配合往外放射的花瓣，向著太陽的方向成長。個人的投資組合，也應分為兩個部分，花心就是按照理財目標策略性資產配置原則下，規劃出來的核心投資組合，至少應佔總資產的一半；或按照個人風險偏好，積極投資者核心組合佔50%、穩健投資者核心組合佔70%、保守投資者核心組合佔90%。

但原則上戰術性資產配置機動性高於策略性資產配置。選項(D)有誤。

33 (D)。其他較短期已做理財目標規劃的項目，仍須放在投資組合中。選項(D)有誤。

34 (A)。當央行擔心景氣過熱可能引發通貨膨漲而將利率開始往上調整時，利率上漲對股市不利，此時應將資金由股票基金逐步轉至貨幣基金。

35 (B)。$K=m\times(V-F)$
K投資股票金額
m可承擔風險係數
V總資產市值
F可接受總資產市值下限
原始$K=3\times(100-70)=90$
因股票價值下跌10，總資產市值$=100-10=90$
$K=3\times(90-70)=60$
$90-10-60$(新計算後之K)$=20$(需賣出股票20萬元)

36 (D)。$30\%\times10\%+25\%\times8\%+45\%\times9\%=9\%$

37 (B)。高島公司股票的預期報酬率為1%<整體股票市場投資預期報酬率為8%
→高島公司股票價格與股票市場指數呈現負相關。

38 (A)。將投資10年以上的報酬率之上、下限區間，與單年期的投資報酬率之上、下限區間相比較，時間愈長，報酬率，其上下限區間較集中。故10年報酬率，其上下限區間較集中。

39 (B)。$(30\times30\%+(-10)\times50\%)/100=4\%$

40 (C)。規劃整筆投資及儲蓄組合應考慮的因素，必考慮通貨膨脹問題。選項(C)有誤。

41 (D)。「遞延年金保險」係指保險費分期交付的年金保險，於繳費終了後或經過一定的期間或被保險人到達一定的年齡才進入年金給付期間者稱之。在即將退休之際，不宜調整增加分期繳費遞延年金保險，以免增加退休後的支出負擔。

42 (D)。在依法提撥退休金之公司服務且為資深員工，表示舊制的勞退已提撥多年，較不適宜選擇勞退新制。

43 (A)。(55,000－22,000)/55,000＝60%

44 (A)。6萬×6%×2×12個月×(5%,35年,年金終值)＝780（萬元）

45 (C)。勞退舊制規定，按工作年資，每滿一年給與兩個基數。但超過十五年之工作年資，每滿一年給與一個基數，最高總數45個基數為限。

46 (C)。使用加碼攤平策略時應注意，該策略最適用於資金充足且長期投資者。

47 (A)。向日葵有一個遠比一般花朵還大的花心，配合往外放射的花瓣，向著太陽的方向成長。個人的投資組合，也應分為兩個部分，花心就是按照理財目標策略性資產配置原則下，規劃出來的核心投資組合，至少應佔總資產的一半；或按照個人風險偏好，積極投資者核心組合佔50%、穩健投資者核心組合佔70%、保守投資者核心組合佔90%。向日葵原則以較穩健的績優與大型

股為主，進而機動視市場時機從事獲利較高之波段操作。

48 (C)。活儲比重＝(6×4)/200＝12%
股票比重＝[(200－24)×50%]/200＝44%
基金比重＝[(200－24)×30%]/200＝26%
基金比重＝[(200－24)×20%]/200＝18%

49 (B)。在一個有效率的市場，只有不可分散風險可得到風險貼水作為補償。

50 (B)。40＋2＝42（元）。

51 (D)。投資策略中投資組合保險策略之優點為可以事先設定停損點，保有可接受的最低總資產市值。選項(D)正確。

52 (D)。儲蓄組合主要目的在確定的本金投入且在一定期間內換取確定的本金回收，而非以追求利潤為目的。選項(D)有誤。

53 (A)。公保之被保險人於繳付保險費滿15年，並年滿55歲，就具有公保給付之請領資格。

54 (A)。活得太長以致生活費不足是退休所面臨的最大風險，所以愈保守的人應假設自己活得愈長。

55 (C)。5萬×6%×12個月×(5%,30年,年金終值)＝239（萬元）。

56 (D)。退休後應調整家庭支出費用習慣的原則：
1.依目前家庭人口數與退休後家庭人口數的差異調整衣食費用。
2.刪除因工作而必須額外支出之費用。

3.刪除退休前應可支付完畢的負擔，如：子女教育費，房屋貸款應攤還本息，限期繳費的保險費。

4.加上退休以後依自己的夢會增加的休閒費用及因年老而增加的醫療費用。

57 (C)。
1.勞退舊制規定，按工作年資，每滿一年給與兩個基數。但超過十五年之工作年資，每滿一年給與一個基數，最高總數45個基數為限。
2.依勞退舊制規定，可領退休金＝15×2＋5＝35（個月）。

58 (A)。45×月薪
＝月薪×12×40%×(3%,n年,年金終值)
(3%,n年,年金終值)＝9.375
N<12年，故選(A)。

59 (C)。30×70%×2/5%＝840（萬元）。

60 (B)。平衡型基金（balanced mutual fund）是共同基金的一種，是指是可同時持有多種資產的共同基金。平衡式基金較適合風險矩陣中，長資金運用期、低風險偏好者。

61 (C)。5年以上20年以下的目標現金流量需求，不考慮個人投機性要求及特殊市場時機判斷下，應建議採用以中長期目的持有債券、股債平衡基金、保守者可考慮以滿期或年金給付配合儲蓄險方法規劃。

62 (D)。短期震盪，但長期上漲的震盪走堅基金為最適合作為定期定額投資基金投資標的，選項(D)有誤。

63 (C)。28×(1－40%)＝16.8萬元（賣出股票）。

64 (A)。投資者決定採用投資組合保險策略，且可承擔風險係數為2，當原股票市價漲5萬元，而其他資產以現金持有價值不變時，投資者應加買股票5萬元。

65 (B)。設退休年齡為X
0.28(X－30)＝0.6×(1－0.28)×(80－X)
得出0.712X＝42.96
X＝60.34

66 (D)。子女教育費用並不是選擇一次領取退休金或退休年金的重要考量因素。

67 (D)。依勞工退休金第14條規定，雇主每月負擔之勞工退休金提繳率不得低於勞工每月工資之6%。

68 (A)。國民年金的中央主管機關是內政部，選項(A)有誤。

69 (B)。(80－60)/(30＋80－60)＝40%

70 (C)。400,000×(1%,10年,年金現值)＋300,000×(1%,5年,年金現值)×(1%,10年,複利現值)
＝5,105,990（元）。

71 (B)。若全球股票基金過去15年平均年報酬率為8%，標準差為16%，最近一年漲幅達39%，對於定期定額投資者運用機率分佈的判斷，目前是屬進入地心引力超漲轉出區，應轉入保守性基金或轉換投資。

72 (D)。投資期間愈長，景氣好壞對於最後投資成果影響愈小，選項(D)有誤。

73 (D)。60－4＝56
65÷56＝1.16……相當於16%
所以，無風險利率高於19%時，台塑股票不具投資價值。

74 (C)。利用風險矩陣做個人資產配置，主要取決因素有個人風險偏好。

75 (A)。由於投資人總是希望風險愈低越好，報酬越高越好，反映在風險報酬座標上的無異曲線，為一呈現正相關之曲線，選項(A)有誤。

76 (D)。張先生將於月底退休，取得該退休金後，該資金之運用宜保守為宜，以免損失本金。

77 (A)。勞工保險條例第58條規定：「⋯⋯本條例中華民國九十七年七月十七日修正之條文施行前有保險年資者，於符合下列規定之一時，除依前項規定請領老年給付外，亦得選擇一次請領老年給付，經保險人核付後，不得變更：一、參加保險之年資合計滿一年，年滿六十歲或女性被保險人年滿五十五歲退職者。二、參加保險之年資合計滿十五年，年滿五十五歲退職者。三、在同一投保單位參加保險之年資合計滿二十五年退職者。四、參加保險之年資合計滿二十五年，年滿五十歲退職者。五、擔任具有危險、堅強體力等特殊性質之工作合計滿五年，年滿五十五歲退職者。⋯⋯」選項(A)不符合一次請領老年給付之要件。

78 (C)。設年所得為A
(0.5A×30＋5A－15×0.5A×80%)/A＝14(倍)。

79 (D)。(4.6－1.5)/5＝62%

80 (D)。[60萬元－600萬元/(3%,20年,年金現值)]×(2%,20年,年金終值)＝478（萬元）。

81 (C)。[50/(4%,15年,年金現值)]/12＝37.48%。

82 (C)。依勞退條例規定，新制勞工退休金制度，勞工退休金運用收益，不得低於當地銀行2年定期存款利率，選項(C)有誤。

83 (D)。2%＋β×(6%－2%)＝8%
β＝1.5

84 (A)。$(3\%×30\%)^2＋(2\%×70\%)^2＋(2×30\%×70\%×共變異數)＝(4\%)^2$
共變異數＝0.315%

85 (C)。(55－50＋3)/50＝16%

86 (A)。100×10%/2＝5萬元（出售股票）。

87 (C)。效率前緣代表不同的風險偏好者，可配置適合其效用函數的風險報酬組合，資本市場線係用以衡量效率投資組合之期望報酬率與總風險之間的關係，在資本市場線上，市場投資組合的右邊為積極投資人，選項(C)有誤。

88 (D)。與籌措退休金的壓力成正相關的因素有：退休後每月生活費用、退休後每月生活費用、退休期間。

89 (C)。假設年薪領X
50X＝35%×12X(年金現值r＝3%,n＝？)
50X/(35%×12X)＝11.905
查年金現值表n＝15
62＋15＝77

90 (A)。僱用勞工人數200人以上之事業單位經工會同意，事業單位無工會者，經勞資會議同意，報請勞動部核准後，投保符合保險法規定之年金保險。

91 (B)。50萬×(2%,15年,年金現值)＋40萬×(2%,10年,年金現值)×(2%,15年,複利現值)
＝9,094,248（元）。

92 (C)。43,900×(2%,20年,複利終值)×25基數＝163（萬元）。

93 (D)。對性格保守、安全需求度高的人來說,以股票等較高風險,高報酬的投資工具來支應退休生活的非必要性支出(例如:嗜好、品味支出)較為合宜。

94 (D)。50萬×(3%,20年,複利終值)×(4%,15年,年金現值)＝1,004(萬元)。

95 (C)。「總風險相同時,相對上可獲得最高之預期報酬率」或「預期報酬相同時,相對上總風險最低」之投資組合。投資上一定考慮到風險與報酬,當投資者承受不同的風險點時,在每一個風險點一定會有一個投資組合,可以達到最大投資報酬率,這些不同風險點所達到最高報酬率所組成的一條曲線就是eFFicient Frontier。在一堆可行投資組合中,挑出各風險下,預期報酬最大之投資組合;或各預期報酬下,總風險最低的投資組合。將挑出之投資組合連線,便是效率前緣曲線,效率前緣必須基於總投資金額不變動的前提。選項(C)正確。

96 (C)。9×(1－40%)＝5.4萬元(賣出股票)。

97 (D)。儲蓄組合應該是一般人資產配置的核心,占資產比重最高,選項(D)有誤。

98 (C)。100－20×2.5＝50(萬元)。

99 (A)。$(80\% \times 10.5\%)^2 + (20\% \times 7.6\%)^2 + [2 \times 80\% \times 20\% \times (-1.5\%)] = 0.002487$

$\sqrt{0.002487} = 0.0499$

100 (D)。1,020萬/300萬＝3.4,查複利終值,在第21年時,得出報酬率6%
[1,020萬－250萬×(6%,15年,複利終值)]/(6%,15年,年金終值)＝18.08(萬元)。

101 (C)。假設年收入為1、儲蓄率為s、年支出1－s
45～60歲共存15次,總存款＝15×s
60～75歲共支出15次,總支出＝15×(1－s)
15×s＝15×(1－s)　s＝50%

102 (C)。50×(3%,n年,年金終值)＞1,170
n約58歲。

103 (B)。勞工年滿六十歲,工作年資至少滿15年以上者,才得請領月退休金,選項(B)有誤。

104 (D)。2000萬－[50萬×(4%,20年,年金終值)＋100萬×(4%,20年,複利終值)]＝292(萬元)。

105 (A)。(3%,n年,年金現值)＞45/(12×30%)
n約為76歲。

106 (D)。愈早開始儲備退休基金,退休規劃會愈輕鬆,選項(D)有誤。

107 (C)。15萬×(2%,7年,年金現值)＋500萬×(2%,7年,複利現值)＝5,325,800(元)。

108 (B)。K＝150－150×30%＋10/2＝110（萬元）。

109 (D)。100×5%×60%＝3（股票下跌）

100－3＝97

97×60%＝58.2

58.2－100×60%×(1－5%)＝1.2

故應加買1.2萬元股票。

110 (C)。乙公司股票的期望報酬率＝3%＋1.5×(7%－3%)＝9%

111 (B)。B基金的平均報酬率＝[50%×5%＋40%×0%＋10%×(－5%)]＝2%

B基金的報酬率標準差＝〔個別情況發生機率×(個別情況報酬率－平均報酬率)2〕之和再開根號＝[50%×(5%－2%)^2＋40%×(0%－2%)^2＋10%×(－5%－2%)^2]＝0.0011

B基金的報酬率標準差＝$\sqrt{0.0011}$＝3.32%

112 (A)。退休金請求權，自得請領之日起，因5年間不行使而消滅。

NOTE

第六章　稅務規劃與全方位理財規劃

依據出題頻率區分，屬：**A** 頻率高

本章是稅務規劃與全方位理財規劃的介紹，亦是理財規劃中的的重點章節，出題類型因稅務規劃的複雜性的緣故，故題型較有變化，讀者要花多一點時間研讀。

重點1　稅務規劃　　　　　　　　　　　　　重要度★

一、所得稅的稅務規劃

(一)綜合所得稅的基本定義

綜合所得稅將個人全年（即每年1月1日起至12月31日止）取得的各項所得總額，合併課徵所得稅。計算所得稅首先應將全年取得的所得加總，且減除免稅額及扣除額後之餘額，即為個人綜合所得淨額；再按綜合所得淨額決定稅率及累進差額，即可算出應納所得稅。目前綜合所得稅的稅額速算表如下圖所示：

111年度綜合所得稅及所得基本稅額相關免稅額、扣除額及課稅級距金額一覽表

單位：新臺幣元　　　　　　　　　　　　　　110年11月19日製表

項目		金額
免稅額	一般	92,000
	年滿70歲之納稅義務人、配偶 及受納稅義務人扶養之直系尊親屬免稅額增加50%	138,000
標準扣除額	單身	124,000
	有配偶者	248,000

項目		金額
薪資所得特別扣除額		207,000
身心障礙特別扣除額		207,000
課稅級距	5%	0～560,000
	12%	560,001～1,260,000
	20%	1,260,001～2,520,000
	30%	2,520,001～4,720,000
	40%	4,720,001以上
退職所得	一次領取者	一次領取總額在188,000元乘以退職服務年資之金額以下者，所得額為0
		超過188,000元乘以退職服務年資之金額，未達377,000元乘以退職服務年資之金額部分，以其半數為所得額
		超過377,000元乘以退職服務年資之金額部分，全數為所得額
	分期領取者	以全年領取總額，減除814,000元後之餘額為所得額
所得基本稅額條例	基本所得額免稅額度（個人）	670萬
	基本所得額免稅額度（營利事業）	50萬
	保險死亡給付免稅額度	3,330萬

(二)綜合所得稅的申報方式

依「所得稅法」規定，除於新婚及離婚年度夫妻可決定採合併或分開申報外，其餘年度夫妻均應合併申報所得稅，其申報及所得稅的計算方式可分為下列5種：

計稅方式	試算公式
全部所得合併計稅	所得淨額＝ 所得總額—夫妻合併申報免稅額—標準/列舉扣除額—特別扣除額—基本生活費差額應納稅額＝所得淨額×稅率—累進差額
夫妻雙方薪資所得分開計稅，以丈夫為納稅義務人	建議以薪資所得較高者作為納稅義務人 以下以丈夫薪資所得較高，為納稅義務人為例 【丈夫應納稅額】＝丈夫所得淨額×稅率—累進差額丈夫所得淨額＝ 全戶所得總額—太太薪資所得—太太以外之全戶免稅額—太太以外之薪資扣除額—標準/列舉扣除額—特別扣除額
夫妻雙方薪資所得分開計稅，以妻子為納稅義務人	【其他稅額】＝太太所得淨額×稅率—累進差額太太所得淨額＝ 太太薪資所得—太太免稅額—太太薪資扣除額全戶應繳稅額＝【丈夫應納稅額】＋【其他稅額】
夫妻雙方各類所得分開計稅，以丈夫為納稅義務人	建議以各類所得較低者作為納稅義務人 以下以太太各類所得較低，為納稅義務人為例 【太太應納稅額】＝太太所得淨額×稅率—累進差額太太所得淨額＝ 太太各類所得總額—先生以外之全戶免稅額—先生以外之薪資扣除額—標準/列舉扣除額—特別扣除額
夫妻雙方各類所得分開計稅，以妻子為納稅義務人	【其他稅額】＝先生所得淨額×稅率—累進差額先生所得淨額＝ 先生各類所得總額—先生免稅額—先生薪資扣除額—歸因於先生個人的特別扣除額全戶應繳稅額＝【太太應納稅額】＋【其他稅額】

資料來源：https://roo.cash/blog/couple-income-tax/

(三) **免稅額及扣除額**

1. **免稅額**：免稅額是指符合特定條件下，依人數作為減除標準者，包括本人、配偶及合於規定扶養親屬之免稅額，每人免稅額為92,000元。本人、配偶及納稅義務人、配偶的直系尊親屬年滿70歲者，免稅額增加50%，每人免稅額為138,000元，但配偶依第15條第2項規定分開計算稅額者，納稅義務人不得再減除配偶之負稅額。

2. 扣除額：

111年扣除額			
項目	適用範圍	金額	證明文件
一般扣除額：標準扣除額			
標準扣除額	單身者	124,000元	不需任何文件。
標準扣除額	夫妻合併申報者	248,000元	不需任何文件。
一般扣除額：列舉扣除額			
捐贈（現金→一般）	對合於規定之教育、文化、公益、慈善機構或團體的捐贈，及依法成立、捐贈或加入符合規定的公益信託的財產。	綜合所得總額20%為限。	受贈單位開立之收據正本。
捐贈（實物→一般）	對合於規定之教育、文化、公益、慈善機構或團體的捐贈，及依法成立、捐贈或加入符合規定的公益信託的財產。	綜合所得總額20%為限。	受贈單位開具領受捐贈之證明文件。（如受贈單位開立之收據正本，內容記載捐贈人姓名、捐贈標的、辦妥移轉登記日期等資料）
捐贈（現金→政府）（實物→政府）	對政府（除土地以外）之捐獻或有關國防、勞軍、古蹟維護之捐贈。例如：1.現金。2.實物：如未上市（櫃）公司股票、骨灰（骸）存放設施（納骨塔）等。	核實認列無金額限制。	1.受贈政府機關開具領受捐贈之證明文件。（如受贈單位開立之公文書，內容記載捐贈人姓名、捐贈標的、辦妥移轉登記日期等資料）。2.以符合殯葬管理條例設置的骨灰（骸）存放設施捐贈者，應檢附A.受贈機關、機構或團體開具領受捐贈的

111年扣除額			
項目	適用範圍	金額	證明文件
			證明文件，B.購入骨灰（骸）存放設施的買賣契約書及付款證明，或其他足資證明文件。 3.以未上市（櫃）公司股票捐贈者，應取具受贈單位載有於105年度股票出售價金的收據或證明文件。 4.依文化藝術獎助條例第28條規定，以具有文化資產價值之文物、古蹟捐贈政府者，應檢附由目的事業主管機關認定並出具該文物、古蹟之價值證明文件。
捐贈（土地→政府）	以土地對政府之捐贈。	核實認列無金額限制。	1.受贈機關、機構或團體開具領受捐贈的證明文件（如受贈單位開立之公文書，內容記載捐贈人姓名、捐贈標的、辦妥移轉登記日期等資料）。 2.以購入的土地捐贈者，應檢附A.受贈機關、機構或團體開具領受捐贈的證明文件，B.購入該捐贈土地的買賣契約書及付款證明，或其他足資證明文件。

111年扣除額			
項目	適用範圍	金額	證明文件
人身保險費	納稅義務人、配偶或申報受扶養直系親屬的人身保險（包括人壽保險、健康保險、傷害保險及年金保險）的保險費（含勞保、就業保險、軍公教保險、農保、學生平安保險、國民年金保險）。 被保險人與要保人應在同一申報戶內。	每人（以被保險人為計算依據）每年24,000元。但實際發生之保險費未達24,000元者，就其實際發生額全數扣除。但納稅義務人、配偶及申報受扶養直系親屬的全民健康保險費，由同一申報戶的納稅義務人、配偶或受扶養親屬繳納者，得不受金額限制，全數扣除。	收據正本或保險費繳納證明書正本。 由機關或事業單位彙繳的員工保險費（由員工負擔部分），應檢附服務單位填發的證明。
醫藥及生育費	納稅義務人、配偶或申報受扶養親屬的醫藥和生育費用。 以付與公立醫院、全民健保特約醫院、診所和經財政部認定之會計紀錄完備醫院為限。 自101年7月6日起，納稅義務人、配偶或受扶養親屬如屬因身心失能無力自理生活而須長期照護者，其付與公立醫院、全民健康保險特約醫院及診所或其他合法醫院及診所的醫藥費，得依法扣除。受有保險給付部分不得扣除。	核實認列無金額限制。	有填具　頭之單據正本或相關證明文件。單據已繳交服務機關申請補助者，須檢附服務機關證明的該項收據影本。

111年扣除額			
項目	適用範圍	金額	證明文件
災害損失	納稅義務人、配偶或申報受扶養親屬之財產遭受不可抗力之災害損失。 但受有保險賠償、救濟金或財產出售部分不得扣除。	核實認列無金額限制。	國稅局所屬分局、稽徵所、服務處調查核發之證明文件（公文）或提出能證明其損失屬實的確實證據。
自用住宅購屋借款利息	每戶以1屋為限，且房屋為納稅義務人、配偶或受扶養親屬所有。 納稅義務人、配偶或受扶養親屬於103年度在該地址已辦妥戶籍登記，且無出租、供營業或執行業務使用。 向金融機構借款購屋支付利息。	支付之利息應先扣除儲蓄投資特別扣除額後，以其餘額申報扣除，且每戶以300,000元為限。	當年度繳納利息單據正本。 註：利息單據上如未載明該房屋之坐落地址、所有權人、房屋所有權取得日、借款人姓名或借款用途，應由納稅義務人自行補註及簽章，並提示建物權狀及戶籍資料影本。
房屋租金支出	納稅義務人、配偶或申報受扶養直系親屬於中華民國境內租屋。 供自住且非供營業或執行業務使用。 申報有購屋借款利息者不得扣除。	每戶以120,000元為限。	1. 租賃契約書及付款證明影本（如：出租人簽收之收據、自動櫃員機轉帳交易明細表或匯款證明） 2. 納稅義務人、配偶或申報受扶養直系親屬於105年度於承租地址辦竣戶籍登記的證明，或納稅義務人載明承租的房屋於105年度內係供自住且非供營業或執行業務使用的切結書。

111年扣除額			
項目	適用範圍	金額	證明文件
政治獻金法規定之捐贈	對政黨、政治團體及擬參選人之捐贈合計。 有政治獻金法第19條第3項規定情形之一者（如：對於未依法登記為候選人或登記後其候選人資格經撤銷者之捐贈、收據格式不符者或捐贈的政治獻金經擬參選人依規定返還或繳交受理申報機關辦理繳庫等），不予認定。 對政黨之捐贈，政黨推薦的候選人於立法委員選舉平均得票率未達1%者〔民主進步黨、中國國民黨、親民黨、時代力量、新黨、綠黨社會民主黨聯盟、臺灣團結聯盟、信心希望聯盟及民國黨推薦候選人得票率達1%〕或收據格式不符者，不予認定。	每一申報戶綜合所得總額20%為限，最高200,000元。 個人對同一擬參選人最高100,000元。	監察院規定格式之「擬參選人政治獻金受贈收據」或「政黨、政治團體政治獻金受贈收據」正本。
公職人員選舉罷免法規定的競選經費	候選人自選舉公告日起至投票日後30日內，所支付與競選活動有關的競選經費。於投票日年度列報扣除。	於規定最高金額內減除政治獻金及依公職人員選舉罷免法第43條規定政府補貼競選經費後之餘額。	1.已開立政治獻金專戶收受政治獻金者，檢附向監察院申報的會計報告書影本、經監察院審核完竣的擬參選人

111年扣除額			
項目	適用範圍	金額	證明文件
			政治獻金收支結算表及選舉委員會通知領取競選費用補貼的相關文件。 2.未開立政治獻金專戶收受政治獻金者，應依政治獻金法第20條第3項第2款規定項目將競選經費分別列示，並檢附競選經費支出憑據及選舉委員會通知領取競選費用補貼的相關文件或其他證明文件。
依私立學校法第62條規定的捐贈	透過財團法人私立學校興學基金會，對學校法人或私立學校法96年12月18日修正條文施行前已設立的財團法人私立學校的捐款。	不得超過綜合所得總額50%。 如未指定捐款予特定的學校法人或學校者，得全數列舉扣除。	檢附受贈單位（財團法人私立學校興學基金會）開立的收據正本。
特別扣除額			
薪資所得特別扣除額	納稅義務人、配偶或申報受扶養親屬有薪資所得者。 全年薪資所得未達扣除金額者，只能以全年薪資所得總額為扣除上限。	每人207,000元；全年薪資所得未達207,000元者，僅得就其全年薪資所得總額全數扣除。	

111年扣除額			
項目	適用範圍	金額	證明文件
財產交易損失扣除額	納稅義務人、配偶及申報受扶養親屬的財產交易損失。 若當年度無財產交易所得可供扣除或扣除不足者，可以以後3年度之財產交易所得扣除之。 選擇夫妻各類所得分開計算稅額者，分開計稅者之財產交易損失僅得減除其個人之財產交易所得，不得減除其他人之財產交易所得。	不得超過當年度申報之財產交易所得。	實際買賣文件影本。（私契及價款收付紀錄、法院拍賣拍定通知書或其他證明文件）
儲蓄投資特別扣除額	納稅義務人、配偶及申報受扶養親屬於金融機構之存款利息、儲蓄性質信託資金之收益及87年12月31日以前取得公開發行並上市之緩課記名股票，於轉讓、贈與或作為遺產分配、放棄適用緩課規定或送存集保公司時之營利所得。 依郵政儲金匯兌法規定免稅的存簿儲金利息及依所得稅法規定分離課稅利息不包括在內。	合計全年不超過270,000元者，得全數扣除，超過270,000元者，以270,000元為限。	

111年扣除額			
項目	適用範圍	金額	證明文件
	選擇夫妻各類所得分開計算稅額者,如全戶利息所得超過27萬元,由分開計稅者之他方及受扶養親屬就其利息所得在27萬元限額內先予減除,減除後如有剩餘,再由分開計稅者減除;如全戶利息所得在27萬元以下,則各自就其利息所得部分減除。		
身心障礙特別扣除額	納稅義務人、配偶或申報受扶養親屬為領有身心障礙手冊或身心障礙證明或精神衛生法第3條第4款規定的嚴重病人。	每人207,000元。	身心障礙者:檢附身心障礙手冊或身心障礙證明影本。精神衛生法第3條第4款規定之病人:檢附專科醫生的嚴重病人診斷證明書影本,不得以重大傷病卡代替。
教育學費特別扣除額	納稅義務人申報扶養就讀大專以上院校子女的教育學費,但已接受政府補助者,應以扣除該補助之餘額在規定限額內列報。但就讀空大、空中專校及五專前3年者不適用本項扣除額。	每人25,000元;不足25,000元者,以實際發生數為限。	繳費收據影本或其他足資證明文件。

111年扣除額			
項目	適用範圍	金額	證明文件
幼兒學前特別扣除額	納稅義務人申報扶養5歲以下之子女。但有下列情形之一者，不得扣除：1.經減除本特別扣除額後，全年綜合所得稅適用稅率在20%以上，或採本人或配偶之薪資所得或各類所得分開計算稅額適用稅率在20%以上。2.納稅義務人依所得基本稅額條例規定計算之基本所得額超過同條例規定之扣除金額670萬元。3.選擇股利及盈餘按28%單一稅率分開計算應納稅額。	每人每年扣除25,000元。	

資訊來源：財政部稅務入口網

(四)綜合所得稅規劃空間

1. 綜合所得額部分：

(1) **將應稅所得轉換為免稅所得**：目前買賣股票僅在出售股票時，須繳交0.3%的證券交易稅；至於股票交易之利得則免稅。若參與除權，則受配之股票股利或現金股利則須合併課徵個人綜合所得稅，也可享有獲配股利總額所含之稅額，享受扣抵。在可接受之投資報酬情況下，考慮股東可扣抵稅額比率較個人適用邊際稅率還低的情況下，針對部分所投資之股票，於除權前出售獲利了結，不參與除權配股，這就是將課稅的股利所得，轉換為免稅的證券交易所得之一例。

考點速攻

依所得基本稅額條例第12條之規定，受益人與要保人非屬同一人之人壽保險及年金保險，受益人受領之保險給付須計入個人之基本所得額給付，但死亡給付每一申報戶全年合計數在新臺幣3,000萬元以下部分，免予計入。

(2) **延緩所得發生時點**：基本上個人綜合所得稅之課徵係採現金基礎，於本年度取得之所得，須於下一年度5月1日至5月31日間完成申報並繳納所得稅。若是在年底左右會收到一筆所得，但將該筆所得安排至次年1月初取得；雖是延遲數日收到所得，卻可延遲1年課稅，除能安排所得之取得時間之情形下，進一步將所得安排於總所得較低之年度取得，除可延遲繳稅時間，也能降低所得稅負。

2. **增加扣除額部分**：欲節省所得稅，除了從降低課稅所得著手外，亦可考慮增加扣除額，消極的方法是保管並收集一年當中所有之單據，於申報所得稅時運用各項扣除規定，積極的方法是增加列舉扣除項目及金額。

二、贈與稅的稅務規劃

(一)贈與稅的基本定義

1. 我國贈與稅課徵採屬人兼屬地主義，贈與人若是中華民國國民，在贈與行為發生前2年內，只要是在國內有戶籍登記，或是無住所但在中華民國境內居留超過365天，則其將於中華民國境內或境外之財產贈與他人，依法均需向國稅局申報繳納贈與稅。

2. 若是非中華民國國民身分，只有將中華民國境內之財產贈與他人時，才需向我國國稅局申報繳納贈與稅。若欲藉由放棄中華民國國民身分，達到境外資產贈與行為免徵贈與稅之目的，需放棄身分2年以後，才能適用。

(二)贈與稅的納稅義務人

一般納稅義務人為贈與人，當贈與人無法履行納稅義務時，則以受贈人為納稅義務人。若受贈人有2人以上，依據「遺產及贈與稅法」第7條第2項規定：「受贈人有2人以上者，應按受贈財產之價值比例，依本法規定計算之應納稅額，負納稅義務」。所以若由贈與人1人負擔贈與稅的繳納義務，則贈與人為受贈人負擔之稅額，很可能被視為贈與人對受贈人之贈與，將造成兩次贈與而被重複課稅，相當不划算。

(三)贈與稅的計算

1. 依據「遺產及贈與稅法」第10條第1項規定：「贈與財產價值之計算，以贈與人贈與之時價為準」同法第3項則規定：「第1項所稱時價，土地以公告現值或評定價格為準，房屋以評定標準價格為準」。所以，若贈與標的物是新臺幣500萬元，或是新臺幣500萬元等值之汽車，在計算贈與稅時的價值均為新臺幣1,000萬元。若不動產的市價為新臺幣500萬元，但並不是以此作為計算贈與稅的標準，而是以該不動產的土地公告現值

與房屋之評定標準價格為準。一般不動產的公告現值與評定價格會低於市價，若是郊區甚或臺北市以外之其他縣市，兩者差異將更大。

2. 此外，贈與財產價值之計算較特別的為股票。依據「遺產及贈與稅法施行細則」第28條及第29條之規定，上市或上櫃公司股票之價值，以贈與日當日之收盤價格計算，未上市櫃公司股票，則以贈與日當日之公司資產淨值計算。若移轉該未上市（櫃）公司股權，贈與資產之價值，依據財政部79年發佈的解釋函令說明，若未上市（櫃）公司持有上市（櫃）公司股權，今若以該未上市（櫃）公司股權為贈與標的物，在計算該未上市（櫃）公司股權淨值時，須併計轉投資上市（櫃）公司股權成本與當日收盤價之差價。

(四)贈與稅規劃空間

1. **分年贈與**：分年贈與（自2022年開始，每年在244萬以內）之金額不大，所繳納之稅金亦十分有限，如此非但無須考慮鉅額資產贈與的問題，也無須擔憂未來之遺產稅問題。

2. **掌握資產移轉時點**：當資產移轉予下一代子女時，最常面臨且令人裹足不前的問題，就是負擔高額的贈與稅。若要避免這項困擾，除了有計劃分攤贈與金額外，另一項重點工作就是把握資產價值大幅成長前的時點。在資產價值尚未鉅額增加時移轉予下一代子女，讓子女享受資產價值提升之成果，這對贈與稅負之節省有相當好的效果。

3. **夫妻相互贈與免稅**：夫妻之間相互贈與的財產，不用計入贈與總額，所以夫可以先將一半資產贈與給妻，來創造2個免稅額，也就是夫妻每年各有244萬元免稅額。

4. **婚嫁贈與**：遺贈稅法規定，兒女在結婚前6個月內，父母各贈與每人的財物，在不超過100萬元的部分，免計入贈與稅額，因此，結婚當年父母親每人每年最高贈與額度344萬元免稅額，2人1年可移轉688萬元。

三、遺產稅的稅務規劃

(一)遺產稅的基本定義

1. 我國遺產及贈與稅主義係採「屬人兼屬地主義」，只要是中華民國國民，死亡時將就其國內與國外所有遺產一併課徵遺產稅。

2. 若是經常居住在我國境內之中華民國國民死亡，就其境內與境外之全部遺產課徵遺產稅。

考點速攻

我國之遺產稅採「屬人兼屬地主義」，個人全球資產均為國稅局稽徵遺產稅的範圍。

另雖為中華民國國民，但非經常居住中華民國境內，以及非中華民國國民死亡時，僅就其在我國境內的遺產課稅。

(二)遺產稅的計算

1. 依據「遺產及贈與稅法」第14條規定：遺產總額應包含被繼承人死亡時依據第1條規定支全部財產，及依第10條規定計算之價值。但第16條規定下計入遺產總額財產，不包括在內，因此，基本的遺產稅計算公式如下：

   全部遺產－不計入遺產總額項目＝遺產總額

   遺產總額－免稅額－扣除額＝課稅遺產淨額

   課稅遺產淨額×累進稅率－累進差額＝應納遺產稅額

2. 在計算出被繼承人之課稅遺產淨額後，只要再根據所適用之稅率計算得出應納的遺產稅額。

(三)不計入遺產總額項目

依據「遺產及贈與稅法」第16條規定，「不計入遺產總額項目」包括以下各項：

1. 遺贈人、受遺贈人或繼承人捐贈各級政府及公立教育、文化、公益慈善機關之財產。
2. 遺贈人、受遺贈人或繼承捐贈公有事業機構或全部公股之公營事業之財產。
3. 遺贈人、受遺贈人或繼承人捐贈於被繼承人死亡時，已依法登記設立為財團法人組織且符合行政院規定標準之教育、文化、公益、慈善、宗教團體及祭祀公業之財產。
4. 遺產中有關文化、歷史、美術之圖書、物品，經繼承人向主管稽徵機關聲明登記者。但繼承人將此項圖書、物品轉讓時，仍須自動申報補稅。
5. 被繼承人自己創作之著作權、發明專利權及藝術品。
6. 被繼承人日常生活必需之器具及用品，其總價值在72萬元以下部分。
7. 被繼承人職業上工具，其總價值在40萬元以下部分。
8. 依法禁止或限制採伐之森林。但解禁後仍須自動申報補稅。
9. 約定於被繼承人死亡時，給付其所指定受益人之人壽保險金額、軍、公教人員、勞工或農民保險之保險金額及互助金。
10. 被繼承人死亡前5年內，繼承之財產已納遺產稅者。

11. 被繼承人配偶及子女之原有財產或特有財產，經辦理登記或確有證明者。

12. 被繼承人遺產中經政府闢為公眾通行道路之土地或其他無償供公眾通行之道路土地，經主管機關證明者。但其屬建造房屋應保留之法定空地部分，仍應計入遺產總額。

13. 被繼承人之債權及其他請求權不能收取或行使，確有證明者。另外，遺贈人、受遺贈人或繼承人提供財產，捐贈或加於被繼承人死亡時，已成立之公益信託並符合下列各款規定者，該財產不計入遺產總額：

    (1) 受託人為信託業法所稱之信託業。

    (2) 各該公益信託除為其設立目的舉辦事業而必須支付之費用外，不以任何方式對特定或可得特定之人給予特殊利益。

    (3) 信託行為明定信託關係解除、終止或消滅時，信託財產移轉於各級政府、有類似目的之公益法人或公益信託。

(四) **遺產稅規劃空間**

  1. **生前部分：**

     (1) **儘早規劃資產移轉**：資產持有人應在生前即考慮逐步將資產移轉予下一代子女（將應稅財產轉為免稅財產例如公共設施保留地、農業用地必須在生前移轉），生前作適當的規劃將稅額降至最低。

     (2) **訂定資產分配意願書**：資產持有人可透過「資產分配意願」將未來資產分配方式交代清楚，將可有效避免未來繼承人，因分配資產所引發之糾紛。

     (3) **繳稅資產之安排**：遺產稅與其他稅款相同，需採現金繳納，但依據「遺產及贈與稅法」第30條第2項規定：遺產稅或贈與稅應納稅額在30萬元以上，納稅義務人確有困難，不能一次繳納現金時，得於前項規定納稅期限內，向該管稽徵機關申請，分18期以內繳納；每期間隔以不超過2個月為限，並准以課徵標的物或其他易於變價或保管之實物一次抵繳。」若用股票抵繳稅款，會發生喪失經營控制權之情況。故若在生前瞭解其嚴重性，可藉由股票作為擔保品，與金融機構談好借款額度，一但發生事故時，銀行立刻撥款。未來繼承人則可運用此筆資金繳稅，以保障公司股權的完整性。

(4) **設立家庭信託**：成立家庭信託，可以透過信託機制，將財產轉入信託專戶，同樣可運用每年贈與免稅額的權益，達到節稅效果；另一方面，父母仍然可以保留信託財產的支配權，這樣對自己及兒女都能產生雙重的保障。

2. **死後部分**：

(1) **清楚掌握不計入項目與免稅額及扣除額**：若被繼承人已過世，各項生前遺產稅規劃均已無法進行，此時只有準確地計算遺產稅，把握每一項可以不併入遺產總額之項目；同時小心地扣除免稅額與可利用的扣除額。

(2) **掌握報稅時限，避免受罰**：違反有關遺產稅申報等規定的處罰甚重，依法被繼承人死亡之日起6個月內，應完成遺產稅之申報；若未申報也未申請延期，依據「遺產及贈與稅法」規定會被處以應納稅額2倍以下的罰鍰。且未於遺產稅繳納期限內繳納，每逾2日即加徵應納稅額1%的滯納金。

(3) **利用「夫妻剩餘財產請求權」**：婚後夫妻財產不論由何方取得，均推定為夫妻共同努力的結果，所以應該是一人一半。夫妻一方死亡，若不考慮此因素而全額課徵遺產稅，未免有失公平。因此夫妻一方過世，可先計算夫妻名下資產之差異，該差異之1/2應歸資產較小之一方所有；即若夫過世時名下資產有3,000萬元，妻名下之資產僅有500萬元，則妻可請求夫妻間財產差額的1/2，即1,250萬元屬妻之資產；該數額得由夫之遺產中扣除，藉以降低夫之遺產稅負，同時爭取移轉資產予子女之時間。

但運用此項工具時，需注意下列事項：

A. 夫妻之財產係採法定財產制。

B. 所請求之資產需為夫妻關係存續期間之資產，不包括婚前各自所有之財產。

C. 需排除婚姻貢獻無關者。例如因繼承及贈與所取得之財產及慰問金。

> **考點速攻**
>
> 口授遺囑乃本於情況危急或其他特殊之原因作成，其方式一切從簡。但另一方面，口授遺囑是否能確保遺囑之公正確實，則令人懷疑。為解決此弊端，口授遺囑在效力上有二種補救之特別規定，以便確保該遺囑之公正確實。該特別規定，其一，口授遺囑自遺囑人能依其他方式為遺囑時起經過三個月而失其效力（民法第1196條）。

四、不動產的稅務規劃

(一)所得稅的規定

1. **列舉「購屋借款利息」扣除額**：申報所得稅時，若採列舉扣除，有關自用住宅房屋的購屋借款利息扣除額目前之金額為30萬元，其扣除的要件為：

(1) 每一申報戶以一屋為限，實際房貸利息支出每年不得超過30萬元申報列舉扣除額。

(2) 限房屋登記為納稅義務人本人、配偶及受扶養親屬所有，且無出租或供營業使用。

(3) 檢附該購屋借款當年度利息單據正本，如因貸款銀行變動，從原貸200萬元增貸為300萬元，僅得就原始購屋借款未償還額度內，即轉貸時剩餘本金之利息支出申報扣除。由於房貸利息支出列舉扣除前，須先扣除享有儲蓄投資特別扣除額。

2. **財產交易損失特別扣除額：**

(1) 依所得稅法第17條之規定，納稅義務人及其配偶、扶養親屬財產交易損失，其每年度扣除額，以不超過當年度申報之財產交易所得為限；當年度無財產交易所得可資扣除，或扣除不足者，得以以後3年度財產交易所得扣除。

(2) 個人於出售自用住宅時，出售房屋所產生的財產交易所得須繳納所得稅。若當年度有其他財產的交易產生損失或前3年度尚有未扣抵的財產交易損失，可將該財產交易損失，先行自財產交易所得中扣除後再課稅。

惟若出售房屋係產生損失，則可用來扣除當年度及以後3年度之財產交易所得。

3. **重購自用住宅退所得稅：**

(1) 依所得稅法規定，納稅義務人出售自用住宅，所繳納該財產交易所得部分之綜合所得稅額，自完成移轉登記日起2年內，如重購自用住宅，其價格超過原出售價者，得於重購自用住宅完成移轉登記之年度，自其應納綜合所得稅額中扣抵或退還。但原財產交易所得，已自財產交易損失中扣抵部分不在此限。

(2) 故若個人於出售房屋所產生之財產交易所得，除可運用上述之財產交易損失的扣抵以降低所得稅外還可運用重購自用住宅退稅的規定。

(3) 出售自用住宅房屋時，所產生的財產交易所得需繳納所得稅。如果兩年內，另行購買自用住宅房屋，而且購屋價款超過原來出售價款，則可以在重購自用住宅房屋完成移轉登記的年度，將當年因舊屋交易所得而產生的稅負，從所得稅應納稅額中扣抵或退還。如果是先購買再出售的話，也可以適用。

(二)土地增值稅規定

1. **重購自用住宅退土地增值稅**：在土地增值稅方面，土地所有權人出售自用住宅用地，從土地所有權完成移轉登記那一天起，2年內另行購買未超過3公畝的都市土地；或者沒有超過7公畝的非都市土地，仍作為自用住宅用地使用，新購土地地價超過原出售土地地價，扣除繳納土地增值稅後之餘額者，可向主管稽徵機關申請就其已納的土地增值稅額內，退還不足支付新購土地地價之數額。條件：
   (1) 原出售及新購土地需符自用住宅用地，始得申請退還。
   (2) 新購土地地價超過原出售土地地價或補償地價扣除繳納土地增值稅後之餘額者。即新購之土地地價總額須較出售土地之稅後地價為高。
   (3) 土地所有權人於出售土地或土地被徵收後，自完成移轉登記或領取補償地價之日起2年內重購土地。
   (4) 土地所有權人於先購買土地後，自完成移轉登記之日起2年內，始行出售土地或土地始被徵收，亦準用之。
   (5) 依土地稅法第37條，重購土地自完成移轉登記之日起5年內，如有再行移轉或改作其他用途情形時，除就該次移轉的漲價總數額課徵土地增值稅外，並且要追繳原退還稅款。

2. **一生一次優惠稅率**：出售自用住宅用地，法律賦予民眾一生可以使用一次10%的優惠稅率課徵土地增值稅，符合使用的條件如下：
   (1) 都市土地不得超過3公畝，非都市土地不得超過7公畝。
   (2) 每人一生以享受一次為原則，但在民國66年2月2日平均地權條例修正前，已申報過自用住宅用地優惠稅率的民眾不在此限。
   (3) 出售的前1年之內，不得出租或有營業行為。
   (4) 出售時，所有權人須設戶籍於該房屋內。

(三)房地合一稅

1. 房地合一稅：指將「房屋」及「土地」，以合併後的實際總價格，扣除包含實際取得成本的一些項目後，如果還有獲利的部分，就要課徵房地合一稅。
2. 房地合一稅在105年後才正式施行，其中：
   (1) 課稅標的：
      A. 於2016年1月1日以後取得的房屋、土地；
      B. 在2016年1月1日以後出售的房屋、土地。

3. 適用制度：
　(1) 適用財產交易所得舊制度：2014年1月1日以前取得之不動產；或2014年1月2日～2015年12月31日間取得，2016年1月1日後出售且持有超過2年者。
　(2) 適用房地合一稅1.0：2016年1月1日以後取得，2021年6月30日以前出售。
　(3) 適用房地合一稅2.0：2016年1月1日以後取得，2021年7月1日之後出售。

4. 房地合一稅1.0VS.2.0

項目	說明			
短期套利者課重稅	延長個人短期炒不動產適用高稅率的持有期間			
	個人	持有期間適用稅率	修法前	修法後
	境內居住者	45% 35% 25% 15%	1年以內 超過1年未逾2年 超過2年未逾10年 超過10年	2年以內 超過2年未逾5年 超過5年未逾10年 超過10年
	非境內居住者	45% 35%	1年以內 超過1年	2年以內 超過2年
法人比照個人課稅	營利事業依持有期間按差別稅率分開計稅（45%、35%、20%），防止個人藉設立營利事業短期交易來避稅			
擴大房地合一的課稅範圍	增列兩項課稅標的，防止透過移轉型態來避稅： 1.交易預售屋及其坐落基地。 2.交易持股（或出資額）過半數營利事業的股份（或出資額），且該營利事業股權（或出資額）價值50%以上是由我國境內房地構成。			
土地漲價總數額增設減除上限	防止利用土增稅與所得稅稅率差異來避稅			

項目	說明
五種交易不受影響	1.維持稅率20%： (1)個人及營利事業非自願因素（如調職、房地遭強制執行）交易。 (2)個人及營利事業以自有土地與建商合建分回房地交易。 (3)個人及營利事業參與都更或危老重建取得房地後第一次移轉。 (4)營利事業興建房屋完成後第一次移轉。 2.維持稅率10%：自住房地持有並設籍滿6年（課稅所得400萬元以下免稅）。
適用日期	110年7月1日起交易出售105年1月1日以後取得的房地，就要適用房地合一稅2.0的規定。

牛刀小試

(　　) **1** 下列何者的利息所得是採用分離課稅？　(A)股票　(B)票券　(C)活期存款　(D)定期儲蓄存款。　　【第30屆理財人員】

(　　) **2** 政治獻金法規定，個人對同一政黨每年捐贈總額不得超過新臺幣多少元？
(A)10萬元　　　　　　　　(B)20萬元
(C)30萬元　　　　　　　　(D)60萬元。　　【第30屆理財人員】

(　　) **3** 丙君欲以其所持有未上市公司股權售予子女，該公司淨值為600萬元，但持有一筆上市股票投資成本100萬元，市價200萬元，為避免被視為贈與課稅，則該未上市公司之售價基礎為多少？
(A)500萬元　　　　　　　　(B)600萬元
(C)700萬元　　　　　　　　(D)800萬元。　　【第30屆理財人員】

(　　) **4** 被繼承人死亡前二年贈與個人之資產，於死亡後仍應併入遺產總額課徵遺產稅，下列何者不屬於所謂之「個人」？
(A)被繼承人之配偶
(B)被繼承人之子女
(C)被繼承人之父母
(D)被繼承人之堂兄弟。　　【第39屆理財人員】

( )　**5** 有關遺產及贈與稅法中「視為贈與」之敘述，下列何者正確？
(A)以顯著不相當之代價讓與財產，該財產全部視為贈與
(B)以自己之資金，無償為他人購置不動產，其資金視為贈與
(C)在請求權時效內無償免除債務者，其免除之債務視為贈與
(D)以顯著不相當之代價，出資為他人購置財產者，其出資額視為
贈與。　　　　　　　　　　　　　　　　　【第32屆理財人員】

( )　**6** 我國遺產稅之課稅基礎係採用下列哪一種？　　(A)屬人主義
(B)屬地主義　　(C)原則屬人主義，例外屬地主義　　(D)原則屬地主
義，例外屬人主義。　　　　　　　　　　　　　　【第30屆理財人員】

( )　**7** 有關節稅規劃，下列敘述何者正確？　　(A)凡是能達到免繳稅或少
繳稅之規劃，不論合法與否，均為好的節稅規劃　　(B)節稅規劃是
避稅行為，是不道德的，不應該做租稅規劃　　(C)節稅規劃只適用
於高所得或財富多的人，其他的人不需要規劃　　(D)節稅規劃是以
合法方式而達到免繳或少繳稅的目的所有納稅義務人均有規劃之
權利。　　　　　　　　　　　　　　　　　　　　【第32屆理財人員】

( )　**8** 有關遺產稅的敘述，下列何者正確？
(A)遺產稅起算稅率為4%
(B)採累進稅制，1億元以上的遺產總額課徵50%的遺產稅
(C)遺產稅若是屬於免稅案件就不必申報
(D)被繼承人如為經常居住中華民國境外之中華民國國民，依法不
得享有配偶扣除額。　　　　　　　　　　　　　　【第36屆理財人員】

( )　**9** 有關贈與稅之敘述，下列何者錯誤？　　(A)贈與稅的納稅義務人，
為贈與人　　(B)贈與標的物附有負擔，由受贈人負擔部分可在贈與
總額中扣除　　(C)每人每年得自贈與總額中扣除免稅額　　(D)贈與
之財產為上市、櫃公司股票，其價值之認定，係以贈與當日之公
司帳面之資產淨值計算。　　　　　　　　　　　　【第39屆理財人員】

( )　**10** 有關我國遺產稅之納稅義務人的敘述，下列何者錯誤？　　(A)有遺
囑執行人者，為遺囑執行人　　(B)無遺囑執行人者，為被繼承人
(C)無遺囑執行人者，為繼承人及受遺贈人　　(D)無遺囑執行人及
繼承人者，為依法選定之遺產管理人。　　　　　　【第38屆理財人員】

解答及解析

1 (B)。短期票券：指一年期以內到期之國庫券、可轉讓銀行定期存單、公
司與公營事業機構發行之本票或匯票及其他經目的事業主管機關核准之短

期債務憑證等之利息所得，即規定採10%比例稅率分離課稅，稅款由扣繳義務人扣繳後，即不再併入納稅義務人之綜合所得課稅。

2 (C)。政治獻金法第17條規定，個人對同一政黨每年捐贈總額不得超過新臺幣30萬元。

3 (C)。200－100＋600＝700（萬元）。

4 (D)。
1.遺產及贈與稅法第15條規定：「被繼承人死亡前二年內贈與下列個人之財產，應於被繼承人死亡時，視為被繼承人之遺產，併入其遺產總額，依本法規定徵稅：一、被繼承人之配偶。二、被繼承人依民法第一千一百三十八條及第一千一百四十條規定之各順序繼承人。三、前款各順序繼承人之配偶。八十七年六月二十六日以後至前項修正公布生效前發生之繼承案件，適用前項之規定。」
2.被繼承人之堂兄弟不屬於遺產及贈與稅法第15條所謂之「個人」。

5 (C)。無償免除債務等同替人還債，為贈與的一種態樣。

6 (C)。
1.遺產及贈與稅法第1條規定：「凡經常居住中華民國境內之中華民國國民死亡時遺有財產者，應就其在中華民國境內境外全部遺產，依本法規定，課徵遺產稅。經常居住中華民國境外之中華民國國民，及非中華民國國民，死亡時在中華民國境內遺有財產者，應就其在中華民國境內之遺產，依本法規定，課徵遺產稅。」
2.我國遺產稅之課稅基礎係採用原則屬人主義，例外屬地主義。

7 (D)。所謂節稅規劃是以合法方式而達到免繳或少繳稅的目的，所有納稅義務人均有規劃之權利。

8 (D)。遺產及贈與稅法第17條規定，被繼承人如為經常居住中華民國境外之中華民國國民，依法不得享有配偶扣除額。

9 (D)。遺產及贈與稅法施行細則第28條，凡已在證券交易所上市（以下簡稱上市）或證券商營業處所買賣（以下簡稱上櫃或興櫃）之有價證券，依繼承開始日或贈與日該項上市或上櫃有價證券之收盤價或興櫃股票之當日加權平均成交價估定之。

10 (B)。遺產及贈與稅法第6條，遺產稅的納稅義務人為：
1.有遺囑執行人，以遺囑執行人為納稅義務人。
2.沒有遺囑執行人，以繼承人及受遺贈人為納稅義務人。沒有繼承人，只有受遺贈人時，以依法選定的遺產管理人為納稅義務人。
3.沒有遺囑執行人及繼承人，以依法選定的遺產管理人為納稅義務人。

重點**2**　**全方位理財規劃**　　　　重要度★

一、全生涯資產負債表

(一)全生涯資產負債的概念

可以把個人的資源視為一種營生資產，把個人對家庭的責任視為一種營生負債。當資產減損而負債依舊時，要針對負債額買保險；為房貸買火險時，房子萬一被火燒掉，房貸還是要還的，因此金融機構會要求借款人買火險，以該機構為受益人來規避此風險。同樣的，把家計負擔者未來的收入能力視為營生資產，把其他家人未來需要的生活費支出視為營生負債。當營生資產減損時，營生負債依舊。因此，比照房貸買火險的觀念，也要針對營生負債額投保壽險。所以，把營生資產與謀生負債均列入家庭資產負債表中，做成「考慮未來收支的資產負債表」，即可導出保險的需要。人生的資產負債表如下：

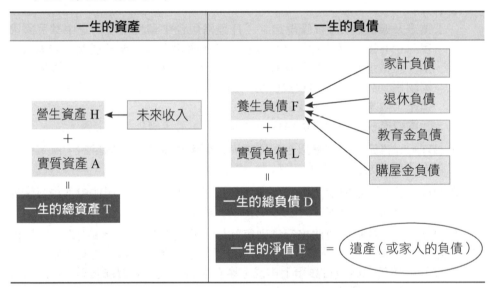

(二)營生資產與實質資產的意義

1. **營生資產**：營生資產＝未來收入折現值－未來支出折現值。
   指家計負擔者未來工作期間內可賺取的收入減去個人一生中所需的生活支出後之折現值。
2. **實質資產**：指目前所擁有淨資產，如土地、房屋等。

(三)**營生負債與實質負債的意義**

1. **養生負債**：指其他家人未來一生中所需生活支出的折現值。養生負債包括：

   (1) 家計負債。　(2) 退休負債。　(3) 教育金負債。　(4) 購屋負債。

2. **實質負債**：指目前已實際背負之債務，如房貸、死會等。

二、保險需求的估算

(一)淨收入彌補法

1. **淨收入彌補法的意義**：淨收入彌補法係指以營生資產估計人身價值觀念，估算應有壽險保額的方法。大公司負責人與職員理賠額不同，是採用收入彌補法，負責人較高，職員較低。目前收入相同時，年輕者保額較高，老年者保額較低，是因為年輕者未來收入較高。未成家者因為尚未確定養生負債，可用淨收入彌補法來計算保險需求額。年齡相同時，收入高者保額較高。因此，淨收入彌補法下的應有壽險保額＝營生資產＝未來收入折現值－個人未來支出折現值。

2. **淨收入彌補法的公式**：

   應有壽險保額＝未來收入折現值－個人未來支出折現值

   $I = R_Y \times A_P(N_R, R_R) - C_Y \times A_P(N_c, R_c)$

   I＝目前個人年收入×年金現值因子(n＝個人收入年數，r＝投資報酬率)－目前個人年支出×年金現值因子(n＝個人支出年數，r＝投資報酬率)

   I表應保保額，R_Y目前個人年收入，$A_P(N_R, R_R)$表個人年收入數年金現值因子，其中N_R表個人收入年數，R_R表個人收入報酬率，個人收入年數＝退休年齡－目前年齡C_Y表目前個人年支出，$A_P(N_c, R_c)$表個人年支出數年金現值因子，其中N_c表個人支出年數，R_c表個人支出報酬率，個人支出年數＝預計死亡年齡－目前年齡。

範例1：某被保險人現年30歲，目前年收入80萬元，年支出50萬元，其中被保險人個人支出為20萬元，打算65歲退休，預計享年80歲，則運用收入彌補法計算其應保壽險額度為多少？

答：計算目前保額時是須先假設被保險人現在死亡
若現在死亡則其未來一生收入會減少80萬元×(65－30)＝2,800萬元
未來一生支出會減少20萬元×(80－30)＝1,000萬元
應彌補的收入＝2,800萬元－1,000萬元＝1,800萬元
這就是應保壽險額度。

範例2：某被保險人現年35歲，打算65歲退休，估可活到85歲，目前年收入120萬元，家庭年支出80萬元，其中有30萬元的個人保險支出，若實質報酬率為3%，以淨收入彌補法推估其保額應為多少才合理？

答：未來收入折現值＝120萬元×年金現值因子(i＝3%,n＝30)
　　　　　　　　＝120萬元×19.6＝2,352萬元
個人未來支出折現值＝30萬元×年金現值因子(i＝3%,n＝50)
　　　　　　　　　＝30萬元×25.73＝772萬元
應有壽險保額＝未來收入折現值－個人未來支出折現值
　　　　　　＝2,352萬元－772萬元＝1,580萬元

(二)遺族需要法

1. **遺族需要法的意義**：以遺族一生所需要為基準，扣除被保險人生前儲蓄累積的淨值，以其餘額來估算應有壽險保額的方法。已成家者適合用遺族需要法來計算保險需求額。遺族需要法下的應有壽險保額＝養生負債－實質淨值。

2. **遺族需要法的公式**：
應保保額＝目前扶養親屬年支出×年金現值因子(r＝投資報酬率，n＝個人收入年數)－實質淨值。
其中個人收入年數＝退休年齡－目前年齡實質淨值若以可變現淨值計算，則可變現淨值＝可變現資產－負債。以遺族需要法估算，被保險人年齡越大，過去累積淨值越多，對遺族養生負債也因時間短而減少，故保險需求越低。如果個人支出占所得比重越小，也就是遺族支出占所得比重越高時，表示個人負擔越重，保險需求越高

範例3：某被保險人現年35歲，打算65歲退休，估可活到85歲，目前已累積淨資產350萬元，目前年收入120萬元，家庭年支出80萬

元，其中有30萬元的個人保險支出，若實質報酬率為3%，以遺族需要法推估其保額應為多少才合理？

答：未來家人支出現值＝(80－30)萬元×年金現值因子(i＝3%,n＝30)
未來家人支出現值＝養生負債＝50萬元×19.6＝980萬元
遺族需要法的應保保額＝養生負債－實質淨值
　　　　　　　　　　＝980萬元－350萬元＝630萬元

範例4：某被保險人現年35歲，年收入為100萬元，打算60歲退休，享天年80歲，目前已累積現值600萬元生息資產，仍有房貸300萬元。若陳君現在死亡，預估家人還有45年的生活需求，每年的生活支出為50萬元，實質投資報酬率3%，按遺族需要法計算的保險金額至少為多少元？

答：未來家人支出現值＝50萬元×年金現值因子(i＝3%,n＝45)
未來家人支出現值＝養生負債＝50萬元×24.519＝1,226萬元
遺族需要法的應保保額＝養生負債－實質淨值
　　　　　　　　　　＝1,226萬元－(600萬元－300萬元)＝926萬元

(三)所得替代法

1. **所得替代法的意義**：以被保險人死亡後無工作收入，其家庭支出靠被保險人死亡後的理賠金所產生的利息收入維生，亦即靠「理賠金×存款利率＝遺族生活費」來維生，以此觀念來反推被保險人應有壽險保額的方法。
預算充裕者可以用所得替代法計算保險需求額，以理賠金的利息來支應遺族的家用支出。因此，所得替代法下的應有壽險保額＝遺族生活費÷存款利率。

2. **所得替代法的公式**：
遺族生活費＝理賠金×存款利率
應有壽險保額＝遺族生活費÷存款利率

三、理財目標負債化與供需能力分析

(一)理財目標負債化的意義

一個理財目標就是一個責任，責任都要履行，就好像養生負債一樣，把每一個目標都看成負債，此觀念謂理財目標負債化。把理財目標看成負

考點速攻

應有的營生資產＝未來收入的折現值＝往後第一年收入複利現值＋…＋退休前一年收入複利現值

債,此負債額就是總生涯需求,再與依照財務現況與儲蓄能力而得的總生涯供給相對照,視是否平衡,以便尋求解決之道,這是理財目標負債化的最大目的。

(二)如何將理想目標負債化

1. 確定所有理財目標的需求年限與負債額。
2. 以複利現值或年金現值攻勢將所有理財目標的未來現金流量以通貨膨脹率還原為現值,把此現值視為理財目標負債。所有的理財目標現值加總,即為總需求現值。
3. 比照購屋還房屋貸款的方式,把生息資產在各理財目標間分配,當作實現各理財目標的自備款。
4. 各理財目標的現值減掉分配的自備款,就是要用未來儲蓄能力來支付的部份。將未來的儲蓄能力以投資報酬率還原為現值,加上目前的生息資產額,就是總供給能力現值。
5. 將已還原至現值的總需求額與總供給能力相比較,即可知道自己目前與未來的財務能力是否可能達到所有的理財目標。
6. 若無法滿足所有的理財目標,則需要調整目標需求額或延後目標達成年限,或是改變通貨膨脹率與投資報酬率假設來達到全生涯的供需平衡。

(三)調整供需缺口

1. **當理財總供給能力超過目標總需求現值時:**

   則表示未來儲蓄能力應付未來所有理財目標綽綽有餘,有「供給餘裕」。死亡時會有遺產,應提前作遺產稅及贈與稅規劃。

2. **當理財總供給能力不足目標總需求現值時:**

   表示目前的財富加上未來儲蓄能力,不足以應付未來所有的理財目標,會產生「需求缺口」,將會成為子女或政府的負擔。此時可以調整各目標期望值,如調整目標需求額或延後目標達成年限,或是設法提高投資報酬率等,來達到全生涯的供需平衡。

四、全方位理財規劃報告書之製作

(一)理財需求層次

理財規劃報告書上應說明客戶目前的層次,未來想要達到的層次,不同的層次有不同的理財重點,如下圖所示:

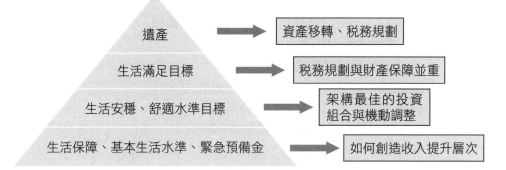

(二)全方位理財規劃報告書格式

1. 聲明：

(1) 本理財規劃報告書是幫助您明瞭財務的需求及目標，對理財事務進行更好的決策，達到財務自由、決策自主與生活自在的人生目標。

(2) 本理財規劃報告書是在您提供的資料基礎上，基於可接受的假設及合理的估計。

(3) 本理財規劃報告書作出的所有分析都是基於您當前的家庭情況、財務狀況、生活環境、未來目標和計畫以及對一些金融參數的假設和當前所處的經濟形式，以上內容都有可能發生變化。

(4) 專業勝任說明：金融理財師的教育背景、工作經驗、專業水平及所獲證書和專長等。

(5) 保密條款：未經客戶書面許可不得透漏任何有關客戶的個人資訊。

(6) 應揭露事項：

　A.本規劃報告書收取報酬的方式或各項報酬的來源。

　B. 推介專業人士時，該專業人士與理財師的關係。

　C. 所推薦產品與理財師個人投資是否有利益衝突。

　D. 與第三方簽訂書面代理或者雇傭關係合同。

2. 摘要：

(1) 篇幅較長的理財規劃報告書有必要編寫摘要。

(2) 摘要應包括各分析單元所得出的結論與建議：

　A. 家庭財務診斷摘要。

　B. 客戶原設置的理財目標能否達成的結論。

　C. 理財方案評估後的結論與方案選擇建議。

　D. 投資組合調整的建議。

　E. 保險組合調整的建議。

　F. 定期檢討的頻率與方式。

(3) 摘要部分以一頁為原則

3. **基本狀況介紹（一般或特殊需求，物件範圍與限制）：**
   (1) 客戶前來做本理財規劃書的主要目的：
   　　A. 解決當前家庭財務的困境。
   　　B. 規劃購屋、子女教育與退休等一般性需求。
   　　C. 因應家庭結構或生涯轉變的特殊需求。
   (2) 本理財規劃的主要對象、範圍與限制概況：
   　　A. 家庭成員：年齡、與客戶關係、職業、健康狀況。
   　　B. 規劃範圍：部分資產、所有資產、全方位理財。
   　　C. 規劃限制：避免投資工具、保費預算、家人保密。

4. **家庭財務報表編制與財務診斷：**
   (1) 家庭資產負債表編制：根據的時點
   (2) 家庭現金流量表編制：根據的時間片段
   (3) 家庭財務診斷：
   　　A. 資產結構分析：流動性、投資性、自用性資產
   　　B. 負債結構分析：用途、償還期限、負債比率
   　　C. 現金流量分析：收入來源、支出比重、儲蓄率
   　　D. 綜合比率分析：財務自由度、淨值成長率

5. **客戶的理財目標與風險屬性界定：**
   (1) 理財目標：完整的目標陳述應包括：
   　　A. 何時達成：5年後購房／25年後退休
   　　B. 期初開銷：首付20萬元／旅遊支出8萬元
   　　C. 持續幾年：貸款年限20年／餘壽25年
   　　D. 年需求額：年供額2萬元／年金3萬元
   　　E. 理財價值觀：理財目標的優先順序排列
   　　F. 風險屬性：風險承受能力與風險承受度

6. **總體經濟與基本假設的依據：**
   (1) 總體經濟描述：提供有公信力的依據或自行判斷的邏輯基礎，據此設置下列假設：
   　　A. 利率水平與趨勢
   　　B. 匯率水平與趨勢
   　　C. 通貨膨脹率水平與趨勢
   　　D. 收入成長率水平與趨勢
   　　E. 根據現行當地法規設置的比率：稅率/四成扣繳率

　　　F. 個別設的比率：學費成長率/房價成長率/折舊率

　　　G. 合理的目標水平：大學年學費/出國留學費用

7. **擬定可達成理財目標或解決問題的方案：**

　(1) 單一目標：目標基準點法，以實現日為基準點。

　(2) 多目標時的解決方案(先設定合理報酬率)

　　　A. 目標並進法：同時對各目標需求提撥儲蓄。

　　　B. 目標順序法：由近到遠，集中資源依序完成。

　　　C. 目標現值法：總需求>總供給，選擇順序在前的目標。總供給>總需求，所有目標可達成。

8. **擬定可運用的投資或保險產品配置計畫：**

　(1) 投資產品配置計畫的要點：

　(2) 流動性資產：以3個月支出做緊急預備金需求。

　(3) 投資性資產：有機會達成應有的投資報酬率。

　　　A. 依照風險屬性分析建議投資組合。

　　　B. 依照內部報酬率分析建議投資組合。

　　　C. 依照目標達成期限建議投資組合。

　　　D. 依照一目標一投資工具方式建議投資組合。

　(4) 保險產品配置計畫的要點：

　　　A. 先考慮保障需求再考慮儲蓄需求。

　　　B. 以遺屬需要法為主，生命價值法為輔計算保額。

　　　C. 先考慮應有險種與保額，再考慮保費預算。

　　　D. 若預算有限，先考慮定期壽險再考慮終身壽險。

　　　E. 定期壽險可投保到退休年齡，可附加意外險。

　　　F. 雙薪家庭可投保聯合保單，附加家庭醫療險。

　　　G. 可利用身分投保團體壽險，降低保費負擔。

9. **風險告知與定期檢討的安排：**

　(1) 就所建議的投資產品，告知客戶可能的風險：

　　　A. 流動性風險：急需變現時可能的損失。

　　　B. 市場風險：市場價格可能不漲反跌。

　　　C. 信用風險：個別標的的特殊風險。

　(2) 就預估的投資報酬率，提出說明：

　　　A. 估計平均報酬率的依據。

　　　B. 預估最高報酬率與最低報酬率的範圍。

　　　C. 過去的績效並不能代表未來的趨勢。

考點速攻

1. 原則上，若目標金額彈性較小或達成時間較短時，應以較穩健的投資組合，配合較高的儲蓄率來達成較合宜。

2. 投資規劃準則，在長期投資方面，投資之後要依狀況調整投資組合。

(3) 定期檢討的安排：

　　A. 金融理財師的職責是準確評估客戶的財務需求，並在此基礎上為您提供高質量的財務建議和長期的定期檢討服務。客戶如果有任何疑問，歡迎隨時向金融理財師進行諮詢。

　　B. 根據客戶的情況，建議定期檢討的方式與頻率。通常至少需一年定期檢討一次。可預先設置下次檢討日期或需要重新製作理財規劃報告書的情況。

(三)家庭財務報表現況與診斷結果

1. 財務結構是否健全的標準：

項目	比率
短期消費貸款比率（短期消費性貸款餘額÷年收入）	不宜超過25%
融資比率（投資負債÷生息資產）	不宜超過70%
整體負債比率（總負債÷總資產）	不宜超過80%

2. 生息資產比率分析：

項目	比率
如果保本型比重最大時	可能會使報酬率過低，以致難以達成理財目標
保值型比重最大時	雖可以對抗通貨膨脹，但流動性低
收益型比重最大時	應注意利率變動風險
成長型資比重最大時	應注意股票市場價格變動風險

3. 收支結構是否合理的標準：

項目	比率
消費率(=消費支出÷總收入)	不宜超過80%
財務負擔率(=理財支出÷總收入)	不宜超過40%
淨儲蓄率(淨儲蓄÷總收入)	不宜低於15%
緊急預備金是否充裕的標準	銀行的存款最少可支應固定支出6個月
	或生息資產最少可知應三年內的固定支出

4. **生活保障分析：**

(1) 生活保障規劃主要是以純保障內容為主，以投保至退休年齡的定期壽險作壽險規劃，所需要的壽險保額以遺族需要法計算。

(2) 應有壽險保額計算如下：

生活保障需求＝年生活費×生活保障年數×保險事故生後的費用修正率

其中生活保障年數，在雙薪家庭至少設為5年，單薪家庭可設為10年。

則應有壽險保額＝生活保障需求＋房貸本金餘額＋子女高等教育學費現值＋喪葬最後支出－生息資產

(3) 保險合理性分析。包括保費及保額分析，

項目	比率
保障型壽險保費占收入的比率	以10%為合理的標準
保額為年支出的倍數（依遺族需要法）	以10倍為合理標準
保障型壽險保費（若包括醫療險與意外險附約）佔收入的比率	合理的保費上限標準可設定為14%

牛刀小試

( ) **1** 某甲的資產包括房地產600萬元與股票400萬元，房貸成數七成，股票融資比率四成，無消費負債，請問其負債比率多少？
(A)42% (B)54% (C)58% (D)62%。 【第32屆理財人員】

( ) **2** 黃先生現年50歲，已工作30年，假設其每年稅後收入120萬元，支出90萬元，若合理的理財收入為淨值的5%，則其財務自由度為何？
(A)40% (B)50% (C)60% (D)70%。 【第30屆理財人員】

( ) **3** 小周每月基本家庭開支為8萬元，收入超過基本開支時，每增加一元收入，需增加0.6元支出，第四季各月收入分別為9萬元，8.5萬元，15萬元，小周可設定之最高邊際儲蓄率為下列何者？
(A)40% (B)60% (C)26% (D)9%。 【第30屆理財人員】

( ) **4** 有關衡量家庭財務結構指標，下列敘述何者錯誤？
(A)淨值投資比率大於1，代表有借錢投資
(B)負債比率愈低，財務負擔愈輕
(C)投資資產比重愈低，淨值投資比率愈高
(D)負債比率之計算，其中內含房貸及融資。 【第34屆理財人員】

( )　**5** 在衡量個人投資部位受金融市場變化的影響，下列敘述何者正確？
(A)利率敏感部位雖高，但利率變動對負債沒有影響　(B)利率敏
感度分析假設利率變動對所有的存借款都產生立即的影響，是
基於固定利率的假設　(C)匯率敏感部位＝外匯資產＋外匯負債
(D)當外匯負債為零時，外幣資產占總資產的比重越大，匯率敏感
度越高。　　　　　　　　　　　　　　　　　　【第29屆理財人員】

( )　**6** 張先生目前年收入為150萬元，年支出為120萬元，毛儲蓄為30
萬元，生息資產為100萬元，自用資產為100萬元，無負債，其
投資報酬率為5%。假設當年毛儲蓄逐月累積時，以現金持有。
理財收入在毛儲蓄大於零時，以期初生息資產為計算基準。下列
敘述何者錯誤？　(A)其目前之負債比率為0　(B)其目前之淨值
投資比率為50%　(C)當年度淨值成長率為36%　(D)當年度理財
收入為5萬元。　　　　　　　　　　　　　　　　【第36屆理財人員】

解答及解析

1 (C)。負債比率＝(600×70%＋400×40%)/(600＋400)＝580/1,000＝58%

2 (B)。財務自由度＝(目前的淨資產×投資報酬率)/目前的年支出＝
(30×5%×30)/90＝50%

3 (A)。(1－0.6)/1＝40%

4 (C)。淨值投資比率＝生息資產/淨值＝生息資產/總資產×總資產/淨值＝
投資資產比重×財務槓桿倍數，投資資產比重愈低，淨值投資比率愈低。
選項(C)有誤。

5 (D)。
1.利率變動對負債有影響。選項(A)有誤。
2.利率敏感度分析假設利率變動對所有的存借款都產生立即的影響，是基
於變動利率的假設。選項(B)有誤。
3.匯率敏感部位＝外匯資產－外匯負債。選項(C)有誤。
4.當外匯負債為零時，外幣資產占總資產的比重越大，匯率敏感度越高。
選項(D)正確。

6 (C)。
1.目前之負債比率＝0
2.淨值投資比率＝生息資產/淨值＝100/200＝50%
3.理財收入＝100×5%＝5（萬元）
4.淨值成長率G＝淨儲蓄V÷淨值E＝(毛儲蓄S＋理財收入M－理財支出
I)÷淨值E＝(30＋5－0)÷200＝17.5%

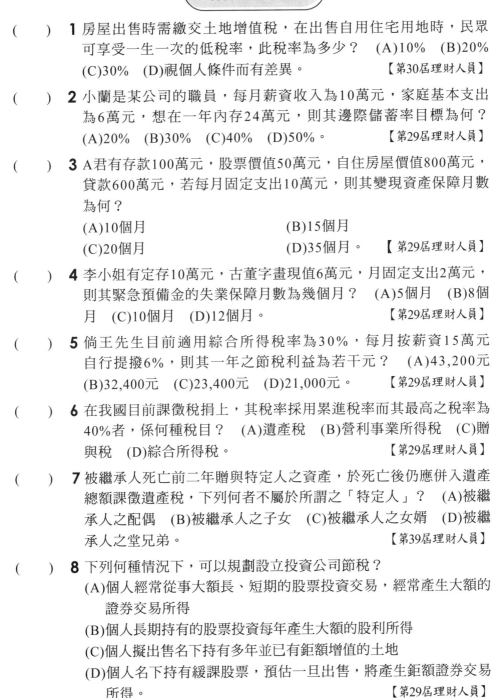

精選試題

( ) **1** 房屋出售時需繳交土地增值稅，在出售自用住宅用地時，民眾可享受一生一次的低稅率，此稅率為多少？ (A)10% (B)20% (C)30% (D)視個人條件而有差異。 【第30屆理財人員】

( ) **2** 小蘭是某公司的職員，每月薪資收入為10萬元，家庭基本支出為6萬元，想在一年內存24萬元，則其邊際儲蓄率目標為何？ (A)20% (B)30% (C)40% (D)50%。 【第29屆理財人員】

( ) **3** A君有存款100萬元，股票價值50萬元，自住房屋價值800萬元，貸款600萬元，若每月固定支出10萬元，則其變現資產保障月數為何？
(A)10個月 (B)15個月
(C)20個月 (D)35個月。 【第29屆理財人員】

( ) **4** 李小姐有定存10萬元，古董字畫現值6萬元，月固定支出2萬元，則其緊急預備金的失業保障月數為幾個月？ (A)5個月 (B)8個月 (C)10個月 (D)12個月。 【第29屆理財人員】

( ) **5** 倘王先生目前適用綜合所得稅率為30%，每月按薪資15萬元自行提撥6%，則其一年之節稅利益為若干元？ (A)43,200元 (B)32,400元 (C)23,400元 (D)21,000元。 【第29屆理財人員】

( ) **6** 在我國目前課徵稅捐上，其稅率採用累進稅率而其最高之稅率為40%者，係何種稅目？ (A)遺產稅 (B)營利事業所得稅 (C)贈與稅 (D)綜合所得稅。 【第29屆理財人員】

( ) **7** 被繼承人死亡前二年贈與特定人之資產，於死亡後仍應併入遺產總額課徵遺產稅，下列何者不屬於所謂之「特定人」？ (A)被繼承人之配偶 (B)被繼承人之子女 (C)被繼承人之女婿 (D)被繼承人之堂兄弟。 【第39屆理財人員】

( ) **8** 下列何種情況下，可以規劃設立投資公司節稅？
(A)個人經常從事大額長、短期的股票投資交易，經常產生大額的證券交易所得
(B)個人長期持有的股票投資每年產生大額的股利所得
(C)個人擬出售名下持有多年並已有鉅額增值的土地
(D)個人名下持有緩課股票，預估一旦出售，將產生鉅額證券交易所得。 【第29屆理財人員】

( ) **9** 下列敘述何者錯誤？ (A)特留分＝〔(被繼承人財產＋特種贈與)－被繼承人債務〕×特留分比例 (B)被繼承人財產之價值以「繼承開始時」為計算標準 (C)所謂「特種贈與」，指被繼承人生前，因「結婚」、「分居」或「營業」贈與予繼承人的財產。其價值按「繼承開始時」的價值計算 (D)「被繼承人債務」，指被繼承人死亡時所負擔的一切債務。 【第29屆理財人員】

( ) **10** 依遺產及贈與稅法第五條規定，幾親等以內親屬間的財產交易若無法提出已支付價款的確實證明，將被視同贈與？ (A)一親等 (B)二親等 (C)三親等 (D)四親等。 【第29屆理財人員】

( ) **11** 小宋收入200萬元，支出150萬元，年儲蓄50萬元，期初總資產為1,000萬元，其中生息資產400萬元，投資報酬率10%，則其資產成長率為下列何者？
(A)5% (B)9%
(C)20% (D)25%。 【第28屆理財人員】

( ) **12** 若大華目前淨資產為20萬元，平均投資報酬率為15%，年支出為30萬元，請問其財務自由度為何？ (A)10% (B)15% (C)16% (D)20%。 【第28屆理財人員】

( ) **13** A君之所得稅邊際稅率為30%，若收入增加2,000元，則稅後收入可增加多少元？ (A)600元 (B)1,200元 (C)1,400元 (D)2,600元。 【第28屆理財人員】

( ) **14** 某甲投資股票，第一年股價由投資時的$120漲到$170，第二年股價由$170跌到$120，假設無股利之發放，下列何者能合理評估平均年報酬率？ (A)算數平均法，0% (B)算數平均法，6.3% (C)幾何平均法，0% (D)幾何平均法，6.3%。 【第28屆理財人員】

( ) **15** 有關不動產稅賦之敘述，下列何者錯誤？ (A)土地增值稅以公告現值為開徵基礎 (B)自用住宅租金支出扣除額最高為12萬元 (C)因繼承而移轉的土地免徵土地增值稅 (D)自用住宅房貸利息特別扣除額最高為27萬元。 【第28屆理財人員】

( ) **16** 依所得基本稅額條例之規定，受益人與要保人非屬同一人之人壽保險及年金保險，受益人受領之保險給付須計入個人之基本所得額給付，但死亡給付每一申報戶全年合計數在多少金額以下部分，免予計入？ (A)新臺幣1,000萬元 (B)新臺幣2,000萬元 (C)新臺幣3,000萬元 (D)新臺幣5,000萬元。 【第28屆理財人員】

( ) **17** 有關遺囑之敘述，下列何者正確？
(A)限制行為能力人須經法定代理人之允許，始得為遺囑
(B)遺囑中如果有部分的內容是由第三人書寫，得成立自書遺囑
(C)依民法規定，代筆遺囑須由遺囑人指定2人以上之見證人
(D)口授遺囑依法自遺囑人能依其他方式為遺囑之時起，經過3個
月而失其效力。　　　　　　　　　　　　【第28屆理財人員】

( ) **18** 最近運用公共設施保留地捐贈政府節稅頗為通行，下列何者不
是通常採用該法節稅之理由？　(A)以公告現值作為捐贈金額
(B)公告現值通常低於市價　(C)列舉扣除金額不受限制　(D)協助
政府地方公共設施建設。　　　　　　　　【第28屆理財人員】

( ) **19** 有關贈與稅納稅義務人之敘述，下列何者錯誤？
(A)贈與稅之納稅義務人為贈與人
(B)贈與人行蹤不明時由受贈人為納稅義務人
(C)受贈人有二人以上者按受贈人數平均分攤應納稅額負納稅義務
(D)贈與人逾期未繳贈與稅又無財產可供執行者由受贈人為納稅義
務人。　　　　　　　　　　　　　　　　【第28屆理財人員】

( ) **20** 某位父親贈送一部價值300萬元的汽車給子女，該車原有貸款餘額
50萬元由子女繼續負擔繳納，則在計算贈與稅時之贈與淨額應為
多少？（假設本年度僅有本次贈與）　(A)30萬元　(B)189萬元
(C)250萬元　(D)300萬元。　　　　　　　【第28屆理財人員】

( ) **21** 原則上，若目標金額彈性較小或達成時間較短時，應配合下列
何種理財方式來達成較合宜？　(A)大幅加碼股票　(B)較穩健
的投資組合，配合較高的儲蓄率　(C)加碼單支美國中/長期債券
(D)購買彩券。　　　　　　　　　　　　　【第28屆理財人員】

( ) **22** 對於以理財目標進行資產配置的原則，下列何者正確？　(A)理財
目標的年限越短，越應該用風險性資產來達成　(B)短期目標若是
金額確定，應該選擇可保障投資成果的投資工具　(C)理財目標的
年限越短，風險性資產的不確定性就越小　(D)理財目標的年限越
長，風險性資產的不確定性就越大。　　　【第28屆理財人員】

( ) **23** 王五現年45歲，年收入為100萬元，其家庭支出為70萬元，個人
支出為20萬元，預計60歲退休，70歲終老，假設實質收支不變，
目前無累積之可變現淨值，若以實質投資報酬率5%為折現率，依
遺族需要法計算，王五的保險需求為年收入的幾倍？　(A)3.05倍
(B)5.25倍　(C)7.05倍　(D)12.50倍。　　　【第28屆理財人員】

（　）**24** 施君現年35歲，年收入為100萬元，打算60歲退休，享天年80歲，若個人年度支出為20萬元，家人為50萬元，實質投資報酬率3%，按淨收入彌補法計算的保額為多少？【年金現值(45,3%)＝24.519】　(A)1,239萬元　(B)1,248萬元　(C)1,251萬元　(D)1,276萬元。　　　　　　　　　　　　　　　　　　　【第28屆理財人員】

（　）**25** 潘小姐擬經營花店，每月店租金4萬元，員工總薪資6萬元，其他開支2萬元，另裝潢費用240萬元，按4年攤提折舊，若毛利率(相當於邊際貢獻率)為20%，則每月之營業額為多少時，恰可達到損益平衡？(不考慮稅負與自有資金之機會成本)　(A)70萬元　(B)75萬元　(C)80萬元　(D)85萬元。　　　　　　　　【第27屆理財人員】

（　）**26** 倘王先生目前適用綜合所得稅率為30%，每月按薪資15萬元自行提撥6%，則其一年之節稅利益為多少元？　(A)43,200元　(B)32,400元　(C)23,400元　(D)21,000元。　　　　【第27屆理財人員】

（　）**27** 有關計算贈與稅之資產價值，下列敘述何者錯誤？　(A)土地以市價　(B)房屋以評定標準價格　(C)上市股票以贈與日該公司股票之收盤價格計算　(D)未上市股票以贈與日該公司之資產淨值估定。　　　　　　　　　　　　　　　　　　【第27屆理財人員】

（　）**28** 依民法有關「特留分比例」之規定，下列何者錯誤？　(A)父母的特留分，為其應繼分二分之一　(B)兄弟姊妹的特留分，為其應繼分三分之一　(C)配偶的特留分，為其應繼分二分之一　(D)直系血親卑親屬的特留分，為其應繼分三分之一。　　【第27屆理財人員】

（　）**29** 有關個人設立投資公司以投資上市、櫃公司股票之相關租稅效果，下列何者錯誤？　(A)投資公司受配股利或買賣股票，該股利及證券交易所得於公司階段不課稅　(B)投資公司所受配之股利，於受配之次年度由投資公司分配股利予個人股東時，個人股東方須申報課稅　(C)投資公司買賣股票之利得須以投資公司股利之形式分配予股東，個人股東所獲股利須申報為其課稅所得　(D)個人股東擬贈與該投資公司之股票予其子女，其價值係以贈與當日投資公司帳面價值之每股淨值計算。　　　　　　　　【第27屆理財人員】

（　）**30** 下列敘述何者錯誤？　(A)特留分＝〔(被繼承人財產＋特種贈與)－被繼承人債務〕×特留分比例　(B)被繼承人財產之價值以「繼承開始時」為計算標準　(C)所謂「特種贈與」，指被繼承人生前，因「結婚」、「分居」或「營業」贈與予繼承人的財產。

其價值按「繼承開始時」的價值計算　(D)「被繼承人債務」，指被繼承人死亡時所負擔的一切債務。　　　　　【第27屆理財人員】

(　) **31** 被繼承人過世前多少年內所繼承的資產已納過遺產稅者，不必再計入遺產總額？
(A)1年　　　　　　　　　　(B)2年
(C)3年　　　　　　　　　　(D)5年。　　　　　【第27屆理財人員】

(　) **32** 下列敘述何者正確？　(A)三角移轉或多角移轉，為正確之節稅方法　(B)現在景氣很差，債務人有財務困難，債權人拋棄其債權，沒有贈與稅問題　(C)父母親每年各贈與子女一百萬元，取得免稅證明，嗣後子女購置財產時，得以該免稅證明做為子女購置財產之資金來源而當然免視為父母親在購置年度之贈與　(D)親屬間之財產買賣或資金借貸返還，宜保存完整之資金來源及流程之證明文件，以免產生贈與稅問題。　　　　　【第27屆理財人員】

(　) **33** 有關投資規劃準則，下列何者錯誤？　(A)依達成年限、金額等設定投資目標　(B)就各目標設定有機會達成的預定報酬率　(C)依理財目標的特性來進行資產配置　(D)強調長期投資，因此投資之後最好都不要調整投資組合。　　　　　【第27屆理財人員】

(　) **34** 以淨收入彌補法（應有壽險保額＝未來收入折現值－個人未來支出折現值）估算應有保額需求，下列敘述何者正確？　(A)年紀愈大，應有保額愈大　(B)個人支出占所得比重愈大，應有保額愈大　(C)個人收入成長率愈低，應有保額愈高　(D)投資報酬率愈高，折現率愈高，應有保額愈低。　　　　　【第27屆理財人員】

(　) **35** 在考慮未來收支的全生涯資產負債表中，下列敘述何者錯誤？　(A)當營生資產減損而養生負債依舊時，僅針對減損的資產買保險即可　(B)可以將家計負擔者未來的收入視為營生資產，其他家人未來需要的生活費支出視為養生負債　(C)可以將個人的資源視為營生資產，個人對家庭的責任視為養生負債　(D)資產減負債後的淨值大於零時就是遺產。　　　　　【第27屆理財人員】

(　) **36** 王五現年45歲，年收入為100萬元，其家庭支出出為70萬元，個人支出為20萬元，預計60歲退休，70歲終老，假設實質收支不變，目前無累積之可變現淨值，若以實質投資報酬率5%為折現率，依遺族需要法計算，王五的保險需求為年收入的幾倍？　(A)3.05倍　(B)5.25倍　(C)7.05倍　(D)12.50倍。　　　　　【第27屆理財人員】

( )　**37** 甲贈與給乙現金1,000萬元，被國稅局發現，而甲行蹤不明，請問贈與稅納稅義務人為何？（假設甲本年度僅有本次贈與）　(A)甲　(B)乙　(C)甲之配偶　(D)甲之子女。　【第26屆理財人員】

( )　**38** 在我國目前課稅基礎上，下列何種稅目原則上是採屬地主義之觀念？　(A)贈與稅　(B)綜合所得稅　(C)遺產稅　(D)營利事業所得稅。　【第26屆理財人員】

( )　**39** 被繼承人死亡前六年，繼承之財產已納遺產稅者，在計算遺產稅時，可自遺產總額中扣除多少？　(A)20%　(B)40%　(C)60%　(D)80%。　【第26屆理財人員】

( )　**40** 有關土地增值稅之敘述，下列何者正確？
(A)因繼承而移轉的土地，須課徵土地增值稅
(B)土地移轉已課徵增值稅之一方，不必再課徵契稅
(C)配偶相互贈與之土地，須課徵土地增值稅
(D)土地增值稅之稅率可以分為自用住宅用地稅率及工業用地稅率。　【第26屆理財人員】

( )　**41** 下列何者係屬金字塔頂端的理財需求層次？　(A)生活滿足目標　(B)生活保障　(C)緊急預備金　(D)遺產。　【第26屆理財人員】

( )　**42** 現金流量預估表中，若僅有一個月的期間，其現金餘額呈現負數時，下列何者最不適合做為預備調度的工具？
(A)長期固定資產抵押貸款
(B)運用循環信用
(C)信用卡預借現金
(D)親友暫時週轉。　【第26屆理財人員】

( )　**43** 張先生現年40歲，家境寬裕，目前遺族生活費用每年為80萬元，若定存利率為2%，依所得替代法計算應投保金額為多少元？
(A)3,000萬元
(B)3,200萬元
(C)3,920萬元
(D)4,000萬元。　【第26屆理財人員】

( )　**44** 在考慮保險需求時，未成家者尚未確定養生負債，應採用何種方法較為適當？　(A)淨收入彌補法　(B)遺族需要法　(C)所得替代法　(D)自身需要法。　【第26屆理財人員】

（　）**45** 吳君現年35歲，打算60歲退休，年收入為100萬元，家庭年支出為80萬元。吳君打算準備家庭支出至80歲，目前已累積現值700萬元生息資產，如以3%的投資報酬率計算，則其供給缺口或需求缺口為何？〔AP(45,3%)＝24.519〕（取最接近值）　(A)供給缺口450萬元　(B)供給缺口479萬元　(C)需求缺口450萬元　(D)需求缺口479。　　　　　　　　　　　　　　　　　　　　【第26屆理財人員】

（　）**46** 有關綜合所得稅節稅規劃，下列敘述何者錯誤？　(A)在合法及不影響所得額的範圍內，儘可能將應稅所得轉換為免稅所得　(B)年底的大額所得延緩到次年一月，可延緩繳稅的時間　(C)當列舉扣除額高於標準扣除額時，選用列舉扣除額　(D)只要邊際所得稅率高於短期票券分離課稅的稅率時，則一律以購買短期票券替代存入金融機構的存款。　　　　　　　　　　　　　　【第25屆理財人員】

（　）**47** 遺產稅或贈與稅應納稅額在多少以上，可申請分期繳納？
(A)300萬元　　　　　　　　　　(B)100萬元
(C)50萬元　　　　　　　　　　　(D)30萬元。　　　【第25屆理財人員】

（　）**48** 母親在兒子今年度結婚的時候，送兒子一台300萬元的跑車，請問就該次贈與申報贈與稅之贈與金額為多少？(假設本年度僅有本次贈與)　(A)0元　(B)80萬元　(C)150萬元　(D)189萬元。【第25屆理財人員】

（　）**49** 我國贈與稅係採何種課稅主義？　(A)原則屬人主義，例外屬地主義　(B)屬人主義　(C)屬地主義　(D)原則屬地主義，例外屬人主義。　　　　　　　　　　　　　　　　　　　　【第25屆理財人員】

（　）**50** 下列敘述何者錯誤？　(A)重購自用住宅，房屋部分可於符合規定下，申請退還應納綜合所得稅　(B)重購自用住宅，土地部分可於符合規定下，申請退還應納土地增值稅　(C)若出售房屋係產生財產交易損失，則該損失可用來扣除當年度及以後三年度之財產交易所得　(D)出售自用住宅用地，若適用土地增值稅之優惠稅率，其稅率為20%。　　　　　　　　　　　　　　　【第25屆理財人員】

（　）**51** 理財顧問將理財規劃報告書結合到現有產品時，下列敘述何者錯誤？　(A)以佣金的高低決定推薦的產品順序　(B)先要求保障後追求利潤　(C)先揭示風險再說明獲利潛力　(D)完整說明並提供足夠的市場與產品資訊。　　　　　　　　　　　【第25屆理財人員】

(　) **52** 假設小瑜為因應生涯規劃，希望20年後累積資產到1,000萬元，目前手中已有100萬元投資於年投資報酬率5%之基金，則每年另須投資多少金額於年投資報酬率3%之金融商品？（取最接近值）　(A)25.96萬元　(B)27.34萬元　(C)29.13萬元　(D)31.57萬元。　　　　　　　　　　　　　　　【第25屆理財人員】

(　) **53** 張三每年須支付固定之生活費，為規劃理財目標負債化須採下列何種方式計算？　(A)年金現值　(B)年金終值　(C)複利現值　(D)複利終值。　　　　　　　　　　　　　　　　　【第25屆理財人員】

(　) **54** 施先生現年30歲，計劃工作至55歲退休，80歲終老，目前工作年收入為100萬元，個人年支出為30萬元，家庭年支出為70萬，若以3%實質投資報酬率，按淨收入彌補法計算的保額為何？　【年金現值(25,3%)＝17.413，年金現值(50,3%)＝25.73，年金終值(50,3%)＝112.80】（取最接近值）　(A)969萬元　(B)1,188萬元　(C)1,316萬元　(D)1,450萬元。　　　　　　【第25屆理財人員】

(　) **55** 謝君目前家庭每年開支為80萬元，希望10年後有300萬元的子女教育金及25年後有3,000萬元的退休金，如以3%的投資報酬率計算，謝君的理財目標現值為何？（取最接近值）　(A)1,616萬元　(B)1,657萬元　(C)2,827萬元　(D)3,050萬元。　【第25屆理財人員】

(　) **56** 綜合所得淨額加計特定免稅所得及扣除額後之合計數(稱基本所得額)在多少金額以下之個人，不必申報繳納最低稅負？　(A)新臺幣600萬元　(B)新臺幣700萬元　(C)新臺幣800萬元　(D)新臺幣1,000萬元。　　　　　　　　　　　　　　【第24屆理財人員】

(　) **57** 依遺贈稅法規定，目前每人一年度之贈與免稅額為新臺幣多少元？　(A)50萬元　　(B)111萬元　　(C)220萬元　　(D)500萬元。　【第24屆理財人員】

(　) **58** 有關我國繼承之規定，下列敘述何者正確？
(A)祖父母的特留分為其應繼分二分之一
(B)配偶的特留分為其應繼分二分之一
(C)配偶與被繼承人之祖父母同為繼承時，配偶的應繼分為遺產的二分之一
(D)配偶與被繼承人之直系血親卑親屬同為繼承時，配偶的應繼分為遺產的二分之一。　　　　　　　　　　【第24屆理財人員】

( ) **59** 依我國所得稅法規定，以哪些人為被保人之保險費不可申報列舉扣除？ (A)納稅義務人本人 (B)納稅義務人之配偶 (C)納稅義務人之直系親屬 (D)受納稅義務人扶養之兄弟姊妹。 【第24屆理財人員】

( ) **60** 綜合所得稅之列舉扣除額中，房屋租金支出扣除額，每一申報戶以多少數額為上限？ (A)300,000元 (B)120,000元 (C)200,000元 (D)75,000元。 【第24屆理財人員】

( ) **61** 理財顧問在結合理財規劃報告書及本業的商品時，下列原則何者錯誤？
(A)先保障後求利，可以建議客戶以較低的團保費率買足保險保障
(B)先強調產品獲利潛力，至於風險則視情況決定是否說明
(C)理財顧問本身應先充份了解產品特性、價格變化與景氣相關性等
(D)應提供客戶足夠的市場及產品訊息。 【第24屆理財人員】

( ) **62** 下列何種方法，係以遺族一生支出現值扣減已累積的生息淨值而得之應投保金額？ (A)收入彌補法 (B)遺族需要法 (C)所得替代法 (D)變額年金法。 【第24屆理財人員】

( ) **63** 陳先生現年35歲，計劃工作至55歲退休，80歲終老，目前全家庭之年支出為70萬，其中個人年支出為30萬，年收入為100萬，現無任何積蓄但有200萬元的房貸，若陳先生現在死亡，希望留給遺族50年的生活需求保障，則按遺族需要法以折現率3%計算的保額為多少？【年金現值(50,3%)＝25.73】 (A)1,120萬元 (B)1,215萬元 (C)1,229萬元 (D)1,314萬元。 【第24屆理財人員】

( ) **64** 老吳現有舊屋一棟價值800萬元，預估三年後出售，其當時價值為750萬元，並清償當時房貸餘額450萬元且換購一新屋，其現值1,200萬元。假設新屋房價成長率3%，請問老吳屆時須另籌措多少資金才能實現其換屋計劃？（取最接近值） (A)1,012萬元 (B)988萬元 (C)850萬元 (D)800萬元。 【第24屆理財人員】

( ) **65** 下列何者不是所得稅法第十七條規範之「列舉扣除額」項目？
(A)捐贈
(B)醫藥費
(C)災害損失
(D)財產交易損失。 【第23屆理財人員】

（　　）**66** 有關我國遺產稅之納稅義務人的敘述，下列何者錯誤？　(A)有遺囑執行人者，為遺囑執行人　(B)無遺囑執行人者，為被繼承人　(C)無遺囑執行人者，為繼承人及受遺贈人　(D)無遺囑執行人及繼承人者，為依法選定之遺產管理人。　　　　　【第23屆理財人員】

（　　）**67** 有關我國個人綜合所得稅之敘述，下列何者錯誤？　(A)課稅基礎採屬地主義　(B)基本上採現金基礎課徵　(C)採分類課稅制　(D)採累進稅制，最高稅率為40%。　　　　　【第23屆理財人員】

（　　）**68** 王伯伯身故，繼承人有長子（25歲）、長女（22歲）及次女（18歲）三人，則王伯伯遺產總額中，被繼承人直系血親卑親屬遺產稅扣除額為多少？　(A)80萬元　(B)135萬元　(C)225萬元　(D)240萬元。　　　　　【第23屆理財人員】

（　　）**69** 有關土地增值稅之敘述，下列何者正確？　(A)贈與土地，贈與人須繳納土地增值稅　(B)買賣土地，買方須繳納土地增值稅　(C)夫妻間贈與土地，須課徵土地增值稅　(D)繼承土地，免課徵土地增值稅。　　　　　【第23屆理財人員】

（　　）**70** 下列敘述何者錯誤？　(A)以定期定額投資穩健型基金，可作為達成長期理財目標的手段　(B)投資報酬率的假設，要考慮風險偏好及實際的投資組合　(C)投資是達成理財目標的手段　(D)年限愈短，複利效果愈大。　　　　　【第23屆理財人員】

（　　）**71** 用「淨收入彌補法」計算保險需求時，下列敘述何者錯誤？　(A)年紀越高，保險需求越低　(B)個人支出占所得比重越大，保險需求越高　(C)個人收入成長率越高，保險需求越高　(D)投資報酬率越高，保險需求越低。　　　　　【第23屆理財人員】

（　　）**72** 將理財目標負債化時，下列四項步驟之正確先後順序為何？甲.將已還原至現值的總需求額與總供給能力相比較　乙.將理財目標折換成現值　丙.將生息資產分配於各理財目標　丁.確定所有理財目標的需求年限與負債額　(A)甲、丁、乙、丙　(B)丁、乙、丙、甲　(C)丙、乙、甲、丁　(D)乙、甲、丁、丙。　【第23屆理財人員】

（　　）**73** 林襄理目前有生財資產200萬元，投資於定存，年報酬率為2%，預計12年後，購置當時價值970萬元的新屋，則另須連續12年每年投資40萬元於報酬率至少達若干之投資工具，方能達成其目標？（取最接近值）　(A)7%　(B)6%　(C)5%　(D)4%。　【第23屆理財人員】

（　）74 有關我國贈與稅之課稅標的，下列敘述何者錯誤？
(A)贈與稅之課稅基礎採屬人兼屬地主義之觀念
(B)在境內之國民將其境外財產為贈與者須徵贈與稅
(C)非中華民國國民將中華民國境內之財產贈與他人須申報贈與稅
(D)贈與行為發生前2年內贈與人自願喪失中華民國國籍者無須課贈與稅。　【第22屆理財人員】

（　）75 被繼承人死亡遺有財產者，納稅義務人應於被繼承人死亡之日起多久內，依規定完成遺產稅之申報？　(A)三個月　(B)六個月　(C)八個月　(D)十二個月。　【第22屆理財人員】

（　）76 有關綜合所得稅之敘述，下列何者錯誤？　(A)我國綜合所得稅之課稅範圍，係採「屬地主義」之觀念　(B)夫妻應合併申報所得稅，故無論新婚或離婚年度亦須合併申報　(C)課稅年度採曆年制　(D)採累進稅率，最高稅率為40%。　【第22屆理財人員】

（　）77 依土地稅法規定，一般用地之土地增值稅稅率級距為下列何者？
(A)10%；20%；30%　(B)20%；30%；40%　(C)30%；40%；50%　(D)30%；40%；100%。　【第22屆理財人員】

（　）78 下列敘述何者錯誤？　(A)配偶與被繼承人之直系血親卑親屬同為繼承時，配偶之應繼分與其他繼承人平均　(B)限制行為能力人不須經法定代理人之同意，亦得為遺囑，但須滿十六歲　(C)使用打字機或電腦列表機所為遺囑，不可認為是有效之自書遺囑　(D)繼承人得於被繼承人死亡前，預先拋棄特留分權利。　【第22屆理財人員】

（　）79 當理財總供給能力超過目標總需求現值，下列何者錯誤？　(A)會留下遺產　(B)會產生供給缺口　(C)可提高目前生活水準　(D)可提高報酬率以補足缺口。　【第22屆理財人員】

（　）80 許君計劃8年後累積購屋款1,000萬元及結婚基金100萬元，現有生息資產僅500萬元，假設年投資報酬率為5%，許君未來8年每年應至少儲蓄多少錢才能實現其理財目標？（取最接近值）　(A)36萬元　(B)38萬元　(C)40萬元　(D)42萬元。　【第22屆理財人員】

（　）81 謝小姐目前手上有生息資產500萬元，將生活費、退休等各項所需金額折現計算後，生涯總負擔現值為3,000萬元，若謝小姐打算再工作20年後退休，按年投資報酬率3%計算，其年收入應至少多少才可以滿足其目標？（取最接近值）　(A)128萬元　(B)148萬元　(C)168萬元　(D)188萬元。　【第22屆理財人員】

（　）**82** 在考慮保險需求時，未成家者尚未確定養生負債，應採用何種方法較為適當？　(A)淨收入彌補法　(B)遺族需要法　(C)所得替代法　(D)自身需要法。　【第22屆理財人員】

（　）**83** 戊君過世遺有配偶及二子(長子45歲、次子43歲)。其中長子於戊君過世後即不幸車禍身亡，而由其19歲之兒子(即戊君之孫)代位繼承，則計算遺產稅中屬繼承人之「扣除額」有多少？　(A)593萬元　(B)535萬元　(C)490萬元　(D)445萬元。【第21屆理財人員】

（　）**84** 下列對於贈與稅的敘述，何者錯誤？　(A)申報期限是三十天　(B)父母將資金匯到海外與子女共同持有之「聯名帳戶」，即發生贈與行為　(C)個人股東將錢贈與公司，不課徵贈與稅　(D)父母於子女婚嫁時所贈與之財物總金額若為一百萬元，則其可不計入贈與總額。　【第21屆理財人員】

（　）**85** 有關綜合所得稅之規劃，下列敘述何者錯誤？　(A)應稅所得轉換為免稅所得　(B)延緩課稅時點　(C)完整運用可扶養之親屬，享受免稅額之減除　(D)完整運用扣除額，同時減除標準扣除額及列舉扣除額。　【第21屆理財人員】

（　）**86** 有關遺囑之敘述，下列何者正確？
(A)限制行為能力人須經法定代理人之允許，始得為遺囑
(B)遺囑中如果有部分的內容是由第三人書寫，得成立自書遺囑
(C)依民法規定，代筆遺囑須由遺囑人指定2人以上之見證人
(D)口述遺囑依法自遺囑人能依其他方式為遺囑之時起，經過3個月而失其效力。　【第21屆理財人員】

（　）**87** 有關購買本國壽險公司之人身保險在稅賦之優惠，下列敘述何者錯誤？　(A)以納稅義務人本人為要保人兼被保險人，所繳保費於限額內可申報列舉扣除　(B)自保險公司取得之保險給付屬免稅所得　(C)約定於被繼承人死亡時，給付其所指定受益人之人壽保險金額不計入遺產總額課稅　(D)僅在遺產稅上有優惠，在所得稅上並無稅賦效果。　【第21屆理財人員】

（　）**88** 李伯伯現有舊屋一棟價值600萬元，預估5年後出售，出售時價值為800萬元，於清償當時舊屋房貸餘額500萬元後擬換購一新屋，該新屋現值1,000萬元，假設新屋房價成長率5%，請問李伯伯換屋時須另籌措多少資金才能實現其換屋計劃？（取最接近值）　(A)963萬元　(B)976萬元　(C)984萬元　(D)992萬元。　【第21屆理財人員】

( ) **89** 有關全生涯資產負債表與保險需求之敘述，下列何者正確？(A)營生資產H＋實質資產A－養生負債F－實質負債L＝一生的淨值E　(B)保險需求以淨收入彌補法計算其應保額＝養生負債F－實質淨值W　(C)保險需求以遺族需要法計算其應保額＝營生資產H　(D)遺族支出佔所得比重愈高，表示家庭負擔愈小，故應保額愈小。【第21屆理財人員】

( ) **90** 小張30歲且新婚，計劃20年後累積子女上大學教育基金300萬元，及自行創業基金500萬元，假設年報酬率為3%，請問小張在未來20年期間，平均年儲蓄要達若干才能實現其理財目標？（取最接近值）　(A)40.2萬元　(B)38.9萬元　(C)32.6萬元(D)29.8萬元。【第21屆理財人員】

( ) **91** 在計算保險需求額時，下列敘述何者錯誤？　(A)在有遺產時以淨收入彌補法計算的保險需求額應低於以遺族需要法計算的保險需求額　(B)未成家者因為尚未確定養生負債，可用淨收入彌補法來計算保險需求額　(C)已成家者適合用遺族需要法來計算保險需求額　(D)預算充裕者可以用所得替代法計算保險需求額，以理賠金的利息來支應遺族的家用支出。【第21屆理財人員】

( ) **92** 申報個人綜合所得稅時，可列為「列舉扣除額」之項目中，不包括下列何者？　(A)醫藥及生育費　(B)災害損失　(C)財產交易損失　(D)購屋借款利息。【第38屆理財人員】

( ) **93** 李四現年55歲，年收入為100萬元，家庭支出為70萬元，其個人支出為20萬元，預計65歲退休，80歲終老，假設實質收支不變，實質利率（折現率）為5%，依淨收入彌補法，李四的保險需求為其年收入的幾倍？（取最接近值）　(A)4.9倍　(B)5.2倍　(C)8.3倍(D)10.2倍。【第38屆理財人員】

( ) **94** 依淨收入彌補法計算保險需求時，下列何者正確？　(A)飛機失事，公司負責人的理賠金額大於職員，就是採用淨收入彌補法計算(B)年紀愈大，所需保額愈大　(C)個人收入成長率愈高，保額需求愈低　(D)個人支出成長率愈高，保額需求愈高。【第37屆理財人員】

( ) **95** 有關我國贈與稅之規定，下列敘述何者正確？　(A)將資金匯到國外銀行帳戶，再贈送給子女，不需繳納贈與稅　(B)子女婚嫁時，倘父母各贈與一百萬元給該子女，如當年度沒有其他之贈與，則可免繳贈與稅　(C)贈與財產之時價相同時，不論以那種形式之財

產為贈與,其贈與稅均相同　(D)財產之買賣係有償之行為,依契約自由原則,不會有贈與稅課稅問題。　　　【第37屆理財人員】

解答及解析

1 (A)。依土地稅法第34條規定,房屋出售時需繳交土地增值稅,在出售自用住宅用地時,民眾可享受一生一次的低稅率10%。

2 (D)。24萬/12月=2萬(一個月想存下來的錢)
10萬-6萬=4萬(實際上可以存下來的錢)
2/4=50%

3 (B)。失業保障月數=可變現資產/月固定支出=(100+50)/10=15(個月)。

4 (A)。失業保障月數=可變現資產/月固定支出=10/2=5(個月)。

5 (B)。150,000×6%×12×30%=32,400(元)。

6 (D)。綜合所得稅稅率採用累進稅率而其最高之稅率為40%。

7 (D)。
1. 遺產及贈與稅法第15條規定:「被繼承人死亡前二年內贈與下列個人之財產,應於被繼承人死亡時,視為被繼承人之遺產,併入其遺產總額,依本法規定徵稅:一、被繼承人之配偶。二、被繼承人依民法第一千一百三十八條及第一千一百四十條規定之各順序繼承人。三、前款各順序繼承人之配偶。八十七年六月

二十六日以後至前項修正公布生效前發生之繼承案件,適用前項之規定。」
2. 被繼承人之堂兄弟不屬於遺產及贈與稅法第15條所謂之「特定人」。

8 (B)。個人長期持有的股票投資每年產生大額的股利所得,可以規劃設立投資公司而達到免稅或延緩課稅的節稅目的。

9 (C)。民法第1173條第1項規定,繼承人中有在繼承開始前因結婚、分居或營業,已從被繼承人受有財產之贈與者,應將該贈與價額加入繼承開始時被繼承人所有之財產中,為應繼遺產。但被繼承人於贈與時有反對之意思表示者,不在此限。其價值按「贈與時」的價值計算。選項(C)有誤。

10 (B)。依遺產及贈與稅法第5條規定,二親等以內親屬間的財產交易若無法提出已支付價款的確實證明,將被視同贈與。

11 (B)。資產成長率=(年儲蓄50萬+400×10%投資報酬率)/期初資產(1,000萬)=9%

12 (A)。財務自由度=(淨資產×報酬率)/年支出=(20×15%)/30=10%

13 (C)。2000×(1-邊際稅率)=2000×(1-30%)=1,400(元)

14 (C)。第一年報酬率
＝(170－120)/120＝41.67%
第二年報酬率＝(120－170)/170
＝－29.41%
算數平均法＝(41.67%－29.41%)/2
＝6.13%
幾何平均法
＝[$\sqrt{(1+41.67\%)(1-29.41\%)}$]－1
＝0%

15 (D)。自用住宅房貸利息特別扣除額
最高為30萬，選項(D)有誤。

16 (C)。依所得基本稅額條例第12條之
規定，受益人與要保人非屬同一人
之人壽保險及年金保險，受益人受
領之保險給付須計入個人之基本所
得額給付，但死亡給付每一申報戶
全年合計數在新臺幣3,000萬元以下
部分，免予計入。

17 (D)。口授遺囑乃本於情況危急或
其他特殊之原因作成，其方式一切
從簡。但另一方面，口授遺囑是否
能確保遺囑之公正確實，則令人懷
疑。為解決此弊端，口授遺囑在效
力上有二種補救之特別規定，以便
確保該遺囑之公正確實。該特別規
定，其一，口授遺囑自遺囑人能依
其他方式為遺囑時起經過三個月而
失其效力（民法第1196條）。選項
(D)正確。

18 (B)。運用公共設施保留地捐贈政府
節稅的理由有：
1.以公告現值作為捐贈金額。
2.列舉扣除金額不受限制。
3.協助政府地方公共設施建設。

19 (C)。遺產及贈與稅法第7條規定，
受贈人有二人以上者，應按受贈財
產之價值比例，計算之應納稅額，
負納稅義務。

20 (A)。依遺贈稅法規定，目前每人
一年度之贈與免稅額為新臺幣220
萬元。
贈與稅時之贈與淨額＝300－50－
220＝30。自2022開始，每人一年度
之贈與免稅額為新臺幣244萬元，則
為300－50－244＝6。

21 (B)。原則上，若目標金額彈性較小
或達成時間較短時，應以較穩健的
投資組合，配合較高的儲蓄率來達
成較合宜。

22 (B)。
1.理財目標的年限越短，越應該用
較無風險性資產來達成。選項(A)
有誤。
2.對於以理財目標進行資產配置的
原則，短期目標若是金額確定，
應該選擇可保障投資成果的投資
工具。選項(B)正確。
3.理財目標的年限越短，風險性資
產的不確定性就越大。選項(C)
有誤。
4.理財目標的年限越長，風險性資
產的不確定性就越小。選項(D)
有誤。

23 (C)。遺族每年支出＝70－20＝50
（萬元）
應投保金額＝50×(5%,25年,年金現
值)＝704.7（萬元）
為年收入的＝704.7/100＝7.05
（倍）

24 (C)。收入＝100萬×(3%,25年,年金現值)＝1,741（萬元）
支出＝20萬×(3%,45年,年金現值)＝490（萬元）
淨收入彌補法的保險需求＝1,741－490＝1,251（萬元）

25 (D)。裝潢費用240萬分四年攤提，一個月攤提5萬。
每月總成本＝4＋6＋2＋5＝17（萬元）。
損益平衡時營業額＝17萬/20%＝85（萬元）。

26 (B)。150,000×6%×12×30%＝32,400（元）。

27 (A)。土地以公告土地現值或評定標準價格為準，選項(A)有誤。

28 (D)。直系血親卑親屬之特留分，為其應繼分二分之一。選項(D)有誤。

29 (D)。個人股東擬贈與該投資公司之股票予其子女，其價值係以贈與當日投資公司每股時價計算，選項(D)有誤。

30 (C)。民法第1173條第1項規定，繼承人中有在繼承開始前因結婚、分居或營業，已從被繼承人受有財產之贈與者，應將該贈與價額加入繼承開始時被繼承人所有之財產中，為應繼遺產。但被繼承人於贈與時有反對之意思表示者，不在此限。其價值按「贈與時」的價值計算。選項(C)有誤。

31 (D)。遺產及贈與稅法第16條規定，被繼承人過世前5年內所繼承的資產已納過遺產稅者，不必再計入遺產總額。

32 (D)。親屬間之財產買賣或資金借貸返還，最好保存完整之資金來源及流程之證明文件，以免稅務機關誤會而產生贈與稅問題。選項(D)正確。

33 (D)。投資規劃準則，在長期投資方面，投資之後要依狀況調整投資組合。選項(D)有誤。

34 (D)。以淨收入彌補法(應有壽險保額＝未來收入折現值－個人未來支出折現值)估算應有保額需求，則當投資報酬率愈高，折現率愈高，應有保額愈低。選項(D)正確。

35 (A)。當營生資產減損而養生負債依舊時，有些營生資產無法透過買保險平衡減損的資產。選項(A)有誤。

36 (C)。遺族每年支出＝70萬－20萬＝50（萬元）
應投保金額＝50萬×(5%,25年,年金現值)＝704.7（萬元）
為年收入的倍數＝704.7/100＝7.05（倍）

37 (B)。遺產及贈與稅法第7條規定：「贈與稅之納稅義務人為贈與人。但贈與人有下列情形之一者，以受贈人為納稅義務人：一、行蹤不明。二、逾本法規定繳納期限尚未繳納，且在中華民國境內無財產可供執行。三、死亡時贈與稅尚未核課。……」

38 (B)。
1.所得稅法第2條規定：「凡有中華民國來源所得之個人，應就其中華民國來源之所得，依本法規定，課徵綜合所得稅。非中華民國境內居住之個人，而有中華民國來源所得

者，除本法另有規定外，其應納稅額，分別就源扣繳。」

2.綜合所得稅採屬地主義。

39 (D)。遺產及贈與稅法第17條規定，被繼承人死亡前六年，繼承之財產已納遺產稅者，在計算遺產稅時，可自遺產總額中扣除80%。

40 (B)。土地房屋移轉由賣方繳納土地增值稅，買方繳納契稅。選項(B)正確。

41 (D)。遺產係屬金字塔頂端的理財需求層次。

42 (A)。現金流量預估表中，僅有一個月的期間，則長期理財工具最不適合做為預備調度的工具。本題選(A)。

43 (D)。80萬/2%＝4,000（萬元）

44 (A)。未成家者因為尚未確定養生負債，可用淨收入彌補法來計算保險需求額。

45 (B)。$700+100×AP(3\%,25)-80×AP(3\%,45)=479.78$萬元（供給缺口）

46 (D)。利息所得有27萬元免稅，故選項(D)有誤。

47 (D)。遺產及贈與稅法第30條規定，遺產稅或贈與稅應納稅額在30萬元以上，可申請分期繳納。

48 (B)。
1.夫妻共同贈與每年免稅額為220萬元。
2.該次贈與申報贈與稅之贈與金額＝300－220＝80（萬元）。

49 (A)。
1.遺產及贈與稅法第3條規定：「凡經常居住中華民國境內之中華民國國民，就其在中華民國境內或境外之財產為贈與者，應依本法規定，課徵贈與稅。經常居住中華民國境外之中華民國國民，及非中華民國國民，就其在中華民國境內之財產為贈與者，應依本法規定，課徵贈與稅。」
2.我國贈與稅係原則採屬人主義，例外採屬地主義。

50 (D)。出售自用住宅用地，若適用土地增值稅之優惠稅率，其稅率為10%，選項(D)有誤。

51 (A)。理財顧問將理財規劃報告書結合到現有產品時，不應以佣金的高低決定推薦的產品順序，選項(A)有誤。

52 (B)。$[1,000萬-100萬×(5\%,20年,複利終值)]/(3\%,20年,年金終值)=27.34$（萬元）。

53 (A)。張三每年須支付固定之生活費，為規劃理財目標負債化須採年金現值計算每年的儲蓄額。

54 (A)。$100萬×(3\%,25年,年金現值)-30萬×(3\%,50年,年金現值)=969$（萬元）。

55 (D)。$80萬×(3\%,25年,年金現值)+300萬×(3\%,10年,複利現值)+3000萬×(3\%,25年,複利現值)=3,050$（萬元）。

56 (A)。所得基本稅額條例第13條規定，綜合所得淨額加計特定免稅所得及扣除額後之合計數（稱基本所

得額）在金額新臺幣600萬元以下之個人，不必申報繳納最低稅負。

57 (C)。依遺贈稅法規定，目前每人一年度之贈與免稅額為新臺幣220萬元，自2022開始，每人一年度之贈與免稅額為新臺幣244萬元。

58 (B)。民法第1223條規定，直系血親卑親屬之特留分，為其應繼分二分之一。

59 (D)。
1.所得稅法第17條規定，納稅義務人、配偶或受扶養直系親屬之人身保險、勞工保險、國民年金保險及軍、公、教保險之保險費，每人每年扣除數額以不超過二萬四千元為限。但全民健康保險之保險費不受金額限制。
2.受納稅義務人扶養之兄弟姊妹之保險費不可申報列舉扣除。

60 (B)。所得稅法第17條規定，房屋租金支出扣除額，每一申報戶以120,000元為上限。

61 (B)。理財顧問在結合理財規劃報告書及本業的商品時，風險是必要說明事項，選項(B)有誤。

62 (B)。遺族需要法係以遺族一生支出現值扣減已累積的生息淨值而得之應投保金額的保險方法。

63 (C)。遺族年支出＝70－30＝40萬元
40萬元×(3%,50年,年金現值)＋200萬元＝1,229（萬元）。

64 (A)。三年後房屋價值750萬－償還貸款450萬＝資金剩餘300（萬元）
須另籌措資金＝1,200×(3%,3年,複利終值)－300＝1,012（萬元）。

65 (D)。財產交易損失是特別扣除額，不是所得稅法第十七條規範之「列舉扣除額」。

66 (B)。遺產及贈與稅法第6條規定，產稅之納稅義務人，無遺囑執行人者，為繼承人及受遺贈人，選項(B)有誤。

67 (C)。我國個人所得稅係採綜合所得稅制，選項(C)有誤。

68 (C)。
1.直系血親卑親屬每人得遺產總額中扣除45萬元，未滿20歲者，按其年齡距滿20歲之年數，每年加扣45萬元。自2022年開始各別提高到50萬元。
2.本題被繼承人直系血親卑親屬遺產稅扣除額＝45萬元×3＋45萬元×2＝225萬元。自2022年開始為50萬元×3＋50萬元×2＝250萬元。

69 (D)。
1.贈與土地，受贈人須繳納土地增值稅，選項(A)有誤。
2.買賣土地，賣方須繳納土地增值稅，選項(B)有誤。
2.夫妻間贈與土地，無須課徵土地增值稅，選項(C)有誤。
4.繼承土地，免課徵土地增值稅，選項(D)正確。

70 (D)。年限愈長，複利效果愈大，選項(D)有誤。

71 (B)。用「淨收入彌補法」計算保險需求時，個人支出占所得比重越大，保險需求越低。選項(B)有誤。

72 (B)。將理財目標負債化時，四項步驟順序為：

確定所有理財目標的需求年限與負債額→將理財目標折換成現值→將生息資產分配於各理財目標→將已還原至現值的總需求額與總供給能力相比較。

73 (A)。[970萬－200萬×(2%,12年,複利終值)]/40萬＝17.9
查年金終值12年時最接近17.9的報酬率，r＝7%

74 (D)。遺產及贈與稅法第3-1條規定，贈與行為發生前2年內贈與人自願喪失中華民國國籍者仍須課贈與稅，選項(D)有誤。

75 (B)。遺產及贈與稅法第23條規定，被繼承人死亡遺有財產者，納稅義務人應於被繼承人死亡之日起六個月內，依規定完成遺產稅之申報。

76 (B)。夫妻原則上應合併申報所得稅，但新婚或離婚年度可選擇個別申報。選項(B)有誤。

77 (B)。土地稅法規定，一般用地之土地增值稅稅率級距為20%；30%；40%。

78 (D)。繼承人不得於被繼承人死亡前，預先拋棄特留分。選項(D)有誤。

79 (D)。當理財總供給能力超過目標總需求現值，會留下遺產、會產生供給缺口、可提高目前生活水準。

80 (B)。[1,100萬－500萬×(5%,8年,複利終值)]/(5%,8年,年金終值)＝38（萬元）。

81 (C)。(3,000萬－500萬)/(3%,20年,年金現值)＝168（萬元）。

82 (A)。在考慮保險需求時，未成家者尚未確定養生負債，應採用淨收入彌補法較為適當。

83 (A)。
1.被繼承人遺有配偶者，自遺產總額中扣除493萬元。繼承人為直系血親卑親屬者，每人得自遺產總額中扣除50萬元。其有未滿二十歲者，並得按其年齡距屆滿二十歲之年數，每年加扣50萬元。但親等近者拋棄繼承由次親等卑親屬繼承者，扣除之數額以拋棄繼承前原得扣除之數額為限。
2.本題遺產稅中屬繼承人之「扣除額」＝493＋50＋50＝593（萬元）。

84 (C)。個人股東將錢贈與公司，必須課徵贈與稅，選項(C)有誤。

85 (D)。扣除額，標準扣除額及列舉扣除額可擇一減除之，選項(D)有誤。

86 (D)。
1.滿16歲未滿20歲之限制行為能力人不需經法定代理人允許，得為遺囑，選項(A)有誤。
2.自書遺囑由立遺囑人親自書寫，並簽名，選項(B)有誤。
3.代筆遺囑須由遺囑人指定3人以上見證人，選項(C)有誤。
4.口述遺囑依法自遺囑人能依其他方式為遺囑之時起，經過3個月而失其效力，選項(D)正確。

87 (D)。購買本國壽險公司之人身保險在稅賦之優惠，不但在遺產稅上有優惠，在所得稅上，所繳保費於限額內可申報列舉扣除，選項(D)有誤。

解答及解析

88 (B)。1000萬×(5%,5年,複利終值)－(800萬－500萬)＝976（萬元）。

89 (A)。全生涯資產負債表與保險需求公式：營生資產H＋實質資產A－養生負債F－實質負債L＝一生的淨值E。

90 (D)。(300萬＋500萬)/(3%,20年,年金終值)＝29.8（萬元）。

91 (A)。因已有遺產，故遺產需求法的計算的保險需求額較低，故在有遺產時以淨收入彌補法計算的保險需求額應高於以遺族需要法計算的保險需求額。

92 (C)。列舉扣除額項目包含捐贈、人身保險費、醫藥及生育費、災害損失、自用住宅購屋借款利息、房屋租金支出。

93 (A)。淨收入彌補法＝個人未來收入－個人未來支出＝應有的壽險保額

100萬×(5%,10年,年金現值)－20萬×(5%,25年,年金現值)＝100萬×7.722-20萬×14.094＝490.3萬
490.3/100＝4.93(倍)

94 (A)。淨收入彌補法：被保險人認為若不幸身故，其遺屬往後的生活水準仍然可以跟他/她還活著的時候一樣。
因此，飛機失事，公司負責人的理賠金額大於職員，就是採用淨收入彌補法計算。

95 (A)。2022年遺產稅免稅額提高到新臺幣1,333萬，贈與稅的免稅額也提高至新臺幣244萬，遺贈稅法也規定，兒女在結婚前6個月內，父母個贈與每人的財物，在不超過100萬元的部分，免計入贈與稅，因此(B)正確。

第三部分　近年試題及解析

第36屆理財工具

(　) **1** 投顧或投信事業經營全權委託業務，應每隔多久定期編製委任人資產交易紀錄及現況報告書，送達委任人？　(A)每日　(B)每週　(C)每月　(D)每季。

(　) **2** 保險公司的儲蓄型保單利率較銀行為高，原因何在？　(A)違約風險較低　(B)業務費用較低　(C)理賠不確定性大　(D)流動性較低。

(　) **3** 下列何項貨幣市場工具，其發行人或保證人須經過信評公司評等，才可發行？　(A)國庫券　(B)商業本票　(C)可轉讓定期存單　(D)銀行承兌匯票。

(　) **4** 可轉讓定期存單發行期限最長為多久？　(A)無限制　(B)二年　(C)一年　(D)一個月。

(　) **5** 某甲在銀行活期存款帳戶有1,000,000元，該銀行牌告活期存款利率為2.5%，請問六個月間的利息總額為何？　(A)25,000元　(B)12,500元　(C)125,000元　(D)1,250元。

(　) **6** 甲公司於某年1月5日發行30天期商業本票1,000萬元，承銷利率為6.5%，保證費率0.75%，承銷費率0.25%，簽證費率0.03%，請問其發行成本多少元？（取最接近值）　(A)185,666元　(B)61,884元　(C)185,656元　(D)61,874元。

(　) **7** 張先生於108年12月1日向銀行購買1,000,000元之可轉讓定期存單，於同年12月31日出售予票券商，倘張先生之稅前年投資報酬率為3%，則其稅後淨得款為何？（取最接近值）　(A)1,001,428元　(B)1,001,973元　(C)1,002,219元　(D)1,002,466元。

(　) **8** 某一國內可轉換公司債之轉換價格為20元，請問可轉換多少普通股股數（轉換比例）？　(A)5張　(B)10張　(C)15張　(D)20張。

(　) **9** 下列敘述何者錯誤？　(A)國內債券可分為政府公債、金融債券、公司債與國際金融組織新臺幣債券　(B)依是否提供擔保可

分為擔保債券與無擔保債券　(C)依票息之有無可分為固定利息債券、浮動利息債券與零息債券　(D)依債權之性質可分為普通債券與特別股。

(　) **10** 公債依其發行形式可分為實體公債及無實體公債，就無實體公債而言，下列敘述何者錯誤？　(A)公債採登錄方式，形同記名式債券　(B)公債持有人係透過央行所委託的清算銀行紀錄登冊，並發予公債存摺　(C)買賣雙方進行移轉債券所有權時，係經過清算銀行撥轉至買方公債存摺帳戶　(D)公債持有人可持息票依所載日期、金額，定期向政府指定的機構領取本金或利息。

(　) **11** 目前政府公債最長發行期限為何？　(A)15年期　(B)20年期　(C)25年期　(D)30年期。

(　) **12** 一張面額10萬元的台積電公司可轉換公司債，投資人可轉換2,000股台積電普通股，請問轉換價格為多少元？　(A)30元　(B)40元　(C)50元　(D)60元。

(　) **13** A先生購買剛發行之1年期零息債券，其面額為十萬元，若購買價格為98,000元，則目前市場利率為何？　(A)2.04%　(B)2.08%　(C)2.12%　(D)2.16%。

(　) **14** 吳經理持有一張10年期，票面利率4.5%，每半年付息一次之政府公債，若吳經理每期約可領1,125,000元利息，則該公債面額應為多少元？　(A)3千萬元　(B)4千萬元　(C)5千萬元　(D)6千萬元。

(　) **15** 假設某公債的面額為100萬元，年息4%，半年付息一次（剛付完息），發行期間7年，只剩下2年，期滿一次付清，若該公債目前的殖利率為3%，請問其價格為多少元？（取最接近值）　(A)1,019,021元　(B)1,019,096元　(C)1,019,135元　(D)1,019,272元。

(　) **16** 台灣股票交易中，下列何者為一般交易與盤後定價交易之最大差別？　(A)前者之交易時間為交易所營業日之上午九時到下午一時三十分，後者為下午一時三十分至二時　(B)前者之交易單位為千股或其倍數，後者之交易單位為小於千股　(C)前者依交易雙方之報價，進行競價成交，後者成交價之計算基礎則為一般交易之收盤價　(D)前者所有交易人均可下委託單，後者則僅限於鉅額委託單。

（　）**17** 運用資本資產訂價模式（CAPM）時，通常都假設該市場為下列何者？　(A)完全效率市場　(B)半效率市場　(C)無效率市場 (D)任何狀況都可使用。

（　）**18** 理論上當某一股之隨機指標（KD）D值小於20且威廉指標高於80時，技術分析上的意義為何？　(A)超買　(B)盤整　(C)超賣 (D)無法判斷。

（　）**19** 當加權指數為4,205點，30日平均加權指數為4,582點時，其30日的乖離率（BIAS）為下列何者？　(A)-8.23%　(B)8.23% (C)8.97%　(D)-8.97%。

（　）**20** 丙公司目前股價是30元，已知該公司今年每股可賺3元，試求該公司目前本益比為何？　(A)3　(B)10　(C)1/3　(D)1/10。

（　）**21** 下列何者為B股基金之特徵？　(A)限制持有國內與國外股票比例　(B)限制持有股票與債券比例　(C)申購手續費為遞減式後收型　(D)申購手續費為前收式。

（　）**22** 下列何者是投資共同基金的特性？　(A)專業投資機構的管理和運用　(B)高風險高報酬　(C)投資難度極高但變現性佳　(D)不具節稅功能。

（　）**23** 有關封閉式基金之敘述，下列何者錯誤？　(A)投資人不得向基金經理公司請求贖回　(B)目前國內封閉式基金大部份時間處於折價狀況　(C)買賣成交價格是以淨資產價值為基準　(D)投資人僅能透過證券經紀商在交易市場買賣。

（　）**24** 有關指數股票型證券投資信託基金（ETF），下列敘述何者錯誤？　(A)ETF與股票之單日漲跌幅相同　(B)ETF於盤中公告其淨值，股票則不用公告　(C)股票之證券交易稅為千分之三，ETF為千分之一　(D)股票與ETF取得信用交易資格，皆受上市6個月觀察期之限制。

（　）**25** 投資人欲申購國內之股票型基金100萬元，該基金申購手續費為2.00%，基金經理費為1.50%，基金保管費為0.15%，請問除申購金額100萬元外，投資人另需額外支付多少費用？　(A)20,000元 (B)21,500元　(C)35,000元　(D)36,500元。

(　　) **26** 高先生以5,200點買進一口小型台指期貨（契約乘數為50元），繳納23,000元保證金，倘他三日後以5,300點將該期貨部位平倉，則高先生的投資報酬率為何？（取最近值，假設期貨交易稅為千分之0.25，單邊手續費為300元）　(A)18.56%　(B)18.84%　(C)19.86%　(D)20.15%。

(　　) **27** 有關基本型衍生性金融商品之敘述，下列何者正確？　(A)遠期契約具有標準規格與報價　(B)期貨契約僅採實物交割　(C)交換契約屬買賣雙方特定協議契約　(D)選擇權契約賣方具有履約權利。

(　　) **28** 有關期貨交易所目前接受之委託類別，下列敘述何者錯誤？　(A)當市場行情觸及指定價位時，轉換成為市價委託的委託單稱為觸及市價委託單　(B)當市價達到指定之停損價位時，便成為市價委託的委託單稱為停損委託單　(C)停損限價委託是指當市價觸及所設定之停損價格時，該委託自動變成限價委託，且必須比所限價格高或相同時才能成交　(D)收盤市價委託是指委託限定以交易所公佈收盤時段內，委託期貨商以限價下單。

(　　) **29** 某投資人買進一口相同到期日之歐式買權與歐式賣權，其履約價格均為40元，若買權的權利金為4元，賣權的權利金為3元，則到期時股價在何範圍內，投資人才有淨利？（不考慮交易手續費及稅負）　(A)介於37元與44元之間　(B)介於33元與47元之間　(C)低於37元或高於44元　(D)低於33元或高於47元。

(　　) **30** 下列指標何者能真實反映過去經濟情況？　(A)領先指標　(B)同時指標　(C)技術面指標　(D)落後指標。

(　　) **31** 有關「遠期外匯交易」與「無本金交割遠期外匯契約」之比較，下列敘述何者錯誤？　(A)遠期外匯契約必須做全額交割　(B)無本金交割遠期契約應繳交保證金　(C)無本金交割遠期契約之槓桿效益較大　(D)二者均可作為規避外匯風險的工具。

(　　) **32** 下列何者非投資型保險之特點？　(A)兼具保障作用及投資功能　(B)若無特別約定，投資損失由要保人承擔　(C)投資方式由保險人決定與受益人無關　(D)保險給付隨實際投資績效而定。

(　　) **33** 下列何種投資型保險，保戶繳費期間及繳費額度可任意變動，保險金額亦可任意調整？　(A)萬能型　(B)變額型　(C)增額型　(D)減額型。

（　）**34** 有關我國旅行平安保險之敘述，下列何者錯誤？　(A)旅客若有需要，經保險公司同意可延長保險期間　(B)醫療給付以實支實付為限　(C)旅行期間搭乘飛機致心臟病發作死亡，可以獲得死亡保險金　(D)殘廢給付項目與保險金給付標準，與一般傷害保險相同。

（　）**35** 有關保險業之敘述，下列何者錯誤？　(A)火災保險、責任保險、保證保險皆屬財產保險　(B)依保險法規定，保險業之組織以股份有限公司為限　(C)財產保險業及人身保險業應分別提撥資金，設置財團法人安定基金　(D)保險法所稱被保險人，指於保險事故發生時，遭受損害，享有賠償請求權之人。

（　）**36** 李先生於108年5月1日投保癌症保險30萬元，但不幸於同年5月28日即因癌症病故，其可獲得的癌症保險金為多少？　(A)3萬元　(B)30萬元　(C)100萬元　(D)無給付。

（　）**37** 下列何種事故非屬保險上所謂除外責任？　(A)要保人故意致被保險人於死　(B)被保人投保壽險兩年後之故意自殘致死　(C)健康保險中因墮胎所致的疾病　(D)投保壽險被保險人酒後駕車致死亡，其酒測超過法令標準。

（　）**38** 有關信託之敘述，下列何者錯誤？　(A)依信託目的區分，可分為「公益信託」與「私益信託」　(B)受託人以信託為業所接受的信託，稱「營業信託」，又稱「商事信託」　(C)委託人以自己財產權的全部或一部，對外宣言為受託人的信託，稱「自益信託」　(D)不論「生前信託」或「遺囑信託」，委託人若死亡後，其修改信託契約的權利即隨之消滅。

（　）**39** 僅單純享受利益之人，係指下列何者？　(A)委託人　(B)受託人　(C)受益人　(D)信託監察人。

（　）**40** 有關遺囑信託，下列敘述何者正確？　(A)預立遺囑對於財產規劃與分配並無幫助　(B)遺囑信託能協助解決遺產管理和遺囑執行之問題　(C)與受託人簽訂信託契約時，將遺囑附註於後即為遺囑信託　(D)若成立遺囑信託，委託人死亡後遺產可免納遺產稅。

（　）**41** 下列何種保單能使被保險人規避保單利率變動的風險？　(A)變額壽險　(B)固定預定利率　(C)不分紅保單　(D)變額年金。

(　　) **42** 父母如想為兒女教育費用之所需作規劃，可投保下列何種保險？
(A)還本型終身保險　(B)增額分紅型養老保險　(C)附生存給付型
養老保險　(D)多倍型養老保險。

(　　) **43** 有關利率連結組合式商品之敘述，下列何者正確？　(A)其投資報
酬率是涉及複雜的匯率交換契約　(B)所運用之利率商品收益曲線
與利率選擇權價值無關　(C)所運用之利率商品收益曲線斜率越
低，該商品報酬率越高　(D)所運用之利率商品收益曲線斜率越
高，該商品報酬率越高。

(　　) **44** 個人財產信託下列各款，哪一款之信託關係人間財產之移轉，不
課徵贈與稅？　(A)明定信託利益之全部或一部之受益人為尚未存
在者　(B)信託關係存續中，變更信託利益之全部或一部之受益人
為非委託人者　(C)信託關係存續中，追加信託財產，致增加非委
託人享受信託利益之權利者　(D)信託關係存續中，受託人依信託
本旨交付信託財產受託人與受益人間。

(　　) **45** 以債券利息或債券部分本金去購買利率選擇權或賣出利率選擇
權，稱為下列何者？　(A)匯率連結組合式存款　(B)利率連結組
合式存款　(C)匯率連動債券　(D)利率連動債券。

(　　) **46** 人壽保險公司的獲利能力衡量標準不包括下列何者？　(A)利差
(B)費差　(C)價差　(D)死差。

(　　) **47** 目前市場上區間內計息債券（Range Accrual Notes）係藉由何種利
率選擇權所架構之商品？　(A)Strangle　(B)利率區間（Collar）
(C)數位利率選擇權（Digital Option）　(D)Cap Spread。

(　　) **48** 為維持退休後之經濟生活，下列所建議之購買年金的金額應為何
者較為適當？　(A)退休時薪資的50%至70%　(B)退休時薪資的
100%　(C)訂約時薪資的30%至50%　(D)訂約時薪資的100%。

(　　) **49** 如匯率連結組合式存款係以賣出匯率選擇權之買權為架構，保
障存款稅前年收益5%，到期時匯率未上升到履約價格之上，
則投資人到期可領回金額若干？　(A)95%本金　(B)100%本金
(C)100%本金+存款期間利息　(D)無法確定。

(　　) **50** 反浮動利率組合式債券商品適合在何種利率環境中最為有利？
(A)當國內外利率不斷下降環境下最典型的商品　(B)當國內外利
率持續上升下最典型的商品　(C)當國內利率環境和國外利率環境
處於相反走勢環境下最典型的商品　(D)國內外利率趨勢並不影響
到反浮動利率商品的收益。

解答及解析 答案標示為#者，表官方曾公告更正該題答案。

1 (C)。證券投資信託事業證券投資顧問事業經營全權委託投資業務管理辦法第29條，證券投資信託事業或證券投資顧問事業經營全權委託投資業務，應每月定期編製客戶資產交易紀錄及現況報告書送達客戶。

2 (D)。儲蓄型保單通常為7年以上，中途若解約，報酬率將較低，因流動性較定存差，故利率較銀行高。

3 (B)。(A)(C)(D)無須經過信評公司評等，(B)則需要。

4 (C)。可轉讓定期存單期限最短為1個月，最長不得超過1年。

5 (B)。本金×利率×期間
＝1,000,000×2.5%×6/12
＝$12,500。

6 (B)。利息費用：
1,000萬×6.5%×30/365＝53,424
保證費用：1,000萬×0.75%×30/365
＝6,164
承銷費用：1,000萬×0.25%×30/365
＝2,054
簽證費用：1,000萬×0.03%×30/365
＝246
發行成本合計：$53,424＋$6,164＋$2,054＋$246＝$61,888

7 (C)。利息收入採分離課稅（10%），稅後利息所得＝$1,000,000×3%×1/12×(1-10%)＝$2,250；稅後淨得款＝$1,000,000＋$2,250＝$1,002,250。

8 (A)。可轉讓定期存單面額以10萬為單位，10萬/20元＝5,000股，即5張。

9 (D)。依債權之性質可分為一般債券及次順位債券。

10 (D)。實體公債持有人可持息票定期向政府指定的機構領取本金或利息。

11 (D)。政府公債發行年期有2、5、10、20及30年，最長的就是30年期。

12 (C)。10萬/2千股＝$50。

13 (A)。10萬/(1＋X%)＝98,000，X＝2.04。

14 (C)。X×4.5%/2＝$1,125,000，X＝$5,000萬。

15 (D)。債券價格＝100萬×4%÷2×年金現值5%,20＋100萬×複利現值5%,20
＝$1,019,271.92

16 (C)。盤後定價交易下午14:00～14:30，一般交易與盤後定價交易交易單位都是1張＝1000股。

17 (A)。資本資產訂價模式假設市場為完全效率市場，即目前證券價格完全充分反映已公開及未公開之所有情報。

18 (C)。隨機指標（KD）D值小於20且威廉指標高於80時，代表超賣訊號。

19 (A)。離率其為股價偏離平均值的程度，乖離率＝(4,205-4,582)/4,582＝-8.23%。

20 (B)。30/3＝10。

21 (C)。B股基金是手續費後收型基金，具有手續費逐年遞減的特性。

22 (A)。共同基金有效分散投資風險、投資方便且變現性佳、具節稅功能。

23 (C)。成交價格是由市場供需關係決定。

24 (D)。得為信用交易的證券包含上市滿6個月、無價量異常、股權過度集中情形之普通股股票、臺灣存託憑證及受益憑證。ETF取得信用交易資格不受上市6個月觀察期之限制。

25 (A)。投資人另需額外支付：申購手續費；直接反應在基金淨值中：基金經理費、基金保管費。
1百萬×2%＝2萬。

26 (A)。賣出小台指期貨淨收益
＝(5,300－5,200)×50－買進交易稅－5,200×50×0.25/1,000－賣進交易稅5,300×50×0.25/1,000－手續費300×2＝4,268.75
投資報酬率
＝4,268.75÷23,000×100%＝18.56%

27 (C)。(A)遠期契約為非標準契約。(B)期貨契約有現金及實物交割。(D)選擇權契約買方具有履約權利。

28 (D)。收盤市價委託是於收盤前委託，在收盤前至收盤之間的一段時間內執行交易，參考成交價是收盤前一段期間的任一成交價皆可能，不一定是收盤價。

29 (D)。權利金總計＝$4＋$3＝$7，股價低於$40－$7＝$33或高於$40＋$7＝$47，投資人才有淨利。

30 (D)。落後指標是反映過去經濟情況。

31 (B)。無本金交割遠期外匯契約(NDF)屬於遠期外匯商品，具有避險功能，當合約到期時，交易雙方不需交割保證金，只就合約議定遠期匯率與到期時的即期匯率間的差額進行交割，具高槓桿效果，投機意味較濃。

32 (C)。投資型保險商品投資方式由保戶自行決定，相對的投資風險也由保戶自己承擔，受益人亦即投資者。

33 (A)。萬能型投資保險：保戶繳費期間及繳費額度可任意變動。保險金額亦可任意調整。

34 (C)。旅遊平安保險：被保險人於旅遊期間因遭遇意外傷害事故，致其身體蒙受傷害需醫療，或因而殘廢、死亡時給付保險金之保險。

35 (B)。保險法第136條，保險業之組織，以股份有限公司或合作社為限。但經主管機關核准者，不在此限。

36 (D)。保險法第64條，訂立契約時，要保人對於保險人之書面詢問，應據實說明。要保人有為隱匿或遺漏不為說明，或為不實之說明，足以變更或減少保險人對於危險之估計者，保險人得解除契約；其危險發生後亦同。但要保人證明危險之發生未基於其說明或未說明之事實時，不在此限。
因此，可拒絕進行理賠，且不退還保費。

37 (B)。被保人故意自殺或自成殘廢，但自契約訂立或復效之日起2年後故意自殺致死者，公司仍負身故保險金之責。

38 (C)。委託人以自己財產權的全部或一部，對外宣言為受託人的信託，稱宣言信託。

39 (C)。單純享受利益之人即受益人。

40 (B)。遺囑信託是指委託人以立遺囑的方式，把指定範圍的遺產，透過遺囑執行人於申報、繳交遺產稅後交付信託，再由被信託者依信託契約的約定，為委託人指定之繼承人、受遺贈人管理遺產，至信託存續期間屆滿為止，以確保遺產可以依照委託人生前的規劃來運用。

41 (B)。固定預定利率保單在保單期間利率固定。

42 (C)。附生存給付型養老保險以養老保險為主，在保險期間每年或一定期間給付生存保險金之商品，為配合兒童教育費用之所需，而設計之教育生存給付型保險。

43 (D)。以存款利息或部分本金購買或賣出利率選擇權為利率連結組合式商品。

44 (D)。(A)(B)(C)皆須課徵贈與稅。

45 (D)。以債券利息或部分本金去購買或賣出利率選擇權，稱之為利率連動債券。

46 (C)。人壽保險公司的獲利能力衡量標準不包括價差。

47 (C)。區間內計息債券為利率選擇權所架構之商品。

48 (A)。購買年金的金額建議應為退休時薪資的50%至70%。

49 (C)。履約風險最大損失為標的物價格為0，到期時匯率未上升到履約價格之上，則無履約，故可領回金額為100%本金＋存款期間利息。

50 (A)。隨著市場利率走低，債券得到的利息反而增加，故稱為反浮動利率。

第36屆理財規劃實務

( )　**1** 採取定期定額的理財策略可能陷入下列何項迷思？　(A)短期震盪幅度大，長期向上趨勢明顯適合採定期定額投資　(B)定期定額投資因可向下攤平，所以在空頭市場也不會有所損失　(C)定期定額投資仍應注意股價趨勢，適時做好資產配置　(D)全球市場基金應具有分散風險的特性，故為定期定額較適合的投資標的。

( )　**2** 定期定額投資的好處之一，是不管市場持續上揚、下跌或波動時，平均每股成本皆低於下列何者？　(A)平均價格　(B)期初成本　(C)期末成本　(D)任一市價。

( )　**3** 將投資10年以上的投資報酬率之上、下限區間，與單年期的投資報酬率之上、下限區間相比較，下列敘述何者較符合實證之事實？　(A)10年報酬率，其上下限區間較集中　(B)單年期報酬率，其上下限區間較集中　(C)二者之上、下限區間，大致相同　(D)二者無穩定之關係。

( )　**4** 根據國外的研究顯示，投資績效的決定因素中，最重要的是下列何者？　(A)投資組合策略　(B)投資時機策略　(C)選股策略　(D)避險策略。

( )　**5** 當整體股市人氣資金匯集時，應加重下列何種個股，較能突顯短期操作績效？　(A)$\beta > 1$　(B)$\beta = 1$　(C)$\beta < 1$　(D)$\beta = 0$。

( )　**6** 有關現代投資組合理論之敘述，下列何者錯誤？　(A)由於投資人總是希望風險愈低愈好，報酬愈高愈好，反映在風險報酬座標上的無異曲線，為一呈現負相關之曲線　(B)資本市場線上之市場組合M與左側無風險報酬所在Y軸間連線MY為系統風險，與右側個別證券D之連線MD為非系統風險　(C)投資工具間相關性太高，對整體投資組合變異數的降低貢獻有限　(D)變異數計算必須有足夠的樣本數，否則數值容易出現偏誤。

( )　**7** 依資本資產定價模型（CAPM），假設存放銀行之無風險利率為3%，乙公司股票所處的證券市場之大盤期望報酬率為7%，乙公司股票相較於大盤指數的系統風險係數β為1.5，請計算出

購買乙公司股票的期望報酬率為何？　(A)7%　(B)8%　(C)9%
(D)10%。

(　　) **8** 如果政府公債被視為無風險資產，該公債的利率假設為7%，又
知用以反映系統風險之貝他係數及風險貼水分別為1與8%，則
依證券市場線可求得之必要報酬率為多少？　(A)8%　(B)12%
(C)15%　(D)16%。

(　　) **9** 無風險利率Rf=10%，市場報酬率E（Rm）＝15%，甲股票的 β 值
為1.6，甲股票的需要報酬率為何？　(A)17%　(B)18%　(C)19%
(D)20%。

(　　) **10** 某甲以向日葵原則配置100萬元資產，核心組合、周邊組合各半，
其中核心組合持有60%股票、40%存款，若核心持股市值上漲
10%，則某甲應如何因應？　(A)出售核心持股1.2萬元　(B)出售
核心持股2.1萬元　(C)加買核心持股1.2萬元　(D)加買核心持股
2.1萬元。

(　　) **11** 王小姐擬經營咖啡店，每月店租金5萬元，員工總薪資5萬元，其
他開支1萬元，另裝潢費用240萬元，按5年攤提折舊，若毛利率
（相當於邊際貢獻率）為40%，則每月之營業額為多少時，恰可
達到損益平衡？（不考慮稅負與自有資金之機會成本）　(A)25萬
元　(B)35萬元　(C)37.5萬元　(D)40萬元。

(　　) **12** 小李希望在10年後擁有相當於現在500萬元之資產，假設通貨膨脹
率為3%，請問未來相同購買力金額為何？　(A)572萬元　(B)622
萬元　(C)672萬元　(D)722萬元。

(　　) **13** 小王辦理房屋貸款500萬元，貸款利率5%，期限20年（20期），
擬採期初本利平均攤還法與期末本利平均攤還法，則下列敘述何
者正確？（取最接近金額）　(A)每期期初本利平均攤還
額高於每期期末本利平均攤還額19,100元　(B)每期期初本利平均攤還額高
於每期期末本利平均攤還額21,100元　(C)每期期初本利平均攤還
額低於每期期末本利平均攤還額19,100元　(D)每期期初本利平均
攤還額低於每期期末本利平均攤還額21,100元。

(　　) **14** 有關家庭財務比率之分析，下列敘述何者錯誤？　(A)淨值投資比
率大於100%，表示有運用財務槓桿借錢投資　(B)淨值投資比率

小於100%，表示沒有運用財務槓桿借錢投資　(C)理財成就率的標準值等於1，比率愈大，表示過去理財成績越佳　(D)理財成就率小於1，表示過去理財成績不算太好。

(　) **15** 王先生王太太年收入170萬元，支出130萬元，生息資產140萬元，有房屋價值300萬元，貸款七成，房貸利率6%，當年度平均投資報酬率為5%，其淨值增加多少？※理財收入公式＝【（生息資產＋毛儲蓄÷2）×投資報酬率】　(A)34.2萬元　(B)32.3萬元　(C)36.4萬元　(D)35.4萬元。

(　) **16** 張先生目前年收入為150萬元，年支出為120萬元，毛儲蓄為30萬元，生息資產為100萬元，自用資產為100萬元，無負債，其投資報酬率為5%。假設當年毛儲蓄逐月累積時，以現金持有。理財收入在毛儲蓄大於零時，以期初生息資產為計算基準。下列敘述何者錯誤？　(A)其目前之負債比率為0　(B)其目前之淨值投資比率為50%　(C)當年度淨值成長率為36%　(D)當年度理財收入為5萬元。

(　) **17** 小李原有本金50萬元，另信用貸款200萬元，全部投資於某金融商品，倘貸款年利率5%，年投資報酬率為10%，則一年後其淨值投資報酬率為何？　(A)20%　(B)30%　(C)50%　(D)70%。

(　) **18** 張三以新臺幣98萬元購買面額100萬元、90天期（一年以360天計）的國庫券，持有到期滿。請問張三的投資報酬率為多少？　(A)8.16%　(B)8.46%　(C)8.76%　(D)8.96%。

(　) **19** 王先生花15年時間投資基金以累積一筆資金，其於第1年年底投資10萬元，第2年年底投資30萬元，而第3年至第15年之每年年底均投資60萬元，假設年投資報酬率固定為5%，則王先生15年後共可累積多少錢？（取最近值）　(A)1,139.16萬元　(B)1,142.97萬元　(C)1,214.74萬元　(D)1,218.36萬元。

(　) **20** 李君擬投保每期「期初」繳10萬元16年期，或躉繳100萬元的保單，假設李君在此投保期間年報酬率無法達到5%，則下列敘述何者正確？　(A)保單推估年折現率約為7%；李君應採躉繳方式　(B)保單推估年折現率約為9%；李君應採躉繳方式　(C)保單推估年折現率約為7%；李君應採年繳方式　(D)保單推估年折現率約為9%；李君應採年繳方式。

（　）**21** 某房地產總價800萬元，可貸款500萬元，房貸利率6%，若自備款的機會成本為4%，請問其購屋年成本為何？　(A)39萬元　(B)42萬元　(C)45萬元　(D)51萬元。

（　）**22** 店面與辦公大樓估價時通常採收益還原法，若台北市某辦公大樓樓層面積150坪，每月淨租金收入為16萬元，未來市場投資年收益率皆為5%，請問其合理總價為何？　(A)960萬元　(B)2,400萬元　(C)3,000萬元　(D)3,840萬元。

（　）**23** 倘王先生目前適用綜合所得稅率為30%，每月按薪資15萬元自行提撥6%，則其一年之節稅利益為若干元？　(A)43,200元　(B)32,400元　(C)23,400元　(D)21,000元。

（　）**24** 周君現年40歲，預備60歲時退休。假設周君現有100萬元可供投資，年投資報酬率為10%，且每年可儲蓄23萬元供其投資，請問屆時退休可準備多少退休金？　(A)1,090萬元　(B)1,590萬元　(C)1,990萬元　(D)2,490萬元。

（　）**25** 有關投資組合與投資策略，下列何者錯誤？　(A)投資組合保險策略在盤整市場時，有買高賣低特性　(B)固定比例策略沒有具體的調整標準，容易受主觀因素影響　(C)要從事投機組合，最好以閒餘資金或意外財源操作　(D)運用向日葵原則，其中花心是機動性較高，視波段操作的戰術資產配置。

（　）**26** 依據風險值VAR理論，某一投資組合的平均投資報酬率為15%，標準差為20%，若投資人甲的最大風險承受度為20%，在90%的信賴水準下，是否能承受此一風險？　(A)可以承受　(B)無法承受　(C)不一定　(D)無法判斷。

（　）**27** 預期未來30年景氣向上、持平與向下的機率分別為30%、30%、40%，景氣向上股市平均年報酬率為20%，持平時為5%，向下時為-12%，則股市的期望報酬率為何？　(A)2.70%　(B)4.33%　(C)4.90%　(D)22.82%。

（　）**28** 下列何者不是年金終值係數的運用？A.定期定額投資期末總金額　B.已知年繳保費與滿期領回之金額，推估儲蓄險報酬率　C.躉繳保費　(A)僅C　(B)僅A、B　(C)僅A、C　(D)A、B、C。

( ) **29** 有關銀行房地產貸款之敘述，下列何者錯誤？ (A)台灣地區的銀行房貸，多採取本金平均攤還法 (B)同一地區新成屋通常比中古屋可貸款額度為高 (C)台灣地區銀行的房貸採浮動利率者居多 (D)以房地產價值為設定貸款額度，動用本金時才支付利息之方式被稱為理財型房貸。

( ) **30** 目前自用住宅房貸利息扣除額為30萬元，假設甲從原貸款200萬元增貸為300萬元，請問其申報自用住宅房貸利息扣除額為若干？ (A)新增貸100萬元之利息 (B)原貸款200萬元之利息 (C)增貸後300萬元之利息 (D)只要利息總計不超過30萬元均可申報。

( ) **31** 目前以成交價為基準之仲介費率，法令規定之上限為買賣雙方合計不得超過多少？ (A)3% (B)4% (C)5% (D)6%。

( ) **32** 詹老師申請房屋貸款600萬元，年利率4%，貸款期間20年，約定採本利平均攤還法按年期清償；然其於償還第5期本利和後，因每年收入減少故與貸款銀行協商，將貸款期間由原先20年延長為30年，惟年利率調高為5%，其他條件維持不變。則自此之後，詹老師每期所須償還之本利和將較前5期減少多少元？（取最接近值）(A)9.32萬元 (B)8.76萬元 (C)8.28萬元 (D)7.84萬元。

( ) **33** 假設年投資報酬率6%，預計20年後累積100萬元，則每月應儲蓄之金額為多少？（四捨五入至百元） (A)1,600元 (B)1,800元 (C)2,000元 (D)2,300元。

( ) **34** 下列何者不是家庭資產負債表中「養生負債」的項目？ (A)實質負債 (B)家計負債 (C)退休負債 (D)教育金負債。

( ) **35** 居住國內之中華民國國民，哪一種規劃可以降低遺產稅負擔？ (A)儘早規劃，分年移轉資產並依法繳納贈與稅 (B)將資金匯出國外 (C)訂定資產分配意願書或遺囑 (D)舉債。

( ) **36** 有關綜合所得稅節稅規劃，下列敘述何者錯誤？ (A)在合法及不影響所得額的範圍內，儘可能將應稅所得轉換為免稅所得 (B)年底的大額所得延緩到次年一月，可延緩繳稅的時間 (C)當列舉扣除額高於標準扣除額時，選用列舉扣除額 (D)只要邊際所得稅率高於短期票券分離課稅的稅率時，則一律以購買短期票券替代存入金融機構的存款。

（　　）**37** 有關遺產稅的敘述，下列何者正確？　(A)遺產稅起算稅率為4%　(B)採累進稅制，1億元以上的遺產總額課徵50%的遺產稅　(C)遺產稅若是屬於免稅案件就不必申報　(D)被繼承人如為經常居住中華民國境外之中華民國國民，依法不得享有配偶扣除額。

（　　）**38** 有關購屋或租屋之決策，採年成本法做決策時，除租屋與購屋成本考量外，尚須考量之因素，下列敘述何者錯誤？　(A)薪資成長率　(B)房貸與房租所得稅扣除額　(C)房租上漲率　(D)房價未來走勢。

（　　）**39** 依我國所得稅規定，金額愈高，所面臨的稅負就愈高，是因為採行何種課稅制度？　(A)定額稅制　(B)比例稅制　(C)累進稅制　(D)波動稅制。

（　　）**40** 有關個人節稅規劃，下列敘述何者正確？　(A)我國有關個人之各項稅項均採「屬地主義」，將資金匯至海外投資，既可降低個人綜合所得稅亦可合法規避贈與及遺產稅　(B)夫妻相互贈與免稅，故其中一方即將過世前，將其資產移轉予配偶可降低遺產稅　(C)父親擬將資產以買賣方式移轉予子女，因子女資金不足，得由父親提供擔保向銀行貸款，子女取得資金後，匯入父親帳戶，即可避免贈與稅　(D)母親擬贈送不動產予子女，若該不動產已由母親當做抵押品向銀行貸款，可將不動產連同貸款（負債）贈與子女，可降低贈與稅。

（　　）**41** 丙君欲以其所持有未上市公司股權售予子女，該公司淨值為600萬元，但持有一筆上市股票投資成本100萬元，市價200萬元，為避免被視為贈與課稅則該未上市公司之售價基礎為多少？　(A)500萬元　(B)600萬元　(C)700萬元　(D)800萬元。

（　　）**42** 依遺產及贈與稅法規定，資產在計算贈與稅時，有關價值之認定，下列敘述何者錯誤？
(A)土地係以公告地價計算
(B)房屋係以評定價格計算
(C)上市上櫃公司的股票，原則上以贈與日之收盤價認定
(D)未上市（櫃）股票原則上以贈與日該公司資產淨值估定，惟仍須再考量其資產中所含有上市（櫃）之股票價值再加以調整。

( ) **43** 當現在金額5,000元與八年後金額8,500元,具有相同的購買力,請
問此期間平均通貨年膨脹率應約為下列何者? (A)4% (B)5%
(C)6% (D)7%。

( ) **44** 在即將退休之際,下列何者為保單不宜調整之項目?
(A)增加醫療險保單
(B)增加長期看護險
(C)滿期養老險轉退休年金
(D)增加分期繳費遞延年金保險。

( ) **45** 陳君現年45歲,在A公司已服務5年,若依勞退舊制規定,陳君
現在要跳槽至B公司且在65歲時退休,假設薪資成長率等於通貨
膨脹率,試問跳槽後薪資至少增加多少才能補足退休金損失?
(A)3.5% (B)3% (C)2.5% (D)2%。

( ) **46** 廣義的生涯規劃包括四個環節,其中不包括下列何者? (A)家庭
規劃 (B)居住規劃 (C)退休規劃 (D)升學規劃。

( ) **47** 一個完整的退休規劃,應包括工作生涯設計、退休後生活設計及
自籌退休金部份的儲蓄投資設計,下列何者非這三項設計的最大
影響變數? (A)通貨膨脹率 (B)薪資成長率 (C)投資報酬率
(D)貸款利率。

( ) **48** 下列何者不是選擇一次領取退休金或退休年金的重要考量因素?
(A)預期剩餘壽命 (B)通貨膨脹率 (C)運用退休金可達到的投資
報酬率 (D)子女教育費用。

( ) **49** 下列何者並非正確的投資規劃準則?
(A)依達成年限、金額等設定投資目標
(B)就各目標設定有機會達成的預定報酬率
(C)依理財目標的特性來進行資產配置
(D)強調長期投資,因此投資之後最好都不要調整投資組合。

( ) **50** 當你第一次與客戶面談,下列何項屬於理財規劃流程的「客戶資
訊蒐集與設定理財目標」流程? I.詢問扶養親屬人數 II.詢問
扶養親屬年齡或生日 III.決定投資哪種股票 IV.蒐集財務資料
(A)僅I (B)僅I&II (C)僅II&III (D)僅I,II&IV。

解答及解析　答案標示為#者，表官方曾公告更正該題答案。

1 (B)。定期定額投資在空頭市場也會有損失。

2 (A)。平均每股成本皆低於平均價格。

3 (A)。10年報酬率因為時間較長，波動已平準化，其上下限區間較集中。

4 (A)。投資績效的決定因素中，最重要的是投資組合策略。

5 (A)。β值>1，當加權指數上漲時，該支股票的漲幅會較大。

6 (A)。風險與報酬率的無異曲線，在曲線上的任何一點效用相同，為一呈現正相關之曲線，愈往左上方的無異曲線，效用水準愈高。

7 (C)。3%＋1.5(7%－3%)＝9%。

8 (C)。7%＋1×8%＝15%。

9 (B)。10%＋1.6×(15%－10%)＝18%。

10 (A)。總資產＝30萬×1.1＋20萬＝53萬，53萬元×60%＝31.8萬元應賣出30萬×1.1－31.8萬＝1.2萬。

11 (C)。15萬元/40%＝37.5萬。

12 (C)。500萬×終值係數(r＝3%，n＝10)＝500萬×1.3439＝6,719,500

13 (C)。平均攤還貸款額＝500萬/年金現值係數(r＝5%，n＝20)
＝500萬/12.4622＝401,213
期初年金：500萬/13.0853＝$382,108
$401,213－$382,108＝$19,105

14 (B)。財務槓桿倍數越高，代表藉負債擴充信用的倍數越大；當淨

值投資比率越高，淨值投資比率>100%，表示有運用財務槓桿借錢投資。

15 (D)。毛儲蓄＝170萬－130萬＝40萬
170萬－130萬＋(140萬＋40萬/2)×5%－300萬×0.7×6%＝35.4萬

16 (C)。淨儲蓄＝毛儲蓄為30萬＋生息資產100萬×投資報酬率5%＝35萬元
淨值＝100萬
淨值成長率＝淨儲蓄/淨值＝35萬/100萬＝35%。

17 (B)。投資淨收入＝(50萬＋200萬)×10%－200萬×5%＝15萬；
淨值投資報酬率＝(15萬/200萬)×(200萬/50萬)＝30%

18 (A)。[(100－98)/98]/90×360＝8.16%。

19 (A)。10萬×複利終值係數(n＝14，r＝5%)＋30萬×複利終值係數(n＝13，r＝5%)
＋60萬×年金終值係數(n＝13，r＝5%)＝10萬×1.9799＋30萬×1.8856
＋60萬元×17.713＝11,391,470。

20 (A)。100萬×複利終值係數(r＝7%，n＝16)＝100萬×2.9522＝2,952,200；
10萬×期初年金終值係數(r＝7%，n＝16)＝10萬×26.129＝2,612,900；
保單推估年折現率約為7%；應採躉繳方式。

21 (B)。500萬×6%＋300萬×4%＝42萬。

22 (D)。(16萬×12)/5%＝3,840萬。

23 (B)。15萬×6%×30%×12＝$32,400。

24 (C)。100萬×(r＝10%，n＝20終值係數6.7275)＝6,727,500。
23萬×(r＝10%，n＝20年金終值係數57.275)＝13,173,250
$6,727,500＋$13,173,250＝$19,900,750。

25 (D)。花瓣是機動性較高，視波段操作的戰術資產配置。

26 (A)。90%信賴區間，透過標準常態機率表可得：
(1.64515%－1.645×5%)～(15%＋1.645×5%)＝7%~23%。

27 (A)。30%×20%＋30%×5%＋40%×(－12%)＝2.70%。

28 (A)。定期定額投資期末總金額是年金終值係數的運用。

29 (A)。台灣地區的銀行房貸，多採取本利平均攤還法。

30 (B)。原貸款200萬元之利息，增貸的部分不能適用自用住宅房貸利息扣除額。

31 (D)。法令規定之上限為買賣雙方合計不得超過6%。

32 (A)。
1.借款600萬元，利率4%，期限20年，每年要還：
X萬×(r＝4%，n＝20，年金現值係數13.59)＝600萬，X＝$441,501。
第1期還本$201,501、第2期還本$209,561、第3期還本$217,943元、第4期還本$226,661、第5期還本$235,728。

剩餘本金
＝$6,000,000－$201,501－$209,561－$217,943－$226,661－$235,728
＝$4,908,606。
2.利率5%，期限25年，每年要還：
Y×(r＝5%，n＝25，年金現值係數14.094)＝$4,908,606，Y＝$348,276。
3.原先每期償還金額$441,501－變更後每期償還金額$348,276＝$93,225。

33 (D)。100萬/年金終值係數(r＝6%，n＝20)＝100萬/36.76＝$27,203(年)
$27,203/12＝$2,267。

34 (A)。實質負債不是家庭資產負債表中「養生負債」的項目。

35 (A)。儘早規劃，分年移轉資產，合法繳稅。

36 (D)。金融機構的存款有27萬儲蓄特別扣除額。

37 (D)。遺產稅起算稅率為10%，1億元以上的遺產總額課徵20%的遺產稅，遺產稅若是屬於免稅案件仍需申報。

38 (A)。無須考慮薪資成長率。

39 (C)。累進稅制，稅率隨課稅對象數額的增加而提高的稅，亦即規定不同等級的稅率。

40 (D)。個人之各項稅項均採屬人兼屬地主義，死亡前2年贈與配偶，仍須納入遺產。(C)有贈與稅。

41 (C)。600萬＋(200萬－100萬)＝700萬。

42 (A)。土地係以公告現值計算。

43 (D)。$5,000×$複利終值係數$(r,8)=$
$\$8,500$，$r=7\%$

44 (D)。即將退休，代表即將沒有工作
收入，不應增加分期繳費。

45 (D)。繼續任職A公司工作到65歲退
休，累計年資$=65-40=25$
退休金基數$=15×2+(25-15)×1=$
40單位，應請領退休金$=4$萬$×40=$
160萬
跳槽B公司45歲工作到65歲退休，累
計年資$=65-45=20$
退休金基數$=15×2+(20-15)×1$
$=35$單位，應請領退休金$=4×35=$
140萬
加薪補足退休金損失：140萬$×(1+$
每年薪資增加百分比$)≥160$萬
每年薪資增加百分比$≥(160/140)-1$
→每年薪資增加百分比$≥14.29\%$
→每月薪增加百分比
　$=14.29\%/12≥1.19\%$
→所以至少要調升2%才能補足退休
　金損失。

46 (D)。狹義的生涯是指與個人終生
所從事工作或職業有關的過程，指
個人一生中的工作、職業以及和環
境互動的整體；廣義的生涯則是指
整體人生的發展，除了終生的事業
外，尚包含個人整體生活的開展，
指個人一生中所有生活的層面（包
括家庭、職業與社會等）的綜合。
因此，廣義的生涯規劃不包括升學
規劃。

47 (D)。通貨膨脹率、薪資成長率、投
資報酬率會影響退休規劃。

48 (D)。子女教育費用不是選擇退休金
領取方式的考量。

49 (D)。應依照實際情況而隨時動態調
整投資組合。

50 (D)。需求面談確認理財目標→蒐集
財務資料→提出理財建議→協助客戶
執行財務計畫→定期檢視投資績效。

第37屆理財工具

( ) **1** 依證券商設置標準第七條規定，證券商發起人應於向金管會申請許可時，按其種類向所指定銀行存入營業保證金，下列敘述何者錯誤？ (A)證券自營商為新臺幣二千萬元 (B)證券承銷商為新臺幣四千萬元 (C)證券經紀商為新臺幣五千萬元 (D)存入款項得以政府債券或金融債券代之。

( ) **2** 有關可轉讓定期存單之敘述，下列何者錯誤？ (A)期限最短為一個月 (B)利息所得採分離課稅 (C)不得中途解約，但可背書轉讓 (D)其面額以新臺幣壹萬元為單位。

( ) **3** 根據銀行法第二十條規定，銀行分為商業銀行、專業銀行及下列何者？ (A)工業銀行 (B)投資銀行 (C)信託投資公司 (D)金融控股公司。

( ) **4** 有關消費者物價指數的敘述，下列何者錯誤？ (A)指數上揚表示通貨膨脹壓力增大，利率調低可能性增加 (B)該指數對股市與債市而言，高於預期的數字屬於利空，低於預期的數字屬於利多 (C)指數上揚表示一般家庭需要花費更多的金錢才能維持相同的生活水準 (D)在長期理財規劃時，合理通貨膨脹率可設在2%至5%之間較為合宜。

( ) **5** 一國貨幣政策的目的不宜包括下列何者？ (A)融通政府預算赤字 (B)避免惡性通貨膨脹 (C)避免通貨緊縮 (D)刺激經濟成長。

( ) **6** 在其他條件不變之情形下，減少政府支出、加稅的政策對總體經濟供需模型的影響，下列何者正確？ (A)總需求曲線向右上方移動 (B)總需求曲線向左下方移動 (C)總供給曲線向左上方移動 (D)總供給曲線向右下方移動。

( ) **7** 有關我國國際收支之敘述，下列何者正確？ (A)分為經常帳、資本帳與金融帳三大類 (B)資本帳主要是以貿易為主要紀錄對象 (C)經常帳主要以直接投資、證券投資及其他投資為主 (D)國際收支順差時，本國貨幣有貶值壓力。

（　）　**8** 中央銀行所採行之貨幣政策工具中，下列何者對提高貨幣供給額的效果最大？　(A)調整存款準備率　(B)調整重貼現率　(C)公開市場操作　(D)外匯市場操作。

（　）　**9** 下列何者非貨幣市場交易工具？　(A)國庫券　(B)商業本票　(C)可轉讓定期存單　(D)公債。

（　）　**10** 有關信用卡循環利率，下列敘述何者正確？　(A)依民法規定，信用卡循環利率最高者為15%　(B)循環利率的計算以月計息　(C)若以持卡人繳款截止日為利息起算日，則對持卡人最不利　(D)如果已使用循環信用，持卡人可自別家申請訂有期限較低利率之信用卡代償。

（　）　**11** 張三每季可以儲蓄10萬元，停損比率設定為3%，理財型房貸季利率是1.8%；今假設張三投資週期是季，為了確定其還款能力沒有問題，張三實際運用之理財型房貸額度多少元才適當？（算至萬元，以下全捨）　(A)100萬元　(B)108萬元　(C)208萬元　(D)300萬元。

（　）　**12** 預期景氣即將復甦上揚，下列何者債券投資報酬可望最高？　(A)公司債　(B)可轉換公司債　(C)登錄公債　(D)金融債券。

（　）　**13** 有關債券存續期間（Duration）之觀念，下列敘述何者正確？　(A)在其他條件固定下，殖利率較高，則其存續期間較長　(B)在其他條件固定下，票面利率較高，則其存續期間較長　(C)在其他條件固定下，到期年限較長，則其存續期間較短　(D)存續期間係將債券各期收益加以折現，並用時間加權計算。

（　）　**14** 信用評等機構對受評對象的評估因素代表的是一個綜合性指標，下列何者並不包含在評估受評對象的考量因素？　(A)違約機率　(B)資本額大小　(C)必要時的奧援強度　(D)債信本身的穩定度。

（　）　**15** 若可轉換公司債之面額10萬元，轉換價格為20元，則每張債券可轉換普通股股數為多少？　(A)2,500股　(B)5,000股　(C)8,000股　(D)10,000股。

（　）　**16** 一張可轉換公司債票面金額為10萬元，其賣回權條款（put provision）之賣回收益率為4.5%，假設發行二年後，第一次賣回日贖回，則投資人可拿回多少元？　(A)95,500元　(B)100,000元　(C)104,500元　(D)109,000元。

（　） **17** 假設某公債於民國107年8月14日剛付完息，其基本資料如下：面額10萬元，年息6%，半年付息一次，民國102年2月14日發行，7年期，到期一次還本。若該公債殖利率為2.5%，則其買入價格為何？（取最接近金額）　(A)105,121元　(B)102,151元　(C)100,000元　(D)95,121元。

（　） **18** 目前在我國賣出股票時，須繳納成交金額千分之幾的證券交易稅？　(A)千分之一點四二五　(B)千分之一點五　(C)千分之三　(D)無須繳納。

（　） **19** 下列何者屬於技術分析模式的範疇之一？　(A)由上往下模式　(B)現金股利固定成長模型　(C)K線分析法　(D)資本資產訂價模式（CAPM）。

（　） **20** 當物價明顯上漲時，政府通常會採用緊縮性的貨幣政策，以抑制物價持續上漲，此時對利率與股價有何影響？　(A)利率上升，對股價有不利之效果　(B)利率下降，對股價有不利之效果　(C)利率上升，對股價有助漲之效果　(D)利率下降，對股價有助漲之效果。

（　） **21** 在股票投資領域中，下列何者不屬於總體經濟分析？　(A)景氣對策信號　(B)經濟成長率　(C)產業週期　(D)貿易收支。

（　） **22** 有關CAPM（資本資產訂價模型）與APT（套利訂價理論）之比較，下列敘述何者錯誤？　(A)兩者皆認為在市場達成均衡時，個別資產的預期報酬率可由無風險名目利率加上系統風險溢酬來決定　(B)兩者均為單期模式，衡量單期風險與報酬　(C)兩者均為線性的因子模式　(D)兩者均為單因子模式。

（　） **23** 目前股票漲跌幅原則上係以當日開盤競價基準之上下某百分比為限制，倘有一股票當日開盤競價基準為54元，請問按現行制度，這檔股票當日最高可漲至多少價格？　(A)57.7元　(B)57.8元　(C)59.4元　(D)70.2元。

（　） **24** 公司今年現金股利每股3元，若其現金股利成長率為6%，另假設投資人預期報酬率為18%，則其合理股價應約為多少元？　(A)23.5元　(B)26.5元　(C)29.5元　(D)32.5元。

（　） **25** 有關定期定額投資基金，下列敘述何者正確？　(A)基金淨值上揚時買入更多單位數　(B)基金淨值下跌時自動停止扣款　(C)定期定額贖回原投資　(D)每月自銀行帳戶自動扣款。

（　）**26** 有關投資共同基金的風險，下列敘述何者正確？　(A)投資國內投信發行的國外基金，因為以台幣計價，所以沒有匯兌風險　(B)由於基金具有分散投資降低風險的效果，可以使不同產品間的風險差距也可因此減低　(C)利率風險影響股票型基金最大，其次是債券型基金　(D)投資地區的景氣、產業榮枯，對於股票型基金、債券型基金都會產生市場風險。

（　）**27** 指數股票型基金的商品性質不包括下列何者？　(A)股票型基金　(B)封閉型基金　(C)積極型基金　(D)開放型基金。

（　）**28** 有關投資共同基金的各種費用，下列敘述何者正確？　(A)銀行受託投資國內外基金，所收取的信託管理費收費標準各銀行有所不同　(B)只有部分的國內外基金另外委託保管機構保管基金資產，所以有保管費用產生　(C)基金經理費、基金保管費和信託管理費都是在基金資產中做為費用項目扣除　(D)國內投信基金進行基金轉換的規定或辦法與國外基金相同。

（　）**29** 某基金其申購手續費3%，基金經理費1.5%，基金保管費0.15%，一年前某投資人透過銀行（信託管理費依期初信託金額0.2%計算，贖回時收取）申購該基金1萬個單位，並支付3,000元申購手續費給銀行，當時買入之價格10元，贖回價9元，則贖回時可以拿到多少錢？　(A)90,000元　(B)89,800元　(C)88,300元　(D)88,150元。

（　）**30** 有關影響選擇權價格之因素，下列敘述何者正確？　(A)選擇權買權的價格與標的商品價格成反向關係　(B)選擇權賣權的價格與標的商品價格的波動性成正向關係　(C)選擇權買權的價格與履約價格成正向關係　(D)選擇權賣權的價格與無風險利率成正向關係。

（　）**31** 有關台灣加權股價指數選擇權（TXO），下列敘述何者正確？　(A)契約乘數為每點新臺幣100元　(B)本契約之交易日與台灣證券交易所交易日相同　(C)履約型態採歐式與美式兩種　(D)權利金每日最大漲跌以加權指數收盤價8%為限。

（　）**32** 下列何項金融商品與標的物價格之間呈現非線性報酬關係？　(A)期貨　(B)選擇權　(C)股票　(D)遠期契約。

（　）**33** 下列何種組合稱為空頭價差？　(A)買進低履約價格的Call，賣出高履約價格的Call　(B)買進低履約價格的Put，賣出高履約價格的put　(C)買進高履約價格的Call，賣出低履約價格的Put　(D)買進高履約價格的Put，賣出低履約價格的Put。

（　）**34** 有關遠期契約之敘述，下列何者錯誤？　(A)須在交易所內交易　(B)商品並無標準規格　(C)交易與交割無特定標準日期　(D)契約內容完全依雙方的需要而簽定。

（　）**35** 台指指數為4450，某甲買進一口台指選擇權4500買權（CALL），權利金為150；當指數上漲至4600時，某甲賣出4500買權，權利金為200，若成本不計，某甲利益為何？（台指選擇權契約乘數=50元）　(A)2,500元　(B)5,000元　(C)7,500元　(D)10,000元。

（　）**36** 下列何者非屬責任險的範疇？　(A)雇用人員作業疏失致他人受傷　(B)客戶食用便當致集體中毒　(C)房子失火波及鄰居　(D)閃電雷擊致汽車故障。

（　）**37** 依主管機關頒布之「人壽保險單示範條款」規定，受益人有多人而其中一人故意致被保險人於死時，下列敘述何者正確？　(A)致人於死之受益人得依比例申請部分保險金　(B)非致人於死之其他受益人得申請半數保險金　(C)非致人於死之其他受益人得申請全部保險金　(D)所有受益人均不得申請保險金。

（　）**38** 下列何種年金保險可抵銷通貨膨脹引起之影響？　(A)傳統型年金保險　(B)變額型年金保險　(C)遞延年金保險　(D)即期年金保險。

（　）**39** 為避免因疾病或意外傷害以致長期臥床時的經濟負擔，應購買何種保險商品，以分散此一風險？　(A)定期保險　(B)養老保險　(C)年金保險　(D)長期看護保險。

（　）**40** 有關旅行平安保險，下列敘述何者錯誤？　(A)不需要身體檢查　(B)醫療方面以實支實付為限　(C)販賣對象以實際從事旅遊的旅客為限　(D)保險期間最長以360天為限。

（　）**41** 有關生存保險之敘述，下列何者錯誤？　(A)以生存為保險事故　(B)亦稱儲蓄保險　(C)分為定期壽險與終身壽險兩種　(D)可做為籌備子女教育基金或退休養老之工具。

（　）**42** 一般失能之定義可以歸為：　A.被保險人因傷害或疾病以致完全無法從事任何具有收益性的工作　B.被保險人因傷害或疾病以致完全無法從事原有之工作　C.被保險人因傷害或疾病以致完全無法從事適合其教育、訓練及經驗之任何工作。而長期失能保險的承保範圍常以事故發生日起分段計算，下列何者為符合給付之條件？　(A)事故發生日起2年內以A項之定義，2年後以B項為定義　(B)事故發生日起2年內以B項之定義，2年後以C項為定義　(C)事故發生日起2年內以A項之定義，2年後以C項為定義　(D)事故發生日起2年內以C項之定義，2年後以B項為定義。

（　）**43** 關於國人透過銀行指定用途信託資金投資國內外共同基金，下列敘述何者正確？　(A)屬於自益信託　(B)屬於指定金錢信託　(C)為全權委託投資之代客操作　(D)委託人僅須對投資運用的種類或範圍作概括指示。

（　）**44** 遺囑信託契約的生效日係為下列何者？　(A)委託人與受託人簽約之日　(B)委託人發生繼承事實之日　(C)受益人與受託人簽約之日　(D)選定信託監察人之日。

（　）**45** 有關信託的主要功能，下列敘述何者錯誤？　(A)信託最主要功能就是財產管理　(B)信託機制具有委託專家管理財產　(C)避免遺產爭訟過程　(D)以複利年金方式降低稅負。

（　）**46** 有關信託之敘述，下列何者錯誤？　(A)信託是一種為他人利益管理財產的制度　(B)信託具有節省稅負之功能　(C)信託時所交付財產為有價證券者，稱為「動產信託」　(D)信託時所交付財產為土地者，稱為「不動產信託」。

（　）**47** 以存款利息或存款部分本金去買進匯率選擇權或與賣出匯率選擇權結合之商品，稱為下列何者？　(A)匯率連動債券　(B)利率連動債券　(C)匯率連結組合式存款　(D)利率聯結組合式存款。

（　）**48** 一檔以賣出「USD Call EUR Put」之匯率組合式商品，下跌至履約價格時，其美元存款本金轉換為弱勢之歐元本金，投資人須承受何種風險？　(A)產品條件變動風險　(B)稅負風險　(C)匯兌風險　(D)流動性風險。

(　　) **49** 假設一存款組合式商品（歐式選擇權），存款本金10,000歐元，連結標的為EUR/USD匯率，存款期間1個月（實際投資為35天），存款起息日109/5/16，到期日109/6/20，清算日為109/6/18日，保障存款稅前年收益4%，轉換匯率＝進場匯率+0.015，清算匯率低於轉換匯率則歐元本金不會被轉換，若進場匯率為1.135，且清算日當天清算匯率為1.165，則投資人可領本金及收益為何？（一年以360天為計算基礎）　(A)本金10,000歐元，利息38.89歐元　(B)本金11,500美元，利息0美元　(C)本金11,500美元，利息44.72美元　(D)本金11,500美元，利息38.89歐元。

(　　) **50** 匯率連結組合式存款若是以購買買權方式架構，下列敘述何者正確？　(A)存款到期領回之存款本金金額無法確定　(B)當未來匯率下跌到履約價格以下時，可以行使選擇權權利，進而享受價差　(C)未來匯率並未上升到履約價格以上，最多僅損失權利金，達到一定保本比率的保本效果　(D)當連結匯率下跌至履約價格以下，組合式存款將可能被迫轉換成另一連結幣別。

解答及解析　答案標示為#者，表官方曾公告更正該題答案。

1 (A)。證券自營商：新臺幣1千萬元。

2 (D)。以新台幣10萬元為單位。

3 (C)。銀行法第20條，銀行分為下列三種：商業銀行、專業銀行及信託投資公司。

4 (A)。指數上揚表示通貨膨脹壓力增大，利率調高可能性增加。

5 (A)。融通政府預算赤字易使通貨膨脹。

6 (B)。寬鬆時，總需求曲線會向右上方移動；緊縮時，總需求曲線則向左下方移動。

7 (A)。國際收支平衡表中主要包括三大部分：經常項目收支稱為經常帳餘額，以及資本往來項目

收支稱為資本帳餘額，金融資產往來項目收支稱為金融帳餘額，其中資本帳和金融帳常合稱資本金融帳。
收支順差過大，引起本國外匯市場中外匯的供應增加，本幣將面臨升值的壓力。

8 (A)。公開市場操作國庫券，短期利率波動快，調整存款準備率，增加銀行貸放金額，貨幣供給額增加最快。

9 (D)。公債屬於資本市場。

10 (D)。(A)銀行法第47-1條第2項，自104年9月1日起，銀行辦理現金卡之利率或信用卡業務機構辦理信用卡之循環信用利率不得超過年利率15%。(B)循環利息就是當該期帳單沒有全部繳清時，未繳款的部分會以高額利

率以日計算利息，此利率即為循環利率。(C)循環利息的計算會從入帳日開始算，而非繳款截止日。

11 (C)。10萬/（3%＋1.8%）＝208萬。

12 (B)。預期景氣復甦，利率會上揚，債券價格下跌，預期景氣復甦，股價上揚，可轉換公司債價值也會上揚。

13 (D)。所謂債券存續期間（Duration）之觀念，係將債券各期收益加以折現，並用時間加權計算。

14 (B)。資本額大小與該公司之信用並無直接關係。

15 (B)。可轉換公司債之面額10萬元，轉換價格為20元，則每張債券可轉換普通股股數為10萬/20元＝5,000股。

16 (C)。10萬×(1＋4.5%)＝10.45萬。

17（A）。$100,000×p3/2.5%＋$100,000×3%×P3/2.5%＝$105,121。

18 (C)。依據證券交易稅條例第2條，證券交易稅向出賣有價證券人按每次交易成交價格依左列稅率課徵之：一、公司發行之股票及表明股票權利之證書或憑證徵千分之三。

19 (C)。k線表示單位時間段內價格變化情況的技術分析圖，所謂K線圖，就是將各種股票每日、每周、每月的開盤價、收盤價、最高價、最低價等漲跌變化狀況，用圖形的方式表現出來。K線是股民分析股價的重要參考。K線分析法屬於技術分析模式的範疇之一。

20 (A)。採緊縮性貨幣政策，則利率上升，對股價有不利之效。

21 (C)。產業週期屬於產業分析。

22 (D)。CAPM和APT均是假定報酬率與影響因素呈線性關係。

23 (C)。54×1.1＝59.4。

24 (B)。p＝(3×1.06)/(18%－6%)＝26.5。

25 (D)。定期定額為固定時間固定金額扣款。

26 (D)。發行國外基金，仍然有匯兌風險。
無法使風險差距減低。
利率風險影響債券型基金最大。

27 (C)。指數股票型基金就是ETF，ETF特性為被動管理非積極。

28 (A)。基金經理費、保管費、管銷費都是從基金資產中自動扣除，直接反應在基金淨值中，而非額外收取。

29 (B)。因基金內含經理費及保管費
以申購手續費3000/3%倒推回去＝原先資產10萬
贖回信託管理費10萬×0.2%＝200
故贖回總費用＝10萬×9/10－200＝89800

30 (B)。選擇權是依靠商品價格波動來賺錢，波動越大，獲利機率越高，價格因此也越高，所以(B)。

31 (B)。(A)每點新台幣50元。(C)採歐式，僅能於到期日行使權利。(D)權利金每日最大漲跌點數以前一營業日臺灣證券交易所發行量加權股價指數收盤價之7%為限。

32 (B)。選擇權的報酬並非線性。

33 (D)。買進高履約價格的Put，賣出低履約價格的Put。

34 (A)。(A)在店頭市場交易。

35 (A)。只賺到權利金，契約乘數＝50，(200－150)×50＝2,500。

36 (D)。閃電雷擊致汽車故障為天災意外事故，非責任險

37 (C)。人壽保險單示範條款，受益人故意致被保險人於死或雖未致死者，喪失其受益權。前項情形，如因該受益人喪失受益權，而致無受益人受領保險金額時，其保險金額作為被保險人遺產。如有其他受益人者，喪失受益權之受益人原應得之部份，按其他受益人原約定比例分歸其他受益人。

38 (B)。變額型＝利率變動型保單，故抵銷通貨膨脹引起之影響。

39 (D)。避免因疾病或意外傷害以致長期臥床時的經濟負擔為長期看護保險。

40 (D)。保險期間上限180天，旅平險屬於傷害保險，故免體檢。

41 (C)。分為定期壽險與終身壽險兩種為死亡保險。

42 (B)。長期失能保險給付之條件：(1)事故發生日起2年內，被保險人因傷害或疾病，以致完全無法從事原有之工作；(2)事故發生日起2年後，被保險人因傷害或疾病，以致完全無法從事適合其教育、訓練及經驗之任何工作。

43 (A)。國人透過銀行指定用途信託資金投資國內外共同基金是特定金錢信託，為自益信託。（特定金錢信託是自己決定商品，指定金錢信託是交給信託人決定商品）

44 (B)。遺囑信託生效，依民法規定，須俟遺囑人死亡時始發生，因此為委託人發生繼承事實之日。

45 (D)。信託具有以折現方式降低稅負的功能。

46 (C)。信託時所交付財產為有價證券者，稱為「有價證券信託」。

47 (C)。以存款利息或存款部分本金去買進匯率選擇權或與賣出匯率選擇權結合之商品稱為匯率連結組合式存款。

48 (C)。以賣出「USD Call EUR Put」之匯率組合式商品需承擔匯兌風險。

49 (D)。利息保本
＝1萬歐元×4%×35/360
＝38.88歐元
轉換匯率1.135＋0.015＝1.15，為1萬歐元×1.15＝11,500美元

50 (C)。匯率連結組合式存款若是以購買買權方式架構，未來匯率並未上升到履約價格以上，最多僅損失權利金，達到一定保本比率的保本效果。

第37屆理財規劃實務

( ) **1** 當理財目標過於不切實際時,其可能調整的方式,不包括下列何者? (A)提高日常消費水準延長可賺取收入期間 (B)延長可賺取收入期間 (C)降低目標需求金額 (D)延後目標達成時間。

( ) **2** 依據臺灣理財顧問認證協會的職業道德原則,會員所應信守的職業道德原則中,主要意涵在為客戶利益優先,避免利益衝突,禁止不當得利與公平處理等原則為下列何者? (A)誠信原則 (B)忠實義務原則 (C)客觀性原則 (D)專業原則。

( ) **3** 資產成長率是資產變動額占期初資產的比率,下列何項理財行為會提高資產成長率? (A)提高收入週轉率 (B)降低儲蓄率 (C)降低生息資產占總資產比重 (D)降低投資報酬率。

( ) **4** 家庭平均消費結構之分析,可做為下列哪一事項之參考? (A)預計未來所得成長 (B)預計家庭資產淨值 (C)擬訂家庭之預算支出 (D)編製個人的資產負債表。

( ) **5** 淨值投資比率(生息資產/淨值)之分析,下列敘述何者正確? (A)比率大於100%,表示一定有運用借款投資 (B)比率大於100%,可能沒有借款投資 (C)比率小於100%,大於0,表示沒有以借款投資 (D)比率等於0,表示沒有借款。

( ) **6** 小鍾月薪10萬元,每月之薪資所得扣繳1.3萬元、勞健保費4千元、交通費及餐費8千元、固定生活費4萬元、房貸本息支出2萬元,則小鍾的收支平衡點之月收入為多少萬元? (A)6萬元 (B)7.2萬元 (C)7.5萬元 (D)8萬元。

( ) **7** 小陳家庭的年基本支出為40萬元,而家庭年收入為100萬元,年消費支出為90萬元,則小陳的邊際消費率為下列何者? (A)40% (B)45% (C)50% (D)90%。

( ) **8** 王先生現年60歲,已工作30年,假設其每年稅後收入150萬元,支出100萬元,若合理的理財收入為淨值的5%,則其財務自由度為何? (A)30% (B)45% (C)60% (D)75%。

( )　**9** 家庭現金流量結構分析中，現金流入的主要項目，除工作收入及理財收入外、尚包括下列何者？　(A)資產負債調整後現金流入　(B)利息收入　(C)房租收入　(D)獎金收入。

( )　**10** 有關衡量緊急預備金因應能力之敘述，下列何者正確？　(A)意外或災變承受能力＝5至10年生活費／可變現資產　(B)可變現資產一般包括房地產等資產　(C)失業保障月數指標愈低，表示緊急預備金因應能力愈高　(D)失業保障月數＝存款、可變現資產或淨值／每月固定支出。

( )　**11** 潘小姐擬經營花店，每月店租金4萬元，員工總薪資6萬元，其他開支2萬元，另裝潢費用240萬元，按4年攤提折舊，若毛利率（相當於邊際貢獻率）為20%，則每月之營業額為多少時，恰可達到損益平衡？（不考慮稅負與自有資金之機會成本）　(A)70萬元　(B)75萬元　(C)80萬元　(D)85萬元。

( )　**12** 在家庭預算編列中，下列何者非屬可控制支出預算？　(A)國外旅遊　(B)購置衣物　(C)娛樂費用　(D)各項稅捐。

( )　**13** 年輕的風險規避投資者，較適合投資下列何種金融商品？　(A)平衡型基金　(B)未上市股票　(C)高科技股票型基金　(D)新興國家股票型基金。

( )　**14** 有關目標順序法與目標並進法之敘述，下列何者錯誤？　(A)目標順序法的優點為同一時間只限定一個目標，可儘早達成理財目標　(B)目標順序法的缺點為順序在後的目標，可能較無足夠的時間與資源可達成　(C)目標並進法的優點為可儘量延長各目標達成時間，使複利效果充份發揮　(D)目標並進法的缺點為先甘後苦，較無彈性因應目標調整時的變化。

( )　**15** 針對可承受投資風險的問卷評量，應包括的五個項目，下列敘述何者正確？　(A)基本資料、投資狀況、投資人配偶或家人的看法、流動性需求、理財目標彈性　(B)基本資料、投資狀況、理財性向測驗、流動性需求、理財目標彈性　(C)投資人工作資歷、投資狀況、理財性向測驗、流動性需求、理財目標彈性　(D)基本資料、目前現有資金投資績效、理財性向測驗、流動性需求、理財目標彈性。

(　) **16** 貨幣的時間價值為何？　(A)利息　(B)本金　(C)風險　(D)通貨膨脹。

(　) **17** 在計算零息債券目前價值，所採用方法為下列何者？　(A)複利現值　(B)複利終值　(C)年金現值　(D)年金終值。

(　) **18** 為了10年後達成創業金1,000萬元，張先生計畫將目前現金300萬元，及利用定期定額方式，每年（每期）「期初」投資具有5%的固定收益債券型基金，則每期定期定額投資額應至少為下列何者？（取最接近值）　(A)39萬元　(B)41萬元　(C)43萬元　(D)45萬元。

(　) **19** 投資股票第一年報酬率為100%，第二年報酬率為-50%，其兩年來的幾何平均報酬率為多少？　(A)0%　(B)25%　(C)50%　(D)100%。

(　) **20** 假設預期報酬率4%下，小李希望在10年後能累積一筆500萬元創業基金，除計畫每年儲蓄40萬元，為達成理財目標，小李至少應於期初投資多少金額？　(A)13.4萬元　(B)15.4萬元　(C)17.4萬元　(D)19.4萬元。

(　) **21** 在自有資本200萬元下，再借款100萬元投資國外共同基金，期間利息20萬元，以自有資金法計算期間報酬率，其年投資報酬率為30%，請問以全現金法計算期間報酬率應為下列何者？（取最接近值）　(A)24.67%　(B)26.67%　(C)28.67%　(D)30.67%。

(　) **22** 在進行子女教育金規劃時，下列何種計畫是作此決策時非攸關考量因素？　(A)家庭計畫　(B)育兒計畫　(C)子女教育計畫　(D)人身保險計畫。

(　) **23** 李先生稅後家庭年收入200萬元，夫妻兩人尚可工作30年及尚可生活50年，家庭年生活費50萬元（含年租金支出12萬元），若養育兩個小孩，每個小孩生涯總費用各為750萬元，今李先生計劃購買50坪新屋，請問每坪單價最多可為多少？　(A)30萬元　(B)35萬元　(C)40萬元　(D)45萬元。

(　) **24** 大學4年總費用為100萬元，18歲高中畢業後每月工作薪資2.5萬元，22歲大學畢業為3.75萬元，假設均工作至55歲退休，不考慮男性服役，且畢業後立即就業，則大學教育的投資是否划算且收

入差距為何？（取最接近值）　(A)不划算，大學畢業後全生涯淨收入較高中畢業少2.3%　(B)划算，大學畢業後全生涯淨收入較高中畢業多24.8%　(C)不划算，大學畢業後全生涯淨收入較高中畢業少15.6%　(D)划算，大學畢業後全生涯淨收入較高中畢業多11.2%。

（　）**25** 小張預計12年後上大學，屆時需學費120萬元，若小張的父親每年投資8萬元於年投資報酬率3%的債券型基金，請問12年後是否足夠支付當時學費？差額多少？（取最接近值）　(A)不夠，還少約6.5萬元　(B)夠，還多約6.5萬元　(C)不夠，還少約5.8萬元　(D)夠，還多約5.8萬元。

（　）**26** 下列何者非為房貸轉貸之費用？　(A)鑑價費用　(B)代償費用　(C)設定規費　(D)契稅。

（　）**27** 李小姐決定將其擁有之一間20坪店面出售，今假設其每月淨租金收入為5萬元，市場投資年收益率為5%，請用收益還原法估算每坪的合理單價為何？　(A)25萬元　(B)50萬元　(C)60萬元　(D)100萬元。

（　）**28** 王先生申請房屋貸款500萬元，年利率3%，貸款期間20年，約定採本利平均攤還法按年清償；惟在其於償還第10期本利和後，年利率即調降為2%，其他條件不變。則至此之後，王先生每期所須償還之本利和為多少？（取最接近值）　(A)28.3萬元　(B)29.6萬元　(C)30.4萬元　(D)31.9萬元。

（　）**29** 江老師申請房屋貸款360萬元，年利率5%，期間15年，採本金平均攤還法按月共分180期清償，請問江老師第177期應償還之本利和約為多少？（取最接近值）　(A)25,900元　(B)20,500元　(C)20,417元　(D)20,333元。

（　）**30** 有關勞工退休金條例之規定，下列敘述何者錯誤？　(A)退休金請求權的時效為三年　(B)資遣費為每滿一年發給二分之一個月之平均工資，最多6個月　(C)雇主每月負擔之勞工退休金提繳率，不得低於勞工每月工資百分之六　(D)勞工於請領退休金前死亡者，應由其遺屬或指定請領人請領一次退休金。

（　）**31** 張科長現年60歲擬申請退休，假設其退休金可選擇一次領取（給付基數為50個月）或採年金方式給付（生存時每年年底給付退休

當時年薪40%），在年投資報酬率3%下，若張科長選擇採年金方式領取，則其應至少活到幾歲才划算？（取最接近值）　(A)73歲 (B)75歲　(C)77歲　(D)79歲。

（　　）**32** 某甲目前每月支出50,000元，預估退休後每月支出可減少24,000元，假設目前離退休年數為20年，平均通貨膨脹率為4%，請問退休後屆時之實際支出調整率為何？　(A)113.93%　(B)110.12% (C)32.80%　(D)23.71%。

（　　）**33** 張先生現年45歲，估算退休後每年生活支出現值為60萬元，退休前費用上漲率為5%，退休後費用維持不變。假設張先生15年後退休，預計退休後餘命18年，退休金投資報酬率為3%，則張先生退休時，應至少準備多少退休金？（取最接近金額）　(A)1,642萬元　(B)1,716萬元　(C)1,721萬元　(D)2,127萬元。

（　　）**34** 假設某甲退休後的投資報酬率為4.5%，通貨膨脹率為3.5%，退休後首年度支出為300,000元，退休後餘命20年，試以實質報酬率折現法計算退休金總需求為多少元？　(A)7,320,000元 (B)6,657,000元　(C)5,413,800元　(D)5,232,300元。

（　　）**35** 阿和年40歲，目前家庭人數4人，年支出103萬元。打算60歲時退休，20年後退休時由於子女已大學畢業，那時生活費折合現值僅為60萬元。假設費用上漲率5%，則退休後首年支出多少？（取最接近值）　(A)60萬元　(B)103.6萬元　(C)159.2萬元　(D)164.4萬元。

（　　）**36** 依據資本資產定價模型（CAPM），個別證券預期報酬率由下列何者決定？　(A)標準差　(B)變異數　(C)系統風險 β　(D)共變數。

（　　）**37** 有關投資組合敘述，下列何者錯誤？　(A)投資組合是一般人資產配置的核心，占資產中最大的比重　(B)若以退休準備金為主，則可投資於價值型股票或風險分散的股票型共同基金　(C)若以子女教育準備金為主，則可投資於殖利率高的中長期債券搭配成長型股票　(D)其他較短期已做理財目標規劃的項目或落後目標且前景未明者，不需放在投資組合中。

（　　）**38** 有關效率前緣之敘述，下列何者錯誤？　(A)係以預期報酬率為縱軸，預期風險為橫軸　(B)以風險等於零時的報酬率為起點之直線，與效率前緣相切之點代表市場投資組合　(C)在資本市場線

上，市場投資組合的左邊為積極投資人　(D)市場投資組合通常只有系統風險，但若投資個別證券要承擔非系統風險。

（　）**39** 如果投資者決定採用投資組合保險策略，且可承擔風險係數為2，總資產市值120萬元，可接受的總資產市值下限90萬元，當原股票市價漲5萬元，而其他資產以現金持有價值不變時，投資者應採取下列何者舉動？　(A)加買股票5萬元　(B)加買股票10萬元　(C)賣出股票5萬元　(D)賣出股票10萬元。

（　）**40** 當景氣向上機率為40%時，基金A預期報酬率30%；景氣持平機率為30%時，基金A預期報酬率為10%；景氣向下機率為30%時，基金A預期報酬率為-20%。則基金A的標準差為何？　(A)0%　(B)16.21%　(C)20.70%　(D)24.28%。

（　）**41** 綜合所得淨額加計特定免稅所得及扣除額後之合計數（稱基本所得額）在多少金額以下之個人，不必申報繳納最低稅負？　(A)新臺幣670萬元　(B)新臺幣720萬元　(C)新臺幣800萬元　(D)新臺幣1000萬元。

（　）**42** 依據我國遺產及贈與稅法規定，未上市〈櫃〉股票價值之認定係依據下列何者？　(A)股票市價　(B)股票承購價　(C)公司資產淨值　(D)股票面額。

（　）**43** 夫妻透過司法途徑，由法院判決離婚，並判決一方應給予他方贍養費，收取贍養費之一方該如何處理？　(A)申報贈與稅　(B)申報遺產稅　(C)申報所得稅　(D)免稅不用申報。

（　）**44** 下列敘述何者錯誤？　(A)特留分＝〔（被繼承人財產＋特種贈與）－被繼承人債務〕×特留分比例　(B)被繼承人財產之價值以「繼承開始時」為計算標準　(C)所謂「特種贈與」，指被繼承人生前，因「結婚」、「分居」或「營業」贈與予繼承人的財產。其價值按「繼承開始時」的價值計算　(D)「被繼承人債務」，指被繼承人死亡時所負擔的一切債務。

（　）**45** 有關我國贈與稅之規定，下列敘述何者正確？　(A)將資金匯到國外銀行帳戶，再贈送給子女，不需繳納贈與稅　(B)子女婚嫁時，倘父母各贈與一百萬元給該子女，如當年度沒有其他之贈與，則可免繳贈與稅　(C)贈與財產之時價相同時，不論以那種形式之財

產為贈與，其贈與稅均相同 (D)財產之買賣係有償之行為，依契約自由原則，不會有贈與稅課稅問題。

( ) **46** 被繼承人已經訂立遺囑，但未選定遺囑執行人，依規定下一順序之遺產稅納稅義務人為下列何者？ (A)由法院指定 (B)遺產管理人 (C)遺囑管理人 (D)繼承人及受遺贈人。

( ) **47** 依淨收入彌補法計算保險需求時，下列何者正確？ (A)飛機失事，公司負責人的理賠金額大於職員，就是採用淨收入彌補法計算 (B)年紀愈大，所需保額愈大 (C)個人收入成長率愈高，保額需求愈低 (D)個人支出成長率愈高，保額需求愈高。

( ) **48** 為防止房子被火燒掉後，借款人無力償還剩餘貸款，銀行通常會要求借款人如何？ (A)提供其他等值不動產抵押品 (B)提供等值的銀行存款證明 (C)購買意外險 (D)購買火險。

( ) **49** 張君從事高危險工作，為防萬一，擬投保壽險，據估計其家庭年支出為80萬元，個人支出佔25%，無負債，假設平均存款利率為5%，依所得替代法計算，張君應投保金額為若干？ (A)1,000萬元 (B)1,200萬元 (C)1,600萬元 (D)2,000萬元。

( ) **50** 財務規劃流程的首要條件是下列何者？ (A)理財商品利潤 (B)瞭解客戶需求 (C)市場研究資訊 (D)所提供的理財規劃如何計費。

解答及解析 答案標示為#者，表官方曾公告更正該題答案。

1 (A)。理財目標過於不切實際時，可以減少日常消費水準、增加儲蓄及投資。

2 (B)。台灣理財顧問認證協會的職業道德原則職業規範，忠實義務原則：主要意涵概分為客戶利益優先、利益衝突避免、禁止短線交易、禁止不當得利與公平處理等五個子原則。

3 (A)。提高收入週轉率可以使資產變動額增加，因此會提高資產成長率。

4 (C)。家庭平均消費結構之分析可作為擬訂家庭之預算支出時之參考。

5 (A)。生息資產指金融機構以收取利息為條件（或隱含利息條件，即雖不收取利息，但其價值卻受實際利率影響，如買入的零息債券）對外融出或存放資金而形成的資產。
淨值投資比率＝生息資產/淨值＝（生息資產/總資產）×（總資產/淨值），因此如果大於100%，代表有運用借款投資。

6 (D)。收支平衡點＝固定支出/工作
收入淨結餘比率
工作收入淨結餘比率＝(工作收入－
工作支出)/工作收入
工作收入淨結餘比率＝(100,000－
13,000－4,000－8,000)/100,000＝
0.75
收支平衡點＝(20,000＋40,000)/0.75
＝80,000。

7 (C)。(90－40)/100×100＝50%。

8 (D)。財務自由度＝(目前的淨資產
×投資報酬率)/目前的年支出＝（30
年×(150萬－100萬)×5%）/100萬
×100%＝75%。

9 (A)。(A)現金流入。(B)理財收入。
(C)理財收入。(D)工作收入。

10 (D)。(A)意外或災變承受能力＝(可
變現資產＋保險理賠金–現有負債
)÷(5至10年生活費＋房屋重建裝修
成本)。(B)可變現資產是指債務人所
有未用於質押或擔保可隨時轉化為
現金的資產。(C)(D)失業保障月數＝
存款、可變現資產或淨值÷月固定
支出依照保障的資產範圍,指標愈
高,表示即使失業也暫時不會影響
生活。失業保障月數指標愈高,表
示緊急預備金因應能力愈高。

11 (D)。240萬/48個月＝5萬/月,（4萬
＋6萬＋2萬＋5萬）/20%＝85萬。

12 (D)。國外旅遊、購置衣物、娛樂費
用皆是可以省去支出,為可控制支
出預算。

13 (A)。風險規避者應選擇較穩健的投
資標的,因此為(A)。

14 (D)。目標順序法,就是按照每個目
標內容,先排出自己的優先順序,
再一個一個達成。目標並進法是同
時準備多個目標,並且把這些目標
所需要的預算,分配在可準備的時
間。目標並進法的缺點是違反一般
人只看近期目標的習性,且投資組
合運作的方法較複雜。

15 (B)。可承受投資風險評量五項目:
基本資料、投資狀況、理財性向測
驗、流動性需求、理財目標彈性。

16 (A)。貨幣的時間價值為利息。

17 (A)。計算零息債券目前價值採複利
現值。

18 (A)。每期定期定額投資額設X,
300×複利終值（5%,10）＝488.7,
1,000－488.7＝511.3
X×[年金終值（5%,11）－1]＝
511.3,X×(14.207－1)＝511.3
X＝38.7,取最近值(A)39萬。

19 (A)。幾何平均報酬率
$=\sqrt{(1+100\%)\times(1-50\%)}-1=0$。

20 (A)。500＝40×FVIFA(4%,10)＋
X×FVIF(4%,10)＝40×12.006＋
X×1.480,X＝13.35。

21 (B)。(200萬×30%)＋20萬＝80萬,
80萬/300萬×100%＝26.67%。

22 (D)。人身保險計畫非攸關考量因
素。

23 (C)。家庭生涯收入(200×30)－夫
妻生涯支出(50×50)－子女生涯支出
(750×2)＝2,000萬
2,000萬/50坪＝40萬。

24 (B)。$[(55-22)\times3.75\times12-100]/$
$[(55-18)\times2.5\times12]\times100\%=$
24.8%。

25 (A)。8萬×年金終值(3%,12年)14.192
＝113.5萬，還少6.5萬。

26 (D)。契稅是指建物所有權因發生買
賣、贈與、交換、分割等移轉行為
及設定典權，或因占有而取得所有
權時，依法由取得所有權人按契約
所載價額，向主管機關所申報核課
之一種建物契約稅，亦屬財產稅與
地方稅之一種，因此房貸轉貸時不
會產生。

27 (C)。(5萬×12個月）/5%＝1,200萬
1,200萬/20坪＝60萬

28 (D)。500萬/年金現值(3%,20)＝約
33.61萬
33.61萬×年金現值(3%,10)＝約
286.7萬
286.7萬＝X×年金現值(2%,10)，X
＝約31.9萬

29 (D)。360萬/180期＝2萬，2萬
×5%×(4/12)＝333
$20,000＋$333＝$20,333。

30 (A)。退休金請求權，自得請領之日
起，因5年間不行使而消滅。

31 (A)。假設退休月薪X
12x×40%×年金現值(3%,n)＝50X
4.8X×年金現值(3%,n)＝50X
年金現值(3%,n)＝10.416，查表n＝
13
60＋13＝73。

32 (A)。退休後每月支出26,000×(4%,20
年,複利終值)/目前每月支出50,000＝
26,000×2.191/50,000＝113.93%。

33 (B)。60萬×FVIF(5%,15)＝60萬
×2.079＝124.74萬
124.74萬×PVIFA(3%,18)＝124.74萬
×13.754＝約1,716萬

34 (C)。投資報酬率－通貨膨脹率＝
1%
30萬×年金現值(1%,20)18.064＝
541.38萬

35 (C)。60萬×FVIF(5%,20)＝60萬
×2.653＝159.18萬

36 (C)。依據資本資產定價模型
(CAPM)，個別證券預期報酬率由系
統風險β決定。

37 (D)。其他較短期但已有做理財目標
規劃的項目，如購車、購屋也要放
在投資組合中。

38 (C)。在資本市場線上，市場投資組
合的右邊才是積極投資人。

39 (A)。公式：K＝M(V－F)可投資於
股票的金額＝可承擔的風險係數×(
起始的總資產市值－可接受的總資
產市值底線)
可投資於股票的金額＝2×(120－90)
＝2×30＝60萬
上漲5萬，總資產變成125萬
可投資於股票的金額＝2×(125－90)
＝2×35＝70萬
目前可投資於股票的金額為60＋5萬
＝65萬，尚缺5萬。

40 (C)。40%×30%＋30%×10%＋
30%×(－20%)＝12%＋3%－6%＝
9%
報酬率標準差＝〔個別情況發生機
率×(個別情況報酬率－平均報酬
率)2〕之和再開根號。

$40\% \times (30\% - 9\%)^2 + 30\% \times (10\% - 9\%)^2 + 30\% \times (-20\% - 9\%)^2$

$= 40\% \times (21\%)^2 + 30\% \times (1\%)^2 + 30\% \times (-29\%)^2$

$= 40\% \times 4.41\% + 30\% \times 0.01\% + 30\% \times 8.41\%$

$= 0.01764 + 0.00003 + 0.02523 = 0.0429$

基金的報酬標準差

$= \sqrt{0.0429} = 0.207$

41 (A)。綜合所得淨額加計特定免稅所得及扣除額後之合計數(稱基本所得額)在新台幣670萬以下之個人,不必申報繳納最低稅負。

42 (C)。遺產及贈與稅法施行細則第29條,未上市、未上櫃且非興櫃之股份有限公司股票,除第二十八條第二項規定情形外,應以繼承開始日或贈與日該公司之資產淨值估定,並按下列情形調整估價:一、公司資產中之土地或房屋,其帳面價值低於公告土地現值或房屋評定標準價格者,依公告土地現值或房屋評定標準價格估價。

43 (D)。依據依財政部89年12月14日台財稅字第0890456320號函令之解釋,若夫妻依協議離婚或法院的判決離婚時,一方給付他方之財產,其性質屬於扶養義務的延伸,並非屬於贈與行為,不需課徵贈與稅;依財政部091.04.24台財稅字第0910451253號函令解釋,夫妻離婚依離婚協議或法院判決,配偶之一方應給付予他方之財產,亦不需課徵綜合所得稅。

因此,免稅不用申報。

44 (C)。(C)依贈與時的價值計算。

45 (B)。2022年遺產稅免稅額提高到新臺幣1,333萬,贈與稅的免稅額也提高至新臺幣244萬,遺贈稅法也規定,兒女在結婚前6個月內,父母個贈與每人的財物,在不超過100萬元的部分,免計入贈與稅,因此(B)正確。

46 (D)。被繼承人已經訂立遺囑,但未選定遺囑執行人,遺產稅納稅義務人為繼承人及受遺贈人。

47 (A)。淨收入彌補法:被保險人認為若不幸身故,其遺屬往後的生活水準仍然可以跟他/她還活著的時候一樣。

因此,飛機失事,公司負責人的理賠金額大於職員,就是採用淨收入彌補法計算。

48 (D)。購買火險就是將風險轉嫁給產險公司。

49 (B)。$[80 \times (1 - 25\%)]/5\% = 1,200$。

50 (B)。財務規劃流程的首要條件為瞭解客戶需求。

第38屆理財工具

(　) **1** 有關委託購買證（A/P）之敘述，下列何者錯誤？　(A)A/P的匯票是以進口商為付款人　(B)進口商申請開立A/P所繳交之保證金一般較L/C為高　(C)A/P受益人可持票向任何銀行請求讓購　(D)乃進口地銀行應進口商申請，開發給它在出口地的通匯銀行的授權書。

(　) **2** 有關證券公司之敘述，下列何者錯誤？　(A)證券自營商得直接或間接接受他人之委託在臺灣證券交易所所設立之集中交易市場或櫃檯市場買賣有價證券　(B)證券經紀商為經營有價證券之行紀或居間者　(C)對同一證券，證券自營商與證券經紀商之申報價格如同時發生且價格相同時，證券經紀商之買賣應優先成交　(D)證券自營商指經主管機關依證交法規定，特許以自行買賣有價證券為業務之證券商。

(　) **3** 有關金融機構合併之租稅優惠，下列敘述何者錯誤？　(A)因合併而發生之印花稅及契稅，一律免徵　(B)消滅機構依銀行法規定承受之土地，因合併而隨同移轉予存續機構時免徵土地增值稅　(C)因合併出售不良債權所受之損失，得於十五年內認列損失　(D)因合併產生之商譽得於十年內攤銷之。

(　) **4** GDP與GNP之差異係為下列何者？　(A)折舊　(B)間接稅　(C)國外要素所得收入淨額　(D)商品及勞務輸出淨額。

(　) **5** 當有嚴重通貨緊縮壓力時，中央銀行可以採行下列何種策略？　(A)提高重貼現率　(B)提高存款準備率　(C)透過公開市場大量發行央行定存單　(D)藉由外匯市場操作讓新臺幣貶值。

(　) **6** 有關國發會編製的景氣動向指標，下列敘述何者錯誤？　(A)股價指數及實質貨幣總計數均是領先指標　(B)工業生產指數及長短期利率利差均是同時指標　(C)失業率及製造業存貨價值均是落後指標　(D)領先指標至少要連續三個月上升或下降，才能預測經濟趨勢已有所改變。

( ) **7** 有關外匯存底之敘述，下列何者錯誤？ (A)又稱外匯準備金，是衡量中央銀行是否有能力控制本國貨幣匯率的指標之一 (B)目前我國外匯存底並不包括特別提款權（Special Drawing Right, SDR） (C)狹義的外匯存底，不包括黃金與握有的外幣現鈔 (D)截至民國109年10月底止，我國的外匯存底居世界第三位，僅低於中國大陸及日本。

( ) **8** 有關政府財政政策之敘述，下列何者錯誤？ (A)政府為彌補財政赤字而大量發行公債，可能造成利率大跌 (B)失業率為財政政策之重要指標，故降低失業率為財政政策的目標之一 (C)在景氣衰退時，政府降低稅率可提振民間消費意願，有助經濟復甦 (D)調降土地增值稅有助房地產交易活絡來提振景氣。

( ) **9** 下列何者不是貨幣市場基金的特質？ (A)低風險性 (B)高流動性 (C)高收益率 (D)低安全性。

( ) **10** 投資者以新臺幣10萬元向證券商買進中央政府公債，並約定由該證券商於10天後支付1.95%利息向投資者買回，就證券商而言，此種交易方式係指下列何者？ (A)附買回交易（RP） (B)附賣回交易（RS） (C)買斷交易（OB） (D)賣斷交易（OS）。

( ) **11** 陳先生若想獲得享有高報酬之機會但又可兼顧低風險之好處，其應投資何種金融商品？ (A)股票 (B)認購權證 (C)期貨 (D)保本型投資定存。

( ) **12** 甲券商發行100萬元九個月期、保本率94%之保本型商品，假設定存年利率為2%，則該券商至少須存多少金額，才能保證到期能達到保本率要求？（取最接近值） (A)100萬元 (B)92.61萬元 (C)92.16萬元 (D)90.23萬元。

( ) **13** 有關債券之敘述，下列何者錯誤？ (A)債券的利率風險可分為價格風險與再投資風險 (B)零息債券之存續期間等於到期日 (C)當市場殖利率走高，持有債券會產生資本利得 (D)折價債券離到期日愈近，其折價程度會漸漸減少。

( ) **14** 下列何者債券之信用評等是屬於風險低且報酬相對低的穩健型債券（投資級債券）？ (A)標準普爾A- (B)標準普爾BB- (C)標準普爾BB+ (D)標準普爾CCC。

（　）**15** 五年期公債之面額10萬元、票面利率6%，市價為11萬元，則其「到期殖利率（YTM）」為下列何者？　(A)小於6%　(B)等於6%　(C)大於6%　(D)無法判斷。

（　）**16** 王先生於同一時間購買甲、乙、丙三個不同年期之債券各100萬元，其存續期間依序為4.0、7.0、9.0，若三個月後殖利率皆下跌10個基本點，則王先生購買的債券中，何者獲利最大？　(A)甲券　(B)乙券　(C)丙券　(D)一樣大。

（　）**17** 下列何者不會影響到計算債券的價格？　(A)殖利率　(B)付息頻率　(C)票面利息　(D)發債額度。

（　）**18** 下列何者不是普通股的特性？　(A)參與公司經營權利　(B)公司清算後對剩餘資產具有第一順位請求權　(C)承擔公司的經營成敗後果　(D)公司增資發行新股之優先認購權。

（　）**19** 將股票一段固定期數（如每20日）的收盤價加以計算簡單算術平均數，然後將隨時間經過所形成的點圖連接而成，稱為下列何者？　(A)移動平均離合線（MACD）　(B)乖離率（BIAS）　(C)K線　(D)移動平均線（MA）。

（　）**20** 依產業生命周期而言，何階段之型態，其業務特性為產品已有相當的被接受度，並已有相當資料可作為預測未來需求之基礎？　(A)草創型　(B)成長型　(C)成熟型　(D)衰退型。

（　）**21** 由下往上（Bottom－Up Approach）的投資分析標準程序，係依一定判斷指標，比較所有股票的業績及其市價，下列敘述何者錯誤？　(A)公司是否處於獲利情況　(B)銷售量是否持續成長　(C)市價／帳面價值比是否低於兩倍　(D)資本市場分析。

（　）**22** 下列何者為風險溢酬（risk premium）之涵義？　(A)無風險利率與折現率之加總　(B)因承擔特定資產風險而要求之額外報酬率　(C)Gordon模型中之現金股利成長率　(D)財務報表分析中之淨值報酬率。

（　）**23** 某股票的預期報酬率為23%，市場組合（market portfolio）的預期報酬率為20%，該股票的 β 係數為1.2，在CAPM方法下，則無風險利率等於下列何者？　(A)2%　(B)3%　(C)4%　(D)5%。

（　）**24** 庚公司每股現金股利成長率穩定為8.0%，預期每股盈餘3元，現金股利發放率固定為30.0%，股東要求年報酬率為11.0%，則合理股價應為何？　(A)36.2元　(B)34.8元　(C)32.4元　(D)30.6元。

（　）**25** 下列何者為貨幣型基金最主要的獲利來源？　(A)資本利得　(B)利息收益　(C)股息收入　(D)股價指數之波動。

（　）**26** 有關開放型基金的敘述，下列何者錯誤？　(A)基金規模不固定　(B)投資人可隨時向基金公司要求贖回　(C)基金的成交價格由市場供需關係決定　(D)為維持基金的流動性，將一部分的基金投資於變現性高的工具。

（　）**27** 在國內，投資共同基金的優點，不包括下列何者？　(A)專業機構的管理和運用　(B)具節稅功能　(C)有效分散投資風險　(D)保障投資收益。

（　）**28** 下列何項費用已反應在基金淨值上？　(A)基金經理費　(B)申購手續費　(C)轉換手續費　(D)買賣價差。

（　）**29** 某投資人買入淨值10元免申購手續費之Ａ基金10萬元，當基金跌至8元時轉換至淨值為20元之Ｂ基金（轉換手續費內扣0.5%），至Ｂ基金漲至24元時贖回，請問該投資人的最後損益為何？（取最接近值）　(A)獲利4,478元　(B)損失4,478元　(C)損失5,522元　(D)獲利5,522元。

（　）**30** 趙先生投資基金20萬元，其申購手續費2%，基金經理費1.5%，基金保管費0.15%，請問除20萬元申購金額外，另需額外支付費用多少元？　(A)7,300元　(B)7,000元　(C)4,300元　(D)4,000元。

（　）**31** 以期貨建立一個相反於現貨的部位來規避商品價格變動的風險，係利用期貨之下列何種特性？　(A)期貨與現貨價格間具有同方向變動的特性　(B)期貨與現貨價格間具有反方向變動的特性　(C)期貨的到期日價格一定低於現貨價格　(D)期貨的到期日價格一定高於現貨價格。

（　）**32** 有關影響選擇權買權價格因素，下列敘述何者正確？　(A)標的商品價格越高，其買權價格越低　(B)履約價格越高，其買權價格越高　(C)無風險利率越高，其買權價格越低　(D)標的商品的價格波動越高，其買權價格越高。

(　) **33** 有關股票（普通股）與期貨比較的敘述，下列何者正確？　(A)股票有到期日，期貨沒有到期日　(B)股票的槓桿倍數比期貨高 (C)股票要有保證金才能交易，期貨則不需要保證金　(D)期貨比股票容易賣空。

(　) **34** 有關導致賣權價格上升的因素，下列何者錯誤？　(A)履約價格上升　(B)標的商品價格上升　(C)標的商品價格波動程度增加 (D)至到期前所剩餘時間愈長。

(　) **35** 有關衍生性商品的交易，下列何者不須繳交保證金？　(A)買進期貨　(B)賣出期貨　(C)買進買權（CALL）　(D)賣出賣權（PUT）。

(　) **36** A股票選擇權賣權權利金15元，時間價值7元，當A股票市場價值為70元時，試問該賣權履約價格為下列何者？　(A)62元　(B)77元　(C)78元　(D)92元。

(　) **37** 有關投資型保險，下列敘述何者錯誤？　(A)投資資產單獨設立帳戶管理透明　(B)原則上客戶購買此類商品要自行承擔投資風險　(C)保險給付隨投資績效而定　(D)其資金運用仍受保險法第一四六條之規範。

(　) **38** 有關財產上的風險，下列敘述何者錯誤？　(A)汽車因碰撞所遭受之損失為直接損失　(B)工廠因火災而導致營業收入減少之損失為間接損失　(C)因房屋毀損所支出臨時住宿費用之損失為直接損失 (D)汽車因第三人非善意行為所致之毀損為直接損失。

(　) **39** 根據主管機關頒布之「人壽保險單示範條款」，下列除外責任何者正確？　(A)受益人若故意致被保險人於死，則其他受益人亦連帶喪失保險金額之受益權　(B)保險契約訂定或復效超過二年，若被保險人故意自成殘廢，保險公司仍需負全部責任　(C)被保險人因犯罪處死　(D)要保人疏忽致被保險人於死。

(　) **40** 對於經濟能力低且又負擔家中主要經濟來源的家庭成員，應選擇下列何種保險商品，以兼顧其經濟負擔與家庭保障？　(A)變額型壽險　(B)萬能型壽險　(C)變額萬能型壽險　(D)團體保險。

(　) **41** 責任保險係因被保險人依法對下列何者負有賠償責任時，給付保險金之保險？　(A)第三人　(B)被保險人　(C)要保人　(D)受益人。

（　）**42** 旅行平安保險所提供的傷害醫療保險給付方式為何？　(A)每日津貼　(B)每次津貼　(C)實支實付　(D)保險金額的一定比率給付。

（　）**43** 有關信託的主要功能，下列敘述何者錯誤？　(A)信託最主要功能就是財產管理　(B)信託機制具有委託專家管理財產　(C)避免遺產爭訟過程　(D)以複利年金方式降低稅負。

（　）**44** 有關信託之敘述，下列何者正確？　(A)將自己資金透過全權委託投資方式委任投信公司代為操作屬於金錢信託　(B)委託人概括指定信託財產運用範圍的金錢信託稱為特定金錢信託　(C)企業員工持股信託屬於準集團信託　(D)委託人以遺囑設立的信託稱為宣言信託。

（　）**45** 委託人甲與受託人乙訂定信託契約，以甲之兒子丙為受益人；契約約定甲死亡後以甲之遺產委託乙為丙之利益管理、運用及處分，試問下列敘述何者正確？　(A)此種信託稱為遺囑信託　(B)信託契約之生效日為甲死亡時　(C)甲必須盡忠實義務為丙之利益負責　(D)乙必須依信託本旨管理處分信託財產。

（　）**46** 按信託法規定，信託依其設立之「原因」分為三類，下列何者錯誤？　(A)契約信託　(B)宣言信託　(C)營業信託　(D)遺囑信託。

（　）**47** 有關股價連結組合式商品，下列敘述何者錯誤？　(A)係以存款利息或部分本金去購買股票　(B)可以連結單一股票之股價　(C)亦可連結一籃子股票之股價指數　(D)台灣ETF50亦屬可連結之標的。

（　）**48** 信用連結組合式商品中，下列何種情況非屬信用參考標的之信用違約事件？　(A)信用標的申請債務展期特案或政府紓困　(B)信用標的發生存款不足退票情事　(C)發行之股票遭下市處分　(D)破產或公司重整之申請。

（　）**49** 假設匯率連動債券係以債券利息及5%之本金去買進匯率選擇權之買權，若未來匯率未上升到履約價格之上，則到期可領回多少金額？　(A)95%本金　(B)100%本金　(C)105%本金　(D)100%本金+利息。

（　）**50** 有關反浮動利率組合式商品，下列敘述何者錯誤？　(A)每期利息收益最低為零　(B)其投資收益係隨浮動利率指標之上升而下降　(C)係運用利率交換及利率選擇權而成　(D)其組合式商品隱含一個利率下限（Floor）在內。

解答及解析　答案標示為#者，表官方曾公告更正該題答案。

1 (C)。A/P受益人僅能持票請求通匯銀行購買。

2 (A)。(A)證券經紀商才可以。

3 (D)。金融機構合併法第13條第1項第6款，因合併而產生之商譽，申報所得稅時，得於15年內平均攤銷。

4 (C)。GNP(GNI)＝GDP＋國外要素所得收入淨額（收入－支出）。

5 (D)。通貨緊縮是指貨幣供應量少於貨幣實際需求量而引起的貨幣升值，從而引起的商品和勞務的貨幣價格總水平的持續下跌現象，通貨緊縮，包括物價水平、貨幣供應量和經濟增長率三者同時持下降：它是當市場上的幣減少，購買能力下降，影響物價之下跌所造成的；長期的貨幣緊縮會抑制投資與生產，導致失業率升高與經濟衰退。
有嚴重通貨緊縮壓力時，中央銀行會採降低重貼現率、降低存款準備率、買入票券及讓新台幣貶值，來增加市場上的資金。

6 (B)。長短期利率利差是落後指標。

7 (D)。全球排名仍居第五位，前5名依序是中國3兆2218億美元、日本1兆3004億美元、瑞士1兆24億美元、印度5662億美元，以及台灣5432億美元。

8 (A)。發行公債為了收回資金，因此利率會漲。

9 (D)。貨幣市場基金除具有收益穩定、流動性強、購買限額低、風險低、資本安全性高等特點。

10 (A)。在附買回交易：指投資人與交易商在進行債券交易時即約定一定利率與一定承作天期，到期時，賣方（交易商）再以原金額加上事先約定的利率買回該債券。

11 (D)。因為要高報酬低風險，保本型投資定存可以保本且具有投資報酬，符合此特性。

12 (B)。$100萬 \times 94\% = X \times (1 + 2\%/12)^9$，X＝92.61。

13 (C)。當市場殖利率走高，持有債券會產生資本損失。

14 (A)。投資等級債券＝AAA、AA、A、BBB，其中AAA、AA是高評等，A、BBB是中評等。
Moody's評級次序，由高至低為Aaa、Aa、A、Baa、Ba、B、Caa、Ca、C等。Aa至Caa各級會再以1、2、3來細分出同一評級的高低，若是評級在Baa（含）以上為投資等級。

15 (A)。因為市價＞面額，因此到期殖利率為小於票面利率6%。

16 (C)。存續期間越長獲利越大，因此為丙券。

17 (D)。發債額度會影響購買到債券的機率，不影響債券價格計算。

18 (B)。普通股持有人在公司清算後對剩餘資產是最後的請求權。

19 (D)。移動平均線是指分析市場趨勢的走勢與強弱的指標，是計算一定週期收盤價的平均值後，將之標在圖上連成一條線的線圖。

20 (B)。產業生命周期而言，成長期時，其業務特性為產品已有相當的被接受度，銷售成長飛速且利潤增加，並已有相當資料可作為預測未來需求之基礎。

21 (D)。資本市場屬於總體因素，總體因素屬于"由上而下"分析之範疇，由下往上模型不重視資本市場的影響，因為資本市場的情況表現太差，所以股價的決定因素會回歸到公司的基本面。

22 (B)。風險溢酬（Risk Premium）又可以稱為風險貼水，是指投資人對投資風險要求較高報酬率，以彌補投資人對高風險的承受。通常風險溢酬會以無風險報酬（Risk-Free Return）來對比，高於無風險利率的報酬，代表額外增加的報酬率，就是風險溢酬（Risk Premium），因此為因承擔特定資產風險而要求之額外報酬率。

23 (D)。23%＝X＋1.2×（20%－X），X＝5%。

24 (C)。股票價格＝預期隔年現金股利率/（要求報酬率－成長率）＝〔3×30%×（1＋8%）)/（11%－8%）＝32.4%。

25 (D)。貨幣型基金最主要的獲利來自於利息收入。

26 (C)。開放型基金成交價以基金淨資產價值為基準，基金規模也隨著投資人的買賣而變動；封閉型基金成交價由市場供需關係決定。

27 (D)。共同基金投資的優點包括投資多樣化分散風險、專業管理專業基金經理人負責管理運用、流動性高、便於小額資金投資人參與及具有節稅功能，所得完全免稅。

28 (A)。反應在基金淨值上：基金保管費及基金經理費（又稱基金管理費）。

29 (B)。基金跌至$8時A基金為8萬元，轉換成$20之B基金
8萬/(1＋0.5%)/$20×$24＝$95,522，
10萬－$95,522＝損失$4,478。

30 (D)。申購手續費為購買時收取，因此額外支付＝20萬×2%＝$4,000。

31 (A)。具有同方向之變動，所以用相反部位，才能規避風險。

32 (D)。(A)標的物市價相同商品之市價越高，代表標的物之市價高出履約價格越多，買權之執行價值越高，故買權價格越高。(B)標的物履約價格越高，代表標的物之履約價格高出市價越多，買權執行價值越低，故買權價格越低。(C)無風險利率越高，買方未來履約時所需支付的履約價格現值將越低，使得買權價值上升，亦即無風險利率與買權價值呈正相關，無風險利率越高，其買權價格越高。(D)權利期間和現貨價格波動兩項因素。權利期間愈長，則不論買權和賣權此兩種權利可行使的期限加長，權利金自然要多付，皆為正向關係，因此，標的商品的價格波動越高，其買權價格越高。

33 (D)。(A)股票無到期日，期貨有特定到期日。(B)期貨的槓桿倍數比股票高。(C)股票無須保證金，但期貨要。

34 (B)。標的物市價相同商品之市價越高，代表標的物之市價高出履約價格越多，買權之執行價值越高，故買權價格越高，反之賣權價格越低。

35 (C)。為了避免違約，買進期貨、賣出期貨及賣出賣權均須繳保證金(因負有義務)，買進買權則為為享受權利，有權利無義務，因此無須繳納保證金。

36 (C)。權利金的價值＝履約價＋時間價值，且賣權時履約價高於標的物價格，有權利金價值，$15＝履約價＋$7－$70，履約價＝$78。

37 (D)。投資型保險由要保人承擔全部或部分投資風險之人身保險，故其運用不受保險法第146條之1保險業資金運用之限制。

38 (C)。因房屋毀損所支出臨時住宿費用之損失為間接損失。

39 (C)。(A)人壽保險單示範條款第17條，受益人故意致被保險人於死或雖未致死者，喪失其受益權。前項情形，如因該受益人喪失受益權，而致無受益人受領保險金額時，其保險金額作為被保險人遺產。如有其他受益人者，喪失受益權之受益人原應得之部份，按其他受益人原約定比例分歸其他受益人。
(B)(C)(D)人壽保險單示範條款第16條，除外責任，有下列情形之一者，本公司不負給付保險金的責任：一、要保人故意致被保險人於死。二、被保險人故意自殺或自成失能。但自契約訂立或復效之日起2年後故意自殺致死者，本公司仍負

給付身故保險金或喪葬費用保險金之責任。三、被保險人因犯罪處死或拒捕或越獄致死或失能。前項第一款及第十七條情形致被保險人失能時，本公司按第十五條的約定給付失能保險金。因第一項各款情形而免給付保險金者，本契約累積達有保單價值準備金時，依照約定給付保單價值準備金予應得之人。

40 (C)。變額萬能壽險，屬於投資型保險的一種，兼具壽險和投資功能的保險。壽險功能，就是在被保險人身故或完全失能時，會將身故或完全失能保險金給付給受益人，亦有投資功能。變額即是指保險金額會隨著投資帳戶中投資標的的價值有所變動，並非固定額度；萬能則是代表繳費的時間和金額也都彈性，保戶可以在原定繳費週期之外，額外彈性繳費，在資金運用上較為靈活。

41 (A)。保險法第90條，責任保險人於被保險人對於第三人，依法應負賠償責任，而受賠償之請求時，負賠償之責。

42 (C)。旅行平安保險所提供的傷害醫療保險給付方式採實支實付。

43 (D)。信託具有以折現方式降低稅負的功能。

44 (C)。(A)委任關係。(B)指定金錢信託。(D)遺囑信託。

45 (D)。(A)契約信託、他益信託。(B)遺囑信託(委託人預立遺囑並指定遺囑執行人將才依約分給受益人)的效力，是委託人發生繼承事實之日

（即被繼承人死亡）。(C)丙必須依信託本旨管理處分信託財產。

46 (C)。依信託設立的方式原因區分：
1. 契約信託：指依委託人與受託人的信託契約設立的信託。
2. 遺囑信託：指委託人以立遺囑方式設立信託，但信託生效日為委託人死亡發生繼承事實時。
3. 宣言信託：指依委託人以自己的財產之一部或全部，對外宣言自己為受託人之信託。

47 (A)。係以存款利息或部分本金去購買股價/股價指數選擇權或賣出股價/股價指數選擇權。

48 (B)。信用標的發生存款不足退票情事不屬於信用連結組合式商品中信用參考標的之信用違約事件。

49 (A)。匯率未上升到履約價格之上，因此到期可領100%－5%＝95%本金。

50 (D)。反浮動利率商品係結合了存款或債券之利息收入、利率交換（IRS）及利率上限選擇權（cap）而成。

NOTE

_____

_____

_____

_____

_____

_____

_____

第38屆理財規劃實務

(　) **1** 金融控股公司之設立，對於消費者及金融從業人員之影響，下列敘述何者錯誤？　(A)金融從業人員可以發揮交叉行銷之綜效　(B)行政支援人員比率大幅提高　(C)金融從業人員必須充實各種金融商品專業知識　(D)消費者可獲一次購足之服務。

(　) **2** 下列何項將影響個人資產負債表中之淨值？　A.以存款帳戶餘額清償貸款　B.以部份付現、部份貸款方式買車　C.個人持有全球股票指數型基金，全球股市全面上揚　D.個人持有債券，利率上揚　(A)僅BC　(B)僅CD　(C)僅ACD　(D)僅ABD。

(　) **3** 下列何者為合理的理財規劃流程？　I.需求面談確認理財目標II.定期檢視投資績效　III.提出理財建議　IV.協助客戶執行財務計畫V.蒐集財務資料　(A)I、III、V、IV、II　(B)I、V、III、IV、II(C)V、I、IV、III、II　(D)V、I、III、II、IV。

(　) **4** 有關現金基礎與應計基礎之比較，下列敘述何者正確？　(A)所謂現金基礎制又稱為權責發生制　(B)應計基礎於收取勞務或貨物時，即應登記為應付款項目　(C)企業會計一般多使用現金基礎制(D)家庭一般多使用應計基礎制。

(　) **5** 淨值成長率是代表個人累積淨值的速度，想提升淨值成長率，下列何項方法是有效的？　(A)提高淨值占總資產的比重　(B)提高生息資產占總資產的比重　(C)提高薪資收入與理財收入相對比率(D)降低薪資儲蓄率。

(　) **6** 有關家庭財務報表，下列敘述何者錯誤？　(A)收支儲蓄表係顯示一特定期間之收支進出狀況　(B)資產負債表係顯示一特定期間之資產負債狀況　(C)連結收支儲蓄表與資產負債表的科目是儲蓄（或負儲蓄）　(D)儲蓄是收入減支出後之淨額。

(　) **7** 小蔡之自用資產為1,500萬元，生息資產為1,000萬元，負債為900萬元，則其淨值投資比率為下列何者？　(A)62.5%　(B)60%(C)40%　(D)29.4%。

( ) **8** 王先生薪資8萬元,所得稅扣繳1萬元,勞健保扣繳5千元,每月通勤車費及雜支9千元,則若其生活開銷為2萬5千元,房貸本息每月支出為2萬元,則其收支平衡點時之收入至少應為多少？
(A)56,390元　(B)64,286元　(C)72,142元　(D)80,000元。

( ) **9** 假設10月份家庭收支儲蓄表顯示:儲蓄為4萬元,並以信用卡簽帳消費1萬元於11月份支付,則10月份之現金淨增加額為多少？
(A)1萬元　(B)3萬元　(C)4萬元　(D)5萬元。

( ) **10** 預估一個家庭所需的基礎收入時,除了考量家庭人口數,還需考慮到下列何者？　(A)期待水準的生活費用需求　(B)意外保險收入　(C)獎金收入　(D)佣金收入。

( ) **11** 下列何者並非一般財務規劃目的下,緊急預備金的需求中主要支應之項目？　(A)因應失業導致的工作收入中斷　(B)因應失能導致的工作收入中斷　(C)因應緊急醫療所導致的超支費用　(D)因應股票投資導致之損失。

( ) **12** 小周每月基本家庭開支為8萬元,收入超過基本開支時,每增加1元收入,需增加0.6元支出,第四季各月收入分別為9萬元,8.5萬元,15萬元,小周可設定之最高邊際儲蓄率為下列何者？
(A)40%　(B)60%　(C)26%　(D)9%。

( ) **13** 有關四種典型的理財價值觀,下列敘述何者錯誤？　(A)螞蟻族是認真工作,早日退休,築夢餘生　(B)蟋蟀族是青春不留白,及時行樂　(C)蝸牛族是有土斯有財,將購屋置產列為首要目標　(D)慈烏族盡孝道,盡心伺候父母至壽終正寢。

( ) **14** 關於目標並進法的敘述,下列何者正確？　(A)依目標先後順序達成目標　(B)集中所有的資源來儘早達成目標,符合一般人的理財習慣以及中短期的理財眼光,比較容易被接受　(C)儘量延長各目標的達成時間,使複利的效果充分發揮,降低遠期目標早期所需投入額,使早期的儲蓄還有餘裕來分配至中長期目標　(D)目標並進法較無彈性因應目標調整時的變化。

( ) **15** 郭老師購買一筆躉繳型儲蓄險,繳交保險費100萬元,20年後到期還本共可拿回180萬元,則其年平均報酬率約為多少？（取最接近值）　(A)2%　(B)3%　(C)4%　(D)5%。

（　）**16** 下列何者為理財目標方程式？　(A)目前可投資額×複利終值係數＋未來每期可儲蓄金額×年金終值係數　(B)目前可投資額×複利現值係數＋未來每期可儲蓄金額×年金現值係數　(C)目前可投資額×複利現值係數＋未來每期可儲蓄金額×年金終值係數　(D)目前可投資額×複利終值係數＋未來每期可儲蓄金額×年金現值係數。

（　）**17** 夏普指數越大，下列敘述何者正確？　(A)每單位風險下其報酬率較高　(B)每單位風險下其報酬率較低　(C)每單位期間其報酬率較高　(D)每單位期間其報酬率較低。

（　）**18** 在總報酬率與投資年數相同時，有關單利年平均報酬率及複利年平均報酬率，下列敘述何者正確？　(A)投資年數愈長，兩者差異愈小　(B)漲幅倍數愈高，兩者差異愈小　(C)複利年平均報酬率＝總報酬率÷投資年數　(D)複利年平均報酬率一定低於單利年平均報酬率。

（　）**19** 有關貨幣時間價值的運用，下列敘述何者錯誤？　(A)整存整付定期存款到期本利和之計算可運用複利終值　(B)零息債券目前價值之計算可運用複利現值　(C)房貸本利攤還額之計算可運用年金終值　(D)籌措退休後生活費用總額之計算可運用年金現值。

（　）**20** 假設預期報酬率4%下，小李希望在10年後能累積一筆500萬元創業基金，除計畫每年儲蓄40萬元，為達成理財目標，小李至少應於期初投資多少金額？　(A)13.4萬元　(B)15.4萬元　(C)17.4萬元　(D)19.4萬元。

（　）**21** 老陳投資尚餘7年到期、每年付息一次、面額100萬元的債券，若該債券市場殖利率為4%時，計算得知其市場價格為110萬元，請問該債券每年固定債息應為何？（取最接近值）　(A)4.66萬元　(B)5.16萬元　(C)5.66萬元　(D)6.16萬元。

（　）**22** 有關子女教育金規劃流程圖中所考慮之計畫，不包括下列何者？　(A)家庭計畫　(B)育兒計畫　(C)子女教育計畫　(D)退休金計畫。

（　）**23** 有關子女教育費用之敘述，下列何者錯誤？　(A)在教育投資的試算下得知投資高等教育是值得的　(B)養兒育女的開銷有兩大高峰，一是學前階段，一是高等教育階段　(C)為了儲蓄子女教育經

費，可動用晚年準備的退休基金　(D)教育費用年年上升，需及早準備才足以支應。

(　) **24** 張先生年30歲，估算每個小孩生涯支出需470萬元，其每年稅後收入120萬元，夫妻每月共開銷2.5萬元，計畫購置600萬元住宅，55歲退休，退休後夫妻繼續生活35年，則張家最多能養育幾個孩子而張太太才可不需外出工作？　(A)1個　(B)2個　(C)3個　(D)4個。

(　) **25** 在房屋貸款的型態中，哪一種的貸款型態又有理財型房貸之稱？(A)到期還款型　(B)提早還清型　(C)隨借隨還型　(D)超額貸款型。

(　) **26** 張三在年過四十後作換屋規劃，若其欲換為五十坪的房子，總價為一千萬元，但自備款僅需一成，每坪裝潢費用為二萬元，代書費為三萬元，搬家費為四萬元，仲介費用為百分之一，契稅為十二萬元，則張三在自備款的部分，應準備多少的期初費用？(A)100萬元　(B)115萬元　(C)141萬元　(D)229萬元。

(　) **27** 有關房屋貸款計息之方式，下列敘述何者錯誤？　(A)本金平均攤還房貸，每月償還本金及利息總金額遞減　(B)本金平均攤還房貸，每月償還利息金額遞減　(C)本利平均攤還房貸，每月償還利息金額遞減　(D)本利平均攤還房貸，每月償還本金及利息總金額遞減。

(　) **28** 李小姐申請房屋貸款600萬元，年利率2%，貸款期間20年，約定採本利平均攤還法按年期清償；然其於償還第10期本利和後，因手中有一筆閒錢150萬元，故即刻將之用於提前還款，惟貸款利率調升為3%，其他條件維持不變。則自此之後，李小姐每期所須償還之本利和較前10期減少多少元？（取最接近值）　(A)152,518元　(B)154,086元　(C)156,362元　(D)158,274元。

(　) **29** 比較房貸利率時要以至少10年期的平均利率來相較，假設無其他轉貸成本，舊房貸利率為4%，新房貸利率第一年2%，第二年3%，第三年4%，第四年以後5%，請問其10年平均利率與舊房貸利率相較為何？　(A)高0.2%，轉貸不划算　(B)低0.2%，可以轉貸　(C)高0.4%，轉貸不划算　(D)低0.4%，可以轉貸。

(　) **30** 有關勞工於請領退休金前死亡，其退休金之提領，下列敘述何者錯誤？　(A)由其遺屬請領一次退休金　(B)由其遺屬請領月退休

金　(C)退休金應自收到申請書起30日內發給　(D)遺屬請領退休金請求權，自得請領之日起，因10年間不行使而消滅。

(　) **31** 有關退休規劃重要原則之敘述，下列何者錯誤？　(A)愈早儲備退休基金，愈輕鬆累積晚年生活所需　(B)退休金儲蓄之運用不能太保守，設定的退休金報酬率宜20%以上　(C)以養老險準備退休金，缺點為報酬率偏低，需有較高的儲蓄能力，才能滿足退休需求保額　(D)退休後的收入低於基本生活支出水準，則需仰賴救濟。

(　) **32** 有關國民年金之敘述，下列敘述何者錯誤？　(A)該保險制度之主管機關為財政部，委託勞工保險局辦理　(B)採柔性強制加保，即不加保沒有罰則，只是不能享受國民年金之保障　(C)一般被保險人，保險費由政府負擔四成，民眾自己負擔六成　(D)保險事故包含老年、身心障礙及死亡三種。

(　) **33** 陳君現年40歲，希望在60歲退休時自行準備3,000萬元退休金，其目前有200萬元可供投資，年投資報酬率為10%，請問陳君每年另須投資多少錢？　(A)31.2萬元　(B)30.5萬元　(C)28.9萬元　(D)27.9萬元。

(　) **34** 假設儲蓄投資報酬率等於通貨膨脹率，王先生現年45歲，無積蓄，每年儲蓄率為40%，則其必須工作到幾歲退休才能維持現有的生活水準到75歲？　(A)60歲　(B)63歲　(C)65歲　(D)68歲。

(　) **35** 小王目前30歲，打算60歲退休，希望退休後生活水準為工作期之80%並維持到75歲，若目前積蓄為年所得的5倍，年儲蓄率為50%，則75歲時小王可累積年所得多少倍之積蓄給子女？（假設儲蓄的投資報酬率等於通貨膨脹率）　(A)10倍　(B)12倍　(C)14倍　(D)16倍。

(　) **36** 下列何者投資部位，其目的在於滿足短期目標或長期目標中的基本需求部位？　(A)投機組合　(B)儲蓄組合　(C)股票投資組合　(D)衍生性金融商品投資組合。

(　) **37** 下列何投資策略具有買漲殺跌的投資特性？　(A)固定投資比例策略　(B)加碼攤平策略　(C)定期定額投資策略　(D)投資組合保險策略。

（　）**38** 「當市場指數大漲時，A股只有小漲」，則A股是屬於哪種股票？
(A)$\beta = 1$　(B)$\beta > 1$　(C)$\beta < 1$　(D)$\beta = 0$。

（　）**39** 當買進股票後，股價下跌，經過審慎的投資判斷，決定向下攤平時，您的最佳資金來源為何？　(A)出售其他投資工具　(B)以原股票質借　(C)以不動產質借資金　(D)多餘的自有資金。

（　）**40** 下列何者投資工具較適合風險矩陣中，長資金運用期、低風險偏好者？　(A)高收益債券　(B)平衡式基金　(C)存款　(D)外幣保本定存。

（　）**41** 利用風險矩陣做個人資產配置，主要取決因素包括下列何者？
(A)分散風險的程度　(B)資金可運用的多寡　(C)個人風險偏好
(D)期望報酬率的高低。

（　）**42** 黃先生總資產市值為100萬元，可接受的總資產市值下限為70萬元，可承擔風險係數為3，依投資組合保險策略投資股票，若所投資之股票價值下跌10萬元，則應如何調整？
(A)賣出股票10萬元　　　　　　(B)賣出股票20萬元
(C)買入股票10萬元　　　　　　(D)買入股票20萬元。

（　）**43** 假設甲有資金200萬元，擬投資股票，而股票虧損風險上限為25%，而其可接受之最大年度損失為20萬元，請問其股票投資比率上限約為何？　(A)25%　(B)30%　(C)35%　(D)40%。

（　）**44** 凡經常居住中華民國境內之中華民國國民，須待放棄中華民國國民身分起滿幾年後，才能達到境外資產贈與行為免徵贈與稅之目的？　(A)一年　(B)二年　(C)三年　(D)四年。

（　）**45** 依我國所得稅法規定，以哪些人為被保人之保險費不可申報列舉扣除？　(A)納稅義務人本人　(B)納稅義務人之配偶　(C)納稅義務人之直系親屬　(D)受納稅義務人扶養之兄弟姊妹。

（　）**46** A公司為未上市公司，目前其帳面每股淨值12元，但其資產中有轉投資持有之上市公司股票，如將前項持有轉投資上市股票依收盤價核算則每股淨值15元。今甲將其名下之A公司股票贈與其子女，並以面額10元申報。此時國稅局核定贈與稅時每股贈與金額應為何？　(A)10元　(B)12元　(C)13元　(D)15元。

(　) **47** 有關我國遺產稅之納稅義務人的敘述，下列何者錯誤？
(A)有遺囑執行人者，為遺囑執行人
(B)無遺囑執行人者，為被繼承人
(C)無遺囑執行人者，為繼承人及受遺贈人
(D)無遺囑執行人及繼承人者，為依法選定之遺產管理人。

(　) **48** 申報個人綜合所得稅時，可列為「列舉扣除額」之項目中，不包括下列何者？
(A)醫藥及生育費　　　　　(B)災害損失
(C)財產交易損失　　　　　(D)購屋借款利息。

(　) **49** 林襄理目前有生財資產200萬元，投資於定存，年報酬率為2%，預計12年後，購置當時價值970萬元的新屋，則另須連續12年每年投資40萬元於報酬率至少達若干之投資工具，方能達成其目標？（取最接近值）　(A)7%　(B)6%　(C)5%　(D)4%。

(　) **50** 李四現年55歲，年收入為100萬元，家庭支出為70萬元，其個人支出為20萬元，預計65歲退休，80歲終老，假設實質收支不變，實質利率（折現率）為5%，依淨收入彌補法，李四的保險需求為其年收入的幾倍？（取最接近值）　(A)4.9倍　(B)5.2倍　(C)8.3倍　(D)10.2倍。

解答及解析　答案標示為#者，表官方曾公告更正該題答案。

1 (B)。因重疊性職位重整，行政支援人員比率大幅降低。

2 (B)。(A)資產負債同時等額減少，不影響淨值。
(B)資產負債同時等額增加，不影響淨值。
(C)&(D)資產增加。
因此為(B)。

3 (B)。需先了解客戶的目標，再蒐集財務資料，給出理財建議，客戶接受後開始執行，並且要定期檢視投資績效才能及時給出後續建議，因此為需求面談確認理財目標→蒐集財務資料→提出理財建議→協助客戶執行財務計畫→定期檢視投資績效。

4 (B)。(A)應計基礎制又稱權責基礎制。(C)企業會計一般使用應計基礎制。(D)家庭一般多使用現金基礎制。

5 (B)。淨值成長率＝淨儲蓄/淨值，因此，提高生息資產占總資產的比重最有效。

6 (B)。資產負債表係顯示一特定時點之資產負債狀況。

7 (A)。$1,000/(1,500+1,000-900)\times100\%=62.5\%$。

8 (B)。收支平衡點＝固定支出負擔/工作收入淨結餘比率
工作淨結餘比例＝（工作收入－工作支出）／工作收入
收支平衡點$=(2.5+2)/[(8-1-0.5-0.9)/8]=6.428571$
$6.428571\times\$10,000=\$64,286$。

9 (D)。當期現金淨增加額＝當期儲蓄＋以信用卡簽帳繳款為主的短期負債淨增加額＋以房貸本金借入償還為主的長期負債淨增加額＋投資買進或賣出為主的現金以外資產淨減少額
因此，4萬＋1萬＝5萬。

10 (A)。需考量期待水準的生活費用需求。

11 (D)。一般財務規劃目的下，緊急預備金的需求中主要支應之項目為因應失業或失能導致的收入中斷、因應緊急醫療或意外災變所導致的超支費用。。因此，因應股票投資導致之損失非屬於緊急預備金的需求中主要支應項目。

12 (A)。每增加1元收入，需增加0.6元支出，因此最高儲蓄邊際為$1-0.6=0.4=40\%$

13 (D)。劃分出四種典型的理財價值觀，分別用「螞蟻族」、「蟋蟀族」、「蝸牛族」、「烏鴉族」或「慈烏族」來命名。其中，「烏鴉族」或「慈烏族」係為了子女忽視自己。

14 (C)。目標並進法就是同時準備多個財務目標，其優點在於，可以延長各個目標的準備期間，讓資金發揮一定的複利效果。

15 (B)。複利終值表(3%,20N)=1.806最接近1.8，所以為3%。

16 (A)。理財目標方程式＝目前可投資額×複利終值係數＋未來每期可儲蓄金額×年金終值係數。

17 (A)。夏普指數所代表的意義為「某基金或投資組合的投資人每承擔一單位的風險，可以獲得的超額報酬」；超額報酬的意義則是該基金或投資組合的報酬率超過無風險報酬率部分。因此，夏普指數越高，代表投資人每承擔一單位風險可以獲得的補償較高，反之亦然。

18 (D)。單利年平均報酬率＝總報酬率/投資年數
複利年平均報酬率＝(1＋總報酬率)1/年數－1
若總報酬率與投資年數相同，則單利年平均報酬率＝1
(1＋總報酬率)1/年數－1必小於1
故複利年平均報酬率一定低於單利年平均報酬率。

19 (C)。房貸本利攤還額之計算可運用年金現值。

20 (A)。$500=40\times FVIFA(4\%,10)+X\times FVIF(4\%,10)=40\times12.006+X\times1.480$
$X=13.35$。

21 (C)。$X\times(4\%,7,$年金現值$)+100$萬$\times(4\%,7,$複利現值$)=110$萬，$X=5.66$萬。

22 (D)。子女教育金規劃流程圖包括家庭計畫、育兒計畫及子女教育計劃。

23 (C)。儲蓄子女教育經費不應考慮動用晚年準備的退休基金。

24 (A)。可養育子女數＝(家庭生涯收入－夫妻生涯費用－購屋總價)/每個子女生涯支出負擔＝[120萬×(55－30)－2.5萬×12×(90－30)－600萬]/470萬＝1.28，為(A)。

25 (C)。理財型房貸就是將原購屋房貸還掉的本金部分，再循環動用出來，有動用才按日計算利息，並且可以隨借隨還。

26 (D)。1,000萬自備款1成＋1000萬仲介費1%＋50坪×2萬＋代書、搬家、契稅19萬＝229萬

27 (D)。本息平均攤還指的是按月平均攤還本息，每個月支付的利息和本金加起來的總額固定。

28 (C)。600/年金現值(2%,20)＝36.7；36.7×年金現值(2%,10)＝330；330－150＝180
180/年金現值(3%,10)＝21.1萬；36.7萬－21.1萬＝15.6萬。

29 (C)。(2＋3＋4＋5×7)/10＝4.4，10年平均利率；4.4－4＝0.4；高0.4%，因此，轉貸不划算。

30 (B)。勞工於請領退休金前死亡者，應由其遺屬或遺囑指定請領人請領一次退休金。

31 (B)。退休金儲蓄的運用不能太保守，應以保證給付的養老險或退休年金支應基本支出，以報酬率較高但無保證的基金投資支應彈性較大的生活品質支出。

32 (A)。國民年金開辦時的中央主管機關是內政部，配合政府組織改造，自102年7月23日起變更為衛生福利部；地方主管機關則是各直轄市、縣（市）政府。國民年金採社會保險方式辦理，由中央主管機關委託勞工保險局辦理，並為保險人。

33 (C)。20年可累積：200萬×FV(10%,20)＝13,454,000
缺額：3,000萬－13,454,000＝16,546,000
每年須另外投資：X×AFV(10%,20)＝16,546,000
X＝288,886，約28.9萬。

34 (B)。(x－45)×0.4＝(75－x)×0.6，x＝45＋18＝63。

35 (C)。設年所得為X，年儲蓄50%×X×(60－30)＝15X，目前儲蓄5X，75歲已經花掉了X×50%×80%×15＝6X，5X＋15X－6X＝14X。

36 (B)。儲蓄組合的目的在於滿足短期目標或長期目標中的基本需求。

37 (D)。(A)固定比例法：指投資者採用固定比例的投資組中，以減少股票投資風險的一種投資策略，一般分為兩個部分：一部分是保護性，主要由價格不易波動、收益較為穩定的債券和存款等構成；另一部分是風險性，主要由價格變動頻繁、收益變動較大的股票構成。兩部分的比例是事先確定，一經確定，就不再變動，採用固定的比例。(B)加碼攤平策略：攤平是被套牢後的一種被動應變策略。(C)定期定額投資策略：為每隔一段固定期間，進場

購買特定金額的股票,迫使投資人在價格偏低時,購買數量較多的股票或共同基金,價格偏高時,則購買較少數量,如此可以增進整體投資報酬。

(D)投資組合保險策略:是在將一部分資金投資於無風險資產從而保證資產組合的最低價值的前提下,將其餘資金投資於風險資產,並隨著市場的變動調整風險資產和無風險資產的比例,同時不放棄資產升值潛力的一種動態調整策略,為上漲時買進、下跌時賣出,具有漲買跌殺的特性。

38 **(C)**。β(Beta)值,β值是一種風險指數,用來衡量個別股票或股票基金,相對於整個股市的價格波動狀況。β值大於1,當加權指數上漲時,該支股票的漲幅會較大,然而當加權指數下跌時,該股的跌幅也會較大,投資風險升高;β值小於1,當加權指數上漲時,該股的漲幅會較小,下跌時亦然,投資風險較低。

因此A股為β<1的股票。

39 **(D)**。採向下攤平策略,最好用多餘的自由資金。

40 **(B)**。(A)高收益債券適合於中資金運用期、高風險偏好者。

(B)平衡式基金適合於長資金運用期、低風險偏好者。

(C)存款適合於短資金運用期、低風險偏好者。

(D)外幣保本定存適合於短資金運用期、高風險偏好者。

41 **(C)**。利用風險矩陣作資產配置主要取決於資金運用期長短及個人風險偏好。

42 **(B)**。投資股票金額=可承擔風險係數×(總資產市值-可接受總資產市值下限)

原始投資股票金額=3×(100-70)=90

因股票價值下跌10,總資產市值=100-10=90

投資股票金額=3×(90-70)=60

90-10(已下跌)-60(新計算後之投資股票金額)=20(需再賣)。

43 **(D)**。$200 \times X \times 25\% = 20$;$X = 40\%$。

44 **(B)**。遺產及贈與稅法第3-1條,死亡事實或贈與行為發生前二年內,被繼承人或贈與人自願喪失中華民國國籍者,仍應依本法關於中華民國國民之規定,課徵遺產稅或贈與稅。

所以為2年。

45 **(D)**。納稅義務人、配偶或申報受扶養直系親屬的人身保險可以列舉扣除,因此(D)不行。

46 **(D)**。係以收盤價計算每股淨值。

47 **(B)**。遺產及贈與稅法第6條,遺產稅的納稅義務人為:

1.有遺囑執行人,以遺囑執行人為納稅義務人。

2.沒有遺囑執行人,以繼承人及受遺贈人為納稅義務人。沒有繼承人,只有受遺贈人時,以依法選定的遺產管理人為納稅義務人。

3.沒有遺囑執行人及繼承人,以依法選定的遺產管理人為納稅義務人。

48 (C)。列舉扣除額項目包含捐贈、人身保險費、醫藥及生育費、災害損失、自用住宅購屋借款利息、房屋租金支出。

49 (A)。200萬×複利終值(2%,12)＝
200萬×1.2682＝253.64萬
970萬－253.64萬＝716.36萬
40萬×X＝716.36萬
X＝17.909，年金終值(A%,12)；A＝7%。

50 (A)。淨收入彌補法＝個人未來收入
－個人未來支出＝應有的壽險保額
100萬×(5%,10年,年金現值)－20
萬×(5%,25年,年金現值)＝100萬
×7.722－20萬×14.094＝490.3萬
490.3/100＝4.93(倍)

NOTE

第39屆理財工具

( ) 1 工業銀行發行之金融債券，其發行總餘額不得超過該行調整後淨值的幾倍？　(A)五倍　(B)六倍　(C)七倍　(D)八倍。

( ) 2 有關證券商之敘述，下列敘述何者錯誤？　(A)證券承銷商係指主管機關特許經營有價證券之行紀或居間之證券商　(B)證券自營商其最低實收資本額為新臺幣四億元　(C)證券經紀商依規定應存入指定銀行之營業保證金為新臺幣五千萬元　(D)證券商應於每月十日以前，向金管會申報上月份會計科目月計表。

( ) 3 銀行法第二十條所稱之「銀行」，除商業銀行及專業銀行外，尚包括下列何者？　(A)證券金融公司　(B)票券金融公司　(C)信託投資公司　(D)證券投資信託公司。

( ) 4 下列何項並非國際收支表的項目？　(A)貨幣帳　(B)資本帳　(C)金融帳　(D)經常帳。

( ) 5 有關景氣循環與資產配置，下列敘述何者錯誤？　(A)景氣復甦期，經濟由谷底回升，企業的獲利增加，通膨的壓力尚未顯現，是投資股市的黃金時段　(B)當景氣持續成長，總合需求增加導致通膨壓力顯現時，保值的房地產和黃金最具增值潛力　(C)當央行為控制通膨而調高利率時，股票隨企業獲利成長的力道趨緩而邁入整理期，債券價格則有下跌壓力　(D)一旦經濟成長減緩，企業獲利明顯下滑，政府為挽救經濟，開始以降低利率刺激景氣，投資長期債券利率太低，風險又大，報酬率下降。

( ) 6 下列何者又稱為強力貨幣？　(A)存款貨幣　(B)準貨幣　(C)準備貨幣　(D)外匯存底。

( ) 7 下列何者屬於景氣動向領先指標之構成項目之一？　(A)失業率　(B)經濟成長率　(C)股價指數　(D)生產者物價指數。

( ) 8 有關國民生產毛額（GNP）與國內生產毛額（GDP）間之關係，下列敘述何者正確？　(A)GNP＝GDP－折舊　(B)GNP＝GDP－折舊－貿易順差　(C)GNP＝GDP＋國外要素所得收入淨額　(D)GNP＝GDP－貿易順差。

(　) 9 有關「外匯市場交易工具」之敘述，下列何者錯誤？　(A)即期外匯交易應於成交次日辦理交割　(B)外匯保證金交易通常以美元為基礎貨幣作結算　(C)遠期外匯交易的期限通常是以月計算 (D)外匯旅行支票之買賣屬於外匯現鈔交易。

(　) 10 甲君以信用卡消費4萬元（最低繳款金額1,000元），至繳款日只繳1萬元，若其銀行以墊款日為循環利息起算日，則甲君在銀行墊款日至下一繳款日間，其繳交之利息是以多少消費金額計算？ (A)4萬元　(B)3.9萬元　(C)3萬元　(D)不須負擔任何利息。

(　) 11 有關我國國庫券之敘述，下列何者錯誤？　(A)調節國庫收支為國庫券發行目的之一　(B)國庫券依發行方式可分為甲、乙兩種 (C)甲種國庫券採貼現發行，到期時償還本金　(D)國庫券為政府委託中央銀行發行之短期債券憑證。

(　) 12 甲公司需要一筆十天期週轉金500萬元，遂以中央公債向證券商承作附賣回交易，雙方議定利率為5%，承作天期自3月2日至3月12日，則甲公司到期應付總金額為多少元？（不考慮稅負，取最接近值）　(A)5,006,849元　(B)5,005,479元　(C)5,006,800元 (D)5,006,164元。

(　) 13 一般而言，公司若發行可贖回債券（callable bond），其票面利率和不可贖回債券比較為何？　(A)提高　(B)降低　(C)相同 (D)無法判斷。

(　) 14 有關債券評等之敘述，下列何者錯誤？　(A)AA級債券之違約機率低於BBB級債券　(B)AA級債券之信用強度高於BBB級債券 (C)AA級債券之評等變動機率高於BBB級債券　(D)若發行公司出現違約情形，AA級債券之投資人所能獲得之保障大於BBB級債券之投資人。

(　) 15 根據各主要評等機構的長期評等等級，下列何者屬於投資等級的評等？　(A)中華信評twB+　(B)惠譽BB　(C)穆迪Baa3　(D)標準普爾BB+。

(　) 16 通常國內可轉換公司債之凍結期最少為多久？　(A)1個月　(B)3個月　(C)6個月　(D)100天。

( ) **17** 面額100萬元,票面利率為8%,市場殖利率為10%,發行年限3年
到期的債券,其存續期間為多少年? (A)2.535年 (B)2.626年
(C)2.777年 (D)2.863年。

( ) **18** 根據CAPM,證券之貝它係數(Beta)係用於描述下列何者?
(A)總風險 (B)市場風險 (C)財務風險 (D)營運風險。

( ) **19** 市價在50至100元之間的股票,其最小變動單位(即一檔)為下列
何者? (A)0.05元 (B)0.1元 (C)0.5元 (D)1元。

( ) **20** 下列何組價格所畫出的K線為十字線(四個數字分別代表開盤
價、最高價、最低價、收盤價)? (A)54、57、53.5、55.5
(B)41、42、38、39 (C)31、33.5、31、31.5 (D)23、23.5、
21.5、23。

( ) **21** 下列何者不屬於Michael Porter所認為的影響產業競爭的五大因素
之一? (A)新加入者的威脅 (B)替代產品的威脅 (C)現有競爭
者的威脅 (D)消費者偏好改變的威脅。

( ) **22** 有關艾略特波浪理論,下列敘述何者錯誤? (A)第一波為五波中
最低的一波,類似低價反彈 (B)第四波經常會出現三角形的整理
格局 (C)第五波為整個波浪理論中可能上升至最高波段 (D)第C
波為下降趨勢中向上反彈之修正波。

( ) **23** 倘甲公司今年度每股現金股利3元,且現金股利成長率穩定為
5%,股東要求之股票報酬率為10%,依Gordon模型計算,其股票
每股價格應為何? (A)63元 (B)66元 (C)69元 (D)72元。

( ) **24** 股價指數為7,245,24日移動平均值(MA)為7,032,則24日乖
離率(Bias)為多少?(取最接近值) (A)3.03% (B)-3.03%
(C)2.94% (D)-2.94%。

( ) **25** 投資人以30元委託證券商賣出台積電20,000股,手續費為千
分之1.425,則其賣出該等股票後應收價金為何?(需考慮證
券交易稅) (A)597,345元 (B)600,000元 (C)598,250元
(D)599,145元。

( ) **26** 有關投資共同基金所涉費用,下列何者非屬之? (A)基金經理費
(B)基金保管費 (C)申購手續費遞減式後收的基金管銷費 (D)代
銷佣金。

（　） **27** 有關開放型基金的敘述，下列何者錯誤？　(A)基金規模不固定 (B)投資人可隨時向基金公司要求贖回　(C)基金的成交價格由市場供需關係決定　(D)為維持基金的流動性，將一部分的基金投資於變現性高的工具。

（　） **28** 共同基金的資產受到法令及下列何者的監督和保障？　(A)信託公會　(B)證券主管機關　(C)中央銀行　(D)投信投顧公會。

（　） **29** 李先生有1,500單位的A基金，申購時淨值為12元，贖回時淨值為15元，請問李先生淨賺多少元？　(A)6,000元　(B)5,000元 (C)4,500元　(D)3,000元。

（　） **30** A基金為封閉式基金，集中市場收盤價為19.5元，溢價2%，則A基金淨值為何？　(A)19.1元　(B)19.11元　(C)19.89元　(D)19.9元。

（　） **31** 選擇權的市場價值係指下列何者？　(A)真實價值　(B)時間價值 (C)履約價值加上時間價值　(D)履約價值扣除時間價值。

（　） **32** 當對標的物看空時，下列何者是正確的操作策略？　(A)買入買權（call option）　(B)賣出賣權（put option）　(C)賣出買權 (D)買進期貨。

（　） **33** 有關價內與價外選擇權之權利金，下列敘述何者正確？　(A)在其他條件相同的情況下，價內選擇權的權利金比價外選擇權低 (B)在其他條件相同的情況下，價內選擇權的權利金比價外選擇權高　(C)價內選擇權沒有權利金　(D)在其他條件相同的情況下，價內選擇權的權利金與價外選擇權的權利金無法相比。

（　） **34** 就賣權而言，當現貨價格30元，履約價格27元時，請問該賣權價內差值為何？　(A)0元　(B)1元　(C)2元　(D)3元。

（　） **35** 小李買進2口履約指數800之台灣加權金融期貨契約，請問該期貨契約價值為下列何者？　(A)80萬元　(B)120萬元　(C)160萬元 (D)200萬元。

（　） **36** 張三買入某股票賣權，目前股價為100元，履約價格為85元，權利金10元，張三預期股價未來下跌空間大，試問至少達到損益兩平之股價為何？　(A)75元　(B)80元　(C)90元　(D)95元。

（　） **37** 被保險人在個人傷害保險期間內因遭遇意外傷害事故，致雙手十手指機能永久完全喪失，其保險金給付比例為下列何者？　(A)100% (B)70%　(C)60%　(D)50%。

(　　) **38** 長期看護保險之被保險人經診斷確定為長期看護狀況之日起幾天為所謂「免責期間」？　(A)0天　(B)30天　(C)60天　(D)90天。

(　　) **39** 下列何種養老保險是為因應通貨膨脹，以確保將來給付時保單價值的保險？　(A)附生存給付養老保險　(B)養老終身型保險　(C)還本型終身保險　(D)增額分紅型養老壽險。

(　　) **40** 有關投資型保險，下列敘述何者錯誤？　(A)不應視其為一種投資工具，投資型保險還是一種保險，只是增加要保人對保費投資的自主性　(B)費用明細、投資標的、財務報告、投資報酬率等，應需定期提供保戶瞭解　(C)專設帳戶內之損失應由要保人承擔，不論保單如何約定，保險人仍不得承擔任何投資損失風險　(D)保險給付隨實際投資績效而定，可以抵抗通貨膨脹。

(　　) **41** 對於定期壽險與終身壽險之敘述，下列何者錯誤？　(A)定期壽險之保險期間較終身壽險短　(B)皆以死亡為保險事故　(C)定期壽險保險費較高　(D)終身壽險採一定期間繳費最為適宜。

(　　) **42** 有關年金保險，下列敘述何者錯誤？　(A)年金保險人於被保險人生存期間或特定期間內，依照契約負一次或分期給付一定金額之責　(B)年金保險之被保險人於生存時必為保險受益人　(C)購買年金保險之目的乃保障遺族之經濟生活　(D)年金保險於給付期間時不得解約或保單借款。

(　　) **43** 依受託人是否以信託為業區分，下列何者非屬區分的範圍？　(A)營業信託　(B)商事信託　(C)民事信託　(D)公益信託。

(　　) **44** 中鋼公司為其員工成立員工持股信託，係屬於下列何者？　(A)個別信託　(B)集團信託　(C)準集團信託　(D)有價證券信託。

(　　) **45** 有關遺囑信託，下列敘述何者錯誤？　(A)屬於他益信託　(B)契約生效日為委託人死亡發生繼承事實時　(C)信託財產不須計入遺產總額　(D)信託內的財產不必為委託人之全部遺產。

(　　) **46** 委託人明確指定投資或運用標的的金錢信託，稱為何種信託？　(A)指定金錢信託　(B)特定金錢信託　(C)不指定金錢信託　(D)不特定金錢信託。

(　　) **47** 下列何者非屬反浮動利率商品之組成項目？　(A)存款利息收入　(B)利率交換契約　(C)匯率選擇權契約　(D)利率上限契約。

( ) **48** 有關連結匯率，組合式產品所具有的風險，下列何者錯誤？
(A)存款本金轉換風險 (B)流動性風險 (C)非系統風險 (D)匯
兌風險。

( ) **49** 有關證券投資信託基金之敘述，下列何者錯誤？ (A)具有準信
託之法律關係 (B)運用範圍限有價證券 (C)規模大小無限制
(D)由證券投資信託公司為資產管理運用。

( ) **50** 在金融商品中，下列何者為保本型商品？ (A)利率連結型商品之
反浮動債券 (B)匯率連結型商品以賣出「USD Call EUR Put」
架構之組合式存款 (C)信用連結組合式商品 (D)優利型債券
（Yield Enhanced Note）。

解答及解析 答案標示為#者，表官方曾公告更正該題答案。

1 (B)。工業銀行設立及管理辦法
第6條第1項，工業銀行發行之金
融債券應接受本會認可之信用評
等機構予以信用評等，其發行總
餘額並不得超過該行調整後淨值
之6倍。

2 (A)。證券交易法第15條，依本
法經營之證券業務，其種類如
左：
一、有價證券之承銷及其他經主
管機關核准之相關業務。
證券交易法第16條，經營前條各
款業務之一者為證券商，並依左
列各款定其種類：一、經營前條
第一款規定之業務者，為證券承
銷商。

3 (C)。銀行法第20條第1項，銀行
分為下列3種：1.商業銀行，2.專
業銀行，3.信託投資公司。

4 (A)。依據國際貨幣基金規
定，國際收支表分為五大部
份：經常帳（current account）

資本帳、（capital account）、
金融帳（financial account）、
統計誤差與遺漏（statistic errors
and omissions）、官方準備資產
（reserve assets）。

5 (D)。債券價格和利率變動的方向相
反，利率下降，債券的價格就會上
升，越是長期的債券其蘊含的利率
風險就越低。

6 (C)。貨幣基底（Monetary base）又
稱為準備貨幣（Reserve money）、
強力貨幣（High power money）。

7 (C)。領先指標：由外銷訂單動向
指數（以家數計）、實質貨幣總計
數M1B、股價指數、工業及服務
業受僱員工淨進入率、建築物開工
樓地板面積（住宅、商辦、工業倉
儲）、實質半導體設備進口值，及
製造業營業氣候測驗點等7項構成項
目組成，具領先景氣波動性質，可
用以預測未來景氣之變動。

8 (C)。GNP＝GDP＋國外要素所得收入淨額(收入－支出)，其中僅計算所有國民，包含於海外的國民，但不包含國內的外國人。

9 (A)。證券業辦理外匯業務管理辦法第46條第2項，外匯證券商辦理前項第一款及第二款即期外匯交易，並應依下列規定辦理：二、該即期外匯交易於其證券業務交易確定成交後，始得進行，並於該證券業務交易之交割日前完成交易。

10 (C)。銀行以墊款日為循環利息起算日，則在銀行墊款日至下一繳款日間，其繳交之利息是以未繳清金額計算，即消費4萬元－至繳款日繳1萬元＝3萬元。

11 (C)。國庫券依左列方式發行：一、甲種券照面額發行，到期時，連同應付利息一次清償；逾期未領，停止計息。二、乙種券採貼現方式發行，公開標售，以超過所定最低售價者，按其超過多寡依次得標，到期時照面額清償。

12 (A)。
$5,000,000＋$5,000,000×5%×10/365
＝$5,006,849。

13 (A)。可贖回債券係指債券於到期日前，發行機構可於特定日期或期間，按約定價格強制贖回，票面利率比不可贖回債券高，使此類債券更具投資吸引力。

14 (C)。債券分級多是以英文字母來分評等的等級，字母越前面代表該債券越好，評等A最好，依序是B、C，最差的是D。同樣字母出現兩次

會比一次好，AA級比較穩定，變動機率應低於BBB級債券。

15 (C)。投資等級債券＝AAA、AA、A、BBB，其中AAA、AA是高評等，A、BBB是中評等。
Moody's評級次序，由高至低為Aaa、Aa、A、Baa、Ba、B、Caa、Ca、C等。Aa至Caa各級會再以1、2、3來細分出同一評級的高低，若是評級在Baa（含）以上為投資等級。

16 (B)。可轉債發行後的一段時期內，投資人不得將可轉債轉換為普通股，此段期間即稱為「轉換凍結期」，目前證管會規定凍結期間不得少於3個月，長於6個月。

17 (C)。一年利息＝100萬×8%＝8萬，存續期＝

$$\frac{\dfrac{8}{(1+10\%)}+\dfrac{8}{(1+10\%)^2}\times 2+\dfrac{(100+8)}{(1+10\%)^3}\times 3}{\dfrac{8}{(1+10\%)}+\dfrac{8}{(1+10\%)^2}+\dfrac{(100+8)}{(1+10\%)^3}}$$
＝2.777

18 (B)。Beta值，別名Beta係數，常被稱為風險係數，是一種評估「系統性風險」的工具，可以利用衡量單一標的或是一個投資組合，對比整體市場（大盤）的波動性，也就是投資的商品報酬相對於大盤表現的波動程度，因此是用於描述市場風險。

19 (B)。股票升降單位，採6個級距方式，每股市價未滿10元者，股價升降單位為0.01元，10元至未滿50元者為0.05元、50元至未滿100元者為0.1元、100元至未滿500元者為0.5元、500元至未滿1000元者為1元、1000元以上者為5元。

20 (D)。K線圖中，收盤價＝開盤價相同：稱為十字線，因此，23、23.5、21.5、23（分別代表開盤價、最高價、最低價、收盤價）為十字線。

21 (D)。影響產業競爭態勢的因素有五項，分別是新加入者的威脅（潛在進入者）、替代性產品或勞務的威脅（替代者）、購買者的議價力量（購買者）、供應商的議價能力（供應者）、現有競爭者的威脅（同業競爭者）。

22 (D)。五波的上升趨勢可分為三個推動波以及二個修正波，三個推動波分別為第1、3及5波，而修正波則為第2及第4波；在三波下降趨勢波則分為A、B、C三波。第C波常具有跌勢強烈且具有破壞性，具有推動第3波類似的特性，跌幅大，時間持續久。

23 (A)。股票每股價格＝$3×(1＋5%)/(10%－5%)＝$63。

24 (A)。Y值（乖離率）＝（當日收盤價－N日內移動平均收市價）/N日內移動平均收盤價×100%＝變動數/移動平均數×100%＝(7245－7032)/7032×100%＝3.03%

25 (A)。$30×20,000×(1－1.425‰－0.3%)＝$597,345。

26 (D)。投資共同基金所涉費用包括基金手續費、賬戶管理費、經理費、保管費。

27 (C)。開放式基金的價格則是由基金單位淨值所決定。

28 (B)。共同基金是集合投資人的資金，委託專業的投資機構代為管理操作的投資工具，投資人彼此共同承擔風險、共同分享投資利潤。共同基金的運作模式採「經理與保管分開」，並且接受相關國家的證券管理機構監督。

29 (C)。($15－$12)×1,500＝$4,500。

30 (B)。$19.5×(1－2%)＝$19.11。

31 (C)。選擇權的價格（權利金）＝履約價值（內含價值）＋時間價值。

32 (C)。當對標的物看空時，亦即預期標的物價格下跌時，操作策略為買入賣權或賣出買權。

33 (B)。價外選擇權的權利金只有『外在價值』，因此價內選擇權的權利金比價外選擇權高。

34 (A)。賣權＝市價－履約價＝27－30＝－3(最低不能小於零)，因此賣權價內差值為0。

35 (C)。金融期貨契約價值比是指數乘於$1000，2×800×$1000＝$1,600,000。

36 (A)。損益兩平股價＝履約價－權利金＝$85－$10＝$75。

37 (C)。依據傷害保險單示範條款之失能程度與保險金給付表規定，雙手十指均永久喪失機能者，其保險金給付比例為60%。

38 (D)。免責期係指被保險人經醫院專科醫師診斷確定為長期照顧狀態之日起算，且持續符合『長期照顧狀態』達90日之期間。

39 (D)。增額分紅型養老保險：為因應通貨膨脹以確保將來給付時之保單價值。

40 (C)。專設帳戶之資產所產生之投資淨收益或損失均應由要保人直接承擔，但依保單約定，由保險人部分承擔投資損益.

41 (C)。「終身壽險」的保障期間是終身，也就是投保後即開始享有保障直到身故或最高承保年齡；而「定期壽險」則提供特定期間的壽險保障，此約定期間一到契約即終止，保障期間以當時年齡計算保費，並有最高承保年齡，期滿保障即終止，因此定期壽險保費較低。

42 (C)。年金保險主要目的在於抵抗長壽風險，避免人們落入活得太久卻無錢可花的窘境，非考慮遺族之經濟生活。

43 (D)。依受託人是否以信託為業來區分：1.營業信託或稱商事信託：指受託人以信託為業並收取報報酬所接受的信託；2.非營業信託或稱民事信託：指受託人非以信託為業所接受的信託；3.個別信託：指接受個別委託人委託為其管理處分信託財產。

44 (C)。如果受益人或委託人為特定多數人之信託，就稱為準集團信託，例如：某家企業員工組成之退休金或離職金信託。

45 (C)。遺產及贈與稅法第3條之2第1項明訂：「因遺囑成立之信託，於遺囑人死亡時，其信託財產應依本法規定，課徵遺產稅。」；因「遺囑信託」，課徵遺產稅的標的物是「信託財產」，如信託財產屬於「不計入遺產總額課稅的財產」或「可列為扣除額的財產」時，仍可依照遺產及贈與稅法的相關規定，可以不計入遺產總額課稅或可列為扣除額。

46 (B)。特定金錢信托是指在該項信托中金錢的運用方式和用途由委托人特別具體指定，受托人只能根據委托人指定的用途運用信托財產。

47 (C)。反浮動利率商品為利率連結式商品，利用存款或債券利息收益或部分之本金去改買利率選擇權，希望能夠賺取利率之上升、或下跌或區間波動之價差利潤。

48 (C)。組合式商品可能面臨之主要風險為：市場利率風險、投資標的適用風險、本金損失風險、流動性風險、信用風險、稅賦風險、匯兌風險、中途解約風險、再投資風險、產品條件變更風險等

49 (C)。證券投資信託事業設置標準第7條第1項，證券投資信託事業之組織，以股份有限公司為限，其實收資本額不得少於新臺幣3億元。

50 (A)。保本型結構型商品為透過固定收益商品孳息投資衍生性商品，於參與連結標的市場表現同時，有效降低本金損失風險，因此利率連結型商品之反浮動債券為保本型商品。

第39屆理財規劃實務

( ) **1** 金融控股公司成立後,對客戶的影響何者錯誤? (A)金融商品更加多元化 (B)提高一次購足的滿意度 (C)更容易形成產品導向而無客戶導向 (D)往來帳戶整合可以更加便利。

( ) **2** 理財規劃人員協助客戶訂定理財目標時,下列何者不符SMART原則? (A)目標內容及希望達成時間應明確 (B)目標應數據化、金錢化 (C)目標應超越現實而理想化 (D)達成目標之計畫應具體。

( ) **3** 理財人員在協助客戶控管其理財規劃執行進度時,下列建議何者錯誤? (A)儲蓄額降低時,宜減少開銷或增加收入 (B)倘累積生息資產大幅減損時,可考慮延長目標達成年限 (C)利率持續走升,則定存到期時可買進債券型基金 (D)有緊急意外支出需求時,可尋求優惠利率貸款支應。

( ) **4** 有關利率敏感度分析,下列敘述何者錯誤? (A)利率敏感部位=貸款－存款－股票投資額 (B)利率敏感部位愈高,利率變動對淨值影響愈大 (C)利率長期向上趨勢明顯,辦理定期存款時應選擇以機動利率計息 (D)利率長期向下趨勢明顯,固定利率貸款應盡早以借新還舊方式償還。

( ) **5** 下列何者係衡量家庭財務結構之負債比率公式? (A)總負債／淨值 (B)總負債／總資產 (C)淨值／總負債 (D)總資產／總負債。

( ) **6** 小明2年前以自備款300萬元購買當時價值900萬元的透天厝,其餘不足額向銀行申貸,約定前3年只還利息不還本金,目前房子市價1,200萬元,則現在小明的自用資產貸款成數為多少? (A)30% (B)50% (C)66% (D)75%。

( ) **7** 小張年收入200萬元,消費支出120萬元,房貸利息支出24萬元,年金保險費用6萬元,毛儲蓄50萬元,則其財務負擔率為何? (A)15% (B)25% (C)60% (D)75%。

(　　) **8** 家庭消費主要決定於可支配所得的大小。假設某家庭之年平均收支
資料如下：薪資所得60萬元，財產所得收入20萬元，各項消費支出
50萬元，對政府經常性移轉支出10萬元，則該家庭之可支配所得為
多少？　(A)20萬元　(B)30萬元　(C)50萬元　(D)70萬元。

(　　) **9** 張三家109年初資產總計150萬元，負債50萬元；109年度家庭的
現金流量如下：工作收入120萬元，生活支出105萬元，理財收入
4萬元，理財支出3萬元，則張三家庭109年淨值成長率為多少？
(A)16%　(B)15%　(C)13.80%　(D)13%。

(　　) **10** 若有存款100萬元，股票投資300萬元，自用住宅價值800萬元，尚
餘貸款600萬元，若每月固定支出為10萬元，則下列敘述何者錯
誤？　(A)存款保障月數＝10個月　(B)變現資產保障月數＝40個
月　(C)總資產保障月數＝80個月　(D)淨值保障月數＝60個月。

(　　) **11** 下列何項理財活動可創造當期家庭現金流量之淨流入？　(A)申
購海外基金　(B)償還房屋貸款　(C)購買新車　(D)以現金卡預
借現金。

(　　) **12** 有關緊急預備金的敘述，下列何者錯誤？　(A)衡量緊急預備金的
因應能力，最低標準的失業保障月數是三個月　(B)要提高意外災
變承受能力，在年生活費不變的情況下，應設法提高可變現資產
(C)緊急預備金可以活存及備用的貸款額度儲備　(D)當存款利率與
短期信用貸款利率差距愈大時，以存款當緊急預備金之誘因愈小。

(　　) **13** 決定最後投資工具選擇或投資組合配置的關鍵性因素，下列敘
述何者正確？　(A)理財目標的彈性　(B)資金需要動用的時間
(C)投資人主觀的風險偏好　(D)年齡。

(　　) **14** 有關家庭成熟期的資產狀況，下列敘述何者正確？　(A)可累積的
資產逐年增加，要開始控制投資風險　(B)可累積的資產達到巔
峰，應降低投資風險準備退休　(C)逐年變現資產當退休後生活
費，以固定收益工具為主　(D)可累積的資產有限，但年輕可承受
較高的投資風險。

(　　) **15** 對風險的敘述，下列何者錯誤？　(A)預期報酬率高於無風險資
產利率部分為風險貼水　(B)投資價格波動幅度較大者，其風險
貼水較投資價格波動幅度較小者高　(C)投資價格波動幅度較大

者，其風險貼水較投資價格波動幅度較小者低　(D)高報酬通常伴隨高風險。

(　) **16** 在計算年金終值時，下列敘述何者正確？　(A)每期金額固定，每期現金流量可中斷　(B)每期金額固定，每期現金流量不可中斷　(C)每期金額不固定，每期現金流量可中斷　(D)每期金額不固定，每期現金流量不可中斷。

(　) **17** 有關複利現值係數與複利終值係數，下列敘述何者正確？　(A)複利終值係數＋複利現值係數=1　(B)複利終值係數－複利現值係數=1　(C)複利終值係數×複利現值係數=1　(D)複利終值係數÷複利現值係數=1。

(　) **18** 小李原有本金50萬元，另信用貸款200萬元，全部投資於某金融商品，倘貸款年利率5%，年投資報酬率為10%，則一年後其淨值投資報酬率為何？　(A)20%　(B)30%　(C)50%　(D)70%。

(　) **19** 有關投資風險的承受度因素，下列敘述何者正確？　(A)一般而言年輕人可承受風險的能力較低　(B)投資期限愈長，愈不宜選擇短期內高風險的投資工具　(C)理財目標的彈性愈大，可負擔的風險愈高　(D)資金需要動用的時間離現在愈長，愈無法承擔高風險。

(　) **20** 假設投資900萬元創業，除預期每年淨利為100萬元外，10年後該投資可回收本金800萬元，年折現率10%，則是否值得投資？又其淨現值為何？（不考慮稅負）　(A)值得投資，約923萬元　(B)值得投資，約947萬元　(C)不值得投資，約877萬元　(D)不值得投資，約853萬元。

(　) **21** 在無風險利率為2%下，投資於平均報酬率18%、夏普指數0.4的A基金，以及平均報酬率11%、夏普指數0.3的B基金，則下列敘述何者正確？　(A)A基金的變異數為16%，B基金報酬率有68.27%的機率落在2%與20%間　(B)A基金的變異數為16%，B基金報酬率有68.27%的機率落在-19%與41%間　(C)A基金的變異數為40%，B基金報酬率有68.27%的機率落在2%與20%間　(D)A基金的變異數為40%，B基金報酬率有68.27%的機率落在-19%與41%間。

(　) **22** 小華距就讀大學醫科還有12年，預估屆時共須花費學費210萬元。如果投資組合年報酬率為8%，小華的家人每年約須提撥多少金額

作為教育金準備？（取最接近值）　(A)9.38萬元　(B)10.21萬元
(C)11.07萬元　(D)13.15萬元。

(　　) **23** 李氏夫婦育有子女二名，欲購買每坪單價30萬元房屋，以目前台
灣家庭平均每人居住面積11坪來看，請問其購屋總價款為何？
(A)1,320萬　(B)660萬　(C)990萬　(D)1,000萬。

(　　) **24** 王家夫妻二人稅前年薪合計為300萬元（適用30%所得稅率），每
個月房租及生活費為7萬元，預計工作30年後退休，退休後須預
留20年生活費，若養育每個小孩之生涯費用為1,000萬元，則他們
至多可養育幾個孩子？（假設收入成長率與通貨膨脹率相抵銷）
(A)2　(B)3　(C)4　(D)5。

(　　) **25** 有關契稅，下列敘述何者正確？　(A)房屋所有權移轉應繳納契
稅，且納稅義務人為賣方　(B)土地所有權移轉應繳納契稅，且納
稅義務人為賣方　(C)房屋所有權移轉應繳納契稅，且納稅義務人
為買方　(D)土地所有權移轉應繳納契稅，且納稅義務人為買方。

(　　) **26** 換屋時必須考慮自備款與房價，請問下列敘述何者正確？　(A)新
舊屋差價＝換屋自備款＋因換屋增加的貸款　(B)需籌自備款＝新
屋總值－舊屋淨值　(C)新屋淨值＝新屋總價－舊屋總價　(D)舊
屋淨值＝舊屋總價－新屋貸款。

(　　) **27** 有關房屋貸款採「本利平均攤還法」計息方式，下列敘述何者正
確？　(A)每期償還房貸本金遞減，每期利息額遞增　(B)每期償
還房貸本金不變，每期利息額遞減　(C)每期償還房貸本金遞增，
每期利息額遞減　(D)每期償還房貸本金遞減，每期利息額不變。

(　　) **28** 小明申請房屋貸款500萬元，年利率4%，期間20年期，採本利平
均攤還法按年清償，若小明於償還第3期本息款後，貸款年利率
即刻調降為3%，假設貸款到期日與攤還方式維持不變，則小明往
後每期攤還之本息款應為多少元？（取最接近值）　(A)31萬元
(B)32萬元　(C)33萬元　(D)34萬元。

(　　) **29** 假設折現率均以5%計，房租與房價7年內不變且不考慮稅負及房
貸因素下，以7年為期淨現值法計算，下列何種情形租屋較購屋划
算？　(A)年房租25萬元，購屋房價400萬元　(B)年房租20萬元，
購屋房價350萬元　(C)年房租16萬元，購屋房價300萬元　(D)年
房租12萬元，購屋房價250萬元。

（　）**30** 彭先生計劃5年後以1,000萬元換新屋，目前舊屋價值600萬元，尚有房貸400萬元需在未來10年內償還，假設新舊屋的房貸利率皆為3%，此期間房價水準不變，不另籌自備款下，購置新屋需要多少貸款？（取最接近值）　(A)615萬元　(B)621萬元　(C)623萬元　(D)625萬元。

（　）**31** 當65歲以上人口超過全體人口多少百分比時，即已達到聯合國所訂高齡化社會的標準？　(A)5%　(B)7%　(C)8%　(D)10%。

（　）**32** 每月退休生活費用若有固定收入挹注，則退休金籌備壓力可較小，下列何者非屬前述所指固定收入來源？　(A)月退俸　(B)保險定期給付　(C)年金　(D)理財所得。

（　）**33** 許阿姨現年50歲，即刻起每年工作結餘50萬元均用於投資，假設每年投資報酬率為7%，在不考慮通貨膨脹率的情況下，希望退休時能累積至1,000萬元以供退休後生活使用，則許阿姨最早能於幾歲時退休？　(A)59歲　(B)61歲　(C)63歲　(D)65歲。

（　）**34** 某甲目前每月支出54,000元，預計退休後之月支出淨減少15,000元，假設退休後餘命28年，若不考慮退休後的投資報酬率及通貨膨脹率，請問其退休金總需求為多少？（取最接近值）　(A)1,000萬元　(B)1,050萬元　(C)1,105萬元　(D)1,310萬元。

（　）**35** 某甲40歲開始選用新制退休金，假設雇主及自己每年均提撥年薪6%至其個人退休金帳戶中，預計於60歲退休，退休後餘命20年，年投資報酬率為5%，若不考慮薪資成長與通貨膨脹等因素，則其退休後每年退休金為工作期間年薪之多少比率？（取最接近值）　(A)31.84%　(B)25.46%　(C)21.62%　(D)18.28%。

（　）**36** 如想要以定期定額基金投資，圓滿達成投資所規劃之目的，則下列敘述何者非屬必要條件？　(A)投資者必須要經得起基金淨值的漲跌起伏　(B)投資者必須長期持續維持基金月扣款能力　(C)投資者必須擁有豐富先進的財經專業知識　(D)投資者必須選擇具規模與信譽的基金公司所發行之優質基金。

（　）**37** 有關固定投資比例策略之敘述，下列何者錯誤？　(A)此種策略之調整方式，在盤整市場時將買高賣低，造成兩面損失　(B)可依個人理財目標及風險偏好等主客觀標準，決定個人最適比例　(C)投

資在股票或成長型基金之比例以市值計算 (D)調整標準不易拿捏，若投資標的價值變化較大時才調整，策略效果會打折。

( ) **38** 一般而言，哪種投資人可以承受股票投資比重較高？ (A)年紀輕者 (B)年紀大者 (C)儲蓄淨值比越低者 (D)風險承受程度低者。

( ) **39** 證券市場線是在表達預期報酬率與下列何者的關係？ (A)實現報酬率 (B)必要報酬率 (C)總風險 (D)β 值。

( ) **40** 位在效率前緣線上的每個投資組合具有下列何種特性？ (A)期望的風險固定下，投資組合的報酬率最高 (B)期望的報酬率固定下，投資組合的風險最高 (C)在同樣的預期風險中，偏好較低報酬率的組合 (D)在同樣的預期報酬率中，偏好較高風險的組合。

( ) **41** 某一剛付完息且尚餘7年到期、面額500萬元債券，每年付息一次，票面年利率3%，若買進時市場利率跌至2%，則該債券合理價格為下列何者？（取最接近值） (A)5,306,200元 (B)5,310,400元 (C)5,325,800元 (D)5,338,600元。

( ) **42** 目前某一指數為100點，預期未來3個月達到130點的機率為30%，跌到90點的機率為50%，維持目前狀況為20%，則投資此一指數的預期報酬率為何？ (A)3% (B)4% (C)5% (D)6%。

( ) **43** 總資產市值100萬元，其中現金、股票各占40%、60%，當股票下跌10%時，採固定投資比例之投資人應如何因應？ (A)出售2.2萬元股票 (B)出售2.4萬元股票 (C)加買2.2萬元股票 (D)加買2.4萬元股票。

( ) **44** 以（100-年齡）%作為持有股票比重的參考公式，但必須以保持三個月的支出金額作預備金為前提，則現年25歲、每月需支出3萬元、有存款25萬元的林先生，可持股比例為何？ (A)64% (B)69% (C)74% (D)75%。

( ) **45** 有關出售自用住宅用地之土地增值稅優惠稅率之適用，下列敘述何者錯誤？ (A)都市土地面積未超過3公畝部分 (B)夫妻合計僅得享受一次為原則 (C)出售前一年之內不得出租 (D)非都市土地面積未超過7公畝部分。

（　　）**46** 被繼承人死亡遺有財產者，納稅義務人應於被繼承人死亡之日起多久內，依規定完成遺產稅之申報？　(A)三個月　(B)六個月　(C)八個月　(D)十二個月。

（　　）**47** 有關贈與稅之敘述，下列何者錯誤？　(A)贈與稅的納稅義務人，為贈與人　(B)贈與標的物附有負擔，由受贈人負擔部分可在贈與總額中扣除　(C)每人每年得自贈與總額中扣除免稅額　(D)贈與之財產為上市、櫃公司股票，其價值之認定，係以贈與當日之公司帳面之資產淨值計算。

（　　）**48** 被繼承人死亡前二年贈與特定人之資產，於死亡後仍應併入遺產總額課徵遺產稅，下列何者不屬於所謂之「特定人」？　(A)被繼承人之配偶　(B)被繼承人之子女　(C)被繼承人之女婿　(D)被繼承人之堂兄弟。

（　　）**49** 王小姐今年25歲，目前只有生財資產40萬元，投資於定存，年實質報酬率為5%，預計10年後，購置當時價值756萬元的新屋，則至少須連續10年每年投資50萬元於報酬率為多少之投資工具，方能達成目標？（取最接近值）　(A)4%　(B)5%　(C)6%　(D)7%。

（　　）**50** 假設被保險人現年25歲，年收入為90單位，預計55歲退休，享年80歲，若被保險人現在死亡，以淨收入彌補法計算時，目前應保壽險額度為何？（假設目前家庭支出為70單位，其中20單位為被保險人個人支出，50單位為其他家人支出）　(A)1,400單位　(B)1,600單位　(C)1,800單位　(D)2,000單位。

解答及解析　答案標示為#者，表官方曾公告更正該題答案。

1 (C)。金融控股公司成立後，更以客戶為導向，提供整合服務。

2 (C)。SMART原則分別是：S（Specific明確的）：目標內容、達成時間必須明確；M（Measurable可衡量的）：將目標數據化、金錢化；A（Attainable可達成的）：在合理的假設下，訂定有機會實現的目標；R（Realistic符合現實的）：考慮外在環境與個人狀況，訂定符合現實狀況的目標；T（Tangible具體的）：達成目標的方法要具體並確實執行。

3 (C)。債券型基金主要是在賺穩定的配息，當預期未來利率上升，則定存到期時不應買金債券型基金。

4 (A)。利率敏感性缺口＝利率敏感性資產－利率敏感性負債，而利率敏感度分析，需判斷殖利率曲線（Yield curve）的變動，其可分為平行移動（Parallel shift）及彎曲移動（Twist shift）。

5 (B)。家庭財務結構之負債比率＝總負債÷總資產。

6 (B)。自用資產貸款成數＝房貸金額÷自用房地產市值＝(900－300)/1,200×100%＝50%。

7 (A)。財務負擔率＝月負債支出/月稅後收入×100%＝(24＋6)/200×100%＝15%。

8 (D)。可支配所得係為所有所得收入扣除非消費性支出（例：利息、社會保險保費、稅金、罰款、捐款及禮金等）之後，剩餘可以用來支應日常生活開銷（消費性支出）的所得；60萬＋20萬－10萬＝70萬。

9 (A)。淨值成長率＝淨儲蓄÷淨值＝(毛儲蓄＋理財收入－理財支出)÷淨值＝(120－105＋4－3)/(150－50)×100%＝16%。

10 (C)。存款保障月數＝100/10＝10
變現資產保障月數＝（100＋300）/10＝40
總資產保障月數＝（100＋300＋800）/10＝120
淨值保障月數＝（100＋300＋800－600）/10＝60

11 (D)。(A)~(C)均會產生現金流出。

12 (D)。當存款利率與短期信用貸款利率的差距愈大時，以部分資金保留

流動性，而以存款當緊急準備金的誘因就愈大。

13 (C)。決定最後投資工具選擇或投資組合配置的關鍵性因素為投資人主觀的風險偏好。

14 (B)。家庭成長期（或稱家庭成熟期、退休規劃期），此時期，個人的事業和收入已達到峰頂，家庭支出開始減少，沒有重大支出項目，為退休準備積蓄成為重點，因此可累積的資產達到巔峰，應降低投資風險準備退休。

15 (C)。風險溢酬（Risk Premium）又可以稱為風險貼水，是指投資人對投資風險要求較高報酬率，以彌補投資人對高風險的承受，因此投資價格波動幅度較大者，其風險貼水較投資價格波動幅度較小者高。

16 (B)。年金終值：表示每年收取或給付的錢，在經過一段期間後，所能累積的金額。計算年金終值，每期金額可不固定，每期現金流量可中斷。

17 (C)。複利終值係數和複利現值係數互為倒數，複利終值係數×複利現值係數＝1。

18 (B)。[(本金＋信用貸款)×年投資報酬率－貸款利息]/本金＝[(50萬＋200萬)×10%－200萬×5%]/50萬＝30%。

19 (C)。理財目標的彈性愈大，資金需要動用的時間愈久遠(例如退休規劃)，愈能承擔高風險。

20 (A)。100萬×(10%,10年,年金現值)＋800萬×(10%,10年,複利現值)＝

100萬×6.1446＋800萬×0.3855＝
923萬>900萬，值得投資。

21 (B)。A基金：
夏普指數

$$=\frac{\overline{R_p}-\overline{R_f}}{\sigma_p}=\frac{18\%-2\%}{\sigma_p}=0.4$$

$\Rightarrow \sigma_P=40\%,\sigma_P^2=16\%$
表示A基金有68.27%的機率（正負
一個標準差）會落在18%±40%，
即：-22%～58%。

B基金：夏普指數$=\dfrac{11\%-2\%}{\sigma_P}=0.3$

$\Rightarrow \sigma_P=30\%,\sigma_P^2=9\%$
表示B基金有68.27%的機率會落在
11%±30%
即：-19%～41%

22 (C)。每年提撥數×(8%,12年,年金
終值)＝210萬，每年提撥數＝210萬
/18.977＝11.07萬。

23 (A)。11坪×4人×30萬＝1,320萬。

24 (A)。X人×1,000萬＝300萬
×70%×30年-7萬×12個月×50
年，X＝2人。

25 (C)。房屋移轉時，買賣雙方應在訂
定契約之日起30日內，向房屋所在地
稅捐稽徵機關申報契稅，並由「新所
有權人」(買方)為納稅義務人繳納稅
款。依契稅條例規定，在開徵土地增
值稅區域的土地，免徵契稅。

26 (A)。(A)新舊屋差價＝換屋自備款
＋因換屋增加的貸款。(B)需籌自備
款＝新屋淨值-舊屋淨值。(C)新屋
淨值＝新屋總價-新屋貸款。(D)舊
屋淨值＝舊屋總價-舊屋貸款。

27 (C)。本息平均攤還法是將本息一起
平均在貸款期間償還，每期償還的
本利和都一樣，則每期償還房貸本
金遞增，每期利息額遞減。

28 (D)。500萬元/(年金現值4%、20年)
＝500萬元/13.59＝367,918
367,918×(年金現值4%、17年)＝
367,918×12.166＝4,476,085
4,476,085/(年金現值3%、17年)＝
4,476,085/13.166＝339,973，約34萬。

29 (D)。$1.05^{-7}=0.71068$
(A)0.71068
　購屋NPV＝-400萬＋400萬
　　×1.05^{-7}＝-115.728萬
　租屋NPV＝-25萬×$(1-1.05^{-7})$/0.05
　　＝-144.66萬
　購屋划算。
(B)購屋NPV＝-350萬＋350萬
　　×1.05^{-7}＝-101.262萬
　租屋NPV＝-20萬×$(1-1.05^{-7})$/0.05
　　＝-115.728萬
　購屋划算。
(C)購屋NPV＝-300萬＋300萬
　　×1.05^{-7}＝-86.796萬
　租屋NPV＝-16萬×$(1-1.05^{-7})$/0.05
　　＝-92.5824萬
　購屋划算。
(D)購屋NPV＝-250萬＋250萬
　　×1.05^{-7}＝-72.33萬
　租屋NPV＝-12萬×$(1-1.05^{-7})$/0.05
　　＝-69.5328萬
　租屋划算。

30 (A)。400/年金現值(3%,10)=46.89
第一年利息=400×3%=12，還本
=34.89

第二年利息=365.11×3%=10.95，還
本=35.94

第三年利息=329.17×3%=9.88，還
本=37.01

第四年利息=292.16×3%=8.76，還
本=38.13

第五年利息=254.3×3%=7.62，還本
=39.27

合計還本＝１８５萬，尚欠４００－
185=215（萬）

需貸款=1,000-（600-215）=615
（萬）

31 (B)。國際上將65歲以上人口占總人
口比率達到7%、14%及20%，分別
稱為高齡化社會、高齡社會及超高
齡社會。

32 (D)。理財所得為變動收入。

33 (C)。（7%,13年,年金終值)×50萬
>1000萬

1,000萬/50萬＝20，7%年金終值要
大於20，因此為13年，亦即63歲。

34 (D)。($54,000-$15,000)×12×28＝
$13,104,000，約1,310萬元。

35 (A)。雇主和自己各6%，每年提撥
12%，

12%×(5%,20年,年金終值)/(5%,20
年,年金現值)＝12%×33.066/12.466
＝31.84%

36 (C)。因採定期定額基金投資，投資
者僅需具備財金知識，豐富先進的
財經專業知識非必要條件。

37 (A)。固定比例法是指投資者採用
固定比例的投資組中，以減少股票
投資風險的一種投資策略。這裡的
投資組合一般分為兩個部分：一部

分是保護性的，主要由價格不易波
動、收益較為穩定的債券和存款等
構成；另一部分是風險性的，主要
由價格變動頻繁、收益變動較大的
股票構成。兩部分的比例是事先確
定的，並且一經確定，就不再變
動，採用固定的比例。

因此，在盤整市場時不會造成兩面
損失。

38 (A)。有風險承擔能力的人，就能持
有較高比例的股票。

39 (D)。證券市場線由預期報酬和貝它
係數（β值）所組成的這條直線，
用來描述金融市場中系統性風險和
預期報酬間變動關係的直線。

40 (A)。效率前緣的主要意義是「總風
險相同時，相對上可獲得最高的預
期報酬率」或「預期報酬相同時，
相對上總風險最低」的投資組合。
因此，期望的風險固定下，投資組
合的報酬率最高。

41 (C)。每年付息15萬，

15萬×（2%,7年,年金現值)＋500
萬×（2%,7年,複利現值)＝15萬
×6.472＋500萬×0.871＝532.58萬

42 (B)。30/100×30%－（100-90)
/100×50%＝4%。

43 (D)。（100×40%＋100×60%×90%)
＝94，94×60%－100×60%×90%＝
2.4萬，需加買2.4萬股票。

44 (A)。(25-3×3)/25×100%＝64%。

45 (B)。土地增值稅每一人一生都有一
次，夫妻一人一次。

46 (B)。贈與：超過免稅額之贈與行為
發生後30日內辦理贈與稅申報。

遺產：納稅義務人應於被繼承人死亡之日6個月內向戶籍單位申報。

47 (D)。遺產及贈與稅法施行細則第28條，凡已在證券交易所上市（以下簡稱上市）或證券商營業處所買賣（以下簡稱上櫃或興櫃）之有價證券，依繼承開始日或贈與日該項上市或上櫃有價證券之收盤價或興櫃股票之當日加權平均成交價估定之。

48 (D)。依照民法的規定，配偶間有相互繼承遺產的權利，除了配偶以外，遺產依下列順序繼承：直系血親卑親屬（如子女、養子女及代位繼承的孫子女等）、父母、兄弟姊妹、祖父母。

上面所說第1順序之繼承人，有於繼承開始前死亡或喪失繼承權者，由其直系血親卑親屬代位繼承其應繼分。配偶是與上面所說的各順序繼承人共同繼承，如果沒有各順序繼承人時，配偶才能單獨繼承。

因此，被繼承人之堂兄弟者不屬於所謂之「特定人」。

49 (D)。40萬×(5%,10y)複利終值＋50萬×(x,10y)年金終值＝756

查表：40萬×1.629＋50萬×(x,10y)年金終值＝756

(x,10y)年金終值＝13.8168，x為7%。

50 (B)。90×（55－25）－20×（80－25）＝90×30－20×55＝2,700－1,100＝1,600(單位)

NOTE

第40屆理財工具

( ) **1** 有關定期存款之敘述,下列何者錯誤? (A)有一定期限 (B)係憑存單或依約定方式提取之存款 (C)存款人得辦理質借 (D)到期前解約,實存期間的利息不受影響。

( ) **2** 證券商的設立方式屬下列何者? (A)發起設立 (B)募集設立 (C)申請設立 (D)審核設立。

( ) **3** 有關我國金融機構之業務,下列敘述何者正確? (A)工業銀行不得收受金融機構之轉存款 (B)證券經紀商受託買賣有價證券之行為稱為承銷 (C)收受個人存款,為工業銀行與商業銀行共同之業務範圍 (D)根據銀行法第4條之規定,銀行有關外匯業務之經營需經財政部之許可。

( ) **4** 下列何者屬於景氣領先指標之構成項目之一? (A)失業率 (B)股價指數 (C)票據交換金額變動率 (D)經濟成長率。

( ) **5** 下列何項並未包含在我國貨幣供給額M1b中? (A)活期儲蓄存款 (B)準貨幣 (C)活期存款 (D)支票存款。

( ) **6** 有關總體經濟模型,下列敘述何者錯誤? (A)增加政府支出與減稅會使得總需求曲線整條線向左下方移動 (B)總供給曲線會隨著全球原料成本的大幅上漲而整條線向左上方移動 (C)政府可以透過貨幣政策或財政政策來移動整條總需求曲線 (D)總供給曲線會隨著科技的進步與生產力的上升而整條線向右下方移動。

( ) **7** 當總體經濟落入衰退階段,中央銀行採行寬鬆貨幣政策以刺激景氣時,以下列何種金融商品為最佳投資工具? (A)現金 (B)房地產 (C)股票 (D)公債。

( ) **8** 景氣收縮期可劃分為三個階段,而下列何者不屬於收縮期? (A)緩滯(slowdown) (B)衰退(recession) (C)蕭條(depression) (D)復甦(recovery)。

( ) **9** 有關理財型房貸之敘述,下列何者正確? (A)均是第二順位房貸 (B)利率一般比傳統性房貸高 (C)動用時一般按月計息 (D)提前償還須繳違約金。

（　　）**10** 下列何者不是貨幣市場之交易工具？　(A)國庫券　(B)商業本票　(C)債券附買回交易　(D)可轉換公司債。

（　　）**11** A公司於110年1月1日發行60天期商業本票5,000萬元，承銷利率為1.53%，發行每萬元單價為何？　(A)9,974.74元　(B)9,974.85元　(C)9,974.96元　(D)9,974.99元。

（　　）**12** 貨幣市場工具商業本票之優點為安全性高、流動性強、利息優厚，目前其票券利息收入稅負採何種方式計算？　(A)併入個人綜合所得或營利事業所得申報　(B)20%分離課稅　(C)免稅　(D)10%分離課稅。

（　　）**13** 下列何者債券面臨較低之再投資風險？　(A)零息債券　(B)按月付息債券　(C)半年付息債券　(D)一年付息債券。

（　　）**14** 下列敘述何者正確？　(A)一般債券票面利率低，其存續期間也較短　(B)零息債券之存續期間等於到期日　(C)當債券殖利率高於票面利率稱為溢價　(D)信用評等越高的公司，其股價一定越高。

（　　）**15** 假設某公債的面額為10萬元，年息8.5%，半年付息一次（剛付完息），發行期間7年，只剩3.5年，期滿一次付清，若該公債目前的殖利率為8.5%，請問其價格為多少元？　(A)95,660.22元　(B)100,000元　(C)104,585.91元　(D)168,500元。

（　　）**16** 信用評等是對企業或機構的償債能力進行評比，並提供予投資人公正客觀的財務訊息。一般而言，下列何種長期評比等級以上，是屬於風險低且報酬相對較低的穩健型債券？　(A)穆迪Ba1　(B)標準普爾BBB-　(C)中華信評twBB+　(D)惠譽BB+。

（　　）**17** A先生購買距到期日僅剩兩年之公債100元，其票面利率為2%，每年付息一次，若目前市場利率為3%，則該券之存續期間為何？（取最接近值）　(A)1.83年　(B)1.98年　(C)2年　(D)2.05年。

（　　）**18** 有關「草創型」產業之敘述，下列何者正確？　(A)對長短期資金均有強烈需求　(B)成長率很高，但經營風險很低　(C)投資收益高，風險相對較小　(D)沒有投資價值，除非有較佳併購計畫。

（　　）**19** 某公司如欲申請以一般類公司掛牌上市，則其實收資本額最低需在幾億元以上？　(A)六億元　(B)三億元　(C)一億元　(D)無限制。

（　）**20** 下列何者通常為股票投資技術分析的「賣出時機」？　(A)相對強弱指標低於20(RSI)　(B)股價由平均線上方下降，但未跌破平均線，且平均線趨勢向上　(C)短期MA由上而下與長期MA交叉　(D)當D值小於20，且K線由下而上與D線交叉。

（　）**21** 資本資產訂價理論是描述哪二者之間的關係？　(A)利率─期望報酬率　(B)風險─期望報酬率　(C)利率─價格　(D)貝它─風險。

（　）**22** B公司今年度每股現金股利5元，且股利成長率為4%，乙股東要求之股票報酬率為12%，預期每股盈餘2.5元，依現金股利折現模式計算，其本益比應為何？　(A)16倍　(B)21倍　(C)20倍　(D)26倍。

（　）**23** 依套利訂價模式，如果國庫券利率為3.5%，因素1之貝它係數(Beta)與風險溢酬分別為2.3及3.2%；因素2之貝它係數(Beta)與風險溢酬分別為0.9及1.5%，則該個股之預期報酬率為多少？　(A)12.21%　(B)9.21%　(C)8.21%　(D)6.21%。

（　）**24** 倘A股票第一日收盤價23.7元，第二日收盤價25.2元，第三日收盤價24.4元，第四日收盤價25.9元，第五日收盤價26.8元，則A股票五日的RSI值為何？【RSI=100×{1-〔1÷（1+RS）〕}，RS=（一段時期內收盤價上漲部分之平均值）／（一段時期內收盤價下跌部分之平均值）】（取最接近值）　(A)73　(B)76　(C)83　(D)86。

（　）**25** 庚公司每股現金股利成長率穩定為8.0%，預期每股盈餘3元，現金股利發放率固定為30.0%，股東要求年報酬率為11.0%，則合理股價應為何？　(A)36.2元　(B)34.8元　(C)32.4元　(D)30.6元。

（　）**26** 有關ETF（指數股票型基金）之敘述，下列何者錯誤？　(A)投資標的為「一籃子股票」　(B)具有受益憑證的特性，應公告淨值　(C)一上市即可信用交易　(D)價格最小變動幅度與一般股票相同。

（　）**27** 下列何種類型基金，其投資目標是同時著重資本利得與固定收益，且投資於股票與債券的比例會設限？　(A)成長型基金　(B)成長加收益型基金　(C)平衡型基金　(D)收益型基金。

（　）**28** 投資人投資國外共同基金（海外基金），是透過銀行以下列何種方式投資？　(A)承銷　(B)代銷　(C)特定金錢信託　(D)委任代理。

（　）**29** 張先生以總成本10萬元投資某雙向報價基金，其申購手續費為申購金額之2%，申購時申購價為10.1元，贖回價為10元。贖回時申購價為12.1元，贖回價為12元，則贖回時可以拿回多少金額？（取最接近值）　(A)116,482元　(B)117,453元　(C)118,824元　(D)119,768元。

（　）**30** 王先生自110年1月份開始以每月5日時固定20,000元的方式投資某檔共同基金，至同年4月25日止所擁有的基金單位數為9,500單位，該基金4月26日的基金淨值為10.54元，請問該定期定額的報酬率為多少？　(A)20.54%　(B)22.78%　(C)25.16%　(D)29.32%。

（　）**31** 有關影響選擇權價格之因素，下列敘述何者正確？　(A)選擇權買權的價格與標的商品價格成反向關係　(B)選擇權賣權的價格與標的商品價格的波動性成正向關係　(C)選擇權買權的價格與履約價格成正向關係　(D)選擇權賣權的價格與無風險利率成正向關係。

（　）**32** 下列何項金融商品與標的物價格之間呈現非線性報酬關係？　(A)期貨　(B)選擇權　(C)股票　(D)遠期契約。

（　）**33** 有關遠期契約之敘述，下列何者錯誤？　(A)須在交易所內交易　(B)商品並無標準規格　(C)交易與交割無特定標準日期　(D)契約內容完全依雙方的需要而簽定。

（　）**34** 就選擇權之買權而言，當履約價格低於其標的物價格時，稱為下列何者？　(A)價內　(B)價平　(C)價外　(D)價中。

（　）**35** 下列何者非屬衍生性金融商品？　(A)股價指數期貨　(B)特別股　(C)利率交換　(D)外匯選擇權。

（　）**36** 某位投資者買入1,000股A公司股票的賣權，其每股履約價為75元，目前每股市價為70元，每股的賣權權利金為7元，在選擇權到期當天，A公司股票的每股市價為60元，若這位投資者在選擇權到期當天執行這個賣權合約，其淨獲利為多少元？（交易成本可忽略）　(A)0元　(B)8,000元　(C)10,000元　(D)15,000元。

(　) **37** 胡經理為全家人投保壽險,全年所繳保費為:本人40,000元、妻子30,000元、兒子20,000元、女兒15,000元、若全家合併申報綜合所得稅採列舉扣除方式,則可扣除之保險費為下列何者? (A)105,000元　(B)83,000元　(C)75,000元　(D)69,000元。

(　) **38** 下列何者非屬生存保險之特性? (A)被保險人於保險期間內死亡無保險給付 (B)有零存整付之儲蓄意義 (C)被保險人於保險期間內全殘依約定給付保險金 (D)提供保戶在一定期間後,如期獲得一筆資金以應付其需要。

(　) **39** 下列何者為因應通貨膨脹,確保將來給付時保單價值之保險商品? (A)多倍型養老保險 (B)增額分紅型養老保險 (C)還本型終身保險 (D)附生存給付型養老保險。

(　) **40** 下列何種情況,保險公司不須給付傷害保險理賠? (A)被保險人意外溺水死亡 (B)被保險人遭謀殺致死 (C)被保險人登山意外摔落山谷死亡 (D)被保險人酒醉駕車致死。

(　) **41** 在定期壽險中,如果被保險人在保險期間屆滿時仍生存,下列敘述何者正確? (A)保險公司給付保險金 (B)保險公司退還所繳保險費 (C)無保險金之給付 (D)保險期間自動展延。

(　) **42** 年金單位價值會隨投資收益而變動者為下列何種年金保險? (A)變額型年金保險 (B)利率變動型年金保險 (C)即期年金保險 (D)遞延年金保險。

(　) **43** 委託人本人享有信託財產的利益,不論他是原本受益人或孳息受益人,都屬何種信託? (A)公益信託 (B)自益信託 (C)宣言信託 (D)他益信託。

(　) **44** 由委託人概括指定信託財產運用範圍之金錢信託,下列敘述何者正確? (A)屬於特定金錢信託 (B)屬於指定金錢信託 (C)屬於不約定金錢信託 (D)屬於不指定金錢信託。

(　) **45** 委託人甲交付有價證券予受託人乙所成立之信託,依信託財產屬性區分,下列何者正確? (A)金錢之信託 (B)動產之信託 (C)有價證券之信託 (D)無體財產權之信託。

(　) **46** 有關信託財產之運用管理方式、信託期限、或訂定信託契約內容等係依據下列何者之意見? (A)委託人 (B)受託人 (C)受益人 (D)信託監察人。

( ) **47** 下列何者為集合管理運用帳戶之法源依據？ (A)證券交易法
(B)證券投資信託基金管理辦法 (C)信託法與信託業法 (D)共同
信託基金管理辦法。

( ) **48** 有關匯率連結組合式商品之特性，下列敘述何者錯誤？ (A)必為
保本型商品 (B)購買或賣出之匯率選擇權，可以為買權亦可為賣
權 (C)選擇權不被執行時，原存款本金不被轉換 (D)適合有兩
種幣別需求之客戶。

( ) **49** 如匯率連結組合式存款係以賣出匯率選擇權之買權為架構，保
障存款稅前年收益5%，到期時匯率未上升到履約價格之上，
則投資人到期可領回金額若干？ (A)95%本金 (B)100%本金
(C)100%本金+存款期間利息 (D)無法確定。

( ) **50** 利率連結型商品中的利率區間（Collar）係由下列何項選擇權組合
所產生？ (A)買一個Cap及買一個Floor之組合 (B)買一個Floor
及賣一個Cap之組合 (C)買一個Cap及賣一個Floor之組合 (D)賣
一個Floor及賣一個Cap之組合。

解答及解析 答案標示為#者，表官方曾公告更正該題答案。

1 (D)。到期前解約，實存期間的利息
打8折。

2 (A)。依據證券商設置標準，證券商
屬於發起設立。

3 (A)。(A)工業銀行設立及管理辦法
第4條，工業銀行不得收受金融機
構之轉存款。(B)證券經紀商受託買
賣有價證券之行為稱為行紀。(C)工
業銀行不能收受個人存款。(D)有關
外匯業務之經營，須經中央銀行之
許可。

4 (B)。領先指標：由外銷訂單動向
指數（以家數計）、實質貨幣總計
數M1B、股價指數、工業及服務
業受僱員工淨進入率、建築物開工
樓地板面積（住宅、商辦、工業倉

儲）、實質半導體設備進口值，及
製造業營業氣候測驗點等7項構成項
目組成，具領先景氣波動性質，可
用以預測未來景氣之變動。

5 (B)。M1a=通貨淨額＋企業及個人
（含非營利團體）在貨幣機構之支
票存款及活期存款。
M1b=M1a＋個人（含非營利團體）
在貨幣機構之活期儲蓄存款（目前
只有個人及非營利團體可以開立儲
蓄存款帳戶）。
因此，(B)準貨幣未包括在內。

6 (A)。增加政府支出與減稅會使得總
需求曲線整條線向右上方移動，導
致物價上揚、總產出增加。

7 (D)。當總體經濟落入衰退階段,中央銀行採行寬鬆貨幣政策以刺激景氣時,以公債為最佳投資工具。

8 (D)。收縮期劃分為
1.緩滯(slowdown)。
2.衰退(recession)。
5.衰退、蕭條(depression)。

9 (B)。理財型房貸為第一順位房貸,其還款本金會自動轉換為循環額度,可隨時動用、按日計息。固定一個活用額度,可於貸款額度內隨借隨還,有動用才計息。

10 (D)。可轉換公司債屬於資本市場。

11 (B)。每萬元價格=(1-貼現率×發行天數/365)×10,000
每萬元價格
=(1-1.53%×60/365)×10,000
=9,974.88。

12 (D)。短期票券利息所得應按10%扣繳率分離課稅,無須併計其綜合所得總額。

13 (A)。零息債券券面臨較低之再投資風險,因持有至到期日後就能取得債券面額(Facevalue)價格。

14 (B)。(A)一般債券票面利率低,其存續期間也較長。(C)當債券殖利率高於票面利率稱為折價。(D)信用評等越高的公司,其股價不一定越高。

15 (B)。年息8.5%=殖利率8.5%,為平價,因此公債價格=面額=10萬元。

16 (B)。S&P評等的次序,依等級由高至低依次為AAA、AA、A、BBB、BB、B、CCC、CC、C、D。AA至CCC各級均可再以「+」、「-」號細分,以顯示主要評級內的相對高低。評等等級在BBB以上(含)為投資等級,以下則為投機等級(如垃圾債券),其中BBB-屬於投資等級的中等。其餘穆迪Ba1、中華信評twBB+、惠譽BB+均為非投資等級。

17 (B)。$[2/(1+3\%)+2\times2/(1+3\%)^2+2\times100/(1+3\%)^2]/[2/(1+3\%)+2/(1+3\%)^2+100/(1+3\%)^2]$
=194.23131/98.086529
=1.98

18 (A)。草創期的產業對長短期資金均有強烈需求,可提供投資人很高的報酬,但也會因經營不善而倒閉,風險相對較高,約只有三成的公司可以存活。

19 (A)。申請上市時之實收資本額達新台幣6億元以上且募集發行普通股股數達3千萬股以上。

20 (C)。(A)RSI>80表示超買,為賣出訊號。(B)股價由平均線上方下降,跌破平均線,為賣出訊號。(D)D值在80以上,表示超買,為賣出訊號。

21 (B)。資產定價模型是基於風險資產期望收益均衡基礎上的預測模型,因此是描述風險─期望報酬率兩者間的關係。

22 (D)。每股市價=5(1+4%)/(12%-4%)=65
本益比=每股市價/每股盈餘
=65/2.5=26倍。

23 (A)。
3.5%+2.3×3.2%+0.9×1.5%=12.21%

24 (C)。(1.5+1.5+0.9)/4=0.975

0.8/4=0.2

RS=0.975/0.2=4.875

RSI=100×{1－[1/(1+RS)]}=100×{1－[1/(1+4.785)]}=83

25 (C)。股票價格=預期隔年現金股利率/(要求報酬率－成長率）
=［3×30%×（1+8%）]/(11%－8%)=32.4。

26 (D)。為了讓ETF的價格能夠充分反映標的指數的變化，所以，和相同價格的股票相比，ETF的升降單位比較小。

27 (C)。平衡型基金指同時投資於股票、債券及其他固定收益證券達基金淨資產價值之百分之七十以上，其中投資於股票金額占基金淨資產價值之90%以下且不得低於10%者

28 (C)。投資人投資國外共同基金（海外基金），是透過銀行以特定金錢信託種方式投資。

29 (A)。10萬/（1+2%)=$98,039；
$98,039/10.1×12=$116,482。

30 (C)。至4/25投入4×$20,000=$80,000；
基金總值9,500×$10.54=$100,130
報酬率=（$100,130－$80,000)/$80,000×100%=25.16%

31 (B)。波動性越高對買賣權雙方皆有利，因此選擇權賣權的價格與標的商品價格的波動性成正向關係。

32 (B)。選擇權與標的物價格之間呈現曲線性報酬關係。

33 (A)。遠期契約係在店頭市場交易。

34 (A)。當履約價格低於其標的物價格時，稱為「價平」。

35 (B)。特別股非屬衍生性金融商品。

36 (B)。權利金=$7×1,000=$7000；
($75－$60)×1,000=$15,000；
$15,000－$7,000=$8,000。

37 (B)。被保險人與要保人應在同一申報戶內每人每年扣除24,000元，實際保險費未達24,000元者，就其實際發生金額扣除，因此胡經理及其妻子各自僅能扣除$24,000，兒子及女兒可以實際發生金額扣除。。
$24,000(本人)+$24,000(妻)+$20,000(兒子)+$15,000(女兒)=$83,000。

38 (C)。被保險人於契約有效期間內身故或全殘時，保險公司依照契約條款給付保險金，稱為定期保險。

39 (B)。養老險分為分紅、不分紅及增額型三種，分紅及增額型的養老險具有抵抗通貨膨脹壓力，可彌補退休養老所得替代率的不足。

40 (D)。被保險人酒後駕車，含酒精成分超過道路交通法令標準，致死亡、殘廢、傷害時，保險公司不負給付責任。

41 (C)。定期壽險：被保險人於保險契約有效期間內死亡，保險公司依約定，給付死亡保險金，被保險人於保險契約有效至保險期間屆滿仍生存，無保險金給付。

42 (A)。變額年金保險：在保險遞延期間內，保單帳戶價值隨著保戶自行選擇的投資標的績效而變動，因此保險金額不固定。

43 (B)。在信託契約中明文規定信託利益之受益權由委託人自己享有，這類的信託稱為「自益信託」

44 (B)。指定金錢信託係由委託人概括指定信託財產運用範圍之金錢信託。

45 (C)。有價證券信託即有價證券所有權人(委託人)，將所有權移轉給受託人，使其依信託契約為受益人的利益來管理運用的一種法律關係。

46 (A)。信託財產之運用管理方式、信託期限、或訂定信託契約內容等係依據受委託人之意見。

47 (C)。信託法與信託業法為集合管理運用帳戶之法源依據。

48 (A)。匯率連結組合式商品屬於到期不保本型的結構型商品，連結標的為匯率，投資人賣出匯率選擇權以收取權利金。組合式商品還有另一種到期保本型，是利用投資本金所生的孳息，做為投資人購買選擇權的權利金，進而達到到期保本的效果。
因此匯率連結組合式商品不一定是保本型。

49 (C)。匯率連結組合式存款係以賣出匯率選擇權之買權為架構，保障存款睡前年收益5%，到期時匯率未上升到履約價格之上，投資人到期可領回100%本金+存款期間利息。

50 (C)。利率連結型商品中的利率區間係預先設定某指標利率和特定利率區間，該指標利率落入特定利率區間則支付利息，反之該指標利率未落入特定利率區間則不支付利息，投資人的獲利視指標利率落入特定利率區間次數而定。利率連結型商品中的利率區間係由買一個Cap及賣一個Floor之組合。

NOTE

第40屆理財規劃實務

( )　**1** 銀行辦理財富管理業務，應充分了解客戶，有關其作業準則，下列何者錯誤？　(A)無論金額大小及條件，一律不得拒絕接受客戶委託　(B)應訂定開戶審查及核准程序　(C)應評估客戶投資能力　(D)應定期檢視客戶財務業務變動狀況。

( )　**2** 理財規劃人員在提供理財規劃諮詢及協助客戶執行理財計畫時，應以客戶利益優先，避免利益衝突，禁止短線交易、不當得利，並應公平處理，係基於下列何項原則？　(A)忠實義務原則　(B)保密原則　(C)客觀性原則　(D)專業原則。

( )　**3** 理財專員評估客戶所有理財目標均可同時達成，剩餘財產遠超過遺產稅免稅額時，不宜為下列何項規劃建議？　(A)提升儲蓄額　(B)投保高額終身壽險　(C)分年贈與　(D)以子女為受益人之信託。

( )　**4** 有關編製家庭財務報表，下列敘述何者錯誤？　(A)預售屋的預付款是資產科目　(B)資產與負債是存量的觀念　(C)未實現的資本利得應顯示在收支儲蓄表中　(D)儲蓄是收入減支出後之淨額。

( )　**5** 下列有關家庭收支儲蓄表之敘述何者正確？　(A)儲蓄率＝自由儲蓄率－還本儲蓄率　(B)收支平衡點的收入＝變動支出負擔÷工作收入淨結餘比率　(C)資產成長率＝資產變動額÷期初總資產　(D)財務自由度＝目前淨資產÷（目前的年儲蓄×已工作年數）。

( )　**6** 某乙11月的薪資收入10萬元，出售股票現金流入50萬元，其中5萬元是資本利得，現金流出9萬元，其中5萬元為生活支出，3萬元為房貸利息，1萬元為房貸本金，某乙11月的淨儲蓄為多少？　(A)4萬元　(B)5萬元　(C)6萬元　(D)7萬元。

( )　**7** 假設9月份家庭收支儲蓄表：收入8萬元，各項費用支出7萬元，9月份繳清8月份以信用卡簽帳消費款項1.8萬元，9月份又有以信用卡簽帳消費0.5萬元於10月份支付。已知8月底資產負債表上現金餘額有9.3萬元，則資產負債表上9月底之現金餘額為多少？　(A)8.5萬元　(B)9.0萬元　(C)10.3萬元　(D)11.6萬元。

( ) **8** 王先生現年60歲,已工作30年,假設其每年稅後收入150萬元,支出100萬元,若合理的理財收入為淨值的5%,則其財務自由度為何? (A)30% (B)45% (C)60% (D)75%。

( ) **9** 孫先生已工作5年,年儲蓄20萬元,儲蓄成長率與投資報酬率相當,現在資產為60萬元,請問其理財成就率為下列何者? (A)1 (B)0.8 (C)0.6 (D)0.2。

( ) **10** 下列敘述何者錯誤? (A)假如市場利率係走低趨勢,則家庭工作收入一定會增加 (B)家庭理財收入項目中,不包括薪資收入 (C)善用折扣期間購物,是降低家庭生活支出方法之一 (D)家庭理財支出並非全無彈性,如事先規劃,善用首次購屋低利貸款、自用房貸利息扣抵稅額等方法,仍可降低理財支出。

( ) **11** 陳先生每月平均收入為10萬元,其每月基本支出5萬元,今計劃達成儲蓄購屋頭期款300萬元之目標,若其邊際儲蓄率為50%,不考慮儲蓄之投資收益,則陳先生須費時多久方可達成其理財目標? (A)5年 (B)10年 (C)15年 (D)20年。

( ) **12** B君每月固定薪資10萬元,每月生活費用為4萬元,30年房貸,每月攤還本利和2萬元,假設無其他收入及支出,每月剩餘全額均投資於定存,若存款利率等於通貨膨脹率,則30年後B君存款金額為何? (A)2,160萬元 (B)1,440萬元 (C)1,080萬元 (D)3,600萬元。

( ) **13** 針對房貸負擔,應就下列何者參考數值投保遞減型房貸壽險? (A)房屋市值 (B)持有土地公告現值 (C)持有土地及建物市值 (D)房貸餘額。

( ) **14** 下列何者承受風險能力較高? (A)理財目標彈性越大者 (B)年齡越大者 (C)資金需動用時間離現在越近者 (D)負債比率越高者。

( ) **15** 下列何者不是年金終值係數的運用?A.定期定額投資期末總金額 B.已知年繳保費與滿期領回之金額,推估儲蓄險報酬率C.躉繳保費 (A)僅C (B)僅A、B (C)僅A、C (D)A、B、C。

( ) **16** 下列何者是結合平均報酬率與標準差的衡量指標,代表每承受一份風險會有多少風險貼水? (A)崔納(Treynor)指數 (B)詹森(Jensen)指數 (C)夏普(Sharpe)指數 (D)法瑪(Fama)指數。

（　）**17** 有關貨幣的時間價值，下列敘述何者錯誤？　(A)終值是未來某一時點以當時幣值計算的價值　(B)現值是以目前幣值計算的現在價值　(C)年金終值表示每年收取或給付的錢，在經過一段期間後，所能累積的金額　(D)年金現值是把未來某一時點之幣值折現為目前的價值。

（　）**18** 有關零息債券的目前價值之計算公式，下列敘述何者正確？(A)債券面值×複利現值係數（剩餘年限，市場殖利率）　(B)債券面值×複利終值係數（剩餘年限，市場殖利率）　(C)債券面值×年金現值係數（剩餘年限，市場殖利率）　(D)債券面值×年金終值係數（剩餘年限，市場殖利率）。

（　）**19** 在下列攤還方式下，何者可採年金方式計算？　(A)本金平均攤還房貸　(B)本利平均攤還房貸　(C)彈性還款總額房貸　(D)一次清償還款房貸。

（　）**20** 某甲預計15年後退休，預計屆時應有五百萬元作為退休後生活費用，若定期定額基金平均報酬率6%，則每年「年初」應投資金額約為何？　(A)227,118元　(B)214,814元　(C)194,757元　(D)202,651元。

（　）**21** 小張計劃自行開店創業，預期未來5年內每年淨收入80萬元，若5年後將店面轉讓可賣得200萬元，在10%折現率下，合理開店資本額應為下列何者？（取近似值至萬元）　(A)334萬元　(B)388萬元　(C)403萬元　(D)427萬元。

（　）**22** 考慮未來收支的育兒資產負債時，下列敘述何者錯誤？　(A)養育小孩總支出的現值應視為育兒負債　(B)將家庭稅後總所得，加上夫妻兩人之生活費用後，折現後可得育兒資產　(C)若育兒資產小於育兒負債，應選擇雙薪家庭制　(D)考慮育兒之資產與負債時，除了幼時的保母費用外，尚須考慮未來的教育支出。

（　）**23** 有關家庭財務規劃，下列敘述何者錯誤？　(A)家庭計畫要將子女養育金及子女教育金考量在內　(B)設算子女養育金時，須考慮通貨膨脹率　(C)租屋及購屋的選擇與子女養育金沒有關係　(D)若子女教育金之規劃臨時中斷，必須節省支出來因應，使之持續。

(　) **24** 郝先生現有可運用資產800萬元，計劃從中提撥教育準備金投資於年投資報酬率2%之基金，希望3年後預先備妥兩位兒子的4年大學教育準備金共160萬元，則目前郝先生所提撥之教育準備金應佔可運用資產若干比率？（取最接近值）　(A)14.62%　(B)16.36%　(C)18.84%　(D)20.98%。

(　) **25** 下列何者非為房貸轉貸之費用？　(A)鑑價費用　(B)代償費用　(C)設定規費　(D)契稅。

(　) **26** 下列房屋貸款型態中，何者可稱為理財型房貸？　(A)隨借隨還型　(B)提早還清型　(C)到期還款型　(D)超額貸款型。

(　) **27** 有關購屋或租屋之決策，下列哪些為使用淨現值法時需考慮之變數？a.折現率b.未來各期淨現金流量c.年限　(A)僅ab　(B)僅bc　(C)僅ac　(D)abc。

(　) **28** 阿義目前有100萬元現金及每年投資80萬元，預計3年後要購屋，房貸利率5%，借期20年，投資報酬率6%，自備款三成，則3年後阿義至多有能力買若干金額之房子？（取最接近值）　(A)1,196萬　(B)1,246萬　(C)1,322萬　(D)1,408萬。

(　) **29** 小周計劃以低利貸款貸200萬元，年利率2.5%，信用貸款100萬元，年利率6%及標會100萬元，年利率8%共計400萬元購屋，請問其平均借款利率為何？　(A)4.125%　(B)4.75%　(C)5.50%　(D)8.00%。

(　) **30** 楊君計劃5年後購買現值1,000萬元之新屋，現居舊屋價值500萬元，貸款300萬元，須於未來10年內按年本利平均攤還，假設新舊房屋貸款利率皆為5%，此段期間房價不變，則在不另籌自備款之情形下，屆時換購新屋尚須貸款多少？（不考慮交易成本及稅負，取最接近金額）　(A)632萬元　(B)657萬元　(C)668萬元　(D)714萬元。

(　) **31** 一個完整的退休規劃，應包括工作生涯設計、退休後生活設計及自籌退休金部份的儲蓄投資設計，下列何者非這三項設計的最大影響變數？　(A)通貨膨脹率　(B)薪資成長率　(C)投資報酬率　(D)貸款利率。

（　）**32** 王君現年40歲，每年投資50萬元，年投資報酬率為3%，在不考慮通貨膨脹下，希望退休時能至少累積1,170萬元以供其退休使用，請問王君最早於幾歲時可退休？（取最接近值）　(A)54歲　(B)56歲　(C)58歲　(D)60歲。

（　）**33** 陳先生計劃於60歲退休，退休前期15年每年需要50萬元，退休後期10年每年需要40萬元，假設退休期間之實質報酬率為2%，試以實質報酬率折現法計算陳先生退休時的總退休金需求？（取最接近值）　(A)9,256,523元　(B)9,094,248元　(C)8,869,642元　(D)8,676,987元。

（　）**34** 張小姐現有生息資產100萬元，同時每年另以收支結餘之40萬元購買年金，若兩者年投資報酬率均為4%，則張小姐於10年後可累積多少錢？（取最接近之金額）　(A)392萬元　(B)472萬元　(C)548萬元　(D)628萬元。

（　）**35** 阿和年40歲，目前家庭人數4人，年支出103萬元。打算60歲時退休，20年後退休時由於子女已大學畢業，那時生活費折合現值僅為60萬元。假設費用上漲率5%，則退休後首年支出多少？（取最接近值）　(A)60萬元　(B)103.6萬元　(C)159.2萬元　(D)164.4萬元。

（　）**36** 假設起始資產市值為100萬元，可忍受的最大損失為20%，且風險係數為4，則當股價下跌多少時，應以停損方式將股票全部出清？(A)20%　(B)25%　(C)30%　(D)35%。

（　）**37** 下列何者屬於風險偏好高的投資人所喜好的產品？　(A)政府公債　(B)平衡型基金　(C)銀行存款　(D)高收益債券。

（　）**38** 有關投資組合保險策略K=mx(V-F)之敘述，何者錯誤？　(A)風險係數為1時，代表買進後持有，其總市值變化與股票市值變化相同　(B)基本上屬於順勢操作法，但很可能沉溺於獲利幻覺，無法在由多轉空時及時獲利了結　(C)風險係數大於1時，當股票下跌時總市值會減少，投資人有能力負擔更高的風險　(D)在股市盤整期，採用投資組合保險策略買高賣低，會產生兩面損失。

（　）**39** 有關定期定額投資基金策略，下列敘述何者錯誤？　(A)增值倍數等於趨勢倍數乘以振幅倍數　(B)趨勢倍數大於1時，表示基金

的趨勢往上 (C)投資定期定額最好仍須配合對市場多空走勢作判斷 (D)短期震盪幅度大,但長期向下趨勢明顯,適合做定期定額投資。

( ) **40** 有關效率前緣之敘述,下列何者錯誤? (A)係以預期報酬率為縱軸,預期風險為橫軸 (B)以風險等於零時的報酬率為起點之直線,與效率前緣相切之點代表市場投資組合 (C)在資本市場線上,市場投資組合的左邊為積極投資人 (D)市場投資組合通常只有系統風險,但若投資個別證券要承擔非系統風險。

( ) **41** 某一剛付完息且尚餘7年到期、面額500萬元債券,每年付息一次,票面年利率3%,若買進時市場利率跌至2%,則該債券合理價格為下列何者?(取最接近值) (A)5,306,200元 (B)5,310,400元 (C)5,325,800元 (D)5,338,600元。

( ) **42** 如果投資者決定採用投資組合保險策略,且可承擔風險係數為2,總資產市值120萬元,可接受的總資產市值下限90萬元,當原股票市價漲5萬元,而其他資產以現金持有價值不變時,投資者應採取下列何者舉動? (A)加買股票5萬元 (B)加買股票10萬元 (C)賣出股票5萬元 (D)賣出股票10萬元。

( ) **43** 張君持有台塑及南亞股票之比重為40%及60%,標準差分別為20.7%及6.21%,假設台塑及南亞兩家股票的共變異數為-1.29%時,此投資組合的風險為何?(提示:投資組合風險等於投資組合的標準差,取最接近值) (A)5.12% (B)4.53% (C)3.94% (D)3.47%。

( ) **44** 某甲以退休金為目標從事資產配置,目前的生息資產有2百萬元,每月收入10萬元,儲蓄4萬元;生息資產配置4個月支出為緊急預備金以活儲持有,其餘以股票50%、基金30%、債券20%來配置,則某甲資產的比重各約為多少? (A)活儲8%、股票46%、基金28%、債券18% (B)活儲8%、股票48%、基金27%、債券17% (C)活儲12%、股票44%、基金26%、債券18% (D)活儲12%、股票46%、基金26%、債券16%。

( ) **45** 遺產及贈與稅法第16條有關「不計入遺產總額」之項目,下列何者正確? (A)被繼承人日常生活必需之器具及用品,其總價值在100萬元以下部分 (B)被繼承人死亡前5年內,繼承之財產已納遺

產稅者　(C)被繼承人職業上之工具，其總價值在80萬元以下部分
(D)被繼承人遺產中，其屬建造房屋應保留之法定空地部分。

(　　)　**46** 下列何者不是所得稅法第十七條規範之「列舉扣除額」項目？
(A)捐贈　(B)醫藥費　(C)災害損失　(D)財產交易損失。

(　　)　**47** 綜合所得稅之列舉扣除額中，房屋租金支出扣除額，每一申報戶
以多少數額為上限？　(A)300,000元　(B)120,000元　(C)200,000
元　(D)75,000元。

(　　)　**48** 有關綜合所得稅節稅規劃，下列敘述何者錯誤？　(A)在合法及不
影響所得額的範圍內，儘可能將應稅所得轉換為免稅所得　(B)年
底的大額所得延緩到次年一月，可延緩繳稅的時間　(C)當列舉扣
除額高於標準扣除額時，選用列舉扣除額　(D)只要邊際所得稅率
高於短期票券分離課稅的稅率時，則一律以購買短期票券替代存
入金融機構的存款。

(　　)　**49** 對於以理財目標進行資產配置的原則，下列何者正確？　(A)理財
目標的年限越短，越應該用風險性資產來達成　(B)短期目標若是
金額確定，應該選擇可保障投資成果的投資工具　(C)理財目標的
年限越短，風險性資產的不確定性就越小　(D)理財目標的年限越
長，風險性資產的不確定性就越大。

(　　)　**50** 陳先生現年35歲，計劃工作至55歲退休，80歲終老，目前全家庭
之年支出為70萬，其中個人年支出為30萬，年收入為100萬，現
無任何積蓄但有200萬元的房貸，若陳先生現在死亡，希望留給遺
族50年的生活需求保障，則按遺族需要法以折現率3%計算的保額
為多少？【年金現值(50,3%)=25.73】　(A)1,120萬元　(B)1,215
萬元　(C)1,229萬元　(D)1,314萬元。

解答及解析　答案標示為#者，表官方曾公告更正該題答案。

1 (A)。銀行辦理財富管理業務作業準
則第2條，銀行應依客戶投資屬性及
風險承受等級，配合個別商品或投
資組合之風險類別，銷售或推介其
適合之商品或投資組合。此外，並
應建立例外處理機制，若客戶執意

投資之商品或投資組合，其風險等
級較客戶風險承受度為高者，應請
客戶另行簽署聲明書，銀行並得視
實際狀況拒絕客戶之投資申請。

2 (A)。(A)忠實義務原則：主要意涵
概分為客戶利益優先、利益衝突避

免、禁止短線交易、禁止不當得利與公平處理等五個子原則。
(B)保密原則：妥慎保管客戶資料，確認與客戶相關資料及客戶隱私之保密性。除法令另有規定外，禁止洩露客戶資訊或為不當使用之情事。(C)客觀性原則：應客觀提供客戶專業服務，此客觀係指合理且審慎並符合客戶利益之專業判斷。(D)專業知能原則：應有能力提供客戶服務並維持必要的知識及技能以從事此專業領域。通過本會認證者，視為有資格執行財務規劃。然為了整合所需的一般知識及職業所需的必要經驗，必須持續地學習及增進專業。

3 (A)。理財專員評估客戶所有理財目標均可同時達成，剩餘財產遠超過遺產稅免稅額時，不宜為提升儲蓄額規劃建議，這樣會被課到稅。

4 (C)。未實現的資本利得為期末資產與淨值增加的調整科目，不會顯示在收支儲蓄表中。

5 (C)。(A)儲蓄率＝自由儲蓄率+還本儲蓄。(B)收支平衡點收入=固定負擔÷工作收入淨結餘比例。(D)財務自由度＝理財收入÷年支出＝（生息資產×投資報酬率）÷年支出

6 (D)。淨儲蓄=毛儲蓄+（理財收入－理財支出）=（10－5）+（5－3）=7萬。

7 (B)。8萬－7萬－1.8萬+0.5萬+9.3萬=9萬。

8 (D)。（150萬－100萬）×30年×5%/100萬=75%。

9 (C)。60萬/(5×20萬)=0.6。

10 (A)。市場利率走低將影響到家庭之理財收入與理財支出。

11 (B)。每月儲蓄金額=(10萬－5萬)×50%×12=30萬
300萬/30萬=10年。

12 (B)。10萬－4萬－2萬=4萬；4萬×12個月×30年=1,440萬。

13 (D)。投保遞減型房貸壽險在繳納房貸期間，保險金額會隨著房貸餘額逐年遞減。

14 (A)。理財目標彈性越大者承受風險能力較高。

15 (A)。躉繳保費運用的是複利終值。

16 (C)。夏普值計算公式＝(報酬率–無風險利率)／標準差
夏普指數用以衡量每單位風險所能換得的平均報酬率，其算法是將股票或基金在某一期間的報酬率減去在此期間的無風險證券的報酬率，再除以該股票或基金在此期間的標準差。

17 (D)。年金現值是指將在一定時期內按相同時間間隔在每期期末收入或支付的相等金額折算到第一期初的現值之和。

18 (A)。零息債券的目前價值=債券面值×複利現值係數（剩餘年限，市場殖利率）。

19 (B)。本利平均攤還房貸即為一種年金方式的還款計畫。

20 (D)。每年年初投資金額=500萬/(年金終值(16,6%)－1)=500萬/(25.673－1)=$202,651。

21 (D)。80萬×年金現值(10%,5年)+200萬×複利現值(10%,5年)=80萬×3.7908+200萬×0.6209=427萬。

22 (B)。(B)將家庭稅後總所得，扣除夫妻兩人之生活費用後，折現後可得育兒資產。

23 (C)。考量子女養育金之資金排擠後，將影響租屋及購屋的選擇。

24 (C)。教育金準備×複利終值(3,2%)=160萬
教育金準備=160萬/1.0612=150.77萬
150.77萬/800萬=18.84%。

25 (D)。房貸轉貸費用有：書狀費、代書費、塗銷費、銀行帳務管理費、徵信作業手續費、轉貸代償費，不包括契稅。

26 (A)。理財型房貸是將房貸中已經還款的本金，轉換成能隨借隨還、有動用才日計算利息的備用資金。

27 (D)。折現率、未來各期淨現金流量、年限均要同時考量。

28 (B)。[80萬×年金終值(6%,3年)+100萬×複利終值（6%,3年)]/30%
80萬×3.184+100萬×1.191=1,246萬

29 (B)。(200萬×2.5%+100萬×6%+100萬×8%)/400萬=4.75%。

30 (C)。舊屋每年應償還金額=300萬/年金現值（10,5%）=300萬/7.722=38.85萬
5年後舊屋貸款餘額=38.85萬×年金現值（5,5%）=38.85萬×4.329=168.18萬
出售舊屋淨收入=500萬－168.18萬=331.82萬

需新增貸款=1,000萬－331.82萬=668.18萬。

31 (D)。不包括貸款利率。

32 (C)。50×(X年，3%)=1,170
(X年，3%)=23.4，X=18年。
40+18=58。

33 (B)。50萬×年金現值(2%,15年)+40萬×年金現值(2%,10年)×複利現值(2%,15年)=50萬×12.8493+40萬×8.9826×0.743=$9,094,248。

34 (D)。100萬×1.48複利終值（4%,10年)=148萬
40萬×12.006年金終值（4%,10年)=480.24萬
148萬+480.24萬=628.24萬。

35 (C)。60萬×複利終值(5%,20)=60萬×2.653=159.18萬。

36 (B)。投資上限：
100萬×20%×4=80萬
損失上限=100萬×20%=20萬
20萬/80萬=25%。

37 (D)。風險偏好者喜歡風險高但報酬高，政府公債、平衡型基金及銀行存款都屬於風險較低、報酬低。

38 (C)。風險係數大於1時，當股票下跌時總市值會減少，投資人承擔風險的能力會降低。

39 (D)。如短期震盪幅度大，但長期向上趨勢明顯，適合做定期定額投資。

40 (C)。在資本市場線上，市場投資組合的右上為積極投資人。

41 (C)。每年付息=500萬×3%=15萬
15萬×年金現值(2%,7年)+500萬×複利現值(2%,7年)=15萬×6.472+500萬×0.871=532.58萬。

42 (A)。可投資於股票的金額K=可承擔的風險係數M×(起始的總資產市值V−可接受的總資產市值底線F)

K=2×(120−90)=2×30=60萬(可投資於股票的金額)

上漲5萬,總資產變成125萬,

K`=2×(125−90)=2×35=70萬→可投資於股票的金額

目前可投資於股票的金額=60萬+5萬=65萬,還差5萬元。

43 (B)。$(20.7\% \times 40\%)^2 + (6.21\% \times 60\%)^2 + [2 \times 40\% \times 60\% \times (-1.29\%)] = 0.0020521$

投資組合的標準差

$= \sqrt{0.0020521} = 0.0453 = 4.53\%$。

44 (C)。每月支出=10萬−4萬=6萬,活儲6萬×4/200萬=12%。

股票=(1−12%)×50%=44%;

基金=(1−12%)×30%=26%;

債券=(1−12%)×20%=18%。

45 (B)。(A)被繼承人日常生活必需之器具及用品,其總價值在89萬元以下部分。(C)被繼承人職業上之工具,其總價值在50萬元以下部分。(D)被繼承人遺產中經政府闢為公眾通行道路之土地或其他無償供公眾通行之道路土地,經主管機關證明者。但其屬建造房屋應保留之法定空地部分,仍應計入遺產總額。

46 (D)。列舉扣除的項目,有捐贈、人身保險費、醫藥及生育費、災害損失、自用住宅購屋借款利息、房屋租金支出、依政治獻金法對政黨之捐贈、依政治獻金法對政治團體之捐贈、依政治獻金法對擬參選人之捐贈、依公職人員選舉罷免法規定候選人之競選經費、依總統副總統選舉罷免法規定候選人之競選經費與依私立學校法第62條規定之捐贈等12項。

47 (B)。所支付之租金,每一申報戶每年可以在12萬元的限額內列報減除。

48 (D)。利息所得有27萬元免稅,因此購買短期票券替代存入金融機構之存款不一定有利。

49 (B)。(A)理財目標的年限越短,越不應該用風險性資產來達成。(C)年限愈短,風險性資產處於短期景氣循環與市場波動中,不確定性愈大。(D)年限愈長,跨過景氣循環的作用,風險性資產的報酬波動區間愈小。

50 (C)。遺族年支=70萬−30萬=40萬;40萬×年金現值(3%,50年)+200萬=40萬×25.73+200萬=1,229萬。

信託業務│銀行內控│
初階授信│初階外匯│
理財規劃│保險人員推薦用書

千華出品
有口皆碑

2F021121	初階外匯人員專業測驗重點整理+模擬試題	蘇育群	近期出版
2F031111	債權委外催收人員專業能力測驗重點整理+模擬試題	王文宏 邱雯瑄	470元
2F041101	外幣保單證照 7日速成	陳宣仲	430元
2F051111	無形資產評價師(初級、中級)能力鑑定速成	陳善	460元
2F061111	證券商高級業務員(重點整理+試題演練)	蘇育群	650元
2F071111	證券商業務員(重點整理+試題演練)	金永瑩	590元
2F081101	金融科技力知識檢定(重點整理+模擬試題)	李宗翰	390元
2F091101	風險管理基本能力測驗一次過關	金善英	470元
2F101121	理財規劃人員專業證照10日速成	楊昊軒	390元
2F111101	外匯交易專業能力測驗一次過關	蘇育群	390元

2F141121	防制洗錢與打擊資恐(重點整理+試題演練)	成琳	630元
2F151111	金融科技力知識檢定主題式題庫(含歷年試題解析)	黃秋樺	390元
2F161111	防制洗錢與打擊資恐7日速成	艾辰	530元
2F171111	14堂人身保險業務員資格測驗課	陳宣仲 李元富	410元
2F181111	證券交易相關法規與實務	尹安	590元
2F191121	投資學與財務分析	王志成	570元
2F621111	信託業務專業測驗考前猜題及歷屆試題	龍田	590元
2F791111	圖解式金融市場常識與職業道德	金融編輯小組	410元
2F811121	銀行內部控制與內部稽核測驗焦點速成+歷屆試題	薛常湧	590元
2F851101	信託業務人員專業測驗一次過關	蔡季霖	650元
2F861101	衍生性金融商品銷售人員資格測驗一次過關	可樂	430元
2F881121	理財規劃人員專業能力測驗一次過關	可樂	600元
2F901121	初階授信人員專業能力測驗重點整理+歷年試題解析二合一過關寶典	艾帕斯	560元
2F911101	投信投顧相關法規(含自律規範)重點統整+歷年試題解析二合一過關寶典	陳怡如	470元
2F951101	財產保險業務員資格測驗(重點整理+試題演練)	楊昊軒	490元
2F121121	投資型保險商品第一科7日速成	葉佳洺	590元
2F131121	投資型保險商品第二科7日速成	葉佳洺	近期出版
2F991081	企業內部控制基本能力測驗(重點統整+歷年試題)	高瀅	450元

千華數位文化股份有限公司

■新北市中和區中山路三段136巷10弄17號　■千華公職資訊網 http://www.chienhua.com.tw
■TEL: 02-22289070　FAX: 02-22289076

千華會員享有最值優惠!

立即加入會員

會員等級	一般會員	VIP 會員	上榜考生
條件	免費加入	1. 直接付費 1500 元 2. 單筆購物滿 5000 元 3. 一年內購物金額累計滿 8000 元	提供國考、證照相關考試上榜及教材使用證明
折價券	200 元	500 元	
購物折扣	·平時購書 9 折 ·新書 79 折 (兩周)	·書籍 75 折　·函授 5 折	
生日驚喜		●	●
任選書籍三本		●	●
學習診斷測驗(5科)		●	●
電子書(1本)		●	●
名師面對面		●	

千華影音函授

打破傳統學習模式，結合多元媒體元素，利用影片、聲音、動畫及文字，達到更有效的影音學習模式。

立即體驗

- 自我安排學習時段
- 循序漸進厚植實力
- 節省通勤時間
- 提升準備效率

課程品質
業界No.1

2014、2017 獲頒學習科技金質獎

自主學習彈性佳

- 時間、地點可依個人需求好選擇
- 個人化需求選取進修課程

補強教學效果好

- 獨立學習主題　・區塊化補強學習
- 一對一教師親臨教學

嶄新的影片設計

- 名師講解重點　・簡單操作模式
- 趣味生動教學動畫　・圖像式重點學習

優質的售後服務

- FB粉絲團、Line@生活圈
- 專業客服專線

系統化
學習流程

四大關鍵階段
學習安排，
突破國考重重難關！

04 STEP 考前衝刺期
實力養成期 01 STEP
02 STEP 專業強化期
03 STEP 能力檢驗期

超越傳統教材限制，
系統化學習進度安排。

推薦課程

- 公職考試
- 國民營考試
- 證照考試
- 學習方法
- 特種考試
- 教甄考試
- 金融證照
- 升學考試

影音函授包含：
- 名師指定用書+板書筆記
- 授課光碟・學習診斷測驗

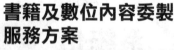

國家圖書館出版品預行編目(CIP)資料

(金融證照)理財規劃人員專業能力測驗一次過關/可樂
編著. -- 第三版. -- 新北市 : 千華數位文化股份有
限公司, 2022.08
    面 ；   公分
ISBN 978-626-337-259-7(平裝)

1.CST: 投資 2.CST: 個人理財

563   111012374

[金融證照]

理財規劃人員專業能力測驗一次過關

編 著 者：可 樂

發 行 人：廖 雪 鳳
登 記 證：行政院新聞局局版台業字第 3388 號
出 版 者：千華數位文化股份有限公司
地址／新北市中和區中山路三段 136 巷 10 弄 17 號
電話／ (02)2228-9070　傳真／ (02)2228-9076
郵撥／第 19924628 號　千華數位文化公司帳戶
千華公職資訊網：http://www.chienhua.com.tw
千華網路書店：http://www.chienhua.com.tw/bookstore
網路客服信箱：chienhua@chienhua.com.tw

法律顧問：永然聯合法律事務所
編輯經理：甯開遠
主　　編：甯開遠
執行編輯：廖信凱
校　　對：千華資深編輯群
排版主任：陳春花
排　　版：蕭韻秀

出版日期：2022 年 8 月 20 日　　第三版／第一刷

本書如有勘誤或其他補充資料，
將刊於千華公職資訊網　http://www.chienhua.com.tw
歡迎上網下載。